W0075104

MAC P. LORNE

DIE PRANKEN DES LÖWEN

EIN ROBIN-HOOD-ROMAN

Die Originalausgabe erschien 2014 unter dem Titel
»Die Pranken des Löwen« bei Verlag Dorfmeister, Tittling.

Besuchen Sie uns im Internet:
www.knaur.de

Vollständige Taschenbuchausgabe Mai 2018
© 2018 Mac P. Lorne
© 2018 Knaur Verlag
Ein Imprint der Verlagsgruppe
Droemer Knaur GmbH & Co. KG, München.
Alle Rechte vorbehalten. Das Werk darf – auch teilweise –
nur mit Genehmigung des Verlags wiedergegeben werden.
Zeichnung Nottingham Castle: Interfoto/Granger NYC
Karten und Wappen: Computerkartographie Carrle
Covergestaltung: ZERO Werbeagentur, München
Coverabbildung: © FinePic®, München
Satz: Adobe InDesign im Verlag
Druck und Bindung: CPI books GmbH, Leck
ISBN 978-3-426-52147-2

2 4 5 3 1

INHALTSVERZEICHNIS

Für Martha, Hilde, Johannes und Werner.
Ich denke an euch!

England um 1140

Römisch-Deutsches Reich um 1120

PERSONENREGISTER

*(historische Personen sind mit einem * gekennzeichnet)*

Henry I.* – geb. um 1068 in Selby, gest. 01.12.1135 in Lyons-la-Forêt, von 1100 bis 1135 König von England

Matilda* – seine Tochter, geb. 07.02.1102, gest. 10.09.1167 in Rouen

Heinrich V.* – ihr erster Ehemann, geb. um 1081, gest. 23.05.1125 in Utrecht, von 1111 bis 1125 römisch-deutscher Kaiser

Geoffrey von Anjou* – ihr zweiter Ehemann, geb. 1113, gest. 07.09.1157

Henry II.* – ihrer beider Sohn, geb. 05.03.1133, gest. 06.07.1189, ab 1154 König von England

Eleonore von Aquitanien* – seine Ehefrau, geb. ca. 1122 in Poitiers, gest. 01.04.1204 im Kloster Fontevrault

Richard Plantagenet*, später genannt »Löwenherz«, ihrer beider Sohn – geb. 08.09.1157 in Oxford, gest. 06.04.1199 vor Chalus, ab 1172 Herzog von Aquitanien, ab 1189 König von England

Robert Fitzooth der Ältere – geb. um 1092, gest. 1174 in Loxley

Martha Fitzooth, seine Frau – geb. um 1100, gest. 1181 in Loxley

Hugh Fitzooth, ihrer beider Sohn – geb. 1135 in Le Mans, ermordet 1183 in Loxley

Robert Fitzooth der Jüngere, auch Robert von Loxley, später Robin Hood genannt, sein Sohn – geb. 1160 in Loxley, gest. 1247 in Kirklees Priory

Marian Leaford – seine Frau, geb. 1165 in Fenwick, gest. 1243 in der Gascogne

Richard Leaford, ihr Vater – geb. 1132 in Lincoln, gest. 1192 in Fenwick

Little John, Much Millerson, Bruder Tuck, Gilbert Whitehand, Will Scarlett – Gefährten von Robin Hood

Ralf (Robert) de Lacy* – Highsheriff von Nottingham und den königlichen Forsten, geb. 1144 in Pontefract, gest. 1194 in Nottingham

Guy von Gisbourne, sein Gehilfe – geb. 1155, gest. 1189 in Nottingham

Weitere historisch bedeutsame Personen

Paschalis II.* – von 1099 bis 1118 Papst der katholischen Kirche, ließ sich als Erster bei seiner Inthronisation krönen und untermauerte damit das Primat der Kirche über die weltlichen Herrscher

Adalbert von Saarbrücken* – Kanzler Heinrichs V. und Erzbischof von Mainz, wandelte sich vom Freund des Kaisers zu dessen Feind und ärgstem Widersacher, gest. 23.06.1132

Lothar III.* – Herzog von Sachsen, Nachfolger Heinrichs V. als König und Kaiser, geb. 1075, gest. 03.12.1137

Hildegard von Bingen* – trat als Benediktinerin 1112 in das Kloster Disibodenberg ein, gründete 1147 das Kloster auf dem Rupertsberg nahe Bingen, gilt als bedeutendste Universalgelehrte und Visionärin ihrer Zeit, geb. 1098, gest. 17.09.1179

Jutta von Sponheim* – Magistra der Frauenklause im Kloster auf dem Disibodenberg, geb. 1092, gest. 22.12.1136

Stephan von Blois* – riss nach dem Tod Henrys I. die englische Krone an sich und entfesselte damit einen neunzehnjährigen Bürgerkrieg, die sogenannte Anarchy, geb. 1097, gest. 25.10.1154

Heinrich von Blois* – sein Bruder, Bischof von Winchester, krönte Stephan, wechselte aber während der Anarchy mehrfach die Fronten, gest. 08.08.1171

Robert von Gloucester* – Halbbruder Matildas, neben seiner Schwester Anführer des Widerstandes gegen Stephans Usurpation des Thrones, geb. um 1100, gest. 31.10.1147

John FitzGilbert, genannt der Marshal* – geb. um 1105, gest. 1165, sein Sohn William Marshal wurde später Regent Englands

Robert d'Osney* – Kastellan von Oxford Castle, gest. 1142

William Peverel* – Highsheriff von Nottinghamshire und der königlichen Forste, geb. um 1080, gest. 1155

Robert Foliot* – von 1174 bis 1186 Bischof von Hereford

Teil I

Robert Fitzooth der Ältere

PROLOG

Ein eisiger Februarwind pfiff um die Mauern des Towers von London. Selbst die Raben hatten ihr Gefieder aufgeplustert und scheuten sich davor, aufzufliegen. Sie harrten der Dinge, die da kamen, und schickten nur von Zeit zu Zeit ein heiseres Krächzen über den Platz zwischen dem großen normannischen Donjon und der Außenmauer.

Auf der Richtstätte des Tower Hill rückte der Scharfrichter seinen Block zurecht und prüfte die Schneide seiner Axt. Auch wenn heute kein Gefangener vom Leben zum Tode befördert werden sollte, so musste doch alles stimmen, denn der König selbst hatte sich angesagt. Schließlich sollte einem seiner Leibwächter die Hand abgehackt werden, die dieser gegen einen Vorgesetzten erhoben hatte.

Trommelwirbel erklang, als Henry I., seine kleine Tochter Matilda an der Hand, aus dem Tor der großen Halle des White Tower trat und die hölzerne Treppe aus der ersten Etage zum Innenhof hinabschritt. Vor Kurzem waren die Gesandten des deutschen Königs eingetroffen. Die junge Prinzessin war schon vor Jahren Heinrich V. zur Gemahlin versprochen worden, um das Bündnis zwischen dem Anglonormannischen und dem Deutschen Reich zu festigen. Jetzt war der Zeitpunkt gekommen, zu dem sie, obwohl erst achtjährig, ihrem zukünftigen Gatten zugeführt werden sollte. Ihre weitere Erziehung würde der Erzbischof von Trier übernehmen und sie in den Sitten und Gebräuchen des Landes unterrichten, über das sie einmal an der Seite ihres Gemahls als Kaiserin herrschen sollte.

Seitdem ließ Henry seine Tochter nicht mehr von seiner Seite weichen. Er wollte die letzten gemeinsamen Stunden mit ihr verbringen, damit sie sich für immer in sein Gedächtnis einbrannten. Wer wusste schon, ob sie sich jemals im Leben wiedersahen? Außerdem konnte es nicht schaden, wenn sie auch einmal mit den unangenehmen Dingen konfrontiert wurde, denen sich ein Monarch zu stellen hatte. Bestrafungen mitanzusehen machte dem König keine Freude. Lieber beschäftigte er sich mit den schönen Dingen des Lebens, vor allem mit den Wissenschaften. Nicht umsonst hatte man ihm den Beinamen Beauclerc – der Gelehrte – gegeben. Doch was sein musste, musste sein, und wenn er ein Urteil gesprochen hatte, war er auch anwesend, wenn es vollstreckt wurde.

Hinter dem König schritt Hugh de Clare mit zerknirschter Miene einher. Er befehligte die Leibwache Henrys und hatte den jungen Mann, der jetzt verstümmelt werden sollte, vor einiger Zeit selbst ausgesucht und einer intensiven Ausbildung unterzogen. Bisher hatte sich der Bursche nichts zuschulden kommen lassen – und nun das. Sein Sergeant hatte ausgesagt, dass er von ihm angegriffen worden war. Ein unverzeihliches Vergehen, das auch mit dem Tode geahndet werden konnte. Kein Vorgesetzter durfte etwas Derartiges dulden, und so musste hier, auch wenn es de Clare bitter ankam, ein Exempel statuiert werden.

Der König nahm auf einem gepolsterten Stuhl auf der Empore neben der Richtstätte Platz und griff nach Matilda, um sie auf seinen Schoß zu heben. Doch die wehrte sich und gab ihrem Vater zu verstehen, dass sie lieber neben ihm stehen wollte. Mit ihren acht Jahren hatte sie durchaus schon ihren eigenen Kopf. Das rotblonde, lockige Haar quoll unter der Haube hervor, die bei ihr nie richtig sitzen wollte. Es rahmte ein ausgesprochen hübsches Kindergesicht ein, das nur seine Anmut verlor, wenn sich Zornesfalten auf ihrer Stirn bildeten. Und das kam nicht gerade selten vor. Schon jetzt waren ihre Wutausbrüche unter der Dienerschaft gefürchtet, und nicht selten wurde sie trotz ihrer Jugend eher mit einer fauchenden Löwin als mit einem sanften Kätzchen verglichen.

Henry I. gab ein Zeichen, und aus einem der Verliese wurde der Delinquent herangeführt. Zwei kräftige Männer an jeder Seite hatten ihn fest gepackt, und ein weiterer ging voraus und hielt den Strick, mit dem er gebunden war. Trotzdem wehrte sich der Verurteilte nach Kräften und machte es seinen Henkersknechten keineswegs leicht. Allen, die es sahen, war schnell klar: Hier ergab sich einer nicht gottergeben in sein Schicksal.

Der junge Bursche zählte vielleicht gerade einmal achtzehn Jahre und war trotzdem schon ein Hüne. Genau nach solchen Soldaten hielt Hugh de Clare für die Leibwache des Königs ständig Ausschau. Sie mussten bereit sein, den Herrscher mit ihrem Leib bis zum Tode zu verteidigen, kämpfen können wie ein Rudel hungriger Wölfe und dabei die Beobachtungsgabe und Reaktionsschnelligkeit eines Luchses besitzen, um Gefahren und Angriffe rechtzeitig zu erkennen.

Genau so ein Mann war Robert Fitzooth bisher gewesen und hatte zu großen Hoffnungen Anlass gegeben. Und nun sollte ihm die Hand abgehackt, er aus der Wache verjagt und als Krüppel ins Elend gestoßen werden. Die ganze harte und umfangreiche Ausbildung der letzten Jahre wurde damit auf einen Schlag zunichtegemacht.

Was für eine Vergeudung, dachte Hugh de Clare bei sich. Hätte dieser dämliche Sergeant nicht sein Maul halten können? Es gab schließlich andere Möglichkeiten, einen aufmüpfigen Soldaten zu züchtigen. Aber er hatte sich ja wie eine Heulsuse gleich bei erster Gelegenheit beim König beschweren müssen! Irgendwann würde er sich diese Memme einmal vorknöpfen, schwor sich der Hauptmann.

Die drei Büttel hatten Robert Fitzooth die Treppe zur Richtstätte mehr hinaufgeschoben, als dass er sie gegangen wäre. Jetzt zwangen sie ihn mit brutalen Stößen auf die Knie und rissen mit dem Strick seinen Arm nach vorn, sodass die Hand auf dem Hauklotz lag. Immer noch wehrte sich der Delinquent verzweifelt, als eine helle Stimme die bedrückende Stille durchdrang.

»Was geschieht denn da mit Robert?«, erkundigte sich die kleine Prinzessin. »Tut ihm bitte nicht weh. Er hat versprochen, mir einen neuen Löwen zu schnitzen, weil dieser dumme Mann dort mein Spielzeug zerbrochen hat.«

»Wovon sprichst du eigentlich, Kind?« Henry runzelte die Stirn. »Dieser Soldat wird bestimmt nichts mehr schnitzen. Es sei denn, er ist Linkshänder. Und wen meinst du eigentlich mit dem ›dummen Mann‹?«

»Na, den Sergeanten dort, der mir meinen Löwen weggenommen hat.« Matilda zeigte auf einen der Männer nahe dem Schafott. Dann kramte sie in ihrer Gürteltasche und holte mehrere Teile eines hölzernen Löwen hervor. Sie streckte sie ihrem Vater anklagend entgegen, der sie eingehend musterte. Obwohl zerbrochen, konnte man doch erkennen, was für eine kunstvolle Arbeit es war, dem Wappentier nachempfunden, das er selbst auf der Brust trug.

Wenn man die Teile zusammenfügte, schien der Löwe dahinzuschreiten. Die Vorderpranken waren ausgestreckt und sogar die Krallen zu sehen. Die Hinterbeine hatte der Schnitzer unter den Leib gesetzt, sodass das Tier auf ihnen stehen konnte. Selbst der Schwanz war sorgsam gearbeitet und schien über dem Rücken des Löwen die Luft zu peitschen, ganz so wie auf dem Wappenrock des Königs. Allerdings fehlte das Stück mit der Quaste, und auch ansonsten war das Tier unrettbar zerstört.

»Wo hast du den denn her?«, fragte Henry, der die Arbeit fachmännisch begutachtete.

Matilda rollte mit den Augen. Begriff ihr Vater denn heute gar nichts?

»Robert hat ihn geschnitzt, wenn er bei mir Wache hielt. Das habe ich doch schon gesagt. Ist er nicht schön? Fast war er fertig, da kommt dieser Sergeant und nimmt ihn Robert weg. Jetzt ist er kaputt, und ich will einen neuen!«

»Warum hat er ihn dir denn weggenommen? Weil Robert seine Wache vernachlässigt hat?« Henry sprach mit seiner Tochter wie mit einer Erwachsenen. Das hatte er schon immer getan, und es hatte sich so manches anregende Gespräch daraus ergeben.

»Nein, sondern weil wir keine Löwen, sondern Schakale wären, hat der Sergeant gesagt«, entfuhr es der kleinen Prinzessin wutschnaubend. »Bestenfalls reißende Wölfe. Dabei sind doch unsere Wappentiere in der Normandie Leoparden und in England edle Löwen! Oder etwa nicht?«

»Das hat er wirklich gesagt?« Henry konnte es nicht fassen. Wahrscheinlich hatte der Sergeant die Auffassungsgabe des Kindes unterschätzt, sonst hätte er wohl kaum in ihrer Gegenwart solche furchtbaren Beleidigungen ausgesprochen.

»Ja«, Matilda nickte eifrig, sodass ihre Locken auf und ab wippten, »und als Robert ihm den Löwen wieder wegnehmen wollte, hat er ihn nicht hergegeben. Da haben sie miteinander gerungen, und dabei ist er zerbrochen.«

In diesem Moment setzte Trommelwirbel ein. Wenn er verstummte, würde das Henkersbeil herabsausen und den Verurteilten für alle Zeiten verstümmeln. Mit einer herrischen Handbewegung unterbrach Henry den Ablauf des Geschehens.

»Hierher zu mir, Sergeant! Auf der Stelle!«, schallte die Stimme des Königs über den Platz. Der Gerufene eilte, so schnell ihn seine Füße trugen, zu dem Podest und fiel vor seinem Herrscher auf die Knie.

»Ist das wahr? Habt Ihr uns tatsächlich ein Geschlecht von Schakalen geheißen?«, fuhr Henry den vor Angst schlotternden Mann an.

»Nei…, nein, Sire«, stotterte dieser voller Panik. »Das muss Eure Tochter falsch verstanden haben. Niemals würde ich etwas Derartiges wagen!«

»Das glaube ich dir aufs Wort, du Wicht, dass du dich das nicht trauen würdest, wäre ich in der Nähe.« Henry wusste wohl, dass seine Stellung als König von England keinesfalls gesichert war. Erst sein Vater, Wilhelm der Eroberer, von manchen auch Wilhelm der Bastard genannt, war von der Normandie aus über den Kanal gekommen und hatte das Land unterworfen. Und obwohl er sich bemühte, im Gegensatz zu diesem und seinem älteren Bruder Rufus, der vor ihm die Krone getragen hatte, gerecht zu herrschen, war ihm keineswegs jeder im Reich wohlgesinnt. Vor allem, dass seine Frau aus dem alten, angelsächsischen Königsgeschlecht stammte und er Normannen und Engländer gleichbehandelte, nahmen ihm viele übel, die hier im Land auf reiche Beute gehofft hatten.

»Bringt den Gefangenen zu mir«, wies der König die Büttel an, die sich beeilten, dem Befehl Folge zu leisten. Und so kam der Verurteilte schneller von der Richtstätte wieder hinunter als zuvor hinauf und fand sich wenige Augenblicke später zu Füßen des Königs auf den Knien neben seinem Sergeanten wieder.

»Ihr habt also meiner Tochter diesen Löwen geschnitzt? Sagt, wo habt Ihr diese Kunst erlernt?«

»Sire, solange ich zurückdenken kann, sehe ich in jedem Stück Holz etwas, das man daraus gestalten kann. Tiere, Gesich-

22

ter, Figuren, was auch immer. Es ist eine Gabe, die mir in die Wiege gelegt wurde. Und auf langen, ereignislosen Nachtwachen nehmen die Dinge dann Gestalt an.«

»Er hat mir schon einen ganzen Gutshof mit Pferden, Kühen, Schafen und Schweinen geschnitzt«, bestätigte Matilda wichtig. Doch das interessierte ihren Vater im Moment weniger.

»Ihr seid doch Angelsachse, nicht wahr?«, wandte er sich erneut an den vor ihm Knienden.

»Jawohl, Sire.«

»Und Ihr Normanne?«, fuhr der König den Sergeanten an. »Wie heißt Ihr eigentlich?«

»Reginald de Bourgois, Sire. Und ja, mein Vater hat Euren Vater über den Kanal begleitet.« Weiter kam er nicht. Henry winkte nur ab und wandte sich wieder an den Soldaten.

»Dann erklärt mir doch einmal, wieso ein Angelsachse mein Wappentier schnitzt und es gegen einen Normannen verteidigt?«

Der Sergeant wollte aufbegehren, doch der König verbot ihm mit einer herrischen Geste das Wort.

»Sire, es war ein Geschenk für Eure Tochter. Und die ist wirklich manchmal eine kleine Löwin! Ich habe zwar noch nie einen Schakal gesehen, aber als Kind Wölfe. Und mit denen hat die Prinzessin nun wahrlich gar nichts gemein.«

Das kam so ohne Falsch aus dem jungen Mann heraus, dass Henry geneigt war, es ihm auf der Stelle zu glauben.

»Und wie kommt Ihr dazu, meine Tochter oder gar mich zu beleidigen und unser Wappentier zu zerbrechen?«, fuhr der König den Sergeanten an. »Ich könnte Euch auf der Stelle hängen lassen!«

»Sire, nichts lag mir ferner! Glaubt mir, ich flehe Euch an! Ich wollte den Soldaten nur ermahnen, nicht seine Zeit zu vertrödeln. Schließlich ist es seine Aufgabe, aufmerksam Wache zu halten, und nicht Spielzeug herzustellen. Als ich ihm den Löwen wegnahm, hat er mich angegriffen. Und das habe ich pflichtgemäß zur Meldung gebracht.«

»So, so, pflichtgemäß. Ihr wusstet schon, was dem Mann dann blüht?«

Der Sergeant schluckte betreten und nickte dann. Das hier entwickelte sich auf einmal ganz anders als gedacht. Fast wäre er diesen aufmüpfigen Kerl, der ihm schon lange ein Dorn im Auge war, aber unverständlicherweise die Gunst des Hauptmanns genoss, losgeworden. Und jetzt musste er sich auf einmal vor dem König rechtfertigen und wurde selbst angeklagt.

»Da wir nicht genau herausfinden können, wer die Wahrheit spricht, lassen wir doch am besten Gott entscheiden«, verkündete Henry sein Urteil. »Ihr beide werdet gegeneinander kämpfen. Und da Ihr keine Ritter seid, ohne Waffen. Wer den anderen zuerst am Boden und in einer Lage hat, aus der dieser sich nicht mehr befreien kann, hat gewonnen. Außerdem kann ich so gleich einmal sehen, wie Ihr meine Wachen ausbildet, de Clare.«

Der Hauptmann verbeugte sich leicht und gab dann seine Befehle. Robert Fitzooth wurden die Fesseln abgenommen. Er massierte sofort seine Handgelenke, in die das aufgestaute Blut langsam zurückkehrte. Die Wachen bildeten einen Halbkreis vor dem Podest, in dem der Ringkampf stattfinden sollte. Henry stellte dabei fest, dass die Sympathien der Soldaten offenbar in erster Linie dem Verurteilten galten, was ihn nicht überraschte. Seine Kameraden klopften ihm auf die Schultern und sprachen ihm Mut zu, während der Sergeant allein gelassen wurde und wenig Zuspruch erhielt.

Reginald de Bourgois war ein großer, kräftiger Mann. Robert Fitzooth überragte ihn zwar noch, war allerdings von schlanker, jugendlicher Gestalt. Gegen den kampferprobten Sergeanten, der wie festgewurzelt auf seinen stämmigen Beinen stand, waren seine Chancen sicherlich nicht gut. Die umstehenden Männer schlossen, wie es der Brauch war, sofort Wetten auf den Ausgang des Kampfes ab. Henry hätte sich am liebsten beteiligt, doch das ging natürlich nicht an. Außerdem wusste er nicht, auf wen er setzen sollte. Seine Sympathie galt seit Kurzem dem Soldaten, aber eine echte Chance hatte der wohl gegen den Bullen von Sergeanten nicht. Ganz gleich, selbst wenn der junge Mann den Kampf verlor, wollte Henry ihn begnadigen, das hatte er sich bereits fest vorgenommen. In der Wache konnte er dann natürlich nicht bleiben, doch zumindest blieb ihm die Verstümmelung erspart.

»Und auf wen setzt Ihr, de Clare?«, wandte sich der König flüsternd an seinen Hauptmann.

»Ich wette nicht, Sire. Aber ich glaube, Ihr werdet überrascht sein.«

»Nun, dann bin ich jetzt wirklich gespannt. Komm her, Matilda. Setz dich auf meine Knie. Einen Ringkampf kannst du dir schon einmal ansehen.«

Henry machte es sich in seinem Stuhl bequem, denn er rechnete mit einer längeren Auseinandersetzung. Dann gab er das erwartete Zeichen – und zwei Augenaufschläge später war der Kampf bereits vorbei.

Der Sergeant hatte breitbeinig Aufstellung genommen und erwartete, dass sein Gegner das Gleiche tat. Man würde sich langsam umkreisen, dann versuchen, sich an den Kleidern zu packen, und miteinander ringen, bis einer den anderen zu Boden werfen konnte. Wer letztendlich unterliegen würde, stand für ihn von vornherein fest, obwohl er seinen Kontrahenten keineswegs unterschätzte.

Doch Robert Fitzooth tat seinem Vorgesetzten nicht den Gefallen, nach dessen Regeln zu spielen. Als der König die Hand senkte, sprang er mit einem Satz und abgewinkeltem Oberkörper blitzschnell nach vorn und rammte dem Sergeanten seinen Kopf mit aller Macht in den Unterleib. Gleichzeitig packte er ihn mit beiden Händen an den Hüften, hob ihn empor und schmetterte ihn zu Boden. Dann hechtete er sich auf seinen um Luft ringenden Gegner, umschloss mit seinem linken Arm dessen Kehle und packte gleichzeitig den rechten Arm des unten Liegenden. Er verdrehte ihn so weit nach oben, dass seine linke Hand das rechte Handgelenk des Sergeanten greifen konnte. Der schrie gellend vor Schmerz auf und gleich darauf noch ein zweites Mal, als Robert Fitzooth ihn jetzt mit der frei gewordenen Hand an den Haaren packte und seinen Kopf nach hinten riss.

Der Kampf war vorbei, bevor er überhaupt richtig begonnen hatte. Würde Reginald de Bourgois sich in dieser Lage zur Wehr setzen, war das Geringste, was ihm passieren konnte, eine ausgerenkte Schulter. Vielleicht brach aber auch sein Genick, oder er erstickte in der Umklammerung. Wer konnte das schon sagen?

»Beim heiligen Eduard, de Clare! Wo habt Ihr den Burschen denn aufgetrieben? Das ist ja unglaublich, mit welcher Geschwindigkeit der sich bewegt! Führt er seine Waffen ebenso?«

»Hättet Ihr Schwerter befohlen, Sire, wäre der Sergeant jetzt sicherlich tot. Ich habe den Jungen eines Tages in London entdeckt, da war er noch ein Knabe. Drei viel größere und ältere Kerle hatten versucht, ihm einen Kanten Brot wegzunehmen. Das haben sie bitter bereut. Er ist Waise, seine Eltern sind bei der großen Hungersnot umgekommen. Er selbst wäre wohl entweder einmal als Dieb gehängt oder der Anführer aller Diebe geworden. Ich fand, in Eurer Wache wäre er nützlicher.«

»Da könnt Ihr durchaus recht haben, de Clare. Und ich weiß auch schon, wo er wahrscheinlich am besten aufgehoben ist«, schmunzelte der König in sich hinein.

»Lasst den Mann los, Fitzooth«, befahl er dann. »Es besteht wahrlich kein Zweifel an Gottes Willen.« Und an seine Tochter gewandt fragte er dann mit einem Lächeln in den Augen: »Was meinst du, Matilda, soll dich Robert in deine neue Heimat geleiten? Als dein persönlicher Leibwächter sozusagen?«

Da strahlte die kleine Prinzessin über das ganze Gesicht, und ihre feste, wortlose Umarmung war ihrem Vater Antwort und Dank genug.

Henry erhob sich, jetzt wieder ganz König, und tat seinen Willen kund.

»Euch, de Bourgois, scheint das ruhige Leben hier im Tower träge gemacht zu haben. Ich versetze Euch an die Grenze nach Wales, wo Ihr Euch mit den rauen Kriegern herumschlagen könnt. Und wenn es Euch dort nicht gelingt, Eure Kameraden für Euch zu gewinnen, werdet Ihr sicherlich nicht lange am Leben bleiben.«

Erstauntes Raunen begleitete die Worte des Königs, und Henry hatte den Eindruck, dass manch einer der Soldaten froh war, den ungeliebten Vorgesetzten loszuwerden.

»Eure Unschuld hingegen sehe ich als erwiesen an, Robert Fitzooth. Aber auch Ihr werdet uns verlassen. Ich vertraue Euch etwas äußerst Wertvolles an – das Leben meiner Tochter. Ihr untersteht ab sofort direkt Hugh de Clare, der sie nach Deutschland begleiten wird, und seid zukünftig Matildas persönlicher Leibwächter. Fühlt Ihr Euch dieser Aufgabe gewachsen?«

Robert Fitzooth sank auf das linke Knie und führte die rechte Hand zum Herzen.

»Sire, bei meinem Leben, ich werde Eure Tochter wie meinen Augapfel hüten!«

»Ich verlasse mich auf Euch. Doch geschieht ihr ein Leid, wird Euch nichts auf der Welt vor meinem Zorn retten, dessen seid versichert.«

Das glaubte Robert Fitzooth sofort. Dass er England verlassen musste, bedrückte ihn kaum. Matilda war ihm ans Herz gewachsen. Trotz des großen Rangunterschiedes zwischen ihnen sah er in ihr so etwas wie seine gemeinsam mit den Eltern verstorbene kleine Schwester. Wenn er sagte, er würde sein Leben für sie geben, dann war das durchaus ernst gemeint. Vor wenigen Augenblicken noch hatte Robert geglaubt, künftig als Krüppel sein weiteres Dasein fristen zu müssen. Jetzt bot ihm der König ein wahrlich unglaubliches Abenteuer an. Er würde fremde Länder sehen, sich immer in der Nähe von Matilda aufhalten, und wenn er ihr treu diente, vielleicht sogar eines Tages zum Ritter erhoben werden. Der junge Mann sah seinen weiteren Lebensweg in diesem Moment wie eine mit Rosenblättern bestreute, sonnige und schnurgerade Straße vor sich liegen.

Robert Fitzooth ahnte nicht, wie sehr er sich täuschen sollte.

1. Kapitel

Robert Fitzooth fror jämmerlich. Wenn bisher unter seinen Kameraden von Italien die Rede gewesen war, hatte es immer geheißen, dass es dort warm wäre und eher die Hitze den Menschen zu schaffen machte. Auf die eisigen Winde, die von den nahen Bergen herunterwehten, hatte die Soldaten niemand vorbereitet. Jetzt stand er sich hier, ein Stück nördlich von Rom, vor dem Zelt des Königs auf Wache seit Stunden in viel zu leichter Kleidung die Beine in den Bauch und musste alle Willenskräfte aufbieten, damit seine Zähne nicht vor Kälte aufeinanderschlugen.

Was war in diesem einen Jahr nicht alles passiert! Mehr als in seinem ganzen Leben zuvor, wollte es Robert scheinen.

Zuerst hatte er gemeinsam mit fünf Dutzend Rittern und Kriegsknechten unter dem Befehl von Hugh de Clare Matildas Fahrt über den Kanal geschützt. Hier wimmelte es nur so von Seeräubern, und auch dem französischen König, welchem an einem engen Bündnis zwischen Deutschland, der Normandie und England nicht gelegen sein konnte, war nicht zu trauen. Doch wider Erwarten erreichten sie den Hafen von Boulogne-sur-Mer an der flandrischen Küste, ohne angegriffen zu werden. Ein starkes Kontingent deutscher Ritter erwartete sie bereits, um sie auf ihrer Weiterreise nach Lüttich, wo Matilda ihren zukünftigen Gatten treffen sollte, zu geleiten.

Über Heinrich V. waren Robert die schrecklichsten Dinge zu Ohren gekommen. Der König hatte angeblich seinen eigenen

Vater gefangen genommen, in den Kerker geworfen und zur Abdankung gezwungen. Umso überraschter war er dann, als er Matildas zukünftigem Gatten selbst gegenüberstand. Der nahm von Robert selbstverständlich keinerlei Notiz, sondern kümmerte sich ausschließlich um seine Braut, tat das aber auf so liebevolle Art und Weise, dass er schnell das Herz des jungen Soldaten gewann.

Heinrich war fast zwanzig Jahre älter als Matilda, was allerdings für niemanden einen Stein des Anstoßes darstellte. Seine hohe, schlanke Gestalt war in kostbare Gewänder gehüllt, ein freundliches Lächeln umspielte seine Lippen, und auf seinem blonden Haar trug er nur einen schmalen Reif als Krone. Eingerahmt von Bischof Burchard von Cambrai und Heinrich von Winchester, ihrem Erzieher, schritt die kleine Prinzessin selbstbewusst auf den deutschen König zu und wurde von ihm, trotz ihres noch kindlichen Alters, mit aller Höflichkeit und Ehrerbietung, wie es einer Dame von hohem Rang zukam, begrüßt. Robert, der in vollen Waffen in der zweiten Reihe hinter den englischen Würdenträgern stand und alles aufmerksam beobachtete, konnte nichts Falsches oder Verschlagenes in den Augen des Saliers entdecken, was ihn sehr beruhigte.

In Utrecht kam es während des Osterfestes zur feierlichen Verlobung zwischen König Heinrich V. und der englischen Prinzessin. Die Heirat sollte erst erfolgen, wenn Matilda alt genug dafür war und ihren Aufgaben als Ehefrau nachkommen konnte.

Allerdings wurde sie bereits im Sommer in einer einzigartigen Zeremonie im Dom zu Mainz zur Königin gekrönt. Robert, immer in ihrer unmittelbaren Nähe, war tief beeindruckt, wie tapfer, unerschrocken und hoheitsvoll sie auftrat. Er selbst hätte sich wahrscheinlich zu Tode gefürchtet, wäre Gleiches von ihm verlangt worden.

Ausschließlich in der Abgeschiedenheit ihrer Kemenate durfte Matilda manchmal noch Kind sein. Doch auch hier nur, wenn keine der zahlreichen Hofdamen und Priester, die sie ständig umgaben, mehr anwesend war. Dann setzte sie sich oft auf Roberts Knie, spielte mit den von ihm geschnitzten Holztieren, am liebsten Löwen, mittlerweile eine ganze Familie, und konnte das achtjährige, kleine Mädchen sein, das sie im Grunde genommen noch war.

Die Bindung zwischen ihr und ihrem Beschützer wurde zum Missfallen vieler hochgestellter Würdenträger immer enger. Einmal hatte man versucht, Robert aus ihrer Nähe zu entfernen, und zu anderen Aufgaben abkommandiert. Allerdings wurde dieser Befehl umgehend rückgängig gemacht, denn niemand hatte mit einem solchen Wutausbruch der jungen Königin gerechnet. In dieser Beziehung verstand Matilda keinen Spaß. Robert war für sie trotz zahlreicher höfischer Begleiter die letzte enge Verbindung zur alten Heimat. Und die ließ sie sich von nichts und niemandem nehmen.

Trotz allem war doch der Tag der Trennung gekommen, und diesmal halfen weder Matildas energische Proteste noch ihre Tränen. Heinrich V. hatte beschlossen, mit einem gewaltigen Heer nach Rom zu ziehen. Ein für alle Mal wollte er direkt mit dem Papst klären, wer das Recht hatte, hohe geistliche Würdenträger in ihre Ämter einzusetzen: der jeweilige weltliche Herrscher oder der Bischof von Rom.

Der Streit über die Investitur tobte seit vielen Jahren. Sein Vater war deshalb gezwungen worden, nach Canossa zu gehen und sich Papst Gregor zu unterwerfen. Später hatte er sich für diese Demütigung bitter gerächt und seinen Widersacher aus dem Amt und der Stadt Rom gejagt. Nicht nur dafür war er dann erneut exkommuniziert worden, und seine sterblichen Überreste durften nicht in geweihter Erde bestattet werden. Sie ruhten seither in einer ungeweihten Seitenkapelle des Doms zu Speyer, und Heinrich hatte sich geschworen, auch diese Schmach mit seinem Zug gegen Rom zu tilgen.

Die meiste Zeit seines Lebens hatte sein Vater mit den Großen des Reiches im Streit gelegen. Auch Heinrich traute den Fürsten und Bischöfen nur bedingt, obwohl die letzten Jahre recht friedlich verlaufen waren. Das konnte sich allerdings schnell ändern, zog er gegen Rom, um den hohen Klerus seiner Macht zu berauben und sich zum Kaiser krönen zu lassen. Wagte im Moment vielleicht auch niemand einen offenen Aufstand, so war er doch nicht vor einem heimtückischen Überfall oder Meuchelmord gefeit. Deshalb hatte er den Plan gefasst, seine deutsche Leibwache gegen die englische seiner Verlobten auszutauschen. Von den Fremden verstanden nur die wenigsten ein paar Brocken der deutschen Sprache und kannten kaum die Verhältnisse im Land. Das machte sie weniger empfänglich für Bestechungen und Einflüsterungen und bot Heinrich somit den größtmöglichen Schutz.

Robert wurde von dem Befehl des Königs ebenso überrascht wie de Clare, nur dass Letzterer sich rasch in das Unvermeidliche fügte. Robert hingegen weigerte sich strikt, Matilda zu verlassen, und wurde in seinem Entschluss von dieser nach Kräften bestärkt. Doch es half alles nichts. Der Hauptmann erklärte seinem Untergebenen, es gäbe für ihn zwei Möglichkeiten, die Alpen zu überqueren – zu Fuß oder zu Fuß und in Ketten. Ihm selbst hatte man ja auch keine Wahl gelassen. Und so verabschiedete sich der junge Soldat von seiner kleinen Prinzessin, die nun eine Königin war, als wäre er der Ritter ihres Herzens. Robert bekam zum Abschied von ihr sogar ein rot-goldenes Band geschenkt, das er an seiner Lanze tragen sollte. Noch eine ganze Weile glaubte er auf dem Marsch nach Süden ihre tränenfeuchte Wange an der seinen zu spüren.

Am nächsten Morgen, jetzt wieder ganz junge Königin, winkte sie von einem Söller des Königspalastes ihrem Verlobten und dem abziehenden Heer hinterher. Für die Zeit von Heinrichs Abwesenheit wurde sie der Obhut des Erzbischofs von Trier übergeben, der ihre weitere Ausbildung übernehmen und sie in der deutschen Sprache unterrichten sollte.

Der Weg über die himmelhohen Berge, Alpen genannt, die das Deutsche Reich von Italien trennten, war das Anstrengendste, das Robert bisher erlebt hatte. Endlos wand sich der Heerwurm durch schmale Täler dahin, um dann in engen Serpentinen zum großen Sankt-Bernhard-Pass aufzusteigen. Wenn dieser Pass wirklich der bequemste Alpenübergang war, legte er keinen gesteigerten Wert darauf, die anderen kennenzulernen.

Die liebliche Landschaft südlich der Alpen und die reichen italienischen Städte beeindruckten Robert sehr. Über Piacenza und Florenz, wo sie das Weihnachtsfest gefeiert hatten, waren sie nach Sutri gelangt. Die Stadt lag nur noch einen reichlichen Tagesmarsch nördlich von Rom und beherrschte in strategisch günstiger Position an der Via Francigena gelegen den Zugang nach Mittelitalien.

Und hier trafen sie das erste Mal auf Abgesandte von Papst Paschalis. Nie hätte sich der junge Soldat noch vor einem Jahr träumen lassen, einmal bei einer solchen Begegnung anwesend zu sein.

* * *

Das Eintreffen der Delegation schreckte Robert aus seinen Gedanken und lenkte ihn zumindest für den Moment von der bitteren Kälte ab, die nach seinen Gliedern gegriffen hatte. Da ihm mittlerweile die seiner Muttersprache gar nicht so unähnliche deutsche Sprache geläufig war, verstand er so gut wie jedes Wort, das zur Begrüßung gewechselt wurde.

Der König beeilte sich keineswegs, die Vertreter des Heiligen Vaters zu empfangen. Im Gegenteil, es schien Robert fast so, als ließe er die Ankömmlinge absichtlich auf ihren Reittieren in den rauen, von den Bergen des Apennins herabwehenden Winden warten.

Die Abordnung wurde von einem Kardinalbischof angeführt, der ein prächtig herausgeputztes Maultier ritt. Sein scharlachroter Mantel und der große, runde Hut waren von Schneekristallen bedeckt, die mit den Edelsteinen seiner Ringe, der juwelengeschmückten Kette, an der ein goldenes Kruzifix hing, und der kostbaren Mantelspange um die Wette glitzerten. Noch nie hatte der junge Soldat so viel Schmuck an einem einzigen Mann gesehen. Nicht einmal an den zwei Königen, die er kannte.

Endlich wurde von einem Diener der Türvorhang zurückgeschlagen, und Heinrich, in Kettenhemd und pelzverbrämtem Mantel, trat vor das Zelt.

»Seid willkommen, Kuno von Praeneste«, begrüßte der König den Kardinal und nickte freundlich – oder war es eher spöttisch? – auch dessen Gefolge zu. »Sitzt ab und seid meine Gäste. Wärmt Euch an meinem Feuer, während Ihr mir Eure Botschaft überbringt. «

Hörte Robert da einen leicht sarkastischen Unterton in der Stimme des Königs heraus? Auch wenn er im offiziellen Hofzeremoniell nicht übermäßig bewandert war, wusste er doch, dass man einen Abgesandten des Papstes normalerweise anders empfing. Kein Titel, kein »Eure Eminenz«, sondern nur die Nennung eines Namens stellte gegenüber einem hochrangigen kirchlichen Würdenträger einen beachtlichen Affront dar. Spätestens als Kuno von Praeneste recht mühsam aus dem Sattel glitt und Heinrich seinen Ring zum Kuss hinhielt, was von diesem geflissentlich ignoriert wurde, war jedem der Anwesenden klar, dass der König auf Konfrontation aus war.

Der Kardinal lief so rot an wie die Kleidung, die er trug, und sein Gesicht war von dieser kaum noch zu unterscheiden. Was bildete sich dieser deutsche Jungspund eigentlich ein? Ihm, dem Vertreter des Heiligen Vaters, nicht mit dem gebührenden Respekt entgegenzutreten, ihn wie einen seiner Gefolgsleute, noch dazu einen unbotmäßigen, zu behandeln! Nun, er würde ihn schon in die Schranken weisen. Hatte dieser König vergessen, über welche Macht die heilige Mutter Kirche verfügte? Sein Vater hatte drei Tage lang vor der Burg von Canossa als Büßer und Bittsteller um die Gnade von Papst Gregor und die Lossprechung vom Kirchenbann gefleht! Die Exkommunikation konnte auch diesen König ganz schnell treffen. Ihm das klarzumachen, sah der Kardinal als seine vordringliche Aufgabe an.

Doch Heinrich hatte nicht die Absicht, die Fehler seines Vaters zu wiederholen und sich vor den Vertretern der Kirche zu demütigen. Es war ihm in den Jahren seiner Herrschaft gelungen, die Fürsten seines Reiches hinter sich zu versammeln und auf seine Seite zu ziehen. Seinem Vater war das nie so recht geglückt, und dadurch war er angreifbar gewesen. Jetzt war er, Heinrich V., in Erbfolge von den Großen des Reiches gewählter deutscher König, hier, um gegenüber dem Pontifex Maximus Forderungen zu stellen, die diesem und seiner Kurie mit Sicherheit ganz und gar nicht gefallen würden. War Heinrich IV. damals mit kleinem Gefolge nach Canossa gekommen, um sich zu unterwerfen, so rückte er mit einem Heer an, wie es Italien seit den Zeiten der Cäsaren nicht mehr gesehen hatte. Und diese Macht wollte er nutzen, das hatte er sich am Grabe seines noch immer in ungeweihter Erde ruhenden Vaters geschworen.

»Ich hatte damit gerechnet, dass mich eine Abordnung des Heiligen Vaters spätestens nach meiner Alpenüberquerung begrüßt«, begann Heinrich das Gespräch, nachdem man das Zelt betreten hatte, ohne seinen Gästen einen Platz anzubieten. Er selbst ließ sich, umringt von seinen Grafen, Herzögen und den wenigen zu seinem Gefolge gehörenden Klerikern, auf einem Feldstuhl nieder. Der König wollte gleich von Anfang an klarstellen, wer hier das Sagen hatte.

»Wenn Eure Majestät Boten geschickt und seine Absicht erklärt hätte, wäre das sicher auch geschehen.« So schnell ließ sich Kuno von Praeneste, der einmal Kaplan und Beichtvater von Wilhelm dem Eroberer und später päpstlicher Legat am Hofe des französischen Königs Ludwig VI. gewesen war, nicht einschüchtern.

»Ich habe Papst Paschalis mehrfach eingeladen, mein Gast zu sein und den leidigen Streit um die Investitur der Bischöfe und Äbte beizulegen. Er hätte auf dem Hoftag zu Mainz vor fünf Jahren zu allen Großen des Reiches sprechen können. Doch bis heute hat er es ja vorgezogen, meinen Einladungen nicht Folge zu leisten. So habe ich mich eben auf den beschwerlichen Weg gemacht, um ihm die Anstrengung zu ersparen. Außerdem, wenn ich Euch daran erinnern darf, steht auch meine Kaiserkrönung noch aus. Ich glaube, beides ist dem Heiligen Vater durchaus bewusst. Er kann über mein Kommen also kaum überrascht sein.«

Dem Kardinalbischof wurde der Mund trocken. Diese bodenlose Unverfrorenheit! Was dachte dieser Barbarenkönig eigentlich, wer er war? Die heilige Mutter Kirche hatte noch jeden, der ihr widerstehen wollte, Demut gelehrt. Die ewige Verdammnis würde ihn ereilen, wenn er sich nicht besann und als gehorsamer Sohn erflehte, was er begehrte.

Völlig ausgeschlossen war natürlich, dass man einem weltlichen Herrscher gestattete, die Bischöfe und Äbte nach Gutdünken in seinen Landen einzusetzen, wie es früher – zugegeben –

durchaus üblich gewesen war. Aber da vertrat die Kirche seit Papst Gregor VII. einen ganz klaren Standpunkt: Sie, und nur sie, bestimmte darüber, wer Bistümern, Abteien und Klöstern vorstand. Daran würde, so Gott wollte, und daran zweifelte Kuno keinen Augenblick, auch dieser deutsche König nichts ändern. Und auf seine Krönung zum Kaiser konnte er, wenn es nach dem Kardinal ginge, bis zum Sankt-Nimmerleins-Tag warten. Eher würde ihn der Bannfluch treffen, dafür wollte er schon sorgen. Vorerst musste er sich aber diplomatisch geben, wollte er seine Mission nicht gefährden. Schließlich sollte Kuno im Auftrag des Papstes den König zur Umkehr bewegen, auch wenn er nicht viel Hoffnung hatte, das zu erreichen. Zu herrisch war das Auftreten Heinrichs und zu mächtig sein Heer.

»Die Synoden von Guastalla und Châlons-sur-Marne haben leider keine Einigung gebracht«, erklärte der Kardinal säuerlich. »Es wäre sicherlich anzuraten, noch einmal ein Konzil einzuberufen, um den unseligen Streit endgültig beizulegen. Der Heilige Vater wird kaum etwas dagegen haben, wenn Eure Majestät den Ort bestimmt, solange er diesseits der Alpen liegt.«

Heinrich wischte die Worte mit einer Handbewegung beiseite. Allein die Verhandlungen darüber konnten sich über Monate, wenn nicht Jahre hinziehen. Nein, er war nach Italien gekommen, um endlich Nägel mit Köpfen zu machen. Bis seine Forderungen erfüllt waren, würde er mit seinen Truppen nicht wieder abziehen. Komme, was da wolle.

»Ich bin hier, um das mit ihm persönlich zu besprechen. Richtet dem Heiligen Vater aus, dass ich in zwei Tagen in Rom einziehen werde. Besser, die Tore stehen dann weit offen.«

Das war eine offene und unverhohlene Drohung, die Heinrich da aussprach. Der Ewigen Stadt und dem Papst näherte man sich als Pilger, als bußfertiger Sünder – ein König vielleicht als demütiger Sohn –, aber nicht als Kriegsherr mit einem gewaltigen Heer. Der Kardinal hatte gehofft, dass auch der Deutsche davor zurückschrecken würde, doch das war ganz offensichtlich nicht der Fall. Sollte er ihm vielleicht gleich hier und heute mit dem Bannstrahl der heiligen Mutter Kirche drohen? Lieber nicht. Das konnte der Papst mit der Autorität des Oberhauptes der Christenheit hinter sich weit besser, falls man zu keiner Einigung kam.

Wichtig war jetzt vor allem, ihn von dem Gespräch zu unterrichten, damit der Heilige Vater informiert war, was auf ihn zukam, und Vorkehrungen treffen konnte. Kuno wusste auch schon, was er ihm raten würde. Diese Nachrichten mussten Paschalis so schnell wie möglich erreichen. Deshalb hatte der Kardinal es plötzlich sehr eilig, sich von seinem Gastgeber, der ihm und seinem Gefolge ja nicht einmal einen Stuhl, geschweige denn Speis und Trank angeboten hatte, zu verabschieden.

Vor dem Zelt winkte Kuno von Praeneste einen Untergebenen zu sich und flüsterte ihm etwas in einer Sprache zu, von der er annahm, dass keiner der Deutschen sie verstand. Laut befahl er ihm dann, mit einem schnellen Pferd vorauszureiten und die Kunde von der Ankunft des Königs nach Rom zu bringen, auf dass Heinrich von der Bevölkerung mit Jubel und Freude empfangen würde. Der Kardinal wollte, wie es seinem hohen geistlichen Amt zukam, langsam folgen und Papst Paschalis selbst die frohe Kunde überbringen.

Robert trat von einem Fuß auf den anderen. Nicht vor Kälte, sondern weil er seinem Hauptmann eine wichtige Meldung zu machen hatte, der sich allerdings nirgends sehen ließ. Es war zum Verzweifeln! Von seinem Posten durfte er sich als eingeteilte Wache nicht entfernen, aber was er zu sagen hatte, erschien ihm äußert wichtig. Eine Weile rang er mit sich und wusste nicht so recht, was er tun sollte. Doch dann erschien ihm die Strafe, die ihm für das Verlassen des Postens drohte, weniger schwerwiegend gegenüber dem, was sie alle erwartete, überbrachte er nicht rechtzeitig, was er gehört hatte. Robert rief seinen ebenfalls zum Wachdienst eingeteilten Kameraden zu, dass er den Hauptmann suchen müsse, und bevor ihn jemand zurückhalten konnte, lief er auch schon los.

Nach längerem Suchen fand er Hugh de Clare im Gespräch mit mehreren Edelleuten und Rittern, die den Besuch des päpstlichen Abgesandten und ihr weiteres Vorgehen diskutierten. Robert versuchte, seinem Vorgesetzten Zeichen zu geben, doch es dauerte eine gefühlte Ewigkeit, bis dieser von ihm Notiz nahm. Offenbar hatte der Soldat etwas Wichtiges auf dem Herzen und Hugh de Clare immer ein offenes Ohr für die Sorgen seiner Untergebenen.

»Habt Ihr nicht Wache beim Zelt des Königs?«, fragte der Hauptmann ganz verblüfft, als ihm aufging, dass Robert Fitzooth gar nicht hier sein durfte.

»Mylord, ich habe eine wichtige Meldung zu machen, die keinen Aufschub duldet. Vielleicht ist es sogar schon zu spät.«

»Ihr wollt mir jetzt nicht sagen, dass Ihr Euren Posten verlassen habt, oder? Kerl, das kann Euch den Kopf kosten!«

»Hört mich doch nur einen Moment lang an! Die Römer werden die Tore vor uns verschließen und die Stadt in Verteidigungsbereitschaft versetzen. Das soll uns so lange aufhalten, bis die Normannen aus Apulien anrücken. Herzog Roger ist dem Papst lehnspflichtig und zur Waffenhilfe verpflichtet.«

»Woher wisst Ihr das?« Hugh de Clare war nahezu sprachlos.

»Der Kardinal hat es zu einem Boten gesagt. Leise, aber doch so, dass ich es hören konnte. Er dachte wohl, niemand versteht hier diese Sprache.«

»Welche Sprache, Mann! Erklärt Euch deutlicher.«

»Normannisches Französisch. Er scheint nicht bemerkt zu haben, dass die Leibwache des Königs aus Engländern besteht.«

»Robert, wenn das wahr ist, müssen wir auf der Stelle handeln, sonst kommt es zu einer furchtbaren Schlacht. Nehmt Euch ein paar Männer und die schnellsten Pferde und verfolgt den Boten. Bringt ihn her, tot oder lebendig, ganz gleich. Ich gehe zum König. Wahrscheinlich wird er auch dem Kardinal Verfolger hinterherschicken. Doch das ist allein seine Entscheidung. Und jetzt sputet Euch, sonst kann alles verloren sein.«

Der junge Soldat rief schnell fünf seiner Kameraden zusammen, und wenige Augenblicke später jagten sie aus dem Lager. Robert selbst nahm sich das Pferd des Hauptmanns. Schließlich hatte dieser ja gesagt, sie sollten die schnellsten auswählen.

Der Bote, den Kuno von Praeneste vorausgeschickt hatte, sah keinen Grund zu großer Eile. Das Pferd, das er ritt, war sein eigenes, und auf keinen Fall sollte es durch übermäßige Hast Schaden nehmen. Die Straße stammte noch aus der Zeit des Kaisers Augustus und war in entsprechend schlechtem Zustand. Trotzdem machte er keine Pause, denn offen dem Befehl des Kardinals zuwiderhandeln, das wagte er nun doch nicht. In der Ferne sah er bereits die gewaltigen Mauern Roms, als er den Hufschlag galoppierender Pferde hinter sich vernahm. Ein Blick über die Schulter zurück genügte, um ihn zu der Erkenntnis zu bringen, dass er sich wohl besser mehr beeilt hätte. Jetzt gab der Bote seinem Pferd die Sporen, und da er es bisher ja nicht übermäßig angestrengt hatte, flog es wie ein von der Bogensehne schnellender Pfeil dahin.

Von den Verfolgern war nur Roberts Pferd in der Lage, dieses Tempo mitzuhalten. Es gelang ihm sogar, nach und nach den Vorsprung zu verkürzen, aber bedrohlich näherten sich die Mauern der Stadt. Wenn der Bote sie erreichte, war er in Sicherheit. Von allen Seiten her strömten Händler, Bauern und Handwerker mit Karren oder auch nur Kiepen auf dem Rücken auf eines der Stadttore zu und schickten den Reitern, die, ohne

Rücksicht zu nehmen, durch ihre Reihen preschten, wüste Flüche hinterher.

Endlich war Robert mit dem Boten gleichauf. Er beugte sich hinüber, um ihn zu packen, da durchfuhr ihn ein brennender Schmerz. Der Vertraute des Kardinals hatte keinesfalls die Absicht, sich widerstandslos gefangen nehmen zu lassen. Er bückte sich unter dem Arm des Angreifers hinweg und stieß mit einem langen Dolch zu.

Dass Robert von links angriff und der Stich in seine Richtung nicht mit voller Wucht geführt werden konnte, rettete ihm das Leben. Die Klinge glitt am Kettenhemd ab, rutschte nach oben und fuhr in seine nur durch das Gambeson geschützte rechte Achselhöhle. Glücklicherweise hatte der Stoß bereits an Kraft verloren und ging knapp an der Schlagader vorbei. Trotzdem spürte der junge Soldat, wie sein warmes Blut an der Seite herabrann. Auf eine lange Auseinandersetzung konnte er es jetzt nicht mehr ankommen lassen. So warf er sich hinüber, riskierte den eigenen Sturz, riss aber dabei den Boten vom Pferd. Gemeinsam ineinander verkrallt, stürzten sie zu Boden. Robert war leicht im Vorteil, da er auf seinem Gegner landete, der zumindest für einen Moment benommen war. Schnell schnitt er die Kordel des Umhangs ab, den der Mann trug, und band ihm damit die Hände auf den Rücken, bevor dieser sich ernsthaft wehren konnte.

Erst als Robert sich aufrichtete, bemerkte er, dass er von aufgebrachten Männern und Frauen umringt war, die in einer ihm unbekannten Sprache von allen Seiten auf ihn einredeten. Viele hatten die Fäuste geballt, hielten Knüppel in den Händen, und auch wenn er die Menschen nicht verstand, war ihre Absicht doch eindeutig. Sie wollten seinen Gefangenen, der immerhin das Wappen eines der angesehensten Kardinäle Roms auf der Brust trug, befreien und keinesfalls dulden, dass er von einem Fremden verschleppt wurde.

Robert wusste sich nicht anders zu helfen, als sein Schwert zu ziehen und es mit einer schnellen Bewegung einmal um sich kreisen zu lassen. Erschrocken zog sich die Menge zurück, aber es war klar, dass er allein nicht gegen die Menge bestehen konnte. Jetzt begann auch noch der Gefangene zu den Umstehenden zu reden, was Robert auf keinen Fall dulden konnte. Wenn er ihnen seine Botschaft übermittelte, konnte sie sehr schnell zum Befehlshaber der Garnison oder gar zu Papst Paschalis selbst gelangen.

Der junge Soldat tat es nicht gern, aber der Befehl seines Hauptmanns war eindeutig. Mit dem Fuß stieß er den Gefangenen zu Boden, sodass dieser mit dem Gesicht im Dreck lag und keinen Ton mehr von sich geben konnte. Als Robert jetzt auch noch sah, wie von dem Wachturm an der nahen Tiberbrücke – der berühmten Ponte Milvio, wie er später erfuhr – ein paar Soldaten angelaufen kamen, setzte er widerstrebend die Schwertspitze in den Nacken des Boten, bereit, ihn zu töten.

Glücklicherweise war das aber nicht nötig, denn in diesem Moment sprengten seine fünf Kameraden auf ihren großen Streitrossen zwischen die Menge, die sich schleunigst zerstreute, und auch die Brückenwachen zogen sich vor der plötzlichen Übermacht der gefährlich aussehenden Reiter zurück.

Es gelang Robert mithilfe seiner Gefährten, den Gefangenen auf sein Pferd zu hieven. Erst dann kümmerte er sich um seine Verletzung und stopfte Stoffstreifen zwischen seine Achselhöhle und das Kettenhemd, um die Blutung zu stillen. Bis zum Lager musste das ausreichen, dort konnte sich ein Feldscher die Wunde ansehen.

* * *

Da die Pferde erschöpft waren, schafften sie es nicht, am gleichen Tag noch zurückzukehren. Es gab unterwegs etliche Herbergen, aber Robert setzte durch, dass im Freien genächtigt wurde. Er befürchtete in einer Schenke einen erneuten Versuch, den Gefangenen zu befreien. Obwohl er im Rang nicht über ihnen stand, akzeptierten seine Kameraden seine Entscheidung ohne großes Murren. Sie vertrauten ihm, als wäre er ihr gottgegebener Anführer.

Als sie am nächsten Tag das Lager bei Sutri erreichten, wurden sie bereits von Hugh de Clare erwartet. Robert fiel auf, dass das Maultier des Kardinalbischofs bei den Pferden des Königs stand. Offenbar hatte Heinrich den Vertrauten des Papstes auch nicht weit kommen lassen.

Der Hauptmann, der die Verwundung seines Untergebenen bemerkte, schickte ihn sofort zu seinem eigenen Wundarzt und befahl ihn erst danach zur Berichterstattung in sein Zelt. Der Feldscher vernähte die Wunde mit dem Darm junger Katzen, versicherte Robert noch einmal, dass er großes Glück gehabt hatte, und gab ihm auf, den Arm mehrere Tage ruhig zu halten und gegen den Blutverlust roten Wein zu trinken. Zumindest Letzteres würde Robert nicht weiter schwerfallen.

Im Zelt des Hauptmannes nötigte ihn dieser, Platz zu nehmen, und bot ihm einen Becher der verordneten Medizin an.

»Der König ist Euch überaus dankbar«, meinte er dann, als Robert seinen Bericht beendet hatte. »Er hat sich wieder einmal zu seiner Idee einer normannischen Leibwache beglückwünscht.«

»Ich bin kein Normanne!«, verwahrte sich der junge Soldat entschieden.

»Nein?« Hugh de Clare zeigte sich überrascht, hatte er doch bisher immer angenommen, dass die Eltern von Robert wie seine Familie mit Wilhelm dem Eroberer über den Kanal gekommen waren.

»Aber Ihr tragt einen normannischen Namen«, bohrte er nach.

»Ich heiße Hrodberht, Sohn des Odo. Meine Eltern waren Angelsachsen. Sie sind, wie Ihr wisst, in der großen Hungersnot umgekommen, die Euer Herzog, der sich dann später die englische Königskrone genommen hat, mit seinen Kriegen über das Land brachte. Mönche von Saint Mary in Nottingham fanden mich und bewahrten mich vor dem gleichen Schicksal. Sie kamen aus Frankreich und haben meinen Namen, den sie kaum über die Lippen brachten, in Robert Fitzooth geändert. So würde er in Eurer Sprache heißen, sagte man mir.«

Robert sprach selbstbewusst und völlig offen. Das kannte Hugh de Clare von seinen Soldaten sonst anders. Immer mehr begann er, sich für das Schicksal des jungen Mannes zu interessieren.

»Wie seid Ihr dann nach London gekommen, wo ich Euch getroffen habe?«

»Ich ertrage keine Mauern und geschlossenen Tore um mich herum. Meine Eltern waren Freibauern und ich in meiner Kindheit immer gemeinsam mit ihnen auf den Feldern oder im Wald. Im Kloster bestand das Leben nur aus Beten, Fasten und Lernen. Das habe ich nicht ausgehalten und bin ausgerissen. Hätte man mich aufgegriffen, wäre ich aufgehängt oder bestenfalls Leibeigener geworden. Nur die große Stadt bot mir die Möglichkeit, in ihr unterzutauchen und zu überleben.«

»Und das habt Ihr damals als Kind schon gewusst?«, meinte de Clare nachdenklich.

»Nein, aber der Pförtner von Saint Mary, ein alter Soldat, war mein Freund. Er hat mich auch in einer dunklen Nacht aus dem Kloster gelassen, mir etwas Wegzehrung und diesen Rat gegeben.«

›Aha‹, dachte der Hauptman, ›deshalb hast du dich nicht gesträubt und bist mir widerspruchslos gefolgt, als ich dich aufgelesen habe. Der Alte wird dir vom Soldatenleben vorgeschwärmt haben, denn mit vielen Jahren Abstand gesehen, verliert es seine Schrecken. Nur die angenehmen Erinnerungen bleiben im Gedächtnis, auch wenn es vielleicht nicht viele sind.‹

»Wisst Ihr eigentlich, an welcher geschichtsträchtigen Stelle Ihr den Boten gefangen genommen habt?«, erkundigte sich de Clare schmunzelnd bei seinem Untergebenen, der nur verneinend den Kopf schüttelte.

»Nun, an dieser Brücke siegte erstmals ein Kaiser im Zeichen des Kreuzes über seinen Widersacher. Konstantin, so sagt man, zögerte, die Schlacht gegen seinen Mitkaiser Maxentius zu schlagen. Da erschien ihm am Himmel ein leuchtendes Kreuz, und Jesus selbst soll im Traum zu ihm die Worte gesprochen haben: ›In diesem Zeichen siege.‹ Konstantin ließ das Kreuzzeichen auf die Schilde seiner Soldaten malen und warf sich mit ihnen der Übermacht entgegen. Er feierte einen grandiosen Sieg an der Milvischen Brücke, Maxentius ertrank im Tiber, und das Christentum verdrängte nach und nach die alten römischen Götter und wurde Staatsreligion. Wäre es anders ausgegangen, würde man hier heute vielleicht noch Jupiter, Apollo und Venus anbeten.«

Das waren blasphemische Worte, doch de Clares Vorfahren, die Wikinger, hatten noch vor hundert Jahren an Odin, Thor und weitere Götter sowie ein Leben nach dem Tod in Walhalla geglaubt. Erst als der französische König Karl ihren Anführer Rollo als Ausgleich für die Schonung von Paris mit der Normandie belehnte und zum Herzog erhob, wurden die wilden Nordmänner sesshaft und traten nach und nach zum Christentum über. Doch die alte Religion war in vielen von ihnen noch tief verwurzelt, und nicht jeder von ihnen nahm bis heute ohne

Einschränkung den Priestern der heiligen Mutter Kirche ab, was sie ihm erzählten.

»Dieser Kaiser Konstantin soll aus Dank für den Sieg im Zeichen des Kreuzes und dafür, dass ihn angeblich der damalige Papst Silvester vom Aussatz geheilt hat, der Kirche das gesamte Weströmische Reich übereignet haben. Seither begründet sie mit dieser Urkunde, deren Rechtmäßigkeit äußerst zweifelhaft ist, ihren Herrschaftsanspruch auch über Könige und Kaiser. Und Heinrich ist nicht zuletzt hier, um dem Heiligen Vater klarzumachen, dass er sich ihm nicht zu unterwerfen gedenkt.«

Robert hatte aufmerksam zugehört, aber nur einen Teil von dem verstanden, was de Clare ihm zu erklären versuchte. Der Streit zwischen König und Papst interessierte ihn wie die meisten einfachen Menschen nur am Rande. Viel mehr beschäftigte ihn etwas anderes.

»Mylord, gestattet Ihr, dass ich Euch eine Frage stelle?«

»Nur zu.«

»Der Kardinal befahl seinem Boten, dem Papst zu raten, die Normannen zur Unterstützung zu holen. Woher sollen die so schnell kommen? Über das Meer?«

»Nein, Robert. Meine Landsleute haben nicht nur den Norden Frankreichs und England erobert, sondern auch die Byzantiner aus dem Süden Italiens und die Mauren aus Sizilien verdrängt. Herzog Roger Borsa beherrscht Apulien und Kalabrien und ist ein enger Verbündeter des Pontifex Maximus. Kommt er Paschalis zu Hilfe, kann es brenzlig werden. Ihr Engländer wisst, wie wir Normannen kämpfen können.«

Oh ja, darüber wurden viele Lieder gesungen, konnte Robert nur bestätigen. In der Schlacht von Hastings waren seine Vorfahren furchtbar geschlagen worden. Auch spätere Aufstände hatten nie zu einem Erfolg gegen dieses kriegerische Volk geführt. Wilhelm der Eroberer und sein Sohn Rufus hatten die

Angelsachsen grausam unterdrückt und einen regelrechten Vernichtungsfeldzug mit Schwert, Feuer und Hunger gegen sie geführt. Doch unter König Henry, Matildas Vater, hatten sich die Verhältnisse deutlich gebessert. Sicherlich war niemandem daran gelegen, den gefürchteten Nordmännern in einer offenen Schlacht gegenüberzutreten, von der niemand vorher sagen konnte, wie sie ausgehen würde.

»Und noch eins, Robert. Der König hat mich beauftragt, Euch diesen Beutel zu übergeben. Er belohnt treue Dienste gern und reichlich. Aber wenn ich Euch einen guten Rat geben darf, versauft nicht das ganze Silber oder verliert es beim Würfelspiel.«

»Nein, Mylord, sicher nicht. Irgendwann einmal, sollte mein Sold je dafür reichen, will ich mir eine Freisass kaufen und als freier Bauer leben. So wie es mein Vater und dessen Vater getan haben.«

Hugh de Clare stand auf und klopfte dem jungen Soldaten auf die Schulter.

»So ist's recht. Schont Euren Arm, und wenn die Wunde sich entzünden sollte, scheut Euch nicht, noch einmal den Feldscher aufzusuchen. Für die nächsten Tage seid Ihr vom Wachdienst befreit. Aber wenn wir in Rom einziehen, will ich Euch an der Seite des Königs wissen.«

Robert Fitzooth verneigte sich und verließ das Zelt. Sein Hauptmann schaute ihm noch eine Weile nachdenklich hinterher und seufzte dann tief. Seine Frau war bei der Geburt ihres Kindes gestorben, und auch der kleine Kerl, den sie zur Welt gebracht hatte, nach wenigen Tagen verschieden. Er wäre heute in etwa so alt wie der junge Mann, der ihn soeben verlassen hatte.

* * *

Der Kardinalbischof war schon kurz hinter dem Lager von Heinrichs Truppen eingeholt und in aller Höflichkeit, aber auch Bestimmtheit nach Sutri zurückgeleitet worden. Jetzt saß er hier fest und arbeitete sehr zu seinem Unwillen mit dem Kaplan des Königs an einem Vertrag, der den Investiturstreit zwischen der Kirche und den weltlichen Herrschern, zumindest in deutschen Landen, beenden sollte. Nie und nimmer würde Paschalis dieses Machwerk, das unter Zwang zustande kam, unterzeichnen, dessen war er sich sicher. Doch dann kam der Heilige Vater auf Einladung Heinrichs und unter Zusicherung freien Geleites selbst von Rom nach Sutri und traf eine noch viel weiter gehende Vereinbarung mit dem König.

Der Streit zwischen Heinrich und Paschalis wogte bereits eine ganze Zeit hin und her, und ihre jeweiligen Berater waren mittlerweile in die Auseinandersetzung gar nicht mehr eingebunden.

»Ihr könnt nicht von mir verlangen, dass mehr als die Hälfte meines Reiches von Männern verwaltet und beherrscht wird, die Euch mehr verpflichtet sind als mir«, brüllte der König und hieb mit der Faust auf den kleinen Tisch, auf dem der mühsam ausgehandelte Vertragsentwurf lag, der soeben wieder zunichtegemacht wurde.

»Ihr maßt Euch an, Bischöfe mit dem Krummstab des Hirten und dem Ring des Fischers einzusetzen«, donnerte Paschalis nicht weniger laut zurück. »Auch Ihr werdet die Oberhoheit der heiligen Mutter Kirche, das Subprimat des Papsttums über das der weltlichen Herrscher anerkennen müssen!«

»Könige und Kaiser sind durch die Erbfolge direkt von Gott eingesetzt. Ihr hingegen werdet von Menschen gewählt und in dieses Amt berufen. Und die entscheiden nicht immer weise. Wer steht da wohl über wem?«

»Ihr könntet ohne den Segen und die Salbung mit dem heiligen Öl gar nicht herrschen, sondern werdet erst dadurch zu einem christlichen König. Mäßigt Euch, sonst ergeht es Euch letztendlich wie Eurem Vater.«

Zwischen die rot angelaufenen Gesichter der beiden Männer passte kaum noch ein Blatt Pergament, so dicht standen sie voreinander.

»Ihr solltet mir lieber nicht drohen! Schon gar nicht mit Exkommunikation und Kirchenbann. Sonst führt Ihr mich in Versuchung, aus Euch einen Märtyrer zu machen. Es wäre nicht das erste Mal, dass ein König einen Papst absetzt und zur Hölle schickt. Seht Euch doch an, was aus Eurer Kirche geworden ist! Priester, die sich neben ihren Frauen noch ein halbes Dutzend Konkubinen halten, Bischöfe, die ihre Bistümer an ihre Kinder vererben, Klöster, in denen es wie in Sodom und Gomorrha zugeht. Ihr selbst habt Euch bei Eurer Inthronisation sogar krönen lassen! Wollt Ihr vielleicht Papst, König und Kaiser in einer Person sein?«

»Gott hat seine Stellvertreter auf Erden über alle anderen Herrscher gesetzt. Damit Ihr und Euresgleichen das endlich begreifen, habe ich aus der Tiara eine Krone machen lassen. Die Freiheit der Kirche, die libertas ecclesiae, steht über allem. Papst Gregor hat schon Eurem Vater erklärt, dass die heilige Mutter Kirche frei von Einmischung durch Laien sein muss, ihre Bischöfe und Priester selbst in ihre Ämter einsetzt, unter alleiniger Leitung des jeweiligen Heiligen Vaters steht und dieser die höchste Gewalt in der gesamten Christenheit besitzt.«

»Höchste Gewalt, dass ich nicht lache! Und was hat Gregor seine Machtlüsternheit und die Demütigung meines Vaters vor Canossa eingebracht? Er wurde abgesetzt, aus Rom vertrieben und starb einsam im Exil.«

»Aber er sitzt heute zur Rechten Gottes, während Euer Vater noch immer exkommuniziert ist und nicht in geweihter Erde bestattet werden darf! Hört Ihr seine Seele manchmal in Euren Träumen seufzen?«

Um ein Haar hätte Heinrich Paschalis an der Kehle gepackt und erwürgt.

»Um das zu ändern, bin ich unter anderem hier. Bevor Ihr ihn nicht losgesprochen habt, werde ich Rom nicht verlassen.«

»Passt lieber auf, dass es Euch nicht wie ihm ergeht! Warum nur besteht Ihr so vehement darauf, Bischöfe und Priester zu benennen? Kann es Euch nicht gleichgültig sein, wer über ein Bistum oder eine Abtei gebietet?«

»Weil sie auch Reichsterritorien verwalten und in ihren Gebieten über Hoheitsrechte verfügen. Das kann ich nur dulden, wenn sie mir den Treueeid schwören und mit ihren Truppen zu meinen Fahnen eilen, wenn ich ihrer bedarf.«

»Darum geht es Euch also letztendlich, um die Regalien«, meinte Paschalis nachdenklich.

Regalien waren die Rechte, die einem Souverän in seinen Landen zustanden, wie Münz-, Markt- und Zollrecht, die oberste Gerichtsbarkeit, das Recht auf erbloses Gut und vieles mehr.

Der Papst lief mit gesenktem Haupt eine ganze Weile auf und ab und schien in tiefe Gedanken versunken. Plötzlich blieb er stehen, die Hände auf dem Rücken verschränkt, sah Heinrich einen ewig scheinenden Augenblick in die Augen und verkündete dann: »Was haltet Ihr davon, wenn ich Euch alle aus königlicher Verleihung stammenden Hoheitsrechte der Bistümer, Abteien und Klöster zurückgebe?«

Augenblicklich war es totenstill im Zelt. Der König musste sich erst einmal setzen, so überraschend kam für ihn die Wendung der Auseinandersetzung.

»Als Gegenleistung für was?«, brachte er dann fast stammelnd vor Verblüffung heraus.

»Ihr verzichtet gänzlich auf die Investitur und überlasst sie zukünftig ausschließlich der heiligen Mutter Kirche.«

»Verzeiht, Heiliger Vater, aber wovon sollen die Bischöfe dann leben, die Äbte und Priore, die Diakone und Priester?«

Es war nicht der König, der diese wichtige Frage stellte, sondern Kuno von Praeneste. Schon jetzt begann der Kardinalbischof um seine Pfründen und die seiner Amtsbrüder zu bangen. Und der ganze Klerus, das war Heinrich von einem auf den anderen Augenblick klar, würde sich auf seine Seite schlagen.

»Nun, vom Kirchenzehnten, vom Eigenbesitz der Klöster und Abteien, von Almosen«, gab Paschalis die Antwort. »König Heinrich hat ja in manchen Dingen nicht unrecht. Unsere Bischöfe sind eher Grafen und Herzöge als geistliche Hirten ihrer Gemeinden. Statt von der weltlichen Macht geschützt zu werden, müssen sie Gefolgschaftsdienste leisten, Steuern eintreiben, Ländereien verwalten und vieles mehr. Sie konzentrieren sich nicht mehr auf die Verbreitung des Wortes Gottes, sondern mehr und mehr auf die Wahrung ihrer Besitztümer. Kirchliche Ämter werden gekauft, verkauft und vererbt. Es ist einfach unerhört! An das vor fast hundert Jahren beschlossene Zölibat für Priester und Mönche hält sich kaum einer. Der Bischof von Passau wäre beinahe von seinem eigenen Klerus gelyncht worden, als er es durchsetzen wollte, wurde mir erst unlängst berichtet. Nein, hier ergibt sich eine Chance, weltliches und geistliches Leben wieder zu trennen. So wie es schließlich sein sollte! Wenn Ihr, Heinrich, auf die Investitur verzichtet, verzichtet die heilige Mutter Kirche zukünftig auf die Regalien und gibt die bisher gewährten zurück. Könnten wir uns darauf einigen? Was meint Ihr?«

Dem König war ganz schwindelig geworden. Nicht in seinen kühnsten Träumen hätte er mit einem derartigen Vorschlag gerechnet. Während er noch darüber nachdachte und nach einem verborgenen Fallstrick suchte, wurde Papst Paschalis von Kuno von Praeneste bestürmt.

»Heiliger Vater, das kann doch nicht Euer Ernst sein! Ihr beraubt die Kirche ihrer Einkünfte und Pfründen für etwas, das ihr sowieso allein zukommt. Das wäre ein nicht wiedergutzumachender Schaden, der uns allen dadurch entsteht! Bedenkt die Folgen! Ohne die Regalien wären die Bischöfe und Äbte nahezu machtlos!«

Doch Paschalis stand fest wie ein Fels in der Brandung.

»Nicht der weltlichen, sondern der geistlichen Macht sollen sie Respekt zollen. Immer mehr schlagen sich auf die Seite der Fürsten, von denen sie belehnt werden. Das ist doch der Grund für den ganzen Streit, begreift Ihr das denn nicht? Wir verlieren den Einfluss auf unsere Stellvertreter, wenn sie von den jeweiligen Landesherren abhängig sind und ihnen Treue und Gehorsam für die Privilegien schulden, die ihnen von diesen gewährt werden. Nur wenn die Kirche darauf verzichtet, ist sie wahrhaft frei.«

Was der Papst nicht sagte, aber sehr wohl dachte, war, dass die Priester, die sich auf ihr geistliches Amt beschränken würden, in eine größere Abhängigkeit von der heiligen Mutter Kirche gerieten und sich so das kanonische Recht besser durchsetzen ließ. Bischöfe müssten fortan ihm, ihrem obersten Hirten, Priester ihren Vorgesetzten eher gehorchen. In letzter Zeit war das bedauerlicherweise immer weniger der Fall. Man verschanzte sich hinter der weltlichen Gerichtsbarkeit, die oft im Widerspruch zu der geistlichen stand, und so war für den Klerus ein nahezu rechtsfreier Raum entstanden, den nicht wenige schamlos ausnutzten.

»Aber ohne die Regalien büßen die Bischöfe ihr Recht auf Mitsprache bei den Reichstagen ein und verlieren ihren Einfluss! Sie werden aus den Reihen der Großen des Reiches ausgeschlossen sein.«

So schnell gab der Kardinal nicht auf.

»Gottes Stimme wird immer gehört werden. Und wo keine Mitsprache, da auch keine Mitverantwortung. Nein, nein, ich habe mich entschieden. Die heilige Mutter Kirche und ihre Vertreter sollen sich zukünftig wieder mehr ihren geistigen Aufgaben widmen. Wenn der König auf die Investitur verzichtet, geben wir ihm die Hoheitsrechte zurück.«

»Den Vertrag können wir gleich aufsetzen«, meldete sich Heinrich zu Wort. »Ihr bekommt, was Gottes ist, und gebt mir dafür, was des Kaisers ist. Apropos, weil wir gerade dabei sind. Da bliebe noch die Frage meiner Kaiserkrönung zu besprechen.«

Paschalis musterte den König mit zugekniffenen Augen von oben bis unten.

»Auch die werde ich Euch gewähren. Doch dafür werdet Ihr mir die Füße küssen müssen!«

»Wenn es Euch glücklich macht!« Heinrich grinste über das ganze Gesicht.

Und so wurde am 9. Februar im Jahre des Herrn 1111 zu Sutri ein Vertrag zwischen Papst Paschalis II. und König Heinrich V. geschlossen, der für alle Zeit das Verhältnis zwischen Kirche und weltlicher Macht regeln sollte. Nur, dass die Vereinbarung letztendlich scheitern und deshalb noch viel Blut vergossen werden sollte, ahnte zu dem Zeitpunkt noch niemand.

* * *

Drei Tage später marschierte Robert Fitzooth, wie die gesamte Leibwache des Königs prächtig ausstaffiert, ein seidenes Fähnchen an der Spitze seiner Lanze, in die Ewige Stadt ein. Sie überquerten die Milvische Brücke, zogen in Ariminum unter dem Triumphbogen des Augustus hindurch und passierten die Porta Flaminia, wo die gleichnamige, nach Ravenna führende Römerstraße in die Via Lata, die breite Straße, überging.

Die Römer jubelten zu beiden Seiten des Weges dem schier endlosen Zug zu, doch Robert wollte es scheinen, als ob diese Fröhlichkeit eher aufgesetzt wirkte und nicht von Herzen kam. Zu einem großen Teil war sie sicherlich auch dem Silber geschuldet, das Heinrich von in kostbare Livreen gekleideten Dienern in die Menge werfen ließ.

Der König, in einen purpurnen, mit Hermelin verbrämten Mantel gehüllt, die juwelenbesetzte, große Reichskrone auf dem Haupt und das Zepter in der Linken, ritt einen prachtvollen Schimmel. Der Hengst tänzelte angesichts der vielen johlenden Menschen nervös, wurde jedoch von seinem Reiter mit Schenkeln und Kandare geschickt unter Kontrolle gehalten. Da hatten etliche der Herzöge, Grafen und Bischöfe wesentlich mehr Probleme mit ihren Pferden, stellte Robert amüsiert fest. Er selbst hatte noch nie eine so riesige Stadt gesehen. Unzählige Kirchtürme ragten hoch empor, Paläste und Kaufmannsvillen reihten sich aneinander, und überall sah man die antiken Spuren des untergegangenen Römischen Reiches.

Nach einiger Zeit wandte sich die Marschkolonne nach rechts. Über die Ponte Angelo erreichten sie das westliche Ufer des Tiber. Vor ihnen erhob sich ein gewaltiger Rundbau, die Engelsburg, wie Robert später erfuhr. Einstmals als letzte Ruhestätte für Kaiser Hadrian gedacht, war sie schon bald in die Verteidigungsanlagen der sich ausdehnenden Stadt integriert und später von den Päpsten zur Festung ausgebaut worden. Vor genau fünfundzwanzig Jahren hatte sich hier Papst Gregor VII. vor Kaiser Heinrich IV. verschanzt, dessen Sohn jetzt so glanzvoll in den Lateran, jenen Teil Roms, der seit den Zeiten Konstantins der Sitz der Päpste war, einzog.

Robert kam es so vor, als wollten die Stadt und der Marsch durch sie gar kein Ende nehmen. Er spürte seine Füße kaum noch, da tat sich plötzlich ein weiter Platz auf, an dessen Ende sich die St.-Peter-Basilika, die bedeutendste Kirche der Christenheit, scheinbar direkt in den Himmel erhob.

Vom Petersplatz aus führte eine breite, mehrstufige Treppe auf einen Vorplatz vor der Kathedrale. Darauf hatte sich offenbar die gesamte römische Kurie versammelt, um Heinrich zu erwarten. Nur der Papst saß unmittelbar vor dem Ende der Stufen auf einem vergoldeten und mit karmesinroten Kissen gepolsterten Thron. Er wartete auf den Mann, der heute zum Kaiser des Römischen Reiches gekrönt werden sollte. Aber bevor es dazu kam, sollte dieser als gehorsamer Sohn der heiligen Mutter Kirche ihm als ihrem obersten Vertreter seinen untertänigsten Respekt erweisen und die Oberhoheit des Papstes über den Kaiser vor aller Augen bezeugen.

Knappen hielten das Pferd des Königs, als dieser sich am Fuße der Freitreppe aus dem Sattel schwang. Links und rechts flankiert von den Großen des Reiches, schritt er würdevoll die Stufen empor, kniete auf der letzten nieder und küsste den in einem roten Schuh befindlichen Fuß des Papstes, den Paschalis ihm mit einem kaum unterdrückten, aber nur für den unmittelbar vor ihm befindlichen Heinrich zu sehenden Grinsen entgegenstreckte.

Ein Raunen ging durch die versammelten Zuschauer, denn das hatte noch kein Herrscher je zuvor getan. Doch Heinrich war bereit, diesen Preis zu zahlen, wenn er dafür seine Krönung, die Lossprechung seines Vaters vom Kirchenbann und die Rückgabe der Reichsregalien bekam. Was bedeutete ihm schon diese Geste, versuchte er sich selbst einzureden, wenn drei seiner größten Wünsche in Erfüllung gingen. Dafür unterwarf er sich notgedrungen auch diesem alten Mann als dessen gehorsamer Sohn, zumindest in der Öffentlichkeit, und nur dieses eine Mal.

Für den Papst war es mehr als nur eine Formalie. Wollte er dem hohen Klerus seine über Jahrhunderte angestammten

Rechte entziehen, musste er in irgendeiner Form für einen Ausgleich sorgen. Und wenn der bedeutendste Herrscher der Christenheit ihm die Füße küsste, wer wollte dann noch an seiner und vor allem an der Macht der heiligen Mutter Kirche zweifeln?

Dass es in der Kurie rumorte, war Paschalis natürlich nicht entgangen. Widerstandslos würden die Bischöfe und Äbte ihre Pfründen und Privilegien sicherlich nicht zurückgeben. Aber auch sie schuldeten ihm Gehorsam, noch dazu, wo sich König Heinrich ihm in dieser einzigartigen Weise unterwarf. Doch was dann geschah, überraschte fast alle uneingeweihten Anwesenden, weltliche wie geistliche.

Heinrich erhob sich von den Knien und stand groß und mächtig vor dem Thron des Heiligen Vaters in der Erwartung, dass dieser ihn zur Kaiserkrönung in die Peterskirche geleiten würde. Das war auch durchaus die Absicht des Papstes, aber er hatte die Rechnung ohne seine Kurie gemacht.

Kardinalbischof Kuno von Praeneste hatte in den letzten Tagen seine Amtsbrüder nach und nach und in vielen konspirativen Treffen von dem Geheimvertrag zwischen Paschalis und Heinrich in Kenntnis gesetzt. Er war dabei so geschickt und umsichtig vorgegangen, dass später niemand mehr zu sagen wusste, wer die undichte Stelle gewesen war. Der Heilige Vater wollte die neuen Richtlinien der Kirche, die die Rückgabe der Reichsregalien vorsahen und ihm gleichzeitig das alleinige Recht der Einsetzung der hohen Geistlichkeit zugestanden, natürlich erst nach der Krönung verkünden. Dass seine Absicht bereits bekannt war und sich breiter Widerstand dagegen formiert hatte, konnte er nicht ahnen. Der Tumult, der vor der Peterskirche ausbrach, als Heinrich sich anschickte, sie zu betreten, verwunderte ihn nicht minder als den König.

»Heiliger Vater, verwehrt diesem Sohn eines Exkommunizierten und Feindes der Kirche den Zutritt zur letzten Ruhestätte des heiligen Petrus«, schallte es plötzlich aus der Menge der versammelten Kardinäle, Bischöfe und Äbte. »Niemals darf der Antichrist gekrönt werden!«, stimmten gleich mehrere der Kleriker ein. »Heinrich ist gekommen, um die heilige Mutter Kirche zu entmachten und sich zum alleinigen Herrscher über Himmel und Erde zu erheben«, brüllten andere. »Zur Hölle mit einem König, der sich den rechtmäßigen Besitz der Kirche unter den Nagel reißen will! Fehlt nur noch, dass er uns die Konstantinischen Schenkungen aberkennt!«, schrie gleich ein halbes Dutzend Bischöfe, und von weiter hinten tönte es: »Nie darf eine Kaiserkrone dieses unwürdige Haupt schmücken!«

Heinrich und Paschalis standen für einen Moment völlig irritiert vor der entfesselten, ihre Wut herausschreienden und mit Beschimpfungen und Beleidigungen nicht geizenden Geistlichkeit. Was als würdevoller Einzug in die Basilika des heiligen Petrus geplant gewesen war, verwandelte sich von einem Moment auf den anderen in ein wüstes Tohuwabohu. Fäuste wurden geballt und gen Himmel gereckt, Krummstäbe wie Keulen geschwungen, und als ein Bischof die Finger seiner linken Hand in den Mantel des Königs verkrallte und ihm mit der Rechten die Krone vom Haupt reißen wollte, gab es für Hugh de Clare kein Halten mehr.

»Verrat!«, rief er, und seine Stimme durchdrang selbst den Lärm, der vom Vorplatz der Kirche herunterhallte. »Schützt den König!« Er selbst riss das Schwert aus der Scheide und stürmte die Freitreppen nach oben, dicht gefolgt von den Männern der königlichen Leibgarde.

Robert Fitzooth war einer der Ersten, die den Vorplatz erreichten. Mit der Schulter rammte er einen beleibten hohen geistlichen Würdenträger, der daraufhin wie ein nasser Sack zu Boden plumpste. Seine Lanze hatte er umgedreht und versuchte gemeinsam mit seinen Kameraden, die aufgebrachten und offenbar zu allem entschlossenen Kleriker zurückzudrängen.

Heinrich stand inmitten der wogenden Menge völlig fassungslos und blickte wie versteinert auf das unwürdige Spektakel um ihn herum. Doch er wäre nicht er selbst gewesen, hätte er sich nicht innerhalb kürzester Zeit gefangen und die Situation überblickt. Mit der Linken griff er Paschalis am Kragen, mit der Rechten zog er sein Schwert, und sein Ruf schallte wie Donnerhall über den Platz.

»Hierher zu mir, meine Getreuen! Nehmt dieses verräterische Pack gefangen. Treibt sie zu Paaren! Lasst keinen entkommen. Diese Schmach darf nicht ungesühnt bleiben!«

Jetzt brachen endgültig die Dämme. Von allen Seiten stürzten die päpstlichen Wachen herbei und versuchten, ihren Schutzbefohlenen zu befreien. Die Bürger Roms, die eben noch dem Krönungszug zugejubelt hatten, überschütteten die Deutschen mit einem Hagel von Steinen und griffen sie mit Knüppeln, Äxten, Messern, allerlei Küchengerät und allem, was ihnen sonst noch auf die Schnelle in die Hände fiel, an. Von einem Augenblick auf den anderen tobte in den Straßen und auf den Plätzen ein blutiger Kampf, in den nun auch die Stadtwachen eingriffen.

Doch Heinrichs Armee war nur kurz vor Schreck erstarrt gewesen. Schnell hatten sich die Befehlshaber gefangen und führten ihre Truppen zum Gegenangriff. Graf Gottfried von Calw übernahm im Rücken des Königs das Kommando und trieb die schlecht bewaffneten römischen Bürger mit seinen Rittern auseinander. Danach befanden sie sich im Kampf Mann gegen Mann mit den päpstlichen Soldaten, doch auch hier dauerte es nicht lange, bis sie die Oberhand gewannen.

Herzog Friedrich von Schwaben, der die Nachhut befehligte und Kunde von den Vorfällen am Petersplatz erhielt, zögerte keinen Moment und befahl, die Stadttore zu besetzen. Die Besatzungen wehrten sich verzweifelt, mussten sich aber bald der Übermacht ergeben. Wer die Waffen nicht fallen ließ oder das

Pech hatte, nicht schnell genug zu entkommen, wurde von den Mauern und Türmen in den Graben geworfen oder einfach niedergemacht.

Auf dem Platz vor der Peterskirche war das Gerangel nach wie vor am größten, auch wenn hier zumindest noch kein Blut floss. Das änderte sich, als die päpstliche Garde blankzog und sich mit Schwertern und Piken auf die Leibwache Heinrichs stürzte. Die hatte um den König einen Ring gebildet, in dem sich auch Paschalis und weitere hohe kirchliche Würdenträger befanden.

Jetzt war nicht mehr die Zeit, mit dem stumpfen Stiel der Lanze Angreifer abzuwehren. Robert wirbelte seine Waffe herum, schlitzte dabei einem Gardisten die Kehle auf und rammte die Spitze einem weiteren durch dessen prächtigen, wappengeschmückten Surcot in den Leib. Als er den Spieß nicht schnell genug aus dem Sterbenden herausbekam, griff er zum Schwert und ließ die lange, zweischneidige Klinge herumwirbeln. Hier ging es um Leben und Tod, und er gedachte nicht, aus falsch verstandener Rücksichtnahme erschlagen auf dem Platz zurückzubleiben. Die Angreifer wichen ihm entsetzt aus, denn mit diesem Berserker wollten sie sich lieber nicht anlegen. Allerdings erging es ihnen an anderer Stelle nicht besser, und so musste die päpstliche Garde bald einsehen, dass sie auf verlorenem Posten stand und nur die Wahl hatte zwischen Flucht und, wenn auch ruhmvollem, Untergang. Es war nicht weiter verwunderlich, dass die Mehrzahl der Söldner Ersteres wählte.

Als die Kämpfe abflauten, nur in den Straßen von Rom tobten noch Auseinandersetzungen, kam Heinrich erst das ganze Ausmaß der Katastrophe – und nicht anders konnte man das Geschehen bezeichnen – zu Bewusstsein.

»Was, zum Teufel, sollte das?«, brüllte er den verschreckten Paschalis an. »Schließlich habe ich all Eure Forderungen erfüllt und Euch sogar die Füße geküsst. Mehr kann man wahrlich nicht von einem König verlangen! Wir waren uns doch einig!«

»Glaubt Ihr ernsthaft, dass die heilige Mutter Kirche ihrer Entmachtung und dem Diebstahl ihres Eigentums tatenlos zusieht?«, erdreistete sich Kuno von Praeneste für den Papst zu antworten. Mühsam kam er gerade wieder auf die Beine. Im Gefecht war er zu Boden geworfen worden, seine Mitra verschwunden und seine Kleidung in Unordnung geraten. Trotzdem stand er jetzt wie der personifizierte Erzengel Gabriel vor Heinrich und funkelte ihn aus blutunterlaufenen Augen wütend an.

»Habe ich Euch das zu verdanken, Kuno?«, meldete sich Paschalis fast schüchtern zu Wort. »Dankt Ihr mir so, was ich all die Jahre für Euch getan habe? Dass Ihr mir eine solche Schmach antut! Ausgerechnet Ihr, den ich vom Kaplan zum Kardinalbischof erhöht habe.«

»Heiliger Vater, bei allem nötigen Respekt, aber wolltet Ihr nicht nach der Krönung alle kirchlichen Würdenträger unter Androhung der Exkommunikation zwingen, ihre jahrhundertealten Privilegien und Rechte nebst ihren Besitztümern an diesen Antichrist zurückzugeben? Glaubt Ihr wirklich, dass die Kurie und der Klerus das klaglos hinnehmen? Dafür sind schon mehr als ein Kniefall und ein Fußkuss nötig!«

»Schluss jetzt!«, donnerte der König dazwischen und deutete auf mehr als zwei Dutzend hoher kirchlicher Würdenträger, die sich innerhalb des Ringes seiner Leibwache befanden. »Ihr alle seid meine Gefangenen. Der päpstliche Lateranpalast wird ja wohl ein paar schöne feuchte Kellerräume haben, wo Ihr Euch bei Wasser und Brot darüber streiten könnt, wer wem Respekt und Gefolgschaft schuldet und ob Verträge zwischen einem König und einem Papst nicht für alle ihre Untertanen bindend sind. Adalbert«, damit wandte sich Heinrich an den von ihm erst unlängst eingesetzten Erzbischof von Mainz, der ihm nicht nur deshalb treu ergeben war, »ich beauftrage Euch, darüber zu wachen, dass die geistlichen Herren sich nicht gegenseitig an die Kehle gehen und einen Vertrag aufsetzen, der meine Forderungen in vollem Umfang berücksichtigt. Dass keiner von ihnen entkommt, dafür wird Hugh de Clare mit seinen Männern sorgen. Und Euch, Paschalis, sage ich, bringt Eure Kurie schnell zur Räson. Denn jeden Tag, den es andauert, bis ich gekrönt werde, bekommt Ihr alle weniger Brot und Wasser. Glaubt nicht, dass Ihr mich erweichen könnt. Nie war mir etwas ernster. Die hier erlittenen Beleidigungen und Demütigungen vergesse ich Euch nie, Euch allen nicht. Habe ich mich bisher immer um Konsens mit der Kirche bemüht, was mir wohl keiner absprechen kann, ja mich sogar in ihrem Namen mit meinem Vater überworfen, so ist das jetzt Vergangenheit. Von nun an werdet Ihr mich kennen- und fürchten lernen. Und glaubt mir, ich gehe nicht nach Canossa!«

Der Gang von Heinrich IV. nach Canossa, wo er drei Tage lang vor dem Zugang zur Burg Papst Gregor im Büßerhemd und mit bloßen Füßen bei eisigen Temperaturen im Schnee um Einlass und Lossprechung vom Kirchenbann angefleht hatte, war mittlerweile zum geflügelten Wort geworden.

»Ihr könnt nicht dem Oberhaupt der Christenheit drohen!«, begehrte Paschalis schwach auf. Man merkte ihm überdeutlich an, wie unwohl er sich in seiner Haut fühlte.

»Glaubt mir, ich kann. Keiner von Euch wird den Lateranpalast verlassen, bevor Ihr und Eure gesamte Kurie nicht ein für alle Mal klärt, wie wir zukünftig mit der Investitur verfahren, mein Vater vom Kirchenbann gelöst wird und ich zum Kaiser gekrönt werde. Das will ich unwiderruflich vertraglich festgehalten wissen. Und wenn abgemagerte Skelette ihren Namen unter das Dokument setzen, mir soll es gleich sein.«

»Ein unter Zwang zustande gekommener Vertrag ist von Anfang an null und nichtig«, mischte sich der Kardinalbischof erneut
ein, wich aber im gleichen Moment vor den ihn wie mit Messern
durchbohrenden Blicken Heinrichs erschrocken zurück.

»Ihr scheint großen Wert darauf zu legen, als Märtyrer zu
sterben«, schnauzte der König ihn an. »Hier an dieser Stelle sollen die römischen Kaiser früher ja viele Christen dazu gemacht
haben. Nur habt Ihr dann nichts mehr von dem, wofür Ihr Euch
jetzt so einsetzt. Also schweigt und denkt an den Gehorsam, den
Ihr dem Heiligen Vater schuldet.«

Unter Jammern und Wehklagen wurden die kirchlichen Würdenträger teilweise recht unsanft in die Kellerräume des Lateranpalastes verbracht und dort sicher verwahrt. Robert stieß
einen Bischof und einen Abt vor sich her und hatte nicht den
Hauch eines Gewissensbisses. So wie diese sich aufgeführt hatten, verdienten sie nichts anderes. Wenn er da an den strengen,
aber gerechten Prior von St. Mary in Nottingham dachte! Der
hätte sich, wäre er hier gewesen, bestimmt mit Grausen und
Abscheu von seinen Amtsbrüdern abgewandt. Doch dazu stand
er in der kirchlichen Hierarchie viel zu weit unten, als dass jemand in Rom auf seine Meinung Wert gelegt hätte.

Mittlerweile waren auch die Straßenkämpfe abgeflaut. Die
Römer hatten sich entsetzt in ihre Häuser zurückgezogen, Türen und Fenster verrammelt und hofften nur, dass ihnen das
Schicksal ihrer Vorfahren, die von Goten und Vandalen ausgeraubt, versklavt und umgebracht worden waren, erspart blieb.
Hätten sie sich doch nur niemals in diesen Streit zwischen König und Papst eingemischt, der sie ja eigentlich gar nichts anging. Manch einer bereute in dieser Nacht sein vorschnelles
Handeln und betete inbrünstig um Gnade und Vergebung.

* * *

Doch Heinrich war nicht Alarich, der Rom drei Tage lang hatte plündern lassen. Er nahm auch keine Geiseln wie damals Geiserich und verschleppte sie aus ihrer Heimat, sah man einmal von der inhaftierten Kurie ab. Im Gegenteil, nach Beendigung der Kämpfe wurden die Truppen angewiesen, sich nicht an der Bevölkerung zu vergehen, deren Eigentum zu achten, und jedwede Plünderung, Brandschatzung oder gar Vergewaltigung unter drakonische Strafen gestellt. Trotzdem kam es in der riesigen Stadt zu vereinzelten Exzessen, aber alles in allem verlief die vollständige Einnahme und Besetzung in den nächsten Tagen erstaunlich ruhig.

Allerdings nur, bis die Normannen aus dem Süden anrückten.

Heinrich hatte nicht all seine Drohungen wahr gemacht. Ganz verscherzen wollte er es sich mit der Kurie schließlich auch nicht. So gestattete er Paschalis, einen Teil seiner Gemächer im Lateranpalast zu benutzen. Den Großteil hatte er allerdings für sich beschlagnahmt. Auch ließ er die im Keller eingesperrten Kleriker nicht über Gebühr hungern und dürsten und ihnen sogar während der täglichen Verhandlungen Wein kredenzen, was wesentlich zur Auflockerung der Stimmung beitrug.

Papst Paschalis und Erzbischof Adalbert leiteten die Synode, die eine für beide Seiten akzeptable Lösung des Streites zwischen König und Kirche finden sollte. Adalbert war selbst betroffen, denn nach dem Tod seines Vorgängers hatte Heinrich ihn zum Erzbischof von Mainz und damit Kanzler des Reiches ernannt, aber aufgrund der ungeklärten Rechtslage war seine Investitur noch nicht erfolgt. Deshalb akzeptierten ihn auch etliche der eingesperrten Vertreter der Kurie nicht als Amtsbruder, sondern sahen in ihm einen ausschließlich die Interessen des Königs vertretenden Laien. Adalbert schmerzte das sehr, war er doch um einen ehrlichen Ausgleich bemüht und ein durch und durch frommer, eher der Kirche als der weltlichen Macht zugeneigter Mann.

Die Verhandlungen zogen sich hin, und Heinrich erwog bereits, dem Klerus tatsächlich den Gürtel enger zu schnallen, da wurde ihm ein großes anrückendes Heer gemeldet. Dass Rom eingenommen worden war, konnte natürlich nicht verborgen bleiben, und nun eilten die Normannen unter ihrem Herzog Roger Borsa, die sich seit ihrer Christianisierung als Schutzmacht der Päpste verstanden, den Eingeschlossenen zu Hilfe.

Die deutschen Heerführer, allen voran der König selbst, sahen dem mit großer Gelassenheit entgegen. Rom war von einer gewaltigen, zwölf Yards hohen und vier Yards breiten Steinmauer umgeben, die Kaiser Aurelian hatte errichten lassen und die seither ständig verstärkt und ausgebaut worden war. Dreihundertachtzig Wachtürme schützten die Stadt zusätzlich, die achtzehn großen Tore waren regelrechte Festungen, und dreißigtausend deutsche Ritter und Soldaten standen bereit, sie zu verteidigen. Herzog Friedrich, der das Heer kommandierte, wenn der König anderweitig beschäftigt war, hatte außerdem umfangreiche Vorkehrungen getroffen, um auch einer längeren Belagerung oder einem Sturm standhalten zu können.

Herzog Roger, der den Beinamen »Borsa« erhalten hatte, weil er so gern das Geld in seiner Börse zählte, erkannte recht schnell, dass er hier nur schwerlich und unter großen Verlusten etwas ausrichten konnte. Seine Hoffnung war, dass sich die Deutschen ihm zur offenen Feldschlacht stellen würden. Dann hätte er mit seinen in unzähligen Kämpfen gestählten Kriegern, obwohl in der Unterzahl, wenigstens den Hauch einer Chance gehabt. Schließlich war es auch Hannibal hier in Italien mehrfach gelungen, ein zahlenmäßig überlegenes römisches Heer zu besiegen. Allerdings hatte der Karthager nie versucht, die Stadt selbst einzunehmen.

So ließ der Normannenherzog erst einmal ein Lager vor den Toren aufschlagen, selbstverständlich in sicherer Entfernung vor Wurfgeschossen und Pfeilen, und gedachte am nächsten Tag eine Abordnung zu Heinrich zu schicken und über die Freilassung der Gefangenen zu verhandeln.

Robert Fitzooth hielt von einem der Wachtürme der Porta Asinaria unweit des Lateranpalastes Ausschau. Unzählige Feuer brannten und erhellten die Nacht. Trotzdem war es unvorstellbar, dass es den Normannen gelingen konnte, die Stadt einzunehmen. Entweder man einigte sich friedlich und sie zogen wieder ab, oder sie würden sich an den Mauern die Zähne ausbeißen, was allerdings mit hohen Verlusten an Menschenleben auf beiden Seiten verbunden sein würde.

Der junge Soldat hatte erst einmal eine Belagerung erlebt, die der Burg Tinchebray in der Normandie. Damals hatte er aufseiten König Henrys zu den Angreifern gehört, der gegen seinen Bruder in die Schlacht gezogen war. Sie hatten gesiegt, der Verlierer saß im Kerker, und Robert konnte sich gut erinnern, welchen Schaden Katapulte, Brandpfeile, Steinschleudern und Rammböcke angerichtet hatten und wie viele der Verteidiger von den Mauern gestürzt oder auf ihnen umgekommen waren. Nicht, dass er sich fürchtete, keineswegs. Doch er besaß eine gesunde Vorsicht und Überlebenswillen und war niemand, der sich heldenhaft, aber unüberlegt unnötig in Gefahr begab.

So war Robert auch sehr angetan, als am nächsten Morgen eine Abordnung der Normannen vor das Stadttor geritten kam und recht höflich um eine Unterredung bat. Man verabredete, sich in einer Stunde in der Mitte zwischen der Stadt und dem Lager zu treffen. Heinrich befahl Graf Gottfried von Calw sowie Erzbischof Adalbert an seine Seite, übergab Herzog Friedrich das Kommando und winkte dann Hugh de Clare zu sich.

»Ihr werdet mich begleiten. Schließlich seid Ihr Normanne. Vielleicht seht oder hört Ihr etwas, das uns sonst entgeht. Nehmt zwei Dutzend Eurer Leibwächter mit. Wir wollen ja nicht wie Bettler vor Euren Landsleuten erscheinen.«

Der Hauptmann schluckte, erwiderte aber nichts. Was bitte hatte er mit diesen Leuten zu tun, die seit mehr als hundert Jahren hier unten gegen Byzantiner, Sarazenen und immer wieder gegeneinander kämpften? Er war Untertan König Henrys von England, der zugegebenermaßen auch Herzog der Normandie war. Aber mit diesen Abenteurern, die sich an jeden verdingten, der sie bezahlte, wollte er nicht in einem Atemzug genannt werden. Wie widersprüchlich seine Gedankengänge waren, ging de Clare in diesem Moment nicht auf.

Es war nahezu selbstverständlich, dass der Hauptmann Robert befahl, sich ihm anzuschließen, und so fand sich dieser bald vor den Toren Roms wieder. Die Normannen hatten ein Zelt errichtet, das nach Westen und Osten geschlossen, nach Norden und Süden aber offen und so für die beiden Streitparteien einsehbar war. Zusammen mit zwei Kohlebecken bot es zumindest etwas Schutz vor den kalten Winden, die vom Meer herüberwehten. Schließlich schrieb man noch Februar.

Der König, der Graf, der Bischof und auch Hugh de Clare ritten zu dem Treffen, während die Leibwache sie zu Fuß begleitete. Von der anderen Seite näherte sich der Herzog, der abgewartet hatte, mit welchem Gefolge Heinrich sich umgab, und dann mit der gleichen Anzahl von Männern anrückte.

Roger Borsa war ein vierschrötiger Mann, der seine Wikingervorfahren nicht verleugnen konnte. Ein dichter rötlicher Bart umgab sein aufgedunsenes Gesicht. Wären an seinem offenen Helm Stierhörner befestigt gewesen, hätte man ihn auch für den Kommandeur eines Drachenbootes halten können.

Ganz anders Heinrich, der Haupt- und Barthaar immer sorg-fältig gestutzt trug und sich in seinen edlen Gewändern äußerst hoheitsvoll gab. Der König saß elegant vor dem Zelt ab, während sich der Herzog vor Anstrengung schnaubend aus dem Sattel quälte. Heinrich setzte sich auch als Erster auf einen Scherenstuhl in der Nähe des mit rot glühenden Kohlen gefüll-ten Beckens und forderte mit einer Handbewegung seine hoch-gestellten Begleiter auf, es ihm gleichzutun. Er wollte erst gar keine Zweifel aufkommen lassen, wer hier der Ranghöhere war.

Der Herzog nahm das mit zusammengekniffenen Augen kommentarlos zur Kenntnis. Aus dem Gastgeber war auf einen Schlag fast so etwas wie ein Bittsteller geworden. Fehlte nur noch, dass dieser deutsche König von ihm eine Huldigung oder womöglich einen Kniefall erwartete. Roger Borsa ließ sich in den für ihn bereitgestellten Stuhl fallen und prustete vernehm-lich.

»Ihr wünscht mich zu sprechen?«, erkundigte sich Heinrich mit spöttischer Stimme. »Seid Ihr mit so zahlreichem Gefolge zu meiner Kaiserkrönung erschienen und braucht jetzt viel-leicht für Eure Begleitung Verpflegung? Sprecht frei heraus, was Euer Begehr ist.«

Der König schlug ein Bein über das andere und zupfte an sei-ner Kleidung herum, als wäre dies das Wichtigste auf der Welt. Den Herzog behandelte er zur allgemeinen Verblüffung wie ei-nen lästigen, aufmüpfigen Untertan, nicht wie den Herrscher über Italien südlich des Kirchenstaates. Der lief auch, wie zu er-warten, krebsrot an und konnte vor aufgestauter Wut kaum an sich halten.

»Ich bin hier, um Euch aufzufordern, unverzüglich Papst Pa-schalis und die übrigen Kirchenfürsten freizulassen, die Stadt Rom zu räumen und Euch in Eure nördlichen Reichsgebiete zu-rückzuziehen. Ihr benehmt Euch wie die Barbaren, die vor langer Zeit hier eingefallen sind, und nicht wie Christenmenschen!«, schleuderte Roger Borsa Heinrich regelrecht entgegen.

»Nun, wessen Vorfahren vor noch nicht allzu langer Zeit im Namen Odins und Thors wie eine biblische Plage christliche Länder heimgesucht haben, dabei Städte wie Köln, Paris und York plünderten und verwüsteten, darüber ließe sich trefflich streiten«, meinte Heinrich, ohne den Herzog auch nur eines Blickes zu würdigen. Stattdessen betrachtete er ausgiebig seine Fingernägel. »Doch sagt«, bei diesen Worten schaute er das erste Mal auf, »was geht es Euch an, was ich tue? Und vor allem, wie wollt Ihr es verhindern? Mit den paar armseligen Gestalten an Eurer Seite? Macht Euch nicht lächerlich! Schickt Eure getreuen Untertanen nach Hause und seid mein Gast bei meiner Krönung. Ich lade Euch herzlich dazu ein.«

»Daraus wird wohl nichts werden«, brauste Roger auf. »Glaubt Ihr wirklich, dass Ihr den Heiligen Vater zwingen könnt, Euch die römische Krone aufs Haupt zu setzen? Wir Normannen sind seit dreißig Jahren, seit den Zeiten Gregors VII., der Euren Vater gebannt hat, die Schutzmacht der Päpste. Ihr seid weit von Eurer Heimat entfernt. Wir hingegen können jederzeit Verstärkung aus Kalabrien, Apulien und Sizilien heranführen. Dann werden wir ja sehen, wessen Vorräte mit der Zeit knapp werden. Im Übrigen müsst Ihr an zwei Fronten kämpfen, denn die Römer sind sicherlich nicht Eure Freunde. Wir vor den Mauern, aufständische Bürger darin, Ihr seid wahrlich nicht zu beneiden!«

»Das lasst nur unsere Sorge sein. Also, was ist jetzt? Zieht Ihr freiwillig ab, oder muss ich Euch mit meinem Heer Beine machen? Ihr jedenfalls werdet meine Krönung nicht verhindern. Und seid versichert, lange sträubt sich auch die Kurie nicht mehr dagegen. Mein Angebot steht, seid dabei als mein Gast. Ansonsten sprechen die Waffen.«

»Das würdet Ihr bitter bereuen! Wir werden Euch zeigen, wie Normannen kämpfen können! Wenn es dazu kommt, werden nicht mehr viele von Euch Eure heimischen Länder wiedersehen.«

»Wisst Ihr eigentlich, dass Ihr Euch gegen Eure eigenen Landsleute stellt, wenn Ihr mich angreift?«, fragte Heinrich lauernd. »Zumindest gegen den Herzog der Normandie und König von England, denn der ist mein Schwiegervater. Hugh de Clare hier befehligt meine englische Leibgarde, die mir schon gute Dienste geleistet hat.«

Roger kratzte sich nachdenklich das Kinn unter seinem Wallebart. Zum ersten Mal wurde ihm unwohl in seiner Haut. Waren die Verbindungen zwischen den nördlichen und romanischen Normannen auch nur noch locker, so sah man sich trotzdem nach wie vor gegenseitig als Blutsverwandte und Bundesgenossen an. Doch letztlich überwog seine Treue gegenüber dem Papst, aus dessen Händen er die Herzogswürde empfangen hatte.

»Was habe ich mit einem englischen König zu schaffen? Ihr solltet eher vorsichtig sein. Henrys Vater war Herzog der Normandie und hat sich eine Königskrone genommen. Hütet Euch lieber, dass ich es ihm nicht gleichtue.«

Jetzt war es an Heinrich, aufzubrausen. Diese unverhohlene Drohung konnte er unmöglich auf sich sitzenlassen.

»Ihr wagt es, so mit einem König zu sprechen, der bald Kaiser des Heiligen Römischen Reiches – und damit auch Euer Lehnsherr – sein wird? Hütet Euch, sonst jage ich Euch wieder auf das Meer hinaus, wo Ihr wie Eure Vorfahren rauben und plündern könnt!«

»Oder ich Euch zurück über die Berge! Und dann lasse ich mich an Eurer Stelle von Papst Paschalis krönen.«

Wutschnaubend standen sich die beiden Männer gegenüber, und es hätte nicht viel gefehlt und sie wären aufeinander losgegangen. Nur mühsam konnten ihre jeweiligen Begleiter sie davon abhalten, sich hier und auf der Stelle zu bekriegen.

Robert Fitzooth hatte alles mit angesehen und angehört. Die arrogante, herablassende und provozierende Art Heinrichs war ihm ebenso aufgestoßen wie die aufbrausende und rüpelhafte des Herzogs. Dass diese beiden Männer nicht vernünftig miteinander reden konnten, würden er und seine Kameraden ebenso auszubaden haben wie die normannischen Truppen auf der anderen Seite. Und die Bevölkerung von Rom, dessen war er sich gewiss. Aber was sollte er tun? Er war nur ein einfacher Soldat und würde kämpfen und auch sterben müssen, wenn man es ihm befahl.

»Ich werde mit Euch nicht weiter verhandeln!« Fast schrie Heinrich den Herzog an. »Zieht ab, sonst komme ich in drei Tagen mit meinem Heer aus der Stadt und jage Euch wie räudige Hunde davon. Noch einmal warne ich Euch nicht.«

»Euch gebührt die Warnung! Wenn Ihr die Gefangenen nicht freilasst, werden wir sie holen. Und wir Normannen kennen keine Gnade, wenn man uns herausfordert. Daran solltet Ihr Euch immer erinnern, bevor Ihr weiter so hochmütig auftretet. In der Schlacht bei Hastings hat schon einmal ein König sein Reich an einen Normannenherzog verloren.«

Heinrich machte auf der Hacke kehrt und saß einen Moment später im Sattel. Seine Begleiter taten es ihm gleich und gaben den Pferden die Sporen, sodass Robert und seine Gefährten im Laufschritt in die Ewige Stadt zurückkehren mussten. Als sie die Porta Asinaria erreichten, hörte er gerade noch, wie Heinrich zu dem zurückgebliebenen Herzog Friedrich, der die Abordnung im Torhaus erwartete, mit breitem Grinsen im Gesicht sagte:

»Ich hätte nicht gedacht, dass er so leicht in die Falle tappen würde. Jetzt muss er angreifen, will er sein Gesicht nicht gänzlich verlieren. Und dafür sind seine Männer nicht ausreichend gerüstet. Sie haben weder Trebuchets noch Belagerungstürme. Höchstens ein paar Leitern. Wir hätten nicht aus der Stadt herausziehen können, ohne dass sich wahrscheinlich die Bürger Roms erhoben hätten. Wer will schon eine Million aufständischer Römer im Rücken haben?«

»Und ewig darf die Belagerung auch nicht dauern, wie Ihr richtig erkannt habt, Majestät. An den Mauern werden sich die Normannen die Köpfe einrennen«, lachte der Herzog. »Roger Borsa ist ja so berechenbar!«

»Und wir können die Bürger in Schach halten, wenn wir in der Stadt bleiben«, ergänzte Erzbischof Adalbert. »Würden die Normannen uns belagern und die Vorräte knapp werden, käme es garantiert zu einem Aufstand. Jetzt fühlt sich der Herzog herausgefordert und wird wohl kaum auf Verstärkung warten, sondern schnellstmöglich angreifen.«

»Was meint Ihr, de Clare? Habe ich den Normannen genug gereizt, sodass er unbesonnen handeln wird?«, erkundigte sich der König.

Der Hauptmann zuckte mit den Schultern.

»Roger Borsa vielleicht, Majestät. Bei König Henry hättet Ihr das allerdings wohl kaum geschafft. Wir Normannen sind sicherlich ebenso unterschiedlich im Temperament wie Eure Untertanen.«

»Wohl gesprochen, mein Freund!« Leutselig klopfte Heinrich de Clare auf die Schultern. »Sind alle Vorbereitungen getroffen? Auf keinen Fall dürfen wir uns überraschen lassen!«

»Alle Tore, auch die kleinsten, sind gesichert. Kessel für heißes Wasser und siedendes Pech stehen auf den Mauern überall bereit. Ein Nachrichtensystem durch die ganze Stadt ist eingerichtet worden, sodass wir es sofort erfahren, sollten die Normannen versuchen, an verschiedenen Stellen anzugreifen, oder sollte es ihnen womöglich sogar gelingen, irgendwo in die Stadt einzudringen. Das Hauptheer lagert rings um den Palatin mitten in der Stadt. Von dort aus gelangen die Soldaten schnell an jede bedrohte Stelle.«

Das also war der Plan gewesen, stellte Robert Fitzooth überrascht fest. Man hatte gar nicht an Friedensverhandlungen gedacht, sondern war von Anfang an auf Konfrontation aus gewesen. Allerdings zu selbstbestimmten Bedingungen.

Nun, ein Kampf, geschützt hinter Zinnen auf einer himmelhohen Mauer, war sicherlich einer offenen Feldschlacht vorzuziehen, selbst wenn man in der Überzahl war. Trotzdem durfte sich niemand in Sicherheit wiegen, denn die Normannen waren ernst zu nehmende Gegner. Niemand wusste das besser als die Engländer.

* * *

Roger Borsa war zornschnaubend in sein Lager zurückgekehrt und rief sofort den Kriegsrat zusammen.

»Wir greifen noch heute Nacht an«, eröffnete er seinen Kommandeuren. »Ihr, Drogo, führt im Morgengrauen einen Scheinangriff auf die Porta Salaria, die Porta Pinciana und die dazwischenliegende Mauer. Dort sind damals die Goten eingedrungen. Die Deutschen werden das wissen und es nicht noch einmal dazu kommen lassen wollen. Ich hingegen gehe mit dem Hauptteil unserer Männer im Schutze der Dunkelheit über den Tiber. Wenn ich Euch kämpfen höre, greife ich mit allen Kräften die Porta Asinaria oder, wie es heute heißt, das San-Giovanni-Tor, an. Es liegt dem Lateranpalast am nächsten. Haben wir es erobert, stürmen wir zum Vatikan, befreien seine Heiligkeit und die Kardinäle und rufen zum allgemeinen Aufstand gegen die verhassten Eindringlinge auf.«

»Und wenn es Euch nicht gelingt, in die Stadt einzudringen?«
Roger Borsas Unteranführer Drogo war skeptisch. »Wir haben
keinerlei Angriffsgerät dabei, nur ein paar Sturmleitern. Sollten
wir nicht lieber warten, bis es aus dem Süden herangeschafft
worden ist?«

»Damit die Deutschen uns vorher mit ihrer Übermacht auf
freiem Feld erdrücken? Nein, nein, sie haben uns drei Tage Zeit
gegeben und erwarten bis dahin sicherlich keinen Angriff. Das
müssen wir ausnutzen. Glaubt mir, wir werden über sie kommen wie Odins Rache!«

Wenig christliche Worte, die da einem Heerführer entwichen,
der einen Papst befreien wollte. Roger Borsas Getreue wussten,
dass es wenig Zweck hatte, ihrem Herzog zu widersprechen,
wenn der einmal einen Entschluss gefasst hatte.

Sie begaben sich zu ihren Truppen, um alles für den Angriff vorzubereiten. Es wurden Verpflegung und Wein ausgegeben, und
wer konnte, versuchte noch ein paar Stunden Schlaf zu bekommen,
um ausgeruht und mit frischen Kräften in die Schlacht zu ziehen.

Viele Männer beichteten bei den Priestern der umliegenden
Kirchen und denen, die das Heer begleiteten, und empfingen das
Abendmahl. Nicht wenige aber schickten sicherheitshalber auch
ein Stoßgebet zu den nordischen Göttern ihrer Ahnen und fleh-
ten sie um ihren Beistand an.

* * *

Robert Fitzooth war auch diesen Abend wieder zum Wachdienst
auf der Porta Asinaria eingeteilt worden. Heinrich erwartete
hier den Hauptangriff der Normannen aus genau dem Grund,
den Roger Borsa angegeben hatte.

Zwei gewaltige, halbrunde Türme schützten das zwischen ihnen liegende Tor. Davor gab es noch einen breiten, allerdings

trockenen Graben, über den eine gemauerte Brücke führte. Die konnte zwar bei Bedarf abgerissen werden, doch dafür sah niemand einen Grund. Für so groß schätzte man die Gefahr nun auch wieder nicht ein. Über dem Tor und in den Türmen befanden sich in mehreren Etagen Schießscharten und Pechnasen. Auch von der Mauerkrone und den Plattformen der Türme konnten Angreifer unter Beschuss genommen und mit kochendem Wasser oder siedendem Pech übergossen werden.

Das Tor selbst war aus schweren, eichenen Bohlen gefertigt, die man zusätzlich mit eisernen Bändern beschlagen hatte. Gesichert wurde es durch drei starke Querriegel, die nur von mehreren Männern zugleich bewegt werden konnten. Unmittelbar dahinter befanden sich ein schweres Fallgatter und ein weiteres am Ende des Torhofes. Wie die Normannen diese kleine Festung ohne schweres Gerät einnehmen wollten, war Robert Fitzooth ein Rätsel.

Die Nacht schien ereignislos zu verlaufen, bis plötzlich im Morgengrauen von der anderen Tiberseite her Kampflärm zu hören war. Sofort richteten sich alle Blicke zu dem Mauerabschnitt, der offenbar angegriffen wurde. Herzog Friedrich jagte mit kleinem Gefolge durch die Stadt zu den Truppen am Palatin und beorderte einen Teil von ihnen zur Unterstützung der Soldaten an die Porta Salaria und Pinciana, hielt aber den Großteil als Reserve zurück.

Die Normannen hatten sich im Schutz der Dunkelheit so weit wie möglich an die Mauern herangeschlichen. Jetzt, als die Schwärze der Februarnacht dem Grau der Dämmerung wich, überschütteten sie urplötzlich die Torwachen mit einem Hagel von Pfeilen und anderen Wurfgeschossen. Gleichzeitig rannten Angreifer mit Sturmleitern nach vorn, die mithilfe von langen Stangen aufgerichtet wurden. Einige der Normannen schwangen Seile mit dreiarmigen Haken daran und versuchten, sie über die Mauer zu werfen. Die Ersten kletterten bereits nach oben, wurden aber schon von den Verteidigern erwartet und mit Spießen, Schwertern und Keulen abgewehrt. Viele stürzten zurück in die Tiefe und rissen dabei oft ihre nachdrängenden Kameraden mit sich.

Doch die treffsicheren normannischen Bogenschützen zwangen die Deutschen immer wieder, Deckung hinter den Zinnen zu suchen, und so schafften es einige ihrer Kameraden, auf die Mauer zu gelangen, wo sich ein erbitterter Nahkampf entwickelte. Als allerdings die herbeigeorderte Verstärkung eintraf, wurde der Kampf schnell entschieden und der erste Angriff abgewehrt.

In der Zwischenzeit war es allerdings der Hauptstreitmacht gelungen, sich der Porta Asinaria zu nähern. Hier verfolgte Roger Borsa eine andere Strategie. Ein mächtiger Eichenstamm war angespitzt und auf Rollen gelegt worden. Darüber hatte man ein Gerüst errichtet, das mit feuchten Tierhäuten bedeckt war.

Ein Dutzend der kräftigsten Männer auf jeder Seite rannte nun mit diesem gewaltigen Pfahl gegen das Tor an, das schon beim ersten Aufprall in seinen Angeln erzitterte. Vor den Schützen auf der Mauer und dem kochenden Wasser schützten die Angreifer die Häute, allerdings nicht sehr zuverlässig. Einige wurden trotzdem getroffen und brachen blutend oder schreiend zusammen. Doch schnell waren neue zur Stelle und nahmen ihren Platz ein. Erneut krachte der Rammbock gegen das Tor, und das Dröhnen war bis in die Innenstadt zu hören. Zusätzlich versuchten auch hier Normannen auf Sturmleitern und an Knotenstricken nach oben zu gelangen.

Robert stieß mehrere Angreifer mit seiner Lanze wieder nach unten und achtete nur darauf, dass die Spitze nicht in einem der Körper stecken blieb. Als ein Kopf über der Mauerkrone auftauchte, schmetterte er die Waffe mit aller Kraft auf den Helm, worauf der Normanne mit lautem Schrei die Leiter losließ und im Fallen zwei seiner Kameraden mit sich riss. Der Kampf Mann gegen Mann tobte mittlerweile in all seiner Grausamkeit und Brutalität und forderte zahlreiche Opfer auf beiden Seiten.

Die Dämmerung war inzwischen einer trüben Helligkeit gewichen, doch in ihr konnte Robert den feindlichen Herzog in einiger Entfernung hinter seinen Sturmtruppen stehen und mit seinem gezogenen Schwert nach vorn weisen sehen. Die Gefahr, die von den gegnerischen Bogenschützen ausging, nicht achtend, richtete sich der junge Soldat auf und streifte das Band ab, das er sich um die Stirn gewickelt hatte. Zum Vorschein kam eine Schleuder, eine gefürchtete Waffe in der Hand dessen, der sie beherrschte.

Schon als kleiner Junge hatte Robert an den Ufern des River Trent damit Jagd auf Enten und im Sherwood Forest auf Rebhühner gemacht und war selten ohne Beute nach Hause gekommen. Seine Fähigkeiten hatte er als Gardist weiter regelmäßig trainiert und war von seinem Hauptmann darin noch bestärkt worden. Die Kunst war schwer zu erlernen, deshalb wurden auch nur diejenigen Soldaten in ihrer Handhabung geschult, die von Haus aus eine natürliche Begabung dafür mitbrachten. In seiner Tasche fischte Robert nach einem der gleichmäßig runden Steine, die er am Tiberstrand aufgelesen hatte. Er legte ihn in die Lederschlaufe in der Mitte der Schleuder und ließ sie erst langsam, dann immer schneller kreisen. Als er sein Ziel genau anvisiert hatte und die Rotationsgeschwindigkeit nicht mehr zu steigern war, ließ er ein Ende des Bandes los, und das Geschoss sauste nahezu lautlos durch die Luft.

Roger Borsa ahnte nichts von der Gefahr, in der er sich befand. Soeben hatten seine Männer mit der Ramme ein Loch in das Tor gestoßen. Eichenbalken und Eichenstamm hatten sich ineinander verkeilt, und es bedurfte großer Anstrengungen, beides wieder zu trennen. Gleichzeitig wurden die Normannen von Wurfgeschossen, Pfeilen und Bolzen nur so überschüttet. Heißes Pech prasselte ebenso auf sie hernieder wie große Steine und Balken, sodass der Angriff ins Stocken geraten war. Der Herzog wandte sich um und lief ein paar Schritte zurück, um neue Truppen nach vorn zu befehlen. Das rettete ihm das Leben, kostete aber einen seiner Gardisten ein Auge.

Robert fluchte leise vor sich hin und suchte einen neuen Stein heraus. In diesem Moment war es einigen Angreifern gelungen, die Mauerkrone zu erklimmen, und mit wütendem Gebrüll stürzten sie sich auf die Verteidiger. Der junge Soldat ließ die Schleuder fallen. Im Nahkampf nutzte sie ihm wenig. Er griff nach seinem Schwert, stellte aber entsetzt fest, dass er es zur Seite gelegt hatte, als er mit dem Wurfgeschoss zugange gewesen war. Jetzt lag es für ihn nahezu unerreichbar weit weg. Ein Normanne schwang eine große, zweischneidige Axt und hätte ihm wahrscheinlich den Schädel gespalten, wäre nicht plötzlich Hugh de Clare hinter dem Angreifer aufgetaucht. Ohne zu zögern, rammte er seine Klinge dem Feind durch den Leib, sodass Robert sie vorn heraustreten sah.

»Los, versucht es noch einmal!«, fuhr der Hauptmann seinen Untergebenen an. »Ich weiß, dass Ihr ihn treffen könnt. Ihr würdet viele Leben retten, wenn es Euch gelänge, ihm das seine zu nehmen.«

Mehr Worte bedurfte es nicht. Robert bückte sich nach seiner Schleuder, ließ sie erneut kreisen, und zwei Augenaufschläge später zischte der Stein durch den Dunst des anbrechenden Tages.

Diesmal verließ Roger Borsa sein Glück. Vielleicht hatte ihm sogar der Teufel die Hand geführt, als er für einen winzigen Moment den offenen Helm abnahm, um sich den Schweiß abzuwischen. Mit Kopfschutz wäre der Herzog wahrscheinlich nur außer Gefecht gesetzt worden und am nächsten Tag mit grässlichen Kopfschmerzen erwacht.

So aber traf ihn das Geschoss voller Wucht mitten auf der Stirn. Eine halbe Drehung vollführend, ging er zu Boden, und sofort strömte Blut über sein Gesicht.

Entsetzt sprangen die umstehenden Edlen zur Seite. Als ihnen bewusst wurde, was den Herzog getroffen haben musste, deckten sie sich mit ihren Schilden und versuchten, den Verwundeten aus der Gefahrenzone zu bringen. Wie ein Lauffeuer verbreitete sich unter den Normannen die Nachricht, dass Roger Borsa gefallen war. Sofort flaute der Angriff ab, da niemand zur Stelle war, der die Initiative ergriff und die Männer neu formierte. Zu sehr hatte der Herzog auf der alleinigen Führerschaft bestanden und niemanden neben sich geduldet, der jetzt das Kommando hätte übernehmen können.

Als Drogo, der mit seinen Männern zum Schein immer noch die nördlichen Tore angriff, von der schweren Verwundung seines Lehnsherrn erfuhr, ordnete er den sofortigen Rückzug an. Hätten die Deutschen jetzt mit starken Kräften einen Ausfall gewagt und nachgesetzt, wäre wohl das gesamte normannische Heer aufgerieben worden. Aber daran war König Heinrich gar nicht gelegen. Er hatte andere Pläne und war nicht zum Kriegführen nach Italien gekommen.

Die Normannen schickten Unterhändler und baten um freien Abzug, der ihnen großzügig gewährt wurde. Von den Mauern Roms war noch lange der schier endlose Zug von Kriegern zu sehen, der sich langsam nach Süden entfernte. Der Herzog, der zwar noch am Leben war, den die Ärzte aber schon aufgegeben hatten, wurde auf einer Tragbahre mitgeführt. Gott, welcher auch immer, schien bei diesem Unternehmen nicht auf seiner Seite gewesen zu sein.

Oben auf der Porta Asinaria klopfte Hugh de Clare Robert Fitzooth anerkennend auf die Schulter.

»Das war ein beachtlicher Wurf, den Ihr da vollbracht habt«, lobte der Hauptmann wohlwollend. »Mit der Armbrust hättet Ihr kaum so weit schießen können. Aber warum habt Ihr keinen Bogen genommen? Ich weiß, dass Ihr auch damit trefflich umgehen könnt.«

»Ich hatte Sorge, dass ein Pfeil nicht die Rüstung durchdringen würde. Vielleicht erfindet ja mal jemand Bögen, deren Geschosse auch Kettenhemden durchschlagen. Aber die hier taugen nur gegen ungeschützte Gemeine oder zur Jagd.«

»Das fehlte gerade noch, dass dann Bogenschützen die Schlachten entscheiden und Ritter mit Pfeilen niedermähen«, knurrte de Clare, der seinen Stand natürlich über alle anderen stellte. Doch er hatte schon von derartigen Waffen gehört. Die Waliser sollten Langbögen herstellen, die sogar aus Stahl getriebene Helme und Schilde aus Eichenholz durchschlagen konnten. Selbst Wilhelm der Eroberer, der durch nichts leicht zu erschrecken gewesen war, hatte Abstand davon genommen, das Land im Westen Englands zu erobern, nachdem seine Truppen einmal von den wilden Kriegern aus sicherer Deckung heraus zusammengeschossen worden waren. »Von nun an seid Ihr Corporal, Fitzooth. Ich teile Euch nachher den Trupp zu, den Ihr ab sofort befehligt. Enttäuscht mich nicht, ich setze auf Euch.«

Mit diesen Worten wandte sich der Hauptmann ab und eilte die Treppe hinunter in das Torhaus, wo König Heinrich ihn bereits erwartete. Er ließ einen völlig verdutzten Soldaten zurück, der gar nicht wusste, wie ihm geschah.

Nie hätte Robert sich träumen lassen, einmal für seine Wurfkunst befördert zu werden. In England hätten die normannischen Barone oder der Sheriff von Nottingham ihm die Hände abgehackt, wäre er auch nur mit einer Schleuder angetroffen worden. Oft genug war er von seiner Mutter dafür gescholten worden, dass er mit diesem Ding immer wieder auf die Jagd ging. Sein Vater hingegen hatte ihm nur eindringlich ans Herz gelegt, sich ja nicht erwischen zu lassen. Und nun hatte er damit einen Herzog außer Gefecht gesetzt, vielleicht sogar getötet, und war dafür belobigt worden.

Was für eine verrückte Welt, dachte Robert Fitzooth kopfschüttelnd, bis er von seinen Kameraden aus seinen Erinnerungen gerissen wurde. Sie ließen ihn hochleben und hofften darauf, dass der frischgebackene Corporal sie am Abend in eine Schenke einlud und freihielt.

* * *

Roger Borsa lebte noch drei Tage, ohne jedoch das Bewusstsein wiederzuerlangen. Selbst die Ärzte der berühmten Schule von Salerno konnten ihn nicht retten. Einer von ihnen empfahl, den Kopf aufzubohren, da er annahm, dass sich ein Bluterguss im Gehirn gebildet hatte, aber die Familie wehrte entsetzt ab. So starb der normannische Herzog von Apulien, der gekommen war, einen Papst zu befreien, am 22. Februar anno 1111 einen unrühmlichen Tod. Für ihren noch unmündigen Sohn übernahm seine Gemahlin, Adela von Flandern, die Regentschaft. Doch weder sie noch später Wilhelm konnten verhindern, dass ihr Reich bald in inneren Wirren zerfiel und dem Königreich Sizilien angegliedert wurde.

Nach dem Abzug der Normannen erlahmte auch der Widerstand der Kurie und der Bischöfe gegenüber Heinrichs Forderungen. Stattdessen wandten sie sich nun nahezu geschlossen gegen Paschalis. Ihnen war es lieber, ihre Investitur, ihre Einsetzung in das jeweilige kirchliche Amt, erfolgte durch den König oder Kaiser, als dass sie ihrer Regalien verlustig gingen.

Der Papst sah seinen Plan, die hohen Kleriker wieder enger an den Heiligen Stuhl zu binden, scheitern und kämpfte mit allen Mitteln, auch der Androhung der Exkommunikation, um die Verwirklichung seiner Ziele. Allerdings vergebens, sah er sich doch einer einheitlichen, ablehnenden Front gegenüber. Macht und Besitz galten den meisten Kardinälen, Bischöfen und Äbten mehr als christlicher Gehorsam gegenüber ihrem Oberhirten.

Die Verhandlungen zogen sich aus diesem Grund noch eine Weile hin. Erst Anfang April, als Heinrich langsam die Geduld verlor und drohte, die Daumenschrauben anzuziehen, wurde endlich eine Einigung erzielt. Am 12. April anno 1111 unterzeichneten der König und der Papst den Vertrag von Ponte Mammolo. Er sah vor, Heinrichs Vater vom Kirchenbann zu lösen, und sprach dem König das Recht zu, in seinem Reich Bischöfe und Reichsäbte mit Ring, Stab und Zepter in ihre kirchlichen Ämter einzusetzen.

Zu einem Zwischenfall kam es, als Hugo von Praeneste den König lauernd fragte, was er denn zu tun gedenke, erkläre man die Vereinbarung nach seinem Abzug für null und nichtig, weil unter Zwang zustande gekommen, und spräche über ihn selbst den Bann. Der Blick, mit dem daraufhin Heinrich den Kardinalbischof bedachte, war Antwort genug und ließ diesem fast das Blut in den Adern gefrieren.

Doch der Herausgeforderte tat noch mehr. Er trat neben Paschalis, packte dessen rechten Arm und drückte die Hand des Papstes gegen dessen Widerstand auf ein kostbares Evangeliar.

»Was Ihr und Euresgleichen tun, Kuno, interessiert mich weniger als die Winde aus dem Arsch meines Pferdes. Aber Ihr, Heiliger Vater, werdet mir hier und heute auf diese Heilige Schrift schwören, dass Ihr mich nie und niemals exkommuniziert. Wenn Ihr diesen Eid je brecht, soll Eure Hand verdorren, und ich werde über Euch kommen wie das Jüngste Gericht!«

Paschalis wurde kreidebleich. Keinen Augenblick zweifelte er daran, dass Heinrich seine Drohung wahr machen würde. Widerwillig leistete er den geforderten Schwur und sollte ihn auch zeit seines Lebens nie brechen.

Bereits am nächsten Tag wurde der König der Deutschen in aller Eile in der Peterskirche zum Kaiser des Heiligen Römischen Reiches gekrönt und damit über alle anderen Könige des Abendlandes erhöht.

Der Zeremonie fehlte viel von der sonst üblichen Feierlichkeit, doch jeder wollte sie so schnell wie möglich hinter sich bringen. Paschalis salbte Heinrich mit dem heiligen Öl, besprengte ihn mit Wasser aus dem Jordan und segnete ihn. Dann legte man ihm die kaiserlichen Gewänder an, reichte ihm Zepter und Reichsapfel, und der Heilige Vater selbst setzte ihm die über und über mit Edelsteinen besetzte schwere goldene Krone aufs Haupt. Während der anschließenden Messe saß der neue Kaiser nahezu unbeweglich auf seinem erhöhten Thron. Alle, die nahe genug bei ihm standen, um sein Gesicht sehen zu können, hatten den Eindruck, dass er seinen Triumph in vollen Zügen genoss.

Heinrich wurde durch die Krönung zum Kaiser nun auch offiziell Herr über Reichsitalien und Burgund. Damit herrschte er über ein gewaltiges Reich, das von der Rhone bis zur Pannonischen Tiefebene und von der kalten Nordsee bis an die Gestade des warmen Mittelmeeres reichte. Das Problem war allerdings, dass es in diesem weiten Land auch jede Menge mächtiger Fürsten gab, die seinen Anspruch nur bedingt anerkannten, wechselnde Bündnisse schmiedeten und gar nicht daran dachten, sich einer fernen Zentralgewalt unterzuordnen.

Zwei Tage später verließen die kaiserlichen Truppen bereits Rom, und ein Aufatmen ging durch die Bürger der Stadt. Robert Fitzooth graute es vor dem erneuten Marsch über die Alpen, aber seinem aus einem Dutzend Soldaten bestehenden Fähnlein musste er Vorbild sein und durfte sich nichts anmerken lassen. Zuerst machten sie allerdings noch einen Abstecher nach Canossa.

Die Burg lag auf einem hohen Felsen am Rande des Apennins. Drei Tage lang hatte Heinrich IV. barfuß und im Büßerhemd im Januar anno 1077 vor ihren Toren darum gebettelt, von Papst Gregor empfangen und wieder in die Gemeinschaft der Christen aufgenommen zu werden.

Canossa war im Besitz der Markgräfin Mathilde von Tuszien, die damals zwischen dem König und dem Heiligen Vater vermittelt hatte. Trotzdem war der frischgekrönte Kaiser gekommen, um die Festung dem Erdboden gleichzumachen und die Schmach ein für alle Mal vom Geschlecht der Salier zu tilgen. Die greise Gräfin empfing Heinrich jedoch so freundlich und zuvorkommend, dass er von seinem Vorhaben abließ und sie stattdessen zu seiner Stellvertreterin in Ligurien ernannte.

Mathilde war trotz mehrerer Ehen kinderlos geblieben und hatte schon vor Jahren ihre Ländereien und ihr Vermögen dem Heiligen Stuhl in Rom vermacht. Jetzt änderte sie ihr Testament und setzte Heinrich als Erben ein, der ihre Zuneigung gewonnen hatte. Keiner von ihnen konnte ahnen, was daraus noch für furchtbares, gleich mehrere Kaiser und Päpste über Jahrhunderte beschäftigendes Unheil entstehen sollte.

2. Kapitel

Bruno von Lauffen zweifelte endgültig an seinen erzieherischen Fähigkeiten. Während der Abwesenheit des Königs hatte er versucht, die junge Königin in die Sitten und Gebräuche ihrer neuen Untertanen einzuführen und ihr höfisches Benehmen beizubringen. Vor allem an Letzterem hatte es der jungen Dame nach Meinung des Erzbischofs deutlich gemangelt. Manchmal erinnerte ihn ihr Verhalten eher an das der wilden Nordmänner als an das einer wohlerzogenen Prinzessin aus gutem Hause. Was, bei allen Heiligen, herrschten denn am englischen Königshof für Sitten? Und gerade jetzt, wo sich erste Erfolge abzuzeichnen begannen, brachen offenbar all die schlechten Angewohnheiten auf einen Schlag wieder aus ihr heraus.

Artig und hoheitsvoll hatte Matilda ihren Verlobten begrüßt, der von einer gefahrvollen Reise zurückgekehrt und zum römisch-deutschen Kaiser gekrönt worden war. Doch als Heinrich sich in seine Gemächer begeben hatte, wo er sich für das abendliche Festmahl umkleiden wollte, raffte doch dieser Wildfang tatsächlich sein Kleid und rannte so schnell wie ihre Füße sie trugen auf einen bärtigen, staubigen und vom langen Marsch gezeichneten Gardisten zu, um ihm um den Hals zu fallen.

Den Erzbischof traf fast der Schlag! Und dann unterhielten sich die beiden auch noch in einer völlig unverständlichen Sprache, lachten und scherzten miteinander, als wären sie Bruder und Schwester. Eine Königin und ein Gemeiner! Gerade einmal, dass der Himmel nicht einstürzte.

Bruno von Lauffen versuchte auf Matilda einzureden, zuerst mit gütigen, salbungsvollen Worten, und als diese nichts fruchteten, mit deutlicheren Ermahnungen. Aber die junge Königin hörte ihm gar nicht zu und bestürmte den zurückgekehrten Soldaten weiterhin mit völlig unziemlichen Fragen. Der Erzbischof fasste die Königin am Ärmel ihres Gewandes und versuchte sie wegzuziehen, doch da kam er an die Falsche und erlebte einen der gefürchteten Zornesausbrüche der zukünftigen Gemahlin seines Herrschers.

»Jetzt ist es genug!« Matilda fuhr wutschnaubend herum, und Bruno von Lauffen befürchtete einen Moment lang, sie würde auf ihn losgehen. »Ich habe Robert über ein Jahr lang nicht gesehen, und Ihr werdet unsere Wiedersehensfreude nicht trüben! Habt Ihr mich verstanden? Ihr dürft Euch zurückziehen, Eminenz. Ich bedarf Eurer heute nicht mehr!«

»Aber Majestät, bedenkt doch Eure Stellung! Was sollen nur Eure Untertanen und vor allem Euer zukünftiger Gemahl von Euch denken, wenn Ihr Euch so aufführt?«

Für Robert stellte sich hingegen eher die Frage, was man hier bei Hofe eigentlich von einem zehnjährigen Mädchen erwartete. Sicherlich interessierte Matilda sich mehr für das Spielzeug, das er ihr mitgebracht hatte, als für Etikette oder Schmuck und Tand. Zumindest im Moment noch. Und er sollte recht behalten, denn ihren Erzieher völlig ignorierend und ihre Hofdamen mit einer Handbewegung wegscheuchend zog sie ihn hinter sich her in ihre Kemenate und warf die Tür mit lautem Knall hinter sich zu.

Selbst Robert war klar, dass ihrer beider Verhältnis nicht mehr lange so unkompliziert bleiben und es ihn den Kopf kosten konnte, sprach womöglich einmal jemand einen völlig unbegründeten Verdacht ihrem Verlobten gegenüber aus.

»Sag schon, was hast du mir aus Italien mitgebracht?«, wollte der kleine Wildfang wissen. »Oh, wie ich dich beneide! Was du alles sehen durftest! Und ich musste in diesem öden, stinklangweiligen Kaff mit lauter alten Leuten verbleiben und Latein pauken, bis es mir aus den Ohren quoll. Verdammt, ich will zurück nach England! Da war es um Längen lustiger als hier in diesem düsteren Land.«

»Spricht so eine Königin, Majestät?«, schmunzelte Robert und griff in seinen Quersack. Natürlich hatte er etwas für seine Prinzessin mitgebracht, anders hätte er sich ihr gar nicht unter die Augen getraut.

»Sag noch einmal Majestät zu mir, und ich kündige dir die Freundschaft«, fuhr Matilda ihn an und streckte begehrlich die Hände aus. Mit leuchtenden Augen nahm sie ein aus Olivenholz geschnitztes Tier entgegen, das Robert ihr reichte.

»Oh, das hat ja zwei Schwänze«, stellte sie erstaunt fest. »Leben solche Fabelwesen jenseits der Alpen?«

»Nein, aber der Papst hatte hinter seinem Palast einen großen Garten, wo viele Tiere aus fernen Ländern in Käfigen gehalten werden. Dieses Tier müsst Ihr Euch in Wahrheit riesengroß vorstellen. Es würde niemals in diesen Raum hier passen und ist ganz grau. Der Schwanz, den es im Gesicht trägt, ist in Wirklichkeit seine Nase, mit der es von hohen Bäumen Blätter abrupft oder Wasser aus einem Tümpel saugt, um es sich dann ins Maul zu spritzen.«

»Du flunkerst, Robert! Stimmt's?« Matilda sah den jungen Soldaten misstrauisch von unten her an.

»Nein, nein, ich sage die Wahrheit. Dieses Tier nennt man Elefant. Es war ein Geschenk des Sultans von Mauretanien an seine Heiligkeit. Aber schon vor langer Zeit soll einmal ein Feldherr aus Karthago solche Riesen aus Afrika nach Italien gebracht und mit ihnen die Römer besiegt haben. Schaut, ich habe noch zwei Tiere für Euch. Bei dem hier ist der Hals länger als der ganze Körper. Es ist eine Giraffe. Sie soll tief im Inneren

Afrikas beheimatet sein. Und das hier ist ein Kamel. Darauf reiten die Sarazenen in der Wüste. Kreuzfahrer haben es aus dem Heiligen Land mitgebracht.«

»Und das alles gibt es in Italien zu sehen? Ich will auch dahin!«

Staunend hielt Matilda die Schätze in ihren Händen. Mit diesen Schnitzereien konnte man ihr Herz viel eher gewinnen als mit edlen Stoffen und dem Geschmeide, mit dem sie ihr zukünftiger Gatte bedacht hatte. Irgendwie vergaßen alle außer Robert, dass sie, obwohl bereits gekrönte Königin, im Grunde ihres Herzens immer noch ein kleines Mädchen war. Die Tiere waren von ihm mit viel Akribie und sehr lebensnah hergestellt worden, aber noch mehr Herzblut hatte er auf das verwendet, was er jetzt aus seinem Quersack herausholte.

Nebeneinander legte er vier große, aus Ebenholz gefertigte Löwenpranken. Seine wenigen freien Stunden hatte der junge Soldat fast ausschließlich vor den Tiergehegen in den Gärten des Laterans verbracht. Am längsten hatte er den König der Tiere beobachtet, der in dem engen Käfig nicht viel Majestätisches an sich hatte.

Robert schien es, als würde der mächtige Löwe ihm aus seinen großen, traurigen Augen bis in die Seele schauen und um seine verlorene Freiheit trauern. Irgendwie erinnerte ihn das an Matilda, und so war ihm eine Idee gekommen. Nächtelang hatte er an den Pranken geschnitzt, seinen Sold, statt ihn mit den Kameraden zu vertrinken, für das kostbare Ebenholz ausgegeben, und am Tag sein Werk immer wieder mit dem Original verglichen. Erst kurz bevor sie aus Rom abrückten, war er mit dem Ergebnis zufrieden gewesen. Nun lagen sie hier in der Kemenate, so lebensecht, als wären sie dem Löwen sorgsam abgetrennt worden.

Vorsichtig nahm Matilda eine Tatze nach der anderen in die Hand und begutachtete sie ausgiebig. Löwen kannte sie auch vom Hof ihres Vaters. Im Tower lebten immer ein, zwei dieser bemitleidenswerten Geschöpfe in einer tiefen Grube. Dann sah sie Robert schelmisch an und meinte spitz:

»Und? Was soll ich denn nur mit den Pfoten? Wo ist der Rest? Kommt der noch nach?«

»Ich dachte, Ihr lasst Euch einen Thron anfertigen, und die Pranken bilden jeweils den Abschluss der vorderen Füße und der Armlehnen. Dann seid Ihr selbst die Löwin dazwischen.«

Die Idee gefiel Matilda sehr, und sie strahlte über ihr ganzes kindliches Gesicht. Blitzschnell umschlang sie ihren Freund mit ihren schlanken Armen und drückte ihm einen Kuss auf die bärtige Wange. Das war so rasch gegangen, dass Robert sich gar nicht dagegen wehren konnte. Im nächsten Moment hatte sich Matilda bereits wieder von ihm gelöst und war von einem Augenblick auf den anderen ganz junge Königin. Sie klatschte in die Hände und schickte den herbeieilenden Diener nach dem Haushofmeister, dem sie klare Anweisungen gab, wie mit den Pranken zu verfahren sei. Der Sessel, der auf ihre Veranlassung daraufhin für sie angefertigt wurde, sollte sie den Rest ihres Lebens auf all ihren Reisen begleiten.

* * *

Die nächsten Jahre vergingen für Robert im Gleichklang der Jahreszeiten. Seine Aufgabe war es weiterhin in erster Linie, die junge Königin zu beschützen, die sich nach und nach zu einer wahren Schönheit entwickelte. Mitunter wurde er jedoch abkommandiert, den Kaiser als Mitglied seiner normannischen Leibwache auf gefährlichen Missionen zu begleiten.

Die Ereignisse in Rom hatten Heinrich nicht nur Freunde gemacht. Viele Gefährten aus diesen Tagen forderten von ihrem Lehnsherrn für ihre Unterstützung reiche Belohnung. So auch

Adalbert von Mainz, einst enger Vertrauter des Kaisers und dessen Reichskanzler. Immer größer wurde sein Hunger nach Macht und Privilegien, und als er gar die Reichsfeste Trifels unweit seines Bischofssitzes forderte, war das Maß voll. Statt über die Burg, auf der seit alters her die Reichskleinodien aufbewahrt wurden, zu herrschen, lernte er nun deren Kerker kennen. Das brachte den Klerus natürlich weiter gegen den Kaiser auf, über den Kuno von Praeneste – wie nicht anders zu erwarten – bereits im Sommer anno 1111 den Kirchenbann gesprochen hatte.

Da die Exkommunikation allerdings nicht durch Papst Paschalis vollzogen worden war, der sich sicherheitshalber an seinen Schwur hielt, interessierte Heinrich das Ganze herzlich wenig.

Ein Jahr später allerdings bannte auch eine burgundische Synode unter Vorsitz des Erzbischofs Guido von Vienne den Kaiser wegen dessen rigorosen Vorgehens gegen die heilige Mutter Kirche. Doch da Burgund zum Reich gehörte, sah die Sache jetzt ganz anders aus. Guido war für seinen weltlichen Besitz Lehnsmann Heinrichs und wandte sich damit offen gegen den Kaiser.

Viele Fürsten nahmen das zum Anlass, in den von ihnen beherrschten Territorien ebenfalls die kaiserliche Oberhoheit infrage zu stellen. Während die südlichen Landesteile wie Bayern, Franken und Schwaben treu und fest zu Heinrich standen, versuchten vor allem die Sachsen, Thüringer und die hohe Geistlichkeit sowie der Adel am Niederrhein ihre eigene Macht zu festigen und ihre Ländereien auszudehnen.

Heinrich eilte von einem Brandherd zum anderen, schlug Herzog Lothar bei Quedlinburg, kämpfte gegen den Kölner Erzbischof Friedrich und gönnte sich keine Ruhepause, um das riesige Reich zusammenzuhalten.

Das hieß natürlich auch für seine Begleiter, ständig unterwegs zu sein, und jedes Mal, wenn Robert nach längerer Abwesenheit zu Matilda zurückkehrte, stellte er fest, wie sehr aus dem Kind eine Dame wurde. So anmutig sie auch von Gestalt war, ihre Launen waren bei Hofe gefürchtet. Kam man ihren Wünschen nicht augenblicklich nach, oder wurde etwas nicht zu ihrer Zufriedenheit gerichtet, flogen schon einmal Bürsten, Teller oder gar Kannen durch die Gemächer, und die Dienerschaft, aber auch hochadelige Gesellschafterinnen suchten oft kreischend das Weite.

Ihr Verhältnis zu Robert hingegen war weiterhin eng und von Vertrauen geprägt. Aus dem Spielzeugalter war sie nun heraus, aber dafür erfuhr sie von ihm aus erster Hand, was im Reich vor sich ging. Nicht, dass Robert klatschte. Beileibe nicht! Doch Matilda horchte ihn so geschickt aus, dass er es oft gar nicht merkte. Außerdem gab es keine Geheimnisse vor ihr, schließlich war sie die Königin.

Ständig in der Nähe des Kaisers, hörte er viel und erfuhr mehr als dessen engste Vertraute. Das lag vor allem daran, dass Heinrich seine Wachen gar nicht wahrnahm, sondern sie als so selbstverständlich in seiner Nähe empfand wie Tische und Stühle.

So war Matilda immer bestens unterrichtet und gab ihrem Verlobten, klug wie sie war, geschickt den einen oder anderen Rat. Zuerst hatte Heinrich sie belächelt, doch mit der Zeit beeindruckte sie ihn mit treffsicheren Argumenten und einer klaren Sicht auf die Dinge in seinem Herrschaftsbereich. Immer öfter holte er ihre Meinung ein und bezog sie in seine Staatsgeschäfte ein. Und endlich war es auch so weit, die lange geplante Hochzeit anzuberaumen.

Die feierliche Vermählung war für den Dreikönigstag anno 1114 in Mainz angesetzt, und alle Großen des Reiches waren geladen worden. Matilda hatte gehofft, dass ihre Eltern zu ihrer Trauung kommen würden, aber Henry kämpfte gerade einmal wieder gegen Fulko von Anjou um die Grafschaft Maine und war unabkömmlich. So musste Heinrich von Winchester, der mittlerweile zum Bischof von Verdun ernannt worden war, den Brautvater ersetzen.

Das Fest dauerte drei Tage. Zahlreiche Gastmähler, bei denen die feinsten Speisen gereicht wurden und unzählige Spielleute und Gaukler auftraten, wechselten mit Turnieren ab, in denen sich Ritter aus allen Landen im Lanzenstechen und Schwertkampf maßen.

Matilda glänzte an der Seite ihres Gemahls und belohnte so manchen Edlen für seine Erfolge mit einem Kranz oder Band. Heinrich zeigte seine Zuneigung zu seiner jungen Gattin offen, behandelte sie voller Hochachtung und mit großer Zuvorkommenheit und genoss die Feierlichkeiten sichtlich.

Doch dann trafen die Delegationen aus dem Osten des Reiches ein – und mit dem Frieden des Festes war es vorbei.

* * *

An der Tür der großen Halle des Königspalastes entstand Tumult. Der Kaiser unterbrach ungehalten sein Mahl und schickte einen Ritter aus seinem Gefolge nach vorn, um zu erkunden, was die Störung zu bedeuten hätte. Als der Mann zurückkam, berichtete er, dass die Wachen einen in Büßergewänder gehüllten Sachsen nicht einlassen wollten. Dieser war allerdings nicht allein, sondern in Begleitung des Grafen Ludwig von Schauenburg, und so schwante Heinrich nichts Gutes.

»Lasst sie herein«, befahl er missmutig und wandte sich dann an die an seiner Seite thronende Matilda. »Meine Teuerste, jetzt wirst du gleich zwei meiner ›ergebensten‹ Untertanen kennenlernen. Ich wette eine Silbermark gegen die Kosten unserer Hochzeit, dass es sich bei dem Sachsen um Lothar handelt, ehe-

mals Herzog dieses reizvollen Landes voller Diebe und Halsab-
schneider. Ein anderer würde sich kaum hierherwagen. Und mit
dem Grafen aus Thüringen habe ich sowieso noch ein Hühnchen zu rupfen. Der kommt mir gerade recht!«

Robert, dessen Stammesverwandte hier soeben verunglimpft
wurden, war gespannt, warum der Kaiser sich so abfällig äußerte, und beschloss, besonders wachsam zu sein. Er stand keine
zwei Schritte hinter dem thronartigen Löwensessel der jungen
Braut, stets bereit, sich auf jeden zu stürzen, der ihr etwas Böses
wollte.

»Wieso ehemaliger Herzog?«, erkundigte sich die Gemahlin
des Kaisers interessiert. »Hat er den Titel und die Würde nicht
von seinem Vater geerbt?«

»Nein, ich habe ihn dazu erhoben, da sein Vorgänger im Amt
ohne männliche Nachkommen verstorben ist. Doch was bekam
ich als Dank? Als ich in Italien war, hat er sich gegen mich erhoben, ja stellte sich sogar an die Spitze aller Aufständischen. Und
der Thüringer, der im Übrigen von seinem Stiefsohn bezichtigt
wird, zuerst dessen leiblichen Vater getötet und dann seine
Mutter geheiratet zu haben, war natürlich auch dabei. Im Harz
haben wir sie vor zwei Jahren besiegt, ich erzählte dir davon.«

Mehr über die Schlacht, und dass Heinrich den Sieg eher seinem Feldherrn Hoyer von Mansfeld als seiner eigenen Kriegskunst zu verdanken hatte, war Matilda allerdings von Robert
berichtet worden.

Die Sachsen hätten ihren damaligen Verlobten beinahe gefangen genommen, wären sie nicht von seiner heldenhaft
kämpfenden normannischen Leibgarde zurückgedrängt worden. So hatte der junge Corporal es natürlich nicht erzählt, die
Königin aber zwischen den Zeilen herausgehört. Er war sowieso
nicht übermäßig mitteilsam, was seine Erlebnisse auf dem
Schlachtfeld anging, und ließ sich meist jedes Wort aus der Nase

ziehen. Doch das tat Matilda so geschickt, dass es Robert gar nicht auffiel, wie er ihr unbewusst als Spion diente.

»Und was werden die beiden jetzt von dir wollen?«, dachte die junge Königin eher laut nach, als sie fragte. »Dass du ihnen verzeihst und sie wieder in Gnaden aufnimmst? Der Anlass wäre ja recht günstig, und du könntest dich ihrem Bittgesuch nur schwer entziehen. Sie haben den Zeitpunkt wahrlich gut gewählt.«

Heinrich zuckte mit den Schultern und winkte die Bittsteller zu sich. Er hatte sich nicht getäuscht, Lothar von Supplinburg und Ludwig von Schauenburg, Ersterer im härenen Büßergewand und barfuß, der Graf dagegen prächtig gekleidet, schritten durch die Reihen auf das jungvermählte Paar zu. Der ehemalige Herzog von Sachsen sank auf die Knie, während Ludwig sich nur mit dem rechten Arm vor der Brust verbeugte. Erst die finsteren Blicke des Kaisers veranlassten ihn, sein Verhalten zu überdenken und ebenfalls zumindest das linke Knie zu beugen.

»Nun, meine Herren, was verschafft mir die Ehre?«, erkundigte sich Heinrich leicht süffisant. »Vertraut Ihr auf den Frieden des Festes, dass Ihr es wagt, mir unter die Augen zu treten? Ich kann mich nicht erinnern, Euch geladen zu haben. Aber ich will gnädig sein. Bringt Euer Anliegen vor, sodass wir hier und heute darüber entscheiden können, ob es recht und billig ist.«

»Majestät«, huben beide Männer nahezu gleichzeitig zu sprechen an, nur um sofort von Heinrich unterbrochen zu werden.

»Einer nach dem anderen. Wir wollen doch die Form wahren. Was soll denn meine Gemahlin von den Sitten im Reich halten, wenn Ihr losgackert wie die Hühner im Stall? Ihr zuerst, Lothar.«

»Majestät, ich bitte Euch untertänigst um Vergebung für meine Verfehlungen. Ich schwöre Euch beim Leib Christi, Euch zukünftig ein treuer Untertan zu sein, solltet Ihr mich noch einmal als Herzog von Sachsen bestätigen. Ich will fortan stets an Eurer Seite stehen und mit und für Euch kämpfen, wenn Ihr meiner bedürft. Lasst Gnade walten, ich flehe Euch an! Mein Herzogtum ist verwaist. Chaos und Anarchie regieren, wo es einst blühende Landschaften gab. Lasst mich Euer demütiger Diener sein, damit ich Euch von meiner Redlichkeit überzeugen kann.«

Heinrich hatte natürlich geahnt, dass genau das auf ihn zukommen würde, und schon seit einigen Wochen überlegt, anlässlich seiner Hochzeit Lothar wieder in den Kreis der Fürsten aufzunehmen und in seinen alten Würden zu bestätigen. Er hatte sogar Abgesandte nach Sachsen geschickt, die erkunden sollten, wie man dort einen solchen Gnadenakt aufnehmen würde. Vielleicht hatte Lothar ja davon Kenntnis erhalten. Nun war er hier selbst als Büßer erschienen, was die Sache vereinfachte.

Der ehemalige Herzog griff in seine Kutte und zog eine darunter verborgene Rute und ein Schwert hervor. Robert senkte schon die Lanze, doch Heinrich winkte ab. Er kannte das Ritual der Unterwerfung, Deditio genannt. Lothar gab sich damit ganz in seine Hand. Das Schwert stand für Hinrichtung, die Rute für Züchtigung.

Wollte Heinrich nicht gänzlich sein Gesicht vor den Großen des Reiches verlieren, durfte er nun keine der beiden Strafen anwenden, sondern musste den Büßer in Gnaden wieder aufnehmen. Er wollte schon Lothar von seinem Entschluss unterrichten, da beugte sich Matilda zu ihm herüber und flüsterte etwas in sein Ohr.

»Ich traue ihm nicht. Das ist kein redlicher Mann. Schau nur in seine Augen! Er versucht ständig, deinem Blick auszuweichen. Bei mir ist er weniger vorsichtig, und ich sehe nur Lug und Trug darin. Wenn er denkt, du bemerkst es nicht, mustert er dich wie ein Wolf seine Beute. Er dünkt sich dir überlegen, will deinen Platz im Reich einnehmen und ist überzeugt davon, dass er ihm zusteht. Wirf ihn lieber in ein tiefes Verlies, anstatt ihn wieder zu erhöhen. Ich bin sicher, du würdest es bereuen.«

Nachdenklich rieb sich Heinrich das Kinn. So jung seine Gemahlin auch noch war, sosehr schätzte er bereits ihre Menschenkenntnis. Doch selbst wenn sie recht hatte, ihm blieb gar keine Wahl. Ließ er Lothar hier verhaften, standen mit Sicherheit alle anwesenden Fürsten gegen ihn. Nicht auszuschließen, dass es zu einem Handgemenge oder sogar einer Schlacht in der Halle kam. Es wäre nicht das erste Mal, dass ein Fest in Mord und Totschlag geendet hätte. Man brauchte nur an den Untergang der Burgunder an König Etzels Hof zu denken. Da hatte Krimhild blutige Rache für Siegfrieds Tod geübt, und der Sage nach war ein ganzes Volk ausgelöscht worden.

»Er war so geschickt, als Büßer zu kommen«, flüsterte Heinrich zurück. »So wie Papst Gregor damals meinen Vater wieder in die christliche Gemeinschaft aufnehmen musste, bleibt mir nun auch nichts anderes übrig. Aber bei Ludwig sieht das ganz anders aus. Dessen Hochmut wird ihn teuer zu stehen kommen.«

Matilda erkannte, dass sich ihr Gemahl an dem Grafen aus Thüringen für das schadlos halten wollte, was er dem Herzog von Sachsen gewähren musste. Sie selbst hätte genau andersherum gehandelt, denn im Gegensatz zu Lothar machte Ludwig zwar einen durchtriebenen, alles in allem aber wesentlich sympathischeren Eindruck auf sie.

»Erhebt Euch, Lothar von Supplinburg, und gebt mir den Friedenskuss«, hörte sie ihren Gatten sagen. »Eure Bitte soll erhört und Euch Verzeihung gewährt werden. Allerdings erwarte ich von Euch, dass Ihr eine Zeitlang am Hofe verbleibt, damit ich Euch prüfen kann und Ihr mich im Kampf gegen die Aufständischen am Niederrhein unterstützt.«

Der Herzog kam nur mühsam von dem eiskalten Steinboden, auf dem er längere Zeit barfuß gekniet hatte, wieder auf die Füße, lehnte aber jede angebotene Hilfe ab. Unter dem Beifall der Fürsten schritt er auf den Kaiser zu, der sich ebenfalls erhoben hatte, umarmte ihn und küsste ihn auf beide Wangen und den Mund, so wie es der Brauch war. Dann ließ er sich aufseufzend auf einer Bank an der Tafel nieder, wo man ihm sofort Wein, Fleisch und Brot reichte und anerkennend auf die Schultern klopfte.

»Nun zu Euch, Ludwig«, fuhr Heinrich den verbleibenden Bittsteller an. »Was ist denn Euer Begehr? Ihr zumindest erscheint ja hier nicht im Büßergewand. Seid Ihr Euch Eurer Vergebung so sicher?«

»Majestät, ich bin nicht hier, um Euch anzuflehen, mir zu verzeihen. Im Gegenteil! Ich verlange Gerechtigkeit. Mir ist großes Unrecht geschehen. Mein Stiefsohn hat mich fälschlicherweise angeklagt, seinen Vater getötet zu haben. Dafür wurde ich drei Jahre auf Eurer Burg in Giebichenstein in strenger Haft gehalten. Doch ich bin unschuldig am Tode von Pfalzgraf Friedrich. Wie ich hörte, sind die wahren Mörder mittlerweile überführt.«

»Geschenkt.« Heinrich winkte ab. »Ihr hättet Euch Eure spektakuläre Flucht, von der man landauf, landab spricht, sparen können. Vom Turm der Burg in die Saale zu springen, seid Ihr noch bei Trost? Die Brüder Dietrich und Ulrich von Deutleben und Reinhard von Reinstedt haben Friedrich wegen Nachbarschaftsstreitigkeiten ermordet. Das haben meine Vögte herausgefunden und die Schuldigen bereits bestraft. Aber wir haben noch ein anderes Hühnchen miteinander zu rupfen. Ihr habt mir frech ins Gesicht gelogen, als Ihr behauptetet, Eure neue Burg, die Ihr Wartburg nennt, steht auf Eurem Grund und Boden. Zwölf Männer wurden durch Euch zum Meineid angestiftet!«

Ludwig straffte sich.

»Sie haben recht geschworen! Ihre Schwerter steckten in meiner Erde, das haben sie mit bestem Gewissen bezeugt.«

»Ihr seid ein ausgekochtes Schlitzohr, Ludwig! Die Schwurschwerter steckten in Eurer Erde, weil Ihr sie heimlich von Eurem Land habt in Körben auf den Berg schaffen lassen, der den Herren von Frankenstein gehörte. Und wenn der Eid auch dem Wort nach richtig war, so nenne ich es trotzdem Betrug!«

Ein Raunen ging durch die Reihen der versammelten Edlen im Saal. Der eine oder andere der geladenen Gäste hatte schon vom Coup des Grafen gehört, und die Meinungen gingen weit auseinander, ob er rechtens war oder verabscheuungswürdig.

»Wir haben nicht falsch geschworen«, beharrte der Graf auf seinem Standpunkt. »Und mittlerweile ist auf dem Berg eine Burg errichtet worden, von der man weit ins Land hineinschauen und Gefahr rechtzeitig erkennen kann. Die Wartburg wird fürwahr und für alle Zeit ein angemessener Stammsitz des Geschlechtes der Ludowinger sein!«

Trotzig waren die letzten Worte aus Ludwig herausgesprudelt, der sich seit Jahren ungerecht von Heinrich behandelt fühlte. Gut, die Sache mit der Burg war nicht ganz sauber gelaufen, aber die Frankensteiner hätten niemals auf diesem Berg, der wie geschaffen für eine uneinnehmbare Feste war, eine derartige Anlage errichten können. Dafür fehlte ihnen schlicht und ergreifend das Geld. Im Grunde hatte er ihnen nur einen unnützen Felsen weggenommen. Da hatte sich manch einer von den anwesenden hohen Herren ganz andere Ländereien unter den Nagel gerissen und war damit ungeschoren davongekommen. Und dann die Jahre der Haft wegen der unbegründeten Anschuldigung! Er erwartete, vom Kaiser dafür entschädigt und nicht wegen der alten Sache angeklagt zu werden. Doch da hatte der Graf die Lage gänzlich falsch eingeschätzt, wie er zu seinem Entsetzen feststellen musste.

»Da irrt Ihr Euch, Ludwig. Ihr werdet die Wartburg an mich herausgeben, bis die Besitzverhältnisse eindeutig geklärt sind.« Heinrichs Worte waren unmissverständlich. »Bis dahin erhält sie eine kaiserliche Besatzung, und Ihr werdet solange in Haft genommen. Das soll jedem eine Lehre sein, der glaubt, mich mit üblen Tricks und Machenschaften übers Ohr hauen zu können. Lasst Euch das alle eine Warnung sein!«

Die letzten Worte des Kaisers waren in die Runde gesprochen, und manch einer seiner Adligen, der ebenfalls Dreck am Stecken hatte – und das waren nicht gerade wenige –, erbleichte. Die gute Stimmung des Festes war nach dieser Machtdemonstration dahin.

Ludwig wurde, trotz heftiger Gegenwehr, abgeführt. Lothar saß bedrückt über seinem Becher, hatte er doch gehofft, bald in sein Herzogtum zurückkehren zu können, und viele der Edlen des Reiches murrten ob der gezeigten Härte des Herrschers.

Manch einer der Anwesenden, der gehofft hatte, dass Heinrich milde regieren und sie in ihren Ländereien nach Gutdünken schalten und walten lassen würde, sah sich nun getäuscht. So verließen etliche der Fürsten heimlich das Fest, kehrten in ihre Heimat zurück oder trafen sich konspirativ, um sich gegen den Kaiser zu verbünden.

Heinrich musste in der Folge manche Niederlage sowohl auf dem Schlachtfeld wie auch in der Diplomatie einstecken. Der Kölner Erzbischof Friedrich stellte sich erneut gegen ihn und verwehrte seinen Truppen bei Andernach den Durchmarsch nach Friesland.

Auch Matilda sollte recht behalten, Lothar verriet ihren Gatten erneut. Der Herzog sammelte die Sachsen und die Aufständischen vom Niederrhein um sich und schlug das kaiserliche Heer in der Schlacht am Welfesholz vernichtend. Der alte Feldhauptmann Hoyer von Mansfeld fiel im Zweikampf, und Heinrich konnte sich nur durch Flucht der Gefangennahme entziehen. Lothar, dem sich auch Graf Ludwig nach seiner Freilassung erneut angeschlossen hatte, herrschte nun über seine Ländereien wie ein König und zeigte damit allen weltlichen und geistlichen Fürsten, dass kaiserliche Macht nicht unbeschränkt war.

Und so gab es wieder keinen Frieden im Reich, auf den vor allem die einfachen Menschen, die Bürger und Bauern, die Händler und Handwerker, so gehofft hatten. Sie waren letztendlich wie immer die Leidtragenden, wenn Grafen und Bischöfe, Herzöge und Prälaten mit dem Kaiser um Macht, Einfluss und Ländereien stritten.

* * *

Robert stemmte sich mit aller Kraft in die Speichen des Trosswagens, der auf der schmalen und steilen Straße ständig abzurutschen drohte. Das wäre für die Soldaten recht unglücklich gewesen, denn er enthielt die gesamte Ausrüstung des Fähnleins mit Zelten, Küchengerätschaften, Decken, warmen Umhängen und Waffen.

Zum wiederholten Male verfluchte der Corporal die Idee des Kaisers, im Winter die Alpen zu überqueren. Diesmal hatte er auch noch seine Gattin dabei, die in Rom zur Kaiserin gekrönt werden sollte! Auf der alten Via Imperii zogen sie von Nürnberg über Augsburg zum Brenner, der steil und unwirtlich vor ihnen aufragte.

Die Fahrspur war in dem Schneetreiben schon lange nicht mehr zu erkennen, und der Ochsenkutscher ahnte den Weg mehr, als er ihn sah. Ohne die tatkräftige Unterstützung der Soldaten hätten seine Tiere den Anstieg kaum bewältigen können. Auch die Reiter kamen nur mühsam voran. Die Pferde brachen oft bis zur Brust im verharschten Schnee ein, schnitten sich die Fesseln am Firn auf, und ihre Hufe fanden kaum Halt auf den vereisten Wegen.

Matilda hielt sich tapfer an der Seite ihres Gemahles im Sattel. Sie hatte die wollene Kapuze weit ins Gesicht gezogen, den pelzverbrämten Mantel um sich geschlungen und hielt die Zügel ihres Zelters trotz der Fäustlinge, in denen ihre Hände steckten, immer straff, um im Notfall sofort reagieren zu können. So trotzte sie dem Schneegriesel und den eisigen Winden, die von den Bergen herabwehten.

Mathilde von Tuszien war verstorben und Heinrich, den man davon in Kenntnis gesetzt hatte, sofort aufgebrochen, um sich ihr Erbe in Italien zu sichern, bevor womöglich jemand anderes darauf Anspruch erhob. Besonders der Kurie in Rom traute er diesbezüglich nicht über den Weg, hatte die Markgräfin doch vor ihm den Papst testamentarisch bedacht, bevor sie ihren Letzten Willen zu seinen Gunsten änderte. Das fehlte gerade noch, dass sich der Kirchenstaat die reichen Ländereien an seinen Grenzen unter den Nagel riss und seinen Machtbereich noch weiter nach Norden ausdehnte!

So war dem Kaiser nichts anderes übrig geblieben, als seiner Gattin eine winterliche Alpenüberquerung zuzumuten, die diese mannhaft ertrug. Im Gegensatz zu ihren Hofdamen und auch manch einem Ritter aus Heinrichs Gefolge, die ständig jammerten und sich beklagten.

Glücklicherweise standen die Fürsten der südlichen Reichsgebiete fest zu Heinrich, sodass keine Alpenpässe von ihnen gesperrt wurden und man den niedrigsten, den Brenner benutzen konnte.

Auch die norditalienischen Städte hatte er sich durch die Gewährung von Privilegien und Freiheiten geneigt gemacht. Damit war zumindest von dieser Seite nicht zu erwarten, dass man sich den Weg würde freikämpfen müssen. Und so zog diesmal nur ein kleines Heer über die himmelhohen Berge.

Der Kaiser plante, Matilda für die Strapazen mit Besuchen in Verona und Venedig zu entschädigen. Er wusste, wie er sie beeindrucken konnte, und es machte ihm Freude, sie glücklich und lachend zu sehen. Nur, dass seine Gemahlin trotz aller Bemühungen noch immer nicht guter Hoffnung war, bedrückte ihn sehr. Er war der Letzte aus dem Geschlecht der Salier und wünschte sich sehnlichst einen Thronerben. Wer wollte es ihm verdenken? Er hatte Klöster reich beschenkt, seinen Feinden vergeben und viele begnadigt, den Ausgleich mit der Kirche – wenn auch nicht sehr erfolgreich – gesucht, alles ohne Erfolg.

Als Beten nicht half, suchte er ärztlichen Rat und scheute sich auch nicht, gelehrte Juden zu konsultieren. Matilda musste sich manch einer peinlichen Untersuchung unterziehen, und auch er schreckte nicht davor zurück, seine Genitalien abtasten zu lassen und eklige Tränke zu schlucken, obwohl es ihm an Manneskraft weiß Gott nicht fehlte. Doch obwohl ihm von allen Seiten versichert wurde, dass weder bei ihm noch bei seiner Gemahlin ein Gebrechen vorlag, das Nachkommenschaft verhinderte, wurde Matilda einfach nicht schwanger.

Schon sprachen seine Feinde von der Strafe des Himmels wegen der Vorgänge in Rom anno 1111, doch davon wollte der Kaiser nichts hören. Vielleicht halfen ja Gebete am Grab des heiligen Petrus oder eine Aussöhnung mit Paschalis. Er war zu allem bereit, würde Gott ihm nur endlich seinen inbrünstigen Kinderwunsch erfüllen.

In den letzten Tagen hatte es etliches an Neuschnee gegeben, doch jetzt schien zumindest von Zeit zu Zeit die Sonne von einem trüben Märzenhimmel. Wenn sie auch nicht wirklich wärmte, so machten ihre Strahlen doch alles ein wenig erträglicher. In einem Talkessel unweit der Passhöhe befahl Heinrich, das Lager für die Nacht aufzuschlagen.

Robert bemerkte, wie einer der Bergbauern, die als Führer angeworben worden waren, aufgeregt auf Hugh de Clare einsprach, der daraufhin im Zelt des Kaisers verschwand, nur um kurze Zeit später zurückzukehren und bedauernd mit dem Kopf zu schütteln. Der Corporal fing einen der Einheimischen ab, der mit sorgenvoller Miene an ihm vorbeieilen wollte.

»Wollt Ihr nicht bei uns lagern?«, fragte er freundlich. »Im Zelt ist noch Platz, wenn wir alle ein wenig zusammenrücken. Dann ist es auch für alle wärmer.«

»Hier und in dieser Nacht sollte überhaupt niemand schlafen«, brummte der Bauer und wollte sich an Robert vorbeidrängen, doch der hielt ihn am Ärmel fest.

»Was bedrückt Euch denn so? Gibt es etwas, vor dem wir uns in Acht nehmen sollten? Räuberisches Gesindel oder feindliche Bergbewohner womöglich?«

»Wenn es nur das wäre! Schaut Euch doch nur einmal die steilen Hänge auf allen Seiten an. Der Neuschnee der letzten Tage ist auf Eis gefallen. Da genügt schon eine Kleinigkeit, zum Beispiel ein paar springende Gemsen, und der ganze Berg kommt herunter. Wir sitzen hier wie in einer Falle.«

»Nun übertreibt mal nicht! Was soll schon groß passieren? Selbst wenn ein bisschen Schnee von oben herabkommt. Wir lagern doch weit genug von den Hängen entfernt.«

»Ihr ahnungslosen Flachländer! Ihr habt ja keine Ahnung, wie gefährlich die Berge sein können! Im Sommer nach heftigen Regenfällen Muren, im Winter Lawinen haben schon manches Dorf, manche Reisegruppe auf Nimmerwiedersehen verschwinden lassen. Erst nach der Schneeschmelze hat man die Leichen gefunden und beerdigen können.«

»Und Ihr glaubt, dass hier Ähnliches passieren könnte?«

»Jedenfalls ist das der ungeeignetste Lagerplatz weit und breit. Zugegeben, wir sind hier vor eisigen Winden geschützt, aber von jeder Seite kann eine Lawine oder ein Eisbruch abgehen und alles unter sich begraben. Ich jedenfalls werde mit meinen Gefährten das Tal verlassen und weit außerhalb kampieren, auch wenn wir dafür heute Abend noch ein ganzes Stück marschieren müssen.«

Mit diesen Worten entwand sich der Führer Roberts Griff und eilte davon. Der Corporal sah ihm nachdenklich hinterher. Menschliche Feinde waren ihm wesentlich lieber als Naturgewalten, denen man meist hilflos gegenüberstand. Da halfen weder gute Waffen noch Kriegskunst, sondern nur rechtzeitiges Erkennen und Flucht. Aber warum hörte man nicht auf den erfahrenen Mann? Schließlich nahm man sich ja Führer über die Berge und bezahlte sie gut, um von ihrem Wissen zu profitieren. Und wenn sie es weitergaben, wurde es ignoriert. Manchmal verstand Robert die Welt, und vor allem diejenigen, die darin das Sagen hatten, nicht. Er beschloss, noch einmal einen Rundgang um das Lager zu machen und nach Gefahren Ausschau zu halten. Aber er war zu unerfahren, um zu erkennen, dass sie alle fast unausweichlich vor dem von dem Bergbauern prophezeiten Untergang standen.

Später am Abend, als in der hereingebrochenen Dunkelheit sowieso nichts mehr zu erkennen war, kroch Robert in das Zelt zu seinen Kameraden und machte es sich so gut es ging auf seinem Lager bequem. Vielleicht war es ja auch nur die Übervorsicht eines ängstlichen Bauern, die ihn beinahe angesteckt hatte. Aber ihm war durchaus bewusst, dass die Menschen, die Jahre und Jahrzehnte in dieser rauen, unwirtlichen Welt lebten, ihre Gefahren besser kannten als diejenigen, die sie nur so schnell wie möglich wieder hinter sich lassen wollten.

Robert erkannte im ersten Moment nicht, was ihn geweckt hatte. Dann hörte er es: wie Donnergrollen von gleich einem Dutzend schwerer Gewitter kam es von den umliegenden Bergen herab. Verdammt, hatte der Bergbauer also doch recht gehabt! Wie der Blitz war er auf den Beinen und brüllte wie von Sinnen:

»Alarm! Rettet Euch! Lawinen kommen von den Bergen herab!«

Dann hetzte er auch schon los, auf das Zelt des Kaisers zu. Er war allerdings nicht der Einzige, der von dem Höllenlärm geweckt worden war. Da und dort rieb sich der eine oder andere verwundert die Augen, und Wachen zeigten erschrocken zu den Höhen, wo sich im fahlen Licht des gerade anbrechenden Tages ein erschreckendes Bild bot.

Robert hielt sich allerdings nicht damit auf, das Naturschauspiel zu betrachten. Er stieß mit der Schulter einen Ritter zur Seite, der aus dem Zelt des Kaisers kam, stürzte hinein, sah im Schein einer Kerze Matilda, die sich soeben erschrocken aufrichtete, packte sie um die Hüften, warf sie sich über die Schulter und war auch schon wieder aus dem Zelt hinaus, bevor ihn jemand aufhalten konnte. Doch hinter ihm brach die Hölle los.

Heinrich war blitzschnell auf den Beinen, riss sein Schwert aus der Scheide und rannte hinter Robert her, gefolgt von Hugh de Clare und anderen Rittern und Soldaten, die im und vor dem Zelt des Kaisers Wache gehalten hatten. Für sie sah es so aus, als wäre der junge Corporal plötzlich wahnsinnig geworden und wollte die Königin entführen oder gar umbringen. Der rannte nämlich nicht von der Gefahr weg, sondern direkt auf die herabstürzende Lawine zu.

Robert wusste allerdings genau, was er tat. Auf seinem Rundgang durch das Lager hatte er einen Felsüberhang gesehen, dessen Öffnung genau auf der von der herabstürzenden Lawine abgewandten Seite lag. Wenn überhaupt, dann gab es nur dort Rettung. Er warf Matilda mehr unter den Felsen, als dass er sie legte, und sich sofort über sie, um sie mit seinem Leib zu schützen.

Da donnerten auch schon Schnee, Eis, Geröll, große Steine und sogar losgerissene Baumstämme über sie hinweg und verwandelten das soeben noch beeindruckende kaiserliche Lager binnen weniger Lidschläge in ein einziges Chaos. Menschen und Tiere wurden ebenso unter der Lawine begraben wie Wagen und Zelte. Nichts, aber auch gar nichts widerstand den entfesselten Naturgewalten.

Langsam kam Robert wieder zu sich. Am beängstigendsten war die totale Stille und Dunkelheit, die auf einmal eingetreten waren und ihn völlig orientierungslos machten. Als er den Kopf hob, stieß er ihn sich an dem Felsen, und mit den Händen ertastete er den vor ihm liegenden Frauenkörper. Also musste hinter ihm der offene Spalt sein, auch wenn er ihn nicht sah. Mühsam kroch er in diese Richtung und fühlte dabei verschiedene Arme, Beine und andere Körperteile, die er nicht zuordnen konnte. Als er gegen ein Hindernis stieß, es schien sich allerdings nur um fest zusammengepressten Schnee zu handeln, begann er mit den Händen zu graben. Neben sich hörte er es husten und gleich darauf die Stimme Hugh de Clares.

»Seid Ihr das, Robert? Wartet, ich helfe Euch.«

»Bei allen Heiligen, hatte der alte Bauer also doch recht! Wir hätten besser auf ihn hören sollen!«

Das war eindeutig der Kaiser, der also auch überlebt hatte.

»Deine Einsicht kommt reichlich spät«, meldete sich Matilda aus dem hinteren Teil der Höhle zu Wort, und Robert fiel ein Felsen, mindestens so groß wie der, unter dem sie lagen, vom Herzen.

Ein Kaiser, ein Hauptmann und ein Gemeiner, vereint in dem Willen zu überleben, versuchten gemeinsam die Schneemassen und das Geröll vor dem Felsübergang wegzuräumen. Schon bald zeichnete sich ein erster Erfolg ab. Robert griff mit einer Hand ins Freie, und dämmriges Licht und vor allem Luft strömten in die Höhle und bannte die Gefahr für die Verschütteten, zu ersticken. Rasch erweiterten die drei Männer die Öffnung, bis zuerst Robert und dann Hugh de Clare hindurchkriechen konnten. Heinrich half Matilda durch das gegrabene Loch, bevor er selbst wenig hoheitsvoll auf Händen und Knien herauskrabbelte. Vor ihnen breitete sich ein Bild der Verwüstung aus.

Die Lawine hatte sich über den ganzen Talgrund ergossen. Nur hier und da ragte eine geknickte Zeltstange heraus und zeigte an, wo sich vor Kurzem noch das Lager befunden hatte.

Wenige Menschen irrten auf den fest zusammengepressten Schneemassen auf der Suche nach Überlebenden umher. Als sie des Kaisers und seiner Gemahlin ansichtig wurden, sanken sie auf die Knie und dankten Gott für die Rettung des hohen Paares. Bischof Hermann von Augsburg und Graf Engelbert von Spanheim, ebenfalls mit knapper Not der Katastrophe entronnen, eilten auf Heinrich zu und wollten ihm die Hände küssen. Doch der wehrte unwirsch ab. Tatkräftig und entschlussfreudig übernahm er sofort die Leitung der Rettungsaktion.

»Schnell, nehmt Stangen und Stöcke und bildet eine Reihe«, befahl der Kaiser den Männern, die sich um ihn scharten. »Stoßt vorsichtig in den Schnee vor Euch hinein, und wenn Ihr auf etwas Weiches trefft, grabt es so schnell wie möglich frei. Ist es ein lebender Mensch, holt ihn heraus. Tote und Vieh lasst liegen. Dafür haben wir jetzt keine Zeit. Und nun vorwärts, es gilt keine Zeit zu verlieren, wollen wir noch einige der Verschütteten retten.«

Ohne Ansehen von Person und Stand reihten sich alle ein und leisteten Heinrichs Anweisungen Folge. Selbst Matilda konnte nur mit Mühe und Not davon abgehalten werden, sich an der Suche nach Überlebenden zu beteiligen. Erschwert wurde die Aktion durch die überall herumliegenden Baumstämme, die die Lawine wie dürre Stecken am Berghang geknickt und dann mit sich gerissen hatte. Doch wer darunterlag, für den gab es sowieso keine Rettung mehr.

Den ganzen Tag über dauerte die Suche an. Auch die Führer, auf die man nicht gehört und die sich rechtzeitig in Sicherheit gebracht hatten, waren zurückgekehrt und beteiligten sich daran. Nur wenige Überlebende wurden trotz allen Bemühens gefunden, und manch einer starb noch an Unterkühlung, nachdem er geborgen worden war.

Mehr als zweihundert Tote waren zu beklagen, und Heinrich verfluchte sich innerlich für seine Uneinsichtigkeit. Die einen dankten Gott für ihre Rettung, andere hingegen sahen in dem Naturereignis den Zorn und die Strafe des Herrn. Schließlich war der Kaiser gleich mehrfach von Bischöfen und Kardinälen gebannt worden und trotzdem wieder auf dem Weg nach Italien, um der heiligen Mutter Kirche eine Erbschaft streitig zu machen.

Der allerdings war weit davon entfernt, eine Lawine als Zeichen des Himmels zu deuten. Die gingen auch ab, das war allgemein bekannt, wenn gar keine Menschen in der Nähe waren, oder verschütteten ganze Dörfer voll frommer und gottesfürchtiger Bergbauern. Eher dankte er der Vorsehung, dass er und seine Gemahlin gerettet worden waren.

Was ihm allerdings Sorge bereitete, war die Überlegung, wie er sich dem Corporal gegenüber verhalten sollte, dessen schnelles Eingreifen Schlimmeres verhindert hatte. Eigentlich müsste er ihn für das ungebührliche Eindringen in sein Zelt und vor allem das unziemliche Berühren seiner Gemahlin hinrichten lassen. Andererseits – und das war Heinrich durchaus bewusst – verdankten sie ihm beide höchstwahrscheinlich ihr Leben. Mit Matilda brauchte er sich diesbezüglich nicht zu beraten. Die ließ auf diesen englischen Söldner nichts, aber auch gar nichts kommen. Blieb also nur Hugh de Clare als dessen Vorgesetzter. Schließlich war der Hauptmann ein angesehener Ritter und Edelmann und würde die Nöte des Kaisers sicherlich verstehen.

»De Clare, was mache ich nur mit diesem Soldaten, von dem ich manchmal den Eindruck habe, er steht meiner Frau näher, als es ziemlich ist? Er hat ihr heute unbestritten das Leben gerettet. Und wenn man es recht bedenkt, auch unseres, weil wir zuerst seine Absicht nicht erkannten und ihn verfolgten. Aber seine Disziplin lässt arg zu wünschen übrig, und ich will zu seinen Gunsten annehmen, dass seine Zuneigung zur Königin nur die eines treu ergebenen Untertanen ist.«

»Majestät, ich bin mir ganz sicher, dass Ihr mit Letzterem voll und ganz recht habt. Robert Fitzooth würde für seine kleine Prinzessin – und ich bin gewiss, dass er Eure Gemahlin auch heute noch so sieht – selbst in die Hölle hinabsteigen. Einen besseren Beschützer auf dieser Welt könnt Ihr für sie nicht finden. Und glaubt mir, niemals würde er sich ihr anders nähern, als es ihm zukommt. Dafür lege ich meine Hand ins Feuer!«

»Dass Ihr sie Euch da mal nicht verbrennt, de Clare«, brummte Heinrich vor sich hin. »Er ist ein Gemeiner, der Sohn eines Bauern, wie Ihr mir sagtet. Er handelt aber eher wie ein Ritter, der sich der Minne verschworen hat. Das passt irgendwie so gar nicht zu seinem Stand.«

»Eure Majestät, gestattet Ihr mir ein offenes Wort?«

»Nur zu, de Clare.«

»Ich glaube nicht daran, dass jeder Mensch von Gott auf einen bestimmten Platz gestellt wird und dort zu bleiben hat. Wie viele hat der Herr im Lauf ihres Lebens erhöht, andere selbst von Thronen herabgestoßen? Euer Geschlecht, das der Salier, ist ein uraltes. Doch die Großmutter unseres Königs war die Tochter eines Lohgerbers. Und alle Normannen halten ihr Andenken in hohen Ehren. Ihr hat sicherlich niemand an der Wiege gesungen, dass ihr Sohn einmal über England herrschen wird. Robert Fitzooth ist von edler Gesinnung, die ganz aus ihm selbst heraus kommt. Die angelsächsischen Freibauern waren stolze Männer, bevor wir Normannen sie besiegt haben. Ich habe mich schon manchmal gefragt, was wohl noch aus diesem jungen Soldaten werden würde, wäre er womöglich mein Sohn.«

Überrascht musterte Heinrich den Hauptmann.

»Liegt er Euch tatsächlich so sehr am Herzen?«

»Er hat eine ganz eigene Art, Menschen für sich zu gewinnen. Denkt nur an Eure Gemahlin. Sie war ihm schon als Kind sehr zugetan und hat ihn davor bewahrt, dass ihm die Hand abgeschlagen wurde. Er wird ihr das sein Lebtag lang nie vergessen.«

»So ist das also! Ich gestehe Euch, dass ich jetzt etwas beruhigter bin«, gab der Kaiser zu, und de Clare fragte sich, ob womöglich Eifersucht an seinem Herzen nagte. »Dann wollen wir ihn dieses eine Mal für sein ungebührliches Betragen nicht bestrafen, sondern stattdessen für sein entschlossenes Handeln belohnen. Gebt ihm diesen Ring von mir als Zeichen meiner Dankbarkeit. Doch ich warne Euch, de Clare. Solltet Ihr Euch in ihm getäuscht haben und seine Zuneigung zu meiner Gemahlin doch nicht ganz uneigennützig sein, hängt Ihr mit ihm am gleichen Baum.«

Der Hauptmann verstand das durchaus als ernst gemeinte Drohung. Er nahm mit einer tiefen Verbeugung den Ring entgegen, den der Kaiser von seinem Finger streifte. Wenn er ihn an Robert weiterreichte, würde er diesem sehr eindringlich ins Gewissen reden. Das war so sicher wie das Amen in der Kirche. Aus der Gunst Heinrichs konnte sehr schnell der Argwohn eines Ehemanns werden, der über seine so viele Jahre jüngere, bildschöne Frau mit Argusaugen wachte und die Macht hatte, jeden Nebenbuhler, auch wenn es nur ein eingebildeter war, zur Hölle zu schicken.

Robert war sprachlos, als ihm sein Hauptmann das kostbare Geschenk überreichte. In seinen Augen hatte er nichts weiter als nur seine Pflicht getan. Schließlich liebte er Matilda über alles in der Welt, wenn auch ganz anders, als deren Gemahl dachte. In seiner Naivität verstand er deshalb auch gar nicht, was de Clare ihm mit vorsichtigen Worten andeuten wollte, bis diesem der Kragen platzte und er es rundheraus sagte.

»Robert, in aller Deutlichkeit: Haltet Euch in geziemendem Abstand von der Königin! Sie ist kein kleines Kind mehr, sondern die angetraute Gemahlin des mächtigsten Herrschers der Christenheit. Erweckt Ihr auch nur den Anschein, dass da mehr ist als nur das Bestreben, sie als Gardist vor allem und jedem zu schützen, seid Ihr ein toter Mann!« Und ich mit Euch, dachte der Hauptmann, behielt es aber für sich. »Habt Ihr das jetzt begriffen? Oder muss ich Euch auspeitschen lassen, damit Euch die Narben auf Eurem Rücken für den Rest Eures Daseins daran erinnern?«

»Mylord, wie könnt Ihr nur so von mir denken?«, entrüstete sich Robert, dem der Gedanke, sich Matilda anders als voller Respekt und Hochachtung zu nähern, völlig fernlag. »Ich würde mein Leben für sie und ihr Glück geben! Wenn Ihr mir das nicht glaubt, dann lasst mich hier inmitten der Toten zurück, damit ich ihr Schicksal teile. Ich wäre es nicht wert, überlebt zu haben, wo doch so viele gute Männer umgekommen sind.«

»Dann ist das ja nun wohl ein für alle Mal geklärt! Aber vergesst nie, worüber wir soeben gesprochen haben. Es wäre Euer Ende – und auch das ihre, zumindest als Königin, falls Ihr versteht, was ich meine.«

Der Hauptmann erhob sich, klopfte Robert zum Abschied noch einmal auf die Schulter und verließ einen völlig verstörten und nachdenklichen jungen Mann.

* * *

Es war ein eher armseliger Haufen, der sich da der alten, an der Südflanke des Brenners gelegenen Handels- und Säumerstadt Sterzing näherte. Nur wenige Pferde und keiner der Ochsen hatten den Lawinenabgang überlebt. Ihnen war das aufgeladen worden, was man von der Ausrüstung und dem Gepäck noch hatte bergen können. Für die zehn Meilen zur nördlichsten Stadt Italiens hatten die Überlebenden der Katastrophe einen ganzen Tag gebraucht – und dabei ging es fast nur noch bergab! Auch Heinrich, ja sogar Matilda gingen zu Fuß, und im Gegensatz zu manch einem aus ihrem Gefolge kam kein Wort der Klage über ihre Lippen.

Die Bürger von Sterzing waren kaum in der Lage, den Kaiser und seine übrig gebliebene Begleitung standesgemäß unterzubringen, obwohl sie sich alle erdenkliche Mühe gaben.

Heinrich schickte Boten zurück nach Deutschland, vor allem zu Herzog Welf von Bayern. Dieser hatte einmal auf Betreiben von Papst Urban II. eine Scheinehe mit der mehr als vierzig Jahre älteren Mathilde von Tuszien geführt, sich allerdings von ihr getrennt, als herauskam, dass sie ihre Güter bereits der Kurie auf deren Betreiben überschrieben hatte. Jetzt erhoffte er sich nach ihrem Tod wenigstens einen kleinen Anteil an dem ihm seiner Meinung nach zustehenden Erbe und zögerte nicht, den Kaiser mit Soldaten und Ausrüstung zu unterstützen.

Über Brixen, wo sie vom kaiserfreundlichen und im Streit mit Rom liegenden Bischof Hugo gastfreundlich aufgenommen wurden, ging es weiter nach Verona. Hier, in der großen und reichen Handelsstadt, wollte man auf die Bayern warten.

Herzog Welf selbst kam mit großem Gefolge, und nun verfügte Heinrich wieder über eine ansehnliche Streitmacht. Mit den Bürgern der Städte in Norditalien stellte er sich gut und gewährte ihnen umfangreiche Handelsprivilegien und Freiheiten. Gleiches hatte er bereits im Reich getan. Zuerst in Speyer als Dank dafür, dass man seinen Vater nach dessen Lösung vom Kirchenbann so ehrenvoll bestattet hatte, später auch in Worms. Die Einwohner dankten es ihm mit Ergebenheit und Loyalität, im Gegensatz zu vielen Territorialfürsten, die nur auf eigenen Machtzuwachs aus waren.

Es war deshalb kein Wunder, dass auch die Bürger Venedigs, allen voran ihr Doge Ordelafo Faliero, das kaiserliche Paar mit allen Ehren empfingen. Mit einer großen Schiffsprozession geleitete man Heinrich, Matilda und ihr engstes Gefolge zum Palast, von dessen Fenstern aus man einen fantastischen Blick über die Lagune hatte.

Matilda konnte stundenlang hier stehen und den mächtigen Galeeren zusehen, wie sie die Stadt auf genau gekennzeichneten Wasserwegen verließen und draußen auf dem Meer bei günstigem Wind das große Lateinersegel aufzogen. Andere kehrten aus fernen Ländern zurück, die Bäuche voller begehrter Handelswaren, und dippten die Flagge, wenn sie am Dogenpalast vorbeifuhren.

Die Serenissima, wie die Bewohner Venedigs ihre Stadt selbst nannten, beeindruckte wohl jeden Besucher, der sie das erste Mal sah, zutiefst. Die Königin, wie immer in Begleitung ihres Leibwächters, den sie seit dem Unglück am Brenner noch tiefer in ihr Herz geschlossen hatte, ließ sich oft mit einer Barke durch die Kanäle und Flussarme der Brenta rudern und konnte sich an den prachtvollen Palazzi gar nicht sattsehen.

Heinrich hingegen verhandelte oft den ganzen Tag mit den Ratsherren und Abordnungen aus dem Umland, nahm Geschenke entgegen, gewährte Privilegien, stiftete ein Kloster und gab sich auch ansonsten äußerst leutselig. Einen besseren Verbündeten als die reiche und mächtige Stadt an der Adria in seiner Auseinandersetzung mit der Kurie in Rom konnte er sich gar nicht wünschen. Jeden Abend gab ein anderer angesehener

Kaufmann ein Festmahl, und selbst der Kaiser hatte bisher noch nie eine derartig große Auswahl der verschiedensten, aus allen Teilen der bekannten Welt stammenden Speisen genossen.

Die Venezianer zeigten dem hohen Paar natürlich auch die erst kürzlich wiederentdeckten Gebeine des heiligen Markus, des Schutzpatrons der Stadt. Mehr beeindruckte Matilda allerdings das überall als Relief oder große Statue dargestellte Wappentier der Stadt, der geflügelte Löwe von San Marco. Das Raubtier hatte eine seiner Pranken auf ein aufgeschlagenes Buch gelegt, auf dessen Seiten die Worte PAX TIBI MARCE EVANGELISTA MEUS – Friede sei mit dir, Markus, mein Evangelist – zu lesen waren.

Die Königin studierte sehr intensiv die riesigen Tatzen des Löwen vor der Markuskirche und musste innerlich anerkennen, dass Robert die mittlerweile an ihrem Thron befindlichen Pranken mindestens ebenso gut aus dem Ebenholz herausgearbeitet hatte wie der sicherlich hoch bezahlte Künstler, der dieses Fabelwesen geschaffen hatte.

Man trennte sich nur ungern von den gastfreundlichen, wenn auch ständig auf ihren Vorteil bedachten Venezianern, doch vor allem die Bürger der reichen lombardischen Städte hatten signalisiert, dass auch sie gern den Kaiser nebst seiner jungen Gemahlin begrüßen würden. Und derartige Einladungen sollte man besser nicht ausschlagen, wollte man sie als Verbündete gewinnen.

Über Mailand, Cremona und Parma gelangten sie endlich nach Canossa. Die hier anwesenden Vertreter der Kurie, die den Besitz der verstorbenen Markgräfin für das Papsttum sichern sollten, ließen alles stehen und liegen und flohen wie die aufgeschreckten Hühner gen Süden, als Heinrich anrückte.

Matilda, nahezu namensgleich mit Mathilde von Tuszien, schlüpfte mit Leichtigkeit in deren Rolle, bezauberte die Menschen des lieblichen Landstriches mit ihrer offenen und geist-reichen Art, und schon bald sahen deren ehemalige Untertanen in der jungen Königin eine würdige Nachfolgerin »der großen Gräfin«. Hier in Italien, wo man Matilda überall mit großer Freundlichkeit gegenübertrat, hielten sich auch ihre Launen in Grenzen, und nicht einmal die Dienerschaft hatte unter ihr zu leiden.

Robert ahnte schon, dass diese Glückseligkeit nicht ewig an-halten konnte. Als sich dann der Kaiser in Begleitung seiner Ge-mahlin Richtung Rom aufmachte, um der Ewigen Stadt einen erneuten Besuch abzustatten, wusste er, dass die ruhigen Tage vorbei waren.

* * *

Doch diesmal bereiteten die Römer Heinrich einen begeisterten Empfang, der alle überraschte. Oder ob es wohl eher an Matilda lag, die beim Einzug in die Stadt von ihrem schneeweißen Zel-ter herab so huldvoll lächelte und in alle Richtungen grüßte und winkte, dass niemand davon unberührt bleiben konnte? Dem Kaiser war es gleich. Er hoffte nur, dass es nicht wieder zu Stra-ßenschlachten und langwierigen Auseinandersetzungen kam, wonach es glücklicherweise aber nicht aussah.

Papst Paschalis hatte sich mitsamt dem Großteil der Kurie rechtzeitig nach Unteritalien abgesetzt, als er vom Anrücken des Saliers hörte. Aus Gesundheitsgründen, ließ er verlauten. Das fehlte gerade noch, dass er ein weiteres Mal mit diesem deutschen Wüterich zusammentreffen musste. Stattdessen schickte er einen Legaten zu Heinrich, der mit diesem über die Herausgabe der mathildischen Güter verhandeln sollte.

Mauritius Burdinus, oder auch Mauritius von Braga nach sei-nem Bischofssitz genannt, war in seiner Jugend Cluniazensermönch gewesen, bevor er zum Erzbischof aufstieg. Er hoffte, dass das noch nicht das Ende seiner kirchlichen Laufbahn war, und im Gegensatz zu vielen seiner geistlichen Mitbrüder sah er in dem römisch-deutschen Kaiser nicht den Antichrist, sondern jemanden, der ihn bei seinen hochgesteckten Zielen unterstützen konnte.

»Majestät, ich will gern den Kardinälen und dem Heiligen Vater Euren Standpunkt zu den strittigen Punkten überbringen«, zeigte sich Burdinus willfährig. »Doch ich fürchte, ich werde auf wenig Gehör und Gegenliebe stoßen. Wenn ich Euch einen Rat geben dürfte?«

»Sprecht ohne Vorbehalte. Ich bin ganz Ohr.« Heinrich traf hier endlich einmal auf einen Kleriker, der nicht gleich mit Kirchenbann und Höllenfeuer drohte und offenbar sachlichen Argumenten zugänglich war.

»Zeigt Euren guten Willen und übergebt der Kurie einige kleinere Territorien der Markgräfin, die sowieso vom Kirchenstaat umschlossen sind. Ihr verliert damit so gut wie nichts, aber niemand kann behaupten, Ihr wäret nicht verhandlungsbereit. Papst Paschalis ist ernsthaft erkrankt. Ich als sein Stellvertreter könnte dafür im Gegenzug Eure Gemahlin zur Kaiserin krönen. Das wäre doch sicherlich in Eurem Sinne und somit allen geholfen.«

Heinrich verschlug es für einen Moment die Sprache. Natürlich war das eines der Ziele seines Italienzuges gewesen. Nach der Flucht von Paschalis hatte er sich schon innerlich davon verabschiedet und sich davor gegraust, Matilda beizubringen, dass aus ihrer Erhebung zur Kaiserin wohl nichts werden würde. Hatte er es ihr doch versprochen und sie sich schon im imperialen Ornat gesehen. Und nun bot Burdinus ihm die Krönung auf einem silbernen Tablett an. Es war fast zu schön, um wahr zu sein!

»Seid Ihr denn dazu überhaupt befugt?«, erkundigte sich Heinrich misstrauisch.

»Wenn Euch päpstliche Legaten bannen können, dann können andere Euch auch krönen. Jedenfalls habe ich keinen Befehl, es nicht zu tun. Und ich habe alle Vollmachten, wie der Heilige Vater selbst zu handeln.«

Burdinius verschwieg geflissentlich, dass sich seine Befugnisse nur auf die Verhandlungen bezüglich der mathildischen Güter bezogen. Über eine Krönung von Heinrichs Gemahlin zur Kaiserin war niemals gesprochen und es von der Kurie auch nie in Erwägung gezogen worden. Aber außergewöhnliche Zeiten erforderten außergewöhnliche Maßnahmen. Und wer wollte es ihm verbieten? Schließlich war er, und kein anderer, der Abgesandte des Heiligen Vaters.

»Gut, dann nehmt Ihr mir eine große Last von den Schultern. Besprecht mit dem Herzog von Bayern die Details der Übergabe. Schließlich war er mit der Gräfin verheiratet und kennt ihre Ländereien besser als ich. Danach bereitet unverzüglich die Krönung vor. Wir wollen meine Gemahlin nicht zu lange warten lassen.« Und Euch nicht die Gelegenheit geben, es Euch womöglich noch anders zu überlegen, fügte Heinrich in Gedanken hinzu. So richtig vertraute er keinem Vertreter der Kurie, sondern fürchtete ständig, von ihnen übervorteilt und betrogen zu werden.

Diesmal dauerten die Verhandlungen nicht lange. Die Kurie erhielt die Ländereien zwischen Viterbo und Orvieto aus dem mathildischen Erbe, und zu Ostern anno 1117 krönte Erzbischof Mauritius von Braga Matilda von England zur römisch-deutschen Kaiserin – und der guten Form halber ihren Gemahl gleich noch einmal mit.

Es wurde ein rauschendes Fest. Heinrich ließ auf dem Weg zur Peterskirche reichlich Silber in die Menge werfen, in den Straßen Roms floss der Wein in Strömen, und unzählige Ochsen, Hammel und Schweine drehten sich auf den zahlreichen Plätzen der Stadt an Spießen. Das ganze Volk war aufgerufen, mitzufeiern, und so schallten dem kaiserlichen Paar nur Hochrufe und Jubel entgegen.

Matilda genoss den Trubel um sie herum sichtlich. Strahlend schön, in ein Kleid aus weißer Seide und goldenem Damast gehüllt, schritt sie an der Seite ihres Gatten die Stufen zur Peterskirche empor. Unter dem Portal wurden sie vom päpstlichen Legaten begrüßt und gesegnet, der sie dann das ganze Längsschiff entlang zum Altar begleitete, wo alle verfügbaren und in Rom verbliebenen oder aus dem Reich angereisten Kardinäle, Bischöfe und Äbte Heinrich und seine Gemahlin erwarteten.

An die feierliche Krönung schloss sich ein Hochamt an, zelebriert von Mauritius von Braga, das sich endlos hinzog. Das kaiserliche Paar thronte währenddessen neben dem Hochaltar und badete regelrecht in der Ehrerbietung, die ihm vonseiten des Klerus entgegengebracht wurde.

Einer der wenigen, die keine rechte Freude an der Zeremonie hatten, war Robert Fitzooth. Die Luft in der riesigen Kirche war gänzlich weihrauchgeschwängert, und davon wurde ihm regelmäßig schlecht, ja speiübel. Doch weder konnte er seinen Platz als Gardist verlassen noch sich während der Messe übergeben, und so stand er mit grüngelblichem Gesicht seinen Mann und hoffte nur, aus Mangel an atembarer Luft nicht in Ohnmacht zu fallen.

Als die geflüchtete Kurie im Süden Italiens von den Vorgängen in Rom erfuhr, ging ein Aufschrei der Entrüstung durch ihre Reihen, und Papst Paschalis dachte, ihn träfe der Schlag. So hatte er sich das nicht vorgestellt, als er Mauritius Burdinus als seinen Stellvertreter zu Heinrich sandte. Jetzt war auch klar, wieso dieser sich so schnell bereit erklärt hatte, diese unliebsame Mission zu übernehmen. Aber was sollte man tun? Die Krönung war vollzogen, der Vertrag gesiegelt, und den Kaiser über

Gebühr zu reizen wagte auch niemand. Wie schnell konnte dieser womöglich nach Süden vorstoßen und den ganzen Kirchenstaat dem Reich einverleiben? So verhielt sich die Kurie lieber ruhig und hoffte, dass Heinrich bald abziehen würde und man nach Rom zurückkehren konnte.

Doch der ließ sich fast ein ganzes Jahr Zeit, zeigte seiner Gemahlin die antiken Stätten und genoss mit ihr im Sommer unbeschwerte Tage am Meer. Weihnachten verbrachten sie noch in Rom, dann erst machten sie sich auf in Richtung Norden. Heinrich wollte zurück nach Deutschland, da ihm von dort eine Verschwörung der Fürsten gemeldet wurde, die ihn sogar als König absetzen wollten.

Doch noch in Tuszien erreichte ihn die Nachricht, dass Papst Paschalis gleich nach seiner Abreise nach Rom zurückgekehrt und dort wenig später verstorben war. Die Kurie hatte keinen Moment gezögert und ohne den römisch-deutschen Kaiser zu fragen, der seit Urzeiten dabei ein Mitspracherecht hatte, einen neuen Heiligen Vater, noch dazu einen erklärten Feind Heinrichs, gewählt. Der machte auf der Hacke kehrt und stürmte so gegen Rom, dass Gelasius, wie sich der neue Papst nannte, die Beine in die Hand nahm und wie sein Vorgänger nach Süden floh.

Der Kaiser war den ewigen Streit mit der Kurie leid. Und so erlebte Robert etwas bis dahin Einmaliges: Heinrich erklärte die Wahl des ehemaligen Mönchs aus Montecassino für ungültig und Gelasius für abgesetzt. Den in Rom anwesenden Kardinälen legte er sehr nachdrücklich ans Herz, stattdessen Mauritius von Braga zum Papst zu wählen. Niemand wagte es ernsthaft, sich diesem Wunsch Heinrichs zu widersetzen. Nach kurzer Wahlversammlung hieß es »Habemus Papam«, und so war Burdinus endlich am Ziel seiner Träume angelangt.

Umgehend exkommunizierten sich die beiden Päpste gegenseitig. Jeder nahm für sich in Anspruch, der wahre Heilige Vater zu sein, und das Chaos war perfekt.

Heinrich lachte sich ins Fäustchen und machte sich trotz der auf dem Hinweg überstandenen Gefahren auch diesmal im Winter auf den Weg nach Deutschland, um dort für Ordnung zu sorgen. In Italien ließ er Matilda als seine Sachwalterin zurück und stattete sie mit allen Vollmachten aus. So konnte sie Recht sprechen, Lehen verteilen und Privilegien gewähren, ganz nach ihrem Gutdünken. Aber allerorten wurde ihr bescheinigt, mit großer Weisheit und gerecht zu regieren, und es gab so gut wie niemanden, weder Adel noch Bürger, der sich ungerecht behandelt fühlte oder sich gar gegen sie auflehnte.

Hugh de Clare musste den Kaiser begleiten, doch zuvor beförderte er Robert Fitzooth noch zum Sergeanten, der als persönlicher Leibwächter der Kaiserin bei ihr zurückblieb. Der Hauptmann redete seinem Protegé unnötigerweise noch einmal ins Gewissen, bevor er sich von ihm mit einer herzlichen Umarmung, aber auch vielen Ermahnungen verabschiedete.

Für Robert begann, wenn er später daran zurückdachte, die schönste Zeit in seinem Leben. Als Sergeant gehörte er jetzt zu den Berittenen und bekam ein, nach seinem Dafürhalten, prachtvolles Pferd zugewiesen. Er begleitete die Kaiserin auf Schritt und Tritt, ritt an ihrer Seite durch Tuszien, Oberitalien und die Lombardei, lernte Land und Leute kennen und hoffte, dass diese Zeit niemals vergehen würde. Bis ihn eines Tages eine kleine, unscheinbare Mücke stach. Er merkte es gar nicht.

Zwei Wochen später glühte er eines Morgens vor Fieber, bald darauf aber fror er so stark, dass er sich die Zunge vor lauter Schüttelfrost blutig biss. Matilda schickte ihren eigenen Leibarzt an das Lager des Kranken, doch als dieser zu ihr zurückkehrte und nur den Kopf schüttelte, wusste sie, dass es schlecht um ihren Vertrauten aus Kindertagen stand.

3. KAPITEL

Majestät, es grenzt schon fast an ein Wunder, dass er noch am Leben ist.« Der Leibarzt der Königin, der über Robert kniete und ihn untersuchte, klang äußerst besorgt. Irgendwo in den toskanischen Sümpfen musste der Sergeant sich das Wechselfieber eingefangen haben, auch ›mala aria‹ – schlechte Luft – genannt. In Deutschland hieß es Marschenfieber und war vor allem im Norden verbreitet. Doch welchen Namen man der heimtückischen Krankheit auch gab, das Ergebnis war immer das gleiche: Der Patient bekam in unregelmäßigen Abständen schlagartig hohes Fieber, das sich mit heftigen Schüttelfrostanfällen abwechselte. Überstand er die ersten vier Tage, gab es Hoffnung. Doch das Leiden kehrte immer wieder und führte nicht selten zu einem qualvollen Siechtum, das über kurz oder lang mit dem Tod endete.

Robert war in Canossa nach dem ersten heftigen Ausbruch der Krankheit dem Tod gerade noch einmal von der Schippe gesprungen. Nur langsam hatte er sich erholt und war bisher noch nicht wieder richtig zu Kräften gekommen. Dass er das Fieber überhaupt überstand, war nur seiner unbändigen Willenskraft und der guten Pflege, die die Königin ihm angedeihen ließ, zu verdanken.

Nach einiger Zeit rief Heinrich Matilda zurück an seine Seite nach Deutschland, und mehr schlecht als recht schaffte Robert es, sich bei dem Ritt über die Alpen im Sattel zu halten. Als Leibwächter war er nahezu ein Totalausfall. Ein kleines Kind hätte ihn in diesem Zustand überwältigen können. Es wollte und wollte sich einfach keine Besserung einstellen, und niemandem war das unangenehmer als ihm selbst. Dass er seine Aufgabe, Matilda zu beschützen, nicht wahrnehmen konnte, belastete ihn zutiefst. Nie war er sich nutzloser und überflüssiger vorgekommen, was auch nicht gerade zu einer Besserung seines Gemütszustandes beitrug.

Sie waren von Mainz aus auf dem Weg nach Trier, wo Matilda den Kaiser treffen wollte, um mit ihm gemeinsam nach Worms zu reisen. Dort sollte endlich der Streit zwischen Kaiser und Papst über die Investitur beigelegt werden. Da kippte Robert plötzlich vornüber vom Pferd. Er versuchte noch einmal, sich aufzurappeln, allerdings vergebens, denn eine tiefe Ohnmacht umfing ihn und verdrängte alles um ihn herum.

»Was sollen wir denn jetzt tun?« Matilda wirkte ein wenig gereizt. Sie hatte so viele Dinge zu erledigen und Aufgaben zu bewältigen, die ihre ganze Aufmerksamkeit in Anspruch nahmen. Sich ständig zusätzlich um einen Kranken zu kümmern, lag er ihr auch noch so am Herzen, überforderte sie zunehmend. »Wir können ihn ja hier wohl schlecht liegen lassen. Was ist denn das dort oben für ein Kloster?«

»Das sind die Benediktiner vom Disibodenberg«, gab ein Ortskundiger aus dem Gefolge der Kaiserin zur Antwort. »Es sollen auch ein paar Nonnen, die sich der Heilkunst verschrieben haben, neben den Mönchen in einer Klause leben. Vielleicht können sie Eurem Leibwächter helfen oder wenigstens in seinen letzten Stunden beistehen. Und wenn er stirbt, wird er zumindest in geweihter Erde begraben.«

»Gut, dann bringen wir ihn dorthin. Ich will selbst mit dem Abt sprechen, damit mein Leibwächter die bestmögliche Pflege und, wenn nötig, ein würdiges Begräbnis bekommt. Eilt Euch, wir haben noch einen weiten Weg vor uns.«

Einige Soldaten aus Roberts Fähnlein hoben ihren Sergeanten quer über den Pferderücken und banden ihn mit Stricken fest, sodass er nicht herabfallen konnte. Dann ging es vom Flusstal der Nahe, die sich hier mit der Glan vereinigte, aufwärts auf einen Höhenzug, auf dem sich eine weitläufige, noch im Entstehen befindliche Klosteranlage erstreckte. Offenbar war man gerade dabei, eine neue Kirche zu errichten oder zumindest die alte zu erneuern, denn alles zeugte von reger Bautätigkeit.

Abt Kuno traf fast der Schlag, als ihm die Ankunft der Kaiserin gemeldet wurde. Niemand hatte ihn auf solch hohen Besuch vorbereitet. Händeringend stürzte er auf die Ankömmlinge zu, fiel vor Matilda auf die Knie und stammelte Willkommensworte.

»Schon gut«, fuhr diese den Mönch unwirsch von oben herab an. Die Kaiserin saß nicht ab, sondern verharrte auf ihrer eleganten Stute, die sie mit leichter Hand zügelte. Sie hatte nicht die Absicht, sich auf dieser Baustelle länger als unbedingt nötig aufzuhalten oder sich gar ihre kostbaren Seidenschuhe schmutzig zu machen. »Wir sind weder hier, um Euch von Eurem gottgefälligen Werk abzuhalten, noch wollen wir Eure Gastfreundschaft über Gebühr in Anspruch nehmen. Ich erbitte allerdings von Euch Pflege für einen Kranken. Mein Arzt glaubt, er hat das Wechselfieber in einer besonders schweren Form. Vielleicht können Eure heilkundigen Frauen ihm ja helfen, und er erholt sich, wenn er nur genügend Ruhe bekommt. Sollte er trotz allem sterben, erwarte ich von Euch, dass Ihr ihn mit Würde und allen gebotenen Ehren in Eurer Kirche bestattet. Er war mir stets ein treuer Freund und Begleiter.«

»Majestät, wir verfügen über kein Hospital und sind auf die Behandlung Kranker in unserem Kloster auch gar nicht eingerichtet«, stammelte der entsetzte Abt. »Ihr seht selbst, unser Konvent befindet sich noch im Bau, und alle Brüder sind damit beschäftigt, unser neues Gotteshaus zu errichten. Gemäß den Regeln des heiligen Benedikt sollen wir von unserer Hände Arbeit leben und den Rest unserer uns von Gott gegebenen Zeit im Gebet verbringen.«

Matilda rollte mit den Augen.

»Kommt mir nicht mit Ausflüchten! Es sollen sich doch auch ein paar heilkundige Frauen bei Euch befinden. Ist das so?«

»Majestät, die drei Nonnen leben im Inklusorium, völlig abgeschieden von der Welt«, stöhnte Kuno erschrocken. »Manchmal sammeln sie in den umliegenden Wäldern Heilpflanzen und stellen Tränke und Salben her, die wir dann an Bedürftige verkaufen, um mit dem Erlös unsere Kirche weiterbauen zu können. Aber ganz sicher können sie keinen Mann bei sich aufnehmen und pflegen.«

Die Kaiserin war Widerspruch nicht gewohnt und beabsichtigte auch nicht, ihn zu dulden.

»Hört zu, Abt. Und ich sage das jetzt nur einmal: Ihr holt auf der Stelle die Nonnen hierher. Ich werde ihnen meinen Gefolgsmann übergeben und sie bitten, alles Menschenmögliche für ihn zu tun. Sollte das nicht geschehen, das verspreche ich Euch, komme ich über Euer Kloster wie der Zorn Gottes! Wenn der Kranke aber durch ihre Kunst überlebt und vielleicht sogar wieder zu Kräften kommt, werde ich meinen Gemahl bitten, Euch beim Bau Eurer Basilika mit einer reichen Spende zu unterstützen. Und ich bin dafür bekannt, mein Wort zu halten. So oder so.«

Einen Moment lang war Kuno versucht, sich Matilda zu widersetzen. Schließlich war sie nur ein Weib und er ein Mann Gottes. Aber ein Blick in ihre Augen belehrte ihn eines Besseren. Er schickte seinen Sakristan zu den drei Nonnen und befahl ihnen, sich sofort hier einzufinden. Innerlich hoffte er, dass diese Prüfung – als solche sah er den Besuch der Kaiserin nun an –

bald vorüber war. Trotzdem reichten der Küchenmeister und seine Gehilfen Matilda und ihrem Gefolge Erfrischungen, ohne sie allerdings ins Innere des Klosters zu bitten, worauf diese aber auch keinen gesteigerten Wert legten.

Robert, der noch immer nicht bei Bewusstsein war, hatte man vom Pferd genommen und auf eine Decke gelegt. Er klapperte zum Herzerbarmen mit den Zähnen, und seine Lippen waren blau angelaufen. Niemand von seinen Gefährten hätte auch nur einen Silberpfennig auf sein Leben gewettet.

Da kam endlich der Sakristan mit den drei Nonnen zurück, die in ihrem Habit nur kurze Schritte machen konnten. Wie aufgeschreckte Hühner trippelten sie hinter dem Mönch einher, schien es Matilda. Den Blick zu Boden gesenkt, wagten sie es nicht, die Ankömmlinge anzusehen.

»Wer von Euch ist die Vorsteherin der Klause?«, wollte die Kaiserin wissen.

»Man nennt mich Jutta von Sponheim, Majestät. Ich bin die Magistra, und das sind meine Mitschwestern Hildegard und Martha.« Die drei Frauen waren in einen tiefen Knicks gesunken und verharrten auf den Knien. Offenbar hatte der Sakristan sie noch schnell instruiert, wie sie dem hohen Besuch zu begegnen hatten.

Matilda gab ihnen mit einem Handzeichen zu verstehen, dass sie sich erheben sollten. Die Nonnen nahmen es durch ihren tief gesenkten Kopf gar nicht wahr und mussten erst von Abt Kuno auf die Gunst der Kaiserin aufmerksam gemacht werden. Diese schätzte die Magistra auf Mitte zwanzig. Aber das war schwer zu sagen, denn ihr asketisches Gesicht wurde zu weiten Teilen von Haube und Schleier verdeckt. Jedenfalls trat sie selbstbewusster auf als der Abt und schien sich ihrer adeligen Stellung trotz ihres geistlichen Standes durchaus bewusst zu sein. Ihre Begleiterinnen waren offenbar deutlich jünger. Vor allem diejenige, die Martha genannt wurde, schien nicht älter als die Kaiserin selbst zu sein.

»Ich wünsche, dass Ihr Euch um den Kranken kümmert, den wir zu Euch gebracht haben. Er ist ein Mann aus meiner alten Heimat, und wenn auch nicht von Adel, so liegt er mir doch sehr am Herzen. Pflegt ihn gut, und wenn er überlebt, soll es Euer Schaden nicht sein. Hier, das ist für Medizin und vorab für Eure Mühe.«

Matilda nestelte einen Beutel von ihrem Gürtel und warf ihn der Magistra zu, die aber zu ungeschickt war, ihn zu fangen. Als er zu Boden fiel, klimperten die Münzen lustig darin, und ein Goldstück rollte heraus. Abt Kuno bekam große Augen und bückte sich, um den Beutel aufzuheben. Doch Matilda verstand keinen Spaß, wenn es um ihre Wünsche ging.

»Die Nonnen bekommen das Geld für die Bedürfnisse des Patienten, hatte ich gesagt. Es soll ihm an nichts fehlen. Untersteht Euch, davon etwas abzuzweigen. Geschenke für Euer Kloster erhaltet Ihr später, wenn ich mit Euren Bemühungen hinsichtlich der Genesung meines Gefolgsmannes zufrieden bin. Habe ich mich klar genug ausgedrückt?«

»Sehr wohl, Majestät. Wir werden für ihn tun, was auch immer in unserer Macht steht.«

Es war die Magistra, die geantwortet hatte. Ihre beiden Mitschwestern waren bereits zu Robert geeilt und beugten sich über ihn. Martha genügte ein einziger Blick, dann sprang sie auf einen der abgesessenen Ritter zu, riss ihm den wollenen Umhang von den Schultern und hüllte den Kranken darin ein. Der so Bestohlene wollte protestieren, doch Matilda unterdrückte seinen Widerspruch im Keim.

»Lasst ihn ihr, Wulf! Ihr bekommt einen neuen Mantel von mir, wenn wir in Trier sind. Bis dahin werdet Ihr es aushalten.«

Ergeben verbeugte sich der Ritter. Was sollte er auch anderes tun? Gegen einen Wunsch der Kaiserin opponieren? Völlig ausgeschlossen! Musste er eben frieren, bis sie am Ziel waren.

Als die junge Nonne Robert mit dem Umhang zudeckte und er die Berührung ihrer fürsorglichen Hände spürte, öffnete er für einen Moment die Augen und glaubte, im Himmel zu sein und einen Engel zu erblicken. Ein anmutiges, von einer weißen Haube umrahmtes Gesicht lächelte ihn an, und eine wohlige Wärme, ganz anders als das Fieber, das ihn immer wieder hatte erglühen lassen, breitete sich in ihm aus. Irgendwie hatte er das Gefühl, nun würde alles gut werden, auf welche Weise auch immer.

Matilda hatte von ihrem hohen Ross herunter erspäht, dass ihr Leibwächter aus seiner Ohnmacht erwacht war, und lenkte ihre Stute mit energischen Hilfen in seine Richtung.

»Wie geht es Euch, Robert?«, fragte sie besorgt mit fast zärtlicher Stimme. »Wir sind hier in einem Benediktinerkloster und werden Euch zur Genesung zurücklassen. Seid so gut und tut mir den Gefallen, am Leben zu bleiben. Ich brauche Euch noch. Wenn Ihr hier sterbt, würde ich Euch das wirklich sehr verübeln. Diese drei heilkundigen Frauen werden sich um Euch kümmern. Macht es ihnen nicht so schwer und werdet bald wieder gesund, hört Ihr? Und dann kommt zu mir zurück. Ohne Euren Schutz fühle ich mich nie so richtig sicher.«

Robert versuchte etwas zu erwidern, doch nur ein raues Krächzen kam aus seiner Kehle. Ein mühsames Nicken brachte er gerade noch zustande, dann umfing ihn wieder die Ohnmacht. Das Letzte, das er bewusst wahrnahm, war nicht die Kaiserin, sondern das Lächeln eines Engels.

»Sorgt gut für ihn, er ist mir wichtig«, wiederholte Matilda zur Sicherheit noch einmal ihren Befehl. »Sollte das Geld nicht reichen, schickt nach Mainz, Trier oder Worms. Die Kastellane der Pfalzen werden Euch reichlich mit Mitteln ausstatten, sollte ich nicht anwesend sein. Wir müssen jetzt weiter, mein Gemahl erwartet mich. Ich verlasse mich auf Euch.«

»Wir werden tun, was in unserer Macht steht, Majestät. Doch letztendlich liegt alles in Gottes Hand, und sein Wille geschehe.« Hildegard hatte der Kaiserin geantwortet und sah ihr nun mit festem Blick in die Augen.

»Das will ich hoffen, mein Kind. Manchmal bedarf Gott in seinen Werken etwas menschlicher Unterstützung. Wir sollten uns nicht immer und ausschließlich auf ihn verlassen.«

Abt Kuno stand wie vom Donner gerührt und brachte ob dieser Häresie kein Wort über die Lippen. Diese Frau war wahrlich die passende Gemahlin eines Kaisers, der die heilige Mutter Kirche in ihren Rechten beschnitt, sich sogar anmaßte, einen Papst gefangen zu nehmen und selbst einen Nachfolger Petri einzusetzen.

Jutta von Sponheim, etwa zehn Jahre älter als die Frau, die sie soeben »mein Kind« genannt hatte, verbeugte sich mit deutlichem Missfallen über die Äußerungen der Kaiserin im Gesicht, schluckte aber jede Entgegnung, die ihr auf der Zunge lag, hinunter.

Währenddessen waren ihre beiden Mitschwestern schon dabei, aus Stöcken und Decken eine Trage herzustellen, auf der der Kranke in das Kloster gebracht werden konnte. Und während Matilda mit ihrem Gefolge so schnell entschwand, wie sie gekommen war, wurde Robert von kräftigen Mönchen in die Klause getragen und auf ein Lager gebettet. Ein Novize stand etwas hilflos mit dem Pferd des Soldaten herum, dessen Zügel ihm ein Ritter in die Hand gedrückt hatte. Am Sattel hingen die Waffen und die Rüstung des Patienten, was den jungen Mönch mit zusätzlichem Abscheu erfüllte.

»Ehrwürdiger Vater«, wandte er sich an den Prior, den Stellvertreter des Abtes, der für den täglichen Ablauf des Klosterlebens verantwortlich war und der gerade vorbeieilte, »was soll mit diesem Ross geschehen? Wir haben keinen Stall, in den ich es verbringen könnte.«

»Binde es da hinten bei den Kühen an und wirf ihm einen Arm Heu vor. Wenn sein Besitzer stirbt, und davon ist auszugehen, wird es uns gute Dienste leisten.«

Der Novize tat wie ihm geheißen und sattelte Roberts Hengst auch ab. Ihm war dieses riesige schwarze Tier unheimlich. Länger als unbedingt nötig, wollte er sich jedenfalls nicht mit ihm beschäftigen, und nachdem die aufgetragene Arbeit verrichtet war, suchte er schleunigst das Weite.

* * *

Der, auf dessen Eigentum man bereits spekulierte, kam derweil in der Klause der drei Nonnen gerade wieder zu Bewusstsein. Martha hatte ihm mit einem feuchten Tuch den Schweiß und Schmutz vom Gesicht getupft, und Hildegard war dabei, einen Trank zuzubereiten, der das Fieber senken sollte. Dafür verwendete sie einen Extrakt aus einjährigem Beifuß und gelbem Enzian. Gern hätte sie noch etwas Zimt beigemischt, doch darüber verfügten die Nonnen in ihrer kleinen Apotheke derzeit nicht. Vielleicht konnten sie die getrocknete Rinde und Blätter des in fernen Ländern wachsenden Baumes auf dem Markt in Mainz erwerben. Die Kaufleute dieser reichen Stadt unterhielten Handelsbeziehungen bis nach Konstantinopel und in das Heilige Land, das erst kürzlich von Kreuzfahrern von den heidnischen Sarazenen befreit worden war. Bis dahin musste es eben ersatzweise ein Sud aus Weidenrinde, vermischt mit Holunderblüten, tun.

»Wir können ihn doch nicht hier in unserer Klause beherbergen!«, empörte sich Jutta von Sponheim und lief in dem kleinen

Raum, der den drei Frauen als Aufenthalts- und Schlafstätte diente, wütend auf und ab. »Wie stellt die Kaiserin sich das denn vor? Es verstößt gegen alle Regeln unseres Ordens!«

»Vielleicht ist gerade das ein Fingerzeig Gottes«, meinte Hildegard nachdenklich. »Ich versuche doch schon seit Jahren, den Abt zu überzeugen, einen Krankensaal einzurichten, damit wir die Bedürftigen aus der Umgebung besser versorgen können. Das würde auch dem Kloster einen größeren Zulauf und Bekanntheitsgrad bescheren, und wir könnten vielleicht endlich unseren eigenen Frauenkonvent gründen und aus dieser Enge hier heraus.«

»Was du dir nur immer einbildest, Hildegard! Kannst du dich nicht mit dem Platz abfinden, auf den dich Gott der Herr gestellt hat, und deine Tage demütig und im Gebet verbringen? Immer fällt dir etwas Neues ein, das Unruhe in unser Leben bringt. Ich bin sehr unzufrieden mit dir!«

»Hildegard hat recht«, erhielt die Gescholtene Zuspruch von Martha. »Seit wir die Heilpflanzen sammeln, kommen immer mehr Menschen aus den Dörfern zu uns und werden so der Gnade Gottes teilhaftig. Es war Hildegard, die Abt Kuno die Erlaubnis abgerungen hat, dass wir zeitweise die Klause verlassen dürfen. Vielleicht kann sie ihn auch von einem Krankensaal überzeugen, wortgewandt, wie sie ist.«

»Man könnte sicherlich die Kaiserin bitten, uns bei der Verwirklichung unserer Pläne zu unterstützen. Meinst du nicht, Jutta?«

»Deiner Pläne, meinst du wohl. Und nennt mich nicht Jutta, auch wenn wir drei verwandt sind! Wie oft habe ich euch das schon gesagt? Hier bin ich die ehrwürdige Mutter für euch beide. Und damit ihr euch das ein für alle Mal merkt, werdet ihr die Nacht auf den Knien im Gebet vor dem Fenster zur Kirche verbringen. Euch werde ich schon angemessene Demut lehren!«

»Jawohl, ehrwürdige Mutter.« Die beiden Nonnen senkten ergeben den Kopf. Sie waren an die Ausbrüche ihrer Magistra seit Langem gewöhnt.

Mit vierzehn Jahren hatte Jutta gegen den Willen ihrer Familie den Schleier genommen, um nach einer überstandenen Krankheit ihr Leben ganz Gott zu widmen. Sie entstammte dem alten Grafengeschlecht der Sponheimer, während Hildegard und Martha Kinder von Edelfreien waren und entfernt zur Familie gehörten. Die beiden waren jeweils das zehnte Kind ihrer Eltern gewesen, und da der Kirche der »Zehnte« zustand, schon als Kinder als Dienerinnen Gottes vorgesehen worden. Ihrer Einwilligung dazu hatte es nicht bedurft, das war allgemein gültiger Brauch und Gesetz. Und so übernahm es die geweihte Witwe Uda von Göllheim, die achtjährige Hildegard und ihre noch jüngere Großcousine Martha auf das Leben im Kloster vorzubereiten.

Später übergab man die Mädchen dann dem Benediktinerkonvent auf dem Disibodenberg. Hier legten sie ihre Profess vor Bischof Otto von Bamberg ab, der den inhaftierten Erzbischof von Mainz vertrat, und wurden in einer unmittelbar an der Klosterkirche errichteten Klause eingeschlossen. Jutta hatte dieses Leben freiwillig gewählt, Hildegard und Martha hingegen weniger. Und während Erstere sich mittlerweile mit dem Leben als Dienerin Gottes abgefunden hatte, so fiel es der Jüngeren immer noch schwer, sich täglich in vollendeter Demut und Askese zu üben. Sie war es auch, die gegen die Anordnung der Magistra aufbegehrte.

»Meint Ihr nicht, ehrwürdige Mutter, dass wir wechselseitig beten sollten, damit sich immer einer um den Kranken kümmern kann? Er bedarf ständig unserer Pflege, wenn er überleben soll. Falls er friert, müssen wir ihn warm halten, wenn er im Fieber glüht, seine Stirn kühlen und ihm Wadenwickel anlegen.

Denkt nur, er stirbt und die Kaiserin erfährt, dass wir uns nicht hinreichend um ihn bemüht haben!«

»Ich halte es sowieso für Sünde, zu versuchen, in Gottes Ratschluss einzugreifen. Wem er Krankheit sendet, der hat sie auch verdient. Der Herr allein entscheidet über Leben und Tod. Wir sollten uns nicht anmaßen, ihm dabei ins Handwerk pfuschen zu wollen.«

Das konnte Hildegard nicht unwidersprochen hinnehmen.

»Warum lässt dann der Herr in seiner unendlichen Güte Pflanzen wachsen und gedeihen, die Krankheiten heilen können? Er hat uns einen so wunderbaren Garten voller Medizin gegen alle Arten von Leiden geschenkt. Und auch die Kenntnis, sie anzuwenden. Sollen wir diese göttliche Gabe etwa nicht nutzen? In einer meiner Visionen habe ich den Auftrag erhalten, die Heilkräfte der Natur zu erforschen, altes Wissen zu sammeln und neue Erkenntnisse aufzuschreiben. Wozu, wenn ich sie nicht zum Wohle Bedürftiger anwenden soll?«

»Du mit deinen Erscheinungen! Abt Kuno und ich haben große Zweifel, dass sie tatsächlich von Gott kommen. In den Regeln des heiligen Benedikt steht nichts über Krankenpflege, dafür umso mehr über Demut, Gehorsam und Schweigen. Aber davon haltet ihr beiden offenbar nicht viel. Sei's drum, wechselt euch bei der Pflege des Kranken ab. Ich werde stattdessen für sein Seelenheil beten. Und morgen muss er diesen Raum hier verlassen. Hildegard, du sprichst mit Abt Kuno über seinen weiteren Verbleib. Findet eine Lösung, sonst …«

Jutta von Sponheim ließ das Ende des Satzes offen und eine Drohung mitschwingen. Sie fand es unerhört, dass die Kaiserin ihr diese Bürde aufgehalst hatte. Aber was sollte man schon von diesem gottlosen Geschlecht der Salier halten, das sich selbst dem Willen des Heiligen Vaters widersetzte? Sie würde jedenfalls erst wieder Ruhe finden, wenn dieser Störenfried des Klosterfriedens tot oder wieder verschwunden war.

Während Hildegard einen von unzähligen Rosenkränzen in dieser Nacht betete, mit bloßen Füßen auf den kalten Steinen vor dem kleinen Fenster zur Klosterkirche kniend, übernahm Martha die erste Wache am Lager des Kranken. Sie flößte Robert etwas Hühnerbrühe ein und schob ihm Apfel- und Birnenschnitze zwischen die Zähne, die er begierig kaute.

Der Cellarius, der auch über die Lebensmittel des Klosters wachte, hatte sich am Anfang gesträubt, die verlangten Dinge herauszugeben. Kostbares Obst und Hühnchen für einen Gemeinen, so weit kam es noch! Doch Hildegard, die wortgewandteste der drei Nonnen, hatte ihm schnell klargemacht, dass sich das ganze Kloster den Unmut der Kaiserin zuziehen würde, täte man für den Kranken nicht alles Menschenmögliche. Und so hatte der Mönch zähneknirschend seinen großen Schlüssel genommen, war in den Keller hinabgestiegen und hatte das Verlangte gebracht.

Am nächsten Morgen ging es Robert bereits etwas besser. So konnte er, wenn auch von den beiden jungen Nonnen gestützt, auf eigenen Füßen zu dem kleinen Raum gehen, der an das Refektorium des Klosters grenzte und zukünftig als Krankenstation dienen sollte.

Hildegard hatte dieses Zugeständnis von Abt Kuno mit Hinweis auf die Spenden erwirkt, die die Kaiserin in Aussicht gestellt hatte. Am Herd und in der Küche des Speisesaals konnte sie auch besser die Medizin für den Kranken zubereiten. Als Mönche den Patienten zum Necessarium, dem Bedürfnisraum, führten, wo er seine Notdurft verrichten konnte, verlangte Hildegard von ihnen, dass sie etwas Harn und Stuhl von Robert mitbringen sollten. Entsetzt wehrten die Brüder ab, aber mit dem darauffolgenden Donnerwetter der jungen Ordensschwester hatten sie nicht gerechnet. So taten sie letztendlich, was sie ihnen aufgetragen hatte. Allerdings würgte es ihnen dabei fast das spärliche Frühstück nach oben, und sie waren nahe davor, sich zu erbrechen.

An dem dunkel verfärbten Harn erkannte Hildegard, dass auch Roberts Nieren angegriffen waren, und stellte ihre Behandlung darauf ab. Und als ein Laienbruder zum Markt nach Mainz aufbrach, um für das Kloster Dinge einzukaufen, die in dessen Mauern nicht selbst hergestellt werden konnten, erhielt er den Auftrag, den teuren Zimt zu erwerben. Den kochte sie mit Wein auf und gab ihrem Patienten mehrmals täglich davon zu trinken, was die Mönche für eine schändliche Vergeudung hielten. Martha unterstützte die ältere Schwester tatkräftig und lernte viel von ihr, kümmerte sich aber in erster Linie um das leibliche Wohl des Kranken, der bei der guten Pflege langsam wieder zu Kräften kam.

* * *

An fieberfreien Tagen und bei schönem Wetter durfte Robert sich etwas im Klostergarten ergehen, allerdings immer unter Aufsicht einer der beiden jungen Nonnen, die sofort Hilfe leisten konnten, brach er wieder einmal zusammen. Als die Kaiserin ihn im Kloster abgeliefert hatte, war er stark abgemagert, hohlwangig und ganz grau gewesen.

Langsam wuchsen seine Muskeln wieder, was selbst der edle Surcot nicht verbergen konnte, und die gesunde Gesichtsfarbe kehrte zurück. Seine Kleidung als Gardist Matildas war aufwendig gearbeitet, von feinem Stoff und farbenprächtig, sein blondes Haar und der Bart jetzt wieder sorgfältig gestutzt. Kein Vergleich zu den graubraunen Kutten der Mönche und deren schrecklicher Tonsur.

Martha ertappte sich das eine oder andere Mal dabei, wie sie ihren Blick wohlgefällig über den Körper ihres Patienten streifen ließ. Dann bekreuzigte sie sich auf der Stelle, sprach ein rasches Gebet und nahm sich vor, ihre unzüchtigen, sündigen Gedanken bei nächster Gelegenheit zu beichten, vergaß es aber ein auf das andere Mal immer wieder aufs Neue.

Robert benahm sich den beiden Nonnen und auch der Magistra gegenüber sehr zuvorkommend und gab seiner Dankbarkeit immer wieder Ausdruck. Während Jutta von Sponheim darauf gar nicht reagierte, Hildegard ihn nahezu wie ein Forschungsobjekt betrachtete, gewann er, ohne es zu merken, langsam, aber stetig Marthas Herz.

Am Anfang hatte sie sich noch davor gescheut, sich mit dem Kranken zu unterhalten, gehörte doch das Schweigegebot zu den wichtigsten Regeln des heiligen Benedikt. Doch nach und nach, vor allem wenn sie sicher sein konnte, dass die Magistra anderweitig beschäftigt war, ließ sie sich auf ein Gespräch mit dem weit herumgekommenen Mann ein. Er konnte so schön erzählen, von fremden Städten und Ländern, von himmelhohen Bergen und weiten Meeren und den Gefahren, die dort auf die Reisenden lauerten.

Nichts davon hatte Martha je gesehen und würde sie jemals zu Gesicht bekommen. Ihr war ein Leben in der Abgeschiedenheit eines Klosters zugedacht, und niemand hatte sie je gefragt, ob das auch ihrem Willen entsprach. In ihrem Herzen machte sich mit der Zeit eine Sehnsucht breit, die sie so vorher nicht gekannt hatte.

Da gab es, so erfuhr sie, noch ein anderes Leben außerhalb der sie oft bedrückenden Enge ihrer Klause. Ein Leben ohne Stundengebete, die man ihr auch nachts abverlangte, ohne immerwährende Demut, Geißelungen, ständiges Fasten, Kasteien, dafür voller üppiger Festmähler, Musik, Tanz, Gauklern, bunten

Kleidern. Aber auch voller Gefahren, Armut, Not, Elend und Schmutz – Robert verschwieg ihr nichts. Und dafür war sie ihm dankbar, öffnete er ihr doch ein kleines Stück das Fenster zu einer gänzlich unbekannten Welt.

Aber eines erschreckte die junge Nonne: Wie respektlos er oft von hohen kirchlichen Würdenträgern, von Äbten, Bischöfen und Kardinälen, ja selbst vom Heiligen Vater sprach. War er womöglich ein Abgesandter des Teufels, der Zweifel in ihr Herz säen und sie vom rechten Weg abbringen sollte? Doch wen sollte sie dazu befragen, mit wem darüber sprechen? Würde sie auch nur ein Wort von ihren Gesprächen gegenüber ihrem Beichtvater oder der Magistra erwähnen, würde man ihr sofort jeden weiteren Umgang mit Robert untersagen und sie in strengster Klausur halten, damit sie ihn nie wieder zu Gesicht bekäme. Und dafür waren ihr die Unterhaltungen mit ihm mittlerweile zu wichtig geworden. Vielleicht erfuhr sie nie wieder etwas über das Leben dort draußen, von dem sie so völlig abgeschnitten war.

Eines Tages – zwischen den exakt angelegten, noch verwaisten Beeten des Gemüsegartens zeigten sich bereits die ersten Gänseblümchen, und ein Hauch von Frühling lag in der Luft – war Martha wieder einmal mit ihrem Patienten allein und stellte ihm eine Frage, die sie seit Längerem beschäftigte.

»Sagt, ist es wirklich wahr, dass es jetzt zwei Päpste gibt?«, erkundigte sie sich bei Robert, der ihr davon erzählt hatte. Der Gedanke daran ließ die junge Nonne nicht los, widersprach diese Nachricht doch allem, was man sie bisher gelehrt hatte. Wie konnte Gott zwei Stellvertreter auf Erden haben, die sich noch dazu mit allen ihnen zur Verfügung stehenden Mitteln befehdeten?

Robert, der bisher hin- und hergewandert war, ließ sich neben Martha auf einer kleinen Bank nieder.

»So ist es. Gelasius ist bereits ein Jahr nach seiner Wahl gestorben. Aber anstatt nun den von Kaiser Heinrich eingesetzten Papst Gregor anzuerkennen, hat die Kurie rasch einen neuen Heiligen Vater aus ihren Reihen bestimmt. Früher hieß er Guido von Vienne und war Erzbischof von Burgund und Lehnsmann des Kaisers. Jetzt nennt er sich Calixt II. Und das alles, damit nur ja niemand Gelegenheit bekommt, an den Pfründen des hohen Klerus zu kratzen.«

»Wie könnt Ihr nur so etwas sagen?«, empörte sich Martha. »Der Heilige Vater wird gemäß Gottes Ratschluss durch die höchsten Kirchenvertreter gewählt. Kein weltlicher Herrscher hat das Recht, darauf Einfluss zu nehmen. Der Papst kann nicht fehlen. Was er sagt, was er tut, ist, als ob es von unserem Herrn im Himmel selbst kommt.«

»Dann ist Gott ein Krämer, denn ich habe noch nie jemanden so feilschen sehen wie Paschalis«, feixte Robert. Wenn er wollte, konnte er richtig zynisch sein. »Wer ist denn Eurer Meinung nach jetzt der richtige Papst? Gregor, der in Rom sitzt, oder Calixt, der in Süditalien unter dem Schutz der Normannen residiert? Beide sind von einem Gremium von Kardinälen und Bischöfen gewählt worden. Wobei Ersterer die Unterstützung des Kaisers hatte, zugegeben. Beide haben sich gegenseitig exkommuniziert und beanspruchen den Stuhl Petri ausschließlich für sich. Glaubt mir, heilig ist an keinem der Päpste, die ich erleben durfte, irgendetwas. Für die Macht über die Kirche würden sie ihre Seele auf der Stelle dem Teufel verkaufen. Um nichts anderes geht es ihnen, einem wie dem anderen.«

Martha schlug vor Schreck die Hand vor den Mund. So gotteslästerlich hatte in ihrer Gegenwart noch nie jemand gesprochen. Sicherlich würde gleich ein Blitzstrahl herabfahren und den Ketzer mit himmlischem Feuer verbrennen. Doch nichts geschah, und Robert sprach völlig ungerührt, einen Grashalm zwischen den Fingern hin und her drehend, weiter.

»Euer Leben hier im Kloster hat mit dem des hohen Klerus da draußen auch nicht das Allergeringste zu tun. Ich habe nicht einen Kardinal in Rom gesehen, der wie die Mönche und Nonnen hier mitten in der Nacht aufgestanden ist, um zu beten. Da feierten sie oft genug noch ihre Gelage, schütteten sich mit Wein voll und vergnügten sich mit Kurtisanen. An keinem Fürstenhof geht es so lasterhaft zu wie im Lateran. Ich war früher ein gottesfürchtiger, wenn auch kein frommer Mann. Doch seit ich in Rom gesehen habe, wie sich die Kurie aufführt, frage ich mich immer und immer wieder: Wenn es einen Gott gibt, wie kann dieser so etwas zulassen?«

»Wart Ihr denn dabei, oder habt Ihr Eure Kenntnisse nur vom Hörensagen? Hat Euch das, was Ihr mir hier erzählt, vielleicht der Teufel eingeflüstert?«

»Ich stand oft keinen Yard entfernt hinter dem Stuhl des Kaisers oder der Kaiserin, wenn sie zu derartigen Festlichkeiten geladen waren. Ich will nicht verschweigen, dass es auch Mitglieder des Klerus gab, die sich angewidert abwandten. Aber sie waren in verschwindender Minderzahl. Von Heinrich zu verlangen, Achtung vor diesen Kirchenvertretern zu haben, wäre wirklich zu viel verlangt. Da kann ich ihn gut verstehen.«

»Das glaube ich Euch nicht! Ihr lügt mich an!«

»Nein, bei Gott, ich sage die Wahrheit! Musstet Ihr nicht vor dem Bischof von Bamberg statt vor dem Erzbischof von Mainz, dem Ihr alle hier ja untersteht, Euer Gelübde ablegen? Wisst Ihr eigentlich auch, warum?«

»Weil Adalbert im Gefängnis auf Burg Trifels saß! Eingesperrt von einem gottlosen Kaiser, der die Unabhängigkeit der heiligen Mutter Kirche nicht anerkennen will«, schleuderte Martha Robert entgegen.

»Das hat man Euch vielleicht so erzählt, aber es stimmt nicht. Heinrich hat ihn mit Privilegien überschüttet wie kaum einen anderen im Reich, ihn sogar zu seinem Kanzler erhoben. Doch das genügte Adalbert nicht. Immer mehr forderte er, und wenn er es nicht bekam, drohte er seinem Gönner mit Exkommunikation und damit, sich auf die Seite des von der Kurie eingesetzten Papstes zu stellen. Als er sogar die Reichsfeste Trifels für sich forderte, die unbezwingbar ist, konnte Heinrich das nicht länger dulden. Er ließ ihn gefangen nehmen und in ebendieser Burg inhaftieren. Ich habe ihn dorthin eskortiert und mir seine Flüche, Beschimpfungen und Drohungen anhören müssen. Wahrlich, das waren keine salbungsvollen Liturgien, und nichts da von wegen ›liebet eure Feinde‹. Kaum hat der Kaiser ihn begnadigt, was tut er? Läuft zu dessen Feinden über und verbündet sich mit Calixt! Ich an Heinrichs Stelle hätte den Verräter schon längst einen Kopf kürzer gemacht!«

»Um Himmels willen! Einen Mann Gottes!«

»Steht er deshalb über dem Gesetz? Die hohen Kleriker glauben das offenbar. Sie fühlen sich ausschließlich Gott verpflichtet und keiner weltlichen Macht. Nur, dass sie Gottes Gebote ständig mit Füßen treten! Und hat nicht Jesus gesagt: Gebt dem Kaiser, was des Kaiser ist?«

»Ihr zitiert ständig die Heilige Schrift. Ist sie Euch denn so geläufig?«

»Ich war oft dabei, wenn sich Kaiser und Papst, Fürsten und Bischöfe stritten und jeder Gottes Wort auf die ihm genehme Art auslegte, und dachte mir meinen Teil. Das, was auf dieser Welt alles so im Namen des Herrn geschieht, kann er nicht gewollt haben. Da bin ich mir ganz sicher.«

Erschrocken rückte Martha ein Stück von Robert ab und sah ihm fest in die Augen.

»Seid Ihr überhaupt ein Christ? Glaubt Ihr an Jesus Christus, unseren Herrn, oder hängt Ihr womöglich noch den alten, heidnischen Religionen an?«

»Sicher hat Gottes Sohn viel Gutes in die Welt bringen wollen. Ich bin kein Schriftgelehrter, aber ich habe Augen, um zu sehen, und Ohren, um zu hören. Schaut doch nur, was die Menschen und vor allem diejenigen, die das Wort Gottes verkünden sollen, aus seiner Botschaft gemacht haben.«

»Sie geben sie so weiter, wie er sie verkündet hat!«, empörte sich Martha. »Wie könnt Ihr daran zweifeln?«

»Nun, denkt doch selbst einmal nach, statt immer nur alles nachzuplappern. Jesus war ein armer Mann, Sohn eines Zimmermanns. Wenn ich ihn auf einem Bild oder Kruzifix sehe, dann trägt er die einfachste Kleidung, meist nur einen Lendenschurz. Seine heutigen Stellvertreter können unter all dem Gold und den Edelsteinen an ihren prachtvollen Gewändern kaum noch aufrecht stehen. Er wurde in einem Stall geboren. Jetzt werden überall riesige Kathedralen und Kirchen errichtet, meist von Bauern in Fronarbeit, die selbst in den armseligsten Hütten hausen. Ich kann mir nicht vorstellen, dass das Jesu Botschaft gewesen sein soll.«

»Aber es geschieht doch zum Ruhm und zur Ehre Gottes!« Martha war empört, aber Robert noch lange nicht fertig.

»Schaut doch nur, selbst hier, wo man sich bemüht, ein einfaches und entbehrungsreiches Leben zu führen, kann ich nicht sehen, dass man sich an Gottes Wort hält. Allerorten nur Gebote, Strafen, Angst und Furcht.«

»Demut und Gottesfurcht sind die wichtigsten Elemente der klösterlichen Ordnung! Wo kämen wir hin ohne unsere Regularien?«

»Predigte Gottes Sohn nicht Liebe und Vergebung? Jetzt will die Kurie den Priestern endgültig verbieten, in einer Familie zu leben und zu heiraten. Wie sollen die Kleriker dann noch die Probleme der Menschen verstehen, für deren Seelenheil sie verantwortlich sind? Unser Dorfpfarrer hatte einen ganzen Schock Kinder, mit denen ich als kleiner Junge von allen am liebsten gespielt habe. Seine Frau und er waren die Güte in Person. Und jetzt soll das Unrecht sein, mehr als tausend Jahre nach Christi Tod? Nein, Martha, das ist Menschen und nicht Gottes Wille. So wie man Euch vorschreibt, Euch von Kopf bis Fuß zu verschleiern, sodass man kaum die Gesichtszüge erkennen kann. Sehen so die Frauen aus, die auf den Bildern unter dem Kreuz Jesu stehen? Ich glaube nicht! Das haben sich alte Männer ausgedacht, die keine Freude mehr am Leben haben und sie auch anderen deshalb verwehren wollen.«

Noch nie in ihrem Leben hatte Martha derartige Worte gehört. Sie waren ketzerisch und blasphemisch, widersprachen allem, was man sie bisher gelehrt hatte, aber je mehr sie sich bemühte, sie falsch und teuflisch zu finden, desto bewusster wurde ihr – Robert hatte in vielen Dingen nicht unrecht. Warum musste sie ihren jungen Körper unter diesen unförmigen, sackähnlichen, kratzenden Gewändern verbergen?

Kein einziges Haar durfte unter der engen Haube hervorschauen, die sie ständig zwickte. Sie war eine Braut Christ, hatte man ihr gesagt, und durfte in ihrem Leben nie einem anderen Mann angehören. Aber ob sie das wirklich wollte, hatte sie nie jemand gefragt. Hielt man ihr womöglich ein Leben vor, für das Gott sie eher bestimmt hatte? Wie sollte sie das wissen, wo sie es doch nur vom Hörensagen kannte? Vielleicht mit Kindern und einem Mann an ihrer Seite, der sie liebte. Und all die Entbehrungen, die das strenge Klosterleben ihr auferlegte, nur für das Versprechen, einmal Gottes Antlitz schauen zu dürfen!

Manchmal, wenn sie den Kranken in seiner Ohnmacht gewaschen und seinen Körper berührt hatte, waren ihr sündige Gedanken gekommen, und ein eigenartiges Ziehen in ihrem Unterleib und in ihren Brüsten hatte sich bemerkbar gemacht. War das etwa das Werk des Teufels, der sie vom rechten Weg abbringen wollte? Oder waren es die Gefühle, die Gott in seiner Weisheit einer Frau geschenkt hatte? Sie wusste es nicht und fürchtete, niemals die Wahrheit zu erfahren.

Ganz in ihre Gedanken versunken, merkte sie gar nicht, wie Robert äußerst sanft und vorsichtig ihre Haube nach hinten geschoben hatte. Erst als ein milder Wind in ihren kurz geschnittenen Haaren spielte, kam sie erschrocken zu sich. Sofort richtete sie ihren Schleier und Habit und rückte von Robert ab.

»Was untersteht Ihr Euch! Ist das der Dank für all die aufopferungsvolle Pflege, dass Ihr mich hier in Versuchung führen wollt und ich mein Seelenheil aufs Spiel setze? Schon das Gespräch mit Euch ist Sünde, und ich werde dafür viel Buße tun müssen und harte Strafen auferlegt bekommen.«

»Und warum? Weil wir über die Welt gesprochen haben, wie sie wirklich ist? Im Übrigen glaube ich, du weißt gar nicht, wie schön du bist.«

Plötzlich spürte Martha etwas noch nie Dagewesenes – warme, leicht feuchte Lippen auf den ihren und eine Zungenspitze, die sich dazwischendrängte und die ihre suchte. Und gleichzeitig eine Hand, die sie zärtlich umfasste und an einen warmen, starken Männerkörper presste. Einen Moment, nur einen winzigen Augenblick gab sie sich diesem unsagbar wohligen Gefühl hin und spürte, wie sich ihre Brustwarzen unter dem rauen Stoff aufrichteten und hart wurden. Doch sofort hatte sie sich wieder in der Gewalt, stieß Robert mit aller Kraft weg, sprang auf und bekreuzigte sich mehrmals.

»Was habt Ihr getan?«, fuhr sie ihn entsetzt an. »Ich bin eine geweihte Jungfrau und habe die Profess abgelegt. Dafür werde ich in der Hölle schmoren!«

Martha fuhr sich mit der Hand über den Mund, als könne sie damit das Geschehene wegwischen.

»Wenn ein Kuss zur ewigen Verdammnis führt, hätte der Teufel mit seinen Dämonen viel zu tun«, erwiderte Robert lächelnd. »Mit dir würde er sich wohl kaum abgeben. Er wäre vollauf mit all den Kurienkardinälen und Bischöfen beschäftigt, die sich gleich mehrere Mätressen halten. Offenbar fürchten diese das Höllenfeuer weit weniger als du.«

Die junge Nonne wollte etwas erwidern, aber ihr fehlten die Worte. Stattdessen machte sie eine abwehrende Geste, raffte ihren Habit und lief, so schnell sie ihre Füße trugen, davon.

Robert sah ihr lange sinnend nach. Er selbst hatte nicht viele Erfahrungen mit Frauen. Eine Marketenderin hier, eine willige Magd dort, zugegeben. Aber richtig verliebt gewesen war er noch nie. Bis heute.

* * *

Als Robert sich kräftig genug fühlte und Hildegard keine Einwände erhob, bot er Abt Kuno an, beim Bau der Kirche mitanzupacken, was dankend angenommen wurde. Ihm war schon bald wieder kein Bruchstein oder Balken zu schwer, und da mittlerweile eine kräftige Frühlingssonne vom Himmel schien, entledigte er sich oft seiner Tunika und arbeitete mit bloßem Oberkörper. Martha, die es seit den Vorkommnissen im Klostergarten vermied, mit Robert allein zu sein, erhaschte manchmal einen Blick auf den schweißglänzenden Leib des hünenhaften Gardisten. Einmal war diesem das sogar aufgefallen, und er hatte sie freudestrahlend angelächelt, was sie hingegen als freches, anmaßendes Grinsen empfand.

Am meisten aber beeindruckte die junge Nonne, wenn sie Robert heimlich dabei zusehen konnte, wie er mit seinem Pferd umging. Fast hatte man den Eindruck, dass es eine liebevolle Vertrautheit zwischen dem Mann und dem schwarzen Hengst gab. Oft striegelte er das Streitross, bis das Fell wie Seide im Sonnenlicht glänzte, und wenn er es ritt, schien er mit dem Hengst regelrecht zu einer Einheit zu verschmelzen.

Martha bedrückten die Gefühle, die sie bei den Berührungen Roberts empfunden und von denen sie danach noch nächtelang geträumt hatte. Als sie es nicht mehr aushielt, vertraute sie sich Hildegard an und hoffte auf einen Rat der älteren Mitschwester. Doch ihre Erwartung, auf Verständnis oder gar Zuspruch zu stoßen, erwies sich als trügerisch.

»Wie konntest du dich nur hinreißen lassen!«, schimpfte die Nonne mit überschnappender Stimme. »Du hast ein heiliges Gelübde abgelegt, ewig Jungfrau zu bleiben und eine Braut Christi zu sein. Was glaubst du, warum der Habit unsere Gestalt verhüllt? Damit die Männer sich nicht vom Teufel verleiten lassen und auf unsere Reize schauen. Seit Evas Sündenfall ist das so! Und du lässt zu, dass ein Mann dich berührt? Ich kann dir nur raten, dich deinem Beichtvater zu offenbaren und jede Buße gehorsam und fußfällig entgegenzunehmen, die er dir auferlegt!«

»Ich glaube nicht, dass meine Gefühle Satans Werk sind.« Erstmals seit Martha dem Kloster übergeben worden war, begehrte sie auf und erschrak selbst darüber. Doch diesmal wollte sie nicht zurückweichen. Zu tief saßen bereits die Zweifel, die Roberts Worte und Taten in ihr ausgelöst hatten. Und dass der Mann vom Teufel geschickt worden war, um sie zu verführen, das konnte sie einfach nicht glauben. »Ist Gott nicht die Liebe? Wie können dann zärtliche Gefühle Sünde sein? Warum sollen wir keinem Mann angehören, unsere Mitbrüder keine Frau nehmen? Verstößt das nicht gegen Gottes Gebot, das da lautet: ›Wachset und mehret Euch‹? Was ist, wenn ich dir sage, dass ich mich eher nach einem Kind, nach einer Familie sehne, als mein Leben hinter Klostermauern im ewigen Gebet zu verbringen?«

»Bist du von Sinnen? Willst du der ewigen Verdammnis anheimfallen? Denn genau das wird geschehen, wenn du deinen Schwur gegenüber Gott brichst. Er gilt, bis der Herr dich zu sich ruft, und nichts und niemand kann dich von ihm entbinden.«

»Warum? Weshalb ist das so? Mich hat nie jemand gefragt, ob ich in einen Orden eintreten will. Es wurde bestimmt, dass du und ich die Tochter unseres Grafen, die sich freiwillig entschlossen hat, den Schleier zu nehmen, um Gott für eine überstandene, schwere Krankheit zu danken, begleiten müssen. Bist du denn damit glücklich?«

»Wir beide sind das jeweils zehnte Kind unserer Eltern, und der Zehnte gehört der heiligen Mutter Kirche. Das war so, das ist so, und das wird so bleiben bis in alle Ewigkeit. Was soll schlimm daran sein, Gott zu dienen? Finde dich endlich damit ab. Und ja, ich bin sehr zufrieden mit meinem Los. Wo könnte ich sonst ein so umfangreiches Wissen erwerben, mich mit der Wirkung von Pflanzen, Steinen und Mineralien beschäftigen? Bekäme Pergament, um meine Erkenntnisse aufzuschreiben? Nirgends könnte ich Gott näher sein, der sich mir immer wieder offenbart. Schon mit drei Jahren habe ich das erste Mal seine Herrlichkeit schauen dürfen. Seitdem wollte ich nie etwas anderes, als seine Braut zu werden. Meine Eltern haben mich mit Tränen in den Augen hierhergebracht, aber ich bin mit frohem Herzen durch die Klosterpforte geschritten.«

»Diese Enge, dieser ewige Gleichklang der Tage bedrückt mich immer mehr«, gestand Martha. »Unser Patient hat so viel von der Welt gesehen, ich so gut wie gar nichts. Gott muss sie so wunderschön erschaffen haben, doch uns bleibt sie verborgen.«

»Ist es das, was dich bedrückt? Draußen lauert nichts als Elend, Not und Gefahr. Sei froh, dass du den Schutz der Klostermauern genießen darfst und dir die ewige Pein erspart bleibt. Die Welt sehen! Glaubst du, dir als Frau wäre das vergönnt? Beileibe nicht! Du sitzt mit einem Schock Kinder zu Hause, sorgst dich um euer täglich Brot, während der Herr Gemahl, der dir bestimmt worden ist, mit oder gegen den Kaiser durch die Lande zieht und angebliche Heldentaten vollbringt. Glaub mir, hier geht es dir tausendmal besser, und dafür solltest du dankbar sein. Das, was du dir vorstellst, sind nichts als Kleinmädchen-schwärmereien. Bete zu unserem Herrn mit Inbrunst, dann wird er dir schon den rechten Weg weisen.«

»Ist das wirklich alles, was du in deinem Leben erreichen willst? Den Befehlen der Magistra und Abt Kunos zu folgen, demütig und gehorsam? Das glaube ich dir nicht. Zu oft habe ich an deinem Gesichtsausdruck gesehen, dass dir nicht passt, wie sie Gottes Wort auslegen. Von Zeit zu Zeit wagst du ja sogar Widerworte. Also tu nicht so, als wärst du eine Heilige!«

Martha hatte sich in Rage geredet und war innerlich völlig aufgewühlt, während Hildegard wie ausgelaugt von ihren Worten schien.

»Du hast recht«, meinte sie schließlich nachdenklich und öffnete einen Moment lang ihre Seele vor ihrer Mitschwester. »Es ist nicht alles, was ich im Leben erreichen will. Vor allem hasse ich es, schweigen zu müssen, weil ich ja nur eine Nonne bin, die den ehrwürdigen Brüdern nicht widersprechen darf. Jutta ist eine fromme Frau, auch wenn ich nicht glaube, dass der Herr so viel Askese von uns verlangt, wie sie meint. Eines Tages werde ich an ihre Stelle treten, da bin ich mir ganz sicher. Und ich will nicht einer kleinen Klause vorstehen, sondern einem richtigen Frauenkonvent, einem großen Kloster, das überall angesehen ist. Der Herr möge mich für meinen Hochmut strafen, aber mein einziges Bestreben ist es, ihm mit all meiner Kraft zu dienen. Und das kann ich nicht, wenn ich ständig an Grenzen stoße, die reine Willkür sind. Warum sollen wir hier kein Spital einrichten, um Kranke zu versorgen? Es wäre kein großer Aufwand und würde der Abtei helfen, Gottes Ruhm zu mehren. Und ich könnte an den Patienten die Heilkräfte der Natur studieren, altes Wissen sammeln und neues gewinnen. Was soll daran falsch sein? Doch Kuno glaubt, dass man für Kranke nur beten soll. Alles andere wäre Gottes Wille. So eine Borniertheit! Manchmal kann ich es einfach nicht fassen. Dein Robert wäre tot, hätte ich ihn nicht behandelt und du gepflegt. Ich bin überzeugt davon, dass der Herr nicht will, dass wir seine Gaben verschmähen und ungenutzt verkommen lassen.«

Jetzt war der Gardist schon »ihr Robert«! Martha hatte sich dabei ertappt, dass ihr Herz bei diesen Worten Hildegards schneller geschlagen hatte. War sie also auch nicht frei von Wünschen, Hoffnungen und Träumen? Sie, ihre ältere Mitschwester? Magistra, ja vielleicht sogar Äbtissin wollte sie werden! Nun, dann konnte Martha von ihr natürlich kein Verständnis für ihr geheimes Begehren erwarten. Ihre Vorstellungen von ihrem weiteren Leben, ihre Sehnsüchte gingen zu weit auseinander. Aber wenn die Hildegards vielleicht auch kühn waren, so konnten sie mit Gottes Willen doch realisierbar sein. Während es für ihr Verlangen keine Zukunft gab. Deshalb versuchte sie, das Gespräch in andere Bahnen zu lenken.

»Wie geht es denn dem Patienten? Wird er bald wieder ganz hergestellt sein?«

»Nun, er hat schon fast drei Monate lang keine Fieberschübe mehr gehabt. Aber ganz verschwindet diese Krankheit offenbar nie. Zumindest habe ich das in alten Schriften gelesen. Doch wenn man sie kommen spürt und sofort behandelt, ist sie wohl kontrollierbar. Er strotzt jedenfalls wieder vor Kraft, und bald kann er zu seiner Kaiserin zurückkehren. Du wirst ihn vergessen, Martha, glaube mir. Hilf mir, die Geheimnisse der Natur zu entschlüsseln und altes Wissen aufzuspüren, das sonst verloren gehen würde. Lass das deine Aufgabe werden, und du wirst sehen, dass du darin Erfüllung finden wirst so wie ich. Und vielleicht können wir die Magistra und den Abt gemeinsam davon überzeugen, zumindest erst einmal einen kleinen Krankensaal einzurichten.«

»Wir können ja Robert bitten, unser Anliegen der Kaiserin vorzutragen. Sie schien recht großzügig zu sein, und möglicherweise unterstützt sie uns, wenn sie sieht, wie du ihn wiederhergestellt hast.«

»Wir, Martha, wir. Ich weiß nicht, ob es mir ohne deine Hilfe und gute Pflege gelungen wäre. Und im Übrigen, so gefällst du mir schon viel besser. Komm, lass uns gemeinsam beten, auf dass uns der Herr auf unseren Wegen geleitet und unsere Bitten erhört.«

Welche auch immer das sein mögen, dachte Martha und sank neben Hildegard auf die Knie.

*　*　*

Einige Tage später wurde es für Robert Zeit, das Kloster auf dem Disibodenberg zu verlassen. Er fühlte sich wieder so kräftig wie vor dem ersten Ausbruch der ›mala aria‹ und hoffte nur, dass die furchtbaren Fieberschübe wirklich der Vergangenheit angehörten.

Von Hildegard bekam er zum Abschied einen Beutel mit getrockneten Blättern des einjährigen Beifußes. Sie instruierte ihn, wie er daraus einen Sud bereiten konnte, den er bei den ersten Anzeichen des Wiederaufflackerns der Krankheit dreimal täglich zu sich nehmen sollte. Gingen die Blätter zur Neige, konnte er sich auf Märkten oder bei Kräuterfrauen rechtzeitig Ersatz besorgen, was nicht weiter schwerfallen dürfte. Robert verabschiedete sich dankbar und versprach, bei Matilda ein gutes Wort bezüglich einer Spende für die Errichtung eines Hospitals einzulegen, dem Abt Kuno zähneknirschend und Jutta von Sponheim widerwillig zugestimmt hatten.

So sehr er sich auch bemühte, es war ihm allerdings nicht gelungen, noch einmal allein und ungestört mit Martha zu sprechen. Entweder war sie in Begleitung von Hildegard bei ihm erschienen oder wie vom Erdboden verschwunden. Umso überraschter war Robert, als er sein Pferd sattelte und sie urplötzlich hinter ihm stand. Er hatte dem Hengst außerhalb des Klosters einen Unterstand gebaut, damit er nicht immer den Pförtner bitten musste, das große Tor zu öffnen, wenn er ihn bewegen wollte. Die junge Nonne trug einen Korb über dem Arm, aus dem es nach frischen Kräutern duftete. Offenbar hatte sie vorgegeben, Heilpflanzen sammeln zu wollen, und war so der strengen Kontrolle der Magistra entwischt.

»Werden wir Euch hier jemals wiedersehen?«, fragte sie Robert mit züchtig gesenktem Blick und leiser Stimme.

»Möchtest du das denn?«, lautete seine Gegenfrage. Er fasste mit seinem Zeigefinger unter ihr Kinn und hob damit ihren Kopf sanft empor, bis er Martha in die Augen schauen konnte.

»Sicherlich will Hildegard von Zeit zu Zeit Euren Gesundheitszustand kontrollieren. Sie schreibt alle gewonnenen Erkenntnisse auf, um sie der Nachwelt zu übermitteln.«

»Ich habe nicht gefragt, was Hildegard will, ich habe gefragt, was du möchtest.«

Martha wurden die Knie weich.

»Könnt Ihr das noch einmal tun, was Ihr damals im Klostergarten getan habt?«

Die Gesichtsfarbe der jungen Nonne wurde bei diesen Worten so rot wie die Darstellungen des Höllenfeuers in den heiligen Schriften. Doch noch einmal, nur ein einziges Mal, wollte sie sich als Frau fühlen, so wie damals, als Robert sie berührt hatte.

Zuerst spürte Martha kaum, wie seine Lippen sich auf die ihren legten, so zart hatte der Kuss begonnen. Doch bald drohten ihre Gefühle sie schier zu überwältigen, und sie glaubte, in Ohnmacht zu fallen. Diese Wärme, dieses Züngeln, diese Feuchte, es war himmlischer als alles, was sie bisher erlebt hatte.

Robert war von Marthas Wunsch mehr als überrascht worden, doch nur zu gern kam er ihrem Begehren nach. Sanft berührte er ihren Mund mit dem seinen, drängte mit seiner Zunge ihre Lippen auseinander, um dann die ihre zu suchen und mit dieser das ewige Spiel der Liebenden zu beginnen. Gleichzeitig umschlang er sie mit seinen kräftigen Armen, ließ seine Hände auf Wanderschaft gehen und umfasste schon bald mit der einen die Hüften der jungen Frau, mit der anderen die kleine, schwellende Brust.

Zuerst hatte Martha sich wehren wollen. Zu sündig, zu animalisch kam ihr alles vor, und zutiefst bereute sie es, ihrem Verlangen Ausdruck gegeben zu haben. Doch dann gab sie sich einfach der berauschenden Erregung hin, klammerte sich wie eine Ertrinkende an Robert und erwiderte den Kuss noch ungeübt, aber voller Leidenschaft.

»Nimm mich mit«, hauchte sie und trennte ihre Lippen einen Moment lang von denen des Mannes, den sie von nun an zumindest in ihrem Inneren nur noch ihren Geliebten nennen würde und für den sie bereit war, ihr ganzes bisheriges Leben aufzugeben. »Setz mich auf dein Pferd und lass uns von hier fliehen! Ich will bei dir bleiben, hörst du! Lass mich nicht hier zurück, ich flehe dich an!«

Ohne dass Robert Gelegenheit hatte, etwas zu erwidern, presste sie erneut ihre Lippen auf die seinen und drängte sich mit ihrem ganzen Körper an ihn. In Roberts Gefühlswelt passierten gleichzeitig zwei Dinge: Sein Glied versteifte sich, und im selben Augenblick lief es ihm eiskalt den Rücken hinunter. Für einen Moment glaubte er sogar, das Fieber käme zurück.

Um Gottes willen, was hatte er da angerichtet? Wie sollte er der jungen Nonne klarmachen, dass er ihren Wunsch unmöglich erfüllen konnte? Griff man sie auf, erwarteten sie schwere Strafen. Wenn Martha Glück hatte, sperrte man sie nur für den Rest ihres Lebens in eine Zelle und ließ sie nie wieder das Tageslicht sehen. Ihn würde man als ihren Verführer hängen oder in eine Tonne stecken und ersäufen. Auch Matilda könnte ihn vor diesem Schicksal nicht bewahren. Vorausgesetzt, sie würde es überhaupt wollen oder davon erfahren. Denn wohin sollte er mit Martha in diesem ihm immer noch fremden Lande fliehen?

Robert war sicher, dass die Nonne, die er gerade in seinen Armen hielt, sich darüber nicht die geringsten Gedanken gemacht hatte. Ihr Leben hing an einem seidenen Faden, erwischte man sie hier in inniger Umarmung. Und dieser letzte Halt würde unwiederbringlich zerreißen, nähme er sie vor sich in den Sattel und ritte mit ihr davon.

Sanft drückte Robert die junge Frau von sich und sah ihr tief in die Augen.

»Martha, das geht nicht! Und wenn du auch nur einen Moment überlegst, wirst du mir recht geben. Wir haben keinen Ort, wohin wir gehen könnten. Überall würde man uns aufspüren. Du, eine entlaufene Nonne, ich, ein Deserteur, ein Fahnenflüchtiger. Uns beiden wäre der Tod gewiss. So etwas muss gründlich vorbereitet und geplant und nicht übers Knie gebrochen werden. Lass mich darüber nachdenken. Matilda wird sich wahrscheinlich in nächster Zeit oft hier in der Gegend zwischen Speyer, Worms, Trier und Mainz aufhalten. Ich kann sie bestimmt ab und zu um Urlaub bitten und dich besuchen kommen. Die Untersuchungen von Hildegard sind ein guter Vorwand. Und wenn du dann immer noch von hier fliehen willst, werden wir einen Weg finden. Ich schwöre es dir!«

Martha ließ Robert los und trat einen Schritt zurück.

»Soll ich dir das glauben? Du schwingst dich auf dein Ross, winkst mir einen letzten Gruß zu und verschwindest für immer aus meinem Leben. Auf dich wartet die weite Welt, auf mich Verzweiflung und Kasteiung. Ich fühle mich nicht dazu berufen, mein Dasein ausschließlich Gott zu weihen, das habe ich jetzt erkannt. Wenn du mich nicht mitnimmst, muss ich einen anderen Weg finden. Hier kann ich unmöglich bleiben. Lieber tot, als für ewig lebendig begraben.«

»Stell dir das Leben außerhalb der Klostermauern nur nicht als das Paradies vor«, versuchte Robert einige Illusionen der jungen Frau geradezurücken. »Deine Eltern sind schon vor Jahren verstorben, wie ich gehört habe, und deine verbliebenen Verwandten würden dich umgehend zurückschicken. Es wäre ihre Pflicht, und noch dazu könnten sie sich so eines zusätzlichen Essers am einfachsten entledigen. Vertraue mir, ich komme zurück! Nie war mir ein Schwur heiliger. Du musst nur etwas Geduld haben.«

Und dann sprach Robert etwas aus, was er noch nie zuvor in seinem Leben gesagt hatte: »Ich liebe dich!«

Noch einmal suchten Marthas Lippen seinen Mund, drückte sich ihr Körper an Roberts. Dann machte sie sich los, hob den Korb auf, den sie fallen gelassen hatte, ohne zu merken, dass der Großteil der Kräuter herausgefallen war, und lief mit Tränen in den Augen davon.

Robert sah ihr noch lange nach, bevor er sich auf sein Pferd schwang und den schmalen Pfad von der Kuppe des Disibodenbergs hinunter zur Nahe ritt. Er würde zurückkommen und sein Versprechen halten, das war so sicher wie das Amen in der Kirche. Nur wann und wie, das wusste Gott allein.

* * *

Je näher Robert Trier kam, wo sich, wie er erfahren hatte, das Kaiserpaar aufhielt, desto zahlreicher wurden die Truppen auf den Straßen. Ritter mit ihren Kriegsknechten, bewaffnete Abordnungen der Städte am Rhein, ja ganze Horden von Söldnern strebten auf die alte Römerstadt zu, die schon vor Christi Geburt gegründet worden war.

Am Tor der Kaiserpfalz erkannten die Wachen den Sergeanten, und es gab ein großes Hallo zur Begrüßung des Genesenen. Robert ließ sich umgehend bei Matilda melden und brauchte auch nicht lange zu warten, bis er zu ihr befohlen wurde.

Immer wenn Robert Matilda eine Zeit lang nicht gesehen hatte, staunte er über die Veränderungen, die er an ihr bemerkte. Aus dem kleinen Kind, das ihm seine vollständigen Gliedmaßen bewahrt hatte, war endgültig eine schöne, elegante Frau geworden, die ihrer hohen Stellung vollständig gerecht wurde. Ihre Gesichtszüge konnte man nicht anders als anmutig nennen, auch wenn sich eine gewisse Härte darin zeigte. Rotblondes, volles Haar schaute unter einem zarten Schleier hervor. Sie dachte offenbar gar nicht daran, es vollständig zu verhüllen, wie es dem Brauch nach von verheirateten Frauen erwartet wurde.

»Ihr kommt wie gerufen, Robert.« Irgendwie und mit der Zeit war das Verhältnis zwischen ihnen doch etwas förmlicher und damit letztendlich angemessen geworden. »Ich hoffe, Ihr seid wieder vollständig genesen. Wir ziehen in den Krieg, da brauche ich Euren zuverlässigen Schwertarm an meiner Seite. Vater hat meinen Gemahl um Unterstützung gegen König Ludwig von Frankreich gebeten. Und wir haben mit diesem hinterhältigen Hundsfott auch noch mehr als eine Rechnung offen. Sobald das Heer vollzählig versammelt ist, ziehen wir über Lothringen nach Paris. Meldet Euch bei Hugh de Clare. Er soll Euch wieder Euer altes Fähnlein übergeben und Euch zum Dienst einteilen.«

Die Audienz war erstaunlich kurz gewesen, und außer einer knappen Frage nach seiner Gesundheit hatte es keine persönlichen Worte gegeben. Sollte die Zeit seiner Krankheit sie so entfremdet haben, oder war die Kaiserin nur mit ihren Gedanken bereits bei dem bevorstehenden Feldzug? Grübelnd begab sich Robert zu seinem Hauptmann und hoffte, von ihm Aufklärung über die Vorgänge in seiner Abwesenheit zu bekommen.

Hugh de Clare empfing ihn mit einer kräftigen Umarmung und sichtlicher Erleichterung.

»Schön, Euch wiederzusehen, Robert. Die Kaiserin hat mir gesagt, wo und warum sie Euch zurückgelassen hat. Glaubt Ihr, dass Ihr wieder ausreichend bei Kräften seid und Euren Dienst aufnehmen könnt?«

»Jederzeit, Mylord. Ich habe mich selten wohler gefühlt. Die Schwestern haben wahre Wunder gewirkt.«

»So? Nun, das wollen wir doch lieber Gott dem Herrn überlassen. Habt Ihr gehört, dass endlich der Streit mit der Kurie um die Investitur beigelegt ist?«

»Ich war völlig von dieser Welt abgeschlossen, Mylord. Hat sich Papst Gregor tatsächlich gegen seinen Widersacher durchsetzen können?«

»Ganz im Gegenteil.« De Clare winkte müde ab. »Calixt hat ihn zuerst aus Rom verjagt und dann in Sutri gefangen genommen. Jetzt fristet er ein armseliges Leben in den Kerkern der Engelsburg. Auch keine besonders christliche Art, mit einem Rivalen umzugehen. Und was denkt Ihr, wer jetzt der päpstliche Legat in Deutschland ist? Ihr werdet es nicht glauben, Adalbert von Mainz! Vom Freund und Vertrauten des Kaisers zu seinem größten Widersacher war offenbar nur ein kleiner Schritt.«

»Dann werden wir wohl bald wieder gen Rom marschieren, oder?«

»Eher nicht. Vor ein paar Monaten hat sich Heinrich mit Calixt notgedrungen auf Druck der Fürsten geeinigt. Der Heilige Vater setzt die Bischöfe und Reichsäbte zukünftig mit Fischerring und Hirtenstab ein und verleiht ihnen die klerikalen Ämter. Es ist allerdings immer ein Vertreter der Krone anwesend, der auch auf die Wahl Einfluss nehmen kann. Der Kaiser selbst übergibt dann mit dem Zepterlehen die Reichsregalien. Man nennt das Ganze seit Kurzem Wormser Konkordat. So richtig glücklich ist damit keine Seite, aber wenigstens gibt es jetzt Frieden im Reich.«

»Und den nutzt Heinrich gleich, um gegen König Ludwig ins Feld zu ziehen?«

»Sein Schwiegervater bittet ihn darum, um den Franzosen von weiteren Einfällen in die Normandie abzuhalten. Ludwig hat seine Niederlage bei Brémule gegen Henry vor drei Jahren innerlich immer noch nicht überwunden und stachelt ständig die normannischen Barone zu Aufständen an, die er dann nach Kräften unterstützt. Und zweitens ist er ja an der ganzen Misere mit Calixt nicht unschuldig. Ludwig hat dessen Wahl zum Papst damals massiv befürwortet. Schließlich ist der sogenannte ›Heilige Vater‹ der Onkel seiner Frau. Auch hier nichts als die reinste Vetternwirtschaft! Sonst hieße der Papst heute sicherlich noch Gregor, und der stände nach wie vor auf der Seite des Kaisers.«

»Also hat Heinrich gleich mehrere Gründe, mit Ludwig dem Dicken ein Hühnchen zu rupfen.« So nannte man allenthalben den französischen König, dem seine unmäßige Völlerei zu einem enormen Leibesumfang verholfen hatte. »Wollen wir hoffen, dass wir ebenso erfolgreich sind wie damals Henry. Das könnte der Einheit des Reiches nur dienlich sein.«

»Da habe ich so meine Zweifel. Viele Fürsten folgen dem Aufruf des Kaisers zur Heerfahrt nicht oder nur sehr zögerlich.

Aus dem Osten kommt so gut wie keine Unterstützung. Vom Niederrhein ebenfalls nicht. Es kann gut sein, dass wir hoffnungslos unterlegen sind, wenn wir auf die Franzosen treffen.«

Das waren keine guten Neuigkeiten, die Robert da erfuhr. Sein Platz würde sicherlich wieder an der Seite der Kaiserin und damit nicht im unmittelbaren Kampfgetümmel sein. Wie schnell man da allerdings hineingeraten konnte, hatte er schon mehr als einmal erlebt. Doch vielleicht würde sich durch die Nähe zu Matilda auch die Gelegenheit ergeben, einmal mit ihr über das Spital auf dem Disibodenberg zu sprechen.

* * *

Wenige Tage später brachen sie auf. Es war letztendlich eher ein jämmerlicher Haufen, der sich langsam in Richtung der Île-de-France in Bewegung setzte, nicht zu vergleichen mit der Streitmacht, die den Kaiser nach Italien begleitet hatte. Der französische König hingegen hatte alle Großen seines Reiches hinter sich versammeln können. Sogar mit ihm verfeindete Barone, Grafen und Herzöge, allen voran Wilhelm von Aquitanien, eilten zu seinen Fahnen, um Frankreich zu verteidigen.

In der Nähe von Metz trafen die beiden Heere aufeinander. Und nun tat Heinrich etwas, das ihm etliche seiner Zeitgenossen als Feigheit auslegten, Robert ihm hingegen hoch anrechnete.

Angesichts der erdrückenden Übermacht des Gegners verzichtete der Kaiser auf ein weiteres Vordringen, brach den Feldzug ab und löste sein Heer auf. Der französische König wiederum hütete sich vor einem Nachsetzen. Jeder der beiden Herrscher zog sich auf sein eigenes Territorium zurück, die Schlacht blieb aus, und keiner verlor sein Leben in einem sinnlosen Kampf.

Viele der Ritter und Barone auf beiden Seiten bedauerten das sehr, suchten sie doch Ruhm und Ehre zu erringen. Sie selbst brachten sich nur in den seltensten Fällen gegenseitig um, sondern trachteten eher danach, Gefangene zu machen, für die sie dann ein horrendes Lösegeld fordern konnten. Den Blutzoll entrichteten in der Schlacht eher Männer wie Robert, für die niemand etwas zahlen würde und denen die hohen Herren keine Träne nachweinten, fielen sie für eine Sache, die sie eigentlich gar nichts anging.

Matilda tobte tagelang wie eine Besessene. Erstmals stritt sie sich mit ihrem Gemahl auf das Heftigste. Selbst Robert hatte derartige Ausbrüche von ihr noch nie erlebt. Erst nach und nach verstand er, was die Kaiserin so aufbrachte.

Sie und ihr Vater standen natürlich nach wie vor in engem Kontakt. Vor einigen Jahren war ihr jüngerer Bruder William, Henrys designierter Thronerbe, beim Untergang des Whiteship vor der Küste der Normandie ertrunken. Jetzt standen keine legitimen Kinder in der Erbfolge, außer Matilda, mehr zur Verfügung.

Henry plante, sie als seine Nachfolgerin von den englischen Baronen bestätigen zu lassen, eine damals verwegene und unerhörte Idee, war sie doch eine Frau. Damit wäre sie Herrscherin über England geworden und vielleicht noch Königin von Frankreich, hätte ihr Gemahl diese lächerliche kleine Île-de-France gemeinsam mit ihrem Vater erobert. Ein vereintes Reich, bestehend aus Deutschland, Frankreich und England, wäre das mächtigste in der gesamten bekannten Welt, größer als einst das von Karl dem Großen. Niemand, auch kein Papst, würde ihr und Heinrich fortan mehr trotzen können.

Doch ihr Gatte kränkelte in letzter Zeit vor sich hin, fühlte sich ständig unwohl und müde und war schon deshalb mehr und mehr zu Kompromissen bereit. Es war nicht viel übrig geblieben von dem agilen, selbstbewussten Herrscher und Mann, den Matilda einst geheiratet hatte. Die Ärzte fanden nichts, was auf eine akute Krankheit hindeutete, ließen den Kaiser des Öfteren zur Ader und verabreichten ihm alle möglichen Tinkturen und Tränke, die Hildegard im Kloster Disibodenberg wahrscheinlich nicht einmal mit spitzen Fingern angerührt hätte.

Robert hatte mehrfach versucht, die heilkundige Benediktinerin ins Gespräch zu bringen, aber bisher immer ohne Erfolg. Der Leibmedicus des Kaisers lehnte jede Einmischung, noch dazu die einer Frau, strikt ab, und so verschlechterte sich Heinrichs Zustand immer weiter.

Bis Matilda eines Tages der Geduldsfaden riss, sie ihren Leibwächter zu sich befahl und ihm den Auftrag gab, die Nonne, die ihn geheilt hatte, herbeizuschaffen, koste es, was es wolle. Robert holte sich von Hugh de Clare die Erlaubnis, sein Fähnlein Soldaten mit Pferden auszurüsten, und schon kurz darauf jagte er an der Spitze seines Trupps zum Disibodenberg.

Der Abt war gar nicht erbaut davon, dass er schon wieder die Wünsche der Kaiserin erfüllen sollte. Schließlich gehörte sein Kloster zum Mainzer Sprengel, und der unterstand Erzbischof Adalbert, nach wie vor einem erklärten Gegner Heinrichs. Doch auch wenn mittlerweile die Mauer um die Abtei geschlossen und das Tor verstärkt war – die Bauarbeiten gingen zügig voran –, hätte es für Roberts Männer keiner großen Kraftanstrengung bedurft, sich zur Not gewaltsam Zutritt zu verschaffen. Das musste auch Kuno erkennen, und so ließ er den ehemaligen Patienten notgedrungen ein, drohte allerdings mit allen Strafen des Himmels, sollten weitere Soldaten gegen seinen Willen versuchen, ihm zu folgen.

Robert erkannte auch bald, warum. Die während seiner Anwesenheit nur mit drei Frauen besetzte Klause schien gewachsen zu sein, denn er sah etliche Novizinnen und auch Nonnen hin und her huschen. Offenbar entwickelte sich parallel zum Männerkloster ein eigener Frauenkonvent.

Sein Herz schlug schneller, und er befürchtete schon, dass der Abt das laute Pochen hören würde, als sein Blick über den weitläufigen Innenhof schweifte, in der Hoffnung, Martha zu entdecken. Doch zumindest im Moment blieb ihm das verwehrt.

Der Abt brachte ihn zu Jutta von Sponheim, die sie im Kapitelsaal des neu errichteten Frauenklosters erwartete. Mönche waren dabei, ihn mit Fresken auszuschmücken, und hatten dazu bis unter die Decke reichende Gerüste errichtet. Es roch nach Farbe sowie dem unvermeidlichen Weihrauch – und Robert wurde wieder einmal schlecht. Er wollte das hier so schnell wie möglich hinter sich bringen und gedachte nicht, sich länger als nötig aufzuhalten.

»Der Kaiser ist erkrankt«, berichtete er kurz und knapp. »Seine Ärzte können zwar nichts finden, doch er verfällt immer mehr. Die Kaiserin bittet Euch, die Schwestern Hildegard und Martha zu ihm zu schicken, damit sie ihn wie damals mich untersuchen und mit Gottes Hilfe heilen. Lasst die beiden Nonnen ihre Sachen zusammenpacken, wir geleiten sie nach Lüttich, wo Heinrich jetzt weilt. Beeilt Euch, Eile tut not.«

Diplomatie war nicht unbedingt Roberts Stärke. Die Magistra schnappte bei diesen Worten nach Luft wie ein Karpfen an Land.

»Das kommt überhaupt nicht infrage! Vor den Toren dieses Klosters endet die weltliche Macht, auch die des Kaisers. Unsere Schwestern werden nirgendwohin gehen. Im Übrigen habe ich beschlossen, dass wir uns zukünftig eher um kleine Kinder und deren Seelenheil als um Kranke kümmern werden. Heinrich wird sicherlich andere, willfährige Heiler finden.«

»Gut, ich habe Euren Protest vernommen und werde ihn der Kaiserin getreulich berichten. Holt Ihr jetzt die beiden Schwestern, oder soll ich die Soldaten meines Fähnleins ausschicken, damit sie das für Euch erledigen?«

»Ihr wagt es, uns zu drohen? Was glaubt Ihr, wer Ihr seid? Ich exkommuniziere Euch schneller, als Ihr Amen sagen könnt, und dann schmort Ihr für alle Zeiten in der Hölle!«, donnerte Kuno. Seine Mönche wären sicherlich vor Angst schlotternd auf die Knie gefallen, doch Robert lachte ihm nur ins Gesicht.

»Ich habe auf Befehl des Kaisers einen Papst nebst seinen Kurienkardinälen gefangen genommen, eingesperrt und wochenlang bewacht. Glaubt Ihr im Ernst, ich fürchte mich vor Euch? Schreckt mit Eurer ewigen Verdammnis die kleinen Kinder, die Ihr aufnehmen wollt. Die können sich nicht wehren. Und jetzt tut, was ich Euch gesagt habe, oder Ihr lernt mich kennen!«

Weder die Magistra noch der Abt war Widerspruch gewöhnt, mussten Nonnen und Mönche bei ihrer Profess doch absoluten Gehorsam geloben. Erschrocken wichen sie zurück, da betrat Hildegard den Raum, die offenbar hinter einer Tür verborgen der Auseinandersetzung gefolgt war.

»Ehrwürdige Mutter, hochwürdiger Abt, vergebt mein Eindringen, doch die letzten Worte unseres ehemaligen Patienten waren so laut, dass ich sie hören musste. Sicherlich weiß er nicht, dass wir Benediktinerinnen Stabilitas loci, die Gebundenheit an unser Kloster, geloben. Aber wie Ihr wisst, gestattet der heilige Benedikt in seinen Regeln Ausnahmen in Notfällen. Wenn Ihr mir Unwürdigem erlaubt, eine Meinung zu äußern, so würde ich sagen, dass ein solcher Fall hier vorliegt. Der Kaiser ist nach der Einigung über die Investitur in Worms wieder in die Gemeinschaft der heiligen Mutter Kirche aufgenommen worden. Wenn er nun unserer Hilfe bedarf, so sollten wir sie ihm nicht vorenthalten.«

»Kind, du mischst dich hier in Dinge ein, von denen du nichts verstehst. Geh und bitte Gott um Vergebung für deinen Verstoß gegen die Klosterregeln des Schweigens und des Gehorsams«, meinte der Abt salbungsvoll, nur um von Robert rüde unterbrochen zu werden.

»Nein, bleibt! Wo ist Martha? Ich habe Befehl, Euch beide nach Lüttich zu bringen, ganz gleich, ob mit oder ohne Einwilligung Eurer Oberen. Packt alles zusammen, was Ihr braucht. Pferde stehen bereit, wir brechen so schnell wie möglich auf.«

»Hört mal, Ihr könnt hier niemandem Anweisungen erteilen«, fuhr Hildegard den Sergeanten, unbeeindruckt von dessen schroffer Art, an. »Wenn Martha und ich Euch auf Wunsch der Kaiserin folgen, dann freiwillig und nur mit Zustimmung unserer Magistra und von Abt Kuno. Alles andere ist völlig undenkbar.«

»Verdammt, ich habe keine Zeit für Eure Spitzfindigkeiten!«, fluchte Robert ohne Respekt vor der geweihten Stätte. »Einigt Euch, aber schnell! Sonst betrachte ich Euer Verhalten als Hochverrat und nehme Euch alle vier mit, um Euch der Gerichtsbarkeit des Kaisers zu übergeben. Bedenkt, dass er zurzeit nicht sehr gut auf den Klerus zu sprechen ist. Es kann leicht sein, dass Ihr dann schneller vor Euren Schöpfer tretet, als Ihr denkt. Im anderen Fall bietet sich hier für Euch eine einmalige Gelegenheit, ihn milde zu stimmen. Ich warte am Tor. Seid Ihr in der Hälfte der Zeit, die der Sand braucht, um durch das Stundenglas zu rinnen, nicht da, hole ich Euch mit meinen Männern. Und keiner wird uns daran hindern!«

Die Tür fiel krachend hinter Robert ins Schloss, als er den Kapitelsaal verließ, und der Nachklang hallte wie eine unmissverständliche Drohung durch den Raum. Er brauchte keine halbe Stunde zu warten, bereits vor Ablauf der Zeit näherten sich Hildegard und Martha in Begleitung des Abtes und zweier Mönche dem Tor.

»Unser Prior Hildebrand und Bruder Burchard werden die Schwestern Hildegard und Martha begleiten. Sie brauchen Beichtväter an ihrer Seite, wenn wir sie schon den Fährnissen der Welt da draußen aussetzen. Aber Euch mache ich dafür verantwortlich, dass die beiden Nonnen unbeschadet zu uns zurückkehren. Ansonsten werde ich Gottes Zorn auf Euch herabbeschwören, das versichere ich Euch. Habt Ihr das verstanden?«

Aus Abt Kuno sprach der Zorn eines Mannes, der sich nur sehr widerwillig einer höheren Autorität beugte, doch Robert ging gar nicht weiter auf ihn ein.

»Ich hoffe, Eure Brüder können auf Packpferden reiten. Die Sättel dürften ihrer Männlichkeit nicht zuträglich sein, aber auf die legen sie ja eh keinen großen Wert. Ansonsten müssen sie laufen oder zurückbleiben. Zelter haben wir nur für die beiden Frauen mitgebracht.«

Zwei Soldaten hoben Hildegard und Martha auf die Pferde, während die Mönche mühsam auf die Packpferde kletterten. Ging es noch vorsichtig und im Schritt den Berg hinab, so ließ Robert, kaum hatten sie die Ebene erreicht, angaloppieren. Erst wenn sie weit genug vom Kloster weg und die Mönche vom Ritt erschöpft waren, konnte er hoffen, ein paar ungestörte Worte mit Martha zu wechseln.

* * *

Als sie endlich Lüttich erreichten, brachte Robert seine Begleiter sogleich zu Matilda. Außer einem flüchtigen Lächeln und einer Berührung im Vorübergehen hatte er keinen Kontakt zu Martha aufnehmen können. Ständig waren die beiden Mönche um sie herum und passten auf, als wäre das Seelenheil ihrer Schutzbefohlenen in höchster Gefahr.

Der Prior wollte sich gegenüber der Kaiserin als Wortführer aufspielen und hob schon zu einer längeren Rede an, wurde aber von dieser mit einer einzigen Handbewegung zum Schweigen gebracht und fortan schnöde ignoriert. Stattdessen wandte sie sich den beiden Nonnen zu, begrüßte sie freundlich und geleitete sie unverzüglich zu ihrem Gemahl.

Heinrich war nur noch ein Schatten seiner selbst. Die Augen lagen tief in den Höhlen, er war stark abgemagert, hustete immer wieder, und seine Stimme klang wie das heisere Krächzen eines Raben. Robert war erschrocken von der Veränderung des Kaisers, seit er ihn das letzte Mal gesehen hatte. Trotzdem winkte dieser die beiden Schwestern freundlich heran und erlaubte Hildegard, assistiert von Martha, mit der Befragung und Untersuchung zu beginnen. Erstaunlich war, dass sich in seiner Gegenwart kein hochrangiger Kleriker befand. Nur sein Kaplan und Vertrauter Arnulf war anwesend und hatte offenbar Schriftstücke für den Kaiser verfasst. Jetzt kniete er in einer Nische vor einem kleinen Altar und betete.

Robert, obwohl müde von dem langen Ritt, schickte eine der Wachen weg und nahm deren Platz ein. So bekam er wie so oft alles mit, was in dem Raum gesprochen wurde und vor sich ging. Doch seine Dienstherren wussten, dass sie sich auf seine Verschwiegenheit bedingungslos verlassen konnten und er selbst unter der Folter nie und nimmer auch nur ein einziges Wort darüber verlauten lassen würde, was er gehört oder gesehen hatte.

Hildegard war bald mit ihren umfangreichen Untersuchungen fertig. Stoisch hatte Heinrich alles über sich ergehen lassen, geduldig jede noch so intime Frage – wie nach seinem Harn und Stuhl und sogar nach seiner Potenz – beantwortet. Jetzt ließ sie sich einen Becher mit Wein reichen, erwärmte die Flüssigkeit über einer Kerze und gab einige Tropfen aus einer Flasche dazu, die sie ihrer Medizinkiste entnommen hatte. Dann reichte sie den Pokal dem Kaiser und bat ihn, das Gebräu zu trinken, was dieser widerwillig tat.

»Und«, fragte er dann und schaute Hildegard nachdenklich an, »werde ich jetzt nach diesem Trank wieder völlig gesund?«

»Nein, Majestät.« Fest erwiderte die Nonne den Blick. »Gott der Herr wird Euch bald zu sich rufen. Das Einzige, was ich für Euch tun kann, ist, Eure Schmerzen zu lindern, damit Ihr bis zum Schluss bei klarem Verstand bleibt und Eure Herrschaft weiter ausüben könnt. Sonst würdet Ihr wahrscheinlich in Bälde wahnsinnig werden. Das, was Euch erwartet, hält kein Mensch ohne lindernde Medizin aus.«

»Ich habe mir schon so etwas gedacht.« Heinrichs Stimme klang fest wie lange nicht mehr. »Nur traut sich keiner der anderen Quacksalber, mir das zu sagen. Ich danke Euch jedenfalls für Eure offenen, klaren Worte. Wie lange gebt Ihr mir noch?«

»Vier Wochen. Vielleicht etwas länger, vielleicht ein paar Tage weniger. Ihr seid innerlich von Geschwülsten befallen, die schon lange in Euch brüten. Die Krankheit beginnt an einem Organ und befällt und zerstört dann nach und nach alle anderen. Man kann sie nicht heilen, selbst wenn man sie eher erkannt hätte. Wir nennen sie Krebs.«

»Meint Ihr, dass sie Gottes Strafe dafür ist, weil ich seine Vertreter auf Erden vielleicht nicht immer mit dem nötigen Respekt behandelt habe?«

Hildegard war zu ehrlich, um eine solch einfache Lösung Heinrich zu offerieren.

»Schon möglich, denn die Wege des Herrn sind unergründlich. Andererseits sind, wie wir wissen, auch heilige Männer und Frauen an dieser Krankheit gestorben. Ich glaube eher, dass sie jeden befallen kann und nicht immer Gott oder Satan seine Hände im Spiel hat, wenn wir erkranken.«

»Erstaunliche Worte aus dem Munde einer Frau, die ihr Leben dem Herrn gewidmet hat.«

»Sein Wille geschehe im Himmel wie auf Erden«, entgegnete Hildegard kryptisch.

»Kann man denn gar nichts weiter tun?«, fragte Matilda mit einem Zittern in der Stimme, und Robert glaubte, eine Träne in ihrem Augenwinkel zu sehen.

»Ich kann versuchen, die Schmerzen so weit wie möglich zu lindern. Am ehesten hilft ein Sirup, der aus der Kapsel des Schlafmohns gewonnen wird. Schon die alten Griechen wussten das und haben darüber lange Abhandlungen verfasst. Die Mohnkapsel war das Symbol des Gottes Morpheus, der die Träume schickt.« Hildegard stellte ihr umfangreiches Wissen, gewonnen aus dem langen und intensiven Studium alter Schriften, nicht unter den Scheffel. Dass der Mohn auch das Symbol für Thanatos, den Gott des Todes war, verschwieg sie aber geflissentlich.

»Dann sollte ich die mir verbleibende Zeit nutzen, nicht wahr?« Heinrich zeigte sich seltsam gefasst, ja regelrecht unbeeindruckt von der schrecklichen Nachricht. War es innere Stärke oder einfach Pragmatismus? Jedenfalls schien der Kaiser völlig emotionslos, so als hätte er sich mit seinem Schicksal bereits abgefunden. Oder war es der Trank, den Hildegard ihm verabreicht hatte und der bereits berauschende Wirkung zeigte? Er setzte sich aufrecht hin, straffte seine Gestalt und begann Befehle zu erteilen, als gäbe es kein Morgen.

Die Nachfolge musste dringend geregelt werden. Da Heinrich keine leiblichen Nachkommen besaß und mit ihm das Geschlecht der Salier erlöschen würde, galt es, das Erbe zu sichern, für Matilda zu sorgen und sein Begräbnis vorzubereiten. Boten wurden in alle Richtungen zu den Großen des Reiches entsandt, mit denen Heinrich vor seinem Ableben noch einmal sprechen wollte. Das Land war groß, die Wege weit und die Straßen nicht immer sicher.

* * *

In der allgemeinen Aufregung und plötzlich entstandenen Geschäftigkeit gelang es Robert, Martha zur Seite zu ziehen, als sie die Kemenate verließ und auf den Gang hinaustrat.

»Endlich«, flüsterte er in ihr Ohr und zog sie in eine Mauernische. »Du ahnst gar nicht, wie ich mich nach diesem Augenblick gesehnt habe!« Gierig suchten seine Lippen die ihren, und mit seinen kräftigen Armen presste er sie an sich.

»Lass mich los! Bist du verrückt geworden? Wenn uns jemand sieht!« Mit aller Kraft versuchte Martha, Robert von sich wegzudrücken. Panik ergriff sie, denn sie wusste, was sie erwartete, würde man sie hier in inniger Umarmung mit einem Soldaten entdecken.

»Wie und wo kann ich dich sehen? Ständig sind um euch diese zwei Aufpasser herum oder Hildegard in deiner Nähe.«

»Hier im Palast jedenfalls nicht. Ich werde bestimmt bald Order bekommen, in die Stadt zu gehen, um Heilpflanzen und Kräuter auf dem Markt zu kaufen. Wenn ich sie dort nicht erwerben kann, muss ich sie in den Wäldern vor der Stadt selbst suchen. Du bist ja ständig in unserer Nähe. Wenn du mitbekommst, dass ich weggeschickt werde, folge mir einfach. Die Brüder sind mit Sicherheit zu bequem, um weit zu laufen.«

Robert grinste über das ganze Gesicht. Das hatte sich Martha ja fein ausgedacht. Nun musste er nur hoffen, sich davonstehlen zu können, wenn sie unterwegs war. Aber da er die Wachen selbst einteilen konnte und ihm Hugh de Clare dabei weitestgehend freie Hand ließ, würde sich das wohl machen lassen. Ein kurzer Kuss musste sein, dann ließ er die Nonne mit Bedauern los, und auch sie zögerte einen kurzen Moment, sich von Robert zu trennen. Doch solange der Kaiser lebte und Hildegard bei ihm blieb, um seine Schmerzen zu lindern, würden sich wohl Gelegenheiten für ein Zusammentreffen ergeben.

Bevor es allerdings dazu kam, brach der Hof nach Utrecht auf. Wenn es schon mit ihm zu Ende ging, dann wollte Heinrich dort sterben. Er hatte der Stadt vor einigen Jahren die Freiheitsrechte gewährt, und dafür liebten und achteten ihn die Bürger. Mit Bischof Godebold, der sich einmal eine Zeit lang auf die Seite der Aufständischen geschlagen hatte, war er auch wieder im Einvernehmen. Sein Herz sollte in der Mariakerk bestattet werden, die sein Vater in Auftrag gegeben hatte und die dem Speyerer Dom ähnelte, wo seine sterblichen Überreste dann in der Grablege der Salier zur letzten Ruhe gebettet werden würden.

Prior Hildebrand und Bruder Burchard ließen mit der Zeit in ihrer Aufmerksamkeit nach, und Hildegard war viel zu sehr in Anspruch genommen, als dass sie ständig auf Martha hätte achten können. Da der Mohnsaft, von dem Heinrich immer stärkere Mengen benötigte, ihm auf den Magen schlug, benötigte seine Heilerin Kräuter, aus denen sie einen Sud als Gegenmittel brauen konnte.

In der Apotheke der Pfalz und auch in der Stadt war nicht zu bekommen, was sie benötigte, und so musste Martha die Pflanzen selbst beschaffen. Bruder Burchard wurde beauftragt, sie zu begleiten, doch den rieben seine Sandalen so sehr, dass er beschloss, in einer Schenke in der Nähe des Stadttores auf seine Schutzbefohlene zu warten. Wer würde sich in diesen friedlichen Zeiten schon an einer Nonne vergreifen und die ewige Verdammnis riskieren? Den Sergeanten, der kurz nach Martha das Tor passierte und von den Wachen respektvoll gegrüßt wurde, bemerkte er nicht.

In den dichten Auwäldern, dort, wo Maas und Ourthe zusammenflossen, holte Robert Martha endlich ein, und nach einem kurzen Blick über die Schulter, ob ihnen auch wirklich niemand gefolgt war, gab es für die beiden Liebenden kein Halten mehr. Fest umschlungen und sich immer wieder zärtlich küssend, sanken sie in das weiche Gras unter einer mächtigen Ulme.

Robert streifte Marthas Haube und Schleier ab, was sie ohne Widerstand geschehen ließ. Er strich über ihr Haar, barg sein Gesicht darin und sog ihren ganz eigenen Duft durch weit geblähte Nasenflügel in sich hinein. Auf einmal geschah etwas, womit er nicht gerechnet hatte. Die Frau in seinen Armen machte sich sanft frei, erhob sich und entledigte sich ihres Habits. Nackt, wie Gott sie geschaffen hatte, stand sie auf einmal vor Robert, dessen Männlichkeit sich schlagartig verhärtete. Doch andererseits wurde ihm auch etwas mulmig, und sein Verstand setzte bei allem Begehren nicht vollständig aus. Er wusste genauso gut wie Martha, was sie beide erwartete, wurde das, was sie hier tun wollten, ruchbar.

Die junge Frau glitt neben ihn ins Gras, und die warme Maisonne schien auf sie herab, als sie flüsterte: »Liebe mich, Robert. Ich habe mich so sehr nach dir gesehnt und jeden Tag, den Gott hat werden lassen, vermisst. Lass mich spüren, dass es dir ebenso erging. Mach mich zur Frau – zu deiner Frau!«

Robert wäre bei all seinen Bedenken kein Mann aus Fleisch und Blut gewesen, hätte er diesem Locken widerstehen können. Heute war heute, und morgen ein anderer Tag. Nach dem Austausch leidenschaftlicher Zärtlichkeiten und nachdem er sich vergewissert hatte, dass Martha feucht genug war, drang er so behutsam wie möglich in sie ein, um ihr keine Schmerzen zu bereiten. Doch diese wölbte ihm ihren Leib entgegen, nahm ihn ganz tief in sich auf, biss sich nur einmal in die Hand, um den Moment zu überbrücken, wo ihre Jungfernschaft sich für alle Zeit verabschiedete, und stöhnte dann ihrem Liebsten ihr Begehren ins Ohr.

Robert war von der Ekstase Marthas überrascht und überwältigt. Er konnte ja nicht wissen, dass sie glaubte, dass dies das einzige Mal in ihrem Leben sein würde, wo sie die Liebe eines Mannes spürte. Jeden Augenblick davon wollte sie auskosten, mit allen Sinnen genießen, damit sie sich den Rest ihres irdischen Daseins daran erinnern konnte.

Martha hatte tage- und nächtelang gegrübelt, aber sie sah keine Zukunft für sich und Robert. Ihr Leben würde das einer Klosterschwester sein, er treu an der Seite Matildas stehen. Wo sollte da der Platz für sie beide sein? Doch einmal wollte sie spüren, wie es war, eine Frau zu sein, keine Braut Christi. Wenn der Herr das nicht verstand, wenn er nicht der Gott der Liebe, sondern der Rachsucht war, dann sollte er sie eben in die Hölle schicken. Sie wollte beim Jüngsten Gericht mit hoch erhobenem Haupt vor ihm stehen, und sollte er ihr diese eine Sünde nicht vergeben, dann war er sowieso nicht ihr Gott.

Als sie dann nebeneinanderlagen, erschöpft, glücklich und befriedigt, konnte Robert sich die Frage nicht verkneifen:

»Und wenn du nun schwanger wirst? Du hast mich verführt wie Eva einst Adam im Paradies! Ich würde dich ja auf der Stelle heiraten, aber das lässt die Kirche in diesem Land, wo alles und jedes nach ihrem Willen gehen muss, nie im Leben zu.«

»Willst du nicht mit mir ans Ende der Welt fliehen?«, neckte Martha Robert, der sich gerade ihren Kopf zerbrach. »Ich habe von Ländern gehört und gelesen, die sind so weit weg, da bräuchte man Jahre, um hinzugelangen. Dort kennt uns niemand, und wir könnten als Mann und Frau zusammenleben.«

»Das wäre vielleicht eine Möglichkeit«, sinnierte Robert. »Nach dem Tod des Kaisers wird so viel Trauer, aber auch Betriebsamkeit herrschen, dass vielleicht niemand unsere Flucht bemerkt. Ich habe etwas von meinem Sold zurückgelegt und auch noch den Ring des Kaisers. Das sollte fürs Erste genügen. Mit etwas Glück erreichen wir das Meer, bevor uns die Verfolger eingeholt haben. Und auf dem verliert sich jede Spur.«

»Ich will aber nicht mit dir fliehen. Das würde uns nur beide ins Unglück stürzen. Außerdem brauchst du dir keine Sorgen zu machen, ich bekomme kein Kind.«

»Woher willst du das wissen?«

»Weil ich weiß, wann eine Frau ihre fruchtbaren Tage hat, und morgen mein Monatsfluss einsetzt. Der kommt immer ganz regelmäßig.«

Robert verstand nicht so richtig, was Martha meinte, aber er vertraute ihr mehr als sonst jemandem auf der Welt.

»Wie soll es denn jetzt mit uns weitergehen?«, fragte er mit gerunzelter Stirn und starrte nachdenklich in den Maienhimmel. »Ich liebe dich über alles und kann nicht ertragen, dass du mich wieder verlässt. Es muss doch, Herrgott noch mal, einen Weg geben, dass wir zusammenbleiben können!«

»Du sollst den Namen des Herrn nicht missbrauchen«, schalt Martha ihn sanft und küsste Robert gleichzeitig auf die Nasenspitze. »Genau das scheint er für uns nicht vorgesehen zu haben. Erinnere dich an unsere Liebe, so wie ich es tun werde. Jede einzelne Nacht, jeden Tag meines Lebens. Ich werde sie in ewigem Andenken behalten. Tu du das Gleiche, dann sind wir immer zusammen, auch wenn uns Welten trennen.« Eine Träne benetzte Roberts Brust, doch er spürte sie nicht, denn es standen selbst welche in seinen Augen.

Martha kehrte als Erste nach Lüttich zurück, schon wütend erwartet von Bruder Burchard, der Sorge hatte, das Nachtmahl zu verpassen. Robert benutzte ein anderes Stadttor und trat seine Wache vor den Gemächern des Kaiserpaares an. Doch in dieser Nacht hätte eine Armee an ihm vorbeimarschieren und in den Palast eindringen können, er hätte es nicht bemerkt, so abwesend war er mit seinen Gedanken.

* * *

Am 23. Mai anno 1125 starb Kaiser Heinrich V. unter unsäglichen Schmerzen, die zum Schluss auch Hildegards Tränke kaum mehr lindern konnten. Bischof Godebold hatte ihm die Sterbesakramente gespendet, und neben Matilda weilte auch sein Neffe Friedrich, der Herzog von Schwaben, an seinem Totenbett. Ihn hatte Heinrich zu seinem Nachfolger bestimmt, allerdings war dazu die Zustimmung der Großen des Reiches nötig, denn der deutsche König wurde anders als zum Beispiel in England von einer Fürstenversammlung gewählt.

Als Heinrich merkte, dass es zu Ende ging, griff er nach dem Arm seiner Frau und zog sie mit letzter Kraft zu sich heran.

»Ich habe dich wirklich geliebt, vergiss das nie! Und hätte so gern Kinder mit dir gehabt«, flüsterte er mit ersterbender Stimme. »Friedrich wird dich beschützen, das hat er mir schwören müssen. Gib dafür nur an ihn die Reichsinsignien heraus, die auf Burg Trifels verwahrt werden. Auf keinen Fall dürfen sie in Adalberts Hände fallen, hörst du?«

Matilda nickte nur. Zum Sprechen war sie nicht in der Lage, ihre Stimme wäre gebrochen. Heinrich sank in seine Kissen zurück. Noch einmal drückte er ihre Hand, fand sein Blick den ihren. Dann entwich seiner Brust ein letzter, tiefer Seufzer – und Matilda war mit gerade einmal dreiundzwanzig Jahren Witwe. Jetzt hätte sie sich ihrer Tränen nicht zu schämen gebraucht, doch mühsam unterdrückte sie ihre Gefühle und richtete sich zu einer wahrhaft königlichen Gestalt auf.

»Der Kaiser ist tot«, verkündete sie mit lauter Stimme dem versammelten Hof. »Euch, Friedrich von Schwaben, hat er zu seinem Nachfolger bestimmt. Ich bitte Euch, haltet die Ordnung im Reich aufrecht, bis Euch die Reichsversammlung zum König gewählt und Euch der Erzbischof von Köln in Aachen auf dem Thron Karls des Großen gekrönt hat. Seid meine Stütze in diesen schweren Stunden, ich bitte Euch.«

Der Herzog verbeugte sich tief vor der Kaiserin und konnte seine Trauer, aber auch seine Rührung kaum verbergen. Er versprach vor allen Anwesenden, das Recht zu achten, das Volk und die Kirche zu schützen und das Reich zu verteidigen, so als wäre er bereits der König.

Wie von Heinrich in seinem letzten Willen festgelegt, wurde sein Herz entnommen und in der Kathedrale von Utrecht beigesetzt. Seine Gebeine sollten später feierlich im Dom zu Speyer neben denen seines Vaters bestattet werden. In seiner Jugend hatte er ihn bekämpft, je älter er wurde aber umso besser verstanden, und im Tode fühlte er sich ihm wieder wie in seiner Kindheit verbunden.

Schon in wenigen Tagen würde der einbalsamierte Leichnam überführt werden. Für Hildegard und Martha gab es nun nichts mehr zu tun. Da die Benediktiner Armut gelobt hatten und keine persönlichen Besitztümer haben durften, bedachte Matilda als Dank für die geleistete Hilfe das Kloster Disibodenberg mit einer großzügigen Schenkung. Neben Ländereien, die sie dem Konvent überschrieb, gehörte dazu auch eine umfangreiche Geldspende, die allerdings gezielt für den Bau eines Hospitals eingesetzt werden sollte, was sie dem Prior eindeutig zu verstehen gab. Hildegard konnte sich ein wissendes Lächeln nicht verkneifen, hatte sie doch bei der Kaiserin gezielt darauf hingewirkt.

Robert konnte Martha nur noch einmal unbeobachtet abfangen und mit ihr ein paar Worte wechseln. Sie erklärte ihm erneut, dass sie zurück ins Kloster gehen würde, da ihre Liebe keine Zukunft hatte. Robert wollte das so nicht gelten lassen, sah aber zumindest vorerst auch keine Lösung. Er versprach ihr, wenn er wieder einmal in der Nähe war, zum Disibodenberg zu kommen, in der Hoffnung, sie zumindest von Weitem zu sehen. Mit wehem Herzen nahmen sie voneinander Abschied, denn ihre Wege trennten sich, und keiner wusste, ob es ihnen noch einmal vergönnt war, sich in den Armen zu halten.

Bruder Burchard, der auf einem verborgenen Treppenabsatz stand und mit offenem Mund die Liebenden betrachtete, bevor er sich still und heimlich zurückzog, bemerkten sie nicht.

* * *

Der Kaiser wurde unter großer Anteilnahme der Bürger der Stadt und in Anwesenheit aller Großen des Reiches im Dom zu Speyer zu Grabe getragen. Die Grabplatte war noch nicht ganz geschlossen, da stand auch schon Adalbert in all seiner ganzen erzbischöflichen Pracht neben der in schlichte, dunkle Gewänder gehüllten Matilda und verlangte die Herausgabe der Reichskleinodien.

»Meine Tochter«, begann der Prälat salbungsvoll und brachte damit zum Ausdruck, welchen Stellenwert er der Kaiserin beimaß, »ich, der Kanzler des Reiches, bin, wie es der Brauch will, beauftragt, die Wahl des Königs vorzubereiten. Dazu benötige ich selbstverständlich Reichskrone, Krönungsschwert, Zepter und Reichsapfel nebst Krönungsevangeliar und Stephansbursa. Wenn Ihr die Güte hättet, den Befehl zu erteilen, dass man sie mir aushändigt …«

»Ich glaube kaum, dass ich das tun werde.« Matilda musterte den Erzbischof mit einem Blick, so hochmütig, wie sie nur konnte. »Mein Gemahl hat mich vor Euch und Euren Forderungen noch zu Lebzeiten gewarnt. Nicht, dass das nötig gewesen wäre, Adalbert, denn ich kenne Euch und Eure Hinterlist und Falschheit. Wäre es nach mir gegangen, wärt Ihr den Reichsinsignien heute sehr nahe, nämlich nach wie vor als Gefangener auf Burg Trifels. Lasst Euch gesagt sein, Heinrich war durch seine Krankheit in den letzten Jahren nachgiebig und vielleicht sogar schwach. Ich bin es nicht. Die Krönungskleinodien erhält

Herzog Friedrich von mir, wenn er zum König gewählt worden ist. So lange bleiben sie unter festem Verschluss, und eher lasse ich sie vernichten, als sie Euch auszuhändigen.«

»Was erdreistet Ihr Euch! Kennt Ihr die Sitten und Gebräuche unseres Landes immer noch so wenig, dass Ihr mir mein Recht verweigert? Ich verlange, dass Ihr Euch mir und der heiligen Mutter Kirche gegenüber wie eine gehorsame Tochter verhaltet.«

»Nennt mich noch einmal Tochter, und ich lasse Euch von meiner englischen Leibwache die Zunge herausreißen!« Matilda stand vor Adalbert wie eine altgriechische Rachegöttin. Als der Erzbischof in die grimmigen Gesichter der Männer hinter ihr sah, zweifelte er keinen Moment an ihren Worten.

»Ich gestatte Euch, Euch zurückzuziehen«, fuhr Matilda ihn an. »Wir sehen uns zur Königswahl in Mainz. Ich gehe davon aus, dass der Wunsch meines verstorbenen Gatten bezüglich seiner Nachfolge respektiert und beachtet wird. Alles andere würde ich als Hochverrat betrachten.«

»Falls es Euch noch nicht bewusst geworden ist, Ihr habt hier gar nichts mehr zu befehlen«, erwiderte Adalbert selbstgefällig und wandte sich, ohne auch nur den Hauch einer Referenz, zum Gehen. Da packte ihn von hinten eine harte Hand am Genick, wirbelte ihn herum und beugte mit Gewalt sein Haupt vor der Kaiserin.

Es hatte für Robert nur einer Handbewegung Matildas und eines Blickes von Hugh de Clare bedurft, um den unausgesprochenen Befehl zu befolgen. Er wusste genau, was die Kaiserin wollte, und ihr Nicken in seine Richtung, als der Prälat wieder vor ihr stand, diesmal in angemessener, demütiger Haltung, zeigte ihm, dass er recht gehandelt hatte.

»Denkt Ihr, Ihr könnt mich derart geringschätzig behandeln, weil ich in Euren Augen nur eine Frau, und noch dazu Witwe, bin? Glaubt mir, Ihr irrt Euch! Ich hoffe, nein, ich weiß, Friedrich wird ein würdiger Erbe meines Mannes und Euch lehren,

Euch zukünftig respektierlich zu verhalten. Und nun, nachdem Ihr mir die zustehende Ehrerbietung erwiesen habt, dürft Ihr Euch entfernen. Ich bedarf Eurer nicht mehr.«

Robert, der den Erzbischof noch immer am Genick festhielt, drehte ihn herum und gab ihm zum Abschied einen recht unsanften Stoß mit auf den Weg.

Der Hofstaat, der alles mitangesehen hatte, bekam den Mund nicht wieder zu. War das die neue Art, wie zukünftig im Reich mit hohen Vertretern der Kirche umgegangen wurde? Musste man sich darauf einstellen, dass die Staufer als neues Herrschergeschlecht wieder auf Konfrontationskurs zu Rom gehen würden? Das konnten ja interessante Zeiten werden, die sich hier anbahnten, dachte sich so manch einer der anwesenden Fürsten und beschloss, aus sicherer Deckung abzuwarten, wie sich alles entwickelte, und sein Mäntelchen dann in den richtigen Wind zu hängen.

Adalbert stürmte aufgebracht aus dem Dom und kochte vor Wut. Was bildete sich dieses dahergelaufene Frauenzimmer eigentlich ein? Ihn derart zu demütigen! Und das vor den versammelten Adeligen und hohen kirchlichen Würdenträgern des Reiches! Das würde sie noch bitter bereuen, das schwor er sich. Niemals durfte dieser Stauferherzog König oder gar Kaiser werden, dafür würde er sorgen.

Irgendwie musste er sich in den Besitz der Reichskleinodien bringen, dann konnte er die Wahl nach Gutdünken beeinflussen. Er wusste auch schon, wem er seine volle Unterstützung bei der Wahl zukommen lassen würde. Dieses Weib würde sich noch wundern! Für sie musste ein verständiger Ehemann gefunden werden, der ihr endlich Zucht und Gehorsam beibrachte. Auch dafür konnte er sorgen, so wahr er der Königsmacher bei dieser Wahl sein würde!

* * *

Friedrich ging davon aus, dass seine Wahl niemand gefährden konnte, und Matilda nahm an, dass die Reichsinsignien, ohne die kein König gekrönt werden konnte und die Heinrich ausdrücklich ihr anvertraut hatte, in der uneinnehmbaren Festung Trifels sicher waren. Keiner von beiden hatte allerdings mit der Hinterlist und Rachsucht Adalberts gerechnet. Der setzte sich mit dem Erzbischof von Köln in Verbindung, früher ein enger Vertrauter des verstorbenen Kaisers, und überzeugte ihn davon, dass es für ihn und sein Bistum nur von Vorteil sein könnte, wenn nicht Friedrich von Schwaben, sondern Karl von Flandern zum König gewählt werden würde.

Daraufhin schickte der Erzbischof, dem das alleinige Recht der Königskrönung zustand, eine Abordnung nach Trifels, und ihr übergab der Befehlshaber der Burg die Reichskleinodien in der Annahme, dass alles seine Richtigkeit hatte. Matilda und Friedrich erfuhren davon nichts und gingen davon aus, die wichtigen Utensilien seien weiterhin in Sicherheit. So reisten sie zur Königswahl nach Mainz in der Hoffnung, die Formalität rasch hinter sich zu bringen.

Der Herzog von Schwaben lagerte vor der Stadt, während Matilda in der Kaiserpfalz ihr angestammtes Quartier bezog. Bald würde sie es verlassen müssen, und eine neue Herrin würde hier einziehen, das war ihr durchaus bewusst. Doch noch konnte sie die Annehmlichkeiten des weitläufigen Palastes genießen. Als Erstes ließ sie sich ein Bad richten. Morgen wollte sie in all ihrer Schönheit vor den Fürsten erscheinen und Friedrich helfen, die Königskrone zu erringen.

Wie erstaunt war sie, als sie am folgenden Tag in Begleitung ihrer Leibwache den Dom betrat und hier je zehn Vertreter der großen deutschen Stämme aus Bayern, Schwaben, Franken und Sachsen nebst Herzog Lothar, Markgraf Leopold von Österreich und Karl von Flandern vorfand. Von Friedrich von Schwaben hingegen keine Spur. Vor dem hatte Adalbert die Stadttore verschließen lassen, sodass er vom Wahlgang ausgeschlossen blieb.

»Wir freuen uns, dass Ihr nun geruht, uns die Ehre zu geben, nachdem die hohen Herren bereits alle versammelt sind«, begrüßte der Erzbischof von Mainz süffisant Matilda, ohne sie mit einem Titel anzusprechen. »Nun können wir wohl endlich mit der Wahl eines erhabenen Fürsten zum König beginnen, so wie es der Brauch in deutschen Landen seit alters her ist.«

»Was soll das?«, fauchte die Kaiserin. »Wo ist Herzog Friedrich?«

»Wie Ihr seht, leider nicht anwesend. Nun, es gibt auch noch andere Kandidaten, die geeignet sind und von den Edlen des Reiches benannt wurden. Lasst uns mit der Wahl beginnen.«

»Das dulde ich nicht! Der Wunsch meines verstorbenen Gemahls war eindeutig! Ich verlange, dass man ihn respektiert!«

»Selbst wenn Kaiser Heinrich einen Sohn gehabt hätte, würde diesem die Königskrone nicht ohne die Zustimmung der geistlichen und weltlichen Fürsten zustehen«, schaltete sich der Erzbischof von Köln, Friedrich von Schwarzenburg, ein. »Der Anspruch des Herzogs von Schwaben ist nicht größer als der aller anderen für das Amt vorgeschlagenen Kandidaten. Der letzte Wunsch eines Sterbenden wird uns nicht davon abhalten, den unserer Meinung nach Besten unter ihnen für die Königswürde zu bestimmen.«

Matilda wurde bleich. Was war das hier für eine Verschwörung, und vor allem, wer gehörte ihr alles an? Wieso vertrat zumindest keiner der Wahlmänner aus Schwaben und Bayern ihren Standpunkt? Sie konnte natürlich nicht ahnen, dass Adalbert schon im Vorfeld eifrig Ränke geschmiedet und Intrigen gesponnen hatte. So war eine Hochzeit zwischen der Tochter Herzog Lothars und dem Sohn Herzog Heinrichs des Schwarzen von Bayern durch ihn ausgehandelt worden, die Letzteren in das Lager des Sachsen hatte wechseln lassen. Karl von Flandern hingegen war durch Versprechungen und reiche Geschenke schon vor der Wahl von der Kandidatur zurückgetreten, was dem Erzbischof von Köln zwar nicht gefiel, was er aber auch nicht ändern konnte. So hatte er sich ebenfalls Lothars Partei angeschlossen, der im Vorfeld bereits gelobt und feierlich geschworen hatte, die Rechte der Kirche in vollem Umfang zu achten und ihre Rechte uneingeschränkt wiederherzustellen.

Matilda war bewusst, dass ihre Leibgarde zahlenmäßig nur gering und nicht stark genug war, um sich gegen das Gefolge der versammelten Fürsten und Adalberts Truppen durchzusetzen und im Kampf die Stadttore zu besetzen und zu öffnen. Doch einen Trumpf hatte sie noch und gedachte ihn auszuspielen.

»Gleich, wen auch immer Ihr wählen lasst, ohne die Reichsinsignien kann er nicht gekrönt werden. Und die werde ich Euch nicht übergeben, solltet Ihr diese Farce hier aufrechterhalten!«

Mit einem spöttisch, arroganten Lächeln auf den Lippen drehte sich der Erzbischof von Mainz zu einem Tisch um, der von einem Tuch verhüllt wurde. Er zog es mit einem Ruck herunter, und die mit kostbaren Edelsteinen besetzten Reichskleinodien funkelten plötzlich im Licht der unzähligen Kerzen. Da lagen neben der kostbaren Krone das Schwert Karls des Großen, Reichsapfel und Zepter, ja selbst das Krönungsevangeliar und die legendäre Stephansbursa. Das goldene und mit Juwelen geschmückte Reliquiar enthielt Erde aus Jerusalem, getränkt mit dem Blut des heiligen Stephanus. Während der Krönung wurde es in einen Hohlraum des Thrones gelegt, sodass der Herrscher auf heiliger, zusätzlich durch Märtyrerblut geweihter Erde saß.

Die Kaiserin konnte es nicht fassen. Ohne das Rouge auf ihren Wangen wäre sie so weiß wie die gekalkten Wände des Doms gewesen.

»Glaubt Ihr wirklich, Ihr könnt die heilige Mutter Kirche um ihr Recht betrügen? Durch sie erst wird die Wahl geheiligt und durch ihre Vertreter die Krönung vollzogen. Kein Weib«, Adalbert legte alle Verachtung, der er fähig war, in seine Worte, »wird sie daran hindern.«

Matilda wusste, wann sie geschlagen war. Sie sank auf einen Stuhl, und flankiert von Hugh de Clare und Robert verfolgte sie den weiteren Verlauf der Dinge.

Adalbert wandte sich, nachdem er der Kaiserin nochmals einen vernichtenden Blick zugeworfen hatte, an die drei anwesenden Kandidaten, von denen Karl von Flandern erklärte, dass er nicht mehr zur Wahl stände.

Die beiden Verbliebenen wurden nun vom Erzbischof gefragt, ob sie im Falle einer Niederlage den jeweils anderen als Herrscher anerkennen würden, was sowohl Lothar wie auch Leopold sofort bestätigten. Gleichzeitig erklärten sie ihren Verzicht auf die Ehre und bezeichneten den jeweils anderen als würdiger. Das sollte allerdings nur ihre Demut vor dem Amt unter Beweis stellen und war keinesfalls ernst zu nehmen.

Adalbert wollte nun mit dem eigentlichen Wahlvorgang beginnen, wurde aber von seinem Amtsbruder Friedrich zur Seite genommen. Dem wurde es nun doch mulmig, da er durch den rechtswidrigen Ausschluss des Herzogs von Schwaben eine Anfechtung der Wahl und im schlimmsten Falle einen langen Krieg zwischen dem neuen König und dem übergangenen Geschlecht der Staufer fürchtete.

Seufzend und innerlich die Schwäche des Erzbischofs von Köln verfluchend, gab Adalbert schließlich nach und versprach, am nächsten Tag dem Schwaben die Tore von Mainz zu öffnen und ihn auch kandidieren zu lassen. Allerdings gestattete er Friedrich nur mit wenigen Begleitern und ohne Ratgeber vor den versammelten Fürsten zu erscheinen.

Als alle drei Anwärter auf die Königskrone endlich versammelt waren, stellte Adalbert die gleiche Frage wie am Vortag noch einmal, allerdings mit einem Zusatz. Er verlangte von den drei Kandidaten die Zusicherung, dass sie auf die Designation, also die Festlegung eines Nachfolgers zu Lebzeiten, verzichten und die Königswürde nicht erblich machen würden. Lothar, mit dem das abgesprochen worden war, stimmte sofort zu, Leopold nach einigem Nachdenken ebenfalls.

Der Herzog von Sachsen hatte nur eine Tochter, und ihm war geweissagt worden, dass er keine männlichen Nachkommen haben würde. Bei Leopold verhielt es sich genau andersherum. Er hatte bereits zwölf Kinder, darunter etliche starke und selbstbewusste Söhne, und seine Frau war erneut schwanger. Das Letzte, was er wollte, war Streit, Zwist und Hader innerhalb der Familie und womöglich Bruderkampf um eine Krone.

Bei Herzog Friedrich hingegen sah es ganz anders aus. Sein kleiner Sohn war drei Jahre alt, und er liebte ihn abgöttisch. Der Forderung Adalberts nachzukommen, hieß im übertragenen Sinne, ihn von der Erbfolge als König auszuschließen, denn nie würde der Klerus noch einmal der Gründung einer Dynastie zustimmen, die womöglich mächtig genug war, die Kirche in ihre Schranken zu verweisen.

Friedrich verlangte Bedenkzeit und die Möglichkeit, sich mit seinen Vertrauten zu beraten. Er ritt in sein Lager vor den Toren der Stadt, wohlmeinend, dass ihm niemand die Rückkehr zur Wahlversammlung verwehren würde.

Doch da hatte er die Rechnung ohne Adalbert gemacht. Der hatte die Mainzer Bürger aufgestachelt, Lothar zum neuen König auszurufen. Als die Stimmen vor dem Dom immer lauter wurden und auch von den versammelten Wahlmännern nicht mehr überhört werden konnten, kam es zum Tumult. Jetzt riefen auch die Anhänger des Sachsen diesen zum König aus, Leopold trat von der Kandidatur zurück, und vor Friedrich ließ der Erzbischof erneut die Tore versperren.

Matilda sah dem Ganzen fassungslos zu. Nicht im Traum hätte sie geahnt, dass es zu einem derart unwürdigen Schauspiel um die Nachfolge ihres Gemahls kommen würde. Alle schrien durcheinander, vor den Toren des Doms tobte der bestochene Mob, die Bayern verwehrten den Sachsen die Anerkennung Lothars, die Schwaben wollten gewaltsam ihren Herzog zurückholen, und die Franken versuchten, sich aus allem herauszuhalten.

Nur mühsam gelang es dem päpstlichen Legaten, der als Wahlbeobachter vom Heiligen Stuhl entsandt worden war, die Ordnung wiederherzustellen. Er sprach begütigend auf die versammelten Fürsten ein und erreichte, dass wieder Ruhe ins Kirchenschiff einkehrte. An der entstandenen Sachlage konnte und wollte auch er nichts mehr ändern. Lothar war der Wunschkandidat der Kurie und des Klerus, und ihn zu unterstützen, seine vornehmliche Pflicht.

Zwei Tage dauerte es, alle Wahlberechtigten zu überzeugen, doch dann wurde der größte Feind des verstorbenen Kaisers zu dessen Nachfolger proklamiert. Den von Heinrich bestimmten Erben Friedrich von Schwaben hatte man schnöde übergangen und betrogen. Doch ob es der Humor Gottes oder das Glücksrad der Fortuna war – sein kleiner Sohn wurde statt seiner später gekrönt und erwarb als Kaiser Barbarossa ewig währenden Ruhm.

* * *

Als alles vorbei und zur vollen Zufriedenheit Adalberts geregelt war, wandte dieser sich triumphierend der Kaiserin zu.

»Da es nun einen neuen König gibt und Ihr damit des Titels und des Ranges einer Königin verlustig seid, wird es Zeit, über

Euer weiteres Schicksal zu befinden«, eröffnete er der verblüfften Matilda.

»Bemüht Euch nicht, Exzellenz. Mein verstorbener Gemahl hat für mich reichlich Vorsorge getroffen. Im Übrigen bin ich immer noch die Kaiserin, falls Ihr das vergessen haben solltet!«, gab die Angesprochene eisig zurück.

»Diesen Titel führt Ihr zu Unrecht, da die Krönung nicht vom Heiligen Vater, sondern von einem gehorsamsvergessenen Legaten durchgeführt worden ist«, fuhr der Erzbischof unbeeindruckt fort. »Für Damen Eures Standes gibt es nach dem Ableben des Ehemannes nur zwei Möglichkeiten. Entweder Ihr tretet in ein Kloster ein, wozu ich Euch raten würde, da Ihr so am besten Eure unzähligen Sünden bereuen und Gott im Gebet um Verzeihung bitten könntet. Oder Ihr nehmt einen neuen Gemahl, den wir Euch gern aussuchen und bestimmen. Wählt mit Bedacht, denn lange Bedenkzeit werde ich Euch nicht geben. Euren Hochmut und Eure Anmaßung gegenüber den Vertretern der heiligen Mutter Kirche gilt es zu beenden.«

Matilda glaubte ihren Ohren nicht trauen zu können. Was, zum Teufel, nahm der Pfaffe sich hier heraus? Doch da tauchte der Erzbischof von Köln neben ihm auf und unterstrich, wenn auch mit etwas gesetzteren Worten, Adalberts Ausführungen zu ihrem Schicksal. Er hatte auch schon einen ihm genehmen Ehekandidaten in petto: den Grafen von Schwarzenburg, seinen Neffen.

Fassungslos war Matilda den Ausführungen der beiden Kleriker gefolgt. Sie konnte sich gerade noch beherrschen, sonst wäre ihr wahrscheinlich die Kinnlade heruntergeklappt. Wortlos und ohne die beiden Erzbischöfe eines Blickes zu würdigen, machte sie auf der Hacke kehrt und verließ mit eiligen Schritten, dicht gefolgt von ihrer Leibwache, den Dom. Im Palast angekommen, der bald nicht mehr der ihre sein sollte, stürmte sie in ihre Gemächer, als wäre der Leibhaftige hinter ihr her.

»Nie, nie wieder wird mich jemand derart demütigen, mich wie ein unmündiges Kind behandeln und zur Seite drängen, nur weil ich eine Frau bin«, schrie sie mit überkippender Stimme, an niemand Speziellen gewandt. Ihre Hofdamen wichen erschrocken zurück, und selbst die Wachen, Robert ausgenommen, zogen die Köpfe ein. »Was glauben diese Kerle eigentlich, wer sie sind? Ich soll in ein Kloster gehen, damit ich meine Sünden bereue! Welche Sünden? Ich bereue höchstens, mit diesem scheinheiligen Pack nicht ein für alle Mal abgerechnet zu haben, als ich die Macht dazu hatte. Das passiert mir kein zweites Mal, das schwöre ich! Oder sie wollen mich mit einem Greis verheiraten, wenn ich ihnen nicht zu Willen bin! Die werden sich noch wundern! Packt zusammen, wir haben hier nichts mehr verloren. Aber nehmt alles mit, was irgendwie von Wert ist. Meine Kronen, das Geschmeide, jeden Pfennig. Lasst nichts, aber auch gar nichts zurück. Und jemand soll diese angeblich so kostbare Reliquie aus der Kaiserkapelle holen, die Hand des heiligen Jakobus. Das wird diese Pfaffen am ehesten treffen. Morgen in aller Herrgottsfrühe brechen wir auf! Und sollte uns tatsächlich jemand daran hindern wollen, dann kämpfen wir uns den Weg frei.«

Robert war der Einzige, der sich traute, eine alle Anwesenden beschäftigende Frage zu stellen.

»Majestät, verzeiht, aber wohin soll die Reise gehen?«

Matilda sank auf einen Hocker und sah auf einmal aus wie ein Häufchen Elend. Ihre Stimme klang wie die des kleinen Mädchens von früher, und es schwangen Wut, Kummer, verletzter Stolz, aber auch eine gewisse Vorfreude darin mit, als sie antwortete:

»Wir gehen nach Hause, Robert, nach England.«

4. KAPITEL

Wider Erwarten hatte Adalbert Matilda mit ihrem Gefolge unbehelligt abziehen lassen. Zu groß war seine Furcht vor einem blutigen Kampf in den Gassen von Mainz zwischen seinen Anhängern und ihrer Furcht einflößenden englischen Leibwache.

Außerdem, wo sollte sie denn hin? Wohin sie sich in Deutschland auch wandte, dem Einfluss der heiligen Mutter Kirche würde sie sich nun, da ihr Mann tot und begraben war, nirgendwo entziehen können. Auf die Idee, dass sie ihre ererbten Ländereien, Burgen und Güter zurücklassen und dem Reich den Rücken kehren könnte, kam er nicht. Als dem Erzbischof aufging, wie sehr er die Kaiserin unterschätzte und welchen entscheidenden Fehler er gemacht hatte, war es bereits zu spät.

Friedrich von Schwaben huldigte widerwillig dem gewählten König, wie es seine Pflicht war. Doch den Treueeid verweigerte er, da Lothar die Herausgabe der salischen Besitztümer von ihm verlangte und als Reichsgüter beanspruchte. So kam es schon bald zu Kämpfen zwischen den verfeindeten Parteien und zur Ausrufung eines Gegenkönigs – alles Dinge, die Heinrich zu vermeiden gesucht hatte.

Matilda musste es auf ihrem Weg zu einem der nördlichen Seehäfen, von wo aus sie sich nach England einzuschiffen gedachte, natürlich vermeiden, das Gebiet des französischen Königs zu berühren. Würde er sie womöglich gefangen nehmen, konnte er sie als Druckmittel gegen ihren Vater verwenden, mit dem er seit Jahren im Streit um die Grenzgebiete der Normandie lag.

Stattdessen schickte sie Gesandte aus, die mit dem Grafen von Flandern über freies Geleit durch seine Ländereien verhandeln sollten. Das zog sich erfahrungsgemäß hin, und so bat Robert seinen Hauptmann um einige Tage Urlaub. Er wollte die Zeit nutzen, um zum Disibodenberg zu reiten. Vielleicht konnte er dort Martha noch einmal sehen und von ihr Abschied für immer nehmen.

Hugh de Clare, der so etwas von seinem Sergeanten nicht gewohnt war, ermahnte ihn, sich nicht in Gefahr zu begeben, keinen Unfug anzustellen und rechtzeitig wieder zurück zu sein, wenn man die Grenze überschritt und das Reich verließ. Robert nahm die Moralpredigt etwas unwirsch zur Kenntnis, war er doch kein kleines Kind mehr, sondern mittlerweile ein in unzähligen Kämpfen gestählter Soldat. Die angebotene Begleitung lehnte er rundweg ab, schwang sich auf sein Streitross und ließ einen besorgt hinter ihm dreinschauenden väterlichen Freund zurück.

Robert ritt das Tal der Nahe entlang und dort, wo die Glan einmündete, den schmalen Pfad auf den Disibodenberg hinauf. Martha hatte ihm erzählt, dass ein irischer Mönch, der heilige Disibod, hier vor etwa fünfhundert Jahren die erste Kapelle errichtet und den Heiden das Evangelium verkündet hatte. Er wurde, ganz gegen die sonst übliche Praxis, von diesen nicht den alten Göttern geopfert, sondern starb als weiser und geachteter Mann im hohen Alter. Nach seinem Tod bauten dankbare Anhänger der neuen Lehre über seinen Gebeinen eine Kirche und später ein Kloster, das sich rasch entwickelte.

Allerdings weckte es dadurch auch Begehrlichkeiten und wurde wiederholt von Wikingern, Normannen und sogar Ungarn geplündert. Irgendwann gaben die Mönche auf, und die

Anlage verfiel. Bis die Mainzer Erzbischöfe es unter ihre Fittiche nahmen, das Kloster reichlich mit Einkünften aus dem Kirchenzehnten, Ländereien und Gütern versorgten und Kanoniker und später Benediktiner mit dem Wideraufbau beauftragten. Der Graf von Sponheim hatte später eine Klause für seine Tochter errichten lassen, und langsam entwickelte sich neben dem Männerkloster auch ein Frauenkonvent.

Tief in Gedanken versunken, schreckte Robert auf, als er helle Frauenstimmen hörte, die sich gegenseitig Scherzworte zuriefen, herzhaft lachten und wie junge Hühner gackerten. Behutsam lenkte er sein Pferd hinter eine dicke Eiche und sah einen ganzen Schwarm Novizinnen, die offenbar nur von einer Schwester beaufsichtigt, Beeren und Kräuter im Bergwald sammelten. Doch die Idylle dauerte nicht lange. Eine scharfe Stimme rief die jungen Frauen von der Klosterpforte aus zur Ordnung, und Robert erkannte unschwer an den vorwurfsvollen Ermahnungen zur Stille und Einkehr die Magistra. Sollte Gott das wirklich wollen, ein Leben ohne Lachen, ohne Freude, in ständiger Verleugnung der eigenen Gefühle? Er konnte es nicht glauben.

Die Nonne, die die Novizinnen beaufsichtigte, offenbar auch nicht, denn sie hatte wie Robert hinter einem Baum Deckung gesucht und zog eine missbilligende Grimasse. Der Sergeant glitt geräuschlos aus dem Sattel und schlich sich so vorsichtig wie möglich an sie heran. Offenbar war ihm das auch gelungen, denn als er die Ordensschwester ansprach, zuckte diese erschrocken zusammen.

»Gott zum Gruße, Schwester Hildegard. Wieso drängt sich mir nur der Gedanke auf, dass Ihr nicht so ganz mit der strengen Zucht Eurer Ehrwürdigen Mutter einverstanden seid?«

»Herr im Himmel, wie könnt Ihr mich nur so erschrecken! Ich hätte tot umfallen können! Schleicht Ihr Euch immer derart an wehrlose Frauen heran?«

»Vergebt mir, wenn ich Euch erschreckt habe. Es war nicht meine Absicht.«

»Lügt mir nicht ins Gesicht. Ihr verstoßt damit schon wieder einmal gegen Gottes Gebot. Ich sehe Euch doch an, dass es Euch eine diebische Freude gemacht hat, mich zusammenfahren zu sehen. Was führt Euch denn zu uns? Solltet Ihr nicht bei Eurer Kaiserin sein? Wie uns ein Bote von Erzbischof Adalbert berichtete, verlässt sie das Reich. Oder geht es Euch nicht gut und Ihr braucht meinen Beistand?«

»Eigentlich wollte ich mich nur von Euch und Schwester Martha verabschieden und noch einmal für Eure aufopferungsvolle Pflege bedanken. Ich würde sicherlich nicht mehr unter den Lebenden weilen, hättet Ihr Euch nicht so rührend um mich gekümmert.«

Hildegard senkte den Kopf, und was sie jetzt sagte, kam mit stockender Stimme aus ihr heraus.

»Das war unsere Christenpflicht und nicht der Rede wert. Doch ich danke Euch für Eure Worte. Meine Mitschwester werdet Ihr allerdings nicht sprechen können. Sie ist …«, Hildegard rang regelrecht nach Worten, »… zumindest zurzeit unabkömmlich.«

»Was wollt Ihr damit sagen? Ist sie fortgegangen? Oder nehmen sie ihre Pflichten so in Anspruch, dass ich ihr nicht einmal Lebewohl sagen kann?«

Da veränderte sich Hildegards Gesichtsausdruck von einem Moment auf den anderen, und sie fuhr Robert wütend und vorwurfsvoll an:

»Ihr seid schuld! Selbst von einer Nonne könnt Ihr Söldner nicht die Finger lassen! Nichts und niemand ist Euch heilig. Alles muss nach Eurem Willen geschehen! Nicht einmal der des Herrn zählt für Euch. Was Ihr damit anrichtet, kümmert Euch nicht! Die Folgen haben andere zu tragen, denn was schert es Euch?«

»Um Himmels willen, wovon redet Ihr? Was zum ...«, Teufel hatte Robert sagen wollen, konnte es aber gerade noch hinunterschlucken, »was ist denn passiert?«

»Bruder Burchard hat Euer Techtelmechtel in Lüttich bemerkt und nach unserer Rückkehr natürlich gemeldet. Ich, stellt Euch das vor, ich musste Martha auf unversehrte Jungfernschaft untersuchen! Sollte ich lügen? Zuerst wollte man sie in der Nahe ertränken, die vorgesehene Strafe für eine abtrünnige Nonne, die gegen ihr Gelübde verstößt. Nur mein inständiges Flehen hat Abt Kuno erweichen können, das Urteil in ein lebenslanges Inklusorium umzuwandeln. Man hat sie in unsere alte Klause eingemauert, die ein kleines Fenster zur Kirche hat, vor dem sie knien und beten kann und durch das man ihr Brot und Wasser reicht.«

Robert war kreidebleich geworden.

»Und in diesem Loch soll sie bleiben, bis Gott sie zu sich ruft? Was seid Ihr nur für Menschen!«

»Es ist nicht unüblich, dass fromme Männer und Frauen auf diese Art versuchen, ohne jedwede Ablenkung durch irdische Dinge, dem Herrn nahezukommen«, begehrte Hildegard auf. »Auch wir drei waren am Anfang zwar nicht eingemauert, aber doch eingeschlossen und haben es als Gnade, nicht als Strafe verstanden.«

»Ihr vielleicht, und Jutta auf alle Fälle. Aber nicht Martha! Sie hat mir erzählt, wie bedrückend sie diese Enge empfunden, dieses Eingeschlossen- und Abgeschiedensein gehasst und gefürchtet hat. Sie geht daran zugrunde! Und Ihr wisst das!«

Hildegard schluckte und senkte erneut das Haupt. Die Vorwürfe trafen sie hart, vor allem, da sie sich schon selbst jede Nacht die gleichen gemacht hatte. Jutta war in letzter Zeit immer unerbittlicher gegen sich und auch gegen ihre Untergebenen geworden. Seit Kurzem trug sie tagsüber einen dornengespickten Bußgürtel um den Oberschenkel. Die Schmerzen mussten unerträglich sein, doch die Magistra ließ sich nach außen hin nichts anmerken. Nur am Abend, wenn sie mit Hildegard allein war, musste diese die blutigen und eitrigen Wunden auswaschen und behandeln. Sie fühle sich so Jesus näher und könne seine Leiden besser nachempfinden, gab die Magistra als Grund für ihre Selbstfolter an. Diese Gemütslage hatte letztendlich auch zu dem harten Urteil gegenüber Martha geführt, wobei Jutta noch stärker als Kuno für die Todesstrafe eingetreten war. Aber vielleicht bekam sie ja bald ihren Willen.

»Seit zwei Tagen nimmt Martha keine Nahrung und kein Wasser mehr entgegen und reagiert auch nicht, wenn man etwas in die Zelle hineinruft«, sagte Hildegard mit kaum verständlicher, leiser Stimme.

Robert zögerte keinen Moment. Mit wenigen Sätzen war er bei seinem Pferd, sprang, ohne die Steigbügel zu benutzen, in den Sattel und jagte den restlichen Weg zur Klosterpforte hinauf. Hier angekommen, hämmerte er mit der Faust dagegen und begehrte lautstark Einlass. Ein schmales, vergittertes Fensterchen wurde geöffnet, und das bärtige Gesicht des Pförtners schaute Robert missbilligend an.

»Lasst mich ein! Ich will zu Abt Kuno«, verlangte Robert.

»Ihr seid hier nicht mehr willkommen! Ich habe die ausdrückliche Anweisung, Euch den Zutritt zum Kloster zu verwehren. Verschwindet von hier! Und wenn Ihr nicht freiwillig geht – wir haben zu unserem Schutz jetzt auch bewaffnete Knechte.«

Das war nun das Letzte, wovor Robert sich fürchtete. Doch noch bevor er fragen konnte, wo denn die viel beschworene Gastfreundschaft der Benediktiner blieb, wurde das Fenster vor seiner Nase zugeworfen und von innen verriegelt.

Eine Klostermauer stellte aber für einen Gardisten der Kaiserin wahrlich kein unüberwindbares Hindernis dar. Robert pfiff nach seinem Pferd, schwang sich zuerst wieder in den Sattel, zog dann die Beine an, und schon stand er auf dem Rücken des Hengstes. Mit den Händen konnte er nun die Mauerkrone erreichen, und ein Klimmzug genügte, um ihn auf den Sims zu bringen. Im nächsten Moment befand er sich auch schon zur großen Verblüffung der zusammengelaufenen Mönche im Innenhof, griff sich einen an einer Baustelle abgelegten großen Vorschlaghammer und eilte auf die Klause zu. Doch bevor er sie erreichte, trat ihm der Abt, flankiert von Jutta von Sponheim, in den Weg.

»Halt, halt, bleibt stehen! Ihr … Ihr Heide!«, brüllte Kuno Robert an. »Heide« war für ihn wohl das schlimmste Schimpfwort, das er sich überhaupt vorstellen konnte. Einen Soldaten konnte er damit allerdings nicht wirklich beeindrucken.

»Aus dem Weg!«, donnerte Robert zurück und schwang den Hammer. »Oder bei Gott, ich gebe Euch Gelegenheit, Euer Verständnis von Liebe und Barmherzigkeit im nächsten Moment mit dem Herrn im Himmel von Angesicht zu Angesicht zu diskutieren!«

Erschrocken von so viel fehlender Demut vor seinem hohen Amt wich Kuno zurück, ganz im Gegensatz zu der Magistra, die wie eine Furie auf Robert losging.

»Was untersteht Ihr Euch! Ihr gottloser Verführer wagt es auch noch, hier einzudringen? Wachen, nehmt den Mann fest und legt ihn in Ketten! Wir werden ihn der weltlichen Gerichtsbarkeit übergeben, auf dass er für sein schändliches Vergehen an einer Ordensschwester verurteilt und hart bestraft wird.«

Robert warf einen Blick über seine Schulter und sah tatsächlich vier Männer hinter sich zusammengedrängt stehen, offenbar die Klosterknechte. Ihre Ausrüstung war zusammengewürfelt und bestand aus zerrissenen Gambesons, einer trug einen alten Helm, zwei hatten Spieße, ein weiterer ein rostiges Schwert, und der letzte fuchtelte mit einem Messer herum. Der Befehl der Magistra war ihnen offenbar gar nicht recht, und so richtig wagten sie sich an den schwer bewaffneten, blonden Hünen in Kettenhemd, Rüstung und Normannenhelm auch nicht heran.

»Macht Euch nicht lächerlich«, knurrte Robert nur verächtlich. »Ich hole jetzt Martha da heraus, und keiner wird mich daran hindern. Fangt schon einmal an zu beten, denn sollte sie nicht mehr am Leben sein, dann kommt mein Zorn über Euch wie Gottes Gericht.«

Abt Kuno hatte in der Zwischenzeit wie wild mit den Armen gefuchtelt, und als Robert mit der Magistra beschäftigt war, fasste sich einer der Knechte ein Herz. Er senkte seinen Spieß und rannte mit wildem Geschrei auf Robert zu, um ihm die Waffe in den Leib zu stoßen. Der ließ den Hammer fallen, wich wie ein Tänzer im letzten Augenblick vor der Speerspitze zur Seite, packte den Spieß am Schaft und schleuderte ihn mitsamt dem Angreifer gegen die Kirchenmauer, dass es nur so krachte. Zwei weitere Knechte wollten ihrem Gefährten zu Hilfe eilen und kamen ebenfalls brüllend angestürmt. Der eine schwang sein Schwert, der andere versuchte Robert wie einen Keiler auf der Jagd mit seinem Spieß abzustechen.

Einen Leibwächter der Kaiserin auf derart stümperhafte Art und Weise anzugreifen, war von vornherein zum Scheitern verurteilt. Robert ließ den Spießträger ins Leere laufen, und als er an ihm vorbeistolperte, rammte er ihm seinen kettengepanzerten Ellbogen in den Magen. Gleichzeitig zog er sein Schwert und parierte den Angriff des dritten Knechtes mit spielerischer Arroganz. Im nächsten Moment war dieser seine Waffe los, die ihm Robert mit einer gekonnten Ligade aus der Hand gehebelt hatte. Auf der Hacke kehrtmachen und davonlaufen, dicht gefolgt von dem vierten Klosterhelden mit dem Messer, der sicherheitshalber gar nicht erst eingegriffen hatte, war jetzt eins. Die zwei Spießträger lagen immer noch japsend auf dem Boden, als Robert die beiden Klosteroberen anfuhr.

»Was sollte das bitte schön werden? Hätte ich ernst gemacht, wäre das Blut dieser vier Männer über Euch gekommen! Und jetzt geht endlich zur Seite, sonst vergesse ich endgültig, dass ich hier einmal gepflegt und behandelt worden bin.«

»Ihr könnt nicht die göttliche Gerechtigkeit ad absurdum führen«, schrie die Magistra Robert an und fiel ihm in den Arm, als er den schweren Hammer aufheben wollte. Wie ein lästiges Insekt schüttelte dieser sie ab, und Jutta stürzte zu Boden. Ein Schmerzensschrei entfuhr ihr, und sie wand sich wie eine Schlange auf dem Boden, unfähig, sich zu erheben.

Jetzt rückten die Mönche, die sich zwischenzeitlich mit Knüppeln, Latten und anderen Baumaterialien bewaffnet hatten, und hinter ihnen die Nonnen des Frauenkonvents, bedrohlich näher. Dass sich jemand an ihren Klosteroberen vergriff, ging entschieden zu weit. Obwohl zu Demut, Gehorsam und Friedfertigkeit gemäß ihrem Gelübde verpflichtet, waren sie kurz davor, sich auf den Eindringling zu stürzen. Ihre Ellbogen gebrauchend, drängte sich in diesem Moment Hildegard durch die Reihen und verhinderte damit gerade noch, dass es zu Blutvergießen kam.

»Er hat sie nicht verletzt«, rief sie in die Runde und kniete neben Jutta nieder. »Seht her, sie tut es tagtäglich selbst. Deshalb kann sie nicht aufstehen.«

Hildegard schlug Obergewand und Tunika der Magistra zurück, und zum Vorschein kamen Blut und Eiter, die den Unterschenkel hinabliefen. Weiter nach oben streifen wollte sie den Habit aber nicht. Das hätte die fromme Frau zutiefst in ihrer Schamhaftigkeit verletzt.

»Sie trägt einen Bußgürtel, der ihr unsagbare Leiden zufügt. Deshalb ist sie auch zu uns anderen so unerbittlich. Ehrwürdiger Abt, ich flehe Euch an, unterbindet das! Ich kann die Wunden kaum noch unter Kontrolle halten. Es bilden sich bereits Schwären und fauliges Fleisch. Sie stirbt, wenn Ihr das weitere Tragen der Dornenkette nicht untersagt.«

»Du elende Verräterin«, zischte Jutta Hildegard an. »Ich tue nur, was auch der heilige Benedikt getan hat, als ihn der Teufel mit dem Bild einer schönen Frau verführen wollte. Er warf sich in einen Dornenbusch und wälzte sich so lange darin, bis für alle Zeit seine fleischlichen Begierden erloschen waren. Wenn ihr alle es mir gleichtun würdet«, Jutta schaute auffordernd in die Runde, »dann würde hier auch mehr Zucht und Ordnung herrschen und diese abtrünnige Nonne da drin wäre gar nicht erst in Versuchung gekommen, gegen ihr Gelübde zu verstoßen.«

Nach diesen Worten wandte sie sich wieder Hildegard zu.

»Du hast sicherlich diesem Frevler auch gesagt, wo er das Kebsweib findet, das für seinen Eidbruch gegenüber Gott büßen muss, nicht wahr? Immer stellst du dich gegen mich, willst mich gar verdrängen. Aber lass dir gesagt sein, solange ich lebe, wirst du keine Magistra sein.«

Hildegard senkte nur das Haupt und sagte nichts. Jutta hatte die Wahrheit gesprochen, denn das war ihr Ziel. Irgendwann, so Gott wollte, würde sie es erreichen und ihrem eigenen Kloster vorstehen. Bis dahin galt es, sich in Geduld zu üben, auch wenn das nicht gerade zu ihren herausragenden Tugenden zählte.

Robert war von solcher Askese nur angewidert, und auch mancher Klosterbruder und die meisten Nonnen schüttelten verständnislos den Kopf. War nicht Jesus am Kreuz für sie gestorben, um ihnen solche Leiden zu ersparen?

Der Abt beugte sich zu Jutta hinab und nahm die schluchzende Nonne begütigend in den Arm. Er blickte erst wieder auf, als ein lautes Krachen ihn hochschrecken ließ. Robert hatte den Hammer ergriffen und dort gegen die Wand geschmettert, wo sich neues Mauerwerk zeigte. Es bestand hier aus gebrannten Ziegeln, die schon beim ersten Schlag zersprangen und eine kleine Lücke freigaben. Mit wenigen weiteren Schlägen wurde die Öffnung schnell vergrößert, und es dauerte nicht lange, bis Robert sich hindurchdrängen konnte. Was er sah, oder noch eher roch, verschlug ihm den Atem.

In dem dämmrigen Licht konnte er Martha gerade so erkennen, die zusammengekrümmt auf dem Boden lag, ganz offensichtlich in ihren eigenen Exkrementen. Irgendwann schien sie nicht mehr die Kraft oder den Willen gehabt zu haben, sich zu erheben und ihre Notdurft in der dafür vorgesehenen Ecke und Grube zu verrichten. Sie hatte auch das Brot und das Wasser nicht angerührt, die einzige Nahrung, die man ihr zugestand. Unberührt stand der Krug neben einem trockenen Laib Schwarzbrot in der Fensternische.

Robert war mit zwei Schritten bei der jungen Nonne und streifte ihr Haube und Schleier ab. Seine Finger fanden ihre Halsschlagader. Er glaubte, einen kaum wahrnehmbaren Pulsschlag und auch Atem zu verspüren und seufzte erleichtert auf. Behutsam nahm er Martha, die ihm leicht wie eine Feder vorkam, in seine Arme, hob sie auf und drängte sich mit ihr durch die Maueröffnung. Als er das Freie erreichte, wichen die Klosterinsassen erschrocken vor ihm und der bewusstlosen Nonne zurück, und manch einer rümpfte angewidert die Nase.

Hildegard ließ von Jutta ab und eilte auf die beiden zu.

»Sie lebt«, stieß sie erleichtert hervor, als auch sie den schwachen Herzschlag gefühlt hatte. »Bringt sie in unser Dormitorium. Dort kann ich sie am besten behandeln.«

»Keinen Augenblick länger bleibe ich mit ihr in diesem Vorhof der Hölle«, entgegnete Robert an alle Anwesenden gewandt mit vor Wut zitternder Stimme. »Was seid Ihr nur für Menschen, einem Ebenbild Gottes so etwas anzutun? Jeden Tag werde ich dafür beten, dass er Euch dafür beim Jüngsten Gericht zur Verantwortung zieht. Ihr wollt das Wort von Jesus Christus in die Welt bringen? Mit dieser Scheinheiligkeit, mit dieser Bigotterie? Hat die Verderbtheit der Kurie selbst Euch schon durchdrungen? Ihr treibt höchstens die Menschen zurück in die Arme der alten Götter! Bei Wotan und Thor wusste man wenigstens, woran man war. Am liebsten würde ich dieses Rattennest hier an allen vier Ecken anzünden und niederbrennen. Geht mir aus dem Weg, sonst tue ich es wirklich.«

Abt Kuno unternahm einen letzten Versuch, Robert aufzuhalten.

»Über Euch wird die ewige Verdammnis kommen, so wie Ihr Euch an der heiligen Mutter Kirche versündigt!«, schrie er den Sergeanten an und streckte ihm sein hölzernes Kruzifix, das er an einer Kette um den Hals trug, entgegen.

»Ich habe schon lange aufgehört, mich vor diesen Ammenmärchen zu fürchten. Außerdem würde ich dort doch nur auf jede Menge Päpste, Kardinäle und Bischöfe treffen. Für mich wäre wahrscheinlich in den Höllenfeuern gar kein Platz, so beschäftigt wie Satan mit Euresgleichen sein dürfte.«

Der Abt wäre ob dieser frevlerischen Worte fast tot umgefallen. Entsetzt wich er bis an die Mauern der Klause zurück und bekreuzigte sich ohne Unterlass.

Vor Robert tat sich eine Gasse auf. Mit der bewusstlosen Martha in den Armen schritt er durch sie hindurch wie Moses einst durch das Rote Meer. Niemand wagte es, ihn aufzuhalten, und dienstbeflissen öffnete der Pförtner das Tor. Robert hob die junge Frau vorsichtig in den Sattel und wollte sich gerade selbst auf seinen Hengst schwingen, da stand plötzlich Hildegard vor ihm und griff in die Zügel des Pferdes.

»Gottes Botschaft an die Menschen ist eine frohe, das nur ganz nebenbei. Ich hoffe, dass ich einmal die Macht haben werde, sie wahrhaft und unverfälscht zu verkünden. Nicht wie die Magistra, Abt Kuno und viele andere, für die unser Herr ein strafender, zorniger Gott ist, der durch Buße und Kasteiung beschwichtigt werden muss. Da habt Ihr nicht ganz unrecht, das erinnert an die alten Götter. Aber Jesus Christus brachte Gnade und Barmherzigkeit in die Welt. Nur leider wird das zu oft vergessen. Klöster, Robert, sind auch kein ausgemachter Sündenpfuhl. Sie bewahren und mehren das Wissen, geben Armen Obdach und Speise, lehren die Bauern ihre Felder effektiver zu bestellen. Das ist unsere gottgegebene Aufgabe. Doch auch wir sind Menschen, die fehlen können. Also schwingt Euch nicht zum Richter auf. Eure Dienstherren und auch Ihr seid keinen Deut besser. Doch es wird wenig Sinn machen, das mit Euch zu diskutieren. Was habt Ihr eigentlich mit Martha vor? Wenn sie nicht bald behandelt wird, stirbt sie.«

»Ich will sie unten am Fluss waschen und ihr Nahrung einflößen. Wein, Brot und Hühnchen habe ich dabei. Matilda lässt ihre Getreuen nicht darben. Vielleicht waren meine Worte etwas hart und auf keinen Fall gegen Euch gerichtet. Aber wie ich es hasse, dieses sich bei allem und jedem Auf-Gott-Beziehen! Und vorzugeben, zu wissen, was er will und denkt. Wer wie ich Päpste, Kardinäle und Bischöfe ohne Maske erlebt hat, dem fällt es schwer, ihnen ihre salbungsvollen Worte zu glauben, die doch in so krassem Widerspruch zu ihren Taten stehen. Ich wünsche Euch alles Gute, Schwester Hildegard, und dass Eure Träume in Erfüllung gehen. Ihr habt eine reine Seele, bewahrt sie Euch.«

»Martha braucht jetzt viel Liebe und Zuwendung«, meinte die Nonne, ohne auf Roberts Worte einzugehen. »Ihr müsst Geduld mit ihr haben. Sie wird das Kloster vermissen, glaubt mir.

Zumindest am Anfang. Sicherlich nicht mehr, wenn sie Kinder hat. Was Ihr tun wollt, ist genau das Richtige. Hier nehmt das. Die Kräuter werden sie kräftigen. Bereitet einen Sud und süßt ihn mit dem Honig, den ich dazugelegt habe.«

»Ich danke Euch für alles! Lebt wohl, und Gott befohlen.«

»Robert«, Hildegards Stimme klang auf einmal sehr ernst, »sollte ich irgendwie einmal erfahren, dass Martha nur ein Spielzeug für Euch war, so wie es unter Soldaten oft üblich ist, und Ihr sie verlassen habt, dann werdet Ihr keine Nacht mehr ruhig schlafen. Ich werde Euch in Euren Träumen erscheinen und dafür sorgen, dass Ihr schon auf Erden die Qualen der Hölle erleidet.«

»Seid unbesorgt. Wenn sie mich nicht verlässt, ich tue es bestimmt nicht. Ich liebe sie und kann mir nicht vorstellen, dass sich jemals etwas daran ändert.«

»Ein Leben kann lang sein und in ihm viel passieren. Aber ich hoffe, dass Gottes Segen auf Euch ruhen wird. Und nun eilt Euch, bevor womöglich Abt Kuno doch noch etwas einfällt, wie er Euch aufhalten kann. Bringt Martha außer Landes, denn nur dann ist sie in Sicherheit.«

»Genau das habe ich vor«, knurrte Robert, sprang hinter Martha in den Sattel, nickte Hildegard einen letzten Gruß zu und gab dem Hengst die Sporen. Im raschen Trab ritt er auf den nahen Wald zu und dem Fluss entgegen. Die segnenden Kreuzzeichen, die Hildegard hinter ihm und Martha schlug, bemerkte er nicht mehr.

* * *

Robert hatte richtig vermutet: Als er Martha im kühlen Wasser der Nahe badete, kam sie zu sich und schlang schluchzend die Arme um seinen Nacken.

»Ist ja gut, ich bin bei dir.« Beruhigend sprach Robert auf die junge Frau ein. »Und ich verlasse dich nie mehr, hörst du? Was auch immer geschieht, du bist von jetzt an in Sicherheit. Vertrau mir!«

Wie ein kleines Kind schaukelte Robert Martha in seinen Armen, während er sie vom Kopf bis zu den Füßen wusch. Und mit all dem Dreck, dem Schmutz und den Exkrementen nahm das Wasser des Flusses auch ihr ehemaliges Leben mit sich fort.

Wenig später saßen die beiden Liebenden am Ufer. Robert hatte ein kleines Feuer gemacht, über dem er ein Hühnchen briet. Zuvor hatte Martha schon den ersten Heißhunger mit weißem Brot gestillt, einer Köstlichkeit, die ihr seit ewigen Zeiten nicht mehr vergönnt gewesen war. Dazu hatte sie kleine Schlucke Moselwein aus Roberts Sattelschlauch genossen, und jetzt fühlte sie sich schläfrig und matt. Als der Kapaun endlich fertig war, lag sie schon sanft schlummernd in Morpheus' Armen.

Robert war das gar nicht recht. Er wollte so schnell wie möglich etliche Meilen zwischen sich und das Kloster bringen. Abt Kuno traute er ohne Weiteres zu, ihnen Häscher auf die Fersen zu hetzen. Die Sponburg war nicht weit, und Juttas Verwandtschaft würde sicherlich nicht zögern, einer Bitte des Abtes nachzukommen. Andererseits brauchte auch sein Pferd Ruhe, sollte es in nächster Zeit zwei Reiter tragen. Also würde er Wache halten und die Zeit nutzen, sich um Marthas Kleider zu kümmern. Wie jeder Soldat führte er Nähzeug bei sich, denn jeder Gardist war selbst dafür verantwortlich, seine Kleidung in ordnungsgemäßem Zustand zu halten. Die Leibwächter wurden zwar zweimal jährlich neu eingekleidet, doch was in der Zwischenzeit zerriss oder sonst kaputtging, darum mussten sie sich selbst kümmern. Und Matilda legte großen Wert auf ein tadelloses Äußeres ihrer näheren Umgebung. So hatte sich Robert im Lauf der Zeit eine gewisse Geschicklichkeit im Ausbessern seiner Kleidung angeeignet. Mittlerweile handhabte er Nadel und Faden fast ebenso routiniert wie sein Schnitzmesser.

Aus Marthas Tunika ein Untergewand zu fertigen, war keine große Kunst. Das Skapulier in ein Obergewand zu verwandeln, stellte schon eine größere Herausforderung dar. Dafür war es wiederum leicht, aus der Kukulle eine Schulter und Kopf bedeckende Gugel zu gestalten. Als Martha vom Zwitschern der Vögel im Morgengrauen erwachte, war Robert gerade fertig geworden.

»Ich liege hier faul herum, und du fertigst sogar Kleidung für mich.« Die junge Frau war nahezu überwältigt von so viel Fürsorge und schmiegte sich zärtlich an Robert.

»Zieh dich lieber rasch an, damit wir hier wegkommen.« Robert war übernächtigt, müde, seine Augen brannten, und seine Laune war nicht die beste. »Ich habe dir aus Hildegards Kräutern einen Sud gebraut, den du trinken solltest. Zusammen mit dem kalten Hühnchen müsste das ein ganz passables Frühstück abgeben. Und dann machen wir, dass wir hier verschwinden. Ich werde erst wieder ruhig schlafen, wenn wir die Reichsgrenze hinter uns haben.«

In diesem Augenblick knackte es hinter ihnen im Gebüsch des Uferwaldes, und Martha erlebte zum ersten Mal, wozu ihr Geliebter fähig war, wenn es darauf ankam.

Blitzschnell war Robert auf den Beinen, Schwert und Dolch in der Hand. Der Kriegsknecht, der sich am weitesten vorgewagt hatte, starb nahezu lautlos durch einen Stich in die Kehle. Den nächsten Angreifer wehrte Robert mit dem Schwert ab. Schon der zweite Hieb spaltete dem Mann den Schädel. Das waren keine schlecht ausgebildeten und trägen Klosterknechte, hier musste Robert sich kampferprobter Reisiger in den rotsilbernen Farben der Sponheimer erwehren. Ob der Graf selbst dabei war, konnte er nicht erkennen. Zwischen den Bäumen erspähte Robert noch zwei Fußkämpfer und etwas zurück zwei Reiter.

Wenn die Angreifer gedacht hatten, leichtes Spiel zu haben und den einzelnen Soldaten vielleicht sogar im Schlaf überwältigen zu können, so sahen sie sich bitter getäuscht. Und statt zu fliehen oder sich auf seine Verteidigung zu beschränken, griff der Fremde sie nun seinerseits an.

Robert war in allen gängigen Kampftechniken geschult. Zuerst hatte Hugh de Clare ihn darin unterwiesen, dann war er selbst der Lehrmeister seines Fähnleins geworden. Ganz gleich, wie schwer der Tag gewesen war, wie weit sie marschiert waren, mindestens eine Stunde hartes Training stand täglich an. Und er selbst schonte sich dabei nie, wollte immer der Beste sein und lernte ständig neu dazu. Das bekamen die Sponheimer jetzt zu spüren. Sie kämpften, weil sie den Auftrag hatten, eine entlaufene Nonne nebst ihrem Entführer zurückzubringen. Ihr Gegner hingegen um sein Leben und das seiner Geliebten. Der Ausgang war von vornherein klar.

Die beiden Reiter, Ritter aus dem gräflichen Gefolge, drängten ihre Pferde durch den dichten Auwald nach vorn. Für einen Moment verloren sie Robert dabei aus den Augen. Das hätte ihnen besser nicht passieren sollen. Hinter einem Baum sprang der Gejagte auf einmal hervor und warf sich mit voller Wucht gegen die Schulter eines der beiden Streitrösser. Das Pferd strauchelte, der Ritter, der einen Hieb mit der Streitaxt nach unten hatte führen wollen, kam aus dem Gleichgewicht, und Ross und Reiter stürzten zu Boden. Schon war Robert über dem noch unter dem Ross liegenden Ritter und rammte ihm sein Schwert in die Brust. Fast gleichzeitig riss er ihm dabei die Streitaxt aus der Hand und schleuderte sie dem nächsten Angreifer, dem zweiten Ritter, entgegen. Trotz des Helms spaltete sie dessen Schädel fast zur Gänze.

Blieben noch zwei Fußkämpfer, die erstaunlicherweise nicht das Weite gesucht hatten, sondern Robert jetzt gemeinsam attackierten. Offenbar war eine hohe Belohnung ausgesetzt worden, für die es sich zu sterben lohnte. Denn einen kaiserlichen Leibwächter anzugreifen, wenn auch zu zweit, grenzte selbst für erfahrene Kämpfer an Selbstmord. Doch niemand hatte den Kriegsknechten gesagt, mit wem sie es zu tun hatten. So starben sie nach kurzer, erfolgloser Gegenwehr völlig unnötig, aber in dem festen Glauben, für eine gerechte, gottgefällige Sache ihr Leben gegeben zu haben.

Martha stand zu Tode erschrocken mit dem Rücken an einen Baum gepresst, als Robert, die beiden Pferde am Zügel führend, wieder zum Lagerplatz zurückkam.

»Ist noch etwas von dem Kapaun übrig«, erkundigte er sich, kaum außer Atem und ohne einen einzigen Kratzer abbekommen zu haben, als Erstes. »Wenn nicht, auch nicht schlimm. Ich finde bestimmt etwas in den Satteltaschen.«

»Um Himmels willen! Wie kannst du an Essen denken? Du hast soeben sechs Geschöpfe Gottes getötet!«, schrie Martha Robert an, als sie ihre Sprache wiederfand.

»Besser sie als wir.« Der alte Spruch aller Soldaten auf der ganzen Welt. »Was glaubst du, hätten sie mit uns gemacht, wenn es ihnen gelungen wäre, uns zu überwältigen? Du kannst dir wahrscheinlich gar nicht vorstellen, welche grausamen Arten von Folter und Hinrichtungen es gibt. Es ist meine Aufgabe, meine Kaiserin mit all meiner Kraft zu verteidigen, zu beschützen und ihre Feinde zu töten. Und Gleiches gilt ab sofort auch für dich. Ihr seid die beiden wichtigsten Frauen in meinem Leben, und ich werde alles, aber auch wirklich alles für euch tun. Kämpfen ist mein Handwerk, und wie du gesehen hast, beherrsche ich es ganz gut. Gewöhne dich besser daran. Und nun pack zusammen. Wir haben jetzt glücklicherweise jeder ein Pferd und noch eins für den Proviant und die Ausrüstung dazu. Die Waffen der beiden Ritter sind gar nicht so schlecht und werden ein hübsches Sümmchen einbringen.«

»Du willst sie auch noch bestehlen? Wir müssen sie begraben und für sie beten! Das ist unsere Christenpflicht!«

Robert war nahe daran, die Geduld zu verlieren.

»Die Beute gehört dem Sieger. Das war so, und das bleibt wahrscheinlich bis an das Ende aller Zeiten so. Und begraben? Bist du noch bei Trost? Sollen wir warten, bis nach den vermissten Häschern gesucht wird und sie so viele Krieger schicken, dass ich ihrer nicht mehr Herr werde? Vergiss es! Wir schwingen uns jetzt auf unsere Pferde und sehen zu, dass wir hier wegkommen. Keine Widerrede! In diesen Dingen musst du mir vertrauen. Da habe ich ein bisschen mehr Erfahrung als du.«

Martha senkte den Kopf. Innerlich musste sie Robert recht geben, aber so hatte sie sich ihr neues Leben nicht vorgestellt. War das der Preis für ihre Freiheit? Sechs tote Männer am ersten Tag? Sie konnte es einfach nicht glauben!

Schweren Herzens tat sie, wie Robert ihr geheißen. Sie zog die neuen Kleider an, mit denen sie zwar keinen Staat machen konnte, die aber zumindest verbargen, dass sie eine entlaufene Nonne war. Dann packte sie alles andere zusammen und kletterte anschließend recht mühsam in den Sattel des kleineren der beiden Beutepferde. Sie war keine geübte Reiterin, nahm sich aber vor, eine zu werden. Robert hatte in der Zwischenzeit die Reste des Kapauns vertilgt, ein paar Schlucke frisches Wasser getrunken und fühlte sich nun bereit für einen langen, schnellen Ritt. Das war sein Leben, und er konnte nichts finden, was falsch daran war.

* * *

Graf Meginhard von Sponheim traf fast der Schlag, als ihm berichtet wurde, dass man die beiden Ritter und die vier Kriegsknechte, die auf Bitten seiner Nichte Jutta ausgeschickt worden waren, einen Soldaten und eine entlaufene Nonne einzufangen, tot am Ufer der Nahe gefunden hatte. Erst jetzt eröffnete ihm Abt Kuno, dass es sich bei dem Entführer um einen persönlichen Vertrauten und Leibwächter der Kaiserin handelte. Wäre dem Grafen das eher bekannt gewesen, hätte er sich selbst an die Spitze eines weit größeren Trupps gesetzt, denn schließlich waren die kämpferischen Fähigkeiten Matildas englischer Garde legendär.

So oder so durften die beiden Flüchtigen aber nicht davonkommen. Die Sponheimer waren den Saliern immer treu gewesen, galten aber auch als äußerst fromm und hatten schon zahlreiche Klöster gestiftet. Es war völlig ausgeschlossen, dass eine Nonne, die ihr Leben ausschließlich Gott geweiht hatte, aus einer Klause oder einem Konvent in die Arme eines dahergelaufenen Söldners floh. Hier musste unbedingt ein Exempel statuiert werden, und so nahm der Graf mit einem guten Dutzend seiner Gefolgsleute die Verfolgung auf.

Robert hatte allerdings genau das vermutet und gönnte Martha und sich keine Pause. Die Streitrösser, die eigentlich gewohnt waren, nur kurze Strecken beim Angriff im Galopp zurückzulegen, wurden bis an die Grenzen ihrer Leistungsfähigkeit vorangetrieben. Glücklicherweise konnte Robert, der wahrlich kein leichter Reiter war, von Zeit zu Zeit das Pferd wechseln. Mit dem Fliegengewicht Martha würde das andere Ross wohl spielend fertigwerden.

Die junge Frau war bald am Ende ihrer Kräfte. Geschwächt von der Zeit, die sie bei Wasser und Brot in der Klause, die letzten Tage ganz ohne Nahrung, zugebracht hatte, und ohne die Erfahrung langer Ritte, klammerte sie sich voller Verzweiflung an den Vorderzwiesel des Sattels und litt Höllenqualen. Ihre inneren Oberschenkel und das Gesäß waren wund, ihr Rücken schmerzte bei jedem Schritt, Tritt und Sprung des Pferdes, doch Robert kannte keine Gnade. Er wusste, erst unter dem Schutz Hugh de Clares und seines Fähnleins waren sie in Sicherheit.

An der Grenze zu Flandern befand sich kein kaiserliches Lager mehr, und Robert fluchte leise vor sich hin. Waren die Verhandlungen doch schneller abgeschlossen worden, als er vermutet hatte. Dass der Hauptmann ihn für sein Fernbleiben von der Truppe zur Verantwortung ziehen würde, war sonnenklar. Aber was half es, weiter ging der Ritt nach Westen.

In Gent holten sie endlich den kaiserlichen Tross ein. Matilda logierte natürlich in der gräflichen Burg, einer gewaltigen, von tiefen und breiten Gräben umgebenen Festungsanlage. Hugh de Clare empfing die beiden Reiter mit in die Hüften gestützten Armen, und sein Blick verhieß nichts Gutes.

»Hatte ich Euch nicht ausdrücklich befohlen, Euch nicht zu weit zu entfernen, sodass Ihr pünktlich zum Abmarsch wieder zur Stelle sein würdet?«, schnauzte der Hauptmann seinen Untergebenen an, bevor dieser auch nur ein erklärendes Wort hervorbringen konnte. »Und wen bei allen Heiligen habt Ihr denn da mitgebracht? Ist das nicht eine der Nonnen, die den Kaiser gepflegt haben?«

Robert flankte aus dem Sattel und hob Martha vom Pferd, die glaubte, im nächsten Moment ohnmächtig zu werden, und sich ohne Stütze nicht mehr auf den Beinen halten konnte.

»Genau. Sie ist meine zukünftige Frau. Und bevor Ihr weiter fragt, ich habe sie aus dem Kloster Disibodenberg befreit, wo man sie lebendig eingemauert hatte.«

De Clare bekam den Mund nicht wieder zu.

»Und man hat Euch beide einfach so ziehen lassen?«

»Die Klosterknechte waren kein Problem. Aber ich musste zu meinem Bedauern ein paar Männer des Grafen von Sponheim erschlagen, die uns festnehmen wollten.«

»Du musst doch von allen guten Geistern verlassen sein, Junge!« Der Hauptmann wurde auf einmal persönlich. »Das kann dir Matilda unmöglich durchgehen lassen! Sie hat wohl noch nicht genug Ärger mit den Pfaffen am Hals? Ich hoffe nur, wenn sie davon erfährt, bin ich meilenweit weg!«

Plötzlich straffte sich Martha an Roberts Arm.

»Wenn er mich nicht aus der Klause geholt hätte, wäre ich jetzt tot«, teilte sie mit fester Stimme Hugh de Clare mit, der einen Moment lang den Gedanken hatte, dass das vielleicht zumindest für seinen Schützling so besser wäre. »Ihr könnt mich wegschicken, aber ins Kloster kehre ich nicht zurück. Ich war dort keinen Tag meines Lebens freiwillig. Lieber stürze ich mich in die Schelde.«

Hugh de Clare wollte der jungen Frau schon eine nicht sehr freundliche Antwort geben, da galoppierten Reiter in den Burghof, die das Wappen der Sponheimer trugen, an ihrer Spitze der Graf höchstselbst.

»Da sind sie!«, rief er und zeigte auf Robert und Martha. »Endlich haben wir sie eingeholt. Ergreift die Flüchtigen auf der Stelle!«

Die Begleiter des Grafen schickten sich an, abzusitzen, um dem Befehl ihres Herrn Folge zu leisten. Doch das ging de Clare entschieden zu weit. Mit den Daumen in den Schwertgurt gehakt, stellte er sich breitbeinig den Sponheimern in den Weg, und ein gellender Pfiff rief gleichzeitig seine Männer herbei. Von allen Seiten kamen die Gardisten angelaufen und bildeten einen schützenden Ring um ihren Sergeanten und die Frau an seiner Seite.

»Hier wird niemand festgenommen, und schon gar nicht einer meiner Untergebenen«, bellte der Hauptmann Graf Meginhard entgegen. »Das hier ist die Grafschaft Flandern, und noch dazu die freie Stadt Gent. Nicht Euer Gebiet, soweit mir bekannt ist. Ihr habt hier also kein Recht auf irgendeinen Zugriff, sondern könnt Euer Anliegen höchstens meiner Herrin vortragen. Sofern sie gewillt ist, Euch überhaupt anzuhören.«

Der Graf kochte vor Zorn, sah aber ein, dass er mit Gewalt nichts ausrichten konnte.

»Dann meldet mich der Kaiserin. Aber sofort! Die Sache duldet keinen Aufschub!«

De Clare neigte leicht das Haupt, gab aber leise den Befehl, den Sponheimer auf keinen Fall vorzulassen, bevor er nicht selbst mit Matilda gesprochen hatte. Er packte Robert unsanft am Kragen und schleifte ihn mehr, als dass dieser gehen konnte, die Treppe zur großen Halle hinauf, wo die Kaiserin Quartier genommen hatte. Martha stolperte hinter den beiden Männern her und hoffte nur, dass ihre Albträume, in denen man sie wieder von Robert trennte, nicht Wirklichkeit wurden.

Der Graf von Flandern war selbst nicht anwesend, hatte Matilda aber großzügig seine Burg zur Verfügung gestellt. Der gewaltige, zweischiffige Audienzsaal im Obergeschoss hätte jedem Königsschloss zur Ehre gereicht. Die Kaiserin erwartete die Ankömmlinge am Ende einer langen Tafel, die sich vor edlen Speisen nur so bog. Sie thronte in ihrem Löwensessel, die Hände auf die von Robert geschnitzten Pranken gestützt. Ihr gesamtes Gefolge schien um sie herum versammelt zu sein, und es summte in der Halle wie in einem Bienenstock.

»Ah, Robert, schön, dass Ihr uns auch wieder einmal die Ehre gebt. Was, de Clare, steht doch gleich auf Desertation?«

Der Sergeant sank auf das rechte Knie und sah seine Kaiserin fast flehentlich an.

»Madam«, Robert gebrauchte die englische Anrede, seit sie auf dem Weg zurück in die Heimat waren, »vergebt mir mein unentschuldbares Verhalten. Ihr wisst, dass ich Euch nie verlassen würde. Doch es galt, eine Frau zu befreien, die man lebendig eingemauert hatte. Ihr kennt sie. Sie hat Euren Gatten gepflegt, als er im Sterben lag.«

»Ich wusste gar nicht, dass ich Euch zum Ritter geschlagen habe. Nur denen ist es doch vergönnt, edle Jungfrauen zu befreien. So lehrt es uns zumindest die Minne«, frotzelte Matilda. Doch dann ging ihr das Unerhörte an Roberts Worten auf, und sie schrie ihn fast an, als sie mehr feststellte als fragte: »Aber das waren doch Nonnen, oder?«

»Ja, Madam«, erwiderte Robert mit fester Stimme. Was sollte er auch anderes sagen?

»Ihr wollt mir jetzt nicht etwa ganz nebenbei mitteilen, dass Ihr eine Nonne aus dem Kloster entführt und hierhergebracht habt? Ich habe wohl noch nicht genug Ärger mit dem Klerus?«

Robert wurde einer Antwort enthoben, denn an der Saaltür entstand Tumult. Graf Meginhard ließ sich nicht länger abweisen und begehrte lauthals Einlass. Die Wachen hielten ihn noch mit gekreuzten Spießen zurück, als Matilda ihn bemerkte.

»Was soll das? Lasst den Sponheimer gefälligst ein! An meiner Tafel wird niemand zurückgewiesen!«, rief sie ihrer Leibgarde zu, doch dann ging ihr ein Licht auf.

»Er verfolgt Euch, Robert, stimmt's? Das Kloster auf dem Disibodenberg gehört zu seiner Grafschaft, wenn ich mich recht entsinne. Ist er deshalb derart aufgebracht?«

»Wohl eher, weil ich sechs seiner Männer erschlagen habe.«

»Ihr seid wohl nicht mehr bei Trost! Fangt Ihr jetzt schon auf eigene Faust einen Krieg an?« Doch dann beugte sich die Kaiserin nach vorn, grinste Robert wie in alten Zeiten verschwörerisch an und flüsterte, sodass nur er sie verstehen konnte:

»Sechs Männer? Ihr allein?«

»Zwei Ritter und vier Kriegsknechte. Sie hätten uns sonst niedergemacht oder gefangen genommen. Und anschließend gefoltert und grausam umgebracht«, gab Robert ebenso leise zurück.

»Ich weiß, besser sie als Ihr, nicht wahr? Das ist doch der Spruch, der unter Euch Söldnern kursiert, oder?«

Jetzt blieb Robert nichts anderes, als mit den Schultern zu zucken, und er wagte es sogar, gequält zurückzulächeln.

Matilda richtete sich in ihrem Sessel zur vollen Größe auf und rief ihren Wachen zu, den Grafen von Sponheim einzulassen. Der stürmte gleich dem Nordwind durch den Saal, beugte vor Matilda das Knie und brachte, ohne zu zögern, seine Anklage vor.

»Majestät, ich erhebe schwere Anklage gegen Euren Gefolgsmann hier und die Frau an seiner Seite. Sie wurde von ihm aus dem Kloster Disibodenberg entführt, und als ihn meine Männer verfolgten, hat er sechs von ihnen getötet.«

»Ganz davon abgesehen, dass ich kaum glauben kann, dass ein Einzelner das fertigbringt«, Matilda log ohne mit einer Wimper zu zucken, »was geht Euch denn eine entflohene Nonne an?«

»Die Frauenklause auf dem Disibodenberg wurde von meiner Familie gestiftet. Meine Nichte Jutta steht ihr vor, und Hildegard und die hier anwesende Martha sind ihr beigegeben worden.«

»So? Dann handelt es sich also um eine Leibeigene?«

»Gewiss nicht. Nie würde meine Nichte mit Frauen von niederem Stand verkehren. Martha ist das zehnte Kind von Edelfreien und wurde, wie es der Brauch ist, in jungen Jahren der Kirche übergeben.«

»Ist das so? Ich dachte bisher, der Zehnte gilt nur für das, was die Bauern erwirtschaften, Handwerker herstellen oder Kaufleute verdienen? Dass er auch auf Menschen angewendet wird, ist mir neu. Hat denn jemals jemand das Kind gefragt, ob es sein ganzes Leben dem Herrn widmen will?«

»Natürlich nicht! Ein Kind hat zu gehorchen und zu tun, was man ihm befiehlt. Noch dazu, wenn es ein Mädchen ist.«

Das hätte Graf Meginhard lieber nicht sagen sollen. Matilda wusste zwar um den Wahrheitsgehalt seiner Worte, war aber nicht gewillt, das so zu akzeptieren. Auch sie hatte niemand gefragt, ob sie als achtjähriges Kind ihr Elternhaus verlassen und in die Fremde gehen wollte. Sie hatte es wider Erwarten gut getroffen und ihr Glück an der Seite eines liebenden und einfühlsamen Mannes gefunden, war zur Königin und Kaiserin aufgestiegen.

Doch Matilda war durchaus bewusst, dass es auch hätte anders kommen können, und ihr Mitgefühl galt der jungen Frau. Andererseits war es natürlich völlig unmöglich, dass Nonnen, die ein Gelübde und die Profess abgelegt hatten, ihr Kloster verließen. Ebenso wie es Leibeigenen untersagt war, sich vom Gutshof des Leibherrn zu entfernen. Taten sie es dennoch und man griff sie auf, wurden sie meist kurzerhand gehängt, um ein Exempel zu statuieren.

Schon wollte Matilda schweren Herzens die junge Frau dem Grafen übergeben und grübelte nur noch darüber nach, wie sie dann in Zukunft mit Robert klarkommen sollte, als der Sponheimer einen zweiten Fehler beging. Die Kaiserin ließ sich seiner Meinung nach zu viel Zeit, diesen eindeutigen Fall zu entscheiden. Schließlich wusste sie, dass Martha eine Benediktinerin war. Und an einem gemeinen Soldaten konnte ihr ja wohl kaum gelegen sein. Also wollte er seiner Forderung noch einmal Nachdruck verleihen, um die Sache zu Ende zu bringen.

»Majestät, wenn Ihr die beiden nicht mir übergeben wollt, dann bin ich bereit, die Gerichtsbarkeit des Erzbischofs Adalbert von Mainz anzuerkennen und sie ihm auszuliefern. Zu seinem Sprengel gehört schließlich das Kloster Disibodenberg. Ich leiste Euch gern jeden geforderten Eid, dass den beiden bis zur Übergabe an den Prälaten nichts geschehen wird.«

Als Matilda aufschaute und den Grafen anblickte, glaubte dieser im ersten Moment, einen Drachen geweckt zu haben. Gerade einmal, dass ihre Augen nicht glühten und aus ihrem Mund nicht Feuer und Rauch entwichen.

»Wenn Ihr glaubt, dass ich einen mir seit vielen Jahren treu ergebenen Sergeanten an wen auch immer ausliefere, nur weil er sich seiner Haut gewehrt und die Frau, die er liebt, aus einem unmenschlichen Gefängnis befreit hat, dann versteht Ihr nichts von der Loyalität, die auch ein Dienstherr seinen Untergebenen schuldet. Kein Wunder, dass Eure Männer so leicht zu überwältigen waren! Ich war für einen Moment versucht, die junge Frau in die Obhut des Klosters zurückzugeben, wenn mir Abt Kuno und Eure Nichte geschworen hätten, ihr zu vergeben und sie wieder in Gnaden und ohne Strafe aufzunehmen. Aber Adalbert bekommt von mir noch nicht einmal den Dreck unter meinen Fingernägeln. Wenn Ihr mit diesem heuchlerischen und verräterischen Hundsfott gemeinsame Sache macht, dann seid Ihr hier nicht länger erwünscht. Schert Euch zum Teufel, Meginhard! De Clare, der Graf möchte gehen.«

Der Sponheimer schnappte ob dieser Worte über einen hochgestellten Vertreter der heiligen Mutter Kirche nach Luft wie ein Karpfen auf dem Trockenen, da fühlte er sich auch schon von kräftigen Armen gepackt und wurde recht unsanft und unstandesgemäß aus der Halle befördert. Gerade einmal, dass man ihn nicht die Treppe zum Untergeschoss hinunterwarf. Roberts Kameraden machten ihm und seinen Begleitern im Burghof unmissverständlich klar, dass sie sich so schnell wie möglich zu trollen hatten, wollten sie nicht um Leib und Leben bangen müssen.

Drinnen im Saal war Robert gerade ein Gesteinsbrocken so groß wie die Kreidefelsen von Dover vom Herzen gefallen, und er beschloss die Gunst der Stunde zu nutzen.

»Madam, seid versichert, das vergesse ich Euch nie! Mein Leben gehört Euch für alle Zeit, und über das Eure werde ich jeden Tag und jede Nacht, die Gott werden lässt, wachen. Gewährt mir noch eine Gunst, ich flehe Euch an. Gebt mir die Erlaubnis, diese Frau hier an meiner Seite zu ehelichen und damit zu meiner ehrbaren Gemahlin zu machen.«

»Kommt überhaupt nicht infrage!«, fuhr Matilda ihren Untergebenen an und wies seine Bitte schroff zurück. »Für heute habt Ihr meine Geduld wahrlich genug strapaziert. De Clare wird sich eine angemessene Strafe für Euch ausdenken, dessen seid gewiss. Und wagt es ja nicht, ohne meine Einwilligung zu heiraten, hört Ihr? Ich untersage es Euch ausdrücklich! Die entlaufene Nonne kann sich im Lager nützlich machen und dem Feldscher zur Hand gehen. Schließlich versteht sie ja etwas von der Heilkunst. Hauptmann, entfernt die beiden aus meinen Augen. Und geht nicht zu sanft mit dem Sergeanten um. Von mir aus könnt Ihr ihn auch degradieren. Ich will ihn jedenfalls in nächster Zeit nicht in meiner Nähe haben.«

Und so wurde zum zweiten Mal an diesem Abend jemand gepackt und grob aus dem Saal befördert. De Clare nahm Robert zwar nicht seinen Rang, verurteilte ihn allerdings zu einem Dutzend Peitschenhieben. Er selbst nahm die Bestrafung vor, und jeder Hieb, den er austeilte, schmerzte ihn wahrscheinlich mehr als den Delinquenten.

Robert ertrug die Strafe mit zusammengebissenen Zähnen und ohne einen Laut von sich zu geben. Viel mehr schmerzten ihn Matildas Worte und dass sie ihn aus ihrer Umgebung verbannt hatte. Von dem Verbot der Eheschließung ganz zu schweigen! Was sollte jetzt aus Martha werden? Ein Spielball für jeden Mann, der sein Mütchen kühlen wollte, oder womöglich sogar eine Lagerhure? Das würde er niemals zulassen!

Andererseits hatte er Matilda erneut die Treue gelobt, und diesen Schwur konnte er unmöglich brechen. Während Martha die Striemen auf seinem Rücken mit einer kühlenden Salbe bestrich, zerbrach er sich den Kopf und dachte in alle möglichen Richtungen, doch es wollte ihm einfach keine Lösung einfallen.

Martha hingegen lächelte still vor sich hin. Jahrelang dem Schweige- und Gehorsamsgebot der Benediktiner unterworfen, hatte sie es nicht gewagt, auch nur ein einziges Wort zu ihrer Verteidigung vorzubringen. Doch ihr Gottvertrauen war ungebrochen. Hatte der Herr sie nicht gerade in den letzten Tagen vor allen Fährnissen bewahrt und über ihr Leben gewacht? Sie war überzeugt davon, dass er auch weiterhin seine schützende Hand über sie und Robert halten und sie auf ihren weiteren Wegen geleiten würde. Und sie sollte recht behalten.

* * *

Am nächsten Tag brachen sie Richtung Antwerpen auf, wo sie sich nach England einschiffen wollten. Robert versuchte, für Martha einen Platz auf einem der Trosswagen zu ergattern, damit wenigstens sie, geschwächt wie sie noch war, nicht laufen musste. Ihm hatte Hugh de Clare sein Pferd mit der Begründung weggenommen, etwas Bewegung würde ihm nicht schaden und helfen, den Kopf klar zu bekommen. Gerade bekam er wieder eine Abfuhr von einem Fuhrmann, als der Kämmerer der Kaiserin ihm auf die Schulter tippte.

»Die Kaiserin hat ihre Meinung geändert und befiehlt die Frau, die Ihr gestern mitgebracht habt, zu sich. Sie wünscht, dass sie ihr zukünftig vorliest, einen Teil ihrer Korrespondenz erledigt und sich um ihre Gesundheit kümmert. Doch zuvor soll ich sie einkleiden. Ihr Anblick ist ja eine einzige Beleidigung für das Auge jeden Betrachters! Schäbigere Lumpen hättet Ihr wohl nicht für sie finden können?«

Mit einem einzigen Satz stampfte der Mann, der für die Garderobe der Kaiserin verantwortlich war, Roberts Nähkünste und die Arbeit einer ganzen Nacht in die Tonne. Der strahlte jedoch, statt beleidigt zu sein, über das ganze Gesicht, verflüchtigten sich doch gerade seine drängendsten Sorgen ins Nichts. Er würde mit Freuden bis ans Ende der Welt marschieren, wenn nur Martha komfortabel reisen konnte. Und dass dem an der Seite der Kaiserin so sein würde, wusste er besser als jeder andere. Vielleicht errang Martha sogar mit der Zeit Matildas Gunst, denn sanftmütig genug, deren bekannte Launen zu ertragen, war sie gewiss. Andererseits aber auch so intelligent, ihr eine angenehme Gesellschafterin zu sein. Doch bevor Robert den Gedanken zu Ende spinnen konnte, fuhr der Kämmerer fort, seine Anweisungen weiterzugeben.

»Für Euch habe ich auch einen Befehl. Nach der Landung in England erwartet Euch die Kaiserin wieder an ihrer Seite. Aber sie lässt Euch durch mich ausrichten: Entfernt Ihr Euch noch ein einziges Mal unerlaubt oder verstoßt gegen ihre Anordnungen, rettet auch Euch nichts mehr vor dem Schafott. Habt Ihr das verstanden?«

Robert hatte einen Kloß in der Kehle, und es fiel ihm schwer, mit fester Stimme zu antworten.

»Richtet der Kaiserin meinen aufrichtigen Dank aus. Ich werde zur Stelle sein, wann auch immer sie meiner bedarf.«

Der Kämmerer nickte nur und ergriff Martha bei der Hand, um sie hinter sich herzuziehen. Doch die zeigte zum ersten Mal Widerspruchsgeist, riss sich los, fiel Robert um den Hals, küsste ihn, ohne auf das Raunen der umstehenden Männer zu achten, auf den Mund und folgte dann erst dem Kämmerer aus freien Stücken. Als sie verschwunden war, bekam der Sergeant etliche gutgemeinte und anerkennende Schulterklopfer von seinen Kameraden ab. Für sie stand fest, dass er schon bald wieder ganz oben in Matildas Gunst stehen würde.

* * *

Die Überfahrt verlief ohne Zwischenfälle, und als Matilda am Pier des Towers von London nach sechzehn Jahren Abwesenheit erstmalig wieder englischen Boden betrat, stand Robert wie gewohnt mit Lanze, Schwert und Schild in der ersten Reihe Spalier. Täuschte er sich, oder zwinkerte die Kaiserin ihm sogar verschmitzt zu, als sie an ihm vorbeischritt, um ihren Vater zu begrüßen? Lange Zeit hatte er nicht, um darüber nachzudenken, denn zwischen den Hofdamen entdeckte er Martha, die Robert seit Gent nur von Weitem gesehen hatte, und das noch dazu selten genug.

In ihrem roten Samtkleid, die immer noch kurzen Haare kunstvoll frisiert und wie bei unverheirateten Frauen üblich unbedeckt, hätte er sie fast nicht wiedererkannt. Ein gewisses Unbehagen beschlich Robert, als er Martha so sah. Würde sie überhaupt noch etwas von ihm wissen wollen? Schließlich war sie adelig geboren und jetzt sogar eine Hofdame der Kaiserin, er hingegen nur ein einfacher Soldat. War es Eifersucht, die sich da in seinem Herzen breitmachte? Aber auf wen? Da hatte Martha ihn endlich in der langen Reihe der Gardisten entdeckt und schenkte ihm ein so bezauberndes Lächeln, dass alle seine finsteren Gedanken mit einem Male weggewischt wurden. Wenn er sich zukünftig wieder in Matildas Nähe aufhalten durfte, würde er auch Martha öfter sehen, und es müsste doch mit dem Teufel zugehen, wenn er sie nicht ab und zu würde treffen können. Schließlich hatte Matilda ihm nur verboten, zu heiraten.

Oder verfolgte die Kaiserin wie so oft ihre eigenen Pläne und hatte womöglich schon einen anderen Gatten für Martha im Auge? Das würde seine Treue zu ihr auf eine harte Probe stellen, und Robert hoffte von Herzen, dass es nicht dazu kommen würde und er sich zwischen den beiden Frauen entscheiden müsste. Denn in diesem Fall würde er Martha ein zweites Mal entführen und mit ihr fliehen. Vielleicht in die ausgedehnten Wälder der Midlands zwischen Nottingham und York, wo er aufgewachsen war. Oder am besten gleich nach Wales. Dort hatte die englische Krone garantiert keinen Zugriff. Letztendlich würde es wie immer die Zukunft weisen.

Matilda knickste artig vor ihrem Vater, obwohl sie als Kaiserin im Rang jetzt sogar über ihm stand. Doch auf diese Art von Etikette wollte sie Henry gegenüber lieber nicht bestehen, denn nichts sollte die Wiedersehensfreude trüben. Der König hob seine Tochter auch sofort empor, schloss sie in seine kräftigen Arme und umarmte sie so fest, dass die Umstehenden Angst hatten, ihre Rippen könnten brechen. Nach dem Untergang des White Ship war Matilda sein letztes verbliebenes legitimes Kind. Bastarde hatte der König unzählige, aber sie schieden für die Thronfolge in seinen Augen aus. Eigentlich auch Frauen, aber da hatte der listige Henry so seine eigenen Pläne.

»Darf ich dir meine neue Gemahlin vorstellen?« Verschmitzt schaute er Matilda an und war auf deren Reaktion gespannt. Sie konnte ja wohl kaum erwarten, dass er ewig unverheiratet blieb und nur mit Kurtisanen das Bett teilte. »Adelheid von Löwen, Tochter des Herzogs von Lothringen. Sie wird dir bestimmt eine gute Stiefmutter sein.«

Matilda sah ihren Vater fragend an, und erst als sie das Grinsen in seinem Gesicht sah, bemerkte sie, dass seine letzten Worte wohl ironisch gemeint waren, denn Adelheid war jünger als sie selbst. Sie umarmte die junge Frau, die eher schüchtern als selbstbewusst hinter ihrem Gemahl stand, und flüsterte ihr dabei ins Ohr:

»Lass uns gute Schwestern sein, ja? Gemeinsam werden wir den alten Zausel schon zähmen!«

Adelheid strahlte über das ganze Gesicht, und Matilda war sich sicher, eine neue Freundin und Verbündete mit diesen wenigen Worten gewonnen zu haben.

Am Abend gab es ein großes Fest im White Tower. Barone aus den entferntesten Ecken des Reiches und Abgeordnete der großen Städte waren gekommen, um Matilda willkommen zu heißen.

Henry beobachtete aus zusammengekniffenen Augen das Auftreten seiner Tochter und wie sie die zahlreichen Huldigungen entgegennahm. Er war von ihrem hoheitsvollen Wesen bis in seine tiefste Seele hinein beeindruckt, erfreute sich an ihrem Anblick und beglückwünschte sich dazu, wenigstens noch ein legitimes Kind zu haben. Noch dazu mit besten Verbindungen zum Hochadel des Festlandes, welterfahren, weitgereist und gleichermaßen beschlagen in der Diplomatie wie im Ränkespiel. Vielleicht ein wenig hochfahrend und aufbrausend, aber das hatte sie zweifelsohne von ihm.

Zu den Gästen gehörte auch Robert de Caen, Matildas Halbbruder und Spielkamerad aus unbeschwerten Kindheitstagen. Henry hatte ihn als Sohn anerkannt, ihm eine gute Erziehung angedeihen lassen und ihn erst vor Kurzem zum Earl von Gloucester ernannt. Ehelich geboren, wäre er der legitime Thronfolger, und sicherlich kein schlechter. In den Kriegen, die Henry in der Normandie hatte führen müssen, war er zum erfahrenen Soldaten und Heerführer gereift. Gleichzeitig förderte er den Handel und das Handwerk in seiner Grafschaft und stiftete Klöster, um das Land zu kultivieren.

Die Geschwister fielen sich bei ihrem Wiedersehen völlig unzeremoniell um den Hals, und von einem Moment auf den anderen bestand zwischen ihnen wieder eine Vertrautheit, als wären sie nie voneinander getrennt gewesen.

In der großen Halle herrschte eine ausgelassene Stimmung. Henry hatte auffahren lassen, was Küche und Keller hergaben. Gaukler unterhielten die Gäste mit Späßen und Kunststücken, Musikanten spielten zum Tanz, und nur der anwesende Klerus schüttelte den Kopf ob des unsittlichen Treibens.

Robert musste mit gerunzelter Stirn mitansehen, wie sich etliche Galane um die unbekannte Schöne in Matildas Gefolge bemühten. Und Martha schien die Aufmerksamkeiten zu genießen. Immer wieder hörte er ihr helles Lachen, sah ihre kleinen, weißen Zähne blitzen, auch wenn sie die Aufforderungen zum Tanz offenbar ausschlug. Es zerriss ihm fast das Herz, nicht bei ihr sein zu können. So hatte er sich das Ganze jedenfalls nicht vorgestellt, und tief in seinem Inneren befürchtete er, dass er sie verlieren würde.

Plötzlich spürte Robert eine Hand auf seiner Schulter.

»Und, schmerzen die Peitschenhiebe noch?« De Clare klang aufrichtig besorgt.

»Nur wenn Ihr die Narben wieder aufreißt.«

»Nimm es nicht krumm, mein Junge.« Der Hauptmann war Robert gegenüber beim vertraulichen Ton geblieben. »Ich musste es tun, sonst wäre die Disziplin der ganzen Truppe beim Teufel gewesen. Du hättest an meiner Stelle nicht anders gehandelt. Mach mal eine Pause und lass dir in der Küche etwas zu essen und zu trinken geben. Ich halte hier solange die Augen offen.«

Robert verließ nur missmutig seinen Platz, auch wenn er beißenden Hunger verspürte. Doch die Worte de Clares waren immer Befehlen gleichzusetzen, und zumindest in nächster Zeit würde er ihm ganz gewiss nicht widersprechen.

In der Küche, wo man für die Bediensteten und Wachen einen langen Tisch hergerichtet hatte, traf er auf etliche seiner Kamera-

den, die abgelöst worden waren und hier ihre freien Stunden verbrachten. König Henry war nicht knausrig und intelligent genug, um zu wissen, dass es nur böses Blut gab, wenn ausschließlich die hohen Herren und Damen es sich gut gehen ließen. Bei
ihm fiel immer auch genug für die unteren Chargen ab. So konnte er ihrer Treue sicherer sein, als wenn er sie darben ließ.

Allzu lange wollte Robert sich nicht aufhalten und zurück in
den Saal, um Martha weiter beobachten zu können. Als er die
Treppe zum Obergeschoss hinaufstieg, wurde er plötzlich von
zwei Armen umschlungen und in eine Mauernische gezogen.

»Es wird aber auch langsam Zeit, dass du endlich kommst!
Wie lange wolltest du mich denn noch warten lassen?«

Robert sah den Himmel offen.

»Woher wusstest du …?«

»De Clare hat mir gesagt, dass er dich aus dem Saal schickt,
damit wir uns endlich wiedersehen können.«

Der Sergeant schwor sich, von diesem Moment an nie wieder
auch nur ansatzweise schlecht über seinen Hauptmann zu denken.

»Wie ergeht es dir denn unter Matilda?« Das interessierte
Robert brennend.

»Sie ist sehr freundlich und großzügig zu mir. Wusstest du,
dass sie oft unter üblen Kopfschmerzen leidet?«

»Ja, dann ist sie immer besonders unleidlich. Sie wurde deshalb sogar schon zur Ader gelassen.«

»So ein Unfug! Ich habe ihr bei den ersten Anzeichen die
Schläfen mit Pfefferminzöl eingerieben und sie ein Stück Ing-
wer kauen lassen. Das hat ihr auf Anhieb geholfen, und seitdem
darf ich kaum noch von ihrer Seite weichen. Aber jetzt wird sie
mich kaum vermissen. Sie und Robert von Gloucester reden
über alte Zeiten und was sie in den Jahren, in denen sie getrennt
waren, alles erlebt haben. Das kann noch Stunden dauern.
Komm, folge mir. Ich weiß, wo wir ungestört sind.«

Martha packte Robert am Arm und zog ihn hinter sich die Treppe hinauf. Dem Sergeanten schwante Fürchterliches, als er merkte, wohin sie mit ihm wollte. Die Wachen, denen sie in den Gängen des Towers begegneten, grinsten nur wissend oder salutierten sogar ihrem Kameraden. Martha stieß eine mit reichen Schnitzereien – einige davon stammten von Robert – geschmückte Tür auf, und endlich waren sie allein. Aber das, wie Robert befürchtet hatte, in Matildas Schlafgemach.

»Du bist verrückt!«, fuhr er Martha an. »Wenn sie uns hier erwischen, rettet uns nichts und niemand mehr.«

»Hat meinen Befreier etwa der Mut verlassen?«, neckte seine Geliebte ihn und wich zurück, bis sie mit dem Rücken an das große, breite Baldachinbett stieß. Ihr Blick war ein einziges Locken und Versprechen. Martha trug einen körperbetonenden Surcot, wie er der neuesten Mode entsprach, der eng geschnürt war und den Ansatz ihrer Brüste sehen ließ. Langsam begann sie die Bänder aufzunesteln, und Robert wurde der Mund trocken. Noch hielt er sich zurück, aber seine Beherrschung stieß mittlerweile an Grenzen. Doch was, wenn man sie hier entdeckte?

»Glaub mir«, flüsterte Martha, »das hier ist im Moment der sicherste Ort im ganzen Palast. Matilda wird bis spät in die Nacht hinein mit ihrem Vater und Bruder Wiedersehen feiern. Die haben sich so viel zu erzählen, die vermissen keinen von uns. In dieses Gemach hier wagt sich außerdem niemand. Schließlich stehen ja deine Männer davor. Und wenn mich nicht alles täuscht, haben wir sogar de Clares Segen.«

Mit einem halb erstickenden Laut riss sich Robert den Helm vom Kopf, öffnete die Schnallen des Kettenhemdes und streifte den Gambeson über den Kopf. In Brouche und Beinlingen stand er vor Martha, die nur noch ihr langes Untergewand trug. Langsam glitt es von ihren Schultern – und Robert war von diesem Moment an alles egal.

»Ich bin entsetzt, was man dir im Kloster so beigebracht hat«, meinte er mit einem verklärten Lächeln auf den Lippen und schob Martha endgültig auf das Bett hinauf.

»Das braucht eine liebende Frau seit Evas Zeiten nicht zu lernen«, hauchte die Verführerin in sein Ohr, umschlang Robert mit ihren langen Beinen und zog ihn auf und in sich.

Ihr erster Liebesakt war schnell vorüber, beim zweiten ließen sie sich mehr Zeit und erkundeten gegenseitig ihre Körper im flackernden Licht der kostbaren Kerzen. Als Martha auf Robert saß und ihn langsam und genussvoll ritt, verschlang er sie regelrecht mit seinen Augen. Seine starken Hände umklammerten mal ihren kleinen, festen Po, mal knete er ihre Brüste, bis sie wohlig stöhnte.

»Ich kann es kaum ertragen, dich in der Halle zwischen all den Galanen, diesen eitlen, alten Baronen und ihren lüsternen Söhnen zu sehen«, flüsterte er und ließ seinen Gefühlen freien Lauf.

Da beugte sich Martha zu ihm nieder, sodass ihre festen Brüste seinen Körper berührten, biss ihn zärtlich ins Ohrläppchen und sprach dann Worte, die Robert sein Leben lang nicht vergessen sollte.

»Ich liebe nur dich allein, und das wird sich nie, hörst du, niemals ändern! Du bist mein Mann, ob mit oder auch ohne Matildas Einverständnis und Gottes Segen. Daran kann keine Macht der Welt etwas ändern. Es ist mir gleich, was andere dazu sagen. Du hast aus einer Braut Christi deine Braut gemacht. Und dir, das schwöre ich, werde ich immer treu sein.«

Robert war ein harter Krieger, doch soeben bekam er feuchte Augen. Als er sich in Martha verströmte, hoffte er mit jeder Faser seines Herzens, dass sie gemeinsam ein Kind gezeugt hatten.

* * *

Während Robert mit den Schnallen des Kettenhemdes den ewigen Kampf der Soldaten führte, richtete Martha die Bettstatt. Nach wenigen Augenblicken konnte niemand mehr erkennen, was sich noch kurz zuvor darauf abgespielt hatte. Gegen den Geruch der Liebe träufelte sie ein paar Tropfen ätherische Öle auf die Laken. Seit sie das tat, schlief die Kaiserin besser und war am Morgen meist gut gelaunt.

Auf dem Weg zurück in die Halle wandte so manch einer der Wachen sein Gesicht ab, um das wissende Schmunzeln darin zu verbergen. Nur Hugh de Clare dachte gar nicht daran, sich zu verstellen, als Robert ihn ablöste.

»Das vergesse ich Euch nie«, flüsterte der Sergeant und nahm seinen Stammplatz hinter Matilda ein.

»Das will ich doch stark hoffen!« Der Hauptmann musste an sich halten, um nicht laut loszulachen. »Ich hoffe, ihr hattet gemeinsam eine schöne Zeit. So schnell kommt sie vielleicht nicht wieder. Aber man kann ja auch in Erinnerungen schwelgen!«

Über das ganze Gesicht grinsend, zog er ab, und Robert blieb in seinen Träumen gefangen zurück.

* * *

Der Hauptmann sollte recht behalten. Henry ließ seine Tochter ganz England bereisen und schickte sie auch quer durch die Normandie, damit sie nach ihrer langen Abwesenheit wieder in seinem Reich bekannt wurde. Gleichzeitig wollte er damit auch die Ergebenheit der Vasallen ihr gegenüber prüfen. Bei dieser Gelegenheit besuchte sie auch ihren Onkel, König David von Schottland. Die beiden verstanden sich prächtig und waren schon bald ein Herz und eine Seele.

Ende des Jahres ließ Henry die Katze aus dem Sack. Er würde

Matilda zu seiner Thronerbin erklären, vorausgesetzt, seine junge Frau schenkte ihm keinen männlichen Erben.

Das war ein nahezu unerhörter Einfall des Königs, hatte doch noch nie zuvor eine Frau aus eigenem Recht über ein großes Reich in der bekannten Welt geherrscht. Dafür war natürlich die Zustimmung der Barone und auch der Kirche erforderlich. Doch Henry war optimistisch, beide Parteien überzeugen zu können. Schließlich war er ein gewiefter Diplomat. Er würde als Gegenleistung wohl die Charter of Liberties, die Freiheitsrechte, die er dem Adel und dem Klerus gewährt hatte, damit sie ihn nach seiner Thronbesteigung unterstützten, bestätigen müssen. Aber das war es allemal wert, wenn dafür nach seinem Ableben Matilda herrschen konnte. Letztlich hatte auch ihm die Carta nicht geschadet, sondern eher zu Frieden und Wohlstand im Land geführt.

Allerdings wollte Henry eine Bedingung an seine Nachfolge knüpfen, und er konnte sich ungefähr ausrechnen, was Matilda darüber denken würde.

»Du brauchst einen neuen Mann«, hörte Robert den König sagen, als sie von der langen Reise endlich wieder zurück waren und er wie gewohnt unbeachtet Wache in der großen Halle hielt.

»Es wird sich schon einer finden«, gab Matilda gähnend zurück, die keinesfalls die Absicht hatte, das an dem heutigen Abend mit ihrem Vater zu diskutieren.

»Nicht irgendeinen sollst du nehmen, sondern einen, der uns nützt. Seit ewigen Zeiten führen wir Krieg gegen die Herren des Anjou, um unsere Grenzen in der Normandie zu schützen. Ich habe mit Graf Fulko verhandelt. Er will sich demnächst ins Heilige Land begeben und seinem Sohn Geoffrey die Herrschaft übertragen. Ihr beide wärt das ideale Paar.«

Matilda hatte schon ein paar Becher Wein intus und glaubte, ihr Vater wollte sie auf den Arm nehmen.

»Ich bin zu müde für deine Scherze. Das Bürschlein ist doch noch nicht einmal trocken hinter den Ohren und außerdem wohl kaum eine gute Partie für eine Kaiserin.«

»Das bist du aber nicht mehr. Und irgendein König eines weit entfernten Landes nützt uns gar nichts. Ich will dich zu meiner Erbin machen, verstehst du? Das verstößt eigentlich gegen Gottes Ordnung und wird schwer genug durchzusetzen sein. Die erste Frau auf dem Thron überhaupt! Du wirst kämpfen müssen, und das nicht zu knapp. Dafür brauchst du aber Ruhe an den Grenzen. In Schottland haben wir mit David kein Problem. Die Waliser streiten seit Jahren untereinander und kümmern sich nur um sich selbst. Die Gefahr liegt in der Normandie. Mit Geoffrey an deiner Seite kannst du sie bannen.«

Matilda, die bisher in ihrem Löwensessel mehr lässig gehangen als königlich gesessen hatte, richtete sich plötzlich zur vollen Größe auf.

»Sag mal, du meinst das wirklich ernst, oder? Ich bin elf Jahre älter als dieser Knabe! Was soll ich denn mit so einem Hanswurst?«

»Kinder kriegen, die den Fortbestand unseres Blutes garantieren! Und nebenbei die Grenzen des Reiches sichern. Ganz davon abgesehen, dass es mit dieser Heirat nicht unwesentlich größer und mächtiger wird.«

»Nur, dass daraus nichts wird! Nie im Leben heirate ich dieses grüne Jüngelchen!«

»Dann wirst du auch nicht meine Erbin!«, brüllte Henry seine Tochter an. »Dein Cousin Stephan wartet nur darauf, dass ich ihn als meinen Nachfolger benenne. Doch ich will, dass mein Blut weiter über England herrscht, begreifst du das? Aber das gilt nur, wenn du zu meinen Lebzeiten tust, was ich dir sage und von dir verlange. Du hältst dich für klug, doch ich sage dir, du hast noch viel zu lernen! Dein erster Ehemann Heinrich hätte auch fragen können: Was soll ich mit diesem achtjährigen Kind? Und, seid ihr später vielleicht nicht glücklich geworden? Du schwärmst mir jedenfalls heute noch von ihm vor!«

»Das war doch ganz etwas anderes.«

»Ach ja? Was denn? Geoffrey nennt man schon jetzt ›den Schönen‹. Ganz so übel kann er also nicht sein. Schau ihn dir doch wenigstens einmal an. Sicher reift er zum Manne und ist noch dazu ob seiner Jugend lenkbar. Eine bessere Partie für dich könnte ich mir gar nicht vorstellen. Den Grafen von Anjou gehören auch noch die Touraine und das Maine. Damit bilden sie ein natürliches Bollwerk gegen den König von Frankreich im Osten und die Herzöge von Aquitanien im Süden. Du herrschst als Königin über England und als Herzogin der Normandie. Er bleibt dem Titel nach Graf von Anjou und hält dir den Rücken frei. Und wer weiß, vielleicht wärmt er dir ja auch ganz gut das Bett.«

Nachdenklich kratzte Matilda sich am Kinn. Es hatte schon etwas für sich, was ihr Vater da sagte. Ein höhergestellter Gatte würde vielleicht darauf bestehen, an ihrer statt zum König gekrönt zu werden und zu herrschen. Geoffrey hatte darauf keinen Anspruch.

»Ich kann ihn mir ja mal ansehen«, stimmte Matilda, nicht sehr überzeugt, seufzend zu.

* * *

Nachdem der König seiner Tochter die Einwilligung zu der von ihm arrangierten Verbindung abgerungen hatte, erklärte er sie anlässlich des Weihnachtshofes offiziell zu seiner Thronerbin. Dazu waren alle Großen des Reiches diesseits und jenseits des Kanals geladen worden. Am Neujahrstag anno 1127 schworen sie der in kaiserlichen Purpur gehüllten Matilda in der Westminster Hall ewige Treue, und sie nach Henrys Tod als Königin und Herrscherin über England und die Normandie anzuerkennen.

Der Erste, der den Eid leistete und damit allen ein Beispiel gab, war der König von Schottland für seine englischen Besitzungen. Im Recht seiner Frau nannte er sich Earl von Huntingdon, auch wenn er den Titel nur ehrenhalber führte. Die Verwaltung der kleinen, mittelenglischen Grafschaft oblag der Krone ebenso wie die aus ihr erzielten Einkünfte. David erhielt zum Ausgleich einen gewissen, mehr formellen, Obolus. Nichtsdestotrotz kniete er, selbst gekrönter König, vor Matilda nieder, streckte ihr seine gefalteten Hände entgegen, die sie mit den ihren umfasste, und leistete den Treueeid. Dann gab er seiner Nichte den obligaten Friedenskuss und reihte sich wieder in die Reihe der Edlen in der riesigen Halle ein.

Um die Gunst, der Nächste zu sein, stritten sich Robert von Gloucester, ihr Halbbruder, und Stephan von Blois, ihr Cousin. Letzterer gewann den Wettlauf, fiel vor Matilda auf die Knie, und zusätzlich zur vorgeschriebenen Eidesformel versicherte er ihr noch zusätzlich mit überschwänglichen Worten seine Ergebenheit.

Robert stand mit aufgestellter Lanze hinter Matildas Löwenthron. Jeden, der vortrat, um ihr zu huldigen, sorgfältig musternd. Dieser dreißigjährige Schönling, von dem bekannt war, dass er von keiner Frau in seiner Umgebung die Finger lassen konnte, gefiel ihm ganz und gar nicht. Henry hatte Stephan, vielleicht um seine Eskapaden etwas einzudämmen, vor zwei Jahren mit der Tochter des Grafen von Boulogne verheiratet. Doch niemand nahm ernsthaft an, dass er seiner Gattin treu sein würde. Durch die Eheschließung war Stephan allerdings in den Besitz der bedeutenden Grafschaft gelangt, denn sein Schwiegervater hatte nach der Hochzeit abgedankt und sich in das Kloster Cluny zurückgezogen. So zählte er nun zu den einflussreichsten Baronen im Land und hatte sich bis zur Rückkehr von Henrys Tochter sogar Hoffnungen auf die Krone gemacht.

Matilda schien es mit ihrem Cousin gefühlsmäßig ebenso wie Robert zu ergehen, denn angewidert verzog sie bei dessen Anbiederungsversuchen das Gesicht. Noch schlimmer wurde es, als sein Bruder, der Bischof von Winchester, ihr für die hohe Geistlichkeit den Eid leistete, ihr danach aber sofort seinen Ring zum Kuss hinhielt. Notgedrungen, um keinen Streit zu provozieren, unterzog sich Matilda dem ungeliebten Ritual mit säuerlicher Miene.

Erstaunlicherweise gab es keinen Widerstand aus dem Hochadel und Klerus gegen diesen unerhörten Akt der Thronfolgeregelung. Henry hatte im Geheimen vorab unzählige Gespräche geführt, mit Versprechungen gelockt, Pfründen vergeben und, wenn er es für notwendig erachtete, auch vor Bestechung nicht zurückgeschreckt. Geschickt und erfahren in der Diplomatie war er seinem Ziel, die Krone Englands seinem Blut zu sichern, einen wichtigen Schritt nähergekommen.

Nachdem der König seinen Teil der Abmachung erfüllt hatte, war es nun an Matilda, ihr Wort zu halten, und so ging es wieder über den Kanal und weiter in das Gebiet des Königs von Frankreich hinein. Nur dass dieser im Anjou, wie auch in der Normandie, nicht das Geringste zu sagen hatte. Diesmal begleitete Henry seine Tochter vorsorglich, damit sie unter seinen Augen keinen Unfug anrichtete und womöglich die mächtigen Grafen gegen sich aufbrachte.

Geoffrey, obwohl groß gewachsen, erinnerte Matilda bei ihrem ersten Zusammentreffen sofort an einen hübschen, jungen Welpen, den man streicheln konnte, den es aber auch zu erziehen galt. Sie nahm an, dass er ihr wohl bald aus der Hand fressen würde, und stimmte, wenn auch zähneknirschend, der Verbindung zu.

Zur Verlobung erschien der junge Graf mit einem Busch gelber Ginsterzweige als Helmzier. Von Matilda darauf angesprochen, gab er eine sehr selbstbewusste Antwort.

»Ich mag diese Pflanze. Obwohl stachelig und giftig, bringt sie doch so wunderschöne Blüten hervor. Man hat ihren Namen – Planta Genêt – bereits des Öfteren dem meinen angefügt. Lasst uns gemeinsam eine neue Dynastie gründen, die der Plantagenets.«

Matilda lächelte den jungen Mann etwas von oben herab an. Sie konnte nicht ahnen, wie recht er mit seinen Worten noch haben sollte.

5. KAPITEL

Eure Leichenbittermiene ist wirklich unerträglich, Robert! Seit Tagen, ach, was sage ich, seit Wochen lauft Ihr herum, als hättet Ihr ständig eine von diesen Zitronen zwischen den Zähnen, deren gesüßten Saft wir in Italien so gern getrunken haben. Was, bei allen Heiligen, ist denn nur los mit Euch?«

Matilda wirkte gereizt und unwirsch. Sie hatte ihr ganzes Gefolge weggeschickt und war mit ihrem Sergeanten allein, um die Formation der Wachen für den nächsten Tag zu besprechen. Morgen würde sie auf Wunsch ihres Vaters Geoffrey von Anjou heiraten, den sie nach wie vor nicht als angemessenen Gatten ansah.

Ihre zukünftige Residenz, die Burg von Le Mans, empfand sie eher als besseres Rattennest. Die Kirche, in der die Zeremonie stattfinden würde, wirkte gegen den Mainzer Dom oder gar Sankt Peter in Rom wie eine schäbige Kapelle. Und dann noch das miesepetrige Gesicht von Robert, der den in die Jahre gekommenen Hugh de Clare immer öfter vertrat, dessen Aufgaben mehr und mehr übernahm und den sie mittlerweile auch als Ratgeber heranzog.

»Madam, Ihr verehelicht Euch morgen bereits zum zweiten Mal, aber mir verwehrt Ihr es nach wie vor, Martha zu heiraten«, brach es aus Robert hervor, der jede Zurückhaltung aufgab.

Zu tief saß in ihm der jahrelang aufgestaute Groll. Ständig musste er mitansehen, wie andere Männer Martha den Hof machten, da sie als frei galt und noch dazu in der Gunst Matildas stand. Niemand hätte es gewagt, sich ihr zu nähern, wäre ihre Verbindung mit dem gefürchteten Anführer der kaiserlichen Leibwache offenkundig gewesen. Zwei besonders aufdringlichen Galanen hatte Robert ausführlich die Meinung gesagt. Der Genuss fester Nahrung war ihnen danach für längere Zeit verwehrt geblieben. Doch weder für ihn noch für Martha war es auf Dauer befriedigend, sich nur in aller Heimlichkeit treffen und nicht wie Mann und Frau zusammenleben zu können.

Matilda sank aufseufzend in ihren Löwensessel und rieb sich die Stirn.

»Robert, begreift Ihr denn nicht? Sie ist eine entlaufene Nonne, die ihres Seelenheils verlustig gegangen ist! Sie bräuchte mindestens die Absolution eines Bischofs, besser noch eines päpstlichen Legaten, damit ihr diese Sünde vergeben wird. Sie darf keine Kirche betreten, geschweige denn das Sakrament der Ehe eingehen, solange sie exkommuniziert ist. Ich schätze sie sehr, das wisst Ihr. Doch heiratet Ihr Martha nach heidnischem Brauch, ergeht es Euch wie ihr. Wollt Ihr das wirklich?«

»Ich schere mich nicht um das Jenseits!«, entfuhr es Robert. »Mir ist gleich, was die Pfaffen sagen. Wir leben hier und jetzt. Mit gefalteten Händen auf den Knien zu einem himmlischen Herrscher aufzusehen, ist sowieso gegen meine Natur. Wenn Gott unsere Liebe nicht gutheißen kann und auf Martha als seiner Braut besteht, wo er doch so viele andere haben kann, soll er mich eben in die Hölle schicken. Ich werde Luzifer schon einen Kampf liefern, an den er lange denken wird.«

»Ja, das könnte ich mir gut vorstellen.« Matilda konnte sich ein Grinsen nicht verkneifen. »Aber Ihr müsst doch verstehen, dass ich ein verheiratetes Paar Häretiker in meinem unmittelbaren Gefolge nun wirklich nicht dulden kann. Das würde mich für den gesamten Klerus nur noch angreifbarer machen, als ich es ohnehin schon bin.«

»Dann entlasst uns aus Euren Diensten, ich flehe Euch an.« Robert sank auf das Knie und schaute die Kaiserin mit einem Blick an, der einen Stein erweichen konnte.

»Das schlagt Euch aus dem Kopf. Ohne Euch an meiner Seite fühle ich mich …«, Matilda rang nach Worten, »… fast nackt. Ich weiß, dass ich Euch mein Leben zu jeder Zeit bedingungslos anvertrauen kann. Passt auf, Robert, ich mache Euch einen Vorschlag. Ich treffe nachher den Erzbischof von Tours, der mich morgen mit Geoffrey vermählen wird. Hydalbert von Lavardin ist ein gütiger, verständiger und weit gereister Mann. Ich kenne ihn noch aus Italien, wo er auch mit Papst Paschalis über Kreuz war. Ihn werde ich fragen, ob er eine Lösung für Euer Problem sieht. Spricht er Martha los, sollt Ihr beide auch meinen Segen haben. Wenn nicht, so leid es mir tut und so sehr ich es bedauern würde, muss Martha meinen Hof verlassen. Ihr nicht, Robert! Ihr bleibt an meiner Seite, zur Not auch in Ketten. Ist das klar?«

»Da würde ich Euch als Leibwächter nicht viel nützen, Madam«, begehrte Robert noch einmal auf. Sein Blick sprach Bände. Schickte die Kaiserin Martha fort, würde ihn keine Macht der Welt daran hindern, ihr zu folgen. Und Ketten oder Verliese schon gar nicht. Das wusste auch Matilda, und so plante sie dem Erzbischof für ihren Seelenfrieden etwas anzubieten, was dieser schon lange begehrte. Letztendlich war alles doch nur ein großer Schacher. Was Gott im Himmel in seiner Weisheit wohl darüber dachte?

Hydalbert nahm Matilda vor ihrer Eheschließung persönlich die Beichte ab. Im Anschluss daran überreichte die Kaiserin ihm ein größeres Geldgeschenk für den Weiterbau der Kathedrale, in der sie morgen getraut werden sollte. Der Erzbischof von Tours war bis vor Kurzem Bischof von Le Mans gewesen, und nach wie vor lag ihm die Fertigstellung des von ihm begonnenen Baus des Gotteshauses am Herzen. Aber seine wahre Leidenschaft galt der Dichtkunst, und Matilda wusste, dass er seit Jahren an einem Buch über die Beziehung von Leib und Seele arbeitete. Diesem Werk, das eine Mischform aus Prosa und Gedichten darstellte, galt sein ganzes Streben.

»Sagt, Exzellenz, kennt Ihr die Schriften des Seneca?«, erkundigte sich Matilda bei dem Kirchenfürsten, obwohl sie die Antwort zu wissen glaubte.

Hydalbert rollte mit den Augen.

»Natürlich, aber leider nur Abschriften und Zitate. Zu gern würde ich einmal Pergamentrollen aus seinen Händen in den meinen halten«, schwärmte der Bischof. »Er war wohl der größte Philosoph des Altertums, und ich stelle ihn weit über Cicero, auch wenn da die Meinungen auseinandergehen. Für mein Werk ist er von immenser Bedeutung. Was würde ich dafür geben, wie er schreiben und dichten zu können! Warum fragt Ihr?«

»Nun, in Italien gelangten zwei Schriftrollen in meinen Besitz, die von Seneca selbst beschrieben worden sein sollen. So wurde es mir zumindest vom Heiligen Vater versichert.« Matilda verschwieg wohlweislich den Namen, wusste sie doch nicht genau, auf welcher Seite Hydalbert jetzt stand. Paschalis hatte sie mit dem Geschenk zweifelsohne ärgern wollen, denn was der antike Philosoph und Stoiker in seinen Schriften über Frauen ausführte, war für ihr Geschlecht keineswegs schmeichelhaft.

Der Erzbischof bekam feuchte Hände.

»Kann ich sie sehen? Nur einmal betrachten, einmal berühren?«

»Lasst uns doch zuerst etwas über Senecas Denkweise philosophieren«, wehrte Matilda ab. »Was er über Frauen dachte, fand ich streckenweise nicht sehr erbaulich. Er bezeichnet sie in seinen Schriften als unvernünftige Geschöpfe und stellt sie sogar auf eine Stufe mit wilden Tieren, da sie wie diese ihre Begierden nicht zügeln können.«

»Ja, das ist wahr. Aber er meint ausdrücklich nur die Ungebildeten«, versuchte Hydalbert händeringend sein Idol in Schutz zu nehmen.

»Wenn nun eine solche Frau«, fuhr die Kaiserin unbeirrt fort, »ohne ihre ausdrückliche Einwilligung Gott geweiht wird und dann davonläuft, um einem Manne nachzufolgen, ist sie dann nach Seneca überhaupt für ihr Tun verantwortlich? Wenn sie seiner Meinung nach von Natur aus ihre Begierde doch gar nicht kontrollieren kann?«

Der Erzbischof kam ins Rudern, bewies allerdings gleichzeitig seinen Scharfsinn und wie gut die heilige Mutter Kirche auch über Grenzen hinweg informiert war.

»Wie meint Ihr das genau, meine Tochter? Sprecht Ihr womöglich von der entlaufenen Nonne in Eurem Gefolge? Adalbert von Mainz hat mich diesbezüglich kontaktiert, doch ich wollte bisher nicht davon anfangen, um das morgige Fest nicht zu trüben.«

»Sprechen wir nicht über Adalbert, der meinen ersten Ehemann schmählich hintergangen hat, bleiben wir doch lieber bei Seneca. Meint Ihr nicht, dass nach seiner Auffassung es eigentlich eine lässliche Sünde sein müsste, wenn eine Frau ihrer Begierde folgt, weil sie gar nicht anders kann? Eben wie ein wildes Tier, das auch in der Paarungszeit jede Vorsicht, jede Vernunft vergisst?«

Matilda schwor sich, Robert für die Worte büßen zu lassen, die sie hier aussprechen musste. Eine Frau als unvernünftig, ja sogar als Tier zu bezeichnen, ging ihr gewaltig gegen den Strich.

»Man könnte es vielleicht so sehen«, gestand der Erzbischof zögerlich zu. »Vorausgesetzt, sie bereut ihre Verfehlung aufrichtig und tut Buße.«

»Könntet Ihr Euch vorstellen, sie in diesem Fall von ihren Sünden loszusprechen, damit sie wieder in die Gemeinschaft der Gläubigen aufgenommen wird und heiraten kann?«

Entsetzt wich Hydalbert zurück.

»Das könnt Ihr unmöglich von mir verlangen, Madam! Selbst mir würde die Exkommunikation drohen, täte ich etwas Derartiges.«

»Ich könnte mir vorstellen, Euch die Schriften Senecas zu übereignen, damit Ihr selbst und in aller Ruhe nachlesen könnt, wie er über Frauen dachte. Vorausgesetzt natürlich, es wäre Euch möglich, mir auch etwas entgegenzukommen.«

Der Erzbischof schluckte schwer. Die Schriften seines Lieblingsphilosophen in den Händen zu halten, sein Versmaß immer und immer wieder vor den Augen zu haben und von ihm lernen zu können, war eine übermenschliche Versuchung, der er letztendlich nicht widerstehen konnte.

»Schickt die Frau zu mir, ich werde ihr die Absolution erteilen«, murmelte Hydalbert mit kaum hörbarer Stimme und schämte sich dabei für seine Gier. Er würde die Sünde selbst bekennen müssen, das aber mit so viel Umschreibung tun, dass sein Beichtvater bestimmt nicht verstand, wovon er sprach.

Matilda lächelte vor sich hin. Hatte sie doch wieder einmal den richtigen Riecher gehabt und geahnt, wo die Schwachstelle des Kirchenfürsten zu finden war. Zwei Dinge konnte sie damit auf einen Schlag erledigen: Die ewige Treue und Ergebenheit von Robert und Martha war ihr von nun an bis in alle Ewigkeiten sicher, und sie war endlich diese alten Schriften los, über die sie sich ständig ärgerte, entsprach doch das Frauenbild des Seneca so ganz und gar nicht dem ihren.

»Sie wird Euch aufsuchen und die Pergamente gleich mit-
bringen«, verkündete die Kaiserin und bemühte sich, keinen
Triumph in ihren Worten mitschwingen zu lassen. »Sind nicht
Liebe, Barmherzigkeit und Vergebung gottgefällig? Ich danke
Euch jedenfalls für Euer Verständnis, Exzellenz.«

Hydalbert murmelte noch einige Segenswünsche, dann verabschiedete er sich rasch. Mit dieser Frau würde es kein Mann
leicht haben, dessen war er sich gewiss, und der junge Graf von
Anjou hatte jetzt schon sein Mitgefühl.

* * *

Als Martha freudestrahlend von Hydalbert zurückkam, zögerte
Robert keinen Moment. Er wusste, wie schnell Matilda ihre
Meinung ändern konnte, und wollte ihr dazu erst gar keine Gelegenheit geben. Der Sergeant bat zwei seiner Kameraden, den
Kaplan – koste es, was es wolle – herbeizuschaffen, und eine
gute Stunde später gaben er und Martha sich auf den Treppenstufen vor dem Eingang zur Burgkapelle das Jawort. Dann segnete der Priester das Paar noch vor dem Altar ein, und nun
konnte keine Macht der Welt ihren Bund fürs Leben mehr auf-
lösen. Mehr brauchten sie beide nicht, um glücklich zu sein.

Robert nahm die Glückwünsche von Hugh de Clare und seinen Kameraden entgegen, Martha die ihrer Freundinnen unter
den Hofdamen der Kaiserin. Matilda, der so gut wie nichts verborgen blieb und die im ersten Moment ungehalten gewesen
war, dann aber schallend über die Blitzattacke ihres Leibwächters gelacht hatte, ließ durch ihren Kämmerer ausrichten, dass
sie gern das Brautkleid spendiert hätte. Da es dafür nun aber zu
spät war, richtete sie den Frischvermählten das Hochzeitsessen
aus und sorgte dafür, dass man Robert und Martha in der chro-
nisch überfüllten Burg eine kleine Kammer zuwies, in der sie

ungestört waren und die sie fortan gemeinsam bewohnen durften.

Robert hatte mit so vielen Gunstbeweisen gar nicht gerechnet und eher vermutet, sich den Zorn Matildas erneut zugezogen zu haben. Eine eigene Kammer, nie hätte er das erwartet! Seine Kameraden und auch viele Ritter schliefen in ihre Umhänge gehüllt in der Halle auf Stroh, ihre Gefährtinnen meist neben ihnen, und fast jede Nacht hallte das Stöhnen der sich Liebenden durch die Dunkelheit. Das hatte er Martha ersparen wollen und schon damit geliebäugelt, von seinem knappen Sold ein Zimmer in einem Haus in der Stadt zu mieten. Und nun war er auf einen Schlag aller Sorgen ledig. Obwohl er natürlich wusste, dass Matilda seine Absicht wahrscheinlich erraten und ihn und Martha damit immer in ihrer unmittelbaren Nähe hatte, um ständig über sie verfügen zu können.

So schlicht und unzeremoniell die Eheschließung von Martha und Robert vor sich gegangen war, so prunkvoll wurde die Hochzeit zwischen Matilda und Geoffrey von Anjou am Tag darauf begangen. Der Erzbischof von Tours und der Bischof von Le Mans lasen gemeinsam die Messe. Geoffrey machte in seinem prachtvollen Gewand seinem Beinamen »der Schöne« alle Ehre, und Matildas Kleid war so reich mit im Kerzenlicht funkelnden Edelsteinen bestickt, dass die anwesenden Gäste glaubten, die Sterne vom Firmament wären herabgeholt worden.

Henry führte seine Tochter selbst zum Altar und gesellte sich dann zum Vater des Bräutigams, Graf Fulko. Ihm hatte man kürzlich die Krone von Jerusalem angetragen, und wer konnte dazu schon »Nein« sagen? In wenigen Tagen wollte er für immer ins Heilige Land aufbrechen, um dort die Tochter König Balduins zu ehelichen und nach dessen Tod sein Erbe anzutreten. Etliche Tempelritter, die den Grafen auf dem gefährlichen

Weg begleiten sollten, gehörten bereits zu den Hochzeitsgästen in der Kathedrale von Le Mans.

Henry ging davon aus, dass Matilda, und letztendlich damit er, leichtes Spiel mit dem zurückbleibenden jungen Herrscher über das Anjou, Maine und die Touraine haben würde, und überlegte bereits, wie er die neuen Gebiete seinem Reich einverleiben konnte. Der damit verbundene Territorial- sowie der Machtzuwachs waren keineswegs zu unterschätzen und würden den König von Frankreich sicherlich nicht amüsieren. Bei dem Gedanken daran grinste Henry über das ganze Gesicht, was der zukünftige König von Jerusalem allerdings als Zeichen von stolzer Vaterschaft völlig falsch deutete.

Nach einem üppigen Festmahl begaben sich Geoffrey und Matilda in Begleitung der beiden Bischöfe, ihres Gefolges und zahlreicher Zofen und Pagen zu ihrem Schlafgemach, wo die Ehe vollzogen werden sollte. Die Brautleute wurden jeder auf einer Seite des großen Baldachinbettes entkleidet und in ihre Nachtgewänder gehüllt. Bedienstete schlugen die Decken zurück und halfen den beiden, sich in die zahlreichen Kissen zu betten.

Matilda kannte die Zeremonie bereits, doch Geoffrey war sie sichtlich peinlich. Der Erzbischof besprengte das Bett noch mit Weihwasser, murmelte Segenswünsche und gab der Hoffnung auf zahlreiche Nachkommenschaft Ausdruck. Dann wurden die Vorhänge zugezogen, und endlich waren die Frischvermählten alleine.

Eine ganze Weile herrschte Schweigen zwischen dem Brautpaar, bis der junge Graf sich endlich ein Herz fasste und sich Matilda zuwandte. Geoffrey war mit seinen sechzehn Jahren nicht gänzlich unerfahren in Liebesdingen. Des Öfteren hatte er bei einer willigen Magd gelegen und sogar eine Hofdame seiner verstorbenen Mutter geschwängert, doch vor der schönen, erfahrenen Frau neben sich hatte er einen Heidenrespekt. Es wäre ihm sehr zupassgekommen, hätte sie den ersten Schritt unternommen, doch Matilda tat nichts dergleichen. Wie ein Eisblock lag sie da, und einen Moment lang befürchtete ihr Ehemann, dass sie bereits eingeschlafen war. Doch urplötzlich schlug sie die Augen auf, und im Lichte einer einzelnen Kerze sah Geoffrey, wie sie ihn anfunkelte.

»Wollen wir es nicht endlich hinter uns bringen? Schließlich erwartet man von uns genau das, was Hydalbert von Lavardin als Letztes anmerkte. Auch wenn niemand morgen auf ein blutiges Laken spekuliert, solltest du dich jetzt einmal ein bisschen bemühen, mein Gemahl.«

Geoffreys leicht erigierte Männlichkeit sank bei diesen kalten und gleichzeitig spöttischen Worten in sich zusammen. Grenzenlose Wut erfasste ihn. Einerseits betete er das wunderschöne Geschöpf an seiner Seite regelrecht an, andererseits befürchtete er, ihr niemals wirklich gewachsen zu sein. Und so rettete er sich in seiner jugendlichen Unerfahrenheit in etwas, das ihm gar nicht gut bekommen sollte – in Beleidigungen und Größenwahn.

»An mir soll es nicht liegen«, fuhr Geoffrey seine Angetraute an. »Schließlich habe ich schon bewiesen, dass ich Nachkommen zeugen kann. Hingegen seid Ihr diesen Beweis bisher doch wohl schuldig geblieben, Madam. Ich hoffe, dass es mir nicht wie Eurem ersten Gemahl ergeht und Ihr mir keine Söhne schenken könnt. Wenn ich erst König von England bin, will ich schließlich meinen Thron vererben. Sollte das mit Euch nicht möglich sein, werde ich mich nach einer anderen Frau an meiner Seite umsehen müssen.«

Wie von der Tarantel gestochen, schnellte Matilda in die Höhe. Ehe der junge Graf überhaupt begriff, was für einen entsetzlichen Fehler er soeben begangen hatte, fing er sich eine Ohrfeige ein, dass ihm Hören und Sehen verging.

»Was willst du werden, Jüngelchen? König von England? Lass dir gesagt sein, eher friert die Hölle ein! Nach meines Vaters Tod herrsche ich über die Insel und die Normandie. Sonst niemand! Hast du das ein für alle Mal kapiert? Auf gar keinen Fall ein Graf einer kleinen französischen Provinz. Deine verrückten Pläne schlage dir besser gleich aus dem Kopf. Und jetzt raus hier! Ich werde dir jedenfalls heute keine Gelegenheit geben, dein mickriges Schwänzchen in mich zu versenken.«

Geoffrey jaulte auf wie ein getretenes Schoßhündchen. So hatte er sich seine Hochzeitsnacht nicht vorgestellt, und keinesfalls durfte er sich in Schimpf und Schande aus dem Brautbett jagen lassen. Wenn sich Matilda ihm nicht freiwillig hingab, musste er sich eben mit Gewalt nehmen, was ihm rechtmäßig zustand. Mit einem wütenden Aufschrei warf er sich auf seine Gemahlin, versuchte, ihre Handgelenke zu packen und mit einem Bein ihre Schenkel auseinanderzudrücken. Im nächsten Moment verspürte er einen unsagbaren, nie gekannten Schmerz.

Matilda hatte ihrem Angetrauten mit voller Wucht das Knie in die Weichteile gerammt, durchaus in Kauf nehmend, dass er danach nie wieder zeugungsfähig sein würde. Was bildete dieser Jüngling sich eigentlich ein? Sie mit Gewalt nehmen zu wollen, anstatt liebevoll um sie zu werben, wie es Heinrich getan hatte! Und ihr noch dazu einen unfruchtbaren Schoß vorzuwerfen!

Gut, sie hatte keine Kinder mit ihrem ersten Gatten, doch die Ärzte waren sicher gewesen, dass es nicht an ihr gelegen hatte. Schließlich gab es gar keine Nachkommen von Heinrich, auch nicht mit anderen Frauen oder Konkubinen, denen er durchaus in ihrer Abwesenheit und vor ihrer Ehe beigewohnt hatte. Matilda war überzeugt davon, hätte sie sich einen Liebhaber genommen, wäre sie ganz rasch schwanger geworden. Sie hatte damals sogar manchmal daran gedacht, Heinrich ein Kind unterzuschieben und damit die Erbfolge zu sichern, doch letztendlich vor den unabsehbaren Konsequenzen zurückgeschreckt.

Geoffrey lag wimmernd wie ein kleines Kind neben seiner Gemahlin, kaum noch fähig, sich zu bewegen. Ihm war von dem Schmerz speiübel, und er fürchtete, sich auch noch übergeben zu müssen und mit seinem Erbrochenen das Brautbett zu besudeln. Das hätte dann seine Schande perfekt gemacht und wäre am nächsten Tag kaum zu verbergen gewesen. Wie sollte das nur weitergehen? Würde Matilda jemals das gehorsame Eheweib sein, das er sich vorgestellt hatte? Wohl kaum! Wenn sie ihn jetzt aus dem Gemach warf, war sein Ruf auf alle Zeiten ruiniert. So verlegte er sich aufs Bitten und Betteln und hoffte so, das Herz seiner Gemahlin zu rühren.

»Ihr könnt nicht so mit mir umgehen, Madam«, jammerte er und schnappte dabei nach Luft wie ein Fisch auf dem Trockenen. »Schließlich habt Ihr gelobt, mich zu achten und zu ehren. In guten wie in schlechten Tagen. Ich habe ein Recht darauf, Euch beizuwohnen. Ja, sogar die Pflicht!«

Selbst jetzt blieb Geoffrey bei seiner anerzogenen Höflichkeit und sprach seine Gemahlin mit dem ihr zustehenden königlichen Titel an, während diese gar nicht daran dachte, den Jüngling an ihrer Seite für voll zu nehmen.

»Dann benimm dich wie ein Mann und nicht wie ein unmündiges Kind! Lerne, um mich zu werben! Mit Gewalt wirst du mich nie bekommen. Solltest du das noch einmal versuchen, schneide ich dir deine Hoden ab und lasse sie dir von meiner Leibwache zum Frühstück servieren. Und trenne dich ein für alle Mal von dem Gedanken, König von England zu werden. Solltest du das auch nur ansatzweise versuchen, wird unser Heer deine armselige Grafschaft schneller besetzen, als du Amen sagen kannst. Niemals unterwerfen sich die normannischen Barone und der Adel von England einem Anjou, ihrem

Erzfeind. Begnüge dich mit dem, was du hast, und alles ist in Ordnung. Und nun raus aus dem Bett! Du kannst zu meinen Füßen auf dem Boden schlafen. Aber Gnade dir Gott, du wagst es noch einmal, Hand an mich zu legen.«

Wie ein geprügelter Hund raffte Geoffrey seine Decke um sich, griff sich ein paar Kissen und tat, wie Matilda ihm geheißen. An was für eine Furie war er hier nur geraten? Warum hatte ihn sein Vater nicht gewarnt? Ob er morgen mit ihm darüber sprechen sollte? Lieber nicht, die Schande würde er nicht überleben. Außerdem war der mit seinen Gedanken schon im Heiligen Land und bei seiner eigenen Eheschließung. Geoffrey würde wohl selbst seinen Weg gehen müssen, auch wenn er noch nicht wusste, wohin ihn dieser führte. Aber eines Tages, das schwor sich der junge Graf, würde er sich für die erlittene Demütigung furchtbar rächen. Mit den Gedanken daran schlief er ein und träumte sich einer ungewissen Zukunft entgegen.

*　*　*

Matilda und ihr Gatte kamen sich auch in der darauffolgenden Zeit nicht näher. Wenn sie gemeinsam auftreten mussten, begegneten sie sich mit kühler Höflichkeit und schreckten selbst in Anwesenheit ihres jeweiligen Gefolges nicht vor gegenseitigen Sticheleien zurück. Sehr zum Unwillen Henrys, der endlich einen Enkel in seinen Armen wiegen wollte. Doch Matilda verweigerte Geoffrey weiterhin ihr Bett, weil dieser gar nicht daran dachte, sich um ihre Liebe zu bemühen. Martha gegenüber ließ sie einmal unter dem Siegel der Verschwiegenheit verlauten, dass sie sich ihm gegenüber wie eine alte Matrone fühlte und ein Teil ihrer Ablehnung wohl daher rührte.

Für Robert und seine Frau hingegen hätte die Zeit nicht schöner sein können. Er teilte die Wachen ein, trainierte sie im

Kampf mit allen möglichen Waffen und auch ohne, entlastete Hugh de Clare immer mehr und begleitete Matilda von Zeit zu Zeit auf die Jagd oder auf ihren kurzen Reisen durch die angeheirateten Ländereien. Trotz allem blieb ihm und Martha genügend Zeit, die sie ganz für sich allein verbringen konnten. Auf langen Spaziergängen und Ausritten erforschten sie gegenseitig ihre Seelen, liebten sich in den lauen Nächten des Anjou manchmal bis zur völligen Erschöpfung und hätten Matilda für ihr Leben gern etwas von ihrem Glück abgegeben.

Diese wurde immer verschlossener, die Spannungen zwischen ihr und Geoffrey, der sich nach der Abreise seines Vaters unbotmäßiger Vasallen erwehren musste und das mit Bravour tat, nahezu unerträglich. Nach einem heftigen Streit befahl die Kaiserin, auf der Stelle ihre Sachen zu packen, bot dem jungen Grafen an, die Ehe vom Papst annullieren zu lassen, und reiste nach Rouen ab, der Hauptstadt des Normannenreiches.

Henry war gar nicht erbaut, als seine Tochter plötzlich vor ihm stand, und es kam zwischen den beiden zu etlichen unschönen Szenen, bei denen es teilweise so laut zuging, dass selbst Robert den Kopf einzog. Doch letztendlich machte der alte König gute Miene zum bösen Spiel, nahm Matilda mit nach England und ließ die weltlichen und geistlichen Lords auf der Reichsversammlung in Northampton ihr erneut die Treue schwören.

Das hatte allerdings seinen Preis. Henry verlangte von seiner Tochter ultimativ, dass sie ihm einen Enkel und Erben zu schenken hatte, um die von Wilhelm dem Eroberer gegründete, noch junge Dynastie zu erhalten und zu festigen. Anderenfalls, das machte der König seiner Tochter unmissverständlich klar, würde er sie enterben und ihren Cousin Stephan als seinen Nachfolger benennen. Schließlich hatte dieser seine Zeugungsfähigkeit bereits unter Beweis gestellt und neben zwei Söhnen, die ihm seine rechtmäßige Ehefrau geschenkt hatte, auch noch zahlreiche illegitime Nachkommen, für die ein Mann sich in jenen Zeiten durchaus nicht schämen musste.

Auch Geoffrey war mittlerweile klar geworden, was es für ihn bedeutete, verließ Matilda ihn für immer oder wurde gar seine Heirat mit einer ehemaligen Kaiserin annulliert. Der Prestigeverlust wäre exorbitant und konnte ihn glatt die Grafschaft kosten.

So verhandelten Abgesandte beider Seiten über die Wiederaufnahme der Ehe, und nachdem Geoffrey im Frühjahr anno 1132 öffentlich auf alle Ansprüche gegenüber der englischen Krone verzichtet hatte, kehrte Matilda zu ihrem Gemahl zurück. Diesmal verweigerte sie ihm nicht ihr Bett, und das war kein großes Opfer, denn aus dem unreifen Jungen war ein stattlicher, gutaussehender junger Mann geworden. So dauerte es auch nicht lange, und die ersten Schwangerschaftsübelkeiten stellten sich ein.

»Es ist nicht zu fassen!«, stöhnte Matilda und erbrach sich in eine Schüssel. »Was haben Heinrich und ich nicht alles unternommen, um Kinder zu bekommen! Und dann liege ich einmal bei diesem Jungspund, und jetzt ist mir jeden Morgen schlecht.«

»Das vergeht, Ihr werdet sehen«, beruhigte Martha die Kaiserin und reichte ihr einen Sud, der die Beschwerden lindern sollte. Außerdem, dachte die ehemalige Nonne bei sich, war es nicht nur einmal gewesen. In letzter Zeit trieben es die beiden ständig miteinander, und ihre Lustschreie hallten durch die ganze Burg.

Wie sehr sie doch Matilda um ihren gesegneten Zustand beneidete! Trotz aller Bemühungen wurde sie selbst einfach nicht schwanger. Und dabei wünschten Robert und sie sich doch so sehr ein Kind, völlig gleich, welchen Geschlechts. Ob es Gottes Strafe dafür war, dass sie ihr Gelübde gebrochen hatte? Wer konnte das schon mit Gewissheit sagen? Der Erzbischof hatte sie, seit er ihr die Absolution erteilt hatte, nicht mehr empfangen, und einem einfachen Priester traute sie kaum zu, den Willen des Herrn eindeutig zu erkennen.

Acht Monate später gebar Matilda in Le Mans einen strammen Jungen, und Vater und Großvater strahlten um die Wette. Auf dem Haupt des Säuglings kräuselte sich dichtes rotes Haar, und so war es nahezu eine Selbstverständlichkeit, dass er auf den Namen Henry getauft wurde. Und als ein gutes Jahr später der zweite Knabe in der Wiege schrie, ging der alte König endgültig davon aus, dass sein Blut weiterhin über England, die Normandie und weite Teile Frankreichs herrschen würde. Doch diesmal hätte er seine Tochter bei der Niederkunft beinahe verloren, denn die Geburt war äußerst schmerzvoll und schwierig verlaufen.

Tagelang lag Matilda danach im Fieber. Ohne die tatkräftige Hilfe einer geschickten Hebamme und Marthas Heilmitteln – den Medicus, der sie zur Ader lassen wollte, hatte die Kaiserin noch selbst zum Teufel gejagt – wäre sie sicherlich im Kindbett gestorben. Matilda stritt sich sogar schon mit ihrem Vater darüber, wo sie begraben werden sollte. Doch für Robert war das eher ein Zeichen dafür, dass sie sich auf dem Weg der Besserung befand.

Nach ihrer Genesung schwor Henry die Edlen des Reiches zum dritten Mal auf Matilda als seine Nachfolgerin ein und war nun der festen Überzeugung, alles Menschenmögliche und in seinen Kräften Stehende getan zu haben, um den Fortbestand der Dynastie in gerader Linie zu sichern.

Als Matilda kurz darauf ein drittes Mal ein Kind unter dem Herzen trug, kam ein Bote mit der Nachricht, dass ihr Vater schwer erkrankt sei und sie dringend zu sich bat. Henry hatte wieder einmal Grenzstreitigkeiten mit seinen Nachbarn und war ins Vexin einmarschiert. Bei Lyons-la-Forêt, einem wunderschön gelegenen Dorf, hatte man ihm ein Fischgericht serviert, das ihm nicht bekommen war. Später wurde gemunkelt, der alte König wäre vergiftet worden.

Matilda machte sich trotz Einspruchs ihres Gemahls sofort auf den Weg. Doch die Straßen waren nach langen Regengüssen Ende November nahezu unpassierbar, und so kam sie nur langsam voran. Als sie endlich im Vexin eintraf, konnte sie nur noch um ihren am ersten Tag des Wintermonats Dezember anno 1135 verstorbenen Vater trauern.

Robert ritt diesmal nicht an ihrer Seite. Er hatte sich Urlaub erbeten und ihn, wenn auch mit einigen bissigen Bemerkungen kommentiert, tatsächlich erhalten. Martha war endlich schwanger geworden, und ihre Niederkunft stand unmittelbar bevor. An dem Tag, an dem der alte König starb, brachte sie einen gesunden Jungen zur Welt, und das Glück der kleinen Familie war endlich vollkommen. So nahm und gab Gott Leben, grad wie es ihm gefiel. Sie nannten ihren Sohn Hugh, nach Roberts väterlichem Freund, der angeboten hatte, die Patenschaft zu übernehmen.

Doch zwischenzeitlich hatte sich etwas ereignet, das ihrer aller Leben grundlegend verändern sollte und das Anglonormannische Reich an den Rand des Abgrunds führte.

* * *

»Es ist einfach unvorstellbar«, berichtete Hugh de Clare, der Matilda an Roberts Stelle begleitet hatte, nach seiner Rückkehr. »Als klar war, dass der König sterben würde, verschwand sein Neffe Stephan über Nacht. Niemand hat sich etwas dabei gedacht. Alle sind davon ausgegangen, dass er wieder einmal einer seiner zahlreichen Liebschaften frönte. Doch er muss im Verborgenen schon seit Langem an seinem Plan gearbeitet haben und hatte sicherlich auch viele Helfer. Außerdem glaube ich, dass die Idee gar nicht auf seinem Mist gewachsen ist, sondern sie eher sein Bruder, der Bischof von Winchester, ausgeheckt hat. Als Matilda endlich eintraf, war er schon auf dem Weg nach England.«

»Und dort hat man ihn tatsächlich gekrönt?« Robert war völlig fassungslos. »Drei heilige Schwüre haben die Lords auf Matilda als Henrys Nachfolgerin geleistet!«

»Da kannst du einmal sehen, was das Wort der hohen Lords, weltlicher wie geistlicher, wert ist, wenn es gilt, Loyalität und Treue zu beweisen! Stephan hat mit Konzessionen und Privilegien nur so um sich geworfen. Ob er das alles jemals wird halten können, was er versprochen hat, steht auf einem ganz anderen Blatt. London ist jetzt im Prinzip eine völlig freie Stadt, nicht mehr der Krone unterstellt. Der Kirche hat er weitreichende Freiheiten eingeräumt, den Baronen alles und jedes zugesagt. Jedem das angedient, was er gerade hören wollte. Und so haben sie alle ihre Schwüre gegenüber Matilda vergessen, das Vermächtnis Henrys einfach hinweggewischt – und Stephan noch vor Weihnachten in Winchester zum König von England gekrönt.«

»Aber das kann doch nur der Erzbischof von Canterbury tun, und der war ein enger Freund und Vertrauter sowohl von Henry als auch von Matilda!« Robert klammerte sich an jeden Strohhalm.

»Wilhelm von Corbeil muss sich wohl auch am Anfang etwas geziert haben und wollte seinen Schwur nicht brechen. Aber dann hat Bischof Heinrich, Stephans Bruder, ihm eingeredet, dass er den Eid ja nur unter Zwang geleistet hätte und er damit null und nichtig sei. Niemals könnte Henry erwartet haben, dass man tatsächlich eine Frau krönen würde. Das wäre schließlich ein Verstoß gegen die göttliche Ordnung. Und so ließ sich der Erzbischof wie fast alle anderen breitschlagen und trat auf Stephans Seite über. Übrigens, auch ihr Halbbruder, Robert von Gloucester, hat Stephan gehuldigt. Ich glaube, das hat sie mehr getroffen als alles andere.«

»Wieso ist Matilda nicht sofort nach England geeilt? Hätte sie nicht durch ein rasches Eingreifen dem Spuk ein Ende setzen können?«

»Robert, wenn du einmal mein Nachfolger werden willst, musst du endlich lernen, dass eine der größten Tugenden eines Kriegers seine Besonnenheit ist! Nicht wildes, unüberlegtes Draufgängertum. Stephan hatte für seine Überfahrt über den Kanal das letzte günstige Wetter erwischt und fast alle Schiffe mitgenommen. Matilda stehen im Moment so gut wie keine Truppen zur Verfügung. Und selbst wenn sie welche hätte, wie sollte sie die nach England hinüberbringen? Matilda hat zwei Tage lang getobt, schlimmer als ich Henry je erlebt habe. Dann wurde sie erschreckend ruhig. Glaub mir, sie hat die Krone noch nicht verloren gegeben. Schließlich fließt in ihr das Löwenblut. Uns allen wird noch ein langer, harter Kampf bevorstehen.«

Aufseufzend ließ sich Robert in seinen Stuhl zurücksinken.

»Meint Ihr, dass wir im Frühjahr nach England segeln werden? Wird Geoffrey seine Frau mit Schiffen und Truppen unterstützen?«

»Eher nicht. Der Plan ist ein anderer. Sie wollen zuerst die Normandie sichern, die ja auch zu Matildas Erbe gehört. Die meisten Barone haben diesseits und jenseits des Kanals Landbesitz. Wenn sie befürchten müssen, ihren in der Normandie, an dem die meisten mehr als an den neuen Ländereien in England hängen, zu verlieren, werden sie sich vielleicht von Stephan abwenden. Zumindest aber schafft sie sich damit eine gute Ausgangsbasis für eine Invasion. So wie ihr Großvater siebzig Jahre zuvor. Nur, dass Stephan über seine Mutter ebenfalls ein Enkel von Wilhelm, den man den Eroberer nannte, ist.«

Mit düsteren Mienen starrten die beiden Männer vor sich hin, bis Hugh de Clare sich als Erster aufraffte.

»Komm, ich will endlich mein Patenkind sehen. Kinderlachen vertreibt am ehesten trübe Gedanken. Und ab morgen trittst du wieder deinen Dienst bei Matilda an, dein Urlaub ist vorbei. Genieße die Zeit, die dir bleibt, mit deinem Sohn und deiner Frau. Ich glaube, du wirst bald viel unterwegs sein. Es wird ein langer, blutiger Krieg. Darauf verwette ich meine alten Knochen.«

Hugh de Clare ahnte nicht im Entferntesten, wie recht er haben sollte.

Doch dieser Abend gehörte noch einmal der Familie, und Robert ging das Herz auf, als er seinen Sohn in den Armen wiegte. Glücklich und zufrieden, gerade gesättigt von der Mutterbrust genommen, strahlte der kleine Hugh ihn mit offenen Augen an, bis sie ihm zufielen und er in aller Geborgenheit einschlief.

De Clare war mehr Großvater als Pate in dieser Runde und Robert froh, dass es jemanden gab, der sich um Martha und seinen Sohn kümmern würde, zog er an der Seite einer Kaiserin in den Kampf um eine Krone.

* * *

Matilda zögerte nicht lange. Sobald das Wetter es zuließ, stellte sie sich trotz ihrer fortgeschrittenen Schwangerschaft selbst an die Spitze der eilends ausgehobenen Truppen und angeworbenen Söldner und stieß in die Normandie vor. Mehrere Grenzfestungen ergaben sich dem anrückenden Heer, und in der sicheren Burg von Argentan brachte die Kaiserin im Hochsommer ihren dritten Sohn zur Welt. Danach befand sie, genügend Kindern das Leben geschenkt zu haben, und wusste mithilfe

eines willfährigen Medicus weitere Schwangerschaften zu verhindern. Martha war ihr da keine große Hilfe, denn dergleichen
hatte Hildegard sie nicht gelehrt.

Robert befehligte nun nicht mehr nur Matildas Leibgarde.
Ihm war zusätzlich der Befehl über die angeworbenen Söldner
übertragen worden. Das waren raue Gesellen, die gern einmal,
auch mitten im Kampf, die Fronten wechselten. Doch die Kaiserin wusste, wem sie vertrauen konnte und wer in der Lage war,
aus diesem undisziplinierten Gesindel eine kampffähige Truppe
zu formen.

Die ruhigen Jahre waren damit endgültig vorbei, und seine
Frau und seinen Sohn bekam Robert kaum mehr zu Gesicht.
Während Matilda die wenigen Adeligen, die noch zu ihr hielten,
lieber in ihrer Nähe beließ, damit sie nicht auch noch zu Stephan überliefen, stieß Robert an der Spitze seiner Fähnlein immer wieder tief in das feindliche Gebiet hinein, verbreitete unter seinen Gegnern Angst und Schrecken und eroberte einen
Landstrich nach dem anderen für seine Herrin zurück.

Nur eins tat er nicht, auch wenn die einen ihn dafür schalten,
andere ihn belächelten: Dörfer und Felder niederbrennen und
ihre Bewohner erschlagen. Er nahm von den Bauern, was er für
seine Männer brauchte, ahndete aber jeden Übergriff gegen Un-
bewaffnete oder gar Frauen und Kinder auf das Schärfste. Das
sprach sich bald herum, und so waren seine Truppen immer gut
versorgt, kaum einer stellte sich ihnen in den Weg, und nicht
selten wurden sie von der Landbevölkerung und den Bürgern
der kleinen Städte als Befreier vom Joch des Usurpators Stephan
begrüßt.

Geoffrey von Anjou hingegen war weniger erfolgreich. Bei
der Belagerung der Burg von Le Sap wurde er verwundet. Hätte
seine Gemahlin nicht höchstselbst frische Truppen herangeführt, wäre er wohl dem Feind in die Hände gefallen.

Zu Matildas Verbündeten gehörten ihr Halbbruder Reginald de Dunstanville und Baldwin de Redvers, der sich als einer der Ersten gegen Stephan aufgelehnt hatte und mit seinen Schiffen von der Isle of Wight aus die englische Südküste plünderte. An ihn wandte sich die Kaiserin mit einem kühnen Plan, der es ihr ermöglichen würde, den letzten Willen ihres Vaters zu erfüllen. Gleichzeitig wollte sie dem englischen Volk zeigen, dass mit ihr durchaus noch zu rechnen war und sie ihren Herrschaftsanspruch keineswegs aufgegeben hatte.

Henry hatte verfügt, in der von ihm gegründeten Abtei von Reading, die am Zusammenfluss von Themse und Kennet lag, beigesetzt zu werden. Doch seine sterblichen Überreste befanden sich nach wie vor in Matildas Händen und damit auf der anderen Seite des Kanals. Jetzt hatte sie den nahezu irrwitzigen Plan gefasst, dem alten König seinen Wunsch zu erfüllen und ihn am ersten Jahrestag seines Todes so zu bestatten, wie er es verfügt hatte.

Nur, dass Reading Abbey mitten in England und damit im Machtbereich des Thronräubers Stephan lag! Fiel Matilda ihm in die Hände, würde sie wohl kaum jemals wieder das Tageslicht sehen und in einem tiefen Kerker vermodern. Man sagte ihrem Cousin zwar nach, nicht unbedingt grausam, sondern eher gutmütig zu sein, doch seine Rivalin um die Krone zu verschonen, sollte er ihrer habhaft werden, konnte selbst er sich nicht erlauben. So traf Robert fast der Schlag, als er davon erfuhr, und auf der Stelle eilte er zu seiner Herrin, um sie von diesem wahnwitzigen Unternehmen abzubringen.

Doch er hätte es sich denken können, hier stieß er nur auf taube Ohren.

»Bist du etwa ängstlich geworden?«, stichelte Matilda und fiel in alte Gewohnheiten zurück. »Wenn ich mich als schwache Frau nicht fürchte, solltest du es als starker Mann schon gar nicht tun. Mein Schicksal wäre schließlich furchtbarer als der Tod, geriete ich in Gefangenschaft. Dich hingegen würde Stephan sicherlich mit Handkuss in seine Garde einreihen.«

»Genau das zu verhindern und Euch zu schützen, ist schließlich meine Aufgabe, Madam!«, begehrte Robert auf. »Aber wie soll ich meine Pflicht erfüllen, begebt Ihr Euch freiwillig in die Höhle des Löwen? Wie Ihr es auch anstellt, Euer Vorhaben kann nicht unentdeckt bleiben. Spätestens den Rückweg wird man Euch abschneiden. Und auf einen Kampf können wir es nicht ankommen lassen. Dafür haben wir weder die dafür notwendige Armee noch genügend Schiffe, um überzusetzen.«

»Das ist auch gar nicht meine Absicht. Zumindest noch nicht. Schnell hinein, meinen Vater bestatten und wieder hinaus, bevor Stephan überhaupt Wind von unserem Vorhaben bekommt. Wir segeln in die Nähe von Southampton. Dort lassen wir uns am Strand absetzen und stoßen in einem Gewaltritt nach Norden vor, bis nach Reading. Das Gebiet, das wir durchqueren müssen, gehört fast zur Gänze meinem Bruder, Robert von Gloucester. Er hat zwar auch Stephan die Treue geschworen, dieser Verräter, aber niemals würde er mich dem Thronräuber ausliefern. Und wer weiß, vielleicht kann ich ihn ja mit diesem kühnen Streich wieder auf unsere Seite ziehen!«

Robert sank vor Matilda auf die Knie.

»Madam, bei allem Respekt und aller gebotenen Hochachtung vor Eurem Mut: Lasst ab von diesem Vorhaben. Ihr wisst, ich gehe für Euch in die Hölle, wenn es sein muss, auch in den Tod. Aber wie soll ich Euch schützen, begebt Ihr Euch wissentlich in solch eine Gefahr?«

»Indem Ihr zwei Dutzend Eurer besten Männer auswählt, die uns begleiten. Mehr verlange ich nicht von Euch. Ich allein übernehme die Verantwortung. Sollte mir etwas passieren, trage nur ich die Schuld. Euch trifft kein Vorwurf, gerate ich in

Gefangenschaft oder komme gar bei dem Unternehmen um. Seid Ihr jetzt beruhigt?«

»Nein, Madam. Und das wisst Ihr auch.«

»Zur Kenntnis genommen. Und nun geht und führt meine Befehle aus. In wenigen Tagen brechen wir auf. Mein Mann wird einen Angriff in Richtung Rouen vortragen, der die normannischen Barone beschäftigen sollte. Ehe Ihrs Euch verseht, sind wir wieder zurück. Diesmal soll es nur ein Nadelstich sein, doch wenn wir das nächste Mal über den Kanal setzen, dann an der Spitze eines richtigen Heeres, das unseren Cousin das Fürchten lehren wird.«

»Sehr wohl, Madam.« Robert hatte da so seine Zweifel. Im Moment blieb ihm aber nichts anderes übrig, als Matildas Wünsche zu erfüllen. Und er nahm sich ganz gegen seine Gewohnheit vor, ständig Stoßgebete zum Himmel zu schicken und um den Beistand der mit Flammenschwertern bewaffneten Erzengel zu bitten.

* * *

Baldwin de Redvers hatte Wort gehalten und seine besten Nefs zur Verfügung gestellt. Im Schutz der Dunkelheit wurden König Henrys Sarg und Matilda an Bord gebracht. Dann schiffte sich Robert mit seinen kampferprobtesten Männern ein. Zuvor hatten sie die Pferde auf Lastschiffe verladen. Für jeden Beobachter oder Spion im Hafen von Barfleur musste es so aussehen, als begaben sich ein paar normannische Ritter oder Söldner nach England, und das war in diesen Zeiten weiß Gott nichts Ungewöhnliches.

Nur ihr Halbbruder Reginald de Dunstanville begleitete Matilda vonseiten des Adels. Im Moment traute sie niemandem, der in England Landbesitz hatte. Wie schnell konnte sie ein Ritter, Baron oder Earl verraten, nur um sich bei Stephan lieb Kind zu machen und seinen Besitz zu sichern oder gar zu mehren. Nicht einmal eine Zofe hatte sie dabei, wofür Robert ihr aufrichtig dankbar war, hätte diese sie doch nur aufgehalten.

Schon am nächsten Tag tauchte an Backbord die Isle of Wight auf. Mit der Flut segelte man weiter die Southampton-Water genannte Bucht hinauf bis an den Zusammenfluss der Flüsse Test und Itchen. Hier sollte eigentlich angelandet werden, doch der Wind blies so günstig, dass es gelang, noch ein ganzes Stück den breiten Fluss, eher ein Meeresarm, hinaufzufahren. Auf einer Sandbank ließen die Kapitäne die Schiffe auflaufen. Mittlerweile war Ebbe, doch bald würde die Flut die Nefs wieder anheben und manövrierfähig machen. Außerdem führten sie an jeder Seite acht lange Ruder, sodass die Schiffe sich im Bedarfsfall auch ohne Wind fortbewegen konnten.

Die Pferde wurden mithilfe von Lastgeschirren, die an den Rahen befestigt waren, ausgeladen. Einem von ihnen wurde am Strand der Sarg des toten Königs aufgeschnallt. Der hatte sein Leben lang keinen großen Wert auf übermäßige Zeremonien gelegt, und jetzt war auch keine Zeit dafür, das zu ändern. Matilda war eine ausgezeichnete Reiterin und trug wie die Männer um sie herum Kettenhemd und einen normannischen Helm. Nur wer unmittelbar vor ihr stand, konnte darunter eine Frau erkennen.

In raschem Tempo ging es das sumpfige Tal des Test hinauf. Romsey Abbey, ein von Matildas Vater gegründetes Nonnenkloster, um das herum sich ein kleiner Marktflecken entwickelt hatte, wurde links liegen gelassen, und in der Nacht passierte man das Gebiet von Winchester. Robert vermutete, dass König Stephan sich dort aufhielt, und hatte die ganze Zeit über ein mulmiges Gefühl. Doch unentdeckt gelang es dem Reitertrupp, die alte Krönungsstadt der angelsächsischen Könige zu umgehen.

Unweit von Andover, wo sich einst ein Wikingerkönig hatte taufen lassen, machten sie am Flüsschen Anton Rast. Erschöpft glitt Matilda aus dem Sattel, doch kein Laut der Klage kam über ihre Lippen. Mit der hohlen Hand schöpfte sie Wasser aus dem Bach, um sich zu erfrischen, wusch sich das Gesicht und hatte damit ihre Toilette auch schon beendet. Später teilte die Kaiserin, wie die Männer in ihrer Begleitung auf dem blanken Boden hockend, deren karges Mahl, hüllte sich danach in ihren Umhang und war kurz darauf eingeschlafen.

Robert teilte die Wachen ein und legte sich selbst aufs Ohr. Im ersten Morgengrauen, der besten Zeit für einen Angriff, wollte er wieder auf den Beinen sein. Von hier aus waren es bis Reading Abbey noch ungefähr dreißig Meilen, und das mussten sie am nächsten Tag unbedingt schaffen.

Mit den ersten Sonnenstrahlen an diesem 1. Dezember anno 1136 brachen sie auf. Wie der Sturmwind fegte der kleine Trupp durch das Land, und so tauchte schon am Nachmittag das über dem Zusammenfluss von Kennet und Themse auf einem Hügel gelegene Kloster vor ihnen auf.

Die Mönche stoben wie aufgescheuchte Hühner auseinander, als die Reiter durch das Tor preschten. Matilda hatte kurz zuvor die königliche Flagge entfalten lassen, und auf den Waffenröcken der sie begleitenden Männer prangte der rote Löwe auf silbernem Grund, das Wappen des Anjou. Sie wollte keine Zweifel darüber aufkommen lassen, wer die Abtei mit seinem Besuch beehrte.

»Gott zum Gruße, Abt Edward«, lachte sie dann auch den ihr verblüfft entgegeneilenden Klostervorsteher an und nahm Helm und Kettenhaube ab. »Ich bin hier, um den letzten Wunsch meines Vaters zu erfüllen. Wie Ihr wisst, wollte er in Eurer, wenn auch noch unfertigen, Kirche bestattet werden.«

»Madam, welche Überraschung!« Der Abt konnte es nicht fassen. Begab sich diese Frau doch in größte Gefahr und wagte sich durch die feindlichen Linien, nur um den verstorbenen König zu seiner letzten Ruhestätte zu bringen. »Ihr seid uns natürlich auf das Herzlichste willkommen. Ich werde sofort alles für die Begräbniszeremonie herrichten lassen und selbst die Messe lesen. Darf ich Euch bis dahin eine Erfrischung anbieten lassen? Ihr werdet sicherlich erschöpft von der langen Reise sein.«

»Macht Euch wegen mir keine Umstände. Ihr könnt Euch sicherlich denken, dass wir uns nicht lange aufhalten werden. Noch vor Einbruch der Nacht müssen wir wieder unterwegs zur Küste sein.«

Edward nickte verstehend. Seine ganze Sympathie galt Matilda, die er seit vielen Jahren kannte. Damit stand er zwar im Widerspruch zu seinem Bischof, doch das kümmerte ihn wenig. Was wäre das für eine Herrscherin, dachte er bei sich? So viel Mut, so viel Entschlossenheit!

Das ganze Gegenteil von Stephan, dessen Wankelmut mittlerweile schon sprichwörtlich war. Es hatte noch nicht einmal ein Jahr gedauert, da war der ganze Hofstaat zerstritten und bekriegte sich untereinander. An einem Tag gab der König, am anderen nahm er es dem Beschenkten wieder weg und belehnte einen anderen damit. Wo sollte das nur hinführen? Er fürchtete, über kurz oder lang in Krieg und Anarchie!

Während die Soldaten den Sarg vom Pferd schnallten und Reginald de Dunstanville seine Schwester zum Gästehaus der Abtei führte, wo sie ein angemessenes Kleid anlegen wollte, rief Edward die Mönche zusammen und bereitete die Trauerfeier vor.

Eigentlich hätte der Erzbischof von Canterbury die Totenmesse für den König lesen müssen, assistiert von weiteren hohen Kirchenvertretern, doch Matilda würde sicherlich nicht warten wollen, bis er eintraf. Hoffentlich gelang es ihr, das Land frei, und ohne dass es zu Blutvergießen kam, wieder zu verlassen. Was in seiner Macht stand, nahm Abt Edward sich vor, würde er jedenfalls dafür tun. Doch es sollte ihm nicht gelingen.

* * *

Matilda trug eine ihrer Kaiserkronen, die sie aus Deutschland mitgebracht hatte, und war ganz in Purpur gekleidet, als sie die Abteikirche an der Seite ihres Bruders betrat. Sie wollte keinerlei Zweifel darüber aufkommen lassen, wer die wirkliche Herrscherin und Nachfolgerin ihres Vaters war. In den Händen hielt sie einen mit einem schwarzen Tuch verdeckten Kasten, den sie auf dem Altar der Klosterkirche abstellte.

Die Mönche stimmten gerade das Te Deum an, da wurde die Kirchenpforte plötzlich aufgerissen. Ein Schwall kalter Dezemberluft strömte in die Basilika und ließ die Kerzen flackern, einige verloschen gar. Ärgerlich schaute Abt Edward über die Schulter, um zu sehen, wer die heilige Handlung störte – und erstarrte zur Salzsäule.

Im Portal der Kirche stand kein Geringerer als der König. Mitglieder seines Hofstaates, unter ihnen sein Bruder, Heinrich von Blois, der Bischof von Winchester, Robert von Gloucester, Matildas Halbbruder, und die Witwe Henrys I., Adelheid von Löwen, drängten ebenfalls ins Kirchenschiff. Beide Parteien, die des Königs und die der Kaiserin, starrten sich für einen Moment sprachlos und völlig überrascht an, denn keine hatte mit der Anwesenheit der jeweils anderen hier und heute gerechnet.

Robert war der Erste, der seine Geistesgegenwart wiederfand. Auf keinen Fall durften weitere Feinde eindringen, sonst war alles verloren. Er verließ das Spalier, das er zu Ehren des Toten mit seinen Männern gebildet hatte, riss sein Schwert aus der

Scheide und rannte, so schnell ihn seine Füße trugen, auf die Kirchenpforte zu. Er wollte sie zuwerfen und von innen verriegeln oder, sollte das nicht möglich sein, sich Stephans Leibwache entgegenstellen, bis seine eigenen Männer einen Ring um Matilda gebildet hatten.

Doch auch einer der Ritter des Königs handelte entschlossen und griff den vorbeieilenden Sergeanten von hinten an. Mit dem linken Arm umklammerte er dessen Hals, mit der Rechten zog er sein Schwert und versuchte, den Soldaten der Kaiserin zu töten. Aber die Klinge war, so dicht wie die beiden Männer zusammenstanden, für einen schnellen Stich oder Hieb zu lang.

Robert konnte sich nicht auf einen Kampf einlassen und tat das, was Hugh de Clare ihn gelehrt und er selbst seinen Männern beigebracht hatte. Er ließ das eigene Schwert fallen, zog dafür den Dolch aus dem Gürtel, fuhr mit seinem rechten, freien Arm nach hinten und rammte die Waffe dem Angreifer mit aller Kraft in den Leib.

Die spitze Klinge war dafür geschaffen, die Maschen eines Kettenhemdes zu durchtrennen oder auch durch die Sehschlitze eines Visiers zu dringen. Ein unbändiger Schmerz durchfuhr den Ritter, als seine Niere zerfetzt wurde. Wie ein gefällter Baum stürzte er zu Boden, und ein letzter, greller Todesschrei hallte durch das Kirchenschiff und löste bei jedem der Anwesenden zumindest ein Frösteln aus.

Nur Robert ließ sich dadurch nicht von seinem Vorhaben abbringen, während alle anderen in Schockstarre verharrten. Er warf sich gegen die Tür, drängte damit nachkommende Gefolgsleute des Königs zurück, schob rasch den Riegel vor, raffte sein Schwert vom Boden auf und positionierte sich mit dem Rücken zur Pforte, bereit, jeden zu töten, der sie öffnen wollte.

Das alles war so blitzschnell gegangen, dass kaum einer der Anwesenden den ganzen Vorfall erfasst hatte. Außer Abt Edward, der Blut über die Stufen seiner Kirche rinnen sah, und obwohl noch nicht einmal geweiht, war sie damit in seinen Augen bereits geschändet.

»Pax, Pax!« rufend und sein Kruzifix schwingend, lief er zwischen die beiden verfeindeten Parteien und hoffte, dass er sie zur Besinnung bringen und weiteres Blutvergießen verhindern konnte.

Langsam schritt König Stephan die drei Treppenstufen hinunter, die vom Portal zum Kirchenschiff führten, und gab durch ein Handzeichen zu verstehen, dass ihm niemand aus seinem Gefolge nachkommen sollte.

»Ich bin überrascht, dich hier zu sehen, teure Cousine«, begrüßte er die hoheitsvoll vor ihm stehende Matilda und deutete eine Verbeugung an. »Aber warum machst du aus deiner Anwesenheit in England solch ein Geheimnis? Glaubst du wirklich, ich würde dich daran hindern, deinen Vater – meinen Onkel –, wie es sein Wille war, zu Grabe zu tragen? Das kannst du doch nicht allen Ernstes von mir denken!«

»Und warum nicht? Schließlich hast du auch seinen größten Wunsch, dass ich seine Nachfolgerin und damit Königin von England werde, ignoriert und einfach hinweggewischt!«

»Du hast doch nicht ernsthaft angenommen, tatsächlich gekrönt zu werden, oder? Schließlich bist du nur eine Frau! Noch niemals hat es so etwas in christlichen Landen gegeben.«

Das »nur« stieß Matilda bitter auf, und nicht zum ersten Mal haderte sie damit, als Tochter und nicht als Sohn geboren worden zu sein.

»Und? Soll das wirklich jetzt und für alle Zeit ein Hindernisgrund sein? Jeder von Euch«, Matilda streckte den Arm aus und zeigte auf Stephans Gefolge, »dich inbegriffen, Cousin, hat dreimal einen heiligen Eid geleistet, mich als die Erbin meines Vaters und Königin von England sowie Herrscherin über die Normandie anzuerkennen. Was ist ein Schwur, was ein Wort aus Euer aller Munde noch wert, wenn Ihr es so leicht brecht? Braucht man es gegenüber einer Frau wirklich nicht zu halten? Ist unser Geschlecht in Euren Augen tatsächlich so entrechtet? Gelten Euch Eure Mütter, Eure Frauen und Töchter denn gar nichts? Dann wird es wahrlich Zeit, das zu ändern.«

Robert von Gloucester senkte den Blick. Nicht länger konnte er seiner Schwester in die Augen schauen, zu tief traf ihn ihr berechtigter Vorwurf. Doch einer aus Stephans Begleitung wollte Matildas Worte nicht unwidersprochen hinnehmen.

»Der Schwur kam nur unter Zwang zustande und ist damit null und nichtig«, mischte sich der Bischof von Winchester mit schriller Stimme ein. »Jeder, der ihn nicht leistete, musste befürchten, zumindest seiner Lehen verlustig zu gehen. Selbst der Papst hat meinen Bruder als König von England bestätigt!«

Die Kaiserin beachtete Heinrich von Blois gar nicht, sondern wandte sich direkt an ihren Cousin.

»Der Papst?«, höhnte Matilda mit nicht zu überbietender Verachtung in der Stimme. »Welcher denn? Ich verliere langsam den Überblick. Meint Ihr Anaklet oder Innozenz? Beide halten sich, soweit ich weiß, in Rom auf und bekriegen sich gegenseitig. Innozenz, der von Lothar, dem Nachfolger meines ersten Gatten, der sich im Übrigen ebenso unrechtmäßig die Krone angeeignet hat wie du, unterstützt wird, sitzt im Lateran. Anaklet, den die Mehrzahl der Kardinäle und unser Verwandter, der Normannenkönig Roger, befürworten, in der Peterskirche. Es herrschen wirklich schöne Zustände in unserer ach so heiligen und einigen Mutter Kirche. Also, sag schon, wer von den beiden hat dich denn als König bezeichnet?«

»Innozenz«, gab Stephan sichtlich verlegen zu. »Aber das tut nichts zur Sache. Wir sind beide Enkel von Wilhelm dem Eroberer. Nur, ich bin ein Mann und noch dazu der gekrönte König von England und Herzog der Normandie. Es wäre besser, du fändest dich damit ab. Dann könnten wir sicherlich auch eine gütliche Lösung für dein weiteres Leben finden.«

»König von England bist du vielleicht für den Moment noch. Und auch das nur, weil diese Verräter da«, erneut zeigte Matilda auf Stephans Gefolge, »sich von deiner Herrschaft mehr Privilegien und Pfründen versprechen als von meiner. Wie man hört, wirfst du ja mit dem mühsam zusammengehaltenen Staatsschatz meines Vaters nur so um dich. Herzog der Normandie auf keinen Fall mehr lange. Dort kann ich dich packen. Stück für Stück werde ich dir und deinen Gefolgsleuten die angestammten Ländereien entreißen und eure Burgen schleifen. Mein Mann und ich machen daraus das Angevinische Reich!«

Matilda war sich der Wirkung ihrer Worte wohl bewusst und sah mit Befriedigung, wie etliche der Gefolgsleute ihres Cousins, darunter auch dessen Bruder und sogar ihr eigener, erbleichten. Hatten sie doch umfangreiche Ländereien, teilweise über Jahrhunderte in Familienbesitz, zu verlieren, wenn Matilda mithilfe Geoffreys und dessen Angevinen die Normandie unterwarf.

»Du willst also wirklich Krieg mit mir?«, erkundigte sich Stephan und klang dabei überrascht, als könne er die Worte Matildas nicht fassen. Und so war es auch. Nie hätte er mit einem derartigen Widerstand seiner Cousine gerechnet, sondern war davon ausgegangen, dass sie sich letztendlich nach kurzem Aufbegehren fügen würde. Schließlich hatte sie doch eine Familie, und ihre drei Söhne verlangten nach ihrer Mutter.

»Worauf du dich verlassen kannst!«, schmetterte Matilda ihm entgegen, und unwillkürlich zog der König von England den Kopf ein. »Seit du mich um mein Erbe gebracht hast, bist du der Feind! Und den bekämpfe ich mit allen mir zur Verfügung stehenden Mitteln, das lass dir gesagt sein. Deine Krone wird dich noch schwer drücken! Vielleicht lasse ich sie dir eines Tages mitsamt dem Kopf herunterschlagen.«

Jetzt wurde auch Stephan blass, schlug ihm doch ungezügelter Hass entgegen, wo er auf Verständigung gehofft hatte.

»Robert, sagt Ihr doch auch einmal was«, wandte er sich nahezu flehentlich an Matildas Halbbruder und hoffte auf dessen Unterstützung.

»Ja, komm, Robert, sag etwas«, fuhr Matilda ihm erneut in die Parade und äffte Stephans Stimme nach. »Zum Beispiel, warum auch du mich verraten hast. Waren wir nicht unzertrennlich, von Kindesbeinen an? Du und ich, da passte kein Blatt Pergament dazwischen. Und nun stehst du auf seiner Seite, gegen mich. Erkläre es mir, ich verstehe es nicht!«

Beschämt kam Robert von Gloucester, ein Mann wie ein Baum und ehemals der beste Heerführer Henrys, die Stufen herunter und trat neben den König.

»Was sollte ich tun, Matilda? Als Einziger gegen den Strom schwimmen? Unser Cousin kann es dir bestätigen, ich war der Letzte, der ihm den Treueeid schwor. Aber es ist nun einmal, wie es ist.« Resignierend zuckte der Earl von Gloucester mit den Schultern. »Ich glaube auch, dass es besser wäre, du fändest dich damit ab.«

»Nicht in diesem und in keinem weiteren Leben! Ihr Kerle werdet mich kennenlernen. Nur weil ich eine Frau bin, glaubt Ihr, leichtes Spiel mit mir zu haben? Dass Ihr Euch da mal nicht täuscht. Man nennt mich nicht umsonst eine Löwin. Wartet nur, bis Ihr meine Pranken zu spüren bekommt!«

Die unverhohlene Drohung klang noch nach, und für einen Moment war es totenstill in der Kirche, da meldete sich der Bischof von Winchester erneut zu Wort.

»Meine Tochter, welch unziemliche Worte für eine Frau. Bedenke, in der Heiligen Schrift steht: Das Weib sei dem Manne untertan. Wäre es nicht besser, du zögest dich zur Besinnung eine Weile in ein Kloster zurück? Dort könntest du in Ruhe über alles nachdenken und mit Gottes Hilfe zu dir selbst finden.«

»Reginald, nennt mich dieser Kretin noch einmal seine Tochter, töte ihn«, befahl Matilda mit eiskalter Stimme ihrem Halbbruder. Der zog, ohne auch nur einen Wimpernschlag zu zögern, sein Schwert und hätte es Heinrich von Blois an die Kehle gesetzt, wäre dieser nicht zurückgesprungen, um hinter dem Rücken seines Bruders Schutz zu suchen.

»Matilda, sei doch vernünftig«, wandte sich Stephan an seine Cousine. »Du kannst nicht entkommen und zwingst mich, dich gefangen zu nehmen, wenn du dich weiterhin einer Einigung widersetzt. Ich bin zwar nur mit kleinem Gefolge gekommen, weil ich am Todestag Henrys gemeinsam mit seiner Witwe seiner hier gedenken wollte. Doch trotzdem sind wir dir und deinen Männern weit überlegen, wenn meine Leibwache erst die Pforte aufgestoßen hat.«

Wie zur Bestätigung hörte man von draußen einen dumpfen Schlag. Offenbar hatten die Männer einen Balken geholt oder einen Baum gefällt und berannten damit jetzt die glücklicherweise stabile Kirchentür.

»Deine Garde soll die Waffen wegwerfen, dann geschieht den Männern nichts, und ich lasse nur den hängen, der meinen Ritter getötet hat. Ich verspreche dir, dass deine Gefangenschaft milde und ehrenvoll sein wird.«

»Du verkennst die Situation, Cousin. Nicht ich bin deine, sondern du mein Gefangener.«

An Entschlossenheit hatte es Matilda noch nie gemangelt. Neben dem König, dem Bischof, aber der zählte nicht, und ihrem Bruder waren nur fünf weitere Ritter aus Stephans Gefolge in der Kirche. Den anderen hatte Robert bisher erfolgreich den Zugang verwehrt.

»Ergreift ihn!«, befahl Matilda ihrer Garde. Sofort zogen die Männer blank und stürzten sich auf Stephan und seine Ritter, die allerdings sofort erkannten, dass sie hoffnungslos unterlegen waren, und gar nicht erst nach ihren Waffen griffen.

In diesem Moment splitterte die Kirchentür zum ersten Mal. Robert wusste, dass sie nicht mehr lange standhalten würde, verließ seinen Posten und setzte Stephan seine Klinge an die Kehle.

»Berührt auch nur eine Hand meine Herrin oder wird ihr ein Leid getan, begraben wir hier zwei Könige«, fuhr er den mittlerweile verunsicherten Monarchen an.

»Das kannst du nicht zulassen!« Beschwörend wandte sich Robert von Gloucester an seine Schwester. »Er ist der gekrönte König!«

»Ein Thronräuber ist er, nichts weiter! Stell dich auf unsere Seite, Robert! Noch ist es nicht zu spät!«

»Ich kann nicht, Matilda. Ich habe ihm einen Eid geleistet.«

Mit hängenden Schultern und dem Ausdruck von Verzweiflung im Gesicht stand der mächtige Mann mitten in der Kirche und wünschte sich weit fort von diesem Ort.

»Ach, und mir wohl nicht?«, fuhr Matilda ihren Halbbruder an.

»Hört endlich auf zu streiten«, klang da eine helle Frauenstimme durch die plötzlich eingetretene Stille. »Was für ein unwürdiges Verhalten am Grabe meines Gemahls! Das hat er wahrlich nicht verdient, so wie er sich immer um Ausgleich und Frieden bemüht hat. Habt Ihr denn ganz vergessen, warum wir hier sind? Doch wohl, um seinen letzten Willen zu erfüllen, oder etwa nicht? Matilda, ich danke dir von Herzen, dass du den Sarg deines Vaters hierhergebracht hast, wo er bestattet werden wollte. Und Ihr, Sire, wolltet seiner hier gedenken. Dann tun wir doch einfach alle, wozu wir gekommen sind, und begraben den

Streit zumindest für heute. Wäre das denn wirklich zu viel verlangt?«

Es war Adelheid von Löwen, die junge Witwe Henrys, die die Anwesenden mit ihren Worten beschämte. Und sie bekam Unterstützung von Abt Edward, der endlich wieder etwas in seiner Kirche zu sagen haben wollte.

»Dies ist ein Gotteshaus, und Ihr habt einen Kampfplatz daraus gemacht! Fallt auf die Knie und bittet den Herrn um Vergebung für Euer schändliches Verhalten. Reicht es nicht, dass es schon einen Toten gegeben hat? Muss womöglich noch mehr Blut vergossen werden, bevor Ihr zur Besinnung kommt?«

Betreten schauten die Angesprochenen zu Boden. Stephan war der Erste, der seine Sprache wiederfand.

»So soll es sein. Begraben wir unseren Zwist und bestatten wir König Henry mit Würde. Ich selbst will einer seiner Sargträger sein.«

»Zuvor werdet Ihr auf diesen Sarg schwören, meine Herrin und ihre Begleitung ungehindert abziehen zu lassen und sie nicht zu verfolgen, bis sie wieder in der Grafschaft Anjou angelangt ist.«

Roberts Worte waren unmissverständlich, und zur Bekräftigung verstärkte er etwas den Druck der Klinge auf Stephans Kehle, sodass ein paar Blutstropfen hervortraten und langsam, eine rote Spur hinterlassend, am Hals hinunterrannen.

Der König zögerte keinen Moment.

»Ich schwöre bei Gott und den Gebeinen meines Onkels Henry, dass ich meiner Cousine und allen, die sie begleiten wollen, freies Geleit zusichere. Außer Euch, denn Ihr habt einen meiner Männer getötet und Euren König bedroht und verletzt. Dafür werdet Ihr hängen!«

»Ihr seid nicht mein König und werdet es auch niemals sein. Mögen andere Euch als Herrscher über England ansehen, ich sicherlich nicht.«

Mit diesen Worten nahm Robert sein Schwert von der Kehle Stephans und trat zur Seite. Äußerlich merkte man ihm nichts an, doch innerlich war er zutiefst aufgewühlt. Würde er jemals seine Frau und seinen Sohn wiedersehen, der heute genau ein Jahr alt wurde? Oder endete womöglich sein Leben hier, weil er, wie es seine Pflicht war, seine Kaiserin verteidigt hatte?

Doch Matilda konnte man viel nachsagen, dass sie einen Getreuen im Stich ließ, gehörte allerdings nicht dazu.

»Mein Sergeant hat in Notwehr und getreu seinem Eid gehandelt, mich gegen jedermann zu schützen. Außerdem untersteht er nicht deiner Gerichtsbarkeit, Cousin. Schließlich sind wir hier in einer Kirche. Ist es nicht so, Abt Edward?«

Matilda wandte sich bewusst nicht an den Bischof.

»Ihr habt recht, Madam«, stimmte der Klostervorsteher zu. »Aber es ist Blut geflossen, das kann nicht ungesühnt bleiben. Wir werden den Mann festnehmen und vor ein kirchliches Gericht stellen. Das wird dann entscheiden, wie seine Tat geahndet werden soll.«

»Ich bin bereit, Euch ein Sühnegeld für meinen Sergeanten zu zahlen. Höher, als Ihr es Euch überhaupt vorstellen könnt. Nein, kein Silber oder Gold. Etwas viel Wertvolleres, das Eure Kirche zum Wallfahrtsort für ganz England, ach, was sage ich, für die ganze Christenheit machen wird.«

Mit diesen Worten trat Matilda an den verdeckten Kasten und zog mit einem Ruck das schwarze Tuch herunter. Zum Vorschein kam ein goldenes und mit zahlreichen Edelsteinen geschmücktes Reliquiar. An einer Seite war ein großer, geschliffener Bergkristall eingelassen, hinter dem man mit etwas Fantasie etwas Mumifiziertes vermuten konnte.

»Die Hand des Apostels Jakobus, eine der größten Reliquien der Christenheit. Ich habe sie aus Deutschland mitgebracht und bin bereit, sie dem Kloster zu schenken. Vorausgesetzt, Ihr lasst meinen Sergeanten mit mir ziehen.«

Die Kaiserin hatte von vornherein vorgehabt, die Reliquie dem Kloster zu vermachen. Doch so konnte sie gleich ein Wunder wirken und hoffentlich ein Leben retten. Niemals hätte Matilda Robert hier zurückgelassen. In nächster Zukunft würde sie ihn sicherlich öfter brauchen, als ihr lieb war. Das hatte er soeben durch sein mutiges und beherztes Handeln wieder einmal nachdrücklich unter Beweis gestellt.

Der Abt sank auf die Knie. Er hätte sich auch kaum weiter aufrecht halten können, so sehr schlotterten sie ihm. Mit dieser Gabe stellte Matilda seine Abtei auf eine Stufe mit Bury St. Edmunds, und wahre Ströme von Gläubigen würden kommen, um hier zu beten, um Vergebung für ihre Sünden und um Erlösung von allen möglichen Leiden zu bitten.

Für Edward war die Sachlage klar. Um nichts in der Welt durfte diese heilige Reliquie sein Kloster wieder verlassen. Verlangte er hingegen weiterhin, dass der Sergeant blieb und vor ein kirchliches Gericht gestellt würde, hatte er nichts als Ärger am Hals, und Matilda war es durchaus zuzutrauen, die Hand des Apostels wieder mitzunehmen und einer anderen Abtei zu vermachen.

»Ich glaube für meine Mitbrüder sprechen zu können, dass damit der Frevel als gesühnt angesehen werden kann«, stammelte der Abt noch immer ganz überwältigt von der Großzügigkeit der Kaiserin.

»Das habt Ihr nicht zu entscheiden!«, fuhr Bischof Heinrich von Blois Edward an. »Schließlich habe ich da auch noch ein Wörtchen mitzureden.«

»Nein, habt Ihr nicht. Entweder es geschieht, wie ich es gesagt habe, oder gar nicht. Eher werfe ich die Reliquie in den Kennet, bevor ich sie Euch aushändige.« Matilda war entschlossen, keinen Schritt zurückzuweichen.

»Sei still!«, wurde der Bischof jetzt auch noch von seinem Bruder angefahren. »Ich will das hier jetzt zu Ende bringen. Lasst uns endlich König Henry beerdigen und dieses unwürdige Schauspiel beenden. Was soll nur Gott der Herr davon halten, wenn er uns vom Himmel aus zusieht? Ich darf gar nicht daran denken!«

Und so wurde Matildas Vater an seinem ersten Todestag in der von ihm gestifteten Abtei von Reading vor dem Altar beigesetzt. Sein Neffe Stephan war einer der Sargträger, seine zweite Gemahlin und seine Kinder Matilda, Robert und Reginald knieten an seinem Grab, und der Bischof von Winchester, assistiert von Abt Edward, las die Totenmesse.

Als alles vorbei war, wollten die Mönche zum Totenmahl laden, doch keinem der Anwesenden war nach essen zumute. Der Bischof nahm seinen Bruder zur Seite und sprach leise, aber aufgeregt auf ihn ein.

»Du brauchst deinen Schwur nicht zu halten«, flüsterte Heinrich, sodass nur Stephan es verstand. »Er ist eindeutig unter Zwang zustande gekommen und damit ungültig. Und außerdem ist diese Kirche noch nicht einmal geweiht. Darum gilt er erst recht nicht. Nimm Matilda fest und sperr sie in ein tiefes Verlies. Hast du den Hass in ihren Augen gesehen? Du bekommst sonst nie Ruhe vor ihr.«

»Es mag ja sein, dass die Vertreter der heilige Mutter Kirche es mit einem gegebenen Wort nicht so ernst nehmen. Ich dagegen schon«, entgegnete der König kühl. »Einmal zu sagen, dass man einen Eid nur unter Zwang geleistet hat, mag angehen. Ein zweites Mal nutzt es sich ab. Mein Schwur gilt, wir lassen sie ziehen. Und auch du wirst ihr keine Steine in den Weg legen und die Reliquie da belassen, wo sie ist. Hast du mich verstanden?«

Wütend nickte der Bischof, hatte er doch schon geplant, sich der Hand des heiligen Jakobus zu bemächtigen und sie nach

Winchester zu bringen. Aber sich gegen seinen Bruder aufzulehnen wagte er nicht. Noch nicht!

Matilda umarmte ihre Stiefmutter noch einmal vor dem Grab, der die Tränen in wahren Sturzbächen über die Wangen rannen.

»Was auch immer geschieht«, schluchzte Adelheid von Löwen, »bei mir in Arundel bist du stets willkommen. Das ist eine feste Burg, noch nie bezwungen. Und leicht über das Meer zu erreichen. Denk daran, wenn du einmal nicht weiterweißt.«

Dann drehte sich die junge Witwe um und lief wie von Furien gehetzt davon. Ihren Hofdamen würde es sicherlich nicht leichtfallen, sie zu beruhigen und auf andere Gedanken zu bringen.

Robert von Gloucester war zu seiner Schwester getreten, die ihn finster ansah.

»Du musst mir vergeben, Matilda«, flehte er. »Mir blieb keine andere Wahl. Ich hatte versucht, ein Bündnis für dich zu schmieden, aber keiner wollte dem beitreten. Zu unvorstellbar war den Lords, von einer Frau beherrscht zu werden. Dann lieber Stephan, haben sie sich gesagt. Doch wer weiß, wie lange das gut geht, so wankelmütig wie er ist. Zumindest heute kannst du aber froh darüber sein. Übrigens, wer ist denn der Kerl, der deine Leibwache befehligt? Der ist ja kreuzgefährlich! Zum Feind möchte ich den wirklich nicht haben.«

»Erkennst du ihn nicht? Als wir noch Kinder waren, hat er uns Spielzeug geschnitzt. Du wolltest immer ein Schwert, ständig ein größeres, ich hingegen lieber Tiere. Ich habe ihm seine rechte Hand gerettet, als ihn jemand verunglimpft hatte. Seitdem ist er mir treu ergeben und weicht nicht von meiner Seite.«

»Halt ihn dir warm, so ein Mann ist nicht mit Gold aufzuwiegen. Ich bin dir äußerst dankbar, dass du Vater hierhergebracht hast und er endlich würdig bestattet werden konnte. Du bist eine sehr wagemutige Frau, Matilda. Aber übertreibe es nicht.

Du weißt, der Krug geht zum Brunnen, bis er bricht. Und nun leb wohl, Schwester. Ganz sicher werden sich unsere Wege bald wieder kreuzen. Und auch du, Bruder.«

Reginald bekam eine kräftige Umarmung. Bei Matilda verzichtete Robert von Gloucester lieber darauf, als er ihren immer noch eisigen Blick sah.

»Ich werde euren Rückweg schützen, seid unbesorgt. Niemand wird sich euch bis zum Meer in den Weg stellen.«

Der Earl begleitete seine Geschwister bis zu ihren Pferden und half seiner Schwester in den Sattel. Dann trat er zu seinem Namensvetter und klopfte Robert anerkennend auf die Schulter.

»Passt gut auf sie auf, solange ich es nicht kann. Ich glaube, sie ist bei Euch in guten Händen.«

Der Sergeant verneigte sich leicht und schwang sich dann, froh darüber, auch diesmal dem Tod wieder von der Schippe gesprungen zu sein, und dankbar für das Lob in den Sattel. Doch Matilda relativierte sein Hochgefühl auf die ihr eigene Art und mit drastischen Worten gleich wieder.

»Robert, kann es sein, dass Ihr in letzter Zeit etwas falsch versteht? Ihr seid dafür da, mir Leib und Leben zu bewahren, nicht ich dazu, Euch den Hintern zu retten. Könnten wir das in nächster Zeit vielleicht wieder so halten? Ich wäre Euch wirklich sehr verbunden.«

Robert, Earl von Gloucester, lachte schallend auf, als er sah, wie der Angesprochene säuerlich das Gesicht verzog, als hätte er in eine Zitrone gebissen.

»Damit müsst Ihr bei ihr immer rechnen, aber wem sage ich das? Und nun gehabt Euch wohl, es wird bald Nacht.«

Auch König Stephan war zu den Reitern getreten und wollte seiner Cousine einen guten Weg wünschen. Doch diese ließ ihn gar nicht zu Wort kommen.

»Glaub mir, das ist nicht das letzte Mal, dass wir uns sehen! Schlaf keine Nacht ruhig, denn irgendwann komme ich zurück und entreiße dir die Krone, die du dir erschlichen hast. Auf Wiedersehen, Cousin! Sei versichert, deine Tage als König sind gezählt.«

Matilda warf ihr Pferd herum und preschte, gefolgt von ihrer Leibwache, aus dem Kloster. Stephan blickte ihr nachdenklich hinterher und fragte sich, ob er nicht soeben den Fehler seines Lebens begangen hatte.

Wenige Tage später landete Matilda unbeschadet in Barfleur. Ihr Überraschungscoup und die Erfüllung des Vermächtnisses ihres Vaters hatten ihr unter den weltlichen und geistlichen Lords viele Sympathien eingebracht. Manch einer von ihnen fragte sich mittlerweile, ob nicht letztendlich doch sie die bessere Herrscherin wäre. Verfügte sie womöglich gar über mehr Durchsetzungsvermögen, Willensstärke und Schneid als ihr Cousin?

Wenig später fiel Matilda an der Spitze ihrer Truppen in die Normandie ein und eroberte die Halbinsel Cotentin mit ihren wichtigen Häfen. Nun wussten sie es.

Daran änderte auch die Tatsache nichts, dass der König selbst in die Normandie kam. Sein Feldzug endete in einem Desaster. Er konnte zum Schluss von Glück sagen, dass Geoffrey von Anjou sich auf einen faulen Waffenstillstand einließ, der Matilda hingegen so gar nicht freute. Bei dieser Gelegenheit huldigte Stephan auch noch dem französischen König Ludwig dem Dicken für seine französischen Besitzungen, was ihm weitere Minuspunkte einbrachte. Henry und seine Tochter hatten das nie getan.

Auf Druck ihrer Berater versuchte Matilda noch einmal, die Krone Englands auf diplomatischem Wege zu erlangen. Bischof Ulger von Angers bekräftigte vor dem zweiten Laterankonzil in

Rom ihren Thronanspruch. Die Vertreter Stephans hingegen behaupteten allen Ernstes, Matilda wäre gar nicht legitim geboren, da ihre Mutter eine Nonne gewesen sei, die ihr Vater gar nicht hätte heiraten dürfen.

Die Kaiserin ging die Wände hoch, als sie davon erfuhr. Wie viele junge Mädchen war ihre Mutter, die Tochter des Königs von Schottland, im Kloster erzogen worden, hatte aber nie ein Gelübde abgelegt. Das war damals sogar von dem hoch angesehenen Kirchenlehrer und Erzbischof von Canterbury, Anselm von Bec, bezeugt worden. Und nun rührte Stephan diese alte und längst begrabene Geschichte wieder auf, und der Papst tat erwartungsgemäß das, was seinesgleichen in solchen Situationen am liebsten tat – nichts.

Kein Wunder, dass es Matilda nun endgültig reichte. Ihr Bruder Robert von Gloucester hatte sich, wie kaum anders zu erwarten, mit Stephan überworfen und ihm in einem hochoffiziellen Schreiben die Gefolgschaft aufgekündigt. Ostern anno 1138 trat er endgültig auf die Seite seiner Schwester über. Nicht nur, dass er die gewaltige Burg von Caen mit einbrachte, sondern gleich noch das Bistum Bayeux, dem sein Sohn Richard als Bischof vorstand.

Der König beschlagnahmte daraufhin Roberts gesamten Besitz in England, doch konnte das weitestgehend nur auf dem Papier stattfinden. Vor der mächtigen Festung Bristol, die ebenfalls von einem Sohn des Earls von Gloucester verteidigt wurde, scheiterte er kläglich, an Gloucester selbst wagte er sich erst gar nicht heran. So blieb ihm als einziger Erfolg der Strafaktion die Einnahme von Hereford, das sich freiwillig ergab.

Gleichzeitig brachte Stephan auch noch den hohen Klerus Englands gegen sich auf, indem er mehrere Bischöfe verhaften ließ und ihnen ihre Burgen nahm. Am Anfang seiner Regentschaft hatte er der Kirche weitreichende Zugeständnisse gemacht und Freiheiten gewährt. Doch nun spürte er, wie ihm dadurch immer mehr die Macht im Lande entglitt, und er versuchte, seine Entscheidungen von damals rückgängig zu machen. Was allerdings leichter gesagt als getan war. Denn wenn sich jemand an einmal errungene Pfründen klammerte, dann waren es die Vertreter der heiligen Mutter Kirche. Sogar sein Bruder Heinrich wandte sich von Stephan ab und entzog dem König auf einer Synode in Winchester die Unterstützung weiter Teile des Klerus.

Nachdem Matilda diese Nachrichten aus England erreicht hatten und weite Teile der Normandie unter ihrer Kontrolle waren, hielt sie die Zeit für reif, erneut den Sprung über den Kanal zu wagen. Geoffrey würde auf dem Kontinent verbleiben, um hier ihre Interessen zu vertreten und die letzten Barone zu unterwerfen, die Widerstand leisteten.

Am 3. August anno 1138 landete sie mit einem Heer, wenn auch einem kleinen, an der englischen Küste unweit von Arundel. Der Erste, der von Bord eines der Schiffe an den Strand sprang, war Robert Fitzooth. Er sollte das Land zeit seines Lebens nie wieder verlassen.

6. KAPITEL

Tagelang hatte Robert vom Bergfried aus nach dem Segel der königlichen Nef Ausschau gehalten. Als Erster erspähte er dadurch auch das lang erwartete Schiff, wie es den Bristolkanal hinaufkam, wenig später in den Avon einlief und am Kai der mittlerweile bedeutenden Hafenstadt, die der großen, trichterförmigen Meeresbucht ihren Namen gegeben hatte, festmachte. Dem Westwind gleich stürmte er von der Burg hinunter zum Hafen, und kaum warfen die Schiffer eine Laufplanke an Land, war er auch schon an Bord.

»Endlich!« Mit einem tiefen Seufzer schloss Robert seine Frau und seinen Sohn, von denen er fast ein ganzes Jahr getrennt gewesen war, in die Arme. Zumindest im Südwesten Englands waren die Verhältnisse mittlerweile so stabil, dass er sie aus dem sicheren Anjou hatte nachkommen lassen können.

»Ich hatte solche Angst, dich nie wiederzusehen«, hauchte Martha in sein Ohr und erwiderte Roberts Umarmung, so fest sie konnte. »Was wäre nur aus dem Jungen und mir geworden, wärst du nach der Landung oder den vielen Kämpfen, von denen wir gehört haben, gefallen?«

Robert strich Hugh gedankenverloren über den Kopf und merkte dabei, wie dieser scheu vor ihm zurückwich. Hatte er sich so verändert, dass sogar der Junge es merkte? Ohne sein Herz und seine Seele hart zu machen, hätte Robert die letzten Monate kaum überstanden. Aber jetzt, wo er endlich wieder mit seiner Familie vereint war, würde hoffentlich alles wieder gut werden.

»Kommt, ich habe uns ein Haus gleich unterhalb der Burg gemietet, in der Matilda residiert. Sie will dich übrigens bald sehen, Martha. Unlängst meinte sie, du fehltest ihr ebenso wie mir, obwohl das völlig unmöglich ist. Sie wäre hier nur von selbstsüchtigen Klatschbasen umgeben und bräuchte wieder einmal ein ordentliches Gespräch von Frau zu Frau.«

»Ich hoffe doch, dass ich dir mehr bin als nur eine Gesprächspartnerin«, schalt Martha ihren Mann mit lockender Stimme. »Und zu Hugh sagst du gar nichts? Ist er nicht groß geworden? Ein bisschen lesen und schreiben kann er auch schon.«

»Was du nicht sagst! Und ich bring dir bei, wie man mit einem Schwert umgeht. Dann kannst du später selbst einmal entscheiden, ob du ein Schreiber oder ein Krieger werden willst.«

Die Augen des Jungen leuchteten auf, während Marthas Brauen sich zusammenzogen. Welcher Fünfjährige hätte sich nicht gewünscht, vielleicht einmal ein stolzer Ritter zu werden? Andererseits zeigte Hugh eine außergewöhnliche Begabung bei allen Dingen, die seine Mutter ihm beibrachte. Sogar mit dem Abakus konnte er bereits erste Aufgaben lösen. Martha hoffte, dass er einmal eine andere Laufbahn einschlagen würde als Robert. Sich um beide Männer ständig Sorgen zu machen, das würde sie kaum ertragen können.

»Lehrst du mich auch das Reiten?« Die ersten Worte, die der Sohn an den Vater richtete, deuteten allerdings nicht darauf hin, als würde sich der Junge ausschließlich den Wissenschaften widmen wollen.

»Natürlich! Komm, wir fangen gleich damit an.« Robert hob Hugh empor und setzte ihn sich auf seine breiten Schultern. »Und als Nächstes kaufe ich dir ein Pony. Die Waliser züchten ganz anständige.«

»Ein Haus, ein Pony, was denn noch? Zahlt Matilda mittlerweile solch einen stattlichen Sold?«

Roberts Gesicht wurde von einem Moment zum anderen verschlossen.

»Lass uns später darüber reden, ja? Jetzt kommt, es ist noch ein Stück zu gehen. Ihr da«, Robert winkte zwei Schauerleute zu sich heran, »wollt Ihr Euch einen halben Penny verdienen?«

»Jederzeit! Aber nur, wenn wir dafür nicht in die Hölle hinabsteigen müssen.« Die Männer grinsten über das ganze Gesicht.

»Nein, nur den Burgberg hinauf. Nehmt die Truhe und den Mantelsack und folgt uns einfach nach.«

Das ließen sich die beiden Männer nicht zweimal sagen. Ein halber Penny war in diesen Zeiten eine Menge Geld. Martha hingegen schüttelte ungläubig den Kopf. Was war nur in ihren sonst so sparsamen Mann gefahren, der früher jeden Farthing dreimal umgedreht hatte? Irgendetwas musste geschehen sein, und dass sie nicht wusste, was es war, beunruhigte sie sehr.

Vor einem schmucken Fachwerkhäuschen, unweit der ersten Ringmauer von Bristol Castle, nahm Robert seinen Sohn von den Schultern.

»So, junger Mann. Für heute genug geritten. Tritt ein, bring Glück hinein. Du bekommst sogar eine eigene Kammer. Und hinten im Hof neben meinen zwei Pferden kannst du dir schon mal eine Box für dein Pony aussuchen.«

Mit einem Freudenschrei stürmte Hugh über die Schwelle und machte sich sofort daran, das neue Heim zu erkunden.

Martha schwieg angespannt, bis Robert die beiden Schauerleute entlohnt hatte, doch dann sprudelte es aus ihr heraus.

»Sag mal Robert, was ist hier los? Wem gehört das Haus? Und wieso wirfst du plötzlich mit Geld um dich? Ich war schon überrascht, wie viel du uns nach Le Mans geschickt hast. Hat Matilda dich vielleicht zum Grafen gemacht? Wir haben zwar bisher nicht gerade gedarbt, aber hier in England scheinen ja Milch und Honig zu fließen!«

»Komm doch erst einmal herein. Gefällt dir denn gar nicht, was ich für uns geschaffen habe?«

Robert drängte seine Frau durch die große, zweiflügelige Tür. Ein Gang führte weiter zu einem Innenhof, eine Treppe nach oben zu den Schlafkammern, und zwei Räume, die Küche und ein ansehnlicher Wohnraum, bildeten das Erdgeschoss. So luxuriös hatte Martha noch nie in ihrem Leben gewohnt. Selbst als Kind musste sie sich auf der kleinen Burg ihrer Eltern mit diesen eine Kemenate teilen.

»Jetzt sag schon! Das geht doch nicht mit rechten Dingen zu? Matilda ist doch sonst eher knausrig.«

»Ihr Bruder dafür umso weniger. Als wir in England gelandet sind, blieb unsere Herrin zunächst bei ihrer Stiefmutter in Arundel. Robert von Gloucester hingegen schlug sich in seine Stammlande durch. Und ich ritt auf Matildas Befehl an seiner Seite. Der König hatte Bristol nicht einnehmen können, dem Earl öffneten die Stadt und die Burg freiwillig die Tore. Die Anhänger Stephans suchten schleunigst das Weite. Das hier ist das Haus eines seiner Ritter.«

»Und das hast du dir so einfach unter den Nagel gerissen?«

»Wo denkst du hin? Robert von Gloucester hat es mir gegeben. Ich bin mittlerweile so etwas wie seine rechte Hand.«

Martha hörte, wie ein gewisser Stolz, aber auch etwas anderes, was sie so nicht kannte, in Roberts Stimme mitschwang. Seufzend sank sie in einen Lehnsessel und streckte die Beine von sich.

»Und wie ist es Matilda gelungen, hierherzukommen? Durch das ganze von den Truppen ihres Cousins besetzte Land?«

»Stephan hat ihr tatsächlich freies Geleit gewährt. Eine noble, ritterliche Geste, die er aber sicherlich schon bereut. Aber willst du nicht etwas essen oder trinken? Du und Hugh, ihr müsst doch von der langen Reise hungrig und durstig sein.«

»Das hat Zeit. Zuerst will ich wissen, was sich hier ereignet hat. Also erzähl schon, wie stehen Matildas Chancen, gekrönt zu werden? Und was ist mit dir los? Ich merke doch, dass etwas nicht stimmt.«

Robert ging zu einem kleinen Tisch, auf dem ein Krug Wein stand. Er goss zwei Becher halbvoll, verdünnte den Wein mit Wasser und reichte einen Martha. Dann setzte er sich zu ihr und begann zu berichten und sich seinen Kummer von der Seele zu reden.

»Dieser Krieg ist anders als alles, was ich bisher erlebt habe. So grausam, so brutal, so unbarmherzig. Es herrscht die blanke Anarchie! Der Riss geht durch die Familien, spaltet sie mittendurch. Keine Seite kann offenbar gewinnen, und das ist das Schlimme daran. Kaum hatten wir Bristol erreicht, setzte Stephan nach. Er nahm zwei kleine Städte und die Burg von Shrewsbury ein, wo er die gesamte Garnison aufhängen ließ. Dafür eroberte Robert von Gloucester Worcester. Das wurde vom Grafen von Meulan verteidigt, der ein Jahr zuvor auf Befehl des Königs Gloucesters Ländereien in der Normandie überfallen hatte. Matildas Bruder nahm furchtbare Rache. Die Stadt wurde niedergebrannt, geplündert, die Männer, auch wenn sie sich ergaben, erschlagen, Frauen und sogar Kinder geschändet. Wer sich verstecken konnte und überlebte, stand so kurz vor dem Winter vor dem Nichts. Danach gelang es uns sogar, Winchester einzunehmen. Der gesamte Kronschatz fiel in Gloucesters Hände, und er und Matilda sind, zumindest vorerst, ihrer Geldsorgen ledig. Im Norden halten die Schotten weite Teile Englands besetzt, sodass Stephan nur noch der Südosten bleibt. Eigentlich müsste er aufgeben, weil sich ja auch der Klerus gegen ihn gestellt hat, aber verbissen kämpfen er und seine Anhänger weiter. Wenn das alles nicht bald ein Ende hat, geht das ganze Land vor die Hunde.«

Martha spürte, dass Robert noch etwas anderes bedrückte. Sie stellte ihren Becher ab und umfasste seine Hände mit den ihren.

»Das ist doch sicher nicht alles? Sag mir, was dir auf der Seele brennt. Ich merke schließlich, dass etwas mit dir nicht stimmt.«

Robert wandte den Blick ab, als könne er es nicht ertragen, seiner Frau in die Augen zu schauen.

»Am Anfang hat mich das ganze Blutvergießen abgestoßen, doch langsam gewöhne ich mich offenbar daran. Ich erschrecke mich vor mir selbst, wenn ich plötzlich feststelle, dass ich mich kaum noch von den anderen unterscheide. Im Kampf einen Mann töten ist das eine. Nach der Einnahme einer Stadt plündernd durch die Häuser zu ziehen das andere. Ich habe nie vergewaltigt oder Frauen und Kinder umgebracht, das musst du mir glauben!«

Ein regelrechtes Flehen lag in Roberts Stimme.

»Aber als mich Robert von Gloucester einen Dummkopf schalt, weil ich mir nicht wie alle anderen die Taschen vollstopfte, da habe ich es dann doch getan. Nur, dass die Menschen, die dieser Krieg trifft, nichts, aber auch gar nichts dafürkönnen. Sie dürfen sich nicht aussuchen, auf welcher Seite sie stehen wollen. Die hohen Herren oder auch Matilda bestimmen ihr Schicksal, wie es ihnen gefällt. Oft wechseln die Earls, Barone, Ritter und auch Bischöfe gleich mehrmals die Seiten, und ihre Untergebenen haben darunter zu leiden. Sie selbst kommen meist ungeschoren davon, denn eine Krähe hackt bekanntlich der anderen kein Auge aus. Da werden Ländereien verwüstet, Dörfer und Klöster niedergebrannt, ganze Landstriche entvölkert, und wofür das alles? Weil sich zwei nicht einigen können, wem die Krone gebührt. Und dabei müssen sie doch bei der Krönung schwören, das Land zu schützen, Unheil von ihm abzuwenden und die Menschen vor Not und Elend zu bewahren!«

Aus Robert sprachen erstmals Zweifel an dem, was er tat, und auch an Matilda. Martha konnte seine Seelenqualen verstehen, hatte er der Kaiserin doch viel zu verdanken und ewige Treue geschworen.

»Vielleicht kann ich ja etwas bei Matilda bewirken.« Martha wirkte nachdenklich. »Manchmal hört sie auf mich. Gleich morgen werde ich ihr von ihren drei prächtigen Jungs berichten. Man kann von Geoffrey sagen, was man will, aber als Vater verhält er sich vorbildlich. Weißt du, dass Henry und Hugh sich sogar angefreundet haben? Matildas Ältester war richtiggehend wütend, als er hörte, dass sein jüngerer Spielgefährte nach England reisen darf und er in der Normandie bleiben muss.«

»Es kann sicherlich nicht schaden, mit einem zukünftigen König befreundet zu sein«, schmunzelte Robert vor sich hin.

»Meinst du wirklich, dass er einmal den Thron besteigen wird?« In Marthas Frage schwangen Zweifel mit. »Schließlich hat Stephan auch zwei legitime Söhne.«

»Lass Matilda nie merken, dass du die Thronfolge Henrys infrage stellst«, ermahnte Robert seine Frau eindringlich. »In dieser Beziehung versteht sie nicht den geringsten Spaß. Zur Not würde sie vielleicht auf die Krone verzichten. Aber für ihren Sohn kämpft diese Löwin bis zum letzten Blutstropfen. Das ist so sicher, wie am Morgen die Sonne aufgeht. Und jeder, der das in Zweifel zieht, hat es sich mit ihr für alle Zeiten verscherzt. Ich habe erlebt, wie sie Lehen eingezogen und Männer aus ihrer engsten Umgebung in die Verbannung geschickt hat, nur weil sie ihr in dieser Hinsicht zu Verhandlungen rieten.«

»Ihr Sohn ist aber auch wie eine …«, Martha suchte nach Worten, »… eine Naturgewalt. Du solltest ihn erleben! Er reitet jetzt schon die Jagden der Ritter mit, kämpft mit allen Waffen wie ein Alter und steigt den Mägden am Hofe nach. Nur seinen geistlichen Lehrern macht er nicht viel Freude.«

Robert lachte schallend auf.

»Also hat er wirklich alles, was ein zukünftiger König braucht. Aber lass uns nicht von anderer Mütter Söhne reden, sondern lieber von unserem eigenen. Wo ist er überhaupt?«

Sie fanden Hugh schließlich in den Stallungen hinter dem Haus, wo er zu Füßen des großen Streitrosses seines Vaters erschöpft von der langen Reise eingeschlafen war. Sicherlich träumte er von zukünftigen Heldentaten oder zumindest von dem versprochenen Pony. Der mächtige Hengst stand regungslos über dem kleinen Jungen und schien dessen Schlaf zu bewachen, während das Packpferd unbeeindruckt sein Heu fraß. Liebevoll tätschelte Robert die Hälse der beiden Rösser, hob dann seinen Sohn empor und trug ihn in die Kammer, die er eigenhändig für Hugh hergerichtet hatte. Anschließend führte er Martha zu ihrer gemeinsamen Kemenate, und obwohl in ihrer beider Lenden die Sehnsucht pochte, schliefen sie in dieser ersten Nacht, ohne sich zu lieben, aber eng aneinandergeschmiegt ein.

* * *

Der Earl von Gloucester hatte erkannt, dass Robert ein geborener Anführer war und vor allem seine Männer im Zaum halten konnte. Mit Matildas Einverständnis schickte er ihn – wie sie damals in der Normandie – mit dem Auftrag aus, in feindliches Gebiet vorzudringen, Burgen und befestigte Plätze einzunehmen, Stephans Getreue zurückzudrängen, gleichzeitig aber diejenigen zu schonen, die sich ergaben und bereit waren, der Kaiserin die Treue zu schwören.

Martha gehörte erneut zum Gefolge der Kaiserin, auch wenn sie weiterhin das Stadthaus bewohnte. In ihrem Innersten musste sie zugeben, dass sie den ungewohnten Luxus eigener vier Wände genoss. Sogar eine Magd und einen Knecht, der sich um die Stallungen und die Tiere kümmerte, hatte Robert angeworben. Woher das Geld dafür kam, verdrängte sie ähnlich ihrem Mann.

Am Morgen schritt sie meist mit Hugh an der Hand zu der mächtigen Festung empor, die Matilda zu ihrer Residenz erkoren hatte. Gewaltige Ringmauern umgaben die Burg, die sich auf einem Hügel zwischen Avon und Frome erhob. Den kleineren Fluss hatte man umgeleitet, sodass sein Wasser jetzt den breiten Graben füllte, über den nur eine einzige Zugbrücke führte. Gleich mehrere Motten im Inneren der Anlage dienten als Behausungen für Soldaten und Bedienstete, während die Kaiserin natürlich im Palas Hof hielt.

Hugh stand den Söhnen der Ritter, die zu Matildas nächster Umgebung gehörten, in nichts nach, und da deren Väter um den Stellenwert des persönlichen Leibwächters der Kaiserin wussten, hatte er auch kaum Standesdünkel zu erdulden. Robert hielt natürlich Wort, und so gehörte dem Jungen bald ein schmuckes Waliser Moorpony, auf dem ihm sein Pate, der sich immer mehr auf sein Altenteil zurückzog, persönlich das Reiten beibrachte.

Doch oft stand Hugh mit seiner Mutter auf der Mauer und sah seinem Vater nach, wie dieser an der Spitze seines Fähnleins auszog, um für Matildas Anspruch auf die Krone Englands zu kämpfen. Das Bild des großen Mannes auf dem riesigen Streitross, der die Zügel leicht mit der linken Hand führte, die rechte lässig in die Seite gestützt, den Kopf meist unbehelmt, sollte sich dem Jungen für alle Zeiten einprägen.

Ein großer Teil der englischen und normannischen Lords hatte versucht, sich in dem Streit zwischen Matilda und Stephan neutral zu verhalten. Doch je weiter die Truppen der Kaiserin auf der Insel und die ihres Gemahls auf dem Festland vorrückten, je größer ihre Gebietsgewinne wurden, umso schwieriger wurde es, diese Position beizubehalten.

Auch Stephan, der zusehends die Nerven verlor und durch den ihm verbliebenen Rest seines Königreiches hastete, um das Schlimmste abzuwenden, verlangte immer eindeutigere Beweise für die Loyalität seiner Anhänger. Waren diese nicht bereit, ihn auf Gedeih und Verderb zu unterstützen, verloren sie meist ihr gesamtes Hab und Gut, und oft genug auch ihren Kopf.

Der König selbst hielt nur selten sein Wort. Er gab und nahm Lehen, wie es ihm gefiel, und machte sich damit viele Feinde. Dem Earl von Chester hatte er mehrere Ländereien im Norden Englands abgenommen und sie dem schottischen König übereignet, damit dieser nicht weiter vorrückte und Matilda unterstützte.

Ranulf von Chester nahm daraufhin in einem Handstreich Lincoln ein, um sich für die verlorenen Gebiete schadlos zu halten. Zuerst duldete Stephan die Tat, die ohne großes Blutvergießen abgegangen war. Doch als ihm berichtet wurde, dass die Stadt wohl leicht zurückzuerobern wäre, da Chester abgezogen war und nur eine kleine Garnison zurückgelassen hatte, marschierte der König mit seiner gesamten Streitmacht nach Norden, um ein Exempel zu statuieren.

Chester, ein Schwiegersohn des Earls von Gloucester, eilte nach Bristol, leistete Matilda den längst fälligen Treueeid und bedrängte sie, ihn bei der Rückeroberung Lincolns zu unterstützen. Eile war geboten, denn noch hielten seine Männer die Burg. Doch es war nur eine Frage der Zeit, bis sie fiel, wenn keine Hilfe kam.

So stellte Matildas Bruder in aller Hast ein Heer auf, verstärkte es mit den furchtbarsten Waliser Kriegern, die er anwerben konnte, und marschierte trotz Winterstürmen, Matsch und Schnee – also in einer Zeit, in der normalerweise alle Kriegshandlungen ruhten – so schnell es nur ging nach Norden. Und seine Schwester ließ es sich, sehr zu seinem Leidwesen, nicht nehmen, die Armee zu begleiten.

* * *

In der Ebene vor Lincoln standen sich die beiden Heere gegenüber. Gloucester hatte befürchtet, dass Stephan sich in der Stadt verschanzen würde, doch dieser dachte gar nicht daran. Der König wollte es jetzt und hier zu Ende bringen. Schon viel zu lange dauerte dieser Bürgerkrieg, der das Land ausblutete.

Mittlerweile herrschte regelrechte Anarchie in England, denn wer wollte das geltende Recht in diesem immerwährenden Kampf durchsetzen? Die Barone wechselten die Seiten, wie es ihnen gefiel, eigneten sich die Ländereien ihrer Nachbarn an, wenn diese nicht zufällig ihre Verbündeten waren, und Handel und Handwerk kamen fast gänzlich zum Erliegen. Damit gingen auch die Steuereinnahmen drastisch zurück, ganz zu schweigen davon, dass so mancher Geldtransport marodierenden Banden oder Wegelagerern in die Hände fiel.

Beide Armeen waren nahezu gleich stark und der König kein Feigling. Den Rest mussten Mut, Tapferkeit, Strategie und Taktik sowie Gottes Hilfe entscheiden. Seine Berater hatten ihm von diesem Kampf abgeraten und ihn angefleht, sich nur mit deutlicher Übermacht zur Schlacht zu stellen. Doch Stephan hörte nicht auf sie. Er war mit Gloucester zusammen aufgewachsen und wollte ihn endlich auf dem Feld der Ehre besiegen und so für seinen Verrat – so sah er Roberts Übertritt zu Matilda – bestrafen.

Der König stellte seine Truppen in drei Blöcken auf. Das Zentrum befehligte er selbst, links von ihm hatte er seine flämischen Söldner positioniert, die Wilhelm von Ypern unterstanden, rechts bretonische Hilfstruppen unter Alain le Noir. Dahinter stand noch die Miliz von Lincoln, die ihre Familien verteidigen wollte, käme es zum Äußersten und der Feind würde bis zu den Mauern der Stadt vordringen. So glaubte Stephan, Matildas Truppen in die Zange nehmen und zermalmen zu können. Er war sicher, spätestens am Abend als Sieger den Platz zu verlassen und den Bürgerkrieg mit dieser Schlacht ein für alle Mal zu beenden.

Gleiches hoffte auf der anderen Seite natürlich auch seine Cousine. Matilda hielt, hoch zu Ross und umgeben von ihrer Leibgarde, auf einem Hügel und hatte die Heerführer zu einem letzten Kriegsrat versammelt. Sie dachte gar nicht daran, sich damenhaft zurückzuhalten und den Kampf ausschließlich den Männern zu überlassen. Wollte sie Königin sein und über England herrschen, musste sie zeigen, dass sie etwas vom Kriegshandwerk verstand. Wenn sie auch nicht an der Spitze der Truppen in den Kampf ziehen konnte, so sollte doch niemand glauben, dass sie sich fürchtete.

»Wie hast du dir denn die Schlachtformation gedacht?«, fragte sie ihren Bruder, obwohl sie schon längst gesehen hatte, wie die Armee aufgestellt worden war. Aber er sollte ihr seine Gründe erläutern, erst dann würde sie seinen Plänen zustimmen.

»Stephan schwächt sein Zentrum, indem er seine kampferprobtesten Soldaten an die Flanken schickt. Um sich herum hat er die Earls mit ihren Rittern versammelt, die noch zu ihm stehen. Doch auf unserer Seite befinden sich viele ihrer Verwandten. Ob sie die wirklich mit aller Kraft bekämpfen? Ich stelle an unsere Flanken die Waliser. Die sind nicht sehr zuverlässig, aber furchtbare Krieger. Mal sehen, was passiert, wenn diese langzotteligen, halbnackten, bemalten Teufel auf die Bretonen und Flamen treffen. Ich hoffe, dass sie Stephans Söldner lange genug aufhalten, damit wir sein Zentrum zerschlagen können. Hier habe ich alle Ritter aufgestellt, denen er ihren Besitz genommen hat. Dazu meine Männer aus Gloucester und Chesters Truppen. Es müsste doch mit dem Teufel zugehen, wenn wir Stephan so nicht vom Schlachtfeld fegen und in die Flucht schlagen können. Dann laufen die Flamen und Bretonen von allein hinterher.«

»Was habt Ihr eigentlich Euren Walisern als Lohn für ihre Unterstützung versprochen?«, erkundigte sich der Earl von Chester interessiert bei seinem Schwiegervater.

»Dass sie nach dem Sieg die Stadt plündern dürfen natürlich. Was sonst?«

Chester, der ebenfalls walisische Hilfstruppen angeworben hatte, grinste über das ganze Gesicht.

»Ich den meinen auch. Das wird ein schönes Hauen und Stechen in den Straßen der Stadt geben. Und wenn von den Männern aus Wales nicht mehr viel übrig ist, nehmen wir uns auf dem Rückweg gleich ihr Land!«

»So weit ist es noch lange nicht«, rief Matilda die Männer zur Raison. »Zuerst einmal müssen wir Lincoln erobern und Stephan besiegen. Niemand braucht auf ihn Rücksicht zu nehmen. Fällt er, sind wir aller Sorgen ledig. Anlässlich meiner Krönung erhält er dann ein angemessenes Begräbnis.«

Die letzte Bemerkung Matildas rief unter den Männern Heiterkeit hervor, und genau das hatte die Kaiserin beabsichtigt. Natürlich machte auch sie sich Sorgen über den Ausgang der Schlacht, hing von ihm doch nicht zuletzt ihr weiteres Schicksal ab. Doch anmerken lassen durfte und wollte sie sich das nicht.

Ganz anders der Befehlshaber ihrer Leibwache. Robert war auf seinen angestammten Posten zurückgekehrt und hatte wieder den persönlichen Schutz Matildas übernommen.

Die Kaiserin wollte, für jeden deutlich sichtbar, auf ihrem Pferd, noch dazu einem Schimmel, den Verlauf der Schlacht von dem Hügel aus verfolgen. Also hatte Robert seine Männer absitzen und einen mehrreihigen Kreis um Matilda herum bilden lassen. Sie waren mit großen, normannischen Schilden und Spießen ausgerüstet und zusätzlich mit Schwert und Dolch bewaffnet. Bevor ein Angreifer zu Matilda vordrang, würde eher die Hölle einfrieren, das hatte der Sergeant sich geschworen.

Sein Mitgefühl galt den Männern auf dem Schlachtfeld, von denen viele für eine Sache fochten, die sie eigentlich gar nichts anging. Aber war das nicht immer so? Ihm fehlte jetzt die Zeit, darüber nachzusinnen. Alles, was einen vom Kampfgeschehen ablenkte, konnte den Tod bedeuten. Und Robert hatte sich fest vorgenommen, zu Martha und Hugh zurückzukehren.

Die Heerführer banden sich ihre Helme fest und saßen auf. Der Earl von Gloucester hingegen kam noch einmal zu Robert und klopfte ihm auf die Schulter.

»Ich verlasse mich darauf, dass Ihr meine Schwester schützt, komme, was da wolle. Zur Not auch vor sich selbst, hört Ihr? Lasst nicht zu, dass sie in Gefahr gerät. Seht Ihr, dass die Schlacht verloren ist, dann flieht mit ihr. Sollte sie sich sträuben, werft sie über ein Pferd und bindet sie gut fest. Ich werde schon dafür sorgen, dass es Euch nicht den Kopf kostet.«

Das würdest nicht einmal du schaffen, dachte Robert bei sich, antwortete aber höflich, so wie es sich gehörte: »Jawohl, Mylord! Macht Euch keine Sorgen. Für meine Herrin stehe ich mit meinem Leben ein, dessen könnt Ihr gewiss sein.«

»Dann ist es ja gut.« Der Earl winkte seiner Schwester noch einen letzten Gruß zu, dann begab auch er sich zu seiner Abteilung und nahm vor der Linie Aufstellung.

Priester schritten die Reihen auf beiden Seiten ab, segneten die Streiter und besprengten sie mit Weihwasser. Sowohl in Stephans Reihen wie auch in denen von Matilda befanden sich zahlreiche Bischöfe mit ihrem Gefolge und waren bereit, sich am Kampf zu beteiligen. Sie hatten ihre Soutane gegen Kettenhemden und die Mitra gegen Helme getauscht. Da ihnen als Männern der Kirche Lanze und Schwert verboten waren, führten sie Morgenstern, Streitkolben und Kampfhammer als Waffen.

Und so begann an einem trüben Februartag anno 1141 der furchtbare Kampf zwischen den Heeren einer Kaiserin und eines Königs, der als die erste Schlacht von Lincoln in die Geschichte eingehen sollte.

* * *

Wie üblich eröffneten die Bogenschützen das Kampfgeschehen, ohne allerdings viel Schaden im jeweiligen gutgerüsteten Zentrum anzurichten. Anders sah das schon bei den Hilfstruppen aus, die sich nur mit ihren Holzschilden schützen konnten. Nach den ersten Pfeilwechseln schickte deshalb Gloucester die Waliser nach vorn. Sie waren meist nur mit Keulen und Streitkolben bewaffnet, stürzten sich aber mit markerschütterndem Gebrüll auf Stephans Söldner. Die Flamen hielten stand, doch die Reihen der Bretonen wankten bereits unter dem ersten Ansturm.

»So viel zu unseren glorreichen Verbündeten«, meinte der Earl von Norfolk, Hugh Bigod, bitter zu seinem König. »Nicht einmal diesen leicht bewaffneten Wilden können sie trotzen.«

»Furchterregender als ihre Keulen sind zweifelsohne ihr Anblick und ihr Geschrei«, gab Stephan seinem Gefolgsmann recht. »Deshalb lasst uns nicht zögern und angreifen, damit sich unser Plan nicht gegen uns kehrt und wir diejenigen sind, die in die Zange genommen werden. Vorwärts, es gilt, einen Krieg zu beenden!«

Wie ein Mann fällten seine Ritter ihre Lanzen und stürmten gegen das gegnerische Zentrum an. Genau damit hatte Gloucester gerechnet. Seine erste Reihe machte mit ihren Pferden kehrt, und für einen Moment sah es so aus, als würden die Streiter Matildas vor Stephans Rittern fliehen.

Doch als die Truppen des Königs schon siegessicher den Hügel hinabjagten, sahen sie sich plötzlich Fußkämpfern gegenüber, die hinter den Reitern verborgen gewesen waren und ihnen jetzt überlange Spieße oder manche auch nur angespitzte Fichtenstangen entgegenstreckten.

Viele der Angreifer bekamen ihre Pferde nicht mehr zum Stehen und krachten mit voller Wucht in den Wall aus Stahl und Holz. Die verletzten Pferde wieherten voller Schmerz, brachen zusammen und begruben ihre Reiter unter sich oder stiegen und warfen sie ab. Es hatte nur Lidschläge gedauert, um das perfekte Chaos unter Stephans Truppen auszulösen.

Jetzt machten auch noch Gloucesters Ritter kehrt und griffen die Reiterei des Königs an. Ein blutiges Gemetzel begann. Mann gegen Mann kämpfte mit brutaler Entschlossenheit, und nicht immer siegte der Bessere oder Stärkere, sondern oft der Glücklichere.

Robert beobachtete alles mit gespannter Aufmerksamkeit von der Anhöhe herab und machte sich so seine Gedanken. Matilda thronte hinter ihm auf ihrem Schimmel in einem prächtigen rot-goldenen Kleid. Die große, mit zahlreichen Edelsteinen besetzte Kaiserkrone funkelte selbst in der matten Wintersonne auf ihrem Haupt. Eigentlich gab sie die ideale Zielscheibe ab. Doch weder Armbrüste noch die gebräuchlichen Bögen trugen so weit, um sie von den feindlichen Linien aus zu treffen. Obwohl, im Lager der Waliser hatte Robert Bögen gesehen, die dazu womöglich in der Lage gewesen wären. Übermannsgroß, selbst für ihn schwer zu spannen, schossen sie armlange Pfeile ab, die sogar Rüstungen durchschlugen und bis zu dreihundert Yards weit flogen. Eine gut ausgebildete Truppe, mit diesen Waffen ausgerüstet, könnte schlachtentscheidend sein und jeden gepanzerten Ritter das Fürchten lehren. Die Krieger aus Wales waren aber viel zu undiszipliniert, um in geschlossenen Formationen zu kämpfen, und ein Einzelner konnte natürlich nicht viel ausrichten. Es sei denn, er handelte überlegt und schoss den gegnerischen König oder Feldherrn ab. Das wiederum würde dann wahrscheinlich durchaus die Entscheidung bringen.

Während Robert darüber sinnierte, wie man zukünftig Feinde auf Distanz bekämpfen konnte, und nicht ahnte, dass sein noch ungeborener Enkel es darin einmal zur Meisterschaft bringen würde, tobte auf der Ebene unter ihm der mörderischste Kampf, den sich ein Sterblicher vorstellen konnte.

Stephan focht an der Spitze seiner Männer mit großer Tapferkeit und Umsicht. Es war ihm tatsächlich gelungen, seine Reihen zu schließen und dem Gegenangriff Gloucesters standzuhalten. Markerschütternde Schreie Verwundeter mischten sich mit dem Wiehern der Pferde und dem Klirren der Waffen. In der kalten Februarluft lag der Geruch von Blut und Tod. Keine die Sicht hemmende Staubwolke hüllte die Kämpfenden ein, dafür war der Untergrund morastig und rutschig, und manch einer, der strauchelte, kam nie wieder auf die Beine.

Den Flamen war es gelungen, die Waliser zurückzudrängen, während auf der gegenüberliegenden Seite die Bretonen flohen. Das Zentrum der beiden Armeen hingegen hatte sich verbissen ineinander verkeilt, und keiner war bereit, auch nur einen Fußbreit Boden aufzugeben.

Besonders taten sich die entrechteten und ihres Eigentums beraubten Ritter hervor, wie Gloucester vorausgesehen hatte. Sie wussten, für sie ging es um alles. Gerieten sie in Gefangenschaft, würde niemand Lösegeld für sie bezahlen. Gewann hingegen Matilda die Schlacht, bestand eine gute Chance, dass sie ihren Besitz zurückerhielten. Gerade sah es so aus, als würden sie die Oberhand erringen, da schwenkten die Flamen in Richtung Zentrum ein und fielen Gloucesters Truppen in die Flanke.

Wilhelm von Ypern, Stephans Söldnerführer, war ein erfahrener Soldat und Kommandeur. Aus Flandern verbannt, verdingte er sich viele Jahre lang an jeden, der ihn bezahlte. Doch in Stephan hatte er mehr als einen Dienstherrn gefunden, ja, er sah in ihm sogar so etwas wie einen Freund. Deshalb führte er auch den Angriff auf Gloucesters und Chesters Truppen persönlich und mit aller Härte, und es sah auf einmal gar nicht gut für Matildas Sache aus.

Robert verfolgte das Geschehen auf dem Schlachtfeld sehr aufmerksam. Immer weiter drängten die Truppen des Königs ihre Gegner zurück. Bald würde es Zeit werden, zum Rückzug zu blasen und Matilda in Sicherheit zu bringen. Doch dann ging alles von vorn los, würde der Kampf nicht enden, denn eine verlorene Schlacht bedeutete für Monarchen und Feldherren noch lange keinen verlorenen Krieg. Wenn er hier und heute entschieden werden sollte, dann musste etwas Grundlegendes wie der Tod oder die Gefangennahme eines der beiden Kontrahenten um die Krone geschehen.

In Robert reifte ein Plan, der ihn zwar den Kopf kosten, aber den Konflikt auch ein für alle Mal beenden konnte, sollte er gelingen. Es waren nicht einmal hundert Yards bis zu der Stelle, an der der König kämpfte. Das musste doch zu schaffen sein!

Stephan hieb mit einem Morgenstern, einer nicht gerade ritterlichen Waffe, um sich, als gäbe es kein Morgen. Gloucester versuchte immer wieder, zu ihm vorzudringen, doch es wollte ihm einfach nicht gelingen. Ständig drängten ihn Gefolgsleute des Königs ab, und er hatte alle Hände voll zu tun, sich seiner Haut zu erwehren. Robert warf einen Blick auf Matilda, die regungslos wie eine Statue auf ihrem Schimmel saß und das Geschehen mit zusammengekniffenen Augen beobachtete, dann packte er seinen Schild fester.

»Vierte und fünfte Reihe Kreis schließen, erste, zweite und dritte Reihe Keilformation bilden«, hallte plötzlich seine Stimme deutlich vernehmbar über den Hügel.

Matilda sah überrascht auf die Bewegung, die plötzlich um sie herum entstand. Der jahrelange Drill, dem Robert seine Männern ausgesetzt hatte, machte sich nun bezahlt. Keiner zögerte auch nur einen Moment, und jeder wusste, was er zu tun hatte. Die zwei hinteren Reihen schlossen einen engen Kreis um die Kaiserin, während die vorderen auffächerten und einer Speerspitze gleich hinter ihrem Anführer Stellung bezogen.

»Was soll das denn werden?«, meldete sich Matilda von ihrem hohen Ross, doch zu ihrem Erstaunen erhielt sie keine Antwort.

»Schilde an die Flanken, Spieße nach vorn«, befahl Robert stattdessen, den Blick starr geradeaus gerichtet, und dann: »Vorwärts, marsch!«

Wie ein Mann setzte sich der Großteil der Leibwache der Kaiserin hügelabwärts in Bewegung, eine völlig verblüffte Matilda zurücklassend. Zuerst im langsamen Schritt, dann immer schneller rückten sie vor, nur vergleichbar mit einer Lawine in den Alpen, alles vor sich zermalmend oder zumindest zur Seite drängend.

Dieser plötzlichen Sturmflut hielt niemand stand. Unaufhaltsam bahnte sich Matildas Leibwache ihren Weg in das Zentrum der Schlacht. Von den Seiten wurde auf die Männer eingeschlagen, aber sie schützten sich mit ihren großen Schilden, und wer in die Reichweite ihrer rasiermesserscharfen Spieße kam, starb oder wurde schwer verletzt.

Zwanzig Yards vor dem König gab Robert das letzte Zeichen, und jetzt rannte seine Truppe, ihren bedrohlichen, sich immer wiederholenden Kampfschrei ausstoßend, auf den gegnerischen Anführer zu. Das furchtbare »Hooh, hooh, hooh« hallte über das ganze Schlachtfeld und ließ so manchem Streiter das Blut in den Adern erstarren.

Stephan sah die Gefahr kommen, konnte ihr aber nicht mehr ausweichen. Eingekeilt zwischen anderen Reitern, die jetzt allerdings wie Ähren auf dem Feld auseinandergeschoben wurden, war es ihm unmöglich, sein Pferd zu wenden. Er hieb mit dem Morgenstern auf den erhobenen Schild eines der Angreifer, doch gleich mehrere Zacken blieben in dem weichen Holz stecken, und mit einem Ruck wurde ihm die Waffe aus der Hand gerissen. Gleichzeitig spürte er, wie sein Pferd, getroffen von der immensen Wucht des Aufpralls eines wahren Hünen, strauchelte und im nächsten Moment zu Boden stürzte.

Der König war geistesgegenwärtig genug, die Füße aus den Steigbügeln zu ziehen, und trotz seiner Rüstung sprang er im letzten Moment behände ab und kam neben seinem Streitross zu stehen. Gewandt zog er sein Schwert, bereit, sich den Gegnern zu stellen, da wurde es ihm von dem blonden Riesen mit solcher Kraft aus der Hand geschlagen, dass es hoch in die Luft flog, sich mehrmals drehte und weit hinter ihm, noch dazu einen seiner Ritter verletzend, zu Boden fiel.

»Kreis!«, hörte der König den Mann vor sich brüllen, dann befand er sich auch schon nur noch mit einem Dolch bewaffnet inmitten seiner Feinde, die ihn so vollständig umzingelt hatten, dass er seine eigenen Streiter nicht mehr sah. Roberts Männer standen mit dem Rücken zu Stephan und bildeten einen undurchdringlichen Wall für diejenigen, die ihrem Herrscher zu

Hilfe eilen wollten. Nur ihr Anführer selbst stand im Inneren des Ringes vor dem König, dem gerade aufging, dass er diesen Kämpfer schon einmal gesehen und die Stimme, die ihn aufforderte, sich zu ergeben, gehört hatte.

»Ihr seid mein Gefangener, Mylord. Übergebt mir Euren Dolch und leistet keinen Widerstand. Es ist mir völlig gleich, ob ich Euch tot oder lebendig meiner Herrin übergebe.«

»Kerl, was unterstehst du dich! Wie sprichst du mit deinem König?«

»Ich habe Euch schon einmal gesagt, dass Ihr das niemals sein werdet. Gut, dann eben tot.«

Robert hob sein Schwert und Stephan abwehrend die Arme, als die Stimme Gloucesters über den Schildwall dröhnte, der es endlich geschafft hatte, bis hierher vorzudringen.

»Nicht töten, wir brauchen ihn lebend!« Gleich darauf wandte sich der Earl wieder um und brüllte über das Schlachtfeld, dass es bis in die Stadt hochschallte: »Stephan von Blois ist unser Gefangener, die Schlacht ist gewonnen! Sieg für die Herrscherin Englands, Sieg für Matilda!«

Einen Moment lang war Robert abgelenkt, ein Moment, der ihn fast das Leben gekostet hätte.

Der König hatte seinen Dolch gezogen, eine lange, spitze Klinge, die dazu geschmiedet worden war, Kettenhemden und Helmvisiere zu durchdringen. Von unten führte er einen Stoß gegen Robert, der diesem die Gedärme aufgeschlitzt hätte, wäre er nicht im allerletzten Moment seinem Instinkt folgend zur Seite gesprungen. So fuhr ihm der kalte Stahl an der Hüfte ins Fleisch, durchtrennte Haut und Muskeln, und trat eine Handbreit hinter dem Einstich wieder aus. Aus der Drehung heraus schlug Robert mit dem eisenbewehrten Handschuh zu, und Stephan ging mit gebrochener Nase sang- und klanglos zu Boden.

In diesem Moment öffnete sich der Kreis, und Gloucester sprang vom Pferd. Er eilte auf Robert zu, wollte ihn umarmen, da sah er den Dolch aus dem Sergeanten herausragen.

»Schwer verletzt?«

»Nichts, was ein geschickter Feldscher nicht wieder zusammennähen kann«, grinste Robert mit schmerzverzerrtem Gesicht.

»Lebt er?« Gloucester zeigte auf Stephan.

»Das will ich doch hoffen. Wie käme ich dazu, Euren Befehl zu missachten?«

»Sagt mir, wo Männer wie Ihr geschmiedet werden, und ich bestelle eine Hundertschaft. Ganz gleich, was es mich kostet.«

»In einem kleinen Dorf bei Nottingham, Mylord. Aber noch einmal tut sich der Herr im Himmel das sicher nicht an.«

Der Earl lachte schallend auf, dann beugte er sich zu Stephan hinab, der mittlerweile mühsam versuchte, auf die Beine zu kommen.

»Nun, verehrter Cousin, so hast du dir das wohl nicht vorgestellt? Deine Truppen sind auf der Flucht. Sie haben offenbar wenig Interesse an einem gestürzten König. Schaffst du es allein, oder soll ich dir aufhelfen?«

»Diese Genugtuung wirst du nicht bekommen«, entgegnete Stephan und spuckte einen Schwall Blut aus. »Noch ist die Schlacht nicht vorbei! Warte nur, bis Wilhelm von Ypern euch mit seinen Flamen zu Paaren treibt.«

»Ha«, lachte Gloucester, »der war einer der Ersten, der sein Pferd wendete und Fersengeld gab. Glaub mir, es ist zu Ende. Mit der Schlacht, und auch mit deinem Königtum. Lass uns gehen, Matilda wartet sicher schon. Und Ihr«, mit diesen Worten wandte sich der Earl an Robert, »meldet Euch bei meinem Medicus. Das ist ein Befehl, hört Ihr? Er ist Maure und versteht hundertmal mehr von der Behandlung solcher Wunden als Euer

Feldscher. Ich bin mir sicher, dass wir Euch noch brauchen werden, und will Euch nicht an das Wundfieber verlieren.«

Das war eine Anordnung, der Robert gern nachkam, hatte er doch schon viele Männer gesehen, die sich selbst nach leichten Verletzungen im Delirium gewälzt hatten und vom Tod hinweggerafft worden waren. Er hatte versucht, den Dolch herauszuziehen, davon aber sofort Abstand genommen, als er merkte, dass sich die Klinge in den Ringen seines Kettenhemdes verhakt hatte. Glücklicherweise blutete die Wunde nicht allzu stark, und ein lebenswichtiges Organ schien auch nicht verletzt zu sein.

Gestützt auf zwei seiner Kameraden, schaffte er es zum Zelt des Medicus beim Tross, der alle Hände voll zu tun hatte, gemeinsam mit Feldschern und Badern die vielen Verwundeten zu versorgen. Robert fürchtete sich nicht vor dem Kampf, aber als er hier, wie schon so oft zuvor, die grausamen Verletzungen und Verstümmelungen sah, die das Ergebnis der Schlacht waren, lief ihm das kalte Grauen den Rücken herunter.

Der Kampf war vorüber und in eine wilde Flucht der königlichen Truppen ausgeartet. Nur hier und da gab es noch einige Rückzugsscharmützel. Die Bürgermiliz von Lincoln hatte es nicht geschafft, die Tore zu schließen, und so ging das Schlachten in den Straßen der Stadt weiter.

Lincoln war, wie allgemein üblich, zur Plünderung freigegeben worden, und besonders die Waliser taten sich beim Beutemachen und Schänden hervor. Schließlich hatte man es ihnen als Lohn für ihre Gefolgschaft versprochen. Dass sie sich dabei oft gegenseitig in die Haare gerieten, war ein Nebeneffekt, den die Grenzlandlords Gloucester und Chester gern billigend in Kauf nahmen.

Der gefangene König war mittlerweile zu Matilda geführt worden, die ihn kalt lächelnd von ihrem Pferd herab ansah.

»So sieht man sich wieder, Cousin. Und so schnell können Träume von einem Königreich zerplatzen.«

»Freu dich nicht zu früh, Matilda. Eine verlorene Schlacht bedeutet noch keinen verlorenen Krieg.«

»Nun, für dich ist er auf alle Fälle zu Ende. Was nun folgt, davon wirst du in den Kerkern von Bristol Castle hören. Wenn es denn jemand für nötig erachtet, dich darüber zu informieren.«

Stephan wurde bleich.

»Das kannst du nicht tun! Ich habe dich zweimal gehen lassen, obwohl du so gut wie in meiner Hand warst.«

»Aber eben nur so gut wie. Dich dagegen werde ich festhalten, damit du mir nicht wie ein Vögelchen davonflatterst.« Matilda wandte sich an ihren Bruder. »Nimm ihm endlich diese alberne Krone ab und leg ihn in Ketten. So wird er den Weg nach Bristol zurücklegen. In jeder Stadt, durch die wir kommen, stell ihn auf dem Marktplatz zur Schau. Die Leute sollen sehen, was mit einem Thronräuber geschieht.«

»Um Gottes willen, Matilda, überleg dir das gut. Deine Unbarmherzigkeit kann auch auf uns zurückfallen. Das Volk war nicht unzufrieden mit Stephans Herrschaft. Zumindest in den ersten Jahren.«

»So? Aber nur, weil er mir die Krone gestohlen und den Staatsschatz seines Vorgängers verschleudert hat. Dreimal hat er geschworen, mich nach dem Tod meines Vaters als rechtmäßige Erbin anzuerkennen, dreimal hat er den Schwur gebrochen. Verlasse dich lieber nicht auf mein Mitgefühl, Stephan. Für dich habe ich nur eines übrig – Verachtung.«

Betretenes Schweigen machte sich ringsum breit. Mit ritterlichem Verhalten hatte das, was Matilda tat, nicht viel zu tun. Aber konnte man es von ihr erwarten, einer Frau? Manch einer fragte sich, welches Schicksal England wohl bevorstehen würde, wenn sie erst regierte. Milde und Barmherzigkeit, gepaart mit mütterlicher Fürsorge, oder womöglich unbarmherzige Härte, wie sie soeben gezeigt hatte?

Noch einmal meldete sich der gestürzte König zu Wort.

»Meine Gemahlin wird dir sicherlich ein hohes Lösegeld zahlen, und über die Krone können wir verhandeln. Ich bin sicher, wir finden eine Lösung. Aber behandle mich nicht wie einen Verbrecher, den man in Ketten legt, ich bitte dich.«

»Du solltest froh sein, nur ins Gefängnis zu kommen. Eidbrüchigen hackt man normalerweise die Schwurhand ab und hängt sie danach auf. Zumindest vorläufig bleibt dir dieses Schicksal erspart. Aber mehr Nachsicht erwarte nicht von mir. Und was gibt es da zu verhandeln? Ich ziehe nach London und lasse mich krönen! So einfach ist das. Und den will ich sehen, der sich mir nun in den Weg stellt!«

Matilda gab sich vor ihren Männern sehr siegessicher, wusste aber besser als diese, wie viele Hindernisse noch aus dem Weg zu räumen waren, bis sie sich am Ende Königin von England nennen durfte. Die Zustimmung des Erzbischofs von Canterbury zu erhalten, ohne den die Krönung nicht vollzogen werden konnte, war da noch ihr geringstes Problem.

Die Kaiserin beaufsichtigte persönlich, wie ihr Widersacher in Ketten gelegt wurde, dann wendete sie ihr Pferd und ritt, nur von ihrem Bruder begleitet, zurück zum Feldlager, wo sie in ihrem großen Zelt ein Bad zu nehmen gedachte. Sie glaubte selbst von oben bis unten voller Blut, Dreck und Morast zu sein, auch wenn ihre Kleider so sauber waren, als hätte sie sie soeben erst angelegt.

»Wo ist eigentlich dieser ungetreue Leibwächter, der mitten in der Schlacht seinen Posten verlassen hat?«, fragte Matilda nach einiger Zeit ihren Bruder. »Ich hoffe, nicht gefallen, damit ich ihn angemessen zur Rechenschaft ziehen kann.«

»Matilda, jetzt ist es genug!« Der Earl von Gloucester konnte nicht mehr an sich halten. »Du weißt doch, dass er es war, der Stephan gefangen genommen und damit die Schlacht entschieden hat, was ihn beinahe das Leben gekostet hätte. Das Mindeste, was du tun solltest, ist, ihm deine Dankbarkeit zu erweisen. Schlag ihn endlich zum Ritter, belehne ihn mit einer Grafschaft – es sind gerade etliche frei geworden – oder mach ihn zumindest zum Hauptmann deiner Feldtruppen. Aber solltest du ihn tatsächlich bestrafen, dann sind wir geschiedene Leute!«

Hier sprach nicht ein Earl über einen Gemeinen, sondern ein Soldat über einen anderen, dem er für seinen Mut und seine Tapferkeit angemessenen Respekt zollte.

»Den Teufel werde ich tun! Ich kann ihn nicht zum Ritter schlagen, denn dann hat er Anspruch auf ein Lehen, um das er sich dann wiederum kümmern muss. Mindestens die Hälfte des Jahres wäre er auf seinen Besitzungen, wenn ich ihn überhaupt je wieder zu Gesicht bekäme. Und ich will ihn an meiner Seite haben, denn nur dann fühle ich mich wirklich sicher. Gleich eine ganze Grafschaft wäre wohl ein bisschen reichlich, und zum Hauptmann kann ich ihn nicht befördern, weil er nicht von Adel ist. Da beißt sich die Katze in den Schwanz. Natürlich werde ich ihn nicht bestrafen, wofür hältst du mich? Kann man denn nicht einmal mehr einen Scherz machen? Ist er eigentlich schwer verletzt?«

»Ich glaube, es ist nur eine Fleischwunde. Nichts, was ihn umbringen wird.«

»Dem Himmel sei Dank! Meine Wachen und Söldner befehligt er sowieso schon, daran ändert auch ein höherer Rang nichts. Und ich kenne keinen, der ihm das streitig macht. Nein, ich weiß eine bessere Belohnung für Robert. Er hat einen sehr aufgeweckten Sohn. Den werde ich gemeinsam mit meinen Jungs erziehen und unterrichten lassen, sobald sie jetzt nach

England kommen. Außerdem wird es den Prinzen sicherlich guttun, nicht nur von Hofschranzen umgeben zu sein.«

»Dir fällt doch immer etwas ein«, grinste der Earl. »Und ich dachte schon, du meinst es ernst mit der Bestrafung, so wie du mit Stephan umgesprungen bist.«

»Das ist etwas ganz anderes! Hier Milde zu zeigen wäre sicherlich ein Fehler. Dafür hat er mich zu oft betrogen. Kümmere du dich etwas um ihn. Er bleibt in Ketten und wird zur Schau gestellt, aber mehr braucht es nicht. Das sollte Strafe genug sein. Und jetzt wollen wir uns mit etwas Erfreulicherem beschäftigen, nämlich mit meiner baldigen Krönung.«

Voller Lebensfreude lachte Matilda laut auf und gab ihrem Pferd die Sporen. Sie preschte über das weite Feld wie eine der sagenumwobenen Amazonen, und ihr Bruder hatte alle Mühe, ihr zu folgen.

Der Sieg über Stephan war so vollständig, dass sich fast alle seine Gefolgsleute und, was noch wichtiger war, der Klerus von ihm lossagten. Sein eigener Bruder, der Bischof von Winchester, gleichzeitig päpstlicher Legat, verriet ihn als einer der Ersten. Er hatte sich zwar schon früher von Stephan abgewandt, weil dieser sich seiner Meinung nach zu sehr in Kirchenangelegenheiten einmischte, doch jetzt trat er offen zur Partei der Kaiserin über.

Bereits Anfang März anno 1141 wurde Matilda von den bedeutendsten weltlichen und geistlichen Lords als Herrin von England – Domina Anglorum, wie es in den Urkunden hieß – anerkannt. Und nur einen Monat später setzte eine Synode in Winchester unter Vorsitz des päpstlichen Legaten Stephan offiziell als König ab und bestätigte die Kaiserin als Herrin Englands und der Normandie. Nun stand dem Ende des Bürgerkrieges und ihrer Krönung zur Königin eigentlich nichts mehr im Wege – außer sie sich selbst.

* * *

»Das kann doch wohl nicht wahr sein!« Die Kaiserin hieb mit der Faust auf den runden Tisch in der großen Halle von Winchester Castle, an dem angeblich früher die Ritter aus König Artus' Tafelrunde gesessen hatten, wie es kein Söldnerführer besser gekonnt hätte. Soeben hatten Boten die Nachricht gebracht, dass Stephans Gemahlin Maud keinesfalls die Absicht hatte, den Kampf um die Krone verloren zu geben. Sie schmiedete Bündnisse mit Matilda feindlich gesinnten Lords, stellte im Südosten Englands eine neue Armee auf und verhandelte angeblich mit den Bürgern von London, um sich deren Unterstützung zu sichern. »Sie soll doch eher froh sein, diesen Kerl endlich los zu sein, der sie ständig betrogen und zum Gespött des ganzen Hofes gemacht hat. Aber nein, plötzlich entdeckt diese Betschwester ihre abgrundtiefe Liebe zu Stephan! Bis vor Kurzem lebte sie noch wie ein Mauerblümchen in ihrer kleinen Grafschaft Boulogne getrennt von ihrem Mann, jetzt will sie um eine Krone kämpfen, die ihr nie im Leben zusteht. Hat denn das nie ein Ende? Himmelherrgott Donnerwetter noch mal!«

Der Bischof von Winchester zog den Kopf ein, wagte aber nicht, Matilda für ihre ungebührlichen Worte zu tadeln.

»Das ist leider noch nicht alles, Madam. Eine Delegation Londoner Kaufleute bittet untertänigst darum, vorgelassen zu werden.«

»Was wollen denn die Pfeffersäcke von mir?« Aufseufzend ließ sich die Kaiserin auf ihren Löwenthron fallen und beäugte Stephans Bruder argwöhnisch. Sie traute ihm nicht so weit, wie ein Soldat spucken konnte, war aber zumindest vorläufig noch auf seine Unterstützung angewiesen.

»Sie werden Privilegien fordern, vielleicht sogar Senkung oder gar Aussetzung ihrer Steuern, was sonst?«, schaltete sich der Earl von Gloucester ein. »Das ist so üblich, wenn ein neuer Monarch in Westminster gekrönt wird. Matilda, sprich freundlich mit den Abgesandten und dem Bürgermeister! Hinter ihnen stehen einflussreiche Gilden. Ohne sie geht gar nichts in dieser großen Stadt. Sag ihnen zu, was sie wollen, und vergiss es einfach nach deiner Krönung. Daran sind sie gewöhnt und werden nicht überrascht sein.«

»Vielleicht sollten wir sie einmal ein neues Spiel lehren, das der Ehrlichkeit. Statt ihnen etwas zu versprechen, was dann doch nicht gehalten wird, werde ich ihnen sagen, was ich von ihnen erwarte. Ich bin sicher, das wird diese Krämerseelen überraschen.«

Matilda schmunzelte in Erwartung eines Spaßes vor sich hin, während ihr Bruder hinter ihr die Augen verdrehte und der Bischof nebst vielen anderen Anwesenden, die den Stolz und die Macht der Londoner Handelsherren kannten, blass wurde. Nicht wenige Adelige und auch Kleriker waren bei ihnen hoch verschuldet und hatten dafür ihren Gläubigern Unterstützung bei der Durchsetzung ihrer Forderungen und Wünsche zugesagt. Wenn die Kaiserin sich jetzt mit den Kaufleuten und Zunftvorstehern überwarf, konnte das böse für sie ausgehen. Stellten sie die Wechsel fällig, war manch einer im Saal von einem Tag auf den anderen bankrott.

»Lasst sie herein«, befahl Matilda. Kaum waren die Worte verklungen, kam auch schon die Abordnung der Londoner auf sie zugeeilt.

Die Kaufleute näherten sich selbstbewusst. Ihre Kleidung stand der des versammelten Hofes in Bezug auf Farbenpracht und Feinheit der Stoffe keinesfalls nach, im Gegenteil. Wie es sich gehörte, beugten sie ehrerbietig das Knie, richteten sich allerdings so schnell wieder auf, dass Matildas Geste, die sie dazu aufforderte, fast zu spät kam. All das verärgerte die Kaiserin, deren Laune sich sowieso schon auf dem Tiefpunkt befand, und auf ihrer Stirn zeigten sich deutliche Unmutsfalten.

»Nun, was ist Euer Begehr? Sprecht frei heraus, ohne Scheu. Schließlich will ich wissen, was meine Untertanen bedrückt, damit ich mich ihrer Sorgen annehmen kann.«

Die Kaufleute hörten nicht den spöttischen Unterton heraus und nahmen Matildas Worte für bare Münze.

»Madam, der Krieg hat dem Handel sehr geschadet. Die Straßen waren unsicher und sind es immer noch. Oft sind unsere Waren – nun, sagen wir – konfisziert worden, wenn sie durch die Gebiete Eurer Lords kamen. Das hat die Preise enorm verteuert, und wir sind kaum mehr wettbewerbsfähig gegenüber unseren Konkurrenten aus Flandern oder dem Deutschen Reich. Wir bitten Euch demütig, dafür Sorge zu tragen, dass die Handelswege wieder geschützt werden. Des Weiteren wollen wir darum ansuchen, der Kaufmannschaft und den Zünften Londons für eine gewisse Zeit die Steuern zu erlassen, damit wir uns von den schrecklichen Kriegen erholen und wieder gegenüber unseren Gegenspielern und Rivalen bestehen können.«

Der Lord Mayor von London sah Matilda offen in die Augen. Doch was er darin erblickte, gefiel ihm ganz und gar nicht, und er begann um Leib und Leben der Abordnung zu fürchten.

»Ist es nicht so, dass gerade die Bürger von London diesen Krieg mitverschuldet haben, weil sie die Ersten waren, die meinen Cousin als König anerkannten? Hat mein Vater Euch nicht große Zugeständnisse in Bezug auf Handel, Handwerk und Selbstbestimmung gemacht? Und wie habt Ihr es ihm gedankt? Indem Ihr seine Wünsche bezüglich der Thronfolge völlig ignoriert und einen Usurpator unterstützt habt!«

Der Bürgermeister fühlte sich sichtlich unwohl in seiner Haut, denn Matilda hatte nicht ganz unrecht. Die Londoner sahen die Königswahl seit Menschengedenken als ihr Privileg an und hatten nicht gezögert, Stephan auf den Schild zu heben, der ihnen das Blaue vom Himmel herunterversprach. Hätten sie vor ihm die Tore der bedeutendsten und mächtigsten Stadt Englands verschlossen, wäre er wohl kaum gekrönt worden.

»Ich kann über die Vorgänge vor sechs Jahren wenig sagen«, versuchte sich der Lord Mayor herauszureden. »Damals hatte ein anderer mein Amt inne, und ich gehörte noch nicht einmal dem Rat an. Doch heute stehe ich hier vor Euch und habe die Pflicht, die Anliegen der Bürger zu vertreten.«

Robert, wie meist unmittelbar hinter der Kaiserin stehend und immer mit wachen Augen alle Bewegungen um sie herum beobachtend, um im Notfall sofort eingreifen zu können, kam nicht umhin, den Mut des Mannes zu bewundern.

»Nun, ich sage Euch, was ich tun werde. Von mir erhaltet Ihr keine Versprechungen, die dann doch nicht gehalten werden. Ist der Krieg vorbei, werde ich für die Sicherheit auf den Straßen sorgen, darauf habt Ihr mein Wort. Des Weiteren werde ich meine Beziehungen zum Deutschen Reich spielen lassen, um Euch dort Handelsprivilegien zu verschaffen. Gerade an englischer Wolle ist man in Köln, Mainz und anderswo sehr interessiert, will man sich doch vom flämischen Tuchhandel unabhängig machen. Doch an den Kosten des von Euch mitverschuldeten Krieges werdet Ihr Euch beteiligen! Es bleibt mir gar nichts anderes übrig, als am Anfang meiner Regierung die Steuern zu erhöhen, um die Wunden, die diese Auseinandersetzung verursacht hat, überall im Lande zu heilen. Und ich denke gar nicht daran, Euch als Einzige davon auszunehmen! Was würden die Bürger Yorks, Bristols oder Nottinghams dazu sagen? Sie kämen mit den gleichen Wünschen, und die kann ich unmöglich erfüllen.«

»Für diese kann ich nicht sprechen. Ich bin nur der Bürgermeister der Londoner. Doch hebt Ihr die Steuern an, wie Ihr angekündigt habt, dann kommen Handel und Handwerk gänzlich zum Erliegen. Viele Kaufleute werden die Stadt verlassen und auf das Festland übersiedeln, wo sie weniger Repressalien ausgesetzt sind. Und diejenigen, die das nicht können, verarmen gänzlich. So erreicht Ihr nur das Gegenteil von dem, was Ihr anstrebt.«

So trauten sich nicht einmal ihre engsten Vertrauten mit Matilda zu sprechen. Dementsprechend war auch ihre Reaktion, und Robert wunderte sich nur, dass sie überhaupt so lange ruhig geblieben war, hatte er doch schon ganz andere Ausbrüche seiner Herrin erlebt. Der Bürgermeister hingegen nicht, und so traf ihn das, was jetzt kam, völlig unvorbereitet.

»Ihr wagt es, mir zu widersprechen und mich zu belehren? Hinaus mit Euch, auf der Stelle! Sonst leistet Ihr Eurem ehemaligen König in den Kerkern von Bristol Castle Gesellschaft. Ich werde bald nach London kommen, den Palast von Westminster zu meiner Residenz machen und mich in der Abteikirche krönen lassen. Und ich rate Euch gut, mich angemessen zu empfangen und von Euren Forderungen abzurücken! In ein paar Jahren, wenn die Folgen dieses unsäglichen Krieges beseitigt sind und Ihr gelernt habt, wie man sich einer Kaiserin nähert und mit ihr spricht, können wir vielleicht noch einmal darüber reden. Doch bis dahin erwarte ich von Euch, dass Ihr Euch wie gehorsame Untertanen verhaltet und meinen Ansprüchen gerecht werdet, sonst komme ich über Euch wie Gottes Jüngstes Gericht. Wachen! Die Herren möchten sich zurückziehen. Geleitet sie hinaus!«

Matildas Leibwache wusste, was die Kaiserin von ihnen erwartete, und so fanden sich die Abgesandten der Londoner Bürgerschaft recht unsanft gepackt, mehr aus dem Saal geschleift als geführt, und landeten, sehr zur Belustigung der Höflinge, im Dreck vor den Toren des Palastes.

Nicht nur der Earl von Gloucester, auch Robert schüttelte innerlich den Kopf. Ob so ein Verhalten wirklich klug war? Die Londoner galten schon immer als aufmüpfig und hatten vor mehr als einem Monarchen die Tore verschlossen. Wenn sie sich beugten, dann nur, um sich danach umso stärker wieder aufzurichten. Sie sich zum Feind zu machen war sicherlich keine weise Entscheidung.

* * *

Die Folgen ihres unbedachten Verhaltens sollte Matilda bald zu spüren bekommen. Als sie in London einzog, standen keine jubelnden Massen an den Straßen, wie sie es sonst gewohnt war. Türen und Fenster der Häuser waren verrammelt, statt Freuden- hörte man Schmährufe, und es flogen sogar Steine und faules Obst auf den Zug, der sich Westminster näherte. Der Palast selbst war in einem erschreckenden Zustand und als Residenz nur bedingt oder vorübergehend geeignet. Und, wie Robert entsetzt feststellte, so gut wie nicht zu verteidigen.

Der Earl von Gloucester hoffte, dass die Londoner sich wieder beruhigen und zum gewohnten Alltagsleben zurückkehren würden, aber dem war nicht so. Tag für Tag sammelten sich immer mehr von ihnen vor dem Palast, brüllten Beschimpfungen, schüttelten drohend die Fäuste, und hier und da waren auch Waffen zu sehen. Als eine der Torwachen die Nerven verlor und einen besonders dreisten Lehrbuben, der über die Mauer klettern wollte, aufspießte, wurde dieser wie ein Märtyrer in die Stadt getragen. Die ganze Nacht über läuteten die Glocken, und immer mehr Menschen liefen zusammen, stießen wüste Drohungen aus und begannen, sich zu bewaffnen.

Robert, dem davon berichtet wurde, gefiel das ganz und gar nicht. Er zog seine Uniform aus und streifte eine einfache Tunika über, um sich selbst in der Stadt umzusehen und herauszufinden, ob Gefahr für seine Herrin bestand. Was er vorfand, erschreckte selbst ihn.

Auf den Straßen hatte sich ein von den hohen Handelsherren und Zunftmeistern aufgestachelter Mob zusammengerottet. Es waren nicht Hunderte, es waren Tausende, die sich hier versammelten, und ständig kamen mehr dazu. Freibier floss in Strömen, und Robert hatte den Eindruck, dass ein einziger Tropfen genügte, um das Fass zum Überlaufen zu bringen.

Wo waren denn die Männer des Kommandanten des Towers, deren Aufgabe es war, für Ruhe und Ordnung in der Stadt zu sorgen? Dann fiel Robert ein, dass Geoffrey de Mandeville diesen Posten innehatte, ein Mann, der ständig die Seiten wechselte und sein Fähnchen jeweils in den Wind hängte, der gerade wehte. Das konnte brenzlig werden, denn kam diese Lawine aus angetrunkenem und aufgestacheltem Pöbel einmal ins Rollen, konnte sie wahrscheinlich keine Macht der Welt aufhalten.

Zwischen all dem Gesindel sah Robert auch Männer in Rüstungen, nur notdürftig von weiten Umhängen verhüllt. Sie tuschelten hier mit einem Meister, dort mit einem Kaufmann, und erkennbar wechselte so mancher Beutel seinen Besitzer. Dass sich etwas zusammenbraute, war so sicher wie das Amen in der Kirche.

Endlich gelang es Robert, sich einer Gruppe gutgekleideter Bürger zu nähern und ein paar Wortfetzen aufzuschnappen. Einer der Bewaffneten sagte zu einem Handelsherrn, dass die Armee von Königin Maud nicht mehr weit entfernt sei und sie, unterstützt von den Söldnern Wilhelms von Ypern, den Spieß umdrehen und Matilda gefangen setzen wollte. Dann wäre der Spuk ein für alle Mal vorbei, Stephan wieder König, und wenn die Bürger Londons sich beteiligten und ihr die Tore öffnen würden, wäre es sicherlich nicht ihr Schaden.

Robert hatte sich etwas zu weit vorgewagt, war zwischen die Gesellen und Lehrjungen der Schmiedezunft geraten und sein Lauschen offenbar bemerkt worden.

»He, du«, wurde er plötzlich angerufen. »Was tust du da? Du gehörst nicht zu uns! Bist du etwa ein Spion dieser gottverdammten Hure, die unsere Königin werden will?«

Raue Worte, die Robert ebenso erschreckten wie der ungezügelte Hass, der aus ihnen sprach. Schon fühlte er sich gepackt und von harten Fäusten festgehalten. Eins war ihm sofort klar: Kamen sie ihm auf die Schliche oder erkannten ihn gar, war er unrettbar verloren.

So zögerte Robert keinen Lidschlag und handelte blitzschnell. Dem Mann hinter ihm rammte er mit aller Kraft den Ellbogen in den Magen, dem vor ihm schlug er mit der Stirn die Nase ein, und einem dritten trat er mit voller Wucht ins Gemächt. Den Freiraum, den er sich mit diesem überraschenden Angriff geschaffen hatte, nutzte er zur sofortigen Flucht, und es gelang ihm tatsächlich, in der Menge unterzutauchen. Hilfreich war, dass er die graubraune Kleidung der einfachen Leute trug. Damit er nicht durch seine Größe herausragte, lief er in leicht gebückter Haltung und zog den Kopf ein.

Eines war klar, er musste so schnell wie möglich zurück zum Palast und Kunde von dem bevorstehenden Angriff überbringen. Ihnen würde nichts als schmähliche Flucht bleiben, denn diesen aufgestachelten Haufen aufzuhalten, dazu wäre mehr als eine Armee nötig. Lieber würde er sich mit seiner Garde den Truppen Königin Mauds entgegenstellen als dem betrunkenen Pöbel von London, der bar aller Hemmungen war.

Als Befehlshaber der Leibwache der Kaiserin hatte Robert überall Zutritt, und keiner hielt ihn auf, als er in die Gemächer des Earls von Gloucester stürmte. Matildas Bruder war nicht schwer von Begriff und erkannte sofort den Ernst der Lage. Ohne mit seiner Schwester Rücksprache zu halten, ordnete er ohne Umschweife den Aufbruch an, rief jeden waffenfähigen Mann zusammen, um den Palast zu verteidigen, bis seine

Schwester in Sicherheit war, und befahl Robert, diesmal nicht von ihrer Seite zu weichen, selbst wenn der Himmel einstürzte.

Da hörte man auch schon den heranrückenden Mob, der sich brüllend und Fackeln und Waffen schwingend Matildas Residenz näherte. Das machte es Gloucester glücklicherweise einfacher, die Kaiserin davon zu überzeugen, dass sie sich schleunigst in Sicherheit bringen musste. Denn wie nicht anders zu erwarten, hatte sie sich zuerst gesträubt und keineswegs die Absicht, vor ihrem eigenen Volk davonzulaufen. Doch als auch Robert ihr versicherte, dass er mit seinen Männern die anrückenden Massen nicht würde aufhalten können, stimmte sie widerwillig zu, sich in Richtung Oxford zurückzuziehen. Das alles geschah buchstäblich in letzter Sekunde, denn schon waren die ersten Angreifer in den weitläufigen Palast eingedrungen und begannen, Feuer zu legen.

Gloucester deckte mit seinen Männern den Rückzug, während Robert an der Spitze der Leibgarde, die Kaiserin in ihrer Mitte, durch das Nordtor preschte. Wer von dem Pöbel, der sich dort versammelt hatte, nicht schnell genug zur Seite springen konnte, geriet unter die Hufe der Pferde. Von Osten her sah man eine regelrechte Flutwelle von aufgebrachten Bürgern auf den Palast zuhalten, und selbst Matilda musste mit Schaudern eingestehen, dass sie gerade noch im letzten Moment entkommen war.

* * *

In Oxford angelangt, rief sie sofort ihre Verbündeten zusammen, um mit ihnen das weitere Vorgehen zu beraten. Doch wie erstaunt war die Kaiserin, als nur wenige Getreue aus Adel und Klerus ihrem Ruf folgten. Weder der Earl von Chester noch sein Bruder fand sich ein. Geoffrey de Mandeville ignorierte ihren

Ruf ebenso wie viele andere Magnaten. Am schlimmsten allerdings war, dass auch der päpstliche Legat, Stephans Bruder Heinrich, nicht erschien.

»Diese kleine miese Ratte«, fluchte Matilda im engen Kreis der ihr verbliebenen Vertrauten. »Ich habe doch gewusst, dass ich mich nicht auf ihn verlassen kann! Dass diese schleimige Kröte aber so schnell wieder das Lager wechselt, überrascht selbst mich.«

»Madam, ich weiß, dass Heinrich versucht hat, beim Heiligen Vater in Rom Dispens dafür zu erlangen, dass er fortan Euch unterstützt. Doch Papst Innozenz soll ihn nachdrücklich dazu aufgefordert haben, weiterhin treu zu seinem gefangenen Bruder zu stehen, sonst müsse er ihn als Legaten abberufen«, versuchte Abt Edward das Verhalten seines Bischofs zu verteidigen. »Es dürfte ihm unmöglich sein, sich dem direkten Wunsch des Heiligen Vaters zu widersetzen.«

»Als ob ihn das bisher je interessiert hätte! Und warum seid Ihr dann hier, wenn die Kurie sich wieder einmal gegen mich stellt?«, wollte Matilda wissen.

»Muss ich das wirklich begründen, Madam? Der Riss geht tief durch das ganze Land, und auch die Männer der Kirche bleiben davon nicht verschont. Ich glaube kaum, dass Euer Vater, oder auch Ihr, jemals Grund hatte, an meiner Loyalität zu zweifeln.«

»Schon gut, Edward, Ihr habt ja recht. Bitte verzeiht meine harschen Worte. Doch langsam weiß ich nicht mehr, wem ich überhaupt noch vertrauen kann. Außer natürlich den Lords, die sich hier in der Halle befinden.«

Der Sarkasmus in Matildas Stimme war unüberhörbar und nicht dazu angetan, ihr weitere Freunde zu machen.

»Ich bin trotzdem der Ansicht, dass wir ihm das nicht durchgehen lassen sollten«, schaltete sich Gloucester ein. »Hier gilt es, ein

Exempel zu statuieren. Schließlich war er es, der dir die Krone Englands überreicht hat. Jetzt, kaum drei Monate später, beruft er sich auf einen Priester in Rom und will davon nichts mehr wissen. Wenn wir diesen Verrat nicht ahnden und Heinrich dafür nicht zur Rechenschaft ziehen, haben wir endgültig verloren. Dann machen wir uns zum Hanswurst vor allen Lords, die schwanken oder glauben, sich neutral verhalten zu können. Nein, lass uns ein Heer aufstellen und nach Winchester ziehen. Wenn Heinrich erst neben seinem Bruder in den Kerkern von Bristol Castle sitzt, kann er sich überlegen, wem seine Treue gehört.«

»In letzter Instanz immer der heiligen Mutter Kirche und Gottes Stellvertreter auf Erden«, fuhr der Abt von Reading Gloucester wütend an. »Ihr wollt nicht wirklich einen Bischof gefangen setzen, oder?«

»Warum nicht? Er ist ebenso ein Lehnsmann des Herrschers von England wie jeder andere im Land. Und wer seinen Herrn – oder in diesem Fall seine Herrin – verrät, verdient nichts anderes.«

Matilda, die diesen Streit aus der Zeit ihrer Ehe mit Kaiser Heinrich mehr als zur Genüge kannte und wusste, dass er nichts brachte, weil jede Seite unverrückbar an ihrem Standpunkt festhielt, unterbrach die Auseinandersetzung.

»Bei allem Verständnis für Euren Standpunkt, Abt Edward, aber ich muss meinem Bruder recht geben. Diesen Verrat kann und werde ich nicht dulden. Ganz gleich, was Innozenz dazu sagt, ich habe dieses ständige Taktieren und die damit verbundenen Wortbrüche gestrichen satt. Wenn es nicht anders geht, werden wir eben Heinrich zwingen, seinen Eid nicht zu brechen. Und schließlich ist auch das im Sinne der heiligen Mutter Kirche.«

»Dann, Madam, werdet Ihr zukünftig auf meinen Rat verzichten müssen«, erklärte der Abt kompromisslos. »Ich kann nicht mittragen, dass in die Rechte der Kirche von weltlicher Seite aus eingegriffen wird und ihre Vertreter verfolgt werden. Ich bitte Euch darum, mich in mein Kloster zurückziehen zu dürfen. Seid versichert, dass ich weiterhin für Euch und Euer Seelenheil beten werde.«

»Dann soll es so sein.« Matilda bedauerte die Entscheidung des angesehenen Abtes, doch sah sie keine Möglichkeit, ihn umzustimmen. Wenn sie erst die Macht im Lande hatte, würde sie ihn sicherlich mit einer großzügigen Spende versöhnen können. Edward verließ nach einer tiefen Verbeugung die Halle, und nun war niemand mehr anwesend, der gegen den Feldzug sprach.

* * *

Im Juli rückten Matildas Truppen auf Winchester vor, und schnell gelang es ihnen, die Stadt einzunehmen. Doch der Bischof flüchtete in seinen stark befestigten und nahezu uneinnehmbaren Palast und schickte von hier aus um Hilfe. Matilda bezog Winchester Castle, und der Earl von Gloucester nahm in der Kathedrale von St. Swithin Quartier und hoffte, dass der Wetterheilige, nach dem die Kirche benannt war, ihn und seine Armee nicht mit vierzigtägigem Regen strafen würde. Von hier aus wollte er die Belagerung des Wolvesey-Palastes befehligen. Der Earl ging davon aus, die Sache schnell zu Ende bringen zu können, doch da sollte er sich schwer getäuscht haben.

Heinrich schreckte nicht davor zurück, von seinen Männern die Stadt anzünden zu lassen. Weite Teile Winchesters brannten vollständig nieder, und die Soldaten Matildas mussten in Ruinen hausen, was ihre Stimmung nicht gerade hob. Außerdem waren die Lebensmittelvorräte vernichtet worden, und es wurde immer schwerer, ausreichend Fourage für die Truppen heranzuschaffen. Man befand sich in der höchst eigenartigen Situation, dass die Eingeschlossenen mehr zu essen hatten als ihre Belagerer.

Selbst schweres Gerät wie Trebuchets und Rammböcke konnte den starken Mauern des Wolvesey-Palastes kaum etwas anhaben, und so zogen sich die Kämpfe endlos lange hin. Und dann kam die erschreckende Nachricht, dass Königin Maud mit einem großen Heer anrückte, das dem Matildas zahlenmäßig weit überlegen war. Sie hatte ihren Schmuck verpfändet und in ihrer Grafschaft Boulogne Söldner angeworben, Wilhelm von Ypern war ihr nach wie vor treu, und die Londoner unterstützten sie mit ihrer Miliz. So wurden aus den Belagerern selbst Eingeschlossene, und die Lage wurde langsam prekär.

Robert war ausgeschickt worden, Lebensmittel heranzuschaffen, koste es, was es wolle. Er kam mit seinen Männern nur sechs Meilen weit bis Wherwell Abbey, und sie waren gerade dabei, das Vieh der Benediktinerinnen zusammenzutreiben, das auf den Wiesen am Test graste, als aus dem Auwald Wilhelms von Ypern flämische Söldner hervorbrachen. Sie hatten kurz zuvor Andover in Brand gesteckt und befanden sich jetzt in einem wahren Blutrausch.

Robert erkannte die Situation sofort. Gelang es ihm nicht, die Flamen aufzuhalten, würde Winchester noch im Lauf des Tages komplett umzingelt sein, und Matilda blieb kein einziger Fluchtweg mehr offen. Er schickte einen Boten zu Gloucester, der den Earl von der Situation unterrichten sollte, und machte mit seinen restlichen Männern Front gegen die Angreifer.

Die Söldner waren kampfeslüstern und beutegierig, aber von dem Gefecht um Andover und dem anschließenden Marsch erschöpft. Roberts Gardisten fielen über sie her wie Löwen über ein Rudel Schakale, aber es waren ihrer zu viele, als dass sie hätten siegreich sein können. Dann tauchte auch noch Wilhelm von Ypern selbst auf dem Kampfplatz auf und übernahm den Befehl. Er war ein erfahrener Soldat und Taktiker, und nun schien das Schicksal von Roberts kleiner Schar besiegelt zu sein. Der Sergeant hieb von seinem Streitross aus um sich wie einst Roland, der den Rückzug Karls des Großen deckte, doch er wusste, dass sie auf verlorenem Posten standen. Er sah Männer fallen, die viele Jahre lang seine Kameraden gewesen waren, und es war abzusehen, wann ihn das gleiche Schicksal ereilte.

Da schmetterten in seinem Rücken Trompeten, und Ritter und berittene Reisige in den Farben Matildas sprengten auf den Kampfplatz. Ihr Anführer trug einen grün-gelben Waffenrock mit einem roten, schreitenden Löwen darauf. Robert erinnerte sich daran, ihn erst vor Kurzem gesehen zu haben, als er sich Matilda unterwarf und Stephan abschwor. Nun, hier würde sich gleich erweisen, auf welcher Seite die Männer, die er anführte, tatsächlich standen. Die Frage beantwortete sich schnell von selbst, als der Ritter den Söldnerführer selbst angriff. Von der wütenden Attacke überrascht, wendete Wilhelm von Ypern sein Pferd und ließ fürs Erste zum Rückzug blasen.

Der Fremde hielt neben Robert und streckte seine Hand herüber, in die der Sergeant gern einschlug.

»Das war Rettung in letzter Sekunde! Ihr kamt, wie von Gott selbst gesandt.«

»Der Vergleich wird dem Earl von Gloucester schmeicheln«, grinste der Ritter. »Er befiehlt Euch auf der Stelle zum Schutze der Kaiserin zurück. Ihr sollt mit ihr nach Devizes Castle durchbrechen. Er selbst wird die Nachhut befehligen, und ich soll hier die Flamen aufhalten, damit sie nicht den Fluss hinuntermarschieren und der Kaiserin den Weg abschneiden.«

»Da habt Ihr aber einen schweren Part aufgetragen bekommen. Wilhelm wird seine Söldner schnell sammeln und wieder angreifen. Ihr seid ihnen mit Euren wenigen Männern hoffnungslos unterlegen.«

»Ich weiß, dass es ein Himmelfahrtskommando ist und man es mir übertragen hat, um meine Loyalität zu prüfen. Wir werden uns in die Abtei zurückziehen und die Flamen so lange aufhalten, wie wir können. Jetzt eilt Euch, Gloucester versteht keinen Spaß, wenn man seinen Befehlen nicht unverzüglich nachkommt.«

»Sagt, wie ist Euer Name, damit ich Eurer gedenken kann, solltet Ihr das hier nicht überstehen?«

»John FitzGilbert, genannt der Marshal, Lord von Ludgershall. Euren kenne ich nur zu gut. Kommt mich einmal auf meiner Burg besuchen, falls wir beide überleben. Und nun Gott befohlen.«

Die beiden Männer grüßten sich voller gegenseitigen Respekts. Robert versammelte diejenigen seiner Männer um sich, die noch reiten konnten, und jagte in Richtung Winchester zurück. Um die Verwundeten, hatte John Marshal ihm bedeutet, würde er sich kümmern.

* * *

Als sie auf abgekämpften Pferden endlich Winchester Castle erreichten, erwartete Matilda sie schon mit dem Rest ihrer Leibwache im Innenhof. Sie trug Männerkleidung und machte sich gerade zum Aufsitzen bereit. Robert hielt Ausschau nach einem frischen Streitross, denn sein Hengst würde keinen straffen Ritt mehr überstehen. Da klopfte ihm Hugh de Clare auf die Schulter und drückte ihm die Zügel seines eigenen in die Hand.

»Nimm mein Pferd und gib mir deins. Ich bleibe bei Gloucester und decke mit ihm und seinen Männern euren Rückzug. Wir werden nur langsam reiten, das übersteht dein Schwarzer. Schütze die Kaiserin, wenn es sein muss, mit deinem Leben, mein Junge. So, wie ich es dir in all den Jahren beigebracht habe.«

»Keine Sorge, niemand wird ihr ein Haar krümmen, wenn ich es verhindern kann. Pass lieber auf dich selbst auf. Von Nordwesten kommt Wilhelm von Ypern mit seinen Flamen. Mit denen ist nicht zu spaßen, wie du weißt.«

Es war das erste Mal, dass Robert seinen Hauptmann mit dem vertraulichen Du ansprach, aber irgendwie kam es ihm in diesem Augenblick über die Lippen. Ob beide ahnten, dass sie sich in diesem Leben nicht wiedersehen würden?

Mit Matilda in ihrer Mitte preschte die Leibwache aus der Burg hinaus. Das war nun schon innerhalb kürzester Zeit das zweite Mal, dass sich die Kaiserin einer Gefangennahme nur durch Flucht entziehen konnte. Robert hoffte, dass das nicht zur Gewohnheit wurde. Wieder einmal war ein Plan gescheitert, und langsam, aber sicher, so schien es, gingen alle Vorteile, die die Ergreifung Stephans mit sich gebracht hatte, den Bach hinunter.

Sie hielten im Galopp auf das westliche Stadttor zu. Es war der einzige noch freie Weg, der aus der Mausefalle herausführte, in die sie sich selbst hineinbegeben hatten. Das Hauptheer und der Tross sollten folgen, während der Earl von Gloucester die Nachhut befehligte.

Robert betete innerlich, dass es John Marshal gelungen war, Wherwell Abbey zu halten, sonst konnten sie in Stockbridge, der einzigen noch passierbaren Brücke über den Test, eine böse Überraschung erleben. Als sie endlich den Fluss erreichten, waren zwar die Flamen nicht zu sehen, die Brücke allerdings von

Flüchtenden restlos verstopft. Robert mit seinen wenigen Männern und Matilda, die in Wams, Beinlingen und Nasalhelm niemand erkannte, gelang es, sich durchzudrängeln, aber der Sergeant wollte gar nicht daran denken, was passieren würde, erreichte die ganze restliche Armee die Brücke und versuchte, an das andere Ufer zu gelangen.

In dem kleinen Weiler Broughton sank Matilda erschöpft vom Pferd und befahl, hier auf den Earl von Gloucester zu warten. Robert hatte die Weisung, die Kaiserin nach Devizes Castle, eine uneinnehmbare Festung zwischen Salisbury und Bristol, zu geleiten und hätte gern noch einige Meilen mehr zwischen die Kaiserin und deren Verfolger gebracht. Doch Matilda sprach ein Machtwort und setzte damit die Anordnungen ihres Bruders außer Kraft. Dem Befehlshaber ihrer Leibwache blieb nichts anderes übrig, als ihrem Befehl Folge zu leisten, auch wenn es ihm widerstrebte.

Nach und nach trafen Teile des geschlagenen Heeres ein. Der Earl von Cornwall berichtete, dass ein unglaubliches Chaos an der Brücke herrschte. Die Truppen Königin Mauds attackierten die Nachhut erbittert, und mittlerweile hatte auch Wilhelm von Ypern mit seinen Flamen in die Kämpfe eingegriffen. Der Graf beschwor die Kaiserin eindringlich, weiterzureiten, doch diese weigerte sich, den Ort zu verlassen, bis sie nicht Nachricht von ihrem Bruder hatte.

So machte sich Robert erneut allein auf den Weg, um das Schicksal des Earls von Gloucester in Erfahrung zu bringen. Diesmal, anders als vor drei Monaten in London, allerdings in bäuerlicher Kleidung. Als er endlich Stockbridge erreichte, war die Nacht hereingebrochen, und ein fahler Mond erleuchtete spärlich das Schlachtfeld. Hier und da hörte er das verzweifelte Wimmern und Stöhnen von Verwundeten, denen niemand half. Gleich mehrfach übereinander lagen die Toten vor der Brücke.

Robert erkannte viele in den Farben des Earls von Gloucester, von ihm selbst allerdings fehlte jede Spur. Dann hörte er ein Wiehern, das ihm bekannt vorkam, und tatsächlich erblickte er in einiger Entfernung sein Streitross, offenbar schwer verletzt, halb auf der Seite liegend. Robert musste über Berge von Leichen steigen, um an den Platz zu gelangen, und als er nach etlichen Mühen zu seinem Pferd vorgedrungen war, gefror ihm das Blut in den Adern.

Hugh de Clare lag halb unter dem Rappen, oder besser das, was von ihm noch übrig war. Sein linker Arm war mit einem fürchterlichen Hieb trotz Kettenhemd kurz unterhalb der Schulter abgetrennt worden, aus einem Auge ragte ein Pfeilschaft, und in seiner Brust steckte ein abgebrochener Speer.

Der alte Soldat musste gekämpft haben wie ein Löwe, doch letztendlich hatten die Schakale ihn erlegt. Robert konnte nicht anders, er sank neben seinem Freund auf die Knie, und Tränen, derer er sich nicht schämte, rannen über seine Wangen. Plötzlich nahm er Bewegung aus dem Augenwinkel heraus wahr. Blitzschnell war er auf den Beinen, den unter dem Wams verborgenen Dolch in der Hand. Es waren Plünderer, die die Leichen fledderten, ein durchaus übliches Vorgehen nach einer Schlacht. An den riesigen Mann mit der blitzenden Klinge in der Hand wagte sich allerdings niemand heran.

Robert sah nach seinem Pferd. Er wollte wissen, wie schwer es verletzt und ob es vielleicht sogar noch zu retten war. Eine Lanzenspitze steckte in der Kruppenmuskulatur, und auch am Hals hatte der Hengst eine tiefe Schnittwunde, aber beides war nichts, was ihn gleich umbringen würde. Offenbar war er nur zu erschöpft zum Aufstehen, und das hatte ihn davor bewahrt, zur Beute zu werden. Robert riss die Lanze mit einem Ruck heraus, und wie er geahnt hatte, sprang das Pferd durch den Schmerz aufgestachelt mit einem Ruck auf die Beine. Die Wunde blutete,

aber nicht zu stark. Robert riss sich den Ärmel seines Unterge-
wandes ab und stopfte jeweils die Hälfte in die Wunden am Hals
und in der Kruppe. Dann hob er mühsam Hugh de Clare empor
und legte ihn quer über den Sattel. Das lahmende Streitross am
Zügel führend, verließ er mit müdem Schritt das Schlachtfeld
voller toter Kameraden und fühlte sich ihnen stärker denn je
zugehörig.

7. KAPITEL

Die Schlacht von Winchester, wie das Gefecht an der Stockbridge und die Kämpfe rund um die alte Bischofsstadt später genannt wurden, war wohl die schwerste Niederlage Matildas im lange währenden Bürgerkrieg. Vor allem die flämischen Söldner hatten sich durch besondere Grausamkeiten hervorgetan, und wer in ihre Hände fiel, wurde meist brutal gefoltert und verstümmelt.

Über das Schicksal des Earls von Gloucester ließ Königin Maud ihre Rivalin Matilda nicht lange im Unklaren. Besonders perfide war allerdings, dass sie ausgerechnet Heinrich von Winchester nach Bristol schickte, um ihre Forderungen zu überbringen. Der Bruder der Kaiserin hatte den Flussübergang so lange wie möglich verteidigt und damit die Flucht seiner Schwester erst möglich gemacht. Doch dann konnte er sich selbst nicht mehr rechtzeitig an das andere Ufer zurückziehen und war den Flamen in die Hände gefallen. Nun saß er in der festen Burg von Rochester, und Maud schlug vor, ihren Ehemann gegen Robert von Gloucester auszutauschen. Zusätzlich forderte sie von der Kaiserin die Übergabe einer Reihe von Festungen, Städten und letztendlich Matildas Verzicht auf die Krone.

Die Stimmung in der großen Halle von Bristol Castle war zum Zerreißen gespannt, und jeder der Anwesenden wartete auf Matildas Antwort. Doch diese ließ sich Zeit. Immer wieder las sie in dem ihr überbrachten Dokument, als könne sie einfach nicht fassen, was man da von ihr verlangte.

»Dass Ihr eidbrüchiges Subjekt Euch noch einmal unter meine Augen traut, ist entweder ein Zeichen von waghalsigem Mut oder übergroßer Dummheit«, begann Matilda in gewohnter Weise die Auseinandersetzung. »Was, bitte sehr, soll mich daran hindern, Euch für Euren Verrat den Kopf vor die Füße zu legen?«

»Nun, schon allein die Tatsache, dass ich ein nicht ganz unbedeutender Vertreter der heiligen Mutter Kirche bin und Ihr auf der Stelle und für alle Zeit für dieses Verbrechen exkommuniziert werden würdet«, gab Heinrich selbstbewusst zurück. »Ich würde als Märtyrer zur rechten Hand Gottes sitzen und auf Euch herabschauen, wie Ihr alle Qualen der Hölle erduldet.«

»Dann wollen wir Euch doch lieber nicht dazu machen, damit wir beide gemeinsam im Höllenfeuer schmoren«, grinste die Kaiserin den Bischof an. »Denn dort werdet Ihr für Eure ständigen Treulosigkeiten landen, hat Gott auch nur einen Funken Gespür für Gerechtigkeit.«

»Der Herr wird mir sicherlich vergeben, dass ich kurzfristig gefehlt habe und vom rechten Weg abgekommen bin, als ich mich blenden ließ und auf Eure Seite wechselte. Doch was Eure Versprechungen wert sind, wurde mir bald klar. Habt Ihr nicht geschworen, die Freiheit der Kirche zu achten? Und doch habt Ihr gegen den Willen des örtlichen Klerus und meines ausdrücklichen Wunsches Wilhelm Cumin zum Bischof von Durham ernannt. Diesen Eingriff in die Rechte der Kirche kann und werde ich als päpstlicher Legat nicht dulden!«

»Ach, daher weht der Wind! Ihr glaubt wohl, weil ich eine Frau bin, kann der Klerus im Lande schalten und walten, wie es ihm beliebt? Hat nicht Euer eigener Bruder Bischöfe ein- und abgesetzt, ganz wie es ihm beliebte? Und selbst Euch Burgen und Ländereien weggenommen, um sich die Einnahmen daraus zu sichern?«

»König Stephan ist im Gegensatz zu Euch allerdings auf den rechten Pfad zurückgekehrt und hat seine Fehler und Sünden bereut.«

»Mein Cousin ist wohl im Moment kaum in der Lage, seine Herrschaft, zu der Ihr ihm gegen Euren Eid verholfen habt, auszuüben. Die Kerker von Bristol Castle sind wahrlich keine angemessene Residenz.«

»Um das zu ändern, bin ich hier. Ich fordere Euch im Namen Königin Mauds und der heiligen Mutter Kirche auf, den König unverzüglich freizulassen und fortan auf die Krone zu verzichten. Des Weiteren verlangen wir die Herausgabe der in dem Euch vorliegenden Dokument aufgeführten Burgen und Städte. Kommt Ihr diesen Forderungen nach, dann lassen wir Euren Bruder frei, und er kann seine von seinem Vater ererbten Ländereien behalten. Bei Euch selbst bestehen wir jedoch darauf, dass Ihr Euch zu Eurem Gatten begebt und – wie es Gottes Gebot ist – fortan mit ihm in ehelicher Eintracht als sein gehorsames Weib lebt.«

Matilda glaubte, ihren Ohren nicht zu trauen. Zu ungeheuerlich war, was sie soeben gehört hatte. Dass sie ihren Bruder freibekommen musste, war natürlich selbstverständlich. Ohne ihn als ihren Heerführer stand sie auf verlorenem Posten. Kein anderer hatte das Format des Earls von Gloucester. Nur er konnte den Adel hinter sich vereinen, ihm folgten die Männer in die Schlacht. Doch einen Grafen gegen einen König tauschen, auch wenn sie Stephan nicht einmal in Gedanken so nannte, und dazu noch weitere Forderungen erfüllen, ging eindeutig zu weit.

Und was unterstand sich dieser Kretin vor ihr, sich in ihre Ehe einzumischen? Ob sie mit Geoffrey zusammenlebte oder nicht, ging ihn weniger an als ein Sack Weizen, der in Rom umfiel. Matilda holte bereits tief Luft, um dem Bischof die ihm gebührende Antwort zu geben, als sie in die Gesichter ihrer Höflinge sah. Was sie erblickte, gefiel ihr gar nicht. Müdigkeit und Resignation spiegelten sich darin und nicht etwa, wie die Kaiserin gehofft hatte, der Wille zum Kampf und Durchhalten. Siegeszuversicht jedenfalls konnte sie bei keinem der Anwesenden erkennen. Wenn sie Gloucester nicht zurückbekam, so viel wurde ihr schlagartig klar, konnte sie ihre Ansprüche auf die Krone begraben. Also änderte sie ihre Strategie, und statt des erwarteten Wutausbruches bekam Heinrich ein, wenn auch gequältes, Lächeln zu sehen.

»Ich könnte es nicht ertragen, meinen geliebten Bruder im Kerker schmachten zu wissen. Allerdings werdet Ihr sicherlich verstehen, dass es eher an mir ist, Forderungen zu stellen, befindet sich doch – nach Eurer Lesart – ein König in meiner Gewalt. Was dagegen ist ein Earl? Ihr müsst schon etwas mehr auf die Waagschale legen, soll sie sich zu Euren Gunsten neigen und ich einem Austausch zustimmen. Im Übrigen ist Euer weiteres Ansinnen eine einzige Zumutung und Unverschämtheit, und solltet Ihr darauf bestehen, sind die Verhandlungen auf der Stelle beendet.«

Heinrich von Winchester war ein gewiefter Diplomat und bemerkte die Blöße, die Matilda sich soeben gegeben hatte, sofort. Natürlich würde man hier und heute zu keiner Einigung kommen, doch zumindest war die Kaiserin bereit, über einen Austausch zu verhandeln. Er hatte es kaum zu hoffen gewagt!

Die Details sollten, wie das so üblich war, Gesandte beider Parteien aushandeln. Doch es stand zu hoffen, dass sein Bruder bald frei war und ihm dann sicherlich seine kurzfristige Parteinahme für Matilda vergeben würde. Nachtragend zu sein gehörte sowieso nicht zu den herausragenden Eigenschaften des Königs.

Viele von Matildas Beratern sprachen sich in den nächsten Tagen gegen die Freilassung Stephans aus. Nur wenige, darunter Robert, waren dafür. Er argumentierte, dass die Gefangenschaft des Königs bisher keine Vorteile gebracht hatte, im Gegenteil. Und ohne einen allseits angesehenen Heerführer an der Spitze der kaiserlichen Armee war der Kampf kaum zu gewinnen. Wenn überhaupt noch Hoffnung für Matilda oder ihre Söhne auf die Krone Englands bestehen sollte, musste man sicherlich in den sauren Apfel beißen.

Bereits Anfang November anno 1141 war es dann so weit. Königin Maud hatte schließlich auf alle weitergehenden Forderungen verzichtet und sich sogar bereit erklärt, eine kleine Summe als Ausgleich für den Tausch Earl gegen König zu zahlen. Von einer Rückkehr Matildas in die Arme ihres Gatten war keine Rede mehr.

Zwei von der Kerkerhaft arg mitgenommene Männer – keine der beiden Seiten war übermäßig zimperlich mit ihrem Gefangenen umgegangen – kehrten in ihre jeweiligen Lager zurück. Im Fall Roberts von Gloucester war der Jubel darüber eher verhalten, während Stephan bereits zu Weihnachten in der Kathedrale von Canterbury erneut zum König gekrönt wurde.

Matilda blieb nichts anderes übrig, als ihren Gatten um Beistand zu bitten, auch wenn es ihr noch so schwerfiel. Ihre Kriegskasse war nahezu leer. Die Kaiserin herrschte nur noch über den Südwesten Englands, und immer mehr ihrer Verbündeten, unter ihnen auch die Earls von Chester und Lincoln, traten zu Stephan über.

So schickte sie ihren Bruder mit einem Hilfegesuch in die Normandie, wo Geoffrey mit unbarmherziger Härte Stück für Stück des Landes eroberte und die Barone unterwarf. Doch statt dem Ruf seiner Gemahlin zu folgen, machte er sich das kriegerische Geschick seines Schwagers zunutze und behielt ihn gleich zu seiner eigenen Unterstützung da. Gemeinsam gelang es beiden, die Festlandsbesitzungen des englischen Königs nahezu vollständig zu erobern. Doch Matilda nutzte das in England herzlich wenig, sie geriet in immer größere Bedrängnis.

* * *

Eine Zeit lang herrschte zwischen der Kaiserin und dem erneut gekrönten König Waffenstillstand. Doch da die Kämpfe in der Normandie weitergingen, fühlte sich Stephan schon bald nicht mehr daran gebunden und wollte die Abwesenheit Gloucesters nutzen, um Matilda in seine Gewalt zu bringen. Diese hatte sich, nichts Böses ahnend, im September anno 1142 nach Oxford begeben. Schon nach wenigen Tagen Belagerung fiel die Stadt, und Robert schaffte es gerade noch, seine Herrin, die im Beaumont Palace residierte, in der Burg in Sicherheit zu bringen.

Oxford Castle war eine mächtige, nahezu uneinnehmbare Festung, die man nur durch Aushungern bezwingen konnte. Ihr Kommandeur, Baron d'Osney, hatte zuerst auf Stephans Seite gestanden, war dann aber auf die der Kaiserin gewechselt. Nie hätte er geahnt, dass seine Stadt und seine Burg einmal im Mittelpunkt der Kämpfe stehen würden. Jetzt flehte er Matilda händeringend an, sich dem König zu ergeben, der gedroht hatte, Oxford anzuzünden und mitsamt der Festung dem Erdboden gleichzumachen, würde man ihm seine Cousine nicht umgehend ausliefern.

Die Kaiserin war schon bereit nachzugeben, da sie es leid war, dass wegen ihr immer mehr Menschen starben, Ländereien und Städte verwüstet wurden und das Land im Chaos versank. Nur über die Bedingungen der Übergabe wollte sie noch mit Stephan verhandeln, als Robert von seinem Rundgang zurückkehrte.

Der Sergeant hatte die Wehrhaftigkeit der Burg inspiziert und sie in einem tadellosen Zustand vorgefunden. Hinter dem breiten Graben, eigentlich einem kleinen, von der Themse gespeisten Fluss, erhoben sich hohe, steinerne Mauern mit Wehrgängen und Zinnen. Den Zugang zur Stadt im Westen schützte der Georgsturm, ein mächtiges, fast vierzig Yard hohes Bollwerk, am ehesten vergleichbar mit den stärksten Bastionen Roms. Fünf weitere Türme überragten die Mauer, und von hier konnten Bogen- und Armbrustschützen jeden unter Beschuss nehmen, der versuchte, das Wasser mit Booten zu überqueren.

Der Palas selbst befand sich auf einem sechzig Fuß hohen, künstlich aufgeschütteten Hügel und war noch einmal eine Festung in sich. Die Keller hatte Robert gefüllt mit gehortetem Korn und Mehl aus der soeben eingebrachten Ernte vorgefunden. Selbst Vieh tummelte sich in großen Ställen, und die Böden darüber waren mit Heu so vollgestopft, dass sich die Balken bogen. Auch an sauberem Trinkwasser herrschte durch mehrere tiefe Brunnen kein Mangel. Diese Burg ließ sich selbst gegen eine große Übermacht längere Zeit halten, so viel stand für ihn fest. Voraussetzung waren natürlich eine kampfbereite Garnison und ein entschlossener und umsichtiger Kommandeur.

»Madam«, hörte Robert gerade den Baron beschwörend auf die Kaiserin einsprechen, »gestattet mir, in Eurem Namen mit den Abgesandten des Königs zu verhandeln. Ich bin sicher, dass ich gute Konditionen für Euch herausschlagen kann, wenn Ihr Euch ohne weiteren Widerstand ergebt. Glaubt mir, Stephan ist kein Unmensch! Schon vielen, die sich gegen ihn gestellt haben, hat er vergeben. Warum sollte das bei Euch anders sein?«

»Weil er in Ketten in Bristol Castle an eine Mauer geschmiedet war und das sicher nicht vergessen hat«, fuhr Robert ungefragt dazwischen. »Madam, ich beschwöre Euch, tut das nicht! Selbst wenn der König schwört, Euch angemessen zu behandeln, was ist sein Wort wert? Hat er nicht selbst heilige Eide zu oft gebrochen? Wir können hier ausharren, bis Hilfe kommt. An dieser Burg dürfte sich jeder Angreifer die Zähne ausbeißen. Zumindest für lange Zeit. Schickt Boten in die Normandie zu Eurem Gemahl und Gloucester. Sie werden Euch bestimmt beistehen und hier Entsatz bringen. Und dann schnappt die Falle hinter Stephan zu, so wie er es mit uns vor Winchester gemacht hat.«

»Was untersteht Ihr Euch!«, fuhr der Baron Robert an. »Falls wir jemals die Meinung eines Gemeinen benötigen, werden wir es Euch wissen lassen. Und nun seht zu, dass Ihr mir aus den Augen kommt, sonst lasse ich Euch ergreifen und für Euer ungebührliches Verhalten auspeitschen.«

Roberts Hand zuckte zum Schwert, doch Matilda gebot mit einer Handbewegung Einhalt, bevor der Streit eskalieren konnte.

»Im Gegensatz zu Euch, d'Osney, stand der Kommandeur meiner Leibwache immer treu zu mir, und das nun schon seit mehr als dreißig Jahren. Glaubt mit, Ihr seid tot, bevor Ihr auch nur einmal die Hand gegen ihn hebt. Er war es, der vor Lincoln Stephan gefangen genommen hat. Warum sollen wir nicht seinem Rat folgen und es ein zweites Mal versuchen? Sein Plan gefällt mir jedenfalls besser als der Eure. Es zeugt nicht gerade von Mut und Tapferkeit, eine solch starke Burg kampflos übergeben zu wollen. Ich verlange von Euch, dass Ihr sie bis zum letzten Mann verteidigt. Robert wird Euch mit meiner Garde dabei selbstverständlich nach Kräften unterstützen. Gemeinsam sollte es uns doch möglich sein, standzuhalten, bis Verstärkung eintrifft. Meint Ihr nicht auch?«

Mit verbissenem Gesicht verneigte sich der Kastellan vor der Kaiserin. Was blieb ihm anderes übrig, als ihren Wünschen Folge zu leisten? Höchstens, sie festzunehmen und an Stephan auszuliefern. Doch das hätte unweigerlich einen Kampf auf Leben und Tod mit ihrer Garde zur Folge gehabt. Auf welche Seite sich seine eigenen Männer dabei schlugen, stand in den Sternen. Vielleicht wurde ja noch alles gut, und der Plan dieses unverschämten Kerls ging tatsächlich auf. Nun, man würde sehen.

In einem hatte der Sergeant zweifelsohne recht: Oxford Castle einzunehmen würde Stephan nicht leichtfallen. Doch mit diesem aufmüpfigen Soldaten war das letzte Wort noch nicht gesprochen. Eines Tages, das schwor sich d'Osney, würde er sich für die Schmach rächen, die dieser ihm angetan hatte.

* * *

Stephan hielt Wort und verwüstete und brandschatzte weite Teile der Stadt, als man seinem Ultimatum nicht nachkam. Wieder einmal hatten die Menschen zu leiden, denen es letztendlich völlig gleich sein konnte, wem sie Steuern und Abgaben zu entrichten hatten. Vor allem legte der König die Häuser in Schutt und Asche, die gegenüber der Burg standen, um freies Schussfeld zu bekommen und Angriffstruppen in Position bringen zu können. Auf zwei Hügeln ließ er danach Belagerungsgerät hinaufschaffen, und schon bald begannen Trebuchets, schwere Steine gegen die Festung zu schleudern.

Die Verteidiger hielten tapfer dagegen. Sie überschütteten die Bedienmannschaften der Wurfwaffen mit einem Hagel von Pfeilen und Armbrustbolzen, und es gelang ihnen sogar, die größte der beiden Bliden in Brand zu setzen.

Robert hatte im Schutze der Nacht den besten Schwimmer unter seinen Männern von der Burgmauer abgeseilt. Der Gardist ließ sich mit der Strömung davontragen und konnte so unbemerkt die feindlichen Linien passieren. Auf der Brust trug er einen in eine Schweinsblase eingenähten Brief, in dem Matilda ihren Ehemann und ihren Bruder anflehte, ihr mit ausreichend Truppen zu Hilfe zu kommen. Da sie den Boten auch mit reichlichen Geldmitteln ausgestattet hatte, war er schon bald auf dem Weg in die Normandie. Doch von dort hörten sie monatelang kein Wort, kam kein Bote zurück, und langsam wurde die Lage für die Eingeschlossenen bedrohlich.

Das lag weniger an den schwindenden Vorräten als an der

mangelnden Kampfmoral der Besatzung unter Führung von d'Osney. Der Kastellan hätte die Burg lieber heute als morgen übergeben, und diese Haltung übertrug sich natürlich auch auf seine Truppen. Nach und nach hatte Matildas Garde den gesamten Wachdienst übernommen, und wenn König Stephan wieder einmal einen Angriff auf die Mauern unternahm, lag es auf ihren Schultern, ihn zurückzuschlagen.

Auch zwischen den beiden Parteien in Oxford Castle kam es immer häufiger zu Spannungen. Robert wollte die Lebensmittel rationieren, damit die Festung länger gehalten werden konnte, doch der Baron war dagegen. Vielleicht hoffte er insgeheim darauf, dass die Kaiserin sich dem König auf Gnade und Ungnade ergeben würde, wäre kaum noch etwas zu essen vorhanden.

Doch den Zahn zog ihm Matilda schnell. Sie befahl d'Osney, Robert die Verwaltung der Vorräte zu übertragen. Der halbierte auf der Stelle die Rationen, und die Kaiserin aß von dem Tag mit den Männern gemeinsam deren Kost.

Indes kündigte sich bereits der Winter mit eisigen Winden und Schneeschauern an, was immer verzweifeltere Angriffe von Stephans Belagerungstruppen zur Folge hatte. Sie waren erst in Oxford eingetroffen, als die Felder ringsum abgeerntet und das Korn bereits in die Burg gebracht worden war. Natürlich hatten die Königlichen alle Dörfer in der Umgebung geplündert, doch bei den Bauern war nicht viel zu holen gewesen. So stand es auch um die Verpflegung der Soldaten vor den Burgtoren nicht zum Besten, und Belagerte und Belagerer kämpften mit dem gleichen Problem. Wer es am Ende lösen konnte, würde wohl als Sieger hervorgehen.

Am meisten machte Matilda zu schaffen, dass sie weder etwas von Gloucester noch von ihrem Ehemann hörte. Ließen sie denn beide im Stich? Zumindest von ihrem Bruder konnte und wollte sie das nicht glauben.

Eines Morgens – die Dämmerung war noch nicht dem fahlen Tageslicht gewichen – befand sich Robert gerade auf seinem Rundgang durch die langsam erwachende Burg, als neben ihm ein Pfeil einschlug und zitternd in einem Balken des Wehrganges stecken blieb.

Erschrocken sprang er zur Seite und brachte sich hinter einem Mauervorsprung in Sicherheit. Dann sah er allerdings, dass um den Schaft ein Pergament gewickelt war. Es musste ein verdammt guter Schütze mit Falkenaugen gewesen sein, der diesen Pfeilschuss von der anderen Seite des Flusses her fertiggebracht hatte.

Vorsichtig löste Robert das Dokument und eilte damit so schnell er konnte zu Matilda. Martha hatte in all den Jahren, die sie nun schon zusammenlebten, versucht, ihm die Grundzüge des Lesens und Schreibens beizubringen, war aber weitestgehend an seiner Ungeduld gescheitert. Doch so weit, dass er erkannte, hier ein Schreiben Gloucesters an seine Schwester vor sich zu haben, reichten seine Kenntnisse allemal.

Matilda saß bei einem kargen, aus Haferbrei und Dünnbier bestehenden Frühstück und sah bereits eine neue Katastrophe auf sich zurollen, als Robert, alle Förmlichkeiten beiseitelassend, in die Halle gestürmt kam.

»Nachricht von Eurem Bruder, Madam!«, rief der Sergeant schon von Weitem und überreichte der Kaiserin, nur einen kurzen Kniefall andeutend, da ihr ganzes Gefolge anwesend war, das Schreiben.

Sofort rückten die Höflinge und vor allem d'Osney näher, begierig, die Neuigkeiten zu erfahren. Letzterer versuchte, einen Blick auf das Dokument zu erhaschen, doch Matilda verbarg den Inhalt geschickt vor neugierigen Blicken, während sie las. Als sie das Pergament endlich wieder zusammenrollte, war sie innerlich aufgewühlt, ließ es sich aber nach außen hin nicht anmerken.

»Mylords, Myladys, Ihr dürft Euch jetzt entfernen und Eurem gewohnten Tagwerk nachgehen.« Mit diesen Worten machte die Kaiserin alle Hoffnungen ihres Gefolges zunichte, zu erfahren, welche Nachrichten sie erhalten hatte. Nur der Kastellan wagte einen, wenn auch zaghaften, Widerspruch.

»Madam, glaubt Ihr nicht, dass wir wissen sollten, was der Earl von Gloucester plant? Schließlich betrifft es uns alle hier, die wir an Eurer Seite ausharren.«

»Zu gegebener Zeit werde ich Euch wissen lassen, was Ihr wissen müsst, d'Osney. Bis dahin fasst Euch in Geduld. Außerdem erwarte ich von Euch und Euren Männern ab sofort etwas mehr Einsatz bei der Verteidigung der Burg. Oder glaubt Ihr etwa, ich habe nicht bemerkt, wie zurückhaltend Ihr Euch verhaltet und alle gefährlichen Angriffe von meiner Leibwache abwehren lasst? Mein Bruder, wie Euch bekannt sein dürfte, schätzt ein solches Verhalten ganz und gar nicht und zeichnet nur Männer aus, die sich durch Mut und Tapferkeit hervortun. Gebt mir lieber keinen Grund zur Klage über Euch, wenn er hier in absehbarer Zeit erscheint.«

Geschickt hatte Matilda Hoffnung gestreut, dass bald Entsatz kommen würde. Flüsternd und wispernd, wenn auch widerwillig, zogen sich die Höflinge zurück, der Baron mit hochrotem Kopf. Als auch Robert sich dem Ausgang zuwandte, rief Matilda ihn zurück.

»Bleibt, Robert! Wir haben einiges zu besprechen.«

Jetzt lief dem Kastellan fast die Galle über, als er sah, wie der Sergeant sich der Kaiserin näherte, während er wie ein nichtsnutziger Lakai davongeschickt wurde.

Matilda wartete mit dem, was sie zu sagen hatte, bis auch der Letzte die Halle verlassen hatte und die schwere Tür ins Schloss gefallen war. Trotzdem flüsterte sie, als sie zu sprechen begann.

»Robert, es wird keine Hilfe kommen. Gloucester hat meinen

Gatten monatelang bei seinem Kampf in der Normandie unterstützt, in der Hoffnung, dass dieser Gleiches mit Gleichem vergelten würde und nach der Niederwerfung der dortigen Aufstände mit ihm nach England käme. Doch was sagt mein heiß geliebter Gemahl? Bevor er nicht die ganze Normandie erobert hat und in Rouen als Sieger eingezogen ist, kann er nicht an einem anderen Schauplatz kämpfen. Gerade einmal dreihundert Söldner hat er meinem Bruder mitgegeben! Dreihundert, wo wir doch dreitausend und mehr bräuchten. Ich fasse es nicht! Jedenfalls kann Gloucester mit diesen geringen Kräften nicht zu uns durchbrechen und wartet in Devizes auf uns. Er schreibt, Ihr sollt mich aus der Burg schaffen. Euch würde schon etwas einfallen. Da bin ich jetzt aber einmal gespannt.«

»Madam, das Vertrauen des Earls von Gloucester ehrt mich, doch ich glaube, er verwechselt mich mit Merlin. Zaubern kann ich nicht, sonst würde ich uns in Raben verwandeln, und wir könnten einfach davonfliegen.«

»Stellt Euer Licht nicht unter den Scheffel! Ich weiß doch, dass Ihr findig seid. Gibt es denn keinen geheimen Gang aus dieser Festung hinaus? Ihr habt sie doch von oben bis unten durchsucht.«

»Ein Geheimgang aus einer Wasserburg? Das dürfte unmöglich sein. Kein Mensch kann unter einem Fluss hindurchgraben. Der Gang könnte höchstens bis an das diesseitige Ufer der Themse führen, aber das nützt uns nichts. Auch mit Booten können wir nicht fliehen, denn Stephan hat schwer bewachte Kettensperren errichten lassen. Nein, im Moment weiß ich auch keinen Rat. Lasst mich ein paar Tage in Ruhe darüber nachdenken. Vielleicht weist mir ja der Herr im Traum einen Weg.«

»Seit wann seid Ihr so gläubig, Robert? Das habe ich ganz anders in Erinnerung«, murmelte Matilda, selbst für ihren Sergeanten kaum verständlich.

»Seit ich Frau und Kind habe, bete ich schon gelegentlich für ihr Wohlergehen, und dass ich sie unbeschadet wiedersehe«, gab Robert nachdenklich zur Antwort.

»So? Dann schließt mich doch bitte zukünftig in Eure Zwiesprache mit Gott ein. Mein ältester Sohn Henry erwartet mich nämlich in Devizes. Gloucester hat ihn aus der Normandie mitgebracht. Schließlich kann es nicht schaden, wenn er sich einmal sein zukünftiges Königreich ansieht und vor allem die Sprache seiner Bewohner lernt.«

Diese Einstellung Matildas war keineswegs selbstverständlich. Ihr verstorbener Vater und sie beherrschten das Angelsächsische perfekt, aber viele der normannischen Barone weigerten sich, die Sprache des von ihnen unterworfenen Volkes zu lernen. Und so war es gang und gäbe, dass Mönche oder Schriftkundige als Dolmetscher zwischen den im gleichen Land lebenden Parteien vermitteln mussten, weil sie sich sonst kaum untereinander verständigen konnten.

»Ich werde alles in meiner Macht Stehende dafür tun, dass Ihr Euren Sohn wohlbehalten wiederseht, Madam«, entgegnete Robert. Und ich den meinen, fügte er in seinen Gedanken hinzu.

»Dass alles, was wir soeben besprochen haben, niemand hier erfahren darf, brauche ich sicher nicht zu erwähnen, oder?«, merkte Matilda nur der Form halber an.

»Natürlich nicht! Haltet Ihr mich für ein altes Waschweib?« Roberts Empörung war ebenso gespielt, wie die Bemerkung der Kaiserin nicht ernst gemeint war. Aber solche kleinen, eigentlich unnötigen Wortwechsel gönnten sich beide von Zeit zu Zeit.

»Madam!« Mit einer Verbeugung zog sich Robert zurück und machte sich daran, seinen unterbrochenen Rundgang fortzusetzen und dabei über eine Fluchtmöglichkeit nachzudenken. Ein eisiger Wind, der Schneeflocken und Graupel mit sich führte, empfing ihn auf der Ringmauer. Es sah nicht danach aus, dass es in nächster Zeit noch einmal wärmer werden würde, im Gegenteil. Das jedoch schloss eine Flucht durch das Wasser von vornherein aus. Sie würden wahrscheinlich erfrieren, bevor sie das andere Ufer des Flusses überhaupt erreichten. Doch plötzlich kam Robert die rettende Idee. Sie konnten zwar nicht, wie dereinst Jesus am See Genezareth, über Wasser gehen, aber sicherlich über Eis.

Vorausgesetzt, der Fluss fror so weit zu, dass er einen Menschen tragen konnte. Also galt es nur zu warten und zu bangen, dass es noch kälter wurde. Zumindest sah der Himmel danach aus, und das gab Robert Hoffnung.

Allerdings barg ein zugefrorener Fluss auch die Gefahr, dass die königlichen Truppen dann bis an die Burgmauer vorrücken konnten. Sie hatten in letzter Zeit mehrfach versucht, die Gräben trockenzulegen oder zuzuschütten. Doch beständige Regenfälle, durch die der Fluss angeschwollen war, und die starke Strömung hatten das bisher verhindert und alle Anstrengungen der Pioniertruppen zunichtegemacht. Inzwischen flossen die Wassermassen langsam ab, von Tag zu Tag wurde es frostiger, und an den Rändern der Gräben bildete sich bereits Eis. Es war also nur noch eine Frage der Zeit, bis Stephans Truppen Sturmleitern anlegen und Rammböcke in Position bringen konnten.

Robert bereitete in aller Heimlichkeit Matildas Flucht vor. Er besorgte starke Seile und stahl der Wäschebeschließerin ihre kostbarsten, weißleinenen Betttücher. Als sie den Verlust bemerkte, war das Geschrei groß, doch die Laken nirgends zu finden. Wer hätte auch schon in den Gemächern der Kaiserin danach gesucht?

Die meisten Sorgen machte dem Sergeanten aber d'Osney. Der Kastellan fühlte sich ausgegrenzt, da es niemand für nötig erachtete, ihn über Gloucesters Schreiben zu unterrichten, und beobachtete Robert auf Schritt und Tritt. Mittlerweile kam es sogar zu Handgreiflichkeiten zwischen Matildas Garde und der Garnison von Oxford Castle. Lange konnte das nicht mehr gut gehen, und einen ernsthaften Angriff von Stephans Truppen in solch einer angespannten Atmosphäre erfolgreich zurückzuschlagen, wäre nahezu unmöglich.

Robert beschloss, zwei seiner Corporals ins Vertrauen zu ziehen. Ganz allein würde er es nicht schaffen, denn er brauchte Hilfe beim Abseilen und mindestens einen zweiten Mann, um die Kaiserin notfalls zu tragen. Daniel und Simon waren seine besten Kameraden. Wenn er ihnen nicht vertrauen konnte, dann keinem.

An einem bitterkalten Abend nahm er die Männer zur Seite, achtete darauf, dass sie unbelauscht waren, und weihte sie in seinen Plan ein. Beide boten trotz der damit verbundenen Gefahren sofort freiwillig an, Robert zu unterstützen und Matildas Flucht zu decken. Daniel würde in der Burg bleiben, Simon die Kaiserin als zweiter Mann begleiten.

Zuvor wollte Robert aber überprüfen, ob das Eis schon hielt. Heimlich, ohne dass es jemand außer seinen beiden Kameraden bemerkte, seilte er sich an der von der Stadt abgewandten Seite der Burgmauer ab. Unbeschadet erreichte er das Flussufer, doch als er den Fuß auf das Eis setzte, knackte es vernehmlich. Das Geräusch ging ihm durch Mark und Bein, und er war sicher, dass Stephans Wachposten am anderen Ufer es gehört haben mussten. Doch nichts geschah, nichts rührte sich, und nachdem die Schrecksekunde vergangen war, setzte Robert vorsichtig Fuß vor Fuß und überquerte den zugefrorenen Graben. Nichts fürchtete er mehr, als einzubrechen und in den kalten Fluten zu versinken. Aber ohne die Festigkeit des Eises zu überprüfen, wäre er das Wagnis mit der Kaiserin an seiner Seite nicht eingegangen. Manchmal schien es Robert, als hörte er das Plätschern des Wassers unter sich, doch das war wohl eine Täuschung. Auf der anderen Seite des Grabens kletterte er vorsichtig die Böschung hinauf und spähte über den Rand. Was er sah, beruhigte ihn außerordentlich.

Es gab keine Postenkette entlang des Flusses, sondern nur ein paar verstreut liegende Lager, in denen sich nichts regte. Offensichtlich fühlten sich die Belagerer sehr sicher.

Ein paar Männer mehr, dachte Robert, ein überraschender Ausfall, und wir jagen sie bis nach London!

Doch da diese Option nicht zur Verfügung stand, zog er sich langsam zurück, um noch an einer anderen Stelle das Eis zu prüfen. Die Tragfähigkeit schien hier sogar noch besser zu sein. Robert war mehr als erleichtert. Einer Flucht über den Graben stand nun nichts mehr im Wege. Als er sich auf den Rückweg machte, begann es zu schneien. Zuerst fielen nur vereinzelte Flocken, dann immer dichtere, sodass er bald kaum noch die Mauern vor sich erkennen konnte. Der Schnee würde seine Spuren verwischen, sollte sich am Morgen jemand die Mühe machen, das Ufer abzuschreiten. Und hielt der Schneefall womöglich an, würde er ihre Flucht zwar erschweren, sie aber gleichzeitig vor den Augen der Belagerer verbergen.

Es fiel Robert nicht ganz leicht, an dem mittlerweile feuchten Seil die glatte Burgmauer emporzuklettern. Aber seine Muskeln waren gestählt, und so schaffte er es mit einiger Mühe letztendlich doch. Oben wurde er von seinen Kameraden in Empfang genommen und zwischen zwei Zinnen gezogen. Als er wieder zu Atem gekommen war, erklärte er ihnen sein Vorhaben.

»Wir werden morgen fliehen, hält das Wetter an. Das Eis des Flusses trägt jetzt schon, da er keine starke Strömung hat, sondern das Wasser um die Burg herum nahezu steht. Wir seilen uns aus dem Gemach der Kaiserin ab. Den vorspringenden Erker kann man von keiner Stelle der Burg aus einsehen. Simon wird als Erster gehen. Ich lasse die Kaiserin herab, und du, Daniel, deckst uns den Rücken. Die Flucht muss so lange wie möglich verborgen bleiben, damit wir einen ordentlichen Vorsprung gewinnen. Ich hoffe, wir schaffen es bis nach Abingdon. Dort werden Pferde aufzutreiben sein. Zur Not tragen Simon und ich Matilda wechselseitig, wenn sie zu erschöpft zum Laufen sein sollte. Gegen Mittag könnt ihr dann die Burg übergeben. Daniel, ich verlasse mich darauf, dass das nicht eher geschieht. Wenn es sein muss, tötest du halt diesen aufgeblasenen Kastellan. Hast du das verstanden?«

»Mach dir keine Sorgen! Im äußersten Notfall verteidigen wir das Tor auch gegen seine Männer. Ich hoffe nur, Matilda lässt sich beim Lösegeld nicht lumpen. Mein Interesse an Stephans Kerkern ist nur sehr gering.«

»Darum kümmere ich mich, versprochen. Und kein Wort zu irgendjemandem, ist das klar?«

Die beiden Männer nickten nur, und gemeinsam machten sie sich auf den Weg zurück in ihr Quartier. Keiner von ihnen ahnte, dass ihr Plan bereits so gut wie verraten war.

* * *

Im untersten Geschoss des Georgsturms befand sich eine dem gleichnamigen Heiligen geweihte Kapelle. Der Burgkaplan schlief genau darüber in einer kleinen Kemenate, die über ein Fenster, mehr eine Schießscharte, mit Blick auf den Burghof verfügte. Von hier konnte man auch auf die gegenüberliegende Mauer blicken. Während sich der Pater für die Morgenandacht fertig machte, glaubte er, im ersten Licht des gerade beginnenden Tages, Männer zu erspähen, die sich hinter einer Zinne verbargen. Leise eilte er die Stiege zur Kapelle hinunter, verließ die

Kirche durch eine Seitenpforte und schlich im Schatten der Mauer auf die andere Seite des Burghofs, bis er den Platz genau unter den verdächtigen Gestalten erreichte.

Die Aufmerksamkeit der Wachen war auf die andere Seite zur Stadt, zu den Belagerungsmaschinen und zum königlichen Hauptheer gerichtet. Es war noch so still in der Burg, dass der Pater etliches von dem verstand, was über ihm geflüstert wurde. Nicht alles, doch was er hörte, reichte ihm, um sich einen Reim zu machen. Hier waren Verräter am Werk, die die Burg verlassen wollten! Das musste auf der Stelle der Kastellan erfahren, und so raffte er seine schwarze Kutte und eilte geräuschlos, einem Schatten gleich, zu dessen Quartier.

D'Osney war über die morgendliche Störung gar nicht erbaut. Trotzdem ließ er natürlich den Kaplan, den ihm sein Knappe meldete, eintreten.

Wie ein schwarzer Rabe, ein Bote der Nacht, dachte der Baron bei sich, als der Pater in die Kammer gehuscht kam. Fehlt nur noch, dass er krächzt.

»Mylord!« Der Kaplan war ganz außer Atem. »Verrat! Der Anführer der Leibwache der Kaiserin führt offenbar heimliche Verhandlungen mit dem König. Er war außerhalb der Burg. Ich habe gehört, wie er seinen Corporal anwies, morgen Mittag Oxford Castle zu übergeben.«

»Seid Ihr da ganz sicher?« Es fiel dem Kastellan schwer, das zu glauben, war doch Matildas Garde dafür bekannt, das Leben ihrer Herrin bis zum Tod zu verteidigen. »Könnt Ihr Euch nicht vielleicht verhört haben?«

»Ich sah, wie zwei Männer ein Seil einholten. Was soll der Sergeant wohl außerhalb der Burg gewollt haben? Und dann sagte er zu seinem Corporal, ich habe es ganz deutlich gehört und schwöre es beim Leib Christi: ›Wenn es sein muss, tötest du den Kastellan!‹«

Das Wort »aufgeblasen« wiederzugeben, sträubte sich die Zunge des Paters.

D'Osney kratzte sich nachdenklich das Kinn. Er hatte die Burg schon vor Monaten übergeben wollen, das war kein Geheimnis. Jetzt plante es offenbar die Leibwache der Kaiserin. Warum machten sie dann nicht gemeinsame Sache? Ihn deswegen umzubringen, ergab keinen Sinn. Es sei denn, sie heckten etwas ganz anderes aus. Aber was? Bevor die Garde sich gegen Matilda verschwor, fror eher die Hölle ein. Es waren alles Männer, die nichts zu verlieren, sondern nur durch ihre Treue etwas zu gewinnen hatten. Also steckte die Kaiserin selbst dahinter. Und plötzlich ging dem Kastellan ein Licht auf.

Gloucester kam wahrscheinlich gar nicht, sonst hätte seine Schwester es ja verkünden können. Warum hatte sie sich so geziert, dem Hofstaat zumindest Teile des Briefes vorzulesen? Und jetzt wollte sie zu ihm, und dazu musste sie aus der Burg fliehen. Fehlten deswegen weiße Tücher, wie die Wäschebeschließerin ihm mitgeteilt hatte? Wollte sie sich darin einhüllen, damit man sie im Schnee nicht so schnell entdeckte? Und ihn, den Kastellan, dem der König die lange Belagerung anlasten würde, wollte man hier zurücklassen!

Fein ausgedacht hatte sich die Dame das! Aber ohne die Rechnung mit dem Wirt gemacht zu haben. Sie würden ihn mitnehmen müssen, oder er würde sofort die Tore von Oxford Castle öffnen lassen. Entweder belohnte Matilda ihn für seine Treue oder aber der König. Ihm war es gleich. Nur der Dumme, der in den Kerker oder gar auf das Schafott ging, wollte er nicht sein. D'Osney beschloss, sich bei der Kaiserin melden zu lassen und vorsichtig auf den Busch zu klopfen.

Matilda empfing den Kastellan recht ungnädig, störte er sie doch bei ihren Fluchtvorbereitungen. Sie war mit Robert allein, der sie soeben in seine Pläne eingeweiht und denen sie ohne zu zögern zugestimmt hatte. Was wollte denn nun wieder dieser lästige Burghauptmann von ihr, dem sie nicht weiter traute, als sie einen Stein werfen konnte? D'Osney ließ seinen hohen Gast nicht lange im Unklaren über sein Begehr.

»Madam, die Burg ist nicht mehr lange zu halten«, eröffnete der Baron das Gespräch. »Könnt Ihr mir sagen, wann denn nun Euer Bruder mit dem Entsatz anrückt? Lange Zeit lassen darf er sich nicht mehr, will er Euch lebend und in Freiheit aus Oxford herausholen.«

»Das lasst nur meine Sorge sein, d'Osney. Die Burg ist stark und kann noch lange, wenn es sein muss, auch Jahre Widerstand leisten. Wir binden hier Stephans Kräfte, und der Earl von Gloucester hat so die Hände frei, an anderer Stelle anzugreifen.«

Das war nicht direkt gelogen, denn Matilda wusste, dass ihr Bruder durch nadelstichartige Überfälle versuchte, Stephan von Oxford wegzulocken. Doch bisher war sein Kalkül nicht aufgegangen.

»Wäre es nicht besser, Madam, Ihr und Euer Bruder wäret wieder vereint und könntet den Widerstand gegen Euren Cousin gemeinsam organisieren?«

»Man vergleicht mich zwar manchmal mit einer Löwin, aber nur selten mit einer Taube, Baron. Und nur eine solche könnte sich wohl hier in die Lüfte erheben und entfliegen.«

»Ich wüsste vielleicht einen Weg, Madam. Er wäre nicht ungefährlich und anstrengend. Aber so könntet Ihr einer Gefangennahme entgehen und dem König entkommen.«

»Lasst hören!« Die Kaiserin und ihr Sergeant waren ganz Ohr und wie vom Donner gerührt, als der Kastellan einen Plan entwickelte, der dem von Robert wie ein Ei dem anderen glich. Kaum hatte er geendet, grinste er dem Befehlshaber der kaiserlichen Leibwache unverhohlen ins Gesicht.

»Das war doch genau Euer Vorhaben, oder irre ich mich? Ihr wolltet Euch absetzen und mich und die ganze Besatzung der Rache des Königs überlassen. Aber ich eigne mich nicht zum Sündenbock. Ihr werdet mich mitnehmen, oder ich öffne Stephan die Tore.«

»Ihr habt geschworen, das Leben der Kaiserin mit Eurem eigenen zu schützen«, zischte Robert. »Wie kommt Ihr dazu, Bedingungen zu stellen? Sagt, wer hat Euch den Plan verraten? Nennt mir den Namen, sonst schicke ich Euch auf der Stelle zur Hölle!«

Roberts Hand zuckte zum Schwert, doch Matilda gebot ihm mit einer Handbewegung Einhalt.

»Nicht so voreilig! Baron d'Osney beweist doch gerade seine Treue, indem er sich uns anschließen will. Er kennt sicherlich die Umgebung besser als Ihr, Robert, und wird uns führen. Aber seid versichert, Kastellan, ich hatte nicht die Absicht, die Männer, die mich monatelang geschützt haben, zu verraten. Wenn wir einen uneinholbaren Vorsprung haben, wird die Burg übergeben, und ich biete meinem Cousin ein angemessenes Lösegeld für jeden Gefangenen an. Wie ich ihn kenne, und da er außerdem immer knapp bei Kasse ist, wird er es wohl annehmen. Aber auch ich wüsste gern, wer der Judas in meinen Reihen ist.«

»Ich versichere Euch, Ihr seid nicht verraten worden. Ich habe nur meine eigenen Schlüsse aus meinen Beobachtungen gezogen.«

»Und das soll ich Euch glauben?« Matilda war skeptisch, wollte aber nicht weiter in den Kastellan dringen.

Der ging nicht weiter auf die Frage ein, sondern versuchte, das Gespräch in andere Bahnen zu lenken.

»Madam, wenn ich Euch führen soll, muss ich wissen, wohin Ihr Euch wenden wollt. Werdet Ihr außerhalb der Mauern bereits erwartet?«

»Ja, in Woodstock. Dort gedenke ich mich im königlichen Jagdschloss mit meinem Bruder zu treffen. Ihr kennt doch den Weg, oder?«

»Natürlich, Madam. Ich werde Euch sicher geleiten. Es sind etwa sechs Meilen von hier. Werdet Ihr das zu Fuß schaffen?«

»Zur Not müsst Ihr mich eben tragen, d'Osney. Ihr seid doch groß und kräftig.«

Robert hätte fast laut losgelacht, als er das Gesicht des Barons sah. Nach Abingdon, wo sie tatsächlich hinwollten, waren es auch sechs Meilen, doch Richtung Süden, während Woodstock genau entgegengesetzt im Norden lag.

»Findet Euch nach Sonnenuntergang hier in meinem Gemach ein, Baron. Keine Rüstung, hört Ihr? Eure Treue wird belohnt werden, wenn Ihr uns sicher geleitet. Übergebt meinem Sergeanten die Schlüssel zur Burg. Er wird dafür sorgen, dass nicht noch mehr Männer sterben müssen und Oxford Castle übergeben wird. Aber ohne die Beute, die mein Cousin sich erhofft. Und jetzt lasst uns allein. Ich habe noch Vorbereitungen zu treffen.«

D'Osney verbeugte sich tief. Hatte er doch wieder einmal den richtigen Riecher gehabt. Es war bekannt, dass sich Matilda in Bezug auf Belohnungen für geleistete Dienste nicht lumpen ließ. In Gedanken rechnete er schon mit einer Grafschaft oder zumindest mit umfangreichen Ländereien.

»Wer, zum Teufel, hat denn den zum Kastellan einer so bedeutenden Festung wie Oxford Castle ernannt?«, machte sich Matilda Luft, als sie wieder mit Robert allein war. »Dem springt doch die blanke Gier aus den Augen! Für dreißig Silberlinge würde er mich sicherlich Stephan ausliefern, verspräche er sich nicht einen höheren Lohn von mir. Ich bin geneigt, das ganze Unternehmen abzublasen. Wer sagt mir denn, dass wir da draußen nicht von den Männern meines Cousins erwartet werden?«

»Ich kann mir nicht vorstellen, dass er in der Kürze der Zeit Gelegenheit hatte, Stephan zu informieren. Und von jetzt an lasse ich ihn auf Schritt und Tritt überwachen. Es ist vielleicht sogar besser, wenn er bei uns ist und wir ihn unter Kontrolle haben.«

»Aber beim geringsten Anzeichen von Verrat bringt Ihr ihn um, Robert. Habt Ihr mich verstanden? Er soll nicht womöglich noch die Früchte seiner Treulosigkeit ernten.«

»Sehr wohl, Madam.« In dieser Hinsicht hatte Robert keine Skrupel. Tauchten Männer des Königs auf, war d'Osney tot, ob daran schuld oder nicht.

* * *

Es war nicht einfach, nach der Abendmahlzeit Matildas ganzes Gefolge loszuwerden, und es bedurfte eines harschen Befehls, bis sich auch die letzte Hofdame zurückzog. Der Schneefall hatte aufgehört, und ein matter, silbriger Mond zeigte sich am Firmament. Er beleuchtete die Szenerie gespenstisch, und Robert hoffte nur, dass er nicht zu viel Licht spendete, sodass sie womöglich entdeckt wurden. Andererseits war es von Vorteil, nicht durch eine stockdunkle Nacht zu tappen und sich womöglich in der Schneewüste rettungslos zu verlaufen.

Die beiden Corporals und auch der Kastellan hatten sich heimlich eingefunden. Robert hielt die Zeit für gekommen, den Plan endlich in die Tat umzusetzen. Für Matilda war Männerkleidung besorgt worden, und sie ähnelte in ihrer Gewandung jetzt einem Edelknappen. In ihrem Gürtel steckte ein Dolch, und ihre Begleiter waren sicher, dass sie ihn im Notfall auch benutzen würde.

Vorsichtig spähte Robert aus dem Erkerfenster. Weder auf der Mauer noch auf der anderen Seite des Flusses war eine Menschenseele zu sehen. Lautlos warf er das an einem Mauerring verknotete Seil in die Tiefe. Im Abstand von je zwei Fuß waren Knoten hineingeschlungen, die vor allem Matilda beim Klettern helfen sollten. Robert hatte die Kaiserin eigentlich in einem Korb hinablassen wollen, doch das war von dieser als zu auffällig kategorisch abgelehnt worden. Sie traute sich ohne Weiteres zu, die zehn Yards auch so zu überwinden, und wollte sich keinesfalls vor d'Osney eine Blöße geben.

Simon war der Erste, der durch das Fenster kletterte und sich am Seil hinabhangelte. Unten angelangt, zog er es straff, sodass es nicht hin und her schwang und der Abstieg für die Nachfolgenden leichter wurde. Als Nächstes zwängte sich der Kastellan ächzend und stöhnend durch die Maueröffnung. Robert betete inständig, dass er nicht zu laut schreien würde, stürzte er womöglich ab. Doch wider Erwarten gelangte auch er unbeschadet nach unten, und Simon gab durch einen Ruck am Seil das verabredete Zeichen.

Jetzt war es an Matilda, den Abstieg zu wagen. Ihr Körper war trotz dreier Geburten nach wie vor gertenschlank und durch tägliches Reiten gestählt. Mutig kletterte sie aus dem Fenster, packte mit ihren behandschuhten Händen den ersten Knoten des dicken Taus und kletterte Fuß um Fuß in die Tiefe, als wäre es das Selbstverständlichste auf der Welt und gehörte zum ständigen Tagesablauf einer Kaiserin.

Robert umarmte noch einmal seinen Kameraden. Ansonsten war zwischen ihnen alles gesagt. Hoffentlich ließ Stephan seine Wut nicht an Daniel und seinen Männern aus. Doch daran ändern konnte der Sergeant jetzt auch nichts mehr. Geschickt hangelte er sich am Seil nach unten und stand wenig später neben Matilda, die ihn mit den Worten »Ich dachte schon, Ihr kommt gar nicht mehr« in gewohnter Art und Weise begrüßte.

Die vier Flüchtlinge hüllten sich jetzt in die weißen Tücher und verschmolzen so fast vollständig mit der Schneedecke, die das ganze Land einhüllte. Robert reichte Matilda die Hand, um ihr die Böschung zum Flussufer hinunterzuhelfen. Als Erster betrat er dann das Eis und wies die Folgenden an, direkt in seiner Spur zu bleiben. Hinter ihm schritt Matilda, danach kam der Kastellan, und den Schluss bildete Simon.

Schritt für Schritt tastete sich Robert voran, immer mit dem Ende seines Spießes die Festigkeit des Eises prüfend. Manchmal knackte es unter ihm bedrohlich, doch letztendlich erreichten sie unbeschadet das andere Ufer. Der Sergeant spähte vorsichtig über die Böschung, aber wie in der Nacht zuvor war nichts und niemand zu sehen. Geduckt und in einer Reihe huschten sie dahin, um so schnell wie möglich aus dem Bereich der Burg und ihrer Belagerer herauszukommen. Niemand hielt sie an, kein Wachposten forderte sie zum Stehenbleiben auf, und nach einer halben Meile fiel Robert das erste Mal ein Felsbrocken vom Herzen.

Sie waren an der Nordseite von Oxford Castle hinuntergeklettert, und d'Osney nahm an, dass man einfach die Richtung beibehalten würde. Deshalb hielt er überrascht inne, als Robert nach einiger Zeit nach Süden schwenkte. Mittlerweile standen auch die Sterne an einem frostklaren Himmel, und es konnte kein Zweifel an der eingeschlagenen Richtung bestehen.

»Ihr geht falsch«, versuchte der Kastellan seine drei Begleiter zu informieren. »Woodstock liegt nördlich vor uns. Wir müssen nur geradeaus gehen, Ihr aber marschiert Richtung Süden.«

Keiner würdigte d'Osney auch nur eines Wortes. Lieber sparten die Flüchtlinge ihren Atem für den langen noch vor ihnen liegenden Marsch.

Langsam ging dem Baron ein Licht auf. Man hatte gar nicht die Absicht, nach Woodstock zu gehen. Offenbar glaubte die

Kaiserin nicht, sich auf ihn verlassen zu können, und hatte ihn belogen. Natürlich, im Süden lagen die mächtigen Festungen Wallingford, Marlborough und Devizes, allesamt fest in den Händen von Matildas Getreuen! Wie hatte er nur so dumm sein können? Aber wenn man ihm nicht vertraute, dann würde es wohl auch kaum etwas mit seiner erhofften Belohnung werden.

Verdammt, warum hatte er sich nur auf dieses waghalsige Unternehmen eingelassen? Stephan wäre sicherlich großzügig gewesen, hätte er ihm seine Cousine ausgeliefert. Aber nein, er musste ja unbedingt aufs falsche Pferd setzen, schalt sich d'Osney. Und das noch dazu, wo Matildas Stern sowieso schon im Sinken war. Er hätte sich ohrfeigen können für diese Dummheit. Doch was blieb ihm jetzt noch übrig, um den Fehler zu korrigieren? Schrie er um Hilfe, war es fraglich, ob ihn jemand hörte. Und sicherlich wäre er im nächsten Moment tot, denn den beiden kaiserlichen Gardisten war er hoffnungslos unterlegen, da gab er sich keinen Illusionen hin.

Langsam ließ sich der Baron Schritt für Schritt zurückfallen. Er tat so, als fiele ihm das Laufen durch den frisch gefallenen Schnee schwer, stöhnte und ächzte zum Gotterbarmen. Ganz im Gegensatz zu Matilda, die wacker ausschritt und Robert trotz dessen langer Beine fast vor sich herschob.

Simon hatte mehrmals versucht, den Baron anzustoßen und zum rascheren Gehen zu animieren, doch vergebens. Letztendlich musste er ihn überholen, um nicht selbst zurückzubleiben. Robert an der Spitze merkte davon lange nichts, und als es ihm endlich auffiel, dass sie nur noch zu dritt waren, wäre es fast zu spät gewesen.

* * *

D'Osney hatte kehrtgemacht, als er glaubte, der Corporal, der mit gesenktem Kopf vor ihm durch den Schnee stapfte, würde es nicht mitbekommen. Jetzt lief er, so schnell ihn seine Füße trugen, zurück. Wenn er Alarm schlug und der König Matilda auf freiem Feld ergreifen konnte, war ihm die angestrebte Belohnung sicher.

Der nächste Ort südlich von Oxford war Abingdon, doch bis dahin würden die Flüchtlinge bei diesem Wetter und zu Fuß noch Stunden brauchen. Schnelle Reiter konnten sie allemal einholen, und dann wäre der Krieg mit großer Wahrscheinlichkeit entschieden. Obwohl, das hatte man bei der Gefangennahme Stephans ja auch geglaubt.

Robert dachte, dass es an der Zeit war, eine Pause einzulegen, und wandte sich zu der in seiner Spur gehenden Matilda um. Da sah er hinter ihr aus dem leichten Schneefall, der mittlerweile eingesetzt hatte, nur Simon auftauchen.

»Wo ist denn der Kastellan?«, wollte er sofort wissen. »War er nicht zwischen dir und unserer Herrin?«

»Ich höre schon länger sein Schnaufen nicht mehr hinter mir«, gab Matilda Bescheid, und der Corporal ergänzte: »Er fiel immer weiter zurück, sodass ich ihn überholen musste. Vielleicht liegt er irgendwo am Wegrand und kann nicht mehr weiter. Wir sollten uns nicht um ihn kümmern und lieber sehen, dass wir unser Ziel erreichen.«

»Oder er alarmiert Stephans Truppen und hetzt uns seine Reiter auf den Hals.«

»Warum sollte er das tun?«, fragte Matilda verständnislos.

»Weil er gemerkt hat, dass Ihr ihm nicht traut, Madam. Da konnte er sich ausrechnen, dass es wohl mit einer Grafschaft nichts wird, und sucht sein Heil lieber bei Eurem Cousin.«

Bei diesen Worten hatte Robert bereits seinen Umhang und den Schwertgurt abgestreift. Den Spieß rammte er in den Boden und steckte den Helm auf die Spitze. Da er wie alle kein Kettenhemd trug, stand er nun in leichter Kleidung vor Matilda, die ihn verdutzt ansah.

»Könntet Ihr mir vielleicht verraten, was Ihr vorhabt?«

»Den Kerl verfolgen und davon abhalten, uns zu verraten. Ihr marschiert, so schnell Ihr könnt, mit Simon weiter. Kümmert Euch nicht um mich. Erreicht Ihr die Priorei von Abingdon, kann Euch der Abt sicherlich mit Pferden aushelfen. Dann schafft Ihr es nach Wallingford zu Brian FitzCount und seid in Sicherheit.«

»Und was wird aus Euch? Außerdem, wie wollt Ihr denn d'Osney ohne Waffen bezwingen?«

»Glaubt mir, für den brauche ich kein Schwert, geschweige denn eine Lanze. Das würde mich alles nur behindern. Gelingt mir, was ich vorhabe, komme ich nach. Gerate ich in Gefangenschaft, hoffe ich, Euch etwas wert zu sein. Und hört Ihr nichts mehr von mir, dann kümmert Euch um meine Familie, ich bitte Euch.«

Robert wartete keine Antwort ab. Wie ein Pferd, das man auch nicht gleich zum vollen Galopp anspornte, sondern ihm Zeit gab, Muskeln und Sehnen zu erwärmen, lief er zuerst im leichten Trab los, wurde aber mit der Zeit immer schneller. Seine größte Sorge war, dass der Schnee die Spuren zudecken und er den Kastellan nicht rechtzeitig finden würde. Doch in diesem Fall war das Glück auf seiner Seite.

Der silbrige Mond blitzte immer wieder zwischen den Wolken hervor, vereinzelt funkelten Sterne, und es fielen nur noch wenige Flocken. Die Spur war deutlich erkennbar, und schon bald erreichte Robert die Stelle, wo d'Osney sich umgewandt hatte und in einer schnelleren Gangart zurück Richtung Oxford geeilt war.

Jetzt rannte Robert so schnell er konnte und sog die kalte Dezemberluft tief durch die Nase ein, um seine Lungen nicht zu unterkühlen und womöglich Seitenstechen zu bekommen, das ihn am schnellen Laufen gehindert hätte. Vor sich glaubte er bereits eine Gestalt zu erkennen, die allerdings auf das südliche Stadttor und nicht auf die im Westen befindliche Burg zuhielt. Natürlich, warum sollte der Kastellan sich auch den weiteren Weg machen, wenn er zu Stephan wollte? Den traf er am ehesten im Beaumont Palace in der Stadt an, den zuvor Matilda bewohnt hatte. Doch dazu wollte es Robert nicht kommen lassen. Er mobilisierte noch einmal alle Kräfte und kam dem Baron immer näher.

Der schleppte sich nur noch so dahin und keuchte wie ein Ackergaul am Ende seines entbehrungsreichen Lebens. Von Zeit zu Zeit warf er allerdings einen Blick über die Schulter zurück, da er damit rechnete, verfolgt zu werden. Und so konnte ihm auch Robert nicht entgehen, der schnell wie ein abgeschossener Pfeil auf ihn zuhielt.

Bis zur Brücke über die Themse vor der Stadt, das war d'Osney sofort klar, würde er es nicht mehr schaffen. Wenige Yards vor ihm befand sich der Fluss, den er so oder so überqueren musste. Aber er war ja in dieser Nacht schon einmal über das Eis gegangen, und nichts war passiert. Warum sollte es ihm also nicht noch einmal gelingen? Der Kastellan kletterte die Böschung zum Fluss hinab und hatte dabei größte Mühe, auf den Beinen zu bleiben und nicht auszurutschen.

Robert, der endlich heran war, hielt sich damit nicht auf. Er nutzte den Schwung seines Laufs, sprang von der Kante ab, flog wie ein Racheadler durch die Luft und riss den überraschten Baron zu Boden. Eng umschlungen rollten sie das letzte Stück zum Flussufer hinunter und auf das Eis hinaus, das unter der schweren Last der beiden Männer zu ächzen schien.

D'Osney war zwar nicht gut bei Kondition, aber ein kräftiger Mann. So schnell wollte er sich nicht geschlagen geben. Robert, völlig außer Puste nach der langen, anstrengenden Verfolgung, hatte dem Schlag, den ihm der Baron mit der behandschuhten Rechten gegen das Kinn verpasste, nichts entgegenzusetzen und war für einen Moment richtiggehend benommen.

Das nutzte sein Gegner, um wieder auf die Beine zu kommen und sein Schwert zu ziehen. Einen Lidschlag später wäre Roberts Kopf fast über die gefrorene Themse gerollt. Im letzten Moment warf sich der Sergeant nach vorn, packte d'Osney an den Beinen und riss ihn um. Wild mit den Armen rudernd, ließ der Baron sein Schwert fallen und krachte mit voller Wucht auf das Eis, das jetzt das erste Mal nachgab. Es bildeten sich Risse, die sternförmig in alle Richtungen liefen, doch noch trug es.

Robert zog seinen Dolch, die einzige Waffe, die er bei sich trug. Auch der Kastellan hatte plötzlich eine blitzende Klinge in der Hand. Hasserfüllt schauten sich die beiden Männer einen Moment lang an, jeder die Chancen auslotend, den Kampf in seinem Sinne zu entscheiden. D'Osney führte einen überraschenden Stoß in Richtung der Kehle seines Gegners, doch Robert war auf der Hut. Er wich zurück, bückte sich und stieß nun seinerseits zu. Auch dem Baron gelang es im letzten Moment auszuweichen, und so ging der Kampf eine Zeit lang hin und her.

Der Kastellan zog sich dabei immer weiter auf das Eis zurück und war fast in der Flussmitte angelangt, als es ohne Vorwarnung unter ihm brach. Im Burggraben hatte das Wasser nahezu gestanden, doch hier strömte die Themse, und die Flutrinne war nur von einer dünnen Eisdecke überzogen gewesen, die dem Gewicht eines Mannes nicht standhielt. Mit einem Aufschrei versank d'Osney in den gurgelnden Fluten. Einen Moment später tauchte er wieder auf. Er warf die Arme in die Höhe und hielt sich mit der Kraft eines um sein Leben Kämpfenden am Eisrand fest. In seinen Augen stand die blanke Verzweiflung.

»Helft mir doch! Um Christi willen, helft mir!«, schrie er Robert an. Da brach das Eis erneut, und wieder versank der Baron in den Fluten.

Robert wich entsetzt zurück. Selbst wenn er gewollt hätte, der Kastellan war nicht mehr zu retten. Seine schweren Kleider sogen sich voll Wasser und zogen ihn unbarmherzig in die Tiefe. Noch einmal kämpfte er sich mit dem Mut der Verzweiflung an die Oberfläche, jetzt schon ein ganzes Stück von der Strömung flussabwärtsgetragen, dann verschwand er auf Nimmerwiedersehen unter dem Eis.

Auf allen vieren und dabei die gefrorene Oberfläche vorsichtig abtastend, kroch Robert zum Ufer zurück und die Böschung hinauf. Er war unverletzt, aber zu Tode erschöpft, und das Schicksal d'Osneys hatte selbst ihn berührt, einen Mann, der geglaubt hatte, dass nichts im Leben ihn mehr erschüttern konnte.

Langsam machte Robert sich erneut auf den Weg nach Abingdon, doch nun drängte ihn nichts mehr. Matilda und Simon würde er nicht einholen können, dazu fehlten ihm die Kräfte. Und um einen einsamen Wanderer kümmerte sich niemand, selbst wenn Stephan Patrouillen ausschickte. Im Morgengrauen stieß er auf seinen Spieß mit Helm und Schwert und kam sich jetzt wieder angezogen vor. Als er dann gegen Mittag an das Tor von Abingdon Abbey klopfte, schien es fast so, als hätte man ihn erwartet. Der Pförtner brachte ihn sofort zum Klostervorsteher, der Robert von Kopf bis Fuß missbilligend musterte.

»Seid Ihr Matildas Gefolgsmann, der den Kastellan von Oxford verfolgt hat?«, erkundigte sich Abt Ingulph, obwohl er die Antwort bereits ahnte.

»So ist es. Und ich wäre Euch wirklich für eine kleine Stärkung sehr dankbar.«

Der Abt ignorierte Roberts Bitte und fuhr mit seinem Verhör fort.

»Lebt Baron d'Osney noch?«

»Wenig wahrscheinlich. Ich habe ihn in den Fluten der Themse versinken sehen. Und nein, meine Hand hat ihn nicht getötet. Es war wohl Gottes Wille, ihn zu sich zu rufen.«

»Das zu entscheiden steht Euch kaum zu. In diesem unseligen Krieg sterben fortlaufend unschuldige Menschen, und ich glaube eher, dass Gott sich längst von uns ob des ständigen Mordens und der Verstöße gegen seine Gebote abgewandt hat.«

Robert wollte sich auf keine theologische Diskussion einlassen und stimmte dem Abt innerlich im Wesentlichen zu. Doch das brachte ihn hier keinen Schritt weiter.

»Ich nehme an, dass die Kaiserin und mein Corporal nicht mehr hier sind? Oder irre ich mich?«

»Sie hielten sich nicht einmal so lange auf, um der Frühmesse beizuwohnen«, erklärte der Benediktiner, und der Vorwurf in seiner Stimme war nicht zu überhören.

»Habt Ihr eine Nachricht für mich?« Robert gedachte es den beiden gleichzutun und so schnell wie möglich nach Wallingford aufzubrechen.

»Wärt Ihr heute nicht hier erschienen, hätte ich den Auftrag, mich morgen nach Oxford zu begeben und nach Euch zu forschen. Solltet Ihr Euch im Gewahrsam des Königs befinden, lautete mein Befehl, zu versuchen, Euch auszulösen. Dafür hat mir die Kaiserin einen Beutel voll Gold dagelassen. Ihr müsst Ihr sehr viel wert sein, wenn ich sein Gewicht bedenke. Meint Ihr, dass sie ihn nun dem Kloster spendet, da Ihr ja hier wohlbehalten von selbst angekommen seid?«

Robert hätte fast laut aufgelacht. Dass Matilda auf ihrer Flucht so an ihn gedacht hatte, berührte ihn tief. Das Gold würde er aber wohl lieber mitnehmen und bei ihr abliefern, notorisch knapp bei Kasse, wie seine Herrin in letzter Zeit ständig war. Darin unterschied sie sich nicht von ihrem Cousin. Das machte er auch dem Abt klar, der darüber verständlicherweise nicht in Jubelrufe ausbrach. Andererseits hatte dieser auch nichts getan, um Roberts Wunsch nach einer Stärkung nachzukommen. Der Sergeant fand, dass die Gastfreundschaft in den Klöstern mittlerweile sehr zu wünschen übrig ließ.

»Gibt es sonst noch etwas, was Ihr mir sagen sollt?«, erkundigte er sich abschließend.

»Für den Fall, dass Ihr unverletzt hier auftaucht, hat Eure Herrin ein Pferd für Euch bereitstellen lassen und bittet Euch, Ihr so schnell wie möglich zu folgen. Wohin, hat sie leider nicht gesagt, und Ihre Worte waren auch nicht sehr angemessen.«

Robert grinste über das ganze Gesicht. Matilda, erschöpft, wie sie war, hatte sicherlich nicht nach diplomatischen Floskeln gesucht und sich dem Abt gegenüber so ausgedrückt, dass man diesem noch jetzt die Schamröte ansah. Wahrscheinlich hatte sie gesagt, er, Robert, solle gefälligst seinen Hintern in den Sattel schwingen, dem Gaul die Sporen geben und ihr nachkommen. Und sich nicht unterstehen, irgendwo faul in einer Schenke herumzuhängen oder womöglich irgendwelche Wehwehchen auszukurieren.

Da das auch nicht seine Absicht war, folgte er gern dem Wunsch der Kaiserin, ließ sich den Beutel mit dem Gold aushändigen, der tatsächlich schwer wog, und verließ den ungastlichen Ort. Lieber machte er im nahe gelegenen Wirtshaus kurz Station. Hier schnappte Robert einem Kaufmann aus Nottingham einen gerade fertig gebratenen Kapaun vor der Nase weg, den er unterwegs während des Rittes verzehren wollte, trank auf die Schnelle ein paar Schluck Bier und war auch schon unterwegs nach Wallingford.

Der dortige Befehlshaber der Burg, Brian FitzCount, war ein ganz anderes Kaliber als d'Osney. Matilda treu ergeben, hatte er die starke Festung schon mehrmals gegen königliche Truppen, oft monatelang, verteidigt. Es hieß, Wallingford Castle könnte unter seiner Führung auch einer jahrelangen Belagerung standhalten.

Die Burg war das östlichste Bollwerk der Kaiserlichen und beherrschte weite Teile des Tales der Themse. Als Robert endlich über die Zugbrücke der Festung ritt, hatte er Zweifel, ob er noch auf seinen Füßen stehen konnte, wenn er absaß.

Doch die Männer, die ihn in Empfang nahmen, Krieger wie er, erkannten und respektierten seinen erschöpften Zustand. Sie halfen ihm aus dem Sattel und geleiteten ihn in die große Halle an einen reich gedeckten Tisch, wo er sich stärken und langsam wieder zu Kräften kommen konnte.

Von Simon erfuhr er, dass Matilda tapfer durchgehalten hatte, ohne auch nur einmal zu jammern oder um Hilfe zu bitten marschiert war, und dass ihre Worte zu Abt Ingulph ungefähr die gewesen waren, die Robert sich ausgemalt hatte. Später erstattete er der Kaiserin und Brian FitzCount kurz Rapport, bevor er auf eine Strohschütte sank, sich in seinen Umhang einhüllte und mehr in Ohnmacht fiel als einschlief.

* * *

Oxford Castle wurde wie geplant einen Tag nach Matildas Flucht an König Stephan übergeben. Der hatte zwar gehofft, seine Cousine gefangen nehmen zu können, trug deren Flucht aber mit Fassung. Von dem, was sie unternommen hatte, um ihm zu entkommen, würden die Troubadoure noch in Hunderten von Jahren singen, wenn man ihn wahrscheinlich längst vergessen hatte, gestand er sich ein. Mit den Gefangenen ging Stephan gnädig um. Er hoffte, dass sich das herumsprach. Keine Besatzung würde sich schließlich freiwillig ergeben, wenn sie damit rechnen musste, nach der Übergabe aufgehängt zu werden.

Als der strenge Frost nachließ und zu Weihnachten Tauwetter einsetzte, fand man die Leiche von Baron d'Osney in einer Flussbiegung am Ufer der Themse. Niemand konnte sich erklären, wie er dahingelangt war, denn der ehemalige Kastellan wies keinerlei Verletzungen auf. Stephan ließ ihm ein christliches Begräbnis zukommen, setzte einen seiner Vertrauten als neuen Befehlshaber der Burg ein und betrachtete das Kapitel Oxford damit als abgeschlossen.

Die Kaiserin hingegen begab sich unter dem Schutz einer starken Eskorte von Wallingford nach Devizes Castle. Hier hatte ihr Vater zwanzig Jahre lang seinen älteren Bruder Robert Curthose eingekerkert, der ihm die Krone Englands streitig machen wollte. Die Burg, von den Bischöfen von Salisbury errichtet, galt als völlig uneinnehmbar und lag inmitten der von ihren Anhängern beherrschten Territorien. Dort schloss sie zu Weihnachten anno 1142 endlich wieder ihren ältesten Sohn Henry in die Arme, den sie seit ihrer Abreise aus der Normandie nicht mehr gesehen und den ihr Bruder mit nach England gebracht hatte.

Mehr war Gloucester von Matildas Ehemann auch nicht mitgegeben worden. Dreihundert Bewaffnete hatte er auf eigene Kosten angeworben. Geoffrey von Anjou teilte seiner Gemahlin in einem Brief mit, er wäre mit der Eroberung der Normandie hinlänglich beschäftigt und könnte sie nicht auch noch in England unterstützen. Und warum auch, wo er doch nie König dieses Landes werden würde, wie Matilda ihm ja unmissverständlich zu verstehen gegeben hatte. Da vereinigte er doch lieber ihre Festlandsländereien mit den seinen und sicherte sich so einen Herzogstitel.

Robert erhielt die Erlaubnis, nach Bristol zu reiten, und konnte die Festtage endlich einmal in Ruhe mit seiner Familie verbringen. Er hatte allerdings Befehl, Martha und Hugh anschließend nach Devizes zu bringen, wo die Kaiserin zukünftig residieren wollte. So mussten sie das Haus, das ihnen mittlerweile ans Herz gewachsen war, aufgeben und ritten erneut einer ungewissen Zukunft entgegen, Hugh stolz erhobenen Hauptes auf seinem eigenen Pony.

Sie erhielten Quartier in der Burg, wo es natürlich sehr beengt zuging. Allerdings machte Matilda ihr Vorhaben wahr und ließ Hugh gemeinsam mit Henry und anderen adeligen Sprösslingen erziehen. Das war nicht ganz selbstlos von ihr, denn durch Marthas Schule hatte Roberts Sohn viel gelernt. Spielerisch gab er seine Kenntnisse in Latein und Algebra weiter, und die Jungen profitierten von seinem Wissen mehr als von dem des knöchrigen Mönches, der sie unterrichtete.

Hugh war zwar zwei Jahre jünger als Henry, aber schon jetzt so groß wie dieser. Auch kräftemäßig stand er seinem königlichen Kameraden nicht nach, doch machte er sich nichts aus dem Waffenhandwerk. Nur widerwillig übte er mit Schwert, Schild und Lanze. Lieber zeichnete er geometrische Figuren in den Sand, las in den Werken des Euklid und anderer griechischer Mathematiker und baute Modelle von Häusern, Kirchen und Burgen, die dann unter großem Gejohle von den anderen Zöglingen zerstört wurden.

Wie im richtigen Leben, dachte Matilda einmal bei sich, als sie das Geschehen beobachtete. Baumeister errichten kunstvolle Gebäude in langer, oft Jahrzehnte oder gar Jahrhunderte währender Arbeit. Krieger hingegen vernichteten diese ohne den geringsten Respekt in einem Bruchteil der Zeit, die zu ihrer Entstehung notwendig gewesen war.

Dabei war Hugh keineswegs ängstlich oder gar feige. Im Gegenteil, die Hiebe und Schläge, die er austeilen konnte, waren gefürchtet. Doch Freude hatte er an den Kampfspielen keine, und wenn er unbeabsichtigt einen der Jungen niedergestoßen oder gar leicht verletzt hatte, empfand er sofort Gewissensbisse. Es tat ihm unsäglich leid, jemandem auch nur einen noch so unbedeutenden Schaden zuzufügen. Sicherlich wäre er dafür von seinen Mitschülern gehänselt worden, doch das wagten sie aufgrund seiner Körperkräfte nur selten. Und vor allem stand er unter dem Schutz von Henry, mit dem sich nun wirklich niemand anlegen wollte.

Für Robert begann eine ereignislose, ja fast triste Zeit. Matilda verließ Devizes Castle so gut wie gar nicht mehr. Der Krieg stockte, jede Partei war am Ende ihrer Kräfte angelangt. Einmal noch versuchte Stephan, Matildas Nachschub aus der Normandie zu unterbrechen und die bedeutende Stadt und Burg Wilton zwischen ihrer Residenz und der Küste einzunehmen. Doch das Vorhaben scheiterte, und beinahe wäre der König ein zweites Mal in Gefangenschaft geraten.

Sein enger Vertrauter, William Martel, deckte seinen Rückzug und geriet dabei selbst in die Hände von Gloucester. Der Earl verlangte als Lösegeld die Herausgabe der mächtigen Burg von Sherborne, deren Kastellan Martel zuvor gewesen war.

Stephan stimmte zähneknirschend zu. Mit dieser Festung beherrschten die Anhänger Matildas nun beide Seiten des Bristol-Kanals und den gesamten Südwesten des Landes. König David von Schottland hielt weiter große Teile Nordenglands besetzt, sodass dem König nur der Südosten, East Anglia und die Midlands verblieben.

Gerade hier kam es zu einem erbitterten Kleinkrieg unter den sich befehdenden Adeligen, die jeweils unter dem Deckmantel der Parteinahme für König oder Kaiserin versuchten, ihre Macht und ihren Herrschaftsbereich zu vergrößern. Ganze Landstriche wurden verwüstet und entvölkert. Es herrschten Chaos und Anarchie. Städte, Dörfer, Klöster und Kirchen wurden geplündert, und niemand war da, dem gesetzlosen Treiben

Einhalt zu gebieten. Gott und alle Heiligen schienen zu schlafen, und am Ende des Krieges sagte man, dass die Menschen neunzehn Jahre lang für ihre Sünden hatten büßen müssen.

Ganz anders sah es in der Normandie aus. Matildas Gatte erwies sich als geschickter und rücksichtsloser Heerführer. Stück für Stück unterwarf er das gesamte Land, und so manch einem der normannischen Barone blieb nichts anderes übrig, als zu Matilda überzutreten, wollte er nicht all seiner Besitztümer in den Stammlanden verlustig gehen.

Im Januar anno 1144 eroberte Geoffrey von Anjou Rouen und ließ sich am Tag nach der Einnahme bereits in der Kathedrale zum Herzog der Normandie inthronisieren, obwohl die Garnison der Burg noch Widerstand leistete. Um seine Eroberung abzusichern, leistete er dem französischen König Louis in Paris den Lehnseid für die Normandie. An seiner Seite ritt sein ältester Sohn Henry, der zu diesem Anlass seine Mutter hatte verlassen müssen.

Matilda ließ ihn, wenn auch mit wehem Herzen, gehen. Ihr Traum war es, dass, wenn sie schon nicht Königin von England werden konnte, einmal unter ihrem Sohn die beiden Reiche diesseits und jenseits des Kanals vereint werden würden, so wie es unter ihrem Vater gewesen war. Dafür wollte sie zukünftig kämpfen, alle Mittel der Diplomatie und des Kampfes nutzen, Intrigen spinnen und auch versuchen, die Kurie in Rom auf ihre Seite zu ziehen. Schließlich hatte der Papst bei jeder Krönung ein gewichtiges Wort mitzureden, waren es doch die von ihm eingesetzten Erzbischöfe, die den zukünftigen Monarchen salbten.

Die Kaiserin verfügte nach wie vor über beste Verbindungen zu vielen einflussreichen weltlichen und auch geistlichen Fürsten im Deutschen Reich, und diese wiederum hatten gute Kontakte nach Rom. Und dort begann man darüber nachzudenken, ob Henry, schließlich im Gegensatz zu seiner Mutter ein Mann, nicht der rechtmäßige Erbe der Krone von England wäre. Stephan war zwar der gesalbte König und hatte selbst zwei Söhne, aber ganz so rechtmäßig war seine Thronbesteigung schließlich nicht gewesen.

So kam es zu einem regen Schriftverkehr zwischen Devizes und Rom, und Matilda sah sich veranlasst, mancher Forderung der Kurie nachzugeben, über die sie in früheren Zeiten nur schallend gelacht hatte.

Im Herbst anno 1147 traf die Kaiserin ein schwerer Schicksalsschlag. Ihr Bruder, Robert von Gloucester, erkrankte in Bristol überraschend an einem Fieber. Ausgezehrt von den jahrelangen vergeblichen Kämpfen und zermürbt von Streitigkeiten in der eigenen Familie, konnte der Sieger in unzähligen Schlachten der heimtückischen Krankheit, die ihn in ihren Krallen hielt und Tag für Tag mehr schwächte, nichts mehr entgegensetzen.

Gloucester hatte miterleben müssen, wie sein Sohn Philipp zu Stephan übertrat und die Ländereien, die er ihm anvertraut hatte, jetzt ausplünderte. Der Earl starb am 31. Oktober und wurde in der von ihm gegründeten Priorei von St. James unter großer Anteilnahme beigesetzt. Es war ein großer Verlust für Matilda und das ganze Lager der Kaiserin, dem jetzt ein charismatischer militärischer Anführer fehlte.

In Frankreich hatte der fanatische Zisterzienserabt Bernhard von Clairvaux im Namen der heiligen Mutter Kirche zum zweiten Kreuzzug aufgerufen, nachdem die Sarazenen die Grafschaft Edessa überrannt hatten. Mit Louis von Frankreich, den sogar seine junge Gattin Eleonore von Aquitanien auf dieser gefährlichen Unternehmung begleitete, und Konrad von Hohenstaufen nahmen gleich zwei Könige das Kreuz und viele Ritter, aber auch einfache Männer und Frauen aus allen Ländern des Abendlandes folgten ihren Fahnen.

Das machte sich auch in England bemerkbar. Stephan und Matilda kamen ihre tapfersten und erfahrensten Kämpfer abhanden. Sie versuchten ihr Glück jetzt eher im Heiligen Land und hofften, dort Ruhm, Ehre und Beute zu erringen. Zusätzlich versprach die Kirche noch Absolution von allen bisher begangenen und auch zukünftigen Sünden, und da viele von ihnen in dem langen Krieg Schuld auf sich geladen hatten und sich vor der ewigen Verdammnis fürchteten, war das kein unbedeutender Anreiz.

Als auch noch Papst Eugen von Matilda verlangte, die Burg Devizes, die der König dem Bischof von Salisbury weggenommen hatte, an dessen Nachfolger herauszugeben, wusste sie nicht mehr ein noch aus und beschloss, in die Normandie überzusetzen und Hilfe von ihrem auf dem Festland so erfolgreichen Gatten zu erbitten.

Robert bekam den Befehl, eine Eskorte zusammenzustellen und sie zum Hafen von Wareham zu begleiten. Sie wollten über Ludgershall reiten, wo John Marshal die Burg und das Land bis Salisbury im Süden und Marlborough im Norden hielt. Vor einem Jahr war Matildas Sohn Henry mit einer Handvoll Söldnern aus der Normandie kommend plötzlich bei ihm aufgetaucht und hatte seine Unterstützung bei der Eroberung Englands eingefordert.

Die Kaiserin war Marshal heute noch dankbar, dass er das Ansinnen abgelehnt hatte und Prinz Henry daraufhin nichts weiter übriggeblieben war, als die Söldner zu entlassen und zu seinem Vater zurückzukehren. Manche behaupteten, von Stephan selbst wäre das Geld für die Rückfahrt gekommen, aber das war eine Legende, die wohl die Anhänger des Königs in die Welt gesetzt hatten. Matilda wollte sich bei dem Kastellan für sein umsichtiges Handeln bedanken und ihm gleichzeitig ans Herz legen, das wichtige Tal des Kennet weiterhin unter bewährter Kontrolle zu halten.

Robert verabschiedete sich, diesmal länger als sonst üblich, von seiner Frau und seinem Sohn. Irgendwie war ihm weh ums Herz, obwohl er ja nicht lange fortbleiben würde. Er hielt Martha fest in den Armen und strich Hugh immer wieder über das Haupt. Dabei war es nach Wareham nur ein Dreitagesritt. Matilda hatte ihn zum stellvertretenden Kastellan von Devizes ernannt, und so sollte er sofort zurückkehren, wenn sie das Schiff bestiegen hatte, und die Burg halten, bis eine Entscheidung getroffen wurde, wie weiter verfahren werden sollte.

Auch Martha schien zu spüren, dass etwas anders war als sonst. Sie schmiegte ihre Wange an die ihres Mannes, küsste ihn zärtlich und flüsterte in sein Ohr:

»Geh, Liebster. Umso schneller bist du wieder zurück bei uns. Lass dein Pferd Flügel bekommen, wir warten auf dich.«

Robert nickte nur. Er hatte auf einmal einen feuchten Schleier vor den Augen, und seine Stimme klang belegt, als er sich an seinen Sohn wandte.

»Pass auf deine Mutter auf, Großer, solange ich das nicht tun kann«, meinte er zu Hugh, weil er wusste, dass dem Jungen die Anrede gefiel. »Ich verlasse mich auf dich.«

»Sei unbesorgt, Vater. Hier in Devizes kann uns kaum etwas passieren. Sei du lieber vorsichtig. Ich habe gehört, dass Bischof Heinrich von Winchester Streifscharen aussendet. Fehlte gerade noch, dass unsere Herrin ihnen in die Hände fällt.«

»Du naseweiser Bengel!«, schalt Robert ihn lachend. »Glaubst du, dass du mir meine Arbeit erklären musst? Ich mache sie schon eine ganze Weile, weißt du?«

Ein letzter Kuss, ein letzter Blick, dann schwang Robert sich auf sein Pferd und setzte sich wie gewohnt an die Spitze der Eskorte. Martha und Hugh sahen ihm von der Tormauer aus noch lange nach, wie er, die rechte Hand in die Hüfte gestützt,

mit der linken die Zügel leicht führend, den Burgberg hinunter-
ritt, gefolgt von der Kaiserin und ihrem Hofstaat, die sich unter
seinem Schutz sicher wie in Abrahams Schoß fühlten.

* * *

In Ludgershall wurden sie auf das Freundlichste empfangen.
John Marshal hatte getan, was er konnte, es der Kaiserin und
ihrem Gefolge in seiner kleinen Burg so bequem wie möglich zu
machen. Robert hatte sich allerdings erschrocken, als er den Ritter wiedersah. Bei dem Gefecht um Abingdon Abbey gegen Wilhelms von Ypern flämische Söldner hatte er schwere Brandver-
letzungen im Gesicht davongetragen und ein Auge verloren.
Doch nichts davon schien seinen Lebensmut zu beeinflussen,
und auch die Liebe seiner Frau, das erkannte man auf den ersten
Blick, wenn man die beiden sah, war ihm trotz der Entstellung
nach wie vor sicher.

Der Kastellan begleitete Robert auf seinem allabendlichen
Rundgang. Gleich, wo auch immer sie waren, kümmerte sich
der Sergeant persönlich um die Sicherheit der Kaiserin und
überließ in dieser Beziehung nichts dem Zufall. Selbst Roberts
kritischer Blick konnte an den Befestigungen von Ludgershall
keine Nachlässigkeit erkennen. Hier würden sich Angreifer,
rückten sie nicht in großer Übermacht und mit schwerem Gerät an und nahmen sich noch dazu viel Zeit, die Zähne ausbeißen. Im Burggarten sahen sie einen etwa vierjährigen Knaben,
der sich ein Steckenpferd zwischen die Beine geklemmt hatte
und mit einem Holzschwert ein paar wesentlich ältere Knaben
attackierte, die vor den flink ausgeteilten Hieben die Flucht ergriffen.

»Mein jüngster Sohn William«, erklärte Marshal stolz, und
ein Lächeln umspielte seine Lippen.

»Das wird einmal ein stolzer Ritter«, stimmte Robert schmunzelnd zu.

»Ja, das befürchte ich auch. Dabei hatten meine Frau und ich ihn für die kirchliche Laufbahn vorgesehen. Wir besitzen nicht genug, um es unter vier Söhnen aufzuteilen. Außerdem habe ich noch zwei Töchter, die eine Mitgift erwarten. Viele Kinder, das kann ich Euch sagen, sind Fluch und Segen zugleich.«

»Meiner Frau und mir ist nur ein Sohn vergönnt gewesen. Wir hätten uns durchaus weitere Kinder gewünscht.«

»Schlägt er nach Euch? Dann wird er mal ein gewaltiger Krieger, wie man so hört.«

»Glücklicherweise nicht. In Größe und Kraft ja, aber er stellt, was Lesen, Schreiben und Rechnen betrifft, jeden Pfaffen in den Schatten. Das hat er von seiner Mutter. Vielleicht baut er später einmal Häuser, Burgen oder sogar Kathedralen. Etwas, das Bestand hat. Unser Leben dagegen ist doch so vergänglich. Wer wird sich noch an uns erinnern, wenn wir einmal nicht mehr sind? Vielleicht kurze Zeit unsere Angehörigen, die um uns trauern. Doch bald sind wir nichts mehr als Staub, der vom Wind hinweggeweht wird.«

John Marshal musterte den Mann an seiner Seite mit fragendem Blick. Wurde der legendäre Anführer von Matildas gefürchteter Leibgarde langsam alt? Was waren das für trübe Gedanken, die da in seinem Kopf herumspukten?

»Kommt, lasst uns ein kühles Bier trinken«, versuchte er ihn aus seiner Melancholie herauszuholen. »Oder mögt Ihr lieber etwas Wein? Ich habe da einen guten Tropfen aus Aquitanien.«

»Ein Krug Bier ist schon in Ordnung. Passt gut auf Euren William auf, Marshal. Aus dem kann mal etwas Großes werden.«

»Das werde ich, keine Sorge. Schon allein deshalb, weil meine Frau so vernarrt in ihn ist. Und jetzt lasst uns in die Halle gehen und mit einem gut gefüllten Humpen Eure Schwermut fortspülen.«

Robert warf noch einen letzten Blick auf den spielenden Jungen. Ob er in diesem Moment ahnte, dass sein Enkel und William Marshal einmal eine lange Wegstrecke ihres Lebens gemeinsam zurücklegen würden?

Am nächsten Tag brachen sie nach Salisbury auf. Hier versuchte Matilda noch einmal, mit Bischof Josceline de Bohon darüber zu verhandeln, dass Devizes Castle weiter in ihrem Besitz verblieb, doch vergeblich. Weltliche und geistliche Lords verfügten infolge des langen Bürgerkrieges mittlerweile über solch eine Machtfülle, dass sie selbst Monarchen trotzen konnten.

Da sich die Kaiserin im Interesse ihres Sohnes nicht mit dem Klerus anlegen wollte, gab sie letztendlich nach und versprach, die Festung zu räumen. Robert hoffte, dass sie dann wieder in Bristol residieren würde, denn Devizes war ein armseliges Kaff und nicht mit der aufstrebenden Hafenstadt zu vergleichen.

*　*　*

Als Salisbury außer Sicht war und sie sich wieder auf dem Weg nach Wareham befanden, schloss Matilda zu dem an der Spitze des Zuges reitenden Robert auf. Im Gegensatz zu den meisten ihrer Hofdamen ritt sie nach wie vor einen temperamentvollen Zelter und verschmähte Reisewagen oder gar Sänften. Trotzdem sah man ihr an, dass sie in letzter Zeit sichtbar gealtert war. Tiefe Sorgenfalten hatten sich auf ihrer Stirn und um die Mundwinkel gebildet, die nur verschwanden, wenn sie lachte, was selten genug vorkam.

Eine ganze Weile ritten sie stumm nebeneinanderher, und die Stille wurde nur durch das Knarzen des Sattelzeuges unterbrochen. Robert merkte, dass Matilda etwas auf dem Herzen lag, und es dauerte auch nicht lange, bis sie das Schweigen brach.

»Robert, wie lange dient Ihr mir nun eigentlich schon?«, fragte die Kaiserin auf einmal unvermittelt.

»Lasst mich einmal nachrechnen, Madam. Ich glaube, es sind fast vierzig Jahre.«

»Vierzig Jahre, was für eine Ewigkeit«, sinnierte Matilda leise vor sich hin. »Sagt, seid Ihr in dieser Zeit nicht manchmal wütend auf mich gewesen? Habe ich Euch nicht, wie viele andere, oft zur Weißglut gebracht? Sprecht frei heraus, so wie Ihr es damals getan habt, als ich ein Kind war. Ich erinnere mich noch gut daran.«

Robert schmunzelte vor sich hin, wusste aber nicht, was Matilda mit diesem Gespräch bezweckte, und beschloss, lieber auf der Hut zu bleiben.

»Ich bin Euer Beschützer, Madam. Es steht mir nicht zu, missgestimmt auf Euch zu sein.«

»Ach komm, Robert!« Matilda fiel wieder einmal in die persönliche Anrede zurück. »Hast du dich nicht so manches Mal darüber geärgert, dass andere für weniger, als du getan hast, reicheren Lohn empfangen haben? Jeder Mensch hat doch ein Ziel im Leben, einen Wunsch, dessen Erfüllung er erstrebt. Mach mir nicht weis, dass es ausgerechnet bei dir anders ist.«

»Ihr wart mir immer eine gnädige und fürsorgliche Herrin.«

»Robert, wenn du jetzt nicht sofort mit diesen Floskeln aufhörst, reite ich zu meinen Hofdamen nach hinten, und wir sprechen nie wieder ein Wort miteinander, verstanden? Geschwätz bekomme ich den ganzen Tag zu hören! Mein Bruder hat einmal zu mir gesagt, ich solle dich zum Ritter schlagen, ja sogar zum Earl machen. Wäre das dein Begehren? Komm, sprich es aus. Ich bin gerade in der Stimmung, Wünsche zu erfüllen.«

»Nein, Madam, sicher nicht. Männer, an denen mir etwas liegt, wie Euer Bruder einer war, schätzen mich so, wie ich bin. Und ich ein Graf! Wollt Ihr mich zu einer lächerlichen Figur machen?«

»Aber was kann ich dir sonst Gutes tun, Robert? Für so viele Jahre treue Dienste. Ich weiß, dass dich manches bitter angekommen ist in dieser langen Zeit. Mach mir nichts vor und erzähl mir nicht, dass du wunschlos glücklich bist. Meiner Wäscherin habe ich ein Gut im Sommerset geschenkt, da werde ich doch etwas für dich übrig haben!«

»Was ich mir wirklich wünsche, Madam, ist, dass dieser vermaledeite Krieg endlich ein Ende hat und ich mehr Zeit mit meiner Familie verbringen kann. Könnt Ihr das verstehen? Und wenn Ihr mich so fragt: Ja, ein Stück eigenes Land, wie es meine Eltern besaßen, wäre mein größter Traum. Zu sehen, wie etwas wächst, das man mit eigenen Händen angebaut hat, eine Sau ferkelt, eine Stute fohlt! Vielleicht könnte ich dann das ganze Blut, die vielen Toten vergessen, die ich gesehen habe, und meine Albträume verschwinden irgendwann einmal.«

»Albträume? Du? Das hätte ich nicht gedacht. Und bei aller Liebe, Robert, als Bauer kann ich mir dich nicht vorstellen. Und deine Frau ehrlich gesagt auch nicht.«

»Was ist schlecht am Bauernstand? Wenn man nur endlich einmal aufhören würde, ihn immer und immer wieder auszuplündern, die Felder zu verwüsten, die Dörfer niederzubrennen! Das ist so unsagbar dumm, dass es eigentlich nicht zu fassen ist.«

»Aber das war schließlich schon immer so«, entgegnete Matilda, überrascht von dem Ausbruch ihres Leibwächters. »Wenn zwei Lords in Fehde miteinander liegen, versuchen sie den anderen zu schwächen, indem sie seine Bauern umbringen, sein Vieh töten, die Ernte vernichten. Ich glaube kaum, dass sich daran jemals etwas ändern wird.«

»Und warum nicht? Warum schützen die Herrscher nicht in erster Linie diejenigen, denen sie das Wohlergehen des Landes verdanken? Was würdet Ihr essen, wenn es keine Bauern mehr gäbe? Die Schwerter derer, die sie umgebracht haben? Was trinken, wenn niemand Gerste für Bier oder gar Wein anbaut? Glaubt mir, ein gesunder, freier Bauernstand kann das Land ernähren und Euren Reichtum mehren. Weit, weit mehr als alle weltlichen und geistlichen Lords zusammen. Und im Gegensatz zu diesen sind sie treu, wenn man sie nur leben lässt. Viel brauchen die Menschen nicht, um glücklich zu sein. Ein Dach über dem Kopf, etwas in ihre Töpfe und von Zeit zu Zeit ein kleines Fest. Ist das wirklich zu viel verlangt? Und keine Herren, die sie schlechter behandeln als ihre Hunde, und Priester, die ihnen noch dazu in der Messe mit der Hölle drohen, wagen sie auch nur den Kopf zu heben.«

»Robert, wollt Ihr die Welt verändern? Ein Land voller glücklicher Freibauern? Die Leibeigenschaft abschaffen?« Matilda wurde wieder förmlich. So hatte noch nie jemand zu ihr gesprochen, nicht einmal ihre engsten Berater. Obwohl, wenn sie sich recht erinnerte, ihr Vater hatte ähnliche Ansichten vertreten und die Carta der Freiheiten, die Charter of Liberties, ins Leben gerufen. Allerdings galt diese nur für den Adel und nicht für das einfache Volk. Doch Henry hatte auch versucht, das Los der Menschen in seinen Ländern insgesamt zu verbessern. Die Landwirtschaft, den Handel und das Handwerk gefördert, den Gesetzen Geltung verschafft, der Willkür der Barone Einhalt geboten und damit das Land, das jetzt am Boden lag, zum Blühen gebracht.

»Ich sicher nicht, Madam«, fuhr Robert fort. »Aber irgendwann werden die geknechteten und entrechteten Menschen ihr Schicksal in die eigenen Hände nehmen. Und glaubt mir, dann wird der fürchterliche Krieg der letzten Jahre ein mildes Maienlüftchen dagegen sein. Gebt ihnen einmal einen Anführer, der sie eint, und keine Macht der Welt kann sie aufhalten. Denn eines sollten die Herrscher dieser Welt nie vergessen – es sind sehr, sehr viele.«

»Ihr macht einem ja regelrecht Angst, Robert. Womöglich setzt Ihr Euch noch an die Spitze eines solchen Aufstandes. Davor würde ich mich dann tatsächlich fürchten, denn ich weiß, wozu Ihr fähig seid.«

»Nun, ich bin ja kein Bauer, und nur einem von ihnen, glaube ich, würden sie vertrauen. Also seid unbesorgt. Aber seht doch dieses weite Land hier rings um uns. Völlig menschenleer und verödet. Warum vergebt Ihr es nicht an Menschen, die es bebauen und Euch dafür Pacht zahlen und Abgaben leisten? Freibauern, wie viele Angelsachsen damals, bevor die Normannen kamen, und keine Leibeigenen, die mit zusammengebissenen Zähnen nur für ihre Grundherren schuften und denen man kaum genug lässt, damit sie am Leben bleiben.«

Sie kamen nicht dazu, die Diskussion weiterzuführen. Robert hatte bei seinen Worten wie immer den Blick aufmerksam rundum über die Landschaft streifen lassen. Vor ihnen erstreckte sich eine Ebene, in der Ferne waren Hügel und die Silhouette von Wareham zu erkennen und links, etwa eine Meile entfernt, ein Wäldchen. Und darin sah der altgediente Sergeant etwas aufblitzen und erkannte sofort die Gefahr.

Robert stieß einen kurzen Fluch aus, die neben ihm reitende Matilda völlig ignorierend. Hier konnte es sich nur um Feinde handeln, denn über ihrer Abteilung wehte die kaiserliche Standarte, und Freunde hätten sich offen gezeigt. Wahrscheinlich handelte es sich um eine von Stephans Freischaren oder Söldner, die auf Beute aus waren.

»Bewaffnete links von uns im Wald!«, rief Robert mit donnergleicher Stimme. »Schützt die Kaiserin! Kordon bilden, Corporal Simon an die Spitze. Ab im Galopp, es ist nicht mehr weit bis Wareham! Ein Dutzend Männer zu mir! Wir decken den Rückzug.«

Roberts Anweisungen kamen kurz, knapp und präzise, und durch die jahrelange Ausbildung, die jeder seiner Soldaten bei ihm durchlaufen hatte, gab es auch kein Zögern. Nur ein paar von Matildas Rittern verhielten sich kopflos und wussten nicht so recht, was sie tun sollten. Ihnen fehlte jemand wie Gloucester, den sie anerkannten und der sie formierte. Von einem einfachen Sergeanten ließen sie sich nur ungern etwas sagen und nahmen schon gar keine Befehle entgegen.

Als die Angreifer aus dem Wald hervorbrachen, erkannte Robert auf der Stelle, dass seine Männer hoffnungslos unterlegen waren. Das war keine Streifschar, das war eine kleine Armee, die ihnen da aufgelauert hatte. Seine Späher waren nicht zurückgekommen und hatten ihn so nicht warnen können. Offenbar waren sie verraten worden. Doch wer sollte das getan haben. John Marshal? Unwahrscheinlich. Eher hatte Robert den Bischof von Salisbury in Verdacht, doch es war müßig, jetzt darüber nachzudenken.

Beim Tross setzte die blanke Panik ein. Die Hofdamen vor allem hatten schnell erkannt, dass es für eine Flucht zu spät war. Was ihnen blühte, fielen sie den angreifenden Soldaten in die Hände, darüber gaben sie sich keinen Illusionen hin. Von Matilda sahen sie nur noch eine Staubwolke. Simon hatte befehlsgemäß die Zügel ihres Zelters gepackt, alle Einwände ignoriert und seinem Pferd die Sporen gegeben. Gefolgt vom Großteil der Garde preschten sie nach Süden, der rettenden Stadt entgegen.

Robert war entschlossen, den Angreifern den Kampf seines Lebens zu liefern. Er würde sie mit seinen wenigen Männern nicht schlagen können, so viel stand fest, doch hoffentlich so lange aufhalten, bis die Kaiserin in Sicherheit war.

Ein paar von Matildas Rittern hatten sich zu den Soldaten der Garde gesellt, und gemeinsam jagten sie todesmutig mit eingelegten Lanzen auf die Feinde zu, über denen das königliche Banner flatterte. Robert schätzte die Zahl der Gegner auf das Zehnfache seiner eigenen Streiter. Richtig gewesen wäre es, die Pferde zu wenden und zu fliehen, doch das hätte Matilda in ernste Gefahr gebracht.

Die Königlichen waren sich ihrer Sache sehr sicher. Sie wollten offenbar erst schnell die wenigen erledigen, die sich ihnen entgegenstellten, und dann den Flüchtenden nachsetzen.

Robert verfolgte seine oft erprobte und erfolgreiche Strategie, immer zuerst die Anführer auszuschalten. Er glaubte, den Hauptmann des Trupps ausgemacht zu haben, und hielt direkt auf ihn zu. Der feindliche Ritter in dem prächtigen Waffenrock, allerdings leider nicht der Kommandeur der Truppe, hatte einen Moment lang das Gefühl, gegen eine Felswand geprallt zu sein, bevor er starb. Von Roberts Lanze durchbohrt und in hohem Bogen aus dem Sattel befördert, war ihm auch nicht die Spur einer Chance zur Gegenwehr geblieben.

Sofort warf der Sergeant die zersplitterte und damit unnütze Langwaffe von sich, griff zum Morgenstern und hieb wie ein Berserker um sich. Seine Männer taten es ihm gleich, und im nächsten Augenblick war ein wüstes Handgemenge im Gange. Die Luft war erfüllt vom Klirren der Waffen, den Schreien Verwundeter und dem Wiehern verängstigter Pferde.

Der Kampf wogte hin und her, und für einen Moment lang sah es sogar danach aus, als könnten Matildas Männer die Angreifer zurückschlagen. Doch dann kam einer der gestürzten feindlichen Ritter wieder auf die Beine, und es gelang ihm, sich seitlich an Roberts Streitross heranzupirschen.

Mit einem Hieb seines Schwertes durchtrennte er dem Hengst die Sehne beider Vorderbeine oberhalb der Fesselgelenke. Das Pferd knickte auf der Stelle in der Vorhand ein, und Robert wurde nach vorn geschleudert. In diesem Augenblick erhielt er einen furchtbaren Schlag mit einem Streitkolben ins Genick, der nur wenig vom Kettenschutz des Helmes abgefangen wurde.

Auf der Stelle verlor er das Bewusstsein, stürzte kopfüber zu Boden und überschlug sich dabei. Blut strömte ihm aus Nase und Mund, und für die Gardisten, die ihn so daliegen sahen, war klar: Der Mann, der sie in so viele Gefechte geführt hatte, war vor ihren Augen gefallen. Damit erlosch ihr Widerstandswille auf der Stelle. Einer nach dem anderen und auch Matildas Ritter versuchten sich aus dem Kampf zu lösen und zurückzuziehen, solange das noch möglich war.

Die feindlichen Kämpfer eroberten den Tross und hielten sich als Ausgleich für die große Beute, auf die sie es abgesehen hatten und die ihnen entkommen war, am Hofstaat der Kaiserin schadlos. Als diese in Wareham davon erfuhr, wohin sie sich durch den von Robert befehligten, selbstlosen Einsatz ihrer Garde hatte retten können, hielt sich ihr Mitgefühl in Grenzen. Man sagt, sie solle leise vor sich hin gemurmelt haben: »Ein paar unnütze Esser weniger.«

Nach und nach trafen die Überlebenden des Gefechts, viele von ihnen verwundet, in der Hafenstadt ein. Bei jedem Einzelnen erkundigte sich Matilda persönlich nach dem Verbleib ihres Sergeanten, doch sie erntete nur Kopfschütteln und sah in manch feuchte Augen hartgesottener Krieger. In ihr Gemach zurückgekehrt, schickte sie alle Anwesenden fort und ließ selbst ihren Tränen freien Lauf.

Dieser einfache Mann hatte so viele Jahre an ihrer Seite verbracht, ihre Geheimnisse bewahrt, sie vor unzähligen Gefahren beschützt. Und nun war er von einem Moment auf den anderen nicht mehr da. Nie wieder würde sie sich so geborgen fühlen wie in seiner Anwesenheit. Gingen nach und nach alle von ihr, zuerst ihr Bruder, jetzt ihr Vertrauter?

Auf einmal fühlte sie sich unsagbar müde und alt. Was hatte das alles noch für einen Sinn, der ewige Kampf, der nicht enden wollende Krieg? Sie war es leid, den Tod und das Elend um sich herum. Sie würde weiterkämpfen, denn aufgeben lag ihr nicht im Blut. Doch nicht mehr für sich, nur noch für ihren Sohn. Den wollte sie auf dem Thron von England sehen, dafür lohnte es sich noch, zu leben. Alles andere war ihr völlig gleichgültig geworden.

Bevor Matilda am nächsten Tag das Schiff bestieg, schrieb sie persönlich einen Brief an Martha und teilte ihr den Tod ihres Gatten mit. Sie legte ein paar Goldmünzen bei und stellte der ehemaligen Nonne und ihrem Sohn frei, ihr in die Normandie an ihren Hof nach Rouen zu folgen. Denn sie hatte einen unumstößlichen Entschluss gefasst: Nach England wollte sie erst wieder zurückkehren, wenn Henry in Westminster gekrönt würde.

8. KAPITEL

Das Erste, was Robert sah, als er aus seiner tiefen Ohnmacht erwachte, waren Füße und Beine mehrerer Männer in Eisenschuhen und Stiefeln. Mit Entsetzen stellte er fest, dass es ihm unmöglich war, sich zu bewegen. Arme und Beine und auch seine Stimme wollten ihm nicht gehorchen. Völlig hilflos lag er auf dem Rücken, unfähig, auch nur ein Glied zu rühren.

»Schau an, der lebt noch«, hörte er eine Stimme sagen. »Der Kerl muss einen wahren Stiernacken haben, wenn er einen solchen Hieb übersteht. Erlöst ihn von seinem Leiden. Ich kann keine Überlebenden brauchen.«

»Mein Prinz, wenn Ihr gestattet?«

»Sprecht, de Bourgois.«

Der Name kam Robert bekannt vor. Wo in aller Welt hatte er ihn nur schon einmal gehört? Und wer, zum Teufel, war dieser Prinz? Dabei konnte es sich eigentlich nur um Eustace von Boulogne handeln, Stephans Sohn, der erst unlängst zum Ritter geschlagen worden war und wohl glaubte, sich hier seine ersten Sporen verdienen zu können.

»Ich kenne diesen Mann, Hoheit, und habe seit vielen Jahren eine Rechnung mit ihm offen. Übergebt ihn mir, ich bitte Euch. Gern verzichte ich auf meinen Anteil an der Beute, wenn ich ihn dafür bekomme.«

»Eure Rache muss Euch viel wert sein, Sergeant. Aber wie Ihr wollt, er gehört Euch. Doch ich wüsste zu gern, was Ihr mit ihm vorhabt.«

»Ihn zuerst einmal in den Kerker von Winchester Castle bringen. Alles Weitere wird sich finden.«

Das Interesse des Prinzen war geweckt.

»Rechnet Ihr womöglich mit einem hohen Lösegeld? Betrügt mich nicht, de Bourgois, ich warne Euch!«

»Ich glaube kaum, dass jemand einen Penny für ihn bezahlt. Aber er ist letztendlich daran schuld, dass ich so entstellt bin. Und das will ich ihm entgelten. Es ist wohl Gottes Fügung, dass er endlich in meine Hände gefallen ist.«

Plötzlich fiel es Robert wie Schuppen von den Augen. Er lag zu Füßen von Reginald de Bourgois, dem Mann, der ihn damals bei König Henry angeschwärzt und wegen dem er fast seine Hand verloren hatte.

Ausgerechnet hier musste er ihm begegnen! Wollte Gott ihn dadurch für all seine Sünden strafen? Robert konnte sich vorstellen, welches Schicksal ihn erwartete, und für einen Moment wünschte er, den Hieb und den Sturz nicht überlebt zu haben.

»Dann soll es so sein, Sergeant. Macht mit ihm, was Ihr wollt.«

Robert hörte, wie der Prinz sich offenbar entfernte, da beugte sich auch schon ein Mann mit einem Gesicht über ihn, von dem ein Teil nur noch eine fleischige Masse ohne Konturen war.

»Kannst du mich verstehen, Robert Fitzooth? Ich danke Gott dem Herrn, dass er endlich mein Flehen erhört und dich in meine Hände gegeben hat. An jedem Tag, den ich in Wales zubringen musste, habe ich dich verflucht. Siehst du, wie ich aussehe? Meine ganze rechte Gesichtshälfte ist zerschmettert. Frauen wenden sich mit Grausen von mir ab, selbst Männer senken den Blick, wenn ich sie ansehe. Das hat einer dieser Barbaren mit seiner Keule angerichtet. Aber dir habe ich es schließlich zu verdanken, dass ich von meinem ruhigen Posten an diese fürchterliche Grenze versetzt wurde. Erst unter Stephan konnte ich zurückkehren. Und seither habe ich dich schon zweimal gesehen. In Reading Abbey, wo ich zum Gefolge des Königs gehörte, und vor Lincoln. Sollte ich Eustace sagen, dass du es warst, der seinen Vater gefangen genommen hat? Dann hätte er mich womöglich um das Vergnügen gebracht, mich ausgiebig mit dir zu beschäftigen! Glaub mir, wenn ich mit dir fertig bin, wirst du darum winseln, getötet zu werden. Fangen wir doch gleich einmal damit an.«

Im nächsten Moment wurden Roberts Arme nach oben gerissen und zusammengebunden. Er hatte keine Zeit, sich dem Schrecken hinzugeben, warum er bei dieser Brutalität keinen Schmerz spürte, denn schon zog de Bourgois ein Seil durch die Fesseln, verknotete es am Sattel seines Pferdes und saß auf. Er stieß die Sporen in die Flanken des Streitrosses, und im Galopp, den Gefangenen hinter sich herschleifend, ging es den abrückenden Soldaten nach.

Robert wurde hin und her geschleudert, mal rissen ihm scharfkantige Steine den Rücken auf, mal das Gesicht. Aber er spürte rein gar nichts und konnte keinen seiner Körperteile bewegen. Bis zu dem Moment, als das Seil an einem Baumstumpf hängen blieb und seine Rutschpartie kurzfristig unterbrochen wurde.

De Bourgois schlug hohnlachend auf das Pferd ein, das einen Satz nach vorn machte und dabei die Wurzel aus dem Boden riss. Robert wurde mit dem Kopf dagegengeschleudert, ein Ruck ging durch seinen Körper, und er verlor erneut das Bewusstsein. Aber nur kurz, denn ein wahnsinniger Schmerz durchzuckte ihn und holte ihn aus der gnädigen Ohnmacht zurück.

Auf einmal spürte er seine Beine wieder, zuerst die Füße, dann den Rest. Ebenso die Arme, von denen er glaubte, dass sie ihm bald aus den Schultern gerissen werden würden. Sein Kopf und sein Rücken bereiteten ihm Höllenqualen, aber zumindest konnte er sich wieder bewegen und registrierte seine Umgebung.

Noch immer schleifte de Bourgois ihn hinter sich her, doch das Pferd war mittlerweile in einen leichten Trab und gleich darauf in den Schritt gefallen. Offenbar ein Zeichen dafür, dass sie sich dem Lager näherten. Und richtig, auf einer Lichtung in dem Wäldchen standen etliche Zelte und Fouragewagen. Matildas Hofstaat und den erbeuteten Tross hatte man ebenfalls hierhergebracht.

Die ersten Soldaten schienen sich bereits an den Frauen zu vergehen, denn man hörte deren verzweifelte Schreie durch den Wald hallen. Robert musste an sich halten, um nicht laut loszubrüllen. Er hatte seinen Männern das nie gestattet und nur Verachtung für diejenigen übrig, die schändeten und vergewaltigten.

Der Prinz jedenfalls schien seinen Anhängern das Vergnügen zu gönnen, vielleicht beteiligte er sich auch selbst daran. Zumindest schritt er nicht ein. Seinen Vater, der viel auf seine Ehre und Ritterlichkeit hielt, würde das sicherlich nicht freuen.

De Bourgois saß ab und kam zu Robert, der sich nicht rührte. Sein ganzer Körper schien nur aus Schmerzen zu bestehen, und ein Stöhnen kam von seinen Lippen, als ihn sein Peiniger mit dem Fuß anstieß und auf den Rücken drehte.

»Sieh an, wir können ja wieder Laute von uns geben«, höhnte der Sergeant. »Dann können wir vielleicht auch wieder auf unseren Beinen stehen?«

Brutal riss er Robert an den Fesseln nach oben. Mit weichen Knien versuchte dieser, in die Höhe zu kommen, und war trotz der Qualen froh, seinen Körper wieder zu spüren.

»Was hast du mit mir vor, de Bourgois?« Robert dachte, er könne es ja mal versuchen, auch wenn ihm jedes Wort schwerfiel. »Schick einen Boten zu Matilda. Sie wird dir sicher ein angemessenes Lösegeld für mich anbieten.«

»Ja, du hast es weit gebracht, wie man hört. Bis zum Befehlshaber ihrer Leibwache! Hast die Kleine schon immer um den Finger gewickelt. Hat sie dich auch in ihr Bett gelassen? Zuzutrauen wäre es euch beiden. Aber für kein Geld der Welt gebe ich dich wieder her. Ich befehlige die Wache von Winchester, und in den Kerkern der Burg wirst du verrotten. Schön langsam, damit wir beide etwas davon haben. Von Zeit zu Zeit komme ich dich besuchen, und diese Tage wirst du verfluchen, das verspreche ich dir.«

Robert schwante Fürchterliches. Sollte sein Leben wirklich so enden, als lebendig verfaulender Gefangener in einem stinkenden Loch? Dann lieber einen schnellen Tod! Mit einem Aufschrei stürzte er sich auf de Bourgois und versuchte, ihn trotz seiner gefesselten Hände zu packen. Doch der war auf der Hut und Robert durch die erlittene Tortur entkräftet und zu langsam. Der Sergeant packte das Seil und riss Robert mit einem Ruck zu Boden.

Der Gefangene schlug dumpf auf und konnte ein Schluchzen nicht unterdrücken. Nicht einmal mit so einem sadistischen Widerling wurde er mehr fertig. Schiere Verzweiflung wollte ihn übermannen, doch dann dachte er an Martha und Hugh. Nein, er war es ihnen schuldig, nicht aufzugeben. Sie konnten ihn foltern, sie konnten ihn quälen, aber er würde sich nicht unterkriegen lassen. Und von der Hoffnung leben, seine Liebsten irgendwann einmal wieder in die Arme schließen zu können.

De Bourgois ließ Robert wie ein Paket verschnüren und an einen Baum binden. Er bekam kein Wasser und keine Nahrung und hörte die ganze Nacht über die Schreie der Frauen, die offenbar reihumgereicht wurden. Am nächsten Tag band ihn der Sergeant wieder an sein Pferd, und Robert stolperte mehr, als dass er lief, hinterher. Manchmal stürzte er auch zu Boden, doch da sich die Abteilung im Schritt bewegte und auch etliche Fußsoldaten dabei waren, kam er immer wieder, wenn auch mühsam, auf die Beine. Da man ihn offenbar nicht sterben lassen wollte, bekam er in den nächsten Tagen kleine Rationen zu essen und zu trinken, meist brackiges Wasser aus Pfützen, doch ihm erschien es köstlich wie kühler Moselwein.

Aus den Gesprächen der Soldaten untereinander erfuhr Robert, dass seine Vermutung richtig gewesen war. Der Bischof von Salisbury hatte seinen Amtsbruder in Winchester informiert, dass Matilda auf dem Weg zu ihm sei und nach Wareham weiterreisen wollte. Stephans Sohn Eustace hatte sich daraufhin aufgemacht, die Cousine und Rivalin seines Vaters gefangen zu nehmen. Dass der Plan letztendlich scheiterte, war vor allem seiner Unerfahrenheit und der mangelnden Disziplin seiner Truppe geschuldet.

* * *

Winchester war die wichtigste Stadt und Krönungsstätte der angelsächsischen Herrscher der Insel gewesen, bis die Normannen London und Westminster Abbey dazu erhoben. Unterhalb des Bischofspalastes befanden sich tiefe und große Kerker, die Stephans Bruder Heinrich im Zuge der Erneuerung von Wolvesey Castle hatte anlegen lassen. Offenbar besaß er viele Feinde, denn das Gefängnis, in das man Robert brachte, war gut gefüllt. Der Sergeant musste jedenfalls lange suchen, bis er eine leere Zelle fand.

Das Loch, in das man Robert schließlich steckte, bekam nur wenig Licht durch kleine Spalten in den Mauern, die so hoch oben lagen, dass niemand sie erreichen und hindurchblicken konnte. Robert wurde an eine Wand geführt, ein eiserner Ring, der ihn fest einschnürte, um die Mitte seines Leibes geschlungen und verschlossen. Die Eisenfessel war an einer Kette befestigt, die ihm nur eine kleine Bewegungsfreiheit gestattete. Er merkte sofort, dass er sich nicht hinlegen, bestenfalls hinkauern konnte, was für seinen geschundenen Körper eine zusätzliche Tortur bedeutete. Aber genau das war wohl auch de Bourgois' Absicht. Ohne ein Wort, ohne Nahrung und Wasser ließ man Robert allein und mit seinem Schicksal hadern.

Irgendwann am nächsten Tag erschien de Bourgois in Begleitung von zwei Henkersknechten wieder. Sie zwängten Roberts Hände in zwei Schellen an seinem eisernen Gürtel, die sie sorgfältig verschlossen. Erst dann lösten sie die Kette und stießen den Gefangenen vor sich her auf den Gang hinaus und noch zwei weitere Treppen abwärts. Der Raum, der sich da unten vor Robert auftat, ließ selbst ihm den Atem stocken. Es war die Folterkammer der Burg, voll von Gerätschaften, die dazu da waren, den Delinquenten unsägliche Pein zu bereiten.

Offenbar hatte de Bourgois nicht vor, Robert auf die Streckbank zu legen, in die eiserne Jungfrau zu stecken oder ihm Daumenschrauben anzulegen. Er schleifte ihn bis in die Mitte der Kammer, die eher einem großen Saal glich. Dort stand ein Holzblock, in dem eine Henkersaxt steckte. Robert lief es plötzlich eiskalt den Rücken herunter. Wollte man ihn hier unten im Verborgenen womöglich köpfen? Doch dann wäre sein Leiden gleich vorbei, und das war sicherlich nicht im Sinne seines Peinigers. Außerdem starben durch das Beil eher hochgestellte Persönlichkeiten. Ihn würde man eher hängen, und zwar so, dass der Halswirbel nicht brach und sein Todeskampf lange dauerte.

De Bourgois ließ Robert allerdings nicht lange darüber im Unklaren, was er mit ihm vorhatte.

»Weißt du noch, mein Freund, wozu du verurteilt worden bist, bevor die kleine Kröte, die jetzt Königin von England werden will, dich rettete? Nun, ich glaube, es ist an der Zeit, das Angefangene zu Ende zu bringen.«

Robert war sofort klar, was der Sergeant vorhatte, und ihm wurde ganz flau im Magen.

»Nehmt seine rechte Hand aus der Schelle und lasst ihn vor dem Richtblock knien«, befahl de Bourgois seinen Untergebenen, die sich beeilten, seinem Wunsch nachzukommen.

Robert wehrte sich nach Kräften, hatte aber keine Chance gegen die vierschrötigen Gesellen. Er wurde nach unten gedrückt, vor den Holzklotz geschleift und seine Hand in eine Schlinge gesteckt.

»So, nun verabschiede dich vom ersten deiner Körperteile, das ich dir abhacken lassen werde. Irgendwann, solltest du es überleben, wird von dir nur noch ein Torso übrig sein. Ein Stück nach dem anderen werde ich von dir abtrennen und den Hunden zum Fraß vorwerfen. Vielleicht lasse ich dich einmal zusehen, wie sie sich um einen Arm oder ein Bein von dir balgen. Mit der Hand, die du schon vor fast vierzig Jahren verlieren solltest, fangen wir heute an.«

Der Sergeant gab den Henkersknechten ein Zeichen, und während Roberts »Neiiiiin!« durch das Gewölbe hallte, sauste die Axt herab und trennte seine rechte Hand vom Arm. Zu seinem Erstaunen spürte er nichts, sah nur das helle Blut aus dem Stumpf hervorschießen. Erst als der Büttel den Arm packte und in einen Eimer mit heißem Pech tunkte, das die Blutung stillen sollte, raubte ihm der wahnsinnige Schmerz die Besinnung. Doch das war nicht im Sinne seiner Peiniger. De Bourgois kippte einen Eimer Wasser über den am Boden Liegenden, und Robert kam gerade rechtzeitig wieder zu sich, um zu hören, dass man ihm auch noch die linke Hand nehmen wollte.

»Ich will, dass er fressen muss wie ein Schwein«, höhnte der Sergeant. »Kommt, lasst es uns zu Ende bringen und hackt ihm auch die andere ab.«

»Schluss damit, de Bourgois«, schallte da eine Stimme von der Treppe herunter, und Robert hörte hastige Schritte auf sich zukommen. »Das genügt jetzt. Einem Feind die Hand zu nehmen, mit der er uns bekämpft hat, mag angehen. Aber ich verbiete Euch jede weitere Verstümmelung! Ist das klar? Unnötige Grausamkeiten dulde ich nicht. Stellt Euch nur einmal vor, die Anhänger Matildas erobern noch einmal Winchester und Ihr sitzt womöglich hier unten. Wollt Ihr, dass sie dann Gleiches mit Gleichem vergelten?«

»Hauptmann, Eustace von Boulogne übergab mir den Mann zu meiner freien Verfügung! Er hat gesagt, ich kann mit ihm tun und lassen, was ich will. Und meine Rache ist noch lange nicht befriedigt.«

»Noch ein Wort, Sergeant, und Ihr teilt die Zelle mit dem Gefangenen. Hier gebe ich die Befehle und kein Jungspund, der sich seine ersten Sporen verdient und scheinbar noch nicht trocken hinter den Ohren ist. Ich nehme an, sein Vater wird ihn sich für dieses unsinnige Unternehmen kräftig zur Brust nehmen. Die geschändeten Frauen haben schließlich alle Männer, Väter oder Brüder, die nun nach Vergeltung schreien. Eine solche Dummheit zu verzapfen, es ist unglaublich! Beschwert Euch doch beim Prinzen. Er wird sicher ein offenes Ohr für Euch haben. Oder auch nicht, weil Stephan ihm gerade die Leviten liest. Solltet Ihr allerdings meinem Befehl zuwiderhandeln, seid Ihr die längste Zeit Sergeant gewesen. Und jetzt trollt Euch, ich will Euch nicht mehr in der Nähe dieses Mannes sehen.«

Mit eingezogenem Schwanz machte sich de Bourgois davon. Offenbar hatte er großen Respekt vor seinem Hauptmann, denn er wagte keine Widerworte mehr.

»Ihr da«, befahl Roberts Retter dann den beiden Bütteln, »bringt den Gefangenen zurück in seine Zelle. Ein Feldscher soll sich den Armstumpf ansehen, ist das klar? Lasst die Kette weg, der entflieht nicht mehr. Und gebt ihm eine Schütte Stroh, einen Kanten Brot und Wasser. Schließlich sind wir Christenmenschen und keine Teufel.«

Robert war versucht, dem Hauptmann die Füße zu küssen. Diese kleinen Selbstverständlichkeiten empfand er bereits als Gnadenbeweis des Himmels, so weit war es inzwischen bereits gekommen. Die beiden Männer murmelten etwas Unverständliches, beeilten sich aber, den Anweisungen ihres Vorgesetzten nachzukommen, auch wenn sie dabei nicht sehr sanft mit dem Delinquenten umgingen.

Wider Erwarten verheilte die Verletzung, und Robert überlebte die Verstümmelung. Von Zeit zu Zeit erhielt er trotz des Befehls des Hauptmanns Besuch von de Bourgois, der sein Mütchen an ihm kühlte, aber von weiteren Verstümmelungen absehen musste. Doch nach und nach schien der Sergeant das Interesse an dem Gefangenen zu verlieren und kam immer seltener in das Verlies. Robert vermisste ihn nicht.

Irgendwann wurde er in eine größere Zelle mit mehreren Leidensgenossen verlegt und schöpfte endlich wieder Hoffnung, die Gefangenschaft doch zu überleben. Nur wusste keiner zu sagen, wie lange sie dauern würde.

* * *

Monate und Jahre vergingen. Irgendwann war alles für die Gefangenen nur noch ein Gleichklang aus täglichem Überlebenskampf. Doch selbst in die Tiefen der Kerker drangen, wenn auch nur vage, Gerüchte über die Lage in England.

So hatte Matildas Sohn Henry, offenbar zwei Jahre nach seinem ersten, gescheiterten Versuch, die Herrschaft über England an sich zu reißen, einen erneuten Vorstoß unternommen. Diesmal war sein Ziel der Norden, und sein Onkel, König David von Schottland, schlug ihn zum Ritter. Ein Feldzug gegen York scheiterte allerdings, doch die mächtigen Earls von Chester und Norfolk stellten sich wieder auf Matildas, mittlerweile eigentlich Henrys, Seite, auch wenn er das Land wieder verlassen musste.

Eine Zeit lang hörte man gar nichts mehr, außer dass die großen Lords offenbar untereinander, wenn auch nicht Frieden, so doch Stillhalteabkommen schlossen. Doch dann kam Henry ein drittes Mal zurück, diesmal allerdings mit einer großen Streitmacht. Er war nach dem Tod seines Vaters Herzog der Normandie und Graf von Anjou geworden. Und noch dazu Herzog der reichsten Region Frankreichs durch die Heirat mit Eleonore von Aquitanien. Von ihr hatte sich König Louis von Frankreich scheiden lassen, weil sie ihm angeblich keine Söhne schenken konnte.

Henry zögerte keinen Lidschlag lang und umwarb und bestürmte die elf Jahre ältere, aber bildschöne und erfahrene Frau so lange, bis sie ihm in der Kathedrale von Poitiers das Jawort gab. Nun verfügte er über schier unerschöpfliche Reserven an Geld und Männern für den Kampf um die Krone Englands. Außerdem hatte Eleonore ihm bereits einen Erben geschenkt. Es hieß, ihr Ex-Mann hätte sich die Stirn an den Wänden seines Palastes blutig geschlagen, als er davon hörte.

Alle Gefangenen hofften auf eine Entscheidungsschlacht, doch sie kam nicht. Zweimal, so lautete das Gerücht, hätten sich die Heere gegenübergestanden, und zweimal hatte man sich auf Verhandlungen verständigt. Beim letzten Mal darauf, dass Henry nach Stephans Tod dessen Nachfolger werden würde. Um den Vertrag zu besiegeln und unumkehrbar zu machen, adoptierte der König sogar den Sohn seiner Widersacherin. Das erzürnte Eustace derart, dass er plündernd und mordend durch

Ostengland zog und dabei auf mysteriöse Weise ums Leben kam.

Stephan hatte kurz zuvor bereits seine Gemahlin verloren. Der erneute Verlust brach ihm das Herz. Aus dem Verhalten der Wachen schlossen die Gefangenen, dass es wohl mit dem König zu Ende ging, denn sie wurden auffallend freundlich, das Essen wurde reichhaltiger, und Schikanen blieben so gut wie völlig aus. Doch Robert gab sich keinen Illusionen hin. Bevor sie womöglich alle anlässlich der Krönung Henrys freigelassen wurden, würde er bestimmt noch einmal Besuch von Reginald de Bourgois erhalten. Und darauf galt es sich vorzubereiten.

* * *

Robert war nach und nach zur unumstrittenen Autorität unter den Gefangenen geworden. Hier unten in den Kerkern herrschte eine Parallelwelt, in der zwar die Wärter das Sagen hatten, doch die Männer ihre eigenen Hierarchien bildeten. Die kargen Lebensmittel mussten gerecht verteilt werden, Verbrechen geschahen, die von den Inhaftierten selbst untersucht und geahndet wurden, und als Gemeinschaft stellten sie eine Macht dar, der selbst die schwer bewaffneten Kriegsknechte Respekt zollten.

Mehrmals hatte Robert Fluchtversuche geplant, doch letztendlich waren sie an der Dicke der Mauern und der Vielzahl der Wachen gescheitert. Männer waren in seinen Armen gestorben, die sich wie er in Sehnsucht nach ihren Frauen und Kindern verzehrt hatten. Immer wieder hatte er sich geschworen, dass ihn dieses Schicksal nicht ereilen würde.

Mit der Zeit wurde Robert mit der einen Hand fast so geschickt wie vorher mit zweien. Wo sie nicht ausreichte, nahm er Zähne, Knie oder sogar die Füße zu Hilfe. Schon vor längerer

Zeit war es ihm in nächtelanger Arbeit gelungen, einen langen Beschlagnagel aus der eichenen Kerkertür zu polken. Den hatte er so lange auf dem harten Stein geschliffen, bis er nadelspitz und scharf wie ein Rasiermesser wurde.

Nun band er ihn sich mit Stofffetzen an den Rechten Armstumpf, und zwar so, dass der Kopf des Nagels auf dem nur von einer dünnen Hautschicht bedeckten Knochen aufsaß. Er fürchtete sich schon jetzt vor dem Schmerz, sollte er seine bescheidene Waffe einsetzen müssen. Andererseits hatte sie aber nur so genügend Halt und wurde vollständig von dem Ärmel des alten Kittels bedeckt, der sein einziges Kleidungsstück war.

Dann verbreitete sich wie ein Lauffeuer die Nachricht, dass König Stephan tot und Henry in Begleitung seiner Gemahlin und Mutter in Wareham an Land gegangen war, um sich in Westminster krönen zu lassen. Robert wusste, dass damit der Tag der Entscheidung nahte. Und er sollte sich nicht geirrt haben.

Eine innere Unruhe hatte die Gefangenen erfasst. Das Gerücht machte die Runde, dass Henry auf dem Weg nach Winchester sei und unterwegs alle Kerker öffnen ließ. Selbst in den tiefsten Gefängnissen merkte man etwas von der Geschäftigkeit, die oben im Palast herrschte und auf die baldige Ankunft des zukünftigen Königs hindeutete. Und dann, Robert hatte es geahnt, wurde auf einmal die Tür aufgestoßen, und Reginald de Bourgois erschien mit zwei Spießgesellen auf der Schwelle.

Wie lästiges Ungeziefer schoben die drei Männer die anderen Inhaftierten in der Zelle auf ihrem Weg zu Robert zur Seite und hielten direkt auf ihn zu. Der wich bis an die Mauer zurück, doch seinen Mördern konnte er nicht entkommen. Die zwei Begleiter des Sergeanten packten ihn an den Schultern und hielten ihn fest, während sich de Bourgois großspurig vor ihm aufbaute.

»So, mein Freund, es ist so weit. Vom Turm sieht man schon die Banner Matildas und ihres Bastards. Er wird alle freilassen, wie man so hört, aber dir wird das nichts nutzen. Mein Hauptmann hat mir zwar verboten, dich langsam in Stücke zu hacken, aber nun kündige ich ihm die Gefolgschaft auf. Wenn Henry durch das eine Tor hereinkommt, reiten wir durch ein anderes hinaus und schließen uns den Freischaren an, die weiter gegen ihn kämpfen. Ich bedaure nur, dass ich dich nicht, wie geplant, Stück für Stück von deinen Körperteilen trennen konnte. Doch jetzt werde ich dir eines nehmen, ohne das du garantiert nicht auskommst: deinen Kopf.«

De Bourgois zog sein Schwert aus der Scheide, packte es mit beiden Händen und hob es empor, um mit einem Schwung den Delinquenten zu enthaupten.

»Knie nieder!«, befahl er, und Robert spürte, wie ihn die beiden Büttel mit kräftigem Griff nach unten zwangen. Kaum hatte sein rechtes Knie den Boden berührt, holte de Bourgois noch etwas weiter aus – und erstarrte auf einmal zu einem Standbild. Roberts rechter Arm war nach vorn geschnellt, und da ihm die Hand fehlte, sah es für die Männer, die ihn immer noch festhielten, so aus, als würde sie im Körper des Sergeanten stecken. Genau dort, wo sich dessen Herz befand, um es herauszureißen.

In Wahrheit war nur der Nagel durch das rostige Kettenhemd gedrungen und hatte de Bourgois tödlich verletzt. Das Schwert entfiel seinen auf einmal kraftlos gewordenen Händen. Bevor es auf dem Boden aufschlug, fing es Robert geschickt in der Luft auf, drehte es blitzschnell und stieß unter seiner Achselhöhle hindurch nach hinten zu.

Der Mann, der links von ihm gestanden hatte, spürte einen unsäglichen Schmerz in seinen Eingeweiden und brach mit einem gurgelnden Laut zusammen. Sofort riss Robert das Schwert aus ihm heraus, sprang auf die Beine und erledigte den zweiten

Büttel, der noch gar nicht realisiert hatte, was eigentlich vorgefallen war, mit einem Hieb zwischen Hals und Schulter. Bevor die übrigen Wachen, die am Eingang standen, reagieren konnten, hob er das Schwert und schrie, dass man es bis in den Burghof hören konnte:

»Der junge König kommt! Henry ist da! Wir sind frei! Endlich frei!«

Wie zur Bestätigung schmetterten in diesem Moment die Fanfaren von der Burgmauer zum Empfang der hohen Gäste. Die Männer in den Kerkern brachen in ohrenbetäubenden Jubel aus, und die Wachen machten, dass sie fortkamen. Nur sehr ungern wollten sie sich von den Gefangenen, unter denen sich eine nie gekannte Euphorie ausgebreitet hatte, in Stücke reißen lassen.

* * *

Robert war einer der Ersten, der die steile Treppe aus den Verliesen heraufgestürmt kam. Glücklicherweise war der Dezemberhimmel wolkenverhangen. Eine grelle, strahlende Sonne hätte ihn nach sechseinhalb Jahren dämmriger Dunkelheit glatt blenden können. Im gleichen Moment preschten die königlichen Bannerträger, dicht gefolgt vom zukünftigen König und von seiner Begleitung, über die Zugbrücke in den Burghof.

Die Ankömmlinge sahen sich zu ihrer Überraschung statt eines Empfangskomitees einer zerlumpten, verwahrlosten, wild schreienden und gestikulierenden Menschenmenge gegenüber. Sofort machte die Garde Front gegen die ehemaligen Gefangenen und war nahe daran, sie niederzureiten.

Robert hätte bei einer solch plötzlichen, scheinbaren Gefahr für seine Herrin auch nicht anders gehandelt. Doch er wusste, wie man sich in dieser Situation verhalten musste, um es nicht zum Äußersten kommen zu lassen. Er warf das Schwert von sich, sank auf das Knie und streckte die waffenlosen Hände vor sich.

»Auf die Knie, fallt auf die Knie«, hallte seine Stimme über den Burghof. »Huldigt unserem jungen König, Henry von England!«

Zuerst ging ein Raunen durch die Menge, dann sank einer nach dem anderen zu Boden, tat es Robert gleich, und viele bekreuzigten sich noch zusätzlich.

Die Leibwache sah keinen Grund mehr einzugreifen, und der zukünftige König hielt seine Ritter mit einer lässigen Handbewegung zurück. Bevor er etwas sagen konnte, wurde die Tür eines Reisewagens aufgestoßen und eine Frau, in kostbare, pelzverbrämte Gewänder gehüllt, sprang, ohne auf angemessene Hilfe zu warten, heraus. Sie blickte auf die knienden Männer, schüttelte den Kopf und meinte dann zu ihrem Sohn, der sie fragend ansah:

»Ich dachte, ich hätte soeben eine Stimme aus dem Grab gehört. Aber es ist unmöglich, völlig unmöglich.«

»Dann lass dich von Eleonore in die Halle begleiten, Mutter. Du wirst erschöpft sein von der langen Reise. Ich werde mich noch rasch um die braven Männer hier kümmern, die man offenbar jahrelang hat darben lassen. Wie man sieht, haben sie sich selbst befreit und bedürfen nun nur noch unserer Fürsorge.«

Matilda wandte sich schon ab, als Robert mehr flüsterte als rief: »Madam!«

Auf der Stelle fuhr die Kaiserin, obwohl mehr als zehn Yards entfernt, herum und sah Robert mit weit aufgerissenen Augen an.

»Robert?« Völlige Fassungslosigkeit schwang in ihrer Stimme mit. »Aber du bist doch tot! Alle haben mir versichert, dass sie dich haben fallen sehen! Wie kannst du da noch am Leben sein?«

Robert kam es so vor, als hörte er einen leisen Vorwurf in den Worten, doch da war Matilda schon bei ihm, und die verdutzten, ehemaligen Gefangenen, die Burgbesatzung und alle anderen Anwesenden sahen zu ihrer größten Verwunderung, wie die Königinmutter mit Tränen in den Augen eine abgerissene, halb verhungerte und in schäbige Lumpen gehüllte Gestalt in die Arme schloss.

»Wer ist das?«, hörte Robert die Dame an Henrys Seite fragen, während er sich krampfhaft bemühte, den blutigen Nagel von Matilda fernzuhalten, der immer noch an seinem Armstumpf hing.

»Der treueste Gefolgsmann, den meine Mutter je hatte, mein Engel«, erwiderte Henry und schwang sich aus dem Sattel. »Ich habe ihn mit den langen grauen Haaren und dem zotteligen Bart nicht gleich erkannt. Er hat mir beigebracht, mein Schwert so zu führen, wie ich es heute tue.«

Aus dem Knaben war ein Mann geworden, stellte Robert mit Genugtuung fest. Und was für einer! Kraftstrotzend, gutaussehend und voller Tatendrang. Im gleichen Moment durchzuckte es ihn wie ein Blitzstrahl. Was war wohl aus seinem Sohn und seiner Frau geworden? Nun, er würde es herausfinden, und wenn er den Rest seines Lebens damit zubringen musste.

»Was ist denn mit Eurem Arm geschehen?«, erkundigte Henry sich mitfühlend. »Hatte jemand so große Angst vor Eurer Schwerthand, dass er sie Euch abgeschlagen hat?«

Matilda bemerkte die Verstümmelung erst jetzt und schlug erschrocken die Hand vor den Mund.

»Ein alter Bekannter dachte, er hätte noch eine Rechnung mit mir zu begleichen. Sie war seit den Zeiten Eures Großvaters offen. Doch er ist tot, und ich lebe. Ich glaube, der Saldo ist ausgeglichen.«

»Habt Ihr ihn mit diesem Nagel erledigt? Euch wäre das durchaus zuzutrauen.«

Robert blickte auf seinen Armstumpf und sah, dass er blutete, aber er spürte keinen Schmerz. Nur inneren Frieden, und auch ein klein bisschen Genugtuung.

»Das wird sich sofort mein Arzt ansehen!«, riss Matilda ihn aus seinen Gedanken. »Mein Gott, Robert, du musst durch die Hölle gegangen sein! So viele Jahre! Komm mit uns, du musst uns alles berichten, was du erduldet hast.«

Henry hatte in der Zwischenzeit die Dame, die an seiner Seite geritten war, aus dem Sattel gehoben. Trotz ihrer erkennbaren Schwangerschaft verschmähte sie offenbar Reisewagen oder Sänfte. Oder wollte sie nur nicht ein Gefährt mit Matilda teilen? Robert nahm an, dass es sich um die legendäre Eleonore von Aquitanien handelte, ehemalige Königin von Frankreich und nun bald Königin von England. Sie musterte ihn von Kopf bis Fuß – wohlwollend und keineswegs überheblich, wie es Robert schien – und rümpfte dabei ein wahrlich entzückendes Näschen.

»Meint Ihr nicht, Madam, dass er zuvor ein Bad nehmen sollte? Es würde ihm sicherlich ebenso guttun wie den übrigen soeben Befreiten. Und, Henry, achte darauf, dass die Männer nicht zu viel zu essen und zu trinken bekommen. Es könnte sie umbringen. Ich habe das auf dem Kreuzzug mehrmals erlebt, wenn wir Christen aus den Kerkern geholt haben, die jahrelang darin geschmachtet hatten. Versprich ihnen ein Fest mit Ochsen am Spieß und Bier und Wein, so viel sie mögen – aber erst in drei Tagen.«

Na, Henry, dachte Robert, der in dem zukünftigen König immer noch den Knaben von einst sah, pass nur gut auf dein Reich auf. Sonst regiert sie es, und du hast noch so viel zu sagen wie ein Handwerksmeister in der Wäschekammer.

Eleonore sah Robert auf einmal mit einem missbilligenden Blick in die Augen, und für einen Moment fürchtete er, sie hatte seine Gedanken gelesen.

»Du hast wie immer recht, mein Augenstern«, stimmte Henry zu, der seine Verliebtheit wie ein Banner vor sich hertrug, und gab dann die entsprechenden Befehle.

Während sich die Damen und der zukünftige König mit ihrem Gefolge in die für sie vorbereiteten Gemächer zurückzogen, erschien wie versprochen Matildas Arzt und kümmerte sich um Robert. Er veranlasste, dass heißes Wasser gebracht wurde und der ehemalige Gefangene sich in einem Zuber wohlig räkeln konnte. Dabei wurde ihm das Haupthaar gestutzt und der Bart geschoren. Robert hatte sich in einer polierten Messingscheibe betrachtet und vor sich selbst erschrocken. Kein Wunder, dass Henry ihn nicht erkannt hatte.

Der Medicus untersuchte derweil den Armstumpf, murmelte unverständliche Worte vor sich hin und schüttelte immer wieder ungläubig den Kopf.

»Ihr müsst eine wahre Rossnatur haben«, stellte er nach seiner ausgiebigen Untersuchung fest. »Obwohl, ich glaube kaum, dass ein Pferd überlebt hätte, was man Euch angetan hat. Dass der Arm so gut verheilt ist, grenzt an ein Wunder. Die neue Verletzung ist nicht schwer. Aber sagt, was Ihr mit dem Nagel getan habt, muss doch unglaublich schmerzhaft für Euch gewesen sein?«

»Ich nehme an, für den anderen noch mehr.« Robert konnte sich ein erleichtertes Grinsen nicht verkneifen.

»Das ist wohl wahr«, stimmte der Medicus zu. »Ich würde empfehlen, dass Ihr Euch eine feste Ledermanschette für den Armstumpf anfertigen lasst. Dann ist der Knochen geschützt, und Ihr könnt sogar das eine oder andere Werkzeug daran befestigen. Ich habe so etwas schon des Öfteren an Männern gesehen, denen Ähnliches wie Euch zugestoßen ist.«

Über den Vorschlag wollte Robert gern nachdenken. Als er nach dem Bad frische Kleider gereicht bekam, fühlte er sich schon fast wieder wie ein Mensch. Hoffentlich konnte er sich bei dem abendlichen Festmahl, zu dem er geladen war, zurückhalten und verdarb sich nicht den Magen.

* * *

Bischof Heinrich hatte die große Halle seines Palastes zu Ehren der hohen Gäste schmücken und auffahren lassen, was Küche und Keller hergaben. Er hoffte sehr, den zukünftigen König versöhnlich zu stimmen. Schließlich hatten vor dreizehn Jahren durch seinen erneuten Seitenwechsel zu Stephan und seinen erfolgreichen Widerstand gegen die Belagerung von Winchester die Schwierigkeiten für Matilda erst so richtig begonnen.

Robert war ganz gegen das höfische Protokoll ein Stuhl zur Rechten Matildas angewiesen worden. Dort, wo früher sein Platz gewesen war, hinter ihr, stand jetzt Simon und zwinkerte ihm verschwörerisch zu. Robert wusste, dass er einarmig nie wieder in die Garde zurückkehren konnte. Nicht einmal die Knappen würde er ohne rechte Hand im Schwertkampf unterweisen können. Was sollte nun nur aus ihm werden? Ein Krüppel, der auf Mildtätigkeiten angewiesen war?

Natürlich musste er sich sofort auf die Suche nach seiner Frau und seinem Sohn machen, aber ohne einen Penny in der Tasche? Seine ehemalige Herrin anzubetteln widerstrebte ihm zutiefst. Allerdings brannte ihm natürlich die Frage auf den Lippen, ob sie etwas über den Verbleib seiner Familie wusste, und bei der ersten sich bietenden Gelegenheit sprach er die Kaiserin darauf an.

Matilda schwieg einen Moment, bevor sie antwortete. Wie würde Robert es verkraften? Es konnte so viel in all den Jahren passiert sein. Sie wagte kaum, es sich auszumalen.

»Robert, mir wurde von mehreren Seiten berichtet, du wärst gefallen.« Die Kaiserin hatte ihre Hand auf den Armstumpf ihres ehemaligen Leibwächters gelegt, und nie hatte dieser sich ihr so nahe gefühlt. »Ich habe persönlich an Martha vor meiner Abreise in die Normandie geschrieben und ihr die Nachricht von deinem Ableben geschickt. Und ihr gleichzeitig angeboten, mir zusammen mit eurem Sohn in die Normandie zu folgen. Doch zu meinem Bedauern habe ich leider nie wieder etwas von ihr gehört. Der Bischof von Salisbury hat Devizes Castle in Besitz genommen. Ich glaube kaum, dass sie noch dort ist. Du wirst eine Nadel im Heuhaufen suchen, wenn du dich auf den Weg machst. Und vergiss eines nicht: Sie hält dich seit sechseinhalb Jahren für tot. Vielleicht hat sie sich in der langen Zeit einem anderen Mann zugewandt. Das dürftest du ihr nicht übel nehmen. Es wäre das Klügste, was sie für Hugh und sich hätte tun können.«

Daran hatte Robert noch nicht einmal in seinen schrecklichsten Albträumen gedacht, doch Matilda konnte zweifelsohne recht haben. Sein Herz wurde wie von einer eisernen Klammer zusammengepresst. Was würde er tun, fand er Martha womöglich in den Armen eines anderen? Hätte er die Größe, ihr dieses Glück zu gönnen, oder würden ihn Verzweiflung, Wut und womöglich Jähzorn übermannen? Robert hoffte nur, dass Gott ihn nicht dieser Prüfung unterziehen würde.

»Was hast du nun vor, Robert?«, erkundigte sich Matilda mit weicher Stimme. »Deine Familie suchen, ich weiß. Doch was, wenn du sie gefunden hast oder auch nicht? Willst du zurück an meinen Hof? Einen Platz für dich wird es immer geben.«

Robert wurde warm ums Herz. Er wusste, das war kein leeres Versprechen. Matilda stand zu einem einmal gegebenen Wort. Als alter, einarmiger Bettler würde er also nicht durch die Straßen von London ziehen müssen.

»Ich danke Euch von Herzen für Eure Güte, Madam. Werdet Ihr bei Eurem Sohn in England bleiben? Ihn bei den Regierungsgeschäften und dem Heilen der Wunden nach dem langen Krieg unterstützen?«

»Das würde wohl kaum gut gehen, Robert. Vor allem die Frau, die er sich gewählt hat, wäre sicher nicht erbaut davon. Eine kluge Entscheidung der beiden, sich zusammenzutun, ohne Frage. Ihr Reich wird von den Pyrenäen im Süden bis nach Schottland im Norden reichen. Aber ob diese Ehe auf die Dauer gut geht? Nun, lassen wir die Zeit darüber entscheiden. Nein, ich werde nach Henrys Krönung zurück in die Normandie gehen und meinen Lebensabend in der Nähe von Rouen verbringen. Auf dem Festland leben schließlich auch noch zwei Söhne von mir. Ich habe zwei Ehemänner überlebt, einen viel älteren und einen bedeutend jüngeren, und einen nicht enden wollenden Krieg geführt. Ich bin müde geworden und fühle mich alt und erschöpft. Sollen Henry und Eleonore sich ruhig mit den Staatsgeschäften herumschlagen. Wenn sie Hilfe benötigen, stehe ich ihnen gern mit Rat und Tat zur Seite. Doch ich glaube, sie werden mich selten bemühen. Was ist, willst du mir folgen, wenn deine Suche so oder so zu Ende gegangen ist?«

Auch wenn Robert den größten Teil seines bisherigen Lebens fern von der Insel verbracht hatte, auf der er einst geboren worden war, so lag die Heimat ihm doch am Herzen. Lieber wollte er in England bleiben, als irgendwo anders in der Welt sein Leben zu beschließen. Die Kaiserin schien ihm das anzusehen, bevor er überhaupt antworten konnte.

»Weißt du noch, worüber wir gesprochen haben, bevor du in deinen letzten Kampf geritten bist? Du träumtest von einem Stück Land, von einem Leben als Freibauer. Ist das auch heute noch dein Wunsch? Traust du dir das noch zu?«

Als Krüppel und in deinem Alter sagte Matilda nicht, doch es stand in ihren Augen geschrieben.

»Mehr denn je, Madam«, entgegnete Robert trotzig. »Ein Leben zu führen, so wie meine Eltern und Großeltern es getan haben. Irgendwann einmal in Frieden von der eigenen Scholle dahingehen und sie meinen Nachkommen hinterlassen, das wäre mein größter Traum. Aber wie soll das gehen? Ich hatte etliches von meinem Sold zurückgelegt, und der Ring, den mir Euer erster Gatte einmal geschenkt hatte, war auch noch dabei. Doch das dürfte alles verloren sein. Es sei denn, Martha hat etwas davon übrig behalten und ich kann sie und Hugh finden.«

Die Kaiserin lächelte milde und beugte sich dann zu ihrem Sohn hinüber. Robert verstand nicht, was sie sagte, sah aber, wie Henry die Stirn kraus zog. Es gab einen längeren Wortwechsel zwischen Mutter und Sohn, an dessen Ende Henry tief seufzte, die neben ihm sitzende Eleonore hingegen anerkennend lächelte.

Der junge König winkte Robert zu sich, der vor ihm, wie es sich gehörte, auf das rechte Knie sank.

»Ich weiß, dass Ihr meiner Mutter über viele, viele Jahre treu gedient und ihr mehr als einmal das Leben gerettet habt. Und auch ich konnte so manches von Euch lernen. Nun ist die Zeit gekommen, wo Ihr Euren Lohn dafür empfangen sollt. Mir wurde gesagt, Euch steht der Sinn nach einer Freisass. In den Midlands, wo in den letzten Jahren am stärksten gekämpft worden ist, liegen große Flächen unseres Landes brach und sind verödet. Ich schenke Euch auf königlichem Gebiet ein Stück davon, so groß, wie Ihr es an einem Tag von Sonnenaufgang bis Sonnenuntergang abreiten könnt. Sucht es Euch selbst aus, aber achtet darauf, dass es niemand anderem als der Krone gehört. Wäre das in Eurem Sinne?«

Robert wusste im ersten Moment nicht, wie ihm geschah. Ein Land von dieser Größe war mehr, als mancher Baron sein Eigen nannte. Er hätte ein gutes Einkommen, konnte Teile davon verpachten und nach und nach ein kleines Dorf errichten. All das fuhr ihm durch den Kopf, als er zu Henry aufsah.

»Sire, ich weiß nicht, was ich sagen soll!« Mehr brachte er einfach nicht heraus.

»Schon gut. Euer Blick sagt mir, dass Ihr mit dem Vorschlag meiner Mutter bezüglich Eurer Entlohnung für die vielen Jahre treuer Dienste einverstanden seid. Mein Sekretär und Freund hier, Thomas Becket«, Henry deutete auf einen Mann hinter sich, »wird Euch die entsprechenden Urkunden ausstellen.«

Freund, dachte Robert? Dass du dich da mal nicht irrst, Henry.

Seine Menschenkenntnis täuschte ihn nur selten. Ihm war das fanatische Leuchten in den Augen des ganz in schwarze, aber allerfeinste Stoffe gekleideten jungen Mannes nicht entgangen. Und auch nicht das spöttische Lächeln, das um Eleonores Lippen bei den letzten Worten ihres Mannes gespielt hatte. Sie dachte offenbar über Thomas Becket ebenso wie Robert.

»Du solltest aber auch nicht vergessen, Henry, ihm den Sold für die Jahre aushändigen zu lassen, die er im Kerker gesessen hat.« Eleonore sprach zu ihrem Gemahl wie eine Mutter, die ein Kind auf den richtigen Weg führen muss. »Schließlich ist der Sergeant in Ausübung seiner Pflicht in Gefangenschaft geraten. Er wird das Geld brauchen, will er das Land in Besitz nehmen, das du ihm soeben übereignet hast. Für Werkzeug, Saatgut und Vieh. Und außerdem solltest du ihm als Ausgleich für die verlorene Hand zumindest ein Pferd schenken, um das Land abzureiten. Ein gutes, damit es einen Tag lang einen straffen Ritt übersteht und eine angemessene Strecke zurücklegen kann.«

Die junge Königin denkt auch an alles, stellte Robert überrascht und erfreut fest.

»Meine Liebe, willst du mich ruinieren?«, fragte Henry mit gespieltem Entsetzen. »Noch so ein paar Geschenke, und ich kann mein Königreich gleich verpfänden.«

»Glaub mir, was du Männern wie diesem hier gibst, wirst du vielfach zurückerhalten. Er wird Land urbar machen, das sonst verwildert, Äcker bestellen, Vieh züchten, Wolle scheren – und alles wird deinen und seinen Reichtum mehren. Vorausgesetzt, du erhebst keine so hohen Steuern, dass den Menschen nichts zum Leben übrig bleibt. Mach es wie wir in Aquitanien. Leben und leben lassen war schon immer die Devise meiner Vorfahren. Und gilt mein Herzogtum nicht als das reichste und wohlhabendste in Frankreich, wenn nicht gar im ganzen Abendland?«

»Ich bitte um Gnade, Eleonore, ich habe es ja verstanden. Es soll geschehen, wie du gesagt hast. Aber jetzt, Robert Fitzooth, erlaube ich Euch, wieder auf Euren Platz zurückzukehren. Ansonsten übertragen Euch meine Frau und meine Mutter vielleicht noch ein paar Grafschaften oder gar die ganze Normandie.«

Die Szene an der Stirnseite der großen Tafel war nicht unbemerkt geblieben, und die letzten Worte Henrys hatten unter den geladenen Gästen Heiterkeit hervorgerufen. Kaum einer der Anwesenden neidete Robert das Land, das ihm der König übereignet hatte. Vielmehr hofften die versammelten Adeligen, die Zeuge der königlichen Großzügigkeit geworden waren, ebenfalls auf reiche Geschenke und Belohnung für geleistete Dienste.

So ging es auch Bischof Heinrich, dem Gastgeber, der frohen Mutes auf Henry zuschritt, als dieser ihn aufforderte, vor ihn zu treten. Doch ganz wohl war ihm nicht in seiner Haut, als er in die kalten blauen Augen des zukünftigen Königs blickte.

»Ich hoffe, es ist alles zu Eurer Zufriedenheit, Sire«, liebdienerte Heinrich sich an.

»Hier und heute schon. Doch sagt, damit auch ich das verstehe, warum habt Ihr in der Zeit des Bürgerkrieges so oft die Fronten gewechselt? Bisher habe ich immer nur die Meinung anderer dazu gehört. Nun will ich Euch Gelegenheit geben, Eure eigene vor mir kundzutun.«

Augenblicklich war es totenstill in der großen Halle. Was würde das hier werden, ein Tribunal? Bischof Heinrich war von einem Augenblick auf den anderen so bleich wie eine frisch gekalkte Wand geworden. Was nahm sich dieser Jungspund heraus, der mit einundzwanzig Jahren König von England werden wollte? Noch war er jedenfalls nicht gekrönt! Hatte nicht auch seine Mutter kurz davor gestanden, und es war dann doch nicht dazu gekommen? Er gedachte jedenfalls nicht, hinzunehmen, dass hier über ihn Gericht gehalten wurde.

Der Bischof straffte die Schultern und richtete sich so hoch auf, wie er nur konnte. Seine Augen blitzten, und er war sicher, Henry in seine Schranken weisen zu können. Schließlich wollte dieser König von Gottes Gnaden werden, und dafür war die Unterstützung der Bischöfe und hohen Kleriker des Reiches, auch die seine, nun einmal unerlässlich.

»Sire, das waren andere Zeiten. Ich glaube kaum, dass der heutige Abend der richtige Rahmen ist, sie zu erörtern. Im Übrigen stehen die Vertreter der heiligen Mutter Kirche außerhalb der weltlichen Gesetze und Gerichtsbarkeit. Sie haben ihr Handeln ausschließlich vor Gott und seinem Stellvertreter auf Erden zu rechtfertigen.«

Ganz leise begann Henry seine Erwiderung, doch von Wort zu Wort wurde seine Stimme lauter, und die Anwesenden in der Halle wurden erstmalig Zeugen einer seiner später weithin gefürchteten Wutausbrüche.

»Ihr wagt es, mir ins Gesicht zu sagen, dass Ihr meine Autorität nicht anerkennt und auch als König nicht anerkennen werdet? Sie ist für Euch von geringerem Wert als die eines Priesters in Rom? Lasst Euch gesagt sein, so weit mein Arm reicht, wird mein Wille geschehen und mein Gesetz herrschen. Seid versichert, ich werde ihm Geltung verschaffen, gegen jedermann! Wer sich mir in den Weg stellt, den werde ich zermalmen, und sei es der Erzbischof persönlich. Die Zeiten, in denen in England jedermann machen konnte, was er wollte, sind ein für alle Mal vorbei. Und damit Ihr Gelegenheit habt, Euch zu besinnen und zu Euch selbst zu finden, gestatte ich Euch, Euch gleich nach meiner Krönung in das Kloster von Cluny zurückzuziehen. Sagen wir, zunächst einmal für drei Jahre.«

»Sire, Ihr könnt nicht über einen hohen Vertreter der heiligen …«

Weiter kam Heinrich mit seinem Widerspruch nicht. Henrys Faust donnerte auf die Tischplatte, dass Platten, Becher und Kannen emporsprangen und so mancher gute Tropfen verschüttet wurde.

»Was kann ich nicht?«, brüllte Henry den völlig überraschten Bischof an, der nie im Leben mit einem derartigen Ausbruch des jungen Mannes gerechnet hatte. »Noch ein Wort von Euch, und Ihr beendet Euer verräterisches Leben in den Kerkern dieser Burg, in denen Ihr so viele gute Männer habt darben und zu Tode kommen lassen. Seht es als unverdiente Gnade meinerseits an, dass ich das Kloster für Euch auserwählt habe, in dem Ihr Novize wart. Der dortige Abt ist dafür bekannt, Männer, die vom rechten Weg abgekommen sind, wieder zu Gebet und Askese zurückzuführen.«

Selbst Robert zog den Kopf ein, als Henry losdonnerte. Kaum einer hatte dem Jüngling einen derartigen Ausbruch zugetraut, ausgenommen vielleicht seine Gemahlin. Und Matilda, die sich

ein zufriedenes Lächeln nicht verkneifen konnte, als ihr lang-
jähriger Widersacher vor aller Augen derart zurechtgestutzt
wurde.

»Wenn es Euer Wunsch ist, Sire«, murmelte Heinrich und
zog sich unter vielfachen Verbeugungen zurück. In Cluny sollte
er tatsächlich zur Besinnung kommen und später treu zu Henry
stehen und ihn in seiner Auseinandersetzung mit Erzbischof
Thomas Becket unterstützen.

* * *

Am nächsten Tag nahm Robert die auf seinen Namen ausge-
stellte Besitzurkunde in Empfang. Zusätzlich erhielten er und
seine Nachkommen die Erlaubnis, Schwert, Lanze und Schild zu
führen, was Bauern gemeinhin verwehrt war. So war Robert im
Wesentlichen den Rittern gleichgestellt, auch wenn er auf eigenen Wunsch nicht ihrem Stande angehörte.

Der Beutel in seiner Tasche mit dem Sold von fast sieben Jahren wog schwer. Ein gutes Schwert und einen scharfen Dolch
besorgte ihm sein alter Kamerad Simon, der nun seinen ehemaligen Posten in der Leibgarde Matildas innehatte.

Bei der Auswahl des Pferdes ging Robert sehr sorgfältig zu
Werke. Vorbei waren die Zeiten der großen Streitrösser für ihn.
Die waren dafür gezüchtet, schwer bewaffnete Männer in Rüs-
tungen ins Gefecht zu tragen. Längere Strecken legten sie im
Schritt zurück, nur der entscheidende Angriff auf kurze Distanz
erfolgte im Galopp.

Robert hingegen brauchte ein Pferd, das ausdauernd und
schnell weite Wege zurücklegen, aber wenn nötig auch einen
Wagen oder gar einen Pflug ziehen konnte.

Ein noch junger Hengst mit iberischem Blut, von dem sich der
Stallmeister des Königs nur sehr ungern trennte, hatte es Robert

angetan. Doch Simon und ein paar seiner alten Kameraden unterstützten Roberts Begehren, und so erhielt er zähneknirschend auch noch einen passablen Sattel nebst Zaumzeug dazu.

Dann galt es Abschied zu nehmen von Freunden, Gefährten und einem Leben, das so nie wiederkommen würde. Die Jahre der Gefangenschaft hatte Robert bereits begonnen zu verdrängen. Sein Blick ging in die Zukunft, und die Beklemmungen in seiner Brust galten nun der Frage, ob und wie er seine Familie wiederfinden würde.

Matilda empfing Robert in ihrem Gemach. Noch einmal sah er sie in ihrem Löwensessel thronen, dessen Pranken er dereinst geschnitzt hatte.

»Mein Gott«, dachte Robert, »wie viele Jahre ist das her, und was ist seitdem nicht alles passiert? Ob sie ihn einmal Henry vererben wird? Wie ein junger Löwe hat er sich gestern jedenfalls aufgeführt und mindestens so laut gebrüllt wie die in den Gärten des Lateranpalastes in Rom.«

Die Kaiserin war dabei, sich reisefertig zu machen, denn noch am gleichen Tag wollten sie, Henry und Eleonore nach London aufbrechen. Beide empfanden die anstehende Trennung als schmerzlich, doch sie verloren nicht viele Worte darüber. Robert kniete vor der Kaiserin, die er auf so vielen Wegen begleitet hatte, und sie legte ihre Hände auf seine Schultern, fast so, als wolle sie ihn segnen.

»Leb wohl, Robert. Glück und Gottes Beistand auf all deinen Wegen. Ich wünsche dir von Herzen, dass du Martha und Hugh wohlbehalten wiederfindest. Grüße sie von mir, hörst du. Und denke daran, auch Rouen ist nicht aus der Welt. Zumindest solange ich lebe, wird an meinem Hof immer ein Platz für euch sein.«

»Ich hoffe, dass das noch sehr lange ist, Madam, und dass Ihr erlebt, wie der Wille Eures Vaters durch Euren Sohn Wirklichkeit wird. Und viele Enkel, an denen Ihr Euch erfreuen könnt.«

»Daran wird wohl kein Mangel sein. Meine Schwiegertochter ist schon wieder schwanger, wie du unschwer erkennen konntest. Ihr Verflossener, König Louis, wird die Wände hochgehen. Sie hat ihm in den fünfzehn Jahren ihrer Ehe nur zwei Töchter geschenkt, und es gibt sogar Gerüchte, die besagen, auch diese wären nicht von ihm. Aber wenn man ein Feld nicht beackert und Samen hineingibt, kann es schließlich auch keine Früchte tragen.«

Robert und Matilda grinsten sich verschwörerisch an. Beide waren sicher, dass es zwischen Henry und Eleonore in dieser Hinsicht keine Probleme geben würde. Als Robert das Gemach verließ, hatte er feuchte Augen, und auch Matildas schwammen in Tränen.

* * *

Kurz vor Weihnachten anno 1154 wurden Henry und Eleonore in Westminster Abbey zu König und Königin von England gekrönt.

Zu dem Zeitpunkt war Robert bereits weit entfernt im südwestlichen Teil Englands unterwegs. Er begann seine Suche in Devizes Castle, wo er sich damals von seiner Familie verabschiedet hatte. Nur mürrisch gab ihm die Torwache des Bischofs von Salisbury Auskunft. Auch in der kleinen Stadt unterhalb der Festung wusste niemand etwas von Martha und Hugh.

Robert beschloss, nach Bristol weiterzureiten. Vielleicht hatten ja seine Frau und sein Sohn in der aufstrebenden Hafenstadt ihr Auskommen gesucht. Tagelang streifte er durch die Gassen, fragte jede Marktfrau und jeden Handwerksburschen, doch als Antwort bekam er nur Kopfschütteln. Ähnlich erging es ihm in

Gloucester und allen anderen Dörfern, Klöstern und Städten, die er auf seinem langen Ritt aufsuchte.

Es war zum Verzweifeln! Mittlerweile war es Mai geworden, und in dem halben Jahr ununterbrochener Suche hatte Robert auch nicht den Hauch einer Spur entdeckt. Aber wie Matilda gesagt hatte, seine Familie war die sprichwörtliche Nadel im Heuhaufen. Er schloss mittlerweile nicht mehr aus, dass Martha vielleicht nach Deutschland zurückgekehrt war. Sie hielt ihn schließlich für tot und hatte keinerlei Verwandte und nur wenige Freunde in England.

Vielleicht versprach sie sich in ihrer alten Heimat mehr Unterstützung und Hilfe. Sogar bis nach England war die Kunde gedrungen, dass ihre ehemalige Mitschwester Hildegard eine Berühmtheit geworden war. Sie hatte den Disibodenberg verlassen und in der Nähe von Bingen am Rhein ein eigenes Frauenkloster gegründet. Ihr Wirken ging aber weit darüber hinaus, und selbst mit dem Papst in Rom stand sie in regem Gedankenaustausch, verfasste zahlreiche Schriften zur Heilkunde, zur Wirkung von Pflanzen und zu religiösen Fragen.

Sollte Martha zu ihren Wurzeln zurückgekehrt sein? Robert beschloss, noch eine Weile in England nach seiner Familie zu suchen. Aber wenn alle Stricke rissen, würde er sich auch nicht scheuen, das Deutsche Reich zu durchkämmen. Zuvor wollte er aber noch bei John Marshal in Ludgershall nachfragen und ihn bitten, seine umfangreichen Beziehungen spielen zu lassen und sich umzuhören.

Südlich von Chippenham und nördlich von Devizes führte die Straße durch den Pewsham Forest. Auf einer Lichtung sah Robert Mönche beim Holzeinschlag. Sie hatten ihre Kutten abgelegt und waren nur anhand ihrer Tonsuren als solche zu erkennen. Immer wieder hieben sie ihre Äxte in die Stämme hundertjähriger Eichen. Offenbar hatten sie ein größeres Bauprojekt vor, denn mehrere Klafter Holz lagen schon grob behauen am Waldrand zur Abholung bereit.

Ein junger, kräftiger Mann in einfacher Kleidung, aber offenbar kein Mönch, vermaß mit einer Elle das Bauholz und machte sich Notizen mit seinem Griffel auf einer Wachstafel. Es war ein so friedliches Bild und gab Zeugnis davon, dass wieder Ruhe und Ordnung in England eingekehrt waren.

Robert hatte einen Moment überlegt, auch diese Männer nach Martha und Hugh zu fragen, verwarf dann aber das Ansinnen als aussichtslos. Langsam verlor er die Hoffnung, seine Familie je wiederzusehen.

Der junge Mann rechnete im Kopf schnell zusammen, wie viele Balken sie aus dem bereits geschlagenen Holz schneiden konnten. Für den Dachstuhl des neuen Kapitelsaales von Stanley Abbey würde es bald reichen. Dabei blickte er sinnierend dem einsamen Reiter nach, der in zwanzig Yards Entfernung seines Weges zog. Wo wollte der wohl hin?

Ein Kaufmann war er nicht, denn er führte keine Waren mit sich. Auch kein Ritter, dafür fehlten ihm Rüstung und Wappen. Andererseits durften Bauern keine Waffen tragen und besaßen auch kaum ein so gutes Pferd. Seltsam, dachte der junge Baumeister und wollte sich bereits wieder seinen Berechnungen widmen, als er ein eigenartiges Kribbeln in der Magengegend verspürte. Wo hatte er ein solches Bild wie vor ihm auf der Straße nur schon einmal gesehen? Irgendwie kam es ihm vertraut vor. Ein großer Mann auf einem Pferd, den Kopf barhaupt, die Zügel lässig in der linken Hand, ein langes Schwert an der Seite?

Wie ein Blitzstrahl durchfuhr es Hugh. Die Erkenntnis war so stark, dass seine Zähne wie bei Schüttelfrost aufeinanderschlugen. Aber das war völlig unmöglich! Und doch, wie oft hatte er dieses Bild vor Augen gehabt? Nie wieder hatte er jemanden so reiten sehen wie seinen Vater.

Zum letzten Mal, als er und seine Mutter ihm von Devizes Castle aus nachwinkten. Das war jetzt mehr als sieben Jahre her, und Matilda hatte ihnen damals geschrieben, dass ihr treuer Leibwächter in Ausübung seiner Pflicht gefallen war. Entweder Gott erlaubte sich einen Scherz und schickte einen Doppelgänger ausgerechnet hier vorbei, oder der Jüngste Tag war angebrochen, und die Toten standen auf.

Hugh ließ alles fallen und lief, so schnell ihn seine Füße trugen, zur Straße und dem einsamen Reiter hinterher. Robert hörte die Schritte und drehte sich überrascht im Sattel um. Auf nicht einmal drei Yards Entfernung sahen sich die beiden Männer in die Augen.

»Vater?«, das erste Wort, das Hugh hervorbrachte, war eine Frage, das zweite ein Aufschrei: »Vater!«

Mit einem Satz war Robert vom Pferd herunter und riss seinen Sohn in seine Arme. Vor lauter Schluchzen brachte er mit erstickender Stimme nur stammelnde Wortfetzen heraus.

»Hugh, Hugh, ich hab dich wieder! Du bist ja ein richtiger Mann geworden! Sag, lebt deine Mutter?«

Die Mönche waren auf die Szene aufmerksam geworden, hatten ihre Arbeit eingestellt und schauten neugierig herüber. Hugh wurde das Ganze etwas unangenehm, und vorsichtig löste er sich aus der festen Umarmung seines Vaters. Die beiden Männer waren nahezu gleich groß und konnten den Blick nicht voneinander wenden.

»Wo warst du nur die ganzen Jahre über? Mutter ist fast verzweifelt, als die Todesnachricht kam. Sie wollte lange nicht glauben, dass du tot bist. Erst seit einiger Zeit hat sie sich offenbar damit abgefunden. Und da tauchst du auf einmal, wie vom Himmel gefallen, wieder auf!«

»Ich war fast sieben Jahre in den Kerkern von Winchester eingesperrt. Aber das ist eine lange Geschichte. Sag mir endlich, wie es deiner Mutter geht und wo sie ist.«

»Nicht weit von hier. Neben dem Kloster haben wir ein kleines Haus. Sie heilt Kranke, die keinen Weg scheuen, um zu ihr zu kommen, und wäscht für die Mönche. Seit die Patres mich beauftragt haben, ihrem Baumeister zur Hand zu gehen und, vor allem, ihm auf die Finger zu sehen, geht es uns ganz gut.«

»Weißt du, wie lange ich hier rund um Devizes nach euch geforscht habe? Und um ein Haar wäre ich vorbeigeritten und hätte euch womöglich nie wiedergesehen. Ich wollte mich schon in Deutschland auf die Suche nach euch machen.«

»Dorthin zu gehen hat Mutter sogar vor einiger Zeit erwogen. Matilda hatte uns Geld geschickt, aber als das aufgebraucht war, brach eine harte Zeit für uns an. Komm, lass uns gehen. Es ist nicht weit bis Stanley Abbey.«

Robert erinnerte sich vage, dass Matilda die Abtei einmal gestiftet hatte. Es waren Zisterzienser, die sich hier niedergelassen hatten. Im Gegensatz zu vielen Benediktinern, die ihr Hauptaugenmerk eher auf Liturgie und Gebet legten, widmeten sie sich mehr der Barmherzigkeit und lebten von ihrer Hände Arbeit.

Er nahm sein Pferd am Zügel, und gemeinsam machten sich die beiden Männer auf den Weg. Schon bald sahen sie den Kirchturm aufragen und, als sie aus dem Wald heraustraten, die ganze Klosteranlage im Marden Valley vor sich liegen.

Es herrschte überall rege Betriebsamkeit. Fuhrwerke strebten auf die Abtei zu und von ihr weg, das Hämmern der Zimmerleute war weithin zu hören, und soeben rief eine kleine Glocke zur Vesper. Robert blieb stehen und sog das Bild in sich auf. Einerseits raste sein Herz vor Freude, andererseits hatte er ein flaues Gefühl in der Magengegend.

Wie würde Martha reagieren, nach so vielen Jahren? Hoffentlich brachte sie die Wiedersehensfreude nicht um. Das sollte es schließlich schon gegeben haben.

Hugh wollte seinen Vater bei der Hand fassen, um ihn zum Weitergehen anzuhalten, und erschrak sich fast zu Tode, als er den Armstumpf fühlte. Bisher hatte er die Verstümmelung noch nicht bemerkt, jetzt traf ihn der Schock umso heftiger.

»Um Gottes willen, was ist mit deiner Hand geschehen?«

Blankes Entsetzen sprach aus Hughs Stimme.

»Man hat sich vor ihr gefürchtet und sie mir deshalb abgeschlagen. Aber ich lebe, und das ist das Wichtigste. Vielen Männern ist es in diesem Krieg schlimmer ergangen als mir. Und glaub mir, ich bin deshalb kein Krüppel.«

Wenn sein Sohn sich schon so erschrak, was würde dann erst Martha sagen? Robert glaubte, sie vor einem Haus, eher einer Hütte, unweit der Klosterpforte entdeckt zu haben. Sie verrichtete irgendeine Näharbeit und hatte den Kopf gesenkt. Erst als sie Schritte und Hufgeklapper unmittelbar vor sich hörte, blickte seine Frau auf.

Robert hätte Martha gern schonend beigebracht, dass er noch am Leben war, aber wie sollte das gehen? Vielleicht wäre es besser gewesen, Hugh vorauszuschicken, um sein Kommen anzukündigen. Doch dafür war es jetzt zu spät. Robert sah seiner Frau direkt in die Augen.

Ganz langsam legte Martha ihr Nähzeug zur Seite, stand auf, trat, ohne einen Laut von sich zu geben, einen Schritt auf ihren Mann zu – und fiel wie ein gefällter Baum zu Boden. Robert blieb fast das Herz stehen. Hatte er seine Frau womöglich in diesem Moment für immer verloren? Das würde er sich nie verzeihen, und dann konnte man ihn gleich hier neben ihr begraben.

Hugh dachte eher praktisch. Er hob seine Mutter empor, setzte sie auf die Bank und sprengte ihr etwas Wasser ins Gesicht. Die Alternative wären ein paar leichte Ohrfeigen gewesen, doch dazu konnte er sich nicht durchringen. Martha schüttelte sich, öffnete die Augen, hob den Arm und zeigte mit dem ausgestreckten Zeigefinger auf Robert.

»Ich habe es immer gewusst, aber keiner wollte mir glauben! Dich bringt man nicht um, schon gar nicht in einem Gefecht. Wo hast du nur all die Jahre gesteckt?«

Robert sank auf die Knie, Tränen schossen in seine Augen. Mit seiner Linken umfasste er Marthas Hände und legte sie auf seinen Armstumpf.

»Dass ich euch beide wiederhabe! Ich hatte die Hoffnung schon fast aufgegeben. Ich liebe dich so sehr, Martha, und nur die Sehnsucht nach dir und Hugh hat mich am Leben gehalten. Ich wollte einfach nicht in einem stinkenden Loch verrecken, ohne dass ihr erfahrt, was aus mir geworden ist. Die Hand konnte man mir nehmen, meinen Willen, zu euch zurückzukehren, nicht. Jetzt wird alles gut, ich weiß es.«

Martha machte sich frei und umschlang mit ihren Armen Roberts Nacken. Sie küsste ihn zuerst sanft und zärtlich auf die Augenlider, dann auf den Mund. Sie ging nicht auf seine fehlende Hand ein, zuckte nicht zurück. Zu oft hatte sie derartige Verletzungen gesehen und auch behandelt. Sie wusste, machte man ein großes Drama daraus, traf es den Verletzten tief in der Seele, und er schämte sich meist dafür, nicht mehr über alle Körperteile zu verfügen, obwohl er nichts dafürkonnte. Stattdessen ging sie auf etwas ein, von dem sie wusste, dass es auch sie betraf.

»Grau bist du geworden, Robert. Wo ist nur dein blonder Haarschopf geblieben? Und tiefe Furchen hast du um die Mundwinkel bekommen. Du musstest oft die Zähne zusammenbeißen, nicht wahr? Aber jetzt werden wir wieder viel zusammen lachen, das verspreche ich dir. Und herausfüttern muss ich dich auch. Nur Haut und Knochen fühle ich, wenn ich dich umarme. Aber keine Sorge, das bekommen wir alles hin. Jetzt, wo wir endlich wieder zusammen sind.«

Robert hätte erwidern können, dass das Leben auch in Marthas Gesicht Spuren hinterlassen hatte und ihr Haar schlohweiß geworden war. Aber natürlich verkniff er sich derartige Bemerkungen. Schließlich hatte er lange genug am Hofe einer Kaiserin gelebt, und wenigstens etwas war von der dort herrschenden Minne auch an ihm grobem Klotz hängen geblieben.

»Wie seid ihr denn ausgerechnet hierhergekommen?«, erkundigte er sich stattdessen. »Ich habe rings um Devizes nach euch gesucht, wäre aber um ein Haar an Stanley Abbey vorbeigeritten. Das Kloster liegt ja auch völlig abgeschieden im Wald.«

»In Devizes konnten wir nicht bleiben. Durch Zufall traf ich Abt Richard von Cunnigham. Er hätte Hugh gern in die klösterliche Gemeinschaft aufgenommen, aber der Junge sträubte sich. Ich hatte ihm zuvor genau erklärt, was ihn als Mönch erwarten würde. Trotzdem durften wir bleiben. Dein Sohn machte sich auf dem Bau nützlich, und ich kramte mein Wissen über heilende Pflanzen wieder hervor. So haben wir überlebt und uns durchgeschlagen.«

Es waren einfache, schlichte Worte, mit denen Martha ihr sicherlich entbehrungsreiches Leben der letzten Jahre schilderte.

»Da waren doch noch mein zurückgelegter Sold und der Ring des Kaisers. Hattet ihr denn davon kein Auskommen?«

»Es war immer dein Lebenstraum, davon Land zu kaufen. Glaubst du, den konnte ich zerstören? Ich habe immer gehofft, dass du zurückkehren würdest. Da hinten in der Ecke habe ich das Geld vergraben. Es ist alles noch da.«

»Statt es auszugeben, habt ihr lieber gehungert? Sehr vernünftig war das nicht, Martha. Aber die Not hat jetzt ein Ende. König Henry hat mich auf Drängen seiner Mutter mit einem großen Stück Land beschenkt. Wir können es uns selbst in den Midlands aussuchen. Außerdem habe ich für die ganze Zeit der Gefangenschaft meinen Sold erhalten. Er müsste reichen, um das Notwendigste anzuschaffen. Und dann könnten wir endlich so leben, wie ich es mir immer gewünscht habe.«

Robert sah nicht, wie Hugh hinter ihm die Stirn in Falten zog. Er sollte Bauer werden? Das war ganz sicher nicht das Ziel seiner Träume. Hier in Stanley vertrat er mittlerweile schon den Baumeister. Schließlich konnte er lesen und schreiben und beherrschte zusätzlich die Arithmetik und Geometrie. Bauern bildeten den Stand mit dem geringsten Ansehen im Land. Immer einem Herrn untertan, der mit ihnen machen konnte, was er wollte. Die meisten von ihnen Leibeigene, andere Pächter kleiner Schollen, von deren Ertrag sie kaum leben konnten. Da hatte er sich seine Zukunft ganz anders vorgestellt.

»Komm, lass uns erst einmal ins Haus gehen«, entschärfte Martha die Situation. Ihr war die Stimmungslage ihres Sohnes im Gegensatz zu Robert nicht entgangen. »Hugh, hol doch deinem Vater einen Krug Bier und uns allen etwas zu essen vom Cellarius. Sag ihm, wir bezahlen es morgen. Und dann können wir über alles in Ruhe reden.«

Als Hugh mit einem Korb voller Speisen und der Botschaft des Abtes zurückkehrte, es wäre eine Gabe des Klosters zur freudigen Rückkehr des so lange Verschollenen, fand er seine Mutter und seinen Vater am Tisch sitzend vor, auf dem mehrere mit zahlreichen Siegeln versehene Dokumente lagen.

»Mein Gott, Robert, das ist ja fast eine Baronie. Wie viele Meilen legt denn ein Pferd am Tag zurück?«

»Wenn es gut ausgeruht und gefüttert ist, sechzig oder mehr. Ich habe auch gedacht, ich höre nicht richtig, als Henry das auf Matildas Vorschlag hin verkündete. Und glaubt mir, ich habe mir das richtige Pferd dafür ausgesucht.«

Hugh trat heran und hob eines der Dokumente auf.

»Das ist ein königlicher Freibrief für dich und alle deine Nachkommen«, staunte er. »Die Freisass ist von allen Steuern und Abgaben befreit, die ein Sheriff erheben kann, und untersteht einzig und allein der Krone. Warum hat der König dich dann nicht gleich zum Ritter geschlagen?«

»Weil ich das nicht wollte. Alle Lehnspflichtigen müssen Kriegsdienst leisten, und wenn sie das selbst nicht können, Ersatz stellen. Möchtest du, so wie einst ich, vielleicht jahrelang durch fremde Länder ziehen, fern von der Heimat, ständig in Lebensgefahr? Als Freibauer, als Yeoman, bist du davon befreit. Du bearbeitest dein eigenes Land, lebst von seinem Ertrag und deiner Hände Arbeit. Die Größe können wir gar nicht allein bewirtschaften. Wir werden Hilfe brauchen. Entweder Knechte und Mägde oder andere freie Männer und Frauen wie uns als Pächter. Das wird die Zeit weisen. Und du kannst bauen, was dein Herz begehrt. Häuser, eine Kirche, sicherlich auch eine Mühle, denn das Recht, eine zu betreiben, hat mir Henry auch eingeräumt.«

Nun sah die Sache für Hugh schon ganz anders aus. Je länger er darüber nachdachte, desto mehr begeisterte er sich für den Gedanken.

Hier war er natürlich immer an die Vorgaben des Abtes gebunden. Sollte dem Kloster einmal das Geld ausgehen oder sollten die Arbeiten abgeschlossen sein, musste er notgedrungen weiterziehen. Ob er je in die Zunft der Bauleute aufgenommen wurde, war eher fraglich, denn er hatte ja keine Lehrzeit durchlaufen. Auf eigenem Grund fragte ihn das keiner. Und vielleicht fand er ja mit der Zeit auch Freude am Pflügen und Säen, wenn kein gieriger Grundherr seine Finger nach der Ernte ausstrecken konnte.

»Hast du schon einen Plan, wo du dein Land abstecken willst?«, fragte Hugh interessiert nach.

»Nicht meins, unseres. Die Midlands sind in den letzten Kriegsjahren völlig verwüstet worden. Da liegen jetzt weite

Flächen brach. Ich bin einmal an der Seite Matildas von Nottingham nach York geritten. Dort, am Rande eines großen Waldgebietes, das man den Sherwood Forest nennt, wurde ich geboren, und dorthin möchte ich zurück. Es ist eine liebliche Landschaft, sanfte Hügel, Wiesen, kleine Flüsse. Und dahinter der mächtige Wald, aus dem wir uns das Holz holen dürfen, wie du gelesen hast. Ich glaube, es gibt keine schönere Gegend in England.«

»Dann lasst uns doch gleich morgen aufbrechen! Worauf wollen wir noch warten?«, sprudelte der Überschwang der Jugend aus Hugh heraus. Martha und Robert sahen sich an und begannen herzhaft zu lachen. Der Plan, ihren Sohn zu begeistern, war aufgegangen.

* * *

Eine Woche später, nicht am nächsten Tag, brachen sie, sehr zum Bedauern von Abt Richard und seinen Brüdern, auf. Robert hielt ständig Ausschau nach verlassenem Land oder brach liegenden Flächen. Dort, wo die stärksten Kämpfe getobt hatten, stießen sie immer wieder auf zerstörte Dörfer, niedergebrannte Kirchen und verwüstete Landschaften. Die Menschen waren geflohen oder umgebracht worden. Es war über weite Strecken ein Bild des Grauens, das sich ihnen auf ihrer Reise darbot.

In Nottingham kauften sie ein Ochsengespann nebst Wagen und Werkzeug für einen Spottpreis. Robert hatte schon in Erwägung gezogen, sich beim Sheriff melden zu lassen, ihm die königlichen Urkunden vorzulegen und um Unterstützung zu bitten. Doch er nahm Abstand davon, als er hörte, dass der amtierende Highsheriff William Peverel immer auf der Seite Stephans gestanden hatte, in der Schlacht von Lincoln gefangen genommen worden war und auch jetzt noch gegen den jungen

König intrigieren sollte. Vielleicht siedelten sie sich ja auch in Yorkshire an und brauchten seine Unterstützung gar nicht.

Am Rand des Sherwood Forest, der mehr als ein Viertel von Nottinghamshire bedeckte und fast nahtlos in andere königliche Waldgebiete überging, zogen sie weiter nach Norden. In dem kleinen Weiler Edwinstowe, in dessen Kirche angeblich König Edwin nach der verlorenen Schlacht bei Hatfield Chase gegen den Heiden Penda und sein überlegenes Heer aufgebahrt worden war, erfuhr Robert, dass am Loxley River südlich von Sheffield besonders schwere Kämpfe getobt hatten. Er beratschlagte sich mit Martha und Hugh, und gemeinsam beschlossen sie, sich die Gegend ausgiebig anzusehen.

Roberts Herz schlug immer höher, je näher sie dem kleinen Fluss kamen. So ungefähr, dachte er, mussten sich die Stämme Israels gefühlt haben, als sie endlich das gelobte Land erreichten. Auf einem Hügel über einer Flussschleife des Loxley River zügelte er sein Pferd und wusste sofort – hier würde sein zukünftiges Haus stehen. Robert saß ab, half Martha vom Bock des Wagens und nahm sie links, Hugh rechts in den Arm.

»Habt ihr schon jemals eine lieblichere Landschaft gesehen? Sanfte Hügel bis zum Horizont, auf der anderen Seite der Wald und Wasser im Überfluss! Schwere, schwarze Erde für Korn, saftiges Gras für Rinder und Pferde und Heidelandschaft für Schafe. Hier will ich die Ähren sprießen sehen und Lämmer blöken hören. Oder was meint ihr?«

»Zuerst einmal sollten wir herausfinden, ob das hier wirklich Land der Krone ist oder nicht irgendeinem Baron gehört«, mahnte Hugh in gewohnt bedächtiger Manier an. »Wir müssen sehr vorsichtig sein und dürfen keinen Fehler begehen. Hinter dir steht jetzt keine Kaiserin mehr, die dich schützt, wenn du dich ins Unrecht setzt. Und außerdem ist das hier zum Fluss hin recht sumpfig.«

»Diese ständigen Bedenken hast du nicht von mir«, knurrte Robert, der sich schon als Eigentümer dieses herrlichen Fleckens Erde sah, missmutig vor sich hin. »Wir haben doch schon ewig keine Menschenseele mehr gesehen, kein Dorf, keine Burg, rein gar nichts. Das ist ungenutztes Land, das wir schnellstmöglich in Besitz nehmen sollten. Und ein Moor kann man schließlich trockenlegen.«

»Der Junge hat recht«, stimmte Martha dagegen Hugh zu. »Wir können ja hier vorerst bleiben. Reite du herum und schau, dass du ein Kloster oder sonst jemanden findest, der dir bestätigen kann, dass wir uns auf königlichem Grund befinden, und deine Landnahme bezeugt. Sonst taucht hier noch irgendwann ein Ritter oder Baron auf und behauptet, wir befinden uns unrechtmäßig auf seinem Besitz, nimmt uns alles weg und macht uns gar zu Leibeigenen.«

»Das soll mal einer versuchen!« Robert tat manchmal so, als hätten ihm die lange Kerkerhaft und der Verlust seiner Hand nichts ausgemacht. Doch Martha wusste, wie ihn im Schlaf Albträume quälten und er heimlich darüber fluchte, wie ein verurteilter Verbrecher gezeichnet zu sein und nicht mehr über alle Gliedmaßen zu verfügen. »Aber du hast recht. Gleich morgen sehe ich mich um. Irgendwo muss es doch auch in dieser Einöde Menschen geben. Zur Not reite ich bis nach Sheffield und bringe einen Priester mit, der ein Dokument aufsetzen kann.«

»So ist es richtig, Robert. Gewöhne dich daran. Wenn du ein Bauer sein willst, muss alles nach Recht und Gesetz zugehen, sonst wirst du zum Spielball der Mächtigen. Sichere dich lieber zweimal ab, bevor du einmal einen Fehler begehst.«

»Hoffen wir nur, Martha, dass die hohen Herren sich auch daran halten. In den vielen Jahren des Bürgerkrieges hat sie niemand kontrolliert und für Vergehen zur Rechenschaft gezogen.

Meinst du wirklich, dass sie sich von einem Tag auf den anderen Henry beugen und seine Rechtsprechung akzeptieren?«

»Du weißt, er hat angesehene und loyale Männer zu Richtern ernannt und schickt sie kreuz und quer durch das Land, um für Ordnung zu sorgen und dem Gesetz wieder Geltung zu verschaffen. So wie es unter seinem Großvater der Fall war. Hab ein wenig Vertrauen, Robert. Wir müssen es ja auch haben.«

»Dein Wort in Gottes Ohr«, seufzte Robert, der nicht so ganz daran glauben konnte, dass nicht mehr das Recht des Stärkeren in England gelten sollte. Er selbst hatte schließlich bisher in seinem Leben auf das Schwert vertraut und war damit seiner Meinung nach nicht schlecht gefahren.

Am nächsten Morgen brach er zeitig auf. Bevor Robert nach Sheffield ritt, wo ein Baron herrschte, der womöglich Ansprüche auf das Land anmeldete, wenn er merkte, dass sich ein anderer dafür interessierte, wollte er lieber schauen, ob er nicht eine Priorei oder größere Ansiedlung in der Nähe fand.

Am Derwent River, etwa acht Meilen südwestlich von der Stelle, wo sie ihr Lager aufgeschlagen hatten, traf er endlich auf Menschen. Ihr Dorf nannte sich Hathersage und war aus einer Freisass hervorgegangen, so wie Robert es sich später auch vorstellte.

Es gab sogar einen Bailif und einen Priester, der des Schreibens und Lesens mächtig war. Beide versicherten Robert, dass es sich am Loxley River um Kronland handelte, und erklärten sich ohne zu zögern bereit, seine Besitzansprüche zu bezeugen. An der Nachbarschaft eines Mannes, der so hoch in der Gunst der Kaiserin und des Königs stand, konnte ihnen nur gelegen sein. Sie gaben Robert noch Tipps, in welche Richtung er seinen Rundritt beginnen und welche Gegend er besser meiden sollte, und versprachen, in zwei Tagen im Morgengrauen bei ihm zu sein.

Gemeinsam mit Hugh nutzte er die Zeit, um Pflöcke aus dem nahen Wald zu holen und anzuspitzen. Gleichzeitig begannen sie bereits Bauholz zu schlagen. Spätestens vor dem Winter wollte Robert für sich und seine Familie ein festes Dach über dem Kopf haben. Gern hätte er die Axt mit beiden Händen geschwungen, doch es musste halt auch so gehen. Hugh, im jugendlichen Überschwang seiner Kräfte, tobte sich so richtig aus, und die Späne flogen nach allen Seiten, wenn er in das Holz hieb.

Dann kam der große Moment. Robert wusste, dass sein Pferd keinen ganzen Tag gestreckten Galopp durchhalten würde. So ließ er es langsam angehen, blieb vorrangig im Trab, stieß etwa alle halbe Stunde einen Pfahl in den Boden, ritt über Hügel und durch Täler, querte Bäche und entdeckte sogar einen kleinen See. Als die Sonne als blutrote Scheibe im Westen verschwand, erreichte er die Anhöhe über dem Loxley River, wo ihn seine Familie und die beiden Zeugen bereits erwarteten. Erschöpft, aber überaus glücklich, rutschte er mehr als er sprang aus dem Sattel und umarmte als Erstes seine Frau.

»Hier sind wir, und hier bleiben wir. Das war all die Jahre das Ziel meiner Träume. Niemand wird uns je wieder von diesem Ort verjagen. Ich werde unser Eigentum mit Zähnen und Klauen verteidigen, wenn es sein muss. Um es einmal Hugh zu vererben, so wie dieser es seinen Kindern und Kindeskindern weitergeben soll.«

Martha erwiderte fest Roberts Umarmung, sodass dieser nicht sah, wie Hugh leicht die Augen verdrehte. Ganz sicher war dieser sich noch nicht, ob das Leben als Bauer auch wirklich sein Lebensinhalt sein würde.

Der Bailif von Hathersage machte sein Zeichen unter die von Bruder Osfrith aufgesetzte Urkunde über die Landnahme, und alle zusammen gönnten sich danach einen guten Tropfen Wein aus Aquitanien aus dem Bestand der Kaiserin, den Robert genau zu diesem Anlass aufgehoben hatte.

»Ihr wisst, dass Ihr Euch hier genau im Grenzgebiet dreier Grafschaften befindet?«, erkundigte sich Edward Little, der Bailif, dann bei seinem neuen Nachbarn. »Ganz genau weiß keiner, wo die Grenzen eigentlich verlaufen. Hathersage liegt schon in Derbyshire. Ich vermute, Euer Land gehört weitgehend zu Nottingham. Aber nördlich des Flusses befindet Ihr Euch in Yorkshire. Am besten, Ihr lasst die Urkunde von allen drei königlichen Sheriffs der Grafschaften bestätigen. Ansonsten kann es sein, dass doch einmal jemand Anspruch auf Euer Land anmeldet. Wobei, Sheriff William Peverel ist auch für Derbyshire zuständig. Aber ich warne Euch, er ist kein angenehmer Zeitgenosse. Man munkelt, dass er bald abgesetzt werden soll. Vielleicht wartet Ihr lieber, bis ein Nachfolger benannt ist. Schließlich war Peverel ein treuer Parteigänger König Stephans und hat für ihn die Kämpfe in den Midlands geführt. Dabei wurde die ganze Region verwüstet, wie Ihr sicher wisst. Dass Hathersage nahezu ungeschoren davonkam, grenzt an ein Wunder.«

»Und dafür sollten wir alle Gott danken und nicht so geizig sein, wenn es wieder einmal um ein neues Dach für die Kirche oder Almosen für die Armen geht«, schaltete sich der Priester von Sankt Michael in Hathersage ein, der wie alle seine Amtsbrüder stets bemüht war, alles in seiner Macht Stehende für die heilige Mutter Kirche herauszuholen. Aber er war ein weltlichen Genüssen nicht abgeneigter Mann, wie sein rundlicher Bauch und sein beachtlicher Durst bewiesen, und Robert damit schon einmal äußerst sympathisch. Außerdem hatte er eine Frau und einen ganzen Schock Kinder, pfiff auf das neumodische Ehelosigkeitsgebot und stand mit beiden Beinen fest im Leben.

Die beiden Männer verabschiedeten sich erst am nächsten Morgen, und jeder von ihnen war mit einem gewaltigen Brummschädel gesegnet. Aber so begann meist eine gute Nachbarschaft, und Robert bereute keinen einzigen spendierten Tropfen.

* * *

Die Bauarbeiten schritten zügig voran, und der Dachstuhl erhob sich bereits auf den Längswänden des Hauses. Zwei Fuhrwerke aus Sheffield, eines beladen mit Vorräten für den Winter und eines mit Saatgut, waren gerade eingetroffen, als sich unangemeldeter Besuch durch eine beachtliche aufgewirbelte Staubwolke ankündigte. Robert schwante nichts Gutes. Er verschwand kurz in dem Schuppen, in dem sie ihre Gerätschaften untergebracht hatten, und tauchte kurz darauf in einen weiten Kapuzenumhang gehüllt wieder auf.

Acht Reiter näherten sich im Galopp, und man sah schon von Weitem das Blitzen von Helmen, Kettenhemden und Waffen. An der Spitze, flankiert von zwei Rittern und gefolgt von fünf Kriegsknechten, ritt William Peverel. Er hielt in vollem Galopp auf Robert zu, der mit verschränkten Armen vor seinem noch unfertigen Haus stand, so als wolle er ihn über den Haufen reiten. Erst in letzter Minute zügelte der Sheriff sein Pferd, verblüfft darüber, dass der Mann vor ihm mit keiner Wimper gezuckt hatte.

»Man hat mir berichtet, dass hier unberechtigt Holz geschlagen und Land bebaut wird«, fuhr der Ankömmling Robert an, ohne sich mit einem Gruß aufzuhalten. »Wie ich sehe, ist dem so. Ihr verstoßt damit gleich gegen ein rundes Dutzend Gesetze. Was meint Ihr, de Lovetot, hängen wir den Kerl gleich hier auf, oder nehmen wir ihn mit nach Nottingham und vergnügen uns erst noch ein bisschen mit ihm?«

Die letzten Worte waren an einen Begleiter des Sheriffs gerichtet, auf dessen Waffenrock das Wappen von Sheffield prangte.

›Daher weht also der Wind‹, dachte Robert. ›Der Baron wagt es nicht mehr, allein vorzugehen. Dass König Heinrich hart durchgreift, scheint sich herumgesprochen zu haben. Also holt man sich die Hilfe eines Sheriffs, auch wenn der für Sheffield gar nicht zuständig ist, denn das liegt ja in Yorkshire.‹

Ganz wohl schien sich der Baron in seiner Haut nicht zu fühlen. Irgendwie kam ihm der Mann, der sich so gar nicht aus der Ruhe bringen ließ, bekannt vor.

»Hören wir doch erst einmal, was er zu sagen hat«, wandte sich de Lovetot an den Sheriff, um dann gleich darauf Robert anzufahren. »Was erdreistet Ihr Euch, auf meinem Land Pfähle einzuschlagen, die Erde aufzureißen und offenbar ein Haus zu errichten? Wie der Sheriff schon sagte, dafür können wir Euch hängen lassen.«

»Euer Land? Wohl eher das der Krone! König Henry selbst hat es mir überschrieben. Für vierzig Jahre treuer Dienste so viel, wie ich an einem Tag umreiten kann. Der Bailif und der Priester von Hathersage können es bezeugen.«

»Der König ist gerade einmal zweiundzwanzig Jahre alt, wie wollt Ihr ihm da vierzig gedient haben?«, höhnte der zweite Ritter und zog sein Schwert. »Machen wir ein Ende, Sheriff. Seit wann lassen wir uns von einem Bauern den ganzen Tag lang aufhalten? Und die Fuhrwerke beschlagnahmen wir. Schließlich unterstützen ihre Besitzer einen Gesetzesbrecher.«

Bevor jemand etwas erwidern konnte, holte der Ritter aus und hätte Robert den Schädel gespalten, wäre nicht, wie durch Zauberei, in dessen Hand ebenfalls ein Schwert aufgetaucht. Der ehemalige Gardist trug die Waffe nicht mehr an der Seite, von wo er sie mit einer Hand schlecht ziehen konnte, sondern durch den weiten Umhang versteckt auf dem Rücken.

Robert parierte den Hieb mit der lässigen Eleganz des erfahrenen Kämpfers. Gleichzeitig fuhr er mit dem rechten Arm nach hinten in die Schlaufen eines kleinen, runden Buckelschildes, der ebenfalls hinter seinem Rücken verborgen gewesen war. An ihm hatte er mehrere enge Befestigungen angebracht, die es ihm ermöglichten, den Schild auch ohne Hand zu führen. Der Umhang fiel von ihm ab, und auf seiner Brust prangte deutlich für jeden sichtbar das Wappen der Kaiserin.

»Vorsicht, Gisbourne! Jetzt weiß ich, wer das ist. Der Mann hat viele Jahre lang Matildas Leibgarde befehligt! Ich habe ihn oft bei Hofe gesehen«, rief de Lovetot dem angreifenden Ritter zu, doch der war in seiner Wut nicht zu bremsen. Für ihn war das vor ihm ein Bauer, der sich gefälligst widerstandslos abschlachten zu lassen hatte. So war es in den letzten fünfzehn Jahren tagtäglich geschehen, und warum sollte sich plötzlich daran etwas ändern? Weil ein Bürschchen sich König nannte? Mit Sicherheit nicht!

Der Highsheriff von Nottingham sah das ähnlich. Zusätzlich erzürnte ihn, dass vor ihm ein Gefolgsmann der verhassten Kaiserin stand, gegen die er so lange gekämpft hatte und deren Sohn ihm nun sein Amt nehmen wollte. Auch er zog sein Schwert und drang von der anderen Seite auf Robert ein. Gleichzeitig brüllte er den Kriegsknechten zu, sich ebenfalls an dem Kampf zu beteiligen. Die schauten allerdings zuerst fragend den Baron an, zu dem sie offenbar gehörten. Als von diesem keine Reaktion kam, versuchten sie, sich der Wagen zu bemächtigen, stießen hier aber auf erbitterten Widerstand der Fuhrleute und ihrer Trossknechte, die auf einmal lange Spieße, Eisenstangen und Messer in den Händen hielten. Unbewaffnet verließ in diesen unruhigen Zeiten niemand mehr sein Haus.

Robert blockte derweil mit Schwert und Schild gleichzeitig die Attacke des Sheriffs und seines Ritters ab. Da beide von ihren Pferden aus auf ihn einhieben, geriet er trotz seiner Kampfkunst in Bedrängnis. Auf ein langes Gefecht konnte er es nicht ankommen lassen. Griffen auch noch der Baron oder die Kriegsknechte ein, würde selbst er der Übermacht unterliegen.

Als Erstes galt es, den Ritter, den der Baron Gisbourne genannt hatte, auszuschalten. Blitzschnell zerhieb Robert die Zügel, die dieser in seiner Schildhand hielt, um ihm die Kontrolle über sein Pferd zu nehmen. Dabei verletzte er nicht ganz unbeabsichtigt das Streitross am Widerrist. Der Hengst stieg von dem plötzlichen Schmerz überrascht laut wiehernd nahezu senkrecht empor. Gisbourne, der keine Herrschaft mehr über seinen Hengst hatte, umklammerte erschrocken den Sattelknauf, gab damit seine Deckung auf und starb im nächsten Augenblick durch einen unter das Kettenhemd geführten Stich in seine Eingeweide.

Robert gelang es nicht mehr, das Schwert aus dem zusammensackenden Körper herauszureißen. Er gab es verloren, schützte sich gegen den Sheriff mit dem Schild, zückte den Dolch und durchtrennte damit den Sattelgurt von dessen Pferd.

William Peverel verlor den Halt und krachte so schwer auf den Boden, dass es ihm für einen Moment die Sinne raubte. Als er wieder aufblickte, sah er einen Mann breitbeinig über sich stehen und spürte seine eigene Schwertspitze an der Kehle.

»Ruft Eure Bluthunde zurück, oder Ihr sterbt auf der Stelle«, forderte ihn der Hüne auf, und der Sheriff merkte, wie bereits warmes Blut von seinem Adamsapfel aus die Kehle hinabrann.

»Dafür werde ich Euch zu Tode schinden lassen«, begehrte Peverel noch einmal auf, was nur zur Folge hatte, dass sich der Druck des Schwertes verstärkte.

»Ich sage das kein zweites Mal«, wurde er angefahren und sah in den Augen des Mannes über ihm, dass dieser es bitterernst meinte. Peverel fühlte sich zurückversetzt in die Schlacht von Lincoln, wo er in Gefangenschaft geraten war und auch dieses verhasste kaiserliche Wappen über sich gesehen hatte. Doch er war wie sein König ausgetauscht worden und ging auch diesmal davon aus, dass die Situation glimpflich für ihn ausgehen würde und er sich für die Schmach rächen konnte.

»Werft die Waffen weg«, forderte er die Kriegsknechte auf. Für de Lovetot galt das nicht. Der Baron hatte sich sicherheitshalber nicht am Kampf beteiligt und sich stattdessen aus allem herausgehalten.

Widerwillig folgten die Männer dem Befehl, hatten sie doch auf reiche Beute aus den Fuhrwerken gehofft.

»Ihr dürft Euch erheben«, gestattete Robert dem Sheriff. »Aber macht Ihr eine falsche Bewegung, lege ich Euch Euren Kopf vor die Füße.«

»Ihr habt einen meiner Gefolgsleute getötet«, entrüstete sich Peverel. »John von Gisbourne hat mir immer treu gedient. Ich lasse Euch vierteilen für diese Tat!«

»Hängen, schinden, vierteilen, habt Ihr es nicht etwas kleiner? Ihr seid mein Gefangener, also verhaltet Euch lieber ruhig. Sonst geschieht mit Euch das, was Ihr mir androht. Wie kommt Ihr dazu, auf meinem Land aufzutauchen und mich anzugreifen? Die Zeiten der Anarchie sind vorbei! Auch ein Sheriff hat sich an die Gesetze zu halten.«

»Wollt Ihr mich lehren, was Recht ist? Ein Bauer? Wie ich sehe, fehlt Euch sogar die rechte Hand. Offenbar seid Ihr also ein verurteilter Verbrecher. Zeigt mir doch einmal Eure angebliche königliche Schenkungsurkunde! Von so etwas habe ich noch nie gehört.«

»Hier ist sie.« Hugh hatte das Dokument zwischenzeitlich aus dem Versteck geholt und hielt es William Peverel vor die Augen. Das Problem war, dass dieser zwar die Siegel erkannte, es aber nicht lesen konnte. Für so etwas hatte er in Nottingham schließlich seinen Schreiber. Martha verstand als Erste das Dilemma des Sheriffs, nahm ihrem Sohn das Dokument aus der Hand und begann es mit lauter, klarer Stimme vorzulesen.

Die Gesichter des Sheriffs und des Barons wurden immer länger. Eine Frau, die lesen konnte, ein Mann der kämpfte wie die alttestamentarischen Recken und Fuhrleute, die Widerstand leisteten. Was waren das für Zeiten? So hatten sie sich diesen als kleine Abwechslung gedachten Ausflug jedenfalls nicht vorgestellt. Und seit wann besaßen Bauern königliche Freibriefe?

»Ich nehme Euch wegen des Mordes an John Gisbourne fest und werde die Dokumente in Nottingham von meiner Kanzlei prüfen lassen«, versuchte Peverel, ganz von seiner Amtsmacht überzeugt, die Situation wieder unter seine Kontrolle zu bringen. »Ihr hängt auf alle Fälle, aber vielleicht kann Eure Frau wenigstens etwas von dem Land behalten. Den Großteil wird allerdings die Familie des Getöteten als Blutgeld fordern.«

Robert lachte ihm schallend ins Gesicht.

»Ich glaube, Ihr verkennt die Situation. Nicht ich werde vor Gericht stehen, sondern Ihr. Ich bringe Euch nach York und übergebe Euch dort einem königlichen Richter, der über Euer weiteres Schicksal entscheiden wird. Jeder der Anwesenden kann bezeugen, dass ich von Euch und Eurem Lakaien ohne Vorwarnung angegriffen wurde und nur mein Leben verteidigt habe.«

Jetzt wurde Peverel blass. In seiner eigenen Grafschaft fühlte er sich relativ sicher. In York hingegen sah das ganz anders aus. Der dortige Sheriff, Bertram de Bulmer, war über all die Jahre hinweg ein treuer Anhänger der Kaiserin gewesen. Seine Grafschaft befand sich zu nahe an Schottland und damit unter dem Einfluss von Matildas Onkel, als dass Stephan gewagt hätte, gegen ihn vorzugehen. Und nun sonnte sich de Bulmer natürlich in der königlichen Gunst. Fiel er ihm in die Hände, das konnte Peverel sich ausrechnen, stand es gar nicht gut um ihn.

»Das könnt Ihr nicht zulassen«, wandte sich der Sheriff Hilfe suchend an de Lovetot. »Schließlich bin ich hier, weil Ihr mich um Unterstützung gebeten habt. Tut gefälligst etwas, Ihr verfügt schließlich über genügend Männer!«

Doch der Baron dachte gar nicht daran. Zu unübersichtlich waren die Machtverhältnisse derzeit in England. Gegen einen Günstling des Königs Partei zu ergreifen konnte schnell den eigenen Kopf kosten. Noch dazu, wenn dieser so wehrhaft war wie dieser Bauer.

»Ich hatte Euch nur gebeten zu überprüfen, inwieweit es rechtens ist, was diese Leute hier tun. Dass Ihr gleich Euren berüchtigten Kettenhund Gisbourne von der Leine lasst, war keineswegs in meinem Sinne. Ich hatte ihn noch gewarnt, aber er konnte ja nicht hören. Was jetzt geschieht, habt Ihr Euch ausschließlich selbst zuzuschreiben. Ich habe mich nicht am Kampf beteiligt und weiß jetzt, dass der Anspruch dieser Menschen auf das Land berechtigt ist. Meine Fragen sind damit beantwortet. Mehr wollte ich gar nicht wissen.«

»Ihr Judas!«, brüllte Peverel, dem langsam schwante, dass das hier ganz böse für ihn ausgehen konnte, voller Verzweiflung. »Ohne Euch wäre ich gar nicht in diese Lage gekommen.«

Der Baron zuckte nur mit den Achseln und wandte sich dann an Robert.

»Ihr versichert mir, dass Ihr William Peverel wirklich der königlichen Gerechtigkeit übergebt und Euch nicht womöglich selbst zu seinem Richter aufschwingt?«

»Das habe ich nicht vor, Mylord. Wir bringen ihn nach York. Es sei denn, er wehrt sich über Gebühr oder wir werden unterwegs angegriffen. Dann kann ich allerdings nicht für das Leben des Sheriffs garantieren.«

»Auf meinem Gebiet habt Ihr nichts zu befürchten. Alles andere ist Euer Problem. Ich kann nicht gerade sagen, dass es mir behagt, Euch zukünftig zum Nachbarn zu haben, aber ich werde mich wohl damit abfinden müssen.«

»Ihr sagt es, Mylord«, grinste Robert über das ganze Gesicht.

De Lovetot winkte seinen Männern und bemühte sich, seinen Abgang so würdevoll wie möglich zu gestalten. Spätestens morgen würden die Fuhrleute in Sheffield erzählen, was sich hier am Loxley River ereignet hatte, und er gedachte nicht, sich zum Gespött der ganzen Stadt zu machen.

»Fessle ihm Hände und Füße und binde ihn an einem Balken im Haus fest«, forderte Robert seinen Sohn auf. »Und dann sollten wir beide einmal ein paar Worte miteinander reden.«

Martha ahnte, was kommen würde, und gedachte nicht, sich zurückzuziehen. Es war ihr klar, dass sie zwischen ihrem Mann und Hugh würde vermitteln müssen, denn was sie in Roberts Augen sah, gefiel ihr ganz und gar nicht.

Hugh tat, wie ihm geheißen, und ging nicht eben sanft mit dem sich sträubenden Sheriff um. Als er den Auftrag ausgeführt hatte, kam er aus dem Rohbau zurück und sah, dass sein Vater sich an einer Stelle postiert hatte, von der aus die Fuhrleute ihn weder sehen noch hören konnten. Er hatte schon lange damit gerechnet, dass es einmal zu einer Auseinandersetzung zwischen ihnen kommen würde, und war fast erleichtert, dass es endlich so weit war.

»Glaubst du nicht, dass ich etwas Hilfe hätte gebrauchen können?«, fragte sein Vater ihn mit leiser Stimme, in der kein Vorwurf mitschwang. Eher so etwas wie Müdigkeit, Trauer und Enttäuschung. Martha wusste, dass genau das gefährlich war. Wurde Robert laut, hatte niemand etwas zu befürchten.

»Ich wollte dir helfen, aber auf eine andere Art. Während du nach deinen Waffen gelaufen bist, habe ich die königlichen Dokumente geholt.«

»Und hättest dann das Pergament schützend über dich gehalten, während Peverel dir den Schädel spaltet?«

»Die Zeiten sind vorbei, wo ausschließlich die Waffen sprachen. Wenn das Recht wieder Einzug in England halten soll, muss auch jeder die königlichen Gesetze akzeptieren.«

»Sag das mal denen, die zuerst mich und dann dich umgebracht hätten. Begreifst du nicht, dass du dich wehren musst, wenn du überleben willst? Ich verstehe dich nicht! Du bist groß und kräftig, und ich habe dich das Waffenhandwerk gelehrt. Du kannst schließlich ein Schwert führen! Zwei wie wir hätten es mit der ganzen Bande aufnehmen können! Der Sheriff war doch von Anfang an nur auf Mord und Totschlag aus.«

»Weil du ihn provoziert hast! Du bist hier und weichst keinen Schritt zurück. Auch nicht vor dem Vertreter des Königs, der er ja immer noch ist. Peverel ist es nicht gewohnt, dass sich ihm ein Bauer in den Weg stellt. Wenn du einer sein willst, dann benimm dich auch so. Eine freundliche Begrüßung und eine Verbeugung haben noch nie geschadet. Vielleicht wäre es dann zu einem Gespräch gekommen, und wir hätten nicht einen Toten hierliegen. Dieser Boden ist jetzt für alle Zeiten mit Blut getränkt. So habe ich mir den Beginn eines neuen Lebens jedenfalls nicht vorgestellt.«

»Was hätte ich denn deiner Meinung nach tun sollen? Mich umbringen lassen? Ein Krüppel gegen acht Bewaffnete? Und mein Sohn steht daneben und sieht zu! Ich will dir lieber nicht sagen, was ich darüber denke!«

»Sprich es ruhig aus. Du hältst mich für feige, nicht wahr? Nur weil ich nicht so bin wie du. Ich finde nun mal keinen Gefallen an Waffen und Kampf. Weil du mich gezwungen hast und ich vor dir bestehen wollte, habe ich als Junge mitgetan. Aber Freude hat mir das nicht bereitet. Im Gegensatz zu unserem heutigen König, für den es ja nie wild genug zugehen konnte.

Deshalb hast du dich auch immer mehr mit ihm beschäftigt als mit mir.«

»Das ist nicht wahr, und das weißt du. Er war der Prinz und ich stolz darauf, dass du mit ihm zusammen sein konntest. Was soll falsch daran sein?«

»Dass du Erwartungen in mich gesetzt hast, die ich nicht erfüllen konnte und wollte. So wie heute. Ich hätte verhandelt, du wolltest kämpfen. So war das schon immer. Nur weil ich groß und stark bin, heißt das noch lange nicht, dass ich bei jedem Raufhandel dabei sein muss. Ich glaube eher an die Macht des Wortes und der Feder als an die des Schwertes.«

»Dann wärst du vielleicht besser im Kloster geblieben. Hier draußen jedenfalls wirst du deinen Mann stehen müssen, oder du gehst unter. Das jedenfalls ist so sicher wie das Amen in der Kirche.«

Roberts Stimme wurde von Minute zu Minute schärfer. Martha befürchtete, wenn sie jetzt nicht dazwischenging, würden sich die beiden Männer, die sie über alles liebte, womöglich für alle Zeiten zerstreiten.

»Vielleicht tue ich das auch noch. Besser jedenfalls, als ein Leben in ständiger Gefahr zu führen. Dann kannst du sehen, wem du dein geliebtes Land einmal vererbst. Es wird in diesem Fall wohl nach deinem Tod an die Kirche fallen.«

»Hugh, überleg dir genau, was du sagst«, fiel Martha ihrem Sohn ins Wort. »Ich war im Kloster, und glaube mir, das ist kein Honigschlecken. Als ich es verließ, habe ich mich das erste Mal in meinem Leben frei gefühlt. Trotz aller Gefahren, die mir seither begegnet sind. Und hast du nicht gesagt, du sehnst dich nach einer Frau und einer eigenen Familie? Wenn du einmal diesen Wunsch in dir verspürt hast, wirst du ihn nie wieder los. Du würdest dich in deiner Klosterzelle innerlich zerfleischen, das weiß ich.«

»Und was bitte soll ich dann tun? Wann kommt der Nächste, mit dem Vater wieder Streit anfängt und dabei meine Hilfe erwartet? Er hört ja nicht auf mich!«

»Doch, ich glaube, er tut es. Früher hätte ich keinen Penny für das Leben des Sheriffs gegeben. Und nun will dein Vater ihn sogar einem Gericht übergeben und sich damit selbst dem Urteil unterwerfen. Ich hätte nie geglaubt, dass ich das einmal erleben würde. Verstehst du nicht, dass alles, was er tut, letztendlich für dich ist? Wir beide, dein Vater und ich, sehnen uns nach nichts mehr als nach Ruhe und Frieden. Wenn du dafür sorgen kannst, auf deine Art, wären wir die glücklichsten Menschen auf der Welt. Doch manchmal, da muss ich deinem Vater recht geben, kommt man nicht umhin, sich zu wehren. Wir wären alle tot gewesen, bevor dieser Sheriff auch nur einen Blick auf die königlichen Dokumente geworfen hätte. Zu tief steckt die Zeit der Anarchie noch in diesem Land. Aber vielleicht wird das ja bald anders. König Henry zumindest hat es versprochen. Hilf ihm dabei. Bring mit deinem Vater gemeinsam den Sheriff nach York. Dann werden wir ja sehen, was passiert.«

Hugh ließ die Schultern fallen, und Martha spürte, dass sie gewonnen hatte. Aus ganzem Herzen wollte ihr Sohn nicht ins Kloster gehen, sonst hätte er es schon längst getan. In Stanley Abbey war er lange von Abt Richard umworben worden.

»Und was erwartet ihr sonst noch von mir?«, fragte Hugh resignierend.

»Enkel«, antwortete Robert trocken und schloss seinen Sohn fest in die Arme. Der Worte waren für heute genug gewechselt.

* * *

Am nächsten Tag ritt Robert nach Hathersage und bat den Bailif um Unterstützung. Nur zu zweit war es ihm doch zu riskant, den Sheriff unbeschadet nach York zu bringen. Zu viel konnte unterwegs auf dem weiten Weg passieren. Edward Little erklärte sich sofort bereit, Robert zu begleiten, und acht kräftige Dörfler nebst Bruder Osfrith schlossen sich an. William Peverel hatte auch Hathersage über Gebühr drangsaliert, und die Chance, Klage gegen ihren langjährigen Peiniger zu erheben, wollte sich niemand nehmen lassen.

In York wurden sie von Bertram de Bulmer freundlich empfangen, der sich an Robert von Matildas Hof her erinnerte. Sorgfältig prüfte der Sheriff die königlichen Urkunden und Anklagen gegen seinen Amtsbruder aus Nottingham, erklärte sich dann aber für nicht zuständig, über Peverel zu Gericht zu sitzen. Stattdessen wollte er ihn nach London bringen lassen. Sollte der König sich am besten persönlich mit der Sachlage befassen. Doch nur einen Tag später tauchte überraschend Ranulf de Glanvill, der oberste Justitiar Henrys, in York auf. Er und andere Richter waren in alle Teile des Reiches geschickt worden, um dem Gesetz Geltung zu verschaffen und Recht zu sprechen.

Ein Verfahren gegen einen amtierenden Sheriff war äußerst ungewöhnlich. Noch dazu, wenn es auf der Klage eines Bauern beruhte. Doch auch de Glanvill wusste um Roberts Reputation, und dass dieser sich bestimmt an den König, oder, noch schlimmer, an die Königinmutter wenden würde, ließ er hier keine Gerechtigkeit walten.

Der Justitiar nahm sich viel Zeit, alle Vorwürfe einer genauen Prüfung zu unterziehen, und förderte dabei Erstaunliches zutage. So wurden William Peverel zahlreiche weitere Verbrechen zur Last gelegt. Unter anderem behauptete ein Abgesandter des Earls von Chester, dass der Sheriff versucht hatte, seinen Herrn bei einem Besuch in Nottingham zu vergiften. Das waren natürlich schwerwiegende Vorwürfe. Allein auf die Anschuldigungen eines Bauern hin hätte man den Sheriff wohl nicht verurteilen können, doch so lautete die Anklage auf mehrfachen Verstoß gegen königliche Gesetze und Hochverrat. Dafür gab es nur eine Strafe – den Tod.

William Peverel, der es bis zum Schluss nicht glauben konnte, dass ihn letztendlich ein Bauer zu Fall gebracht hatte, wurde öffentlich auf dem Platz vor der großen Kathedrale in York gehängt. Das Recht hatte wieder Einzug gehalten in England. Henry bemühte sich nach Kräften, die Wunden, die der lange Krieg geschlagen hatte, zu heilen. Viele Jahre lang sollte Frieden im Lande herrschen bis, ja bis der König Söhne bekam, die wie ein Rudel junger, hungriger Wölfe über ihren Vater herfielen.

TEIL II

ROBERT FITZOOTH DER JÜNGERE

9. KAPITEL

LOXLEY, SOMMER 1174

Klatsch, die hatte gesessen. Robin rieb sich die schmerzende Wange, auf der er alle fünf Finger der Hand spürte, die ihm die Ohrfeige verpasst hatte. Und das Schlimmste, seiner Großmutter war natürlich nicht entgangen, dass er Marian an den Zöpfen gezogen und sich dafür prompt von ihr ein paar eingefangen hatte. Dass das Mädchen aber auch immer so zickig sein musste und keinen Spaß verstand! Gut, sie petzte nicht, lief wie alle anderen bis zum Frost barfuß durch den Wald und kletterte mit den Jungs um die Wette auf die Bäume. Manchmal konnte man glatt vergessen, dass sie die Tochter eines Lords war.

»Robin, benimm dich endlich deinem Alter entsprechend und nicht wie ein unreifes Kind«, schalt Martha ihren Enkel prompt. »Marian ist hier, um etwas zu lernen. Du scheinst das ja deiner Meinung nach nicht mehr nötig zu haben. Stattdessen gefällt es dir offenbar, junge Damen zu ärgern. Entschuldige dich bei ihr! Und dann will ich sehen, ob du die Geschichte des heiligen Georg auch richtig abgeschrieben hast, so wie ich es dir aufgetragen habe.«

»Keine Zeit, Großmutter. Vater hat mir vor seiner Abreise gesagt, ich muss die Schafe umtreiben.«

Robin stibitzte sich noch eine frisch geerntete Aprikose, dann war er auch schon zur Tür hinaus. Hugh hatte die Bäume als Schösslinge aus Aquitanien mitgebracht. Da es seit Jahren in England immer milder wurde – nur die Alten konnten sich noch an klirrende Kälte und lange Schneeperioden erinnern –, wuchsen ihre süßen Früchte auch in den Midlands. Selbst in Yorkshire baute man mittlerweile Wein an, wenn auch von sehr mäßiger Qualität.

»Der Junge ist schon ein rechter Lausebengel, Marian«, seufzte Martha. »Aber kein schlechter Kerl, bei Gott. Er hört meist nur auf seinen Großvater. Du darfst ihm das nicht übel nehmen, und es war völlig richtig, dass du dich gewehrt hast.«

»Tu ich doch gar nicht«, meinte das Mädchen etwas altklug. »Er hat ja gesehen, dass er mit mir nicht umspringen kann wie mit seinen Schafen.«

Sir Richard Leaford, Marians Vater, hatte Martha gebeten, seiner Tochter Lesen, Schreiben und etwas Rechnen beizubringen. Zweimal war seine Tochter den Nonnen von St. Mary bereits ausgebüchst, deren strenges Regiment sie einfach nicht ertrug. Wenn das Wort »Wildfang« auf jemanden zutraf, dann wohl am ehesten auf sie.

Martha hatte gleich Zuneigung zu dem aufgeweckten und wissbegierigen Mädchen empfunden. Sie unterrichtete die Kinder der Bauern und Handwerker von Loxley, weil sie der Meinung war, dass sie Wissen am ehesten vor Willkür schützen konnte. Eher noch als Waffen, denn König Henry hatte tatsächlich für Recht und Frieden im Lande gesorgt.

Sir Richard, dessen Rittergut ein Stück südlich von Loxley ebenfalls am Rande des Sherwoods lag, hörte davon und bat Martha, sich auch um seine Tochter zu kümmern. Er hatte einige Zeit am Hof von Königin Eleonore verbracht, und wer dort nicht Verse dichten, Lieder verfassen und diese aufschreiben konnte, galt als tumber Tor. So sehr hatten sich die Zeiten in England geändert. Jeder, der auch nur etwas Weitsicht besaß und die Möglichkeit dazu hatte, sorgte dafür, dass seine Kinder nicht ohne ein gewisses Maß an Bildung aufwuchsen.

»Du kannst für heute gehen, mein Kind«, meinte Martha zu Marian, als Robert den Raum betrat, den sich seine Frau als Unterrichtsstube eingerichtet hatte. Wie ein Floh hüpfte das Kind mit einem freundlichen Gruß davon. Aber nicht in Richtung des väterlichen Gutes, sondern Robin hinterher. Ihr war nicht entgangen, dass er mit seinem Freund Much nicht zu den Schafen, sondern Richtung Hathersage gelaufen war. Irgendwo hatte sie läuten hören, dass der Sohn des dortigen Bailifs Robin und seine Gefährten aus Loxley herausgefordert hatte. Und wenn die beiden aufeinandertrafen, das wollte sie sich auf keinen Fall entgehen lassen.

»Hast du gehört, was der Händler berichtet hat?«, erkundigte sich Robert bei seiner Frau und ließ sich seufzend auf einem Stuhl nieder. Ein Krämer war mit seinem Wagen auf dem Weg nach Sheffield durch Loxley gekommen, und neben Waren brachten diese Leute auch immer Nachrichten aus aller Welt mit. »Henry hat sich von den Mönchen in Canterbury geißeln lassen. Ein König! Es ist nicht zu fassen.«

»Nun, schließlich wurde auf seine Veranlassung hin ein Erzbischof ermordet. Soll das ohne Folgen für ihn bleiben? Das kann nicht dein Ernst sein!«

»Vier Ritter haben Thomas Becket erschlagen, und wenn du mich fragst, nicht ganz zu Unrecht. Ob Henry wirklich den Auftrag dazu gegeben hat, ist höchst umstritten. Behauptet wird das nur von der Kirche. Ich habe in Beckets Augen gesehen. Darin war die gleiche Machtgier wie in denen von Adalbert von Mainz, Kuno von Praeneste, Heinrich von Winchester und einem weiteren Dutzend Klerikern, die ich kennengelernt habe. Sie glauben, weil sie ständig Gottes Namen auf den Lippen führen, immer im Recht zu sein und sich alles herausnehmen zu können.«

»Das rechtfertigt aber noch lange keinen Mord.«

»Da stimme ich dir zu. Aber ging der Streit zwischen Henry und Becket nicht in erster Linie darum, dass sich auch Geistliche für ihre Verbrechen vor einem königlichen Gericht zu verantworten haben? Für mich ist das die selbstverständlichste Sache der Welt. Ebenso, dass der König bestimmt, wer seinen Nachfolger krönt. All das wollte Becket unterbinden und damit seine oder besser gesagt die Macht der Kirche über die des weltlichen Herrschers stellen. So wie damals auch die Bischöfe im Deutschen Reich. Einer Vorladung Henrys nach Winchester ist er auch nicht gefolgt. Dass dem König da mal der Kragen platzt und er ein paar unbedachte Äußerungen von sich gibt, die dann von übereifrigen Gefolgsleuten falsch verstanden werden, kann ich irgendwie nachvollziehen.«

Martha kannte seit vielen Jahren Roberts gespaltenes Verhältnis zur Kirche und vor allem zu ihren hohen Vertretern. Sie wusste, dass mit ihm darüber kaum zu reden war, und wechselte lieber das Thema.

»Ist es nicht furchtbar, dass Henry jetzt sogar gegen seine eigenen Söhne Krieg führen muss? Wie groß war überall die Freude über seine zahlreichen Nachkommen. Und nun stellen sie sich samt ihrer Mutter gegen ihn. Es muss furchtbar für ihn sein.«

»Ich glaube kaum, dass irgendjemand, Henry vielleicht am Anfang ausgenommen, geglaubt hat, dass diese Ehe gut geht. Eleonore ist eine viel zu starke Frau, als dass sie sich die Eskapaden ihres Gemahls auf Dauer gefallen lässt. Eine Liebschaft hier, eine dort, das hätte sie ihm sicherlich verziehen. Aber er kann doch nicht ernsthaft angenommen haben, dass sie sich klaglos zur Seite schieben lässt, nachdem sie ihm acht Kinder geboren hat. Jahrelang regierte sie England in seiner Abwesenheit, und dann verlangt er von ihr, das Schloss zu räumen, das er einmal für sie gebaut hat, damit seine Mätresse dort einziehen kann?

Jetzt soll er sie sogar gefangen genommen und eingesperrt haben. Das wird bestimmt noch lustig.«

»Besonders sein zweitältester Sohn Richard macht Henry tüchtig zu schaffen, wie man hört. Eleonore hat ihn ja bereits vor zwei Jahren als Herzog der Normandie eingesetzt. Mit fünfzehn Jahren! Dass das dem Jungen zu Kopf steigt, war wohl vorauszusehen.«

»Na ja, zuvor hat Henry seinen Ältesten zum König von England krönen lassen. Das war mit Sicherheit ein Fehler! Der Jungspund glaubte doch tatsächlich, dass er mit dem Titel auch die Macht erhält, und war ganz verblüfft, als dem nicht so war. Dass er sich dagegen auflehnte, war ja wohl zu erwarten. Warum musste Henry das tun? Ich verstehe das nicht! Zwanzig Jahre hatten wir Ruhe und Frieden in England, und jetzt geht das Ganze von vorne los. Gebe Gott, dass es nicht erneut zum Bürgerkrieg kommt.«

Martha hätte sich am liebsten bekreuzigt, nahm aber in Roberts Gegenwart davon Abstand. Je älter ihr Mann wurde, desto unleidlicher wurde er gegenüber kirchlichen Ritualen. Zum Gottesdienst ging er gar nicht mehr, und die kleine Kirche, die sie am Anfang in Loxley gebaut hatten, war verwaist, weil jeder Priester weit und breit die spitze Zunge Roberts fürchtete und sich keiner mehr hierhertraute. Und auf Robin färbte das auch schon ab.

Seit König Henry ein Gesetz erlassen hatte, das jeden Yeoman vom Kirchgang befreite, wenn er stattdessen mit dem Bogen übte, hatte Robin kein Gotteshaus mehr von innen gesehen. Dafür schoss er wie ein junger Gott und tat kaum je einen Fehlschuss. Seine Treffsicherheit war mittlerweile legendär, und es fand sich so gut wie niemand mehr, der gegen ihn antrat.

»Was hast du heute noch so vor?«, erkundigte sich Martha bei Robert. Sie machte sich ein bisschen Sorgen um ihren Mann.

Er war in letzter Zeit sichtlich gealtert, und wenn er auch nie jammerte, so merkte sie doch, dass ihm das Gehen immer schwerer fiel und auch sein Augenlicht nachgelassen hatte. Nun, er war schließlich in einem stattlichen Alter, und da durfte es schon mal hier und da zwicken und zwacken. Doch jeden Tag betete sie, dass ihr noch viele Jahre an der Seite ihres Mannes vergönnt waren.

»Ich will sehen, wie weit die Holzknechte mit dem Einschlag gekommen sind. Gerald hat mir schon wieder in den Ohren gelegen. Er braucht dringend stärkere Balken für das neue Mühlrad. Du weißt ja, dass er kaum nachkommt, das ganze Korn zu mahlen.«

»Musst du dich denn um alles selber kümmern? Hugh will heute Abend aus Nottingham zurück sein. Dann kann er morgen danach schauen. Setz du dich lieber in den Schatten und ruh dich ein bisschen aus. Es ist heiß heute. Ich bringe dir einen Kräuteraufguss. Der wird dir guttun.«

»Später, Martha, später. Und dann hätte ich lieber ein kühles Bier.«

Kopfschüttelnd stapfte Robert davon. Ein Kräuteraufguss! Er war doch weder krank noch in seinen Augen alt. Auch wenn ihn heute die Brust und der linke Arm schmerzten. Aber das verging sicher mit der Sommerhitze am Abend. Er hatte Robin versprochen, noch etwas Schwertkampf mit ihm zu üben.

Wenn Robert an den Jungen dachte, ging ihm das Herz auf. Der war Blut von seinem Blut und würde mal ein echter Fitzooth werden. Noch etwas ungestüm, zugegeben, aber mutig, schlau und wieselflink. Schon jetzt handelte er im spielerischen Kampf überlegt und hatte es bereits das eine oder andere Mal geschafft, seine Deckung zu unterlaufen. Das Schwert handhabe er, als wäre er damit auf die Welt gekommen. Noch besser aber war er mit dem Bogen. Selbst Robert hatte selten einen treffsichereren und schnelleren Schützen gesehen. Eigentlich nie, wenn er es recht bedachte.

Was aus dem Jungen wohl einmal werden würde? Vielleicht ging der ja den Weg, den er, sein Großvater, verschmäht hatte, und wurde ein Ritter des Königs. Was würde dann aber aus Loxley werden? Nun, sollten sich andere den Kopf darüber zerbrechen. Ihn deckte dann sicherlich schon die geliebte Erde, auf der er zu Lebzeiten endlich eine Heimat gefunden hatte.

Als Hugh aus Lincoln, wo er Jahr für Jahr die Wolle nach der Schur verkaufte, diese zarte blonde Frau mitgebracht und bald darauf geheiratet hatte, war Robert anfänglich gar nicht begeistert gewesen. Doch schnell gewann Clare ihrer aller Herzen. Als sie schon zwei Jahre später bei der Geburt ihres ersten Kindes starb, brach es nicht nur ihrem Mann das Herz. Nicht einmal Martha hatte ihr helfen können. Ein plötzlich einsetzendes Kindbettfieber raffte sie dahin.

Das Neugeborene überlebte dank der Fürsorge seiner Großmutter, und Hugh nannte den Jungen Robert, was dessen Großvater über alle Maßen freute. Doch das erwies sich später als wenig praktikabel, weil sich ständig zwei angesprochen fühlten, wenn man einen rief. Und so wurde aus Robert Junior bald Robin, wie ihn seine Großmutter liebevoll nannte.

Hugh konnte den Verlust seiner Frau kaum verwinden und wäre fast daran zugrunde gegangen. Martha wusste auch hier Rat und schickte ihn auf eine schon lange geplante Reise. Ihr Sohn wollte sich in anderen Ländern über den dortigen Ackerbau und die Viehzucht informieren, denn so recht viel verstand er nicht davon. Und als er nach über einem Jahr aus Flandern, Frankreich und Aquitanien zurückkehrte, da sprühte er nur so vor neuen Ideen. Eine davon waren diese herrlichen, goldgelben Früchte, die sich in der Sonne sogar trocknen ließen und noch im Winter nach Sommer schmeckten.

Während Robert zum Fluss hinunterging, um über die seit Kurzem fertiggestellte Brücke in das Waldstück zu gelangen, das man neuerdings Loxley Chase nannte, ließ er seinen Blick schweifen. Manchmal konnte selbst er es nicht fassen, wie sich hier alles verändert hatte.

Rund um das Haus, das er mit Hugh gebaut hatte, war eine richtige Ansiedlung entstanden. Zuerst hatten sie ein paar Knechte und Mägde anwerben müssen, da die viele Arbeit nicht allein geschafft werden konnte. Dann waren Pächter dazugekommen, später auch Handwerker. Robert hörte das Klirren des Schmiedehammers und das Ächzen des Mühlrades. Letztendlich, das musste er zugeben, war das zum großen Teil Hugh zu verdanken. Der hatte nach seiner Reise zahlreiche Neuerungen eingeführt, denen er, Robert, zuerst skeptisch gegenübergestanden hatte.

So ließ er einen schweren, eisernen Pflug anfertigen, der von Pferden, nicht mehr von Ochsen gezogen wurde. Die Rösser spannte man in ein neumodisches Geschirr, Kummet genannt, statt in Sielen. Das Pflügen ging so viel schneller, konnte von einem Mann allein bewerkstelligt werden, und die Erde wurde viel tiefer umgebrochen.

Dann setzte sein Sohn auch noch durch, dass ein Drittel der Ackerfläche jedes Jahr brach liegen blieb und auf den beiden anderen Teilen die Fruchtfolgen wechselten. Dreifelderwirtschaft nannte er das, und es war angeblich in Frankreich gang und gäbe. Auf der Brache wurden die Schafe geweidet und düngten gleichzeitig mit ihrem Kot den Boden. Robert konnte kaum glauben, wie Jahr für Jahr die Erträge stiegen!

Was Hugh anfasste, gelang einfach wie durch Zauberhand. Nur sein Experiment mit dem Weinanbau ging daneben – und darüber war sein Vater fast froh. Zu unheimlich erschien es ihm manchmal, wie alles gedieh. Die anderen Bauern taten es seinem Sohn bald nach, und keiner hatte es bisher bereut.

Ein wesentlicher Grund für den aufkommenden Wohlstand war vor allem aber der Frieden im Reich. Es war tatsächlich Roberts letzter Kampf gewesen, den er gegen John Gisbourne und William Peverel ausgefochten hatte. Seither machte jeder Sheriff einen weiten Bogen um Loxley, und kein Baron wagte es, den königlichen Landfrieden zu brechen. Henrys Richter wachten mit Argusaugen darüber, dass niemand gegen die Gesetze ihres Herrn verstieß, ganz gleich, ob er aus dem Adel stammte, Kaufmann war oder nur Yeoman.

Robert hatte die hölzerne Brücke über den Loxley River erreicht, nach dem die Ansiedlung benannt worden war. Dahinter erstreckte sich der Sherwood Forest nahezu unendlich weit. Kein Wald in England war wohl wilder und abwechslungsreicher als dieser. Schon von seinem Rande aus sah man die dicht bewachsenen Höhenzüge. Bizarre Felsformationen wechselten sich mit tiefen Schluchten ab, und in vielen Höhlen sollten Waldgeister hausen, die nachts in den kristallklaren Weihern badeten, die von zahlreichen Bächen und Flüssen gespeist wurden. Aber auch tückische Moore und Sümpfe gab es in diesem Forest, die wohl bereits so manchen unvorsichtigen Wanderer verschlungen hatten. Nur wenige schmale Straßen und Pfade, die den Wildwechseln folgten, ermöglichten ein Vorwärtskommen durch das Dickicht. Wer im Sherwood zum Beispiel Holz gewinnen wollte, musste sich zuvor einen Weg bahnen, um es auch herausschaffen zu können. Doch das hatten die Holzknechte natürlich als Erstes getan, und so war es nicht schwer, ihrer Spur zu folgen.

* * *

Während Robert in die Tiefen des Waldes eindrang, wo die Baumriesen kaum einen Sonnenstrahl bis auf den Boden durchließen und dadurch angenehmen Schatten spendeten, war Robin mit seinem Freund Much auf dem Weg nach Hathersage. Unterwegs schlossen sich ihnen noch weitere Burschen aus Loxley an. Das Mädchen, das ihnen in gebührendem Abstand hinterherschlich, bemerkte keiner von ihnen.

Ungefähr auf der Hälfte der Strecke trafen sie auf die Jungs des Nachbardorfes, die von einem wahren Hünen angeführt wurden. Sie hatten sich zu einem Kräftemessen verabredet, um endlich auf ihre halbwüchsige Art zu klären, wer von ihnen hier zukünftig das Sagen haben sollte.

Wie zwei Heere vor der Schlacht hatten die beiden Gruppen auf einer Wiese, um deren Nutzung der Streit ging, in Rufweite voneinander Aufstellung genommen.

Robin war der unbestrittene Anführer der Burschen aus Loxley. Ein bisschen schwummrig wurde ihm schon, als er den Sohn des Bailifs von Hathersage, auf seinen mannshohen Stock gestützt, vor sich stehen sah. Wenn er nicht als Feigling dastehen wollte, würde er sich notgedrungen mit ihm messen müssen. Doch John Little war nicht nur älter als er, sondern auch mindestens zwei Köpfe größer und in den Schultern doppelt so breit. Wie sollte er denn gegen diesen Riesen bestehen?

»Na ja«, dachte Robin, »im Zweifelsfall bin ich hoffentlich schneller als er und kann immer noch weglaufen.« Das wäre zwar seiner Reputation nicht gerade förderlich, dafür aber mit Sicherheit seiner Gesundheit.

»He, ihr da!«, rief er, so laut er konnte, den Jungs aus Hathersage zu. »Verschwindet von hier, aber ein bisschen plötzlich! Sonst machen wir euch Beine. Die Wiese gehört zu Loxley, und ihr habt hier überhaupt nichts zu suchen.«

»Nimm den Mund nicht so voll, du Wicht«, kam prompt die Antwort von dem Hünen, und Robin glaubte, Donnergrollen zu hören. »Das war schon immer unsere Schafweide und wird es auch bleiben. Willst du sie uns streitig machen, wirst du mit mir um sie kämpfen müssen.«

Nun war das umstrittene Flurstück eindeutig damals von Robins Großvater umritten worden, und weder der Bailif noch Bruder Osfrith hatten Einspruch erhoben. Aber das scherte die Jungs aus Hathersage nicht, die das königliche Land für sich beanspruchten und gar nicht daran dachten, es Dahergelaufenen zu überlassen.

»Nur wir zwei oder jeder gegen jeden?«, fragte Robin nach, der hoffte, es so vielleicht nicht mit dem stärksten Gegner aufnehmen zu müssen.

»Du und ich, so wie es in alten Zeiten die Könige getan haben. Oder traust du dich nicht, Kleiner?«

John Little wusste, dass das nicht gerade fair war, aber er war nicht in der Stimmung, um Rücksicht zu nehmen. Vor nicht einmal einer Stunde hatte er miterleben müssen, wie respektlos der Earl von Derby mit seinem Vater umgesprungen war. Der Krieg zwischen König Henry, seiner Frau und seinen vier Söhnen spielte sich zwar in erster Linie jenseits des Kanals ab, doch auch in England hatten sich etliche Lords dem Aufstand angeschlossen.

William de Ferrers, Earl von Derby und Grundherr über Hathersage, war es vor Kurzem gelungen, Nottingham einzunehmen und die Burg zu verwüsten. Jetzt befand er sich auf dem Weg nach Norden, um sich mit den anderen Rebellen und vor allem dem schottischen König zu vereinen. Gemeinsam wollten sie Henry vom Thron stürzen und seinen jüngeren Sohn Heinrich auf eben diesen setzen. Auf den kaum Neunzehnjährigen versprachen sie sich einen weit größeren Einfluss als auf dessen souverän herrschenden Vater, und vor allem eine weniger rigide Vorgehensweise bezüglich ihrer eigenen Machtansprüche.

De Ferrers hatte von Edward Little ultimativ verlangt, dass sich dieser mit allen verfügbaren Männern dem Feldzug anschließen sollte, doch der Bailif leistete erbitterten Widerstand. Noch zu sehr steckten den einfachen Menschen die Schrecken des letzten Bürgerkrieges in den Knochen, als dass sie sich auf ein neues, von den Lords angezetteltes Abenteuer einlassen wollten.

Der Earl von Derby ohrfeigte Little vor der versammelten Dorfgemeinschaft, sah aber letztendlich ein, dass er nur mit Freiwilligen etwas anfangen konnte. Zum Kriegsdienst gepresste Bauern würden bei der ersten sich bietenden Gelegenheit desertieren, und Männer zu ihrer Bewachung abzustellen konnte de Ferrers sich nicht leisten. So schwang er sich unter wüsten Drohungen auf sein Pferd, versprach, sich nach dem Krieg an den Bewohnern von Hathersage schadlos zu halten, und entschwand mit seinem Gefolge gen Norden.

John Little hatte das alles mitansehen müssen und kochte innerlich vor Wut. Da kam ihm der Knirps da gegenüber gerade recht.

»Ich, klein? Vielleicht sollte man dich ja statt John Little eher Little John nennen«, höhnte dieser auch noch, und das brachte das Fass zum Überlaufen. John warf den Stock zur Seite, ballte die Fäuste und stürmte wie ein wilder Stier mit einem Wutschrei auf den Lippen los, alles um sich herum vergessend.

Darauf hatte Robin gehofft. Geschickt wich er im letztmöglichen Moment zur Seite und ließ nur ein Bein stehen, über das der Riese prompt stolperte und der Länge nach hinschlug. Sofort war Robin über ihm, sprang auf seinen Rücken und versuchte einen Arm zu packen und zu verdrehen. Doch John Little schüttelte ihn ab wie ein lästiges Insekt und kam schneller wieder auf die Füße, als Robin gedacht hatte.

»Jetzt geht's dir an den Kragen, Bürschchen«, knurrte der Hüne wie ein gereizter Wolf und schmetterte seine Faust nach vorne. Doch die traf nur auf warme Luft, denn sein Gegner war längst ausgewichen.

Mein Gott, komme ich in seine Reichweite, bringt er mich um, dachte Robin entsetzt und richtete seine Strategie danach aus. Wie ein Schmetterling umflatterte er John Little und war von diesem einfach nicht zu fassen. Ein ums andere Mal hieb der Hüne um sich, ohne etwas zu treffen, bis er langsam ermüdete. Und da schlug Robin zu, so wie es ihn sein Großvater gelehrt hatte. Ob mit Schwert, Dolch oder auch nur den Fäusten, abwarten, bis der Gegner die Deckung vernachlässigt, und dann zustechen wie eine Biene.

John Little fing sich einen Leberhaken ein, der sogar ihm die Luft nahm. Blitzschnell platzierte Robin noch einen kraftvollen Schwinger auf dem Kinn seines Gegners, der jeden anderen zu Boden gestreckt hätte. Sein Kontrahent hingegen schüttelte sich nur, während Robin glaubte, gegen einen Felsen geschlagen und sich die Hand gebrochen zu haben. Diesmal wich er nicht schnell genug zurück und bekam eine Antwort von John Little, die ihn von den Beinen holte. Jetzt war der Hüne über Robin, drehte ihn auf den Rücken und verpasste ihm ein paar Ohrfeigen, dass diesem Hören und Sehen verging. Dabei konnte er noch froh sein, dass John Little nicht seine Fäuste nahm.

Robin war es nicht möglich, sich aus der Umklammerung zu befreien, so sehr er sich auch anstrengte. Da tat er etwas, das sein Großvater einmal mit »So wehren sich nur Mädchen« bezeichnet, aber gleichzeitig betont hatte, dass es in höchster Not durchaus legitim war. Er riss sein Knie nach oben und schmetterte es dem über ihm hockenden Gegner mit voller Wucht in dessen Weichteile. Mit einem Grunzlaut fiel John Little zur Seite und hielt sich mit beiden Händen sein malträtiertes Gemächt.

Mühsam richtete Robin sich auf und spürte bereits sein Gesicht anschwellen. Glücklicherweise wackelte kein Zahn, wie er gleich mit der Zunge kontrollierte. Er bemerkte die wütenden Blicke der Jungs aus Hathersage und machte sich darauf gefasst, dass sie gleich über ihn herfielen. Dann gab es zwischen ihnen und seinen Freunden wohl eine Keilerei, von der man noch in Jahren sprechen würde. Doch dazu kam es nicht.

Plötzlich stand ein junges Mädchen zwischen ihnen, als wäre es aus dem Boden gewachsen. Niemand hatte Marian kommen sehen. Sie stemmte die Arme in die Hüften und begann, die versammelten Jungs auf eine Art und Weise zu beschimpfen, die diese so noch nicht einmal von ihren Eltern kannten.

»Schämt ihr euch nicht, hier zu raufen wie die kleinen Kinder? So was wollen junge Männer sein! Und warum? Wegen einer Schafweide! Einfach lächerlich. Als ob nicht genügend Gras für alle wächst. Schaut euch doch nur mal um. So viel Platz. Das reicht für mehr Vieh, als eure beiden Dörfer zusammen besitzen.«

»Ein Mann kann gar nicht genug Land sein Eigen nennen, sagt mein Vater«, tat John Little kund, der sich ebenfalls wieder aufgerappelt hatte. »Darum streiten sogar Herrscher. Um nichts anderes geht es schließlich zwischen König Henry und seinem Sohn Heinrich.«

»Hältst du dich jetzt schon für einen Prinzen, John Little?«, wollte Marian wissen. »Weil sich die Lords mal wieder die Köpfe einschlagen, müsst ihr es ihnen gleichtun, ja? Zumindest dich hätte ich für klüger gehalten, Robin!«

Der Angesprochene wusste nicht, ob er das als Kompliment oder Beleidigung nehmen sollte. John Little hingegen schon.

»Ach, in mir siehst du wohl nur einen Dummkopf? Die Tochter eines Lords verkehrt offenbar nur mit ihresgleichen!«

»Ich bin nicht ›ihresgleichen‹«, muckte Robin auf. »Ihr Vater ist ein Ritter, meiner ein Bauer.«

»Aber ein Bauer, der mehr Land besitzt als so mancher Baron

und so reich ist wie ein Bischof. Das ist gegen die Natur und Gottes Gebote.«

»Wer sagt das?«

»Der Earl von Derby und der Abt von Saint Mary in Nottingham. Ich habe es selbst gehört. Eines Tages werdet ihr schon sehen, was ihr davon habt. So großspurig, wie ihr auftretet.«

»Tun wir gar nicht. Wie kommst du darauf?«

»Alles, was schon immer so war, stellt ihr auf den Kopf. Eiserne Pflüge, die von Pferden gezogen werden, Land brach liegen lassen und trotzdem höhere Erträge einfahren als diejenigen, die alles bestellen! Der Abt meint, ihr seid mit dem Teufel im Bunde und man muss euch das Handwerk legen.«

»Mein Vater hingegen sagt, in Frankreich macht man das schon lange so, und es wird höchste Zeit, dass die englischen Bauern aufwachen. Sonst verhungern sie eines Tages noch auf ihrer eigenen Scholle. Jeder, der auch nur einen Funken Verstand hat, sollte nach Loxley gehen, um von Hugh Fitzooth zu lernen.«

Verblüfft sah Robin Marian an. Ihm war bisher gar nicht bewusst gewesen, welcher Wertschätzung sein Vater sich offenbar bei Sir Richard Leaford erfreute. Besuchte der Ritter Loxley, trat er immer sehr höflich auf. Aber das hatte Robin in erster Linie auf die Anerkennung zurückgeführt, die seine Großeltern als Günstlinge der mittlerweile verstorbenen Kaiserin und ihres Sohnes genossen.

»So weit kommt das noch«, fuhr John Little das Mädchen an. »Damit uns womöglich auch eines Tages der Teufel holt. Oder auch nur der Sheriff, der die alte Ordnung wiederherstellt, wenn der König einmal seine schützende Hand von Loxley abzieht. Und das kann schon bald geschehen. Er muss nur den Krieg gegen seine Söhne verlieren.«

»Eher friert die Hölle ein!« Robin hatte sich die Slogans seines Großvaters zu eigen gemacht. »Ihr seid ja nur neidisch, weil auf unseren Feldern mehr wächst als auf euren. Und deshalb treibt ihr lieber Raubbau, anstatt etwas zu lernen. Ihr überweidet die Flächen, bis die Schafe die Graswurzeln abfressen und nichts außer Unkraut mehr gedeiht. Ich werde nicht zulassen, dass das auch mit dieser Wiese hier geschieht.«

Robin war so aufgebracht, dass er die Faust nicht kommen sah, die John Little ihm gegen das Kinn schmetterte. Als er wieder zu sich kam, war er mit Marian allein. Sein Kopf lag in ihrem Schoß, und sie kühlte mit einem feuchten Tuch sein Kinn und seine geschwollenen Wangen.

Zum ersten Mal sah er bewusst in die grünen und ein bisschen braun gesprenkelten Augen des Mädchens und fühlte sich an die Waldseen im Sherwood erinnert. Am liebsten hätte er darin gebadet. Wieso war ihm denn nicht schon eher aufgefallen, wie schön dieses Mädchen war? Die Zöpfe hatten sich gelöst, und blondes, nur leicht gelocktes Haar umspielte ein ebenmäßiges Gesicht mit kleinen Grübchen um die Mundwinkel und einigen Sommersprossen auf den Wangen, die noch etwas kindhaft pausbäckig wirkten. Trotzdem glaubte Robin, einen Engel über sich zu sehen, und beschloss in diesem Moment, Marian einmal zu heiraten, koste es, was es wolle. Für diese stand das schon von dem Tag an fest, an dem sie Robin das erste Mal gesehen hatte.

»Wo sind die anderen?«, fragte Robin, obwohl er niemanden wirklich vermisste.

»Die haben sich getrollt, nachdem sich herausstellte, dass du noch lebst. Nur Much ist geblieben und holt mir in seinem Hemd Wasser. John Little hätte dich umbringen können! Kannst du nicht ein bisschen besser aufpassen, wenn du dich schon prügeln musst?«

Robin rieb sich das schmerzende Kinn.

»Du hast ja recht. Das sagt mein Großvater auch immer. Ich muss noch viel von ihm lernen.«

»Ja, vor allem, dich zu beherrschen.« Much war lautlos herangekommen. Er warf Robin mit einem Klatsch das nasse Hemd ins Gesicht und zerstörte damit auf einen Schlag die Idylle. »Meinst du, dass du gehen kannst?«

»Er hat mir doch nicht die Beine gebrochen. Aber eines Tages, das schwöre ich, zahle ich ihm das heim. Die Rechnung ist noch nicht beglichen.«

»Na ja, dein Tritt in seine Ei…, ähm, edlen Teile, war auch nicht die ganz feine Art. Ich würde sagen, ihr seid quitt.«

»Hört endlich auf!«, fuhr Marian dazwischen. »Immer fühlt sich einer unterlegen und will sich für irgendetwas rächen. Und so führt ein Kampf zum nächsten, und das Ganze hört nie auf. Im Großen wie im Kleinen. Sagt mein Vater. Und der muss es wissen. Schließlich ist er ein Ritter des Königs und gezwungen, dessen Kriege mitauszutragen. Ob es ihm passt oder nicht.«

Robin wünschte Much, der als Einziger von seinen Freunden bei ihm geblieben war und sich um ihn gekümmert hatte, zum Teufel. Marians Augen blitzten, ihre Wangen hatten sich gerötet, und mit einer unnachahmlichen Geste, die Robin verzauberte, warf sie ihr Haar nach hinten.

Warum nur hatte er sich nicht früher für sie interessiert? Gemeinsam waren sie von seiner Großmutter unterrichtet worden und hatten viel Zeit miteinander verbracht. Lag es vielleicht an John Littles Kinnhaken, dass ihm endlich die Augen aufgegangen waren? Dann musste er dem Kerl womöglich noch dankbar sein! Das fehlte ihm gerade noch, wo er ihn doch auf den Tod nicht ausstehen konnte. Zu groß, zu stark und ohne Waffen fast unbesiegbar. Alles Dinge, die Robin, der von seiner Mutter eher eine feingliedrige, wenn auch kraftvolle Statur geerbt hatte, gar nicht mochte. Gut, würde er eben in Zukunft einen Bogen um Hathersage machen. Aber die Wiese bekamen sie nicht! Die war Teil des Landes, das sein Großvater vom König bekommen hatte, und darüber wurde nicht verhandelt. Schluss und aus!

Gemeinsam machten sich die drei auf den Heimweg. Wie zufällig berührte Robin dabei des Öfteren das Mädchen an seiner Seite und stellte erstaunt fest, dass sie nicht zurückzuckte. Mit der Zeit wurde er immer kühner, und als sie in Sichtweite von Loxley waren, gingen sie Hand in Hand. Das Grinsen in Muchs Gesicht entging ihnen. Schließlich hatte der Sohn des Müllers schon immer gewusst, dass die beiden füreinander bestimmt waren.

* * *

Die kleine Ansiedlung schien sich in der kurzen Zeit, in der Robin fort gewesen war, in ein Heerlager verwandelt zu haben. Bunte Fahnen flatterten im Wind, Pferde, von Stalljungen bewacht, grasten, und Ritter und Knappen liefen aufgeregt hin und her. Marian erkannte das Banner ihres Vaters unter vielen anderen, doch über allen wehte die königliche Standarte. Entweder war Henry selbst gekommen oder zumindest sein Seneschall.

Martha hatte einen Boten nach Robert geschickt, als die hohen Gäste anrückten. Der versuchte, so schnell er konnte, zurückzulaufen, doch auf der Brücke ging ihm die Luft aus. Ein stechender Schmerz durchfuhr ihn und lähmte nahezu seine gesamte linke Seite.

»Oh Gott«, stöhnte der alte Recke innerlich, »nimm mir nicht auch noch die linke Hand! Soll mich womöglich zukünftig jemand füttern müssen, weil ich kein Messer und keinen Löffel mehr halten kann, geschweige denn einen Becher? Tu mir das nicht an, ich bitte dich. Was auch immer ich gegen deine Kirche und ihre Vertreter in meinem Leben gesagt habe, es war nicht gegen dich gerichtet, ich schwör's!«

Als ob der Herr Robert erhört hätte, kehrte nach einiger Zeit zuerst ein leichtes Kribbeln in den Arm zurück. Bald konnte er die Finger wieder bewegen, und der Schmerz in seiner Brust ließ nach, sodass er sich, wenn auch langsam, erneut auf den Weg hügelaufwärts nach Loxley machen konnte. Dort wurde er schon sehnsüchtig von seiner Frau, dem Anführer der Heerschar und Sir Richard Leaford erwartet. Die beiden Männer saßen auf der Bank vor seinem Haus und hielten jeder einen Humpen Bier in der Hand. Offenbar mundete ihnen der Gerstensaft, denn sie wirkten nicht sehr ungeduldig

»Mylord!« Robert verneigte sich vor Ranulf de Glanvill, der nach wie vor der oberste Justitiar im Reich, aber auch Henrys Seneschall in England war, und reichte Sir Richard die Hand. »Welche Ehre. Womit können wir Euch dienen?«

»Ihr habt sicherlich schon gehört, dass der König von Schottland nach Süden marschiert und auf seinem Weg alle Aufständischen um sich versammelt. Der Krieg hat nun auch England erreicht. Wir ziehen ihm entgegen. König Henry meinte, wir sollten uns Eure Erfahrungen zunutze machen. Glaubt Ihr, dass Ihr uns begleiten könnt?«

De Glanvill schaute Robert skeptisch an. Es war fast zwanzig Jahre her, dass er ihn das letzte Mal gesehen hatte, und das Alter hatte mittlerweile deutliche Spuren hinterlassen.

»Ich denke nicht, dass ich Euch von großem Nutzen sein würde, Mylord«, äußerte Robert zur Beruhigung des Heerführers. »Meinen letzten Kampf, Ihr wisst es, habe ich gegen den Sheriff von Nottingham ausgefochten. Eher würde ich alter Mann Euch wohl aufhalten. Und Ihr müsst schnell sein mit Euren wenigen Männern, wenn Ihr etwas erreichen wollt. Oder kommen noch weitere nach?«

Der Heerführer rieb sich nachdenklich das Kinn. Mit einem Blick hatte Robert Fitzooth sein Dilemma erkannt. Es war ihm in der Kürze der Zeit nur gelungen, etwa vierhundert Ritter und Reisige aufzubieten. Das war nur ein Bruchteil von dem, was ihm der schottische König und die rebellierenden Barone entgegenwerfen konnten.

»Mehr habe ich leider nicht zur Verfügung. Es sind alles gute und kampferprobte Männer. Aber nicht sehr viele, wie Ihr richtig bemerkt habt. Was würdet Ihr an unserer Stelle tun? Der König meinte, Ihr wäret im Bürgerkrieg oft in einer vergleichbaren Situation gewesen.«

»So schnell wie möglich nach Norden vorstoßen und jeden Truppenteil einzeln angreifen, bevor sie sich vereinigen können. Wenn möglich, zuerst König William von Schottland. Ihr müsst so überraschend über sie kommen wie ein Sommergewitter mit Blitz und Donner. Sonst zerstampfen sie Euch mit ihrer Masse und marschieren bis London. Oder es geht alles von vorn los, keine Seite kann gewinnen, und der Bürgerkrieg dauert wieder zwanzig Jahre.«

»Gott schütze uns und England!«, fiel Richard Leaford ein. »Das ist wahrlich das Letzte, was das Land brauchen kann. Gerade hat es sich einigermaßen erholt. Was fällt nur dem Bürschchen ein, sich gegen seinen Vater zu erheben?«

»Das ›Bürschchen‹ ist immerhin in Westminster Abbey gekrönt worden. Es steht uns nicht an, die Entscheidungen unseres Königs zu hinterfragen«, wies Ranulf de Glanvill den Ritter zurecht. »Es sind seine falschen Ratgeber, die ihn zu dieser Rebellion veranlasst haben. Sie müssen wir zu fassen bekommen, dann wird sich der Sohn schon mit dem Vater aussöhnen.«

»Dein Wort in Gottes Ohr!«, dachte Robert. Für einen Moment lang war er versucht, sich doch dem Heer anzuschließen. Dann erinnerte er sich an das, was ihm an der Brücke widerfahren war, und mit einem gewissen Bedauern verwarf er den Gedanken.

»Ihr könnt uns nicht ein paar gute, kräftige Männer mitgeben?«, erkundigte sich der Justitiar hoffnungsvoll. »Jeder Einzelne kann uns von Nutzen sein. Euren Sohn vielleicht? Er soll ja sogar mit König Henry zusammen aufgewachsen sein.«

»Hugh bringt frisch gedroschenes Wintergetreide und Mehl nach Nottingham. Wir erwarten ihn erst heute Abend zurück. Doch er ist kein Mann des Schwertes und würde Euch sicher nicht viel nützen.«

Etwas Bedauern schwang in Roberts Stimme mit. Wäre er so alt wie sein Sohn, würden ihn keine zehn Pferde daran hindern, sich dem Heer anzuschließen.

»Aber ich würde Euch gern begleiten«, erklang da eine helle Stimme aus dem Hintergrund, und alle wandten sich überrascht um. Da stand ein junger Bursche mit glühenden Augen, aber auch geröteten Wangen und geschwollenem Kinn, der es offenbar nicht erwarten konnte, in den Krieg zu ziehen.

»Werd du erst einmal trocken hinter den Ohren, Robin«, wies Sir Richard den Jungen zurecht. »Mein Sohn Walter musste auch zu Hause bleiben, obwohl er sich uns gern angeschlossen hätte. Eure Zeit wird kommen, später. Und du, Marian, sieh zu, dass du nach Fenwick kommst. Ich habe unseren Verwalter angewiesen, die Tore geschlossen zu halten und Wachen aufzustellen. Du rührst dich nicht aus dem Gut heraus, bis ich zurück bin. Hast du verstanden?«

»Ja, Vater«, war die einzige Antwort, die Marian darauf geben konnte. Ob sie sich daran hielt, wenn er weg war, stand allerdings auf einem ganz anderen Blatt.

Robert hingegen lächelte seinen Enkel verstehend an. Das war Blut von seinem Blut. Vielleicht würde Robin ja einmal in seine Fußstapfen treten. Sehr zum Missfallen von Martha und Hugh, dessen war sich der alte Sergeant durchaus bewusst.

»Wir haben gehört, dass William de Ferrers Nottingham angegriffen und zumindest die Burg in Brand gesteckt haben soll.
Hoffentlich ist Eurem Sohn nichts passiert«, gab de Glanvill
sein Wissen kund, und Martha schlug erschrocken die Hand vor
den Mund. »Wir hatten keine Zeit, den Earl von Derby zu verfolgen, um ihn für das Verbrechen zur Rechenschaft zu ziehen.
Aber er wird uns nicht entkommen und dafür büßen, das
schwöre ich. Doch jetzt wird es Zeit für uns, weiterzureiten. Ihr
habt sicher recht. Unsere einzige Chance besteht darin, den
Feind zu überraschen. Nutzen wir sie!«

Der Seneschall des Königs gab das Zeichen zum Aufbruch.
Die Ritter und ihr Gefolge schwangen sich in die Sättel, und
bald war von dem Trupp – Heer wollte Robert die kleine Anzahl
Bewaffneter nicht nennen – nur noch eine Staubwolke zu sehen.

»Da gehen sie hin«, seufzte Robert und legte seinen Arm um
seinen Enkel. »Wollen wir hoffen, dass sie erfolgreich sind.
Sonst versinkt das Land womöglich wieder in Blut und Anarchie. Mich schüttelt es, wenn ich nur daran denke.«

»Warum durfte ich sie nicht begleiten?«, begehrte Robin auf.
»Viele der Knappen waren jünger als ich. Und ich kenne die
Wege durch den Sherwood und kann mit einem Schwert umge-
hen. Schließlich hast du es mir beigebracht.«

»Weil dein Vater glücklicherweise ein Freibauer und damit
niemandem lehnspflichtig ist«, klärte Martha den Jungen mit
fester Stimme auf. »Du hast noch sehr viel zu lernen, Robin.
Und nicht nur, wie man ein Schwert schwingt. Das hat mir dein
vorlautes und unreifes Verhalten soeben wieder einmal gezeigt.«

Robins Gesicht lief noch röter an, wenn das überhaupt möglich war. Schließlich stand Marian neben ihm. Und sosehr er
seine Großmutter auch liebte, manchmal verstand sie einfach

nicht, was einen Jungen bewegte. Wütend machte er auf der Hacke kehrt und stapfte zornschnaubend wie ein gereizter Stier, das Mädchen in seinem Fahrwasser, davon.

»Lass doch den Jungen, Martha. Der ist schon ganz in Ordnung«, meinte Robert versöhnlich. »Er hat etwa zu gleichen Teilen etwas von dir und mir. Und das ist sicher nicht das Schlechteste.«

»Du hast ja recht, Robert. Und ich liebe ihn über alles. Aber manchmal ist er so ungestüm. Das macht mir Angst. Außerdem habe ich solche Sorgen um Hugh. Glaubst du, dass der Krieg auch hierher kommt?«

»Ich weiß es wirklich nicht.« Aufseufzend ließ sich Robert auf der Bank nieder und lehnte sich mit dem Oberkörper an die warme Hauswand. Soeben kehrten die Schmerzen in seiner Brust und im linken Arm zurück. »Und ich bin zu alt, um Loxley zu verteidigen, Hugh nicht der Mann dafür und Robin noch zu jung. Konnte mir das auf meine letzten Tage nicht erspart bleiben?«

»Sprich nicht so! Du hast noch viele Jahre vor dir. Untersteh dich, mich zu verlassen!«

»Ich weiß nicht, Martha. In letzter Zeit bin ich oft so müde. Holst du mir ein kühles Bier aus dem Keller? Darauf habe ich mich schon den ganzen Tag über gefreut. Bitte!«

Martha verschwand murmelnd im Haus. Die Bemerkung, dass ein Kräuteraufguss besser für Robert wäre, verkniff sie sich aber. Als sie zurückkam, einen schäumenden Humpen in der Hand, war ihrem Mann der Kopf auf die Brust gesunken. Er war eingeschlafen. Für immer.

* * *

Am Abend kam Hugh wohlbehalten aus Nottingham zurück. Da er mit dem langsamen Ochsengespann unterwegs gewesen war, hatte er die Stadt bereits verlassen, als William de Ferrers sie in Schutt und Asche legte. Er fand Martha und auch Robin in Tränen aufgelöst vor und konnte sich ihrer Trauer nur anschließen.

So viele Jahre war sein Vater einfach immer da gewesen, und wenn sie sich auch oft genug in den Haaren gehabt hatten, wer sollte jetzt seine Lücke füllen? Hugh wusste, dass schwere Zeiten auf ihn zukamen. Die Menschen in Loxley schätzten ihn ob seines Wissens, der erfolgreichen Neuerungen, die er eingeführt hatte und die ihnen ihr Leben erleichterten, und für seine zupackende Art.

Seinen Vater hingegen hatten sie bewundert. Der alte Fitzooth war eine Legende gewesen, im Leben wie im Tod. Und es war keiner in Sicht, der ihm darin nachfolgen konnte.

Bruder Osfrith, auch nicht mehr der Jüngste, hielt zusammen mit einem Novizen, den er Tuck nannte, die Totenmesse. Sie bestatteten Robert neben der kleinen Kirche in geweihter Erde, und obwohl alle Anwesenden wussten, wie Roberts Meinung zur Kirche gewesen war, regte sich keinerlei Widerspruch.

Nach dem Totenmahl nahm Martha Robin zur Seite und überreichte ihm einen in geöltes Leinen eingeschlagenen Gegenstand.

»Das Schwert deines Großvaters, Robin. Es soll dir gehören, er wollte es so. Das letzte Mal hat er es gezogen, als wir hier ankamen. Es klebt viel Blut daran. Aber er hat nie Unrecht damit getan, sondern nur sich, seine Familie und seine Kaiserin verteidigt. Tu es ihm gleich, Robin. Mach ihm keine Schande.«

So sehr der Junge sich bemühte, er konnte seine Tränen nicht zurückhalten. Wie Sturzbäche flossen sie ihm über die Wangen.

Stets würde er das Andenken an seinen Großvater in Ehren halten, das schwor er sich.

Vielleicht konnte er ihm ja einmal nachfolgen. Ferne Länder sehen, an der Seite von Herrschern kämpfen, Ruhm und Ehre erringen. Manchmal, aber das wusste der Junge noch nicht, muss man vorsichtig sein mit dem, was man sich wünscht. Es kann nämlich tatsächlich in Erfüllung gehen. Doch oft genug ganz anders, als man es sich gedacht hat.

Wenige Tage später kam die Nachricht, dass England ein langer Bürgerkrieg zumindest für dieses Mal erspart blieb. Ranulf de Glanvill war es tatsächlich gelungen, den schottischen König zu überraschen. Nahe der Stadt Alnwick griff er sein Lager im Morgengrauen an.

William wurde verwundet und gefangen genommen. Ebenso erging es dem Earl von Derby und weiteren Anführern des Aufstandes, die in Ketten gelegt und in die Festung Falaise in der Normandie verbracht wurden. Der schottische König verlor all seine Besitzungen in England. Ihm wurde der Titel des Earls von Northumbria aberkannt, seinem Bruder David der des Earls von Huntingdon. Alle bedeutenden Festungen Schottlands erhielten englische Garnisonen, und William musste Henrys Oberhoheit anerkennen und ihm Lehnstreue schwören. Erst danach kam er wieder frei und konnte in sein Land zurückkehren. Wie Hugh Bigod, der Earl von Norfolk, bemerkte, war es keine gute Zeit für Henrys Feinde.

Seine Söhne nahm Henry wieder in Gnaden auf, was ihm später noch sehr leidtun sollte. Eleonore hingegen, die den Aufstand initiiert hatte und die er für die Hauptschuldige hielt, sperrte der König in die Burg von Old Sarum nahe Salisbury ein. Sie sollte erst nach seinem Tod wieder freikommen.

England standen höchst unruhige Zeiten bevor.

* * *

10. Kapitel

Der Pfeil zischte durch die Luft und traf das Ziel in mehr als hundert Yards Entfernung genau mittig. Auf den Stamm einer alten, mächtigen Eiche, die unweit von Fenwick auf einer kleinen Lichtung stand, war mit Schlämmkreide ein weißer Kreis gemalt worden. Nur in der Mitte hatte man einen etwa fünf Inch großen, runden Bereich ausgespart. In ihm steckten, dicht an dicht, bereits zehn Pfeile, und der elfte bohrte sich gerade dazwischen.

»Robin, das wird langsam öde. Probier mal, ob du mit diesem hier auch so sicher triffst.«

Marian hielt Robin einen Bogen hin, wie dieser ihn noch nie zuvor gesehen hatte. Er war länger und zumindest in der Mitte stärker als jede andere vergleichbare Waffe. Das Holz, es schien Eibe zu sein, hatte der Bogenbauer sorgfältig poliert und außen flach geschliffen. Innen dagegen war es rund und dort, wo der Schütze die Waffe in der Hand hielt, mit Hanf umwickelt. Aus diesem Material, verstärkt durch Leinenfasern, bestand auch die Sehne, die an den spitz zulaufenden Enden durch Löcher geführt und verknotet worden war. Im Grunde war auch Robins Bogen ähnlich gearbeitet, aber wesentlich leichter und vor allem kürzer.

»Wo hast du den denn her?«, erkundigte er sich interessiert.

»Hat mein Vater aus Wales mitgebracht. Du weißt ja, dass er auf Befehl König Henrys dort gekämpft hat. Er sagt, das wäre eine fürchterliche Waffe. Die damit abgeschossenen Pfeile kön-

456

nen sogar Panzer und Schilde durchschlagen. Vor nichts hätten er und seine Kameraden sich mehr gefürchtet. Gegnern, die mit solchen Bögen ausgerüstet aus sicherer Deckung heraus operierten, waren sie hoffnungslos unterlegen.«

Robin inspizierte die Waffe ausgiebig. Der Bogen überragte ihn um etwa zwei Hand breit, und als er ihn spannen wollte, schien er ihm regelrecht Widerstand entgegenzusetzen.

»Mein Gott, was müssen das für Hünen sein, die mit solchen Bögen schießen! Das wäre vielleicht etwas für meinen Großvater gewesen oder für John Little, aber doch nicht für einen Normalsterblichen wie mich.«

»Vater meint, es wäre nur eine Frage der Übung. Die Waliser sind eher kleiner als unsere Männer. Das tägliche Training und die Technik würden den Unterschied machen.«

Robin legte einen Pfeil auf und versuchte, wie er es gewohnt war, die Sehne mit einem Zug bis zu seinem Unterkiefer durchzuziehen. Er schaffte nur etwa zwei Drittel des Weges, dann musste er das Geschoss loslassen, das sich schlingernd und nicht sehr elegant ein ganzes Stück vor der Eiche in den Boden bohrte.

»Das ist ja ein Teufelsding!«, entfuhr es ihm anerkennend. »Und damit können die Waliser wirklich umgehen? Der muss ja eine Zugkraft von mehr als hundert Pfund haben!«

»Eher hundertzwanzig, meint Vater. Und du dachtest, du bist ein guter Schütze«, stichelte Marian. Es wurde auch wirklich Zeit, Robin einmal seine Grenzen aufzuzeigen. Er tat so gut wie nie einen Fehlschuss, und es fand sich keiner mehr, der gegen ihn antreten wollte. Man munkelte bereits, dass er mit dem Teufel im Bunde stünde.

»Wenn die halbwilden Waliser es schaffen, diese Bögen zu spannen, dann wird mir das wohl auch gelingen. Gib mir mal noch ein paar Versuche. Du wirst sehen, über kurz oder lang schaffe ich es.«

Robins Ehrgeiz war geweckt. So schnell wollte er nicht aufgeben. Einen Moment lang sammelte er sich, hob dann blitzschnell den Bogen und riss die Sehne mit aller Kraft zurück. Diesmal schlug der Pfeil zumindest in den Stamm der Eiche ein, wenn auch weit vom eigentlichen Ziel entfernt. Doch Robin ließ sich nicht entmutigen. Mit jedem Schuss versuchte er, dem Geheimnis des Langbogens etwas mehr auf die Spur zu kommen, bis sich keine Pfeile mehr in seinem Köcher befanden. Er lief zu der Eiche, um sie zurückzuholen, und stellte mit Erstaunen fest, dass die mit der neuen Waffe abgeschossenen viel tiefer im Holz steckten als die von seinem eigenen Bogen.

Offenbar hatte Sir Richard recht. Wer mit dieser Waffe umgehen konnte, der brauchte nicht einmal einen gepanzerten Ritter zu fürchten. Für Robin stand von diesem Augenblick an fest, dass er auch so ein Teufelsding sein Eigen nennen wollte! Bis dahin würde er Marian bitten, ihn mit dem Bogen ihres Vaters üben zu lassen. Zumindest wenn Sir Richard, wie im Moment, abwesend war, würde er sie sicherlich dazu überreden können. Schließlich war sie es gewesen, die ihm den Mund wässrig gemacht hatte.

Marian war es zwischenzeitlich langweilig geworden. So hatte sie sich das nicht vorgestellt. Sie hockte sich in den Schatten eines Baumes, umschlang die Beine mit den Armen und sah Robin zu, wie er wieder und wieder mit dem Bogen übte und dabei eine schier grenzenlose Ausdauer entwickelte. Wenn er sich doch nur einmal so ausgiebig mit ihr beschäftigen würde!

Sie war von dem Augenblick an, als sie ihn das erste Mal gesehen hatte, in ihn verliebt gewesen. Aus der Jungmädchenschwärmerei war mittlerweile wirkliche Zuneigung geworden, doch sie war sich bis heute nicht sicher, ob Robin ihre Liebe auch erwiderte. Zumindest hatte er sich noch nie diesbezüglich geäußert oder sich ihr gegenüber erklärt.

Andererseits schien es ihr, als suchte er ihre Nähe, und manchmal, wenn er sich unbeobachtet fühlte, erhaschte sie einen Blick von ihm, der es ihr warm ums Herz werden ließ. Gleichgültig schien sie ihm nicht zu sein, doch wann wollte er sie endlich einmal in den Arm nehmen oder gar küssen? Da sie nahezu gemeinsam aufgewachsen waren, so wie Bruder und Schwester, nahm niemand Anstoß daran, dass sie oft miteinander allein waren, so wie jetzt auch. Doch was nutzte ihr das, wenn Robin sich lieber in der Kunst des Bogenschießens übte als in der der Liebe.

Marian wusste natürlich, dass ihr Vater auf der Suche nach geeigneten Heiratskandidaten für sie war. Er hatte sie schon längst an den Hof mitnehmen wollen, doch das war einfach daran gescheitert, dass der König so gut wie nie Hof hielt.

Henrys neuer Beiname lautete seit einiger Zeit »Kurzmantel«, weil er, um schneller aufs Pferd zu kommen, einmal kurz entschlossen seinen kostbaren Umhang einfach mit dem Schwert in der Mitte zerteilt hatte. Der König war ständig unterwegs. Mal tauchte er überraschend in den Grenzfestungen zu Frankreich auf, mal erschien er wie vom Himmel gefallen im Süden Aquitaniens, dann wieder im Norden Englands. Mittlerweile hielt er sich allerdings nur noch auf dem Festland auf. Seit der Rebellion seiner Söhne vertraute er so gut wie niemandem mehr. Und Eleonore war immer noch seine Gefangene, auch wenn es hieß, dass Henry ihre Haftbedingungen etwas gelockert habe.

Die junge Frau hätte sich gern einmal mit einer Freundin ausgetauscht, doch sie lebte hier am Rande des Sherwoods fast nur unter Männern. Ihre Mutter war gestorben, als sie noch ein kleines Kind gewesen war, und nach dem Tod der von ihr vergötterten Martha vor zwei Jahren gab es von einigen Mägden abgesehen so gut wie kein weibliches Wesen mehr in ihrer Umgebung.

Mittlerweile trug sie meist Beinlinge und darüber eine einfache Tunika, auch wenn ihr Vater das nicht gern sah. Aber bevor sie in altbackenen Kleidern herumlief und sich womöglich zum Gespött der Leute machte, zog sie sich lieber wie die Jungs um sie herum an, half beim Ausmisten der Ställe ebenso wie bei der Ernte und ritt mit den Stallburschen ihres Vaters um die Wette.

Sir Richard Leaford züchtete weithin berühmte Streitrösser. Um Fenwick herum gab es viele Weiden, auf denen sich Stuten mit Fohlen tummelten, und Koppeln für die zum Anreiten vorgesehenen Jungpferde. Da das Land aber nicht ausreichte, um auch das notwendige Futter in ausreichender Menge anzubauen, kaufte er seit Jahren Heu und Hafer von Hugh Fitzooth.

Sein Sohn Robin war ein begnadeter Reiter, dessen besondere Begabung darin bestand, auch das faulste Pferd zum schnellen Laufen bewegen zu können, ohne dabei grob werden zu müssen. Selbst wenn er einmal abgeworfen wurde, was selten genug vorkam, fiel er meist wie eine Katze auf die Beine, saß im nächsten Moment wieder im Sattel und lachte schallend über sein Missgeschick.

Offenbar hatte Robin viel von seinem Großvater geerbt, denn ganz gleich, welche Waffe er anpackte, innerhalb kürzester Zeit war er in ihrem Gebrauch ein Meister. Marians Vater hatte schon des Öfteren bemerkt, dass an dem Jungen mehr als nur ein Ritter verlorengegangen war. Doch mit der Minne hatte er es offenbar nicht so sehr, und das war etwas, was Marian von Zeit zu Zeit aufrichtig bedauerte.

Als plötzlich Hufschlag erklang, hielt Robin überrascht inne. Gerade hatte er angefangen, sich immer besser mit dem starken Bogen vertraut zu machen, da riss ihm Marian die Waffe aus der Hand und verbarg sie hinter einem Baum.

»Das kann eigentlich nur Vater sein«, meinte sie erschrocken. »Ich habe ihn noch nicht gefragt, ob ich dir den Bogen zeigen darf. Er hütet ihn wie einen Schatz, und es ist besser, er sieht dich nicht damit.«

Doch Marian irrte sich. Es war nicht Sir Richard, der da auf die Lichtung geprescht kam, sondern ihr Bruder mit einem Begleiter und zwei Knappen, die Packmulis am Zügel führten. Marian sprang auf, ihr Bruder vom Pferd, und ganz unprätentiös fielen sich die Geschwister um den Hals.

»Walter, ich dachte, du stehst an der Seite Geoffreys von der Bretagne im Gefecht! Kämpft er nicht mehr gemeinsam mit Heinrich gegen seinen Bruder Richard?«, wollte Marian wissen, als sie sich aus der Umarmung gelöst hatte.

»Der Krieg ist vorbei. Heinrich ist tot, an der Ruhr gestorben, und Geoffrey hat sich auf seine Besitzungen zurückgezogen, um seine Wunden zu lecken. Gegen Richard tritt wohl so schnell keiner wieder an. Wir hatten Söldner aus der Gascogne angeworben, die Kirchen unweit von Limoges plünderten, als das Verderben über sie kam. Alle wähnten Richard weit weg, doch er ritt mit wenigen Getreuen hundertvierzig Meilen fast ohne Rast in zwei Tagen und fiel über unsere Verbündeten her wie ein Löwe über ein Rudel Schakale. Die Gefangenen hat er in der Vienne ersäufen oder köpfen lassen. Wer Glück hatte, wurde nur geblendet. Ich kann dir sagen, ich bin vielleicht froh, wieder unbeschadet zu Hause zu sein. Dieser junge Herzog von Aquitanien kämpft mit dem Herzen, aber auch der Unbarmherzigkeit eines Löwen. Was machst du hier allein im Wald?«

»Ich bin nicht allein. Wie du siehst, ist Robin bei mir. Wir sind dem Befehl des Königs gefolgt und haben mit dem Bogen geübt.«

Walter hatte Robin, der soeben seinen eigenen Bogen hinter einem Gebüsch hervorgeholt hatte, noch nicht erspäht und nickte dem Freund der Familie jetzt grüßend zu.

»Nun, diese Weisung richtete sich wohl eher an Männer als an Frauen, Mylady«, mischte sich da sein Begleiter ein. »He,

Bauer!«, rief er dann Robin zu, der heute nur Kittel und Beinlinge trug. »Komm her, aber schnell, und kümmere dich um unsere Pferde!«

Robin war versucht, sich an die Stirn zu tippen. Was bildete sich der Laffe eigentlich ein? Er war schließlich nicht sein Stallknecht! Sollten sich doch die Knappen um die Gäule kümmern. Dafür waren sie ja letztendlich da.

»Willst du mir deinen Begleiter nicht vorstellen?«, ging Marian dazwischen, um die Situation zu entschärfen.

Es sah nicht sehr elegant aus, wie sich der Ritter, ein wahrer Hüne von Gestalt, den Robin auf etwa dreißig Jahre schätzte, aus dem Sattel quälte und auf Marian zuschritt.

»Sir Guy von Gisbourne, stets zu Euren Diensten, Mylady«, stellte sich der Ankömmling selbst vor und beugte sich höfisch über Marians Hand. »Euer Bruder hat mir viel von Eurer Schönheit erzählt, doch sie übertrifft alle meine Vorstellungen.«

Nur Robin hörte den spöttischen Unterton in den Worten des Ritters heraus. Marian war zu sehr damit beschäftigt, zu erröten, und Walter strahlte über das ganze Gesicht wie ein Dreijähriger zu Weihnachten. Er himmelte offenbar seinen älteren Freund an und war begeistert von dem Kompliment, das dieser seiner Schwester gemacht hatte.

Marian hingegen zupfte verlegen an ihren Haaren herum, sich durchaus bewusst, keinen sehr respektablen Anblick für einen hochgestellten Besucher zu bieten. Sie war wenig damenhaft – eher ähnlich wie Robin – gekleidet, und mit unbedecktem Haar liefen die Ladys bei Hofe sicherlich auch nicht herum. Doch dann gewann ihr Trotz die Oberhand. Schließlich war das hier der Sherwood und nicht Westminster Palace und der Besuch außerdem nicht angekündigt worden.

»Mein Vater weilt in York, wo er ein paar Pferde aus unserer Zucht verkaufen will. Hätte man uns Euer Kommen angezeigt, wäre er sicherlich eher zurückgekehrt. Und ich hätte die Möglichkeit gehabt, Euch standesgemäß zu empfangen.«

In ihren Worten schwang ein unüberhörbarer Vorwurf, in erster Linie an ihren Bruder gerichtet, mit. Sie funkelte Walter zornig an, der auf einmal seine Idee, überraschend nach Hause zu kommen und einen Gast mitzubringen, gar nicht mehr so prickelnd fand.

»Nur keine Förmlichkeiten mir gegenüber, wenn ich bitten darf«, sprang ihm da Gisbourne bei. »Ich bedaure, Euch Umstände zu machen, doch Euer Bruder war so frei, mich einzuladen. Schließlich waren wir Kameraden im Feld. Nun bin ich auf dem Weg zu meinem neuen Dienstherrn, Ralf de Lacy, dem Highsheriff von Nottingham. Ihm will ich bei seiner schweren Aufgabe zur Seite stehen, die säumigen Steuern einzutreiben, die der König so dringend benötigt, so wie es mein Vater früher bei einem seiner Vorgänger getan hat.«

Langsam dämmerte es Robin, wen er vor sich hatte. Wenn das womöglich der Sohn des Mannes war, den sein Großvater vor fast dreißig Jahren getötet hatte, konnte das hier noch sehr aufregend werden.

»Außerdem«, fuhr der Ankömmling unbeirrt fort, »kann ich so gleich einen Antrittsbesuch bei einer der wichtigsten Familien der Grafschaft machen. Und da ich außerdem auf der Suche nach einer Gemahlin bin, die mir das Leben hier in dieser wilden und einsamen Gegend versüßt, nahm ich die Einladung meines Freundes Walter gern an und hoffe, Euch nicht zur Last zu fallen.«

Marian verschlug es gleich in zweierlei Hinsicht die Sprache. Erstens gehörten die Leafords mit ihrem kleinen Gut sicherlich nicht zu den einflussreichsten Familien von Nottinghamshire, auch wenn ihr die Bemerkung etwas schmeichelte. Aber viel mehr verstörte sie die Tatsache, dass sie hier offenbar von einem völlig Fremden wie eine Stute auf dem Markt gemustert wurde.

Hatte er, ohne bisher mit ihr auch nur ein paar Worte gewechselt zu haben, sie nicht soeben als eventuelle Braut in Erwägung gezogen? Marian schüttelte sich, wenn sie nur daran dachte. So ein Schlagetod, wie ihn ihr Bruder da angeschleppt hatte, dem man seine Einstellung zu Frauen auf eine Meile Entfernung ansah, hatte ihr gerade noch gefehlt. Sie wollte Robin und sonst keinen auf der Welt! Und der, den sie am liebsten um Hilfe angerufen hätte, stand da und grinste breit über das ganze Gesicht.

Das fiel auch Gisbourne auf, dem es immer noch sauer aufstieß, dass der Bauer seinem Befehl nicht Folge geleistet hatte. Statt sich um die Pferde zu kümmern, hielt der Maulaffen feil und belauschte offenbar die Unterhaltung hochgestellter Persönlichkeiten. Brachte hier denn niemand diese aufsässigen Angelsachsen zur Räson? Nun, das würde sich bald ändern, kommandierte er erst die Kriegsknechte des Sheriffs.

»Was gaffst du da?«, herrschte er Robin an. »Ich habe dir einen Befehl gegeben! Wenn du ihm nicht augenblicklich Folge leistest, schlage ich dir, schneller, als du denken kannst, dein dämliches Grinsen aus dem Gesicht! Es wird höchste Zeit, dass man euch Sachsenpack wieder Manieren beibringt. Offenbar ist das hier in letzter Zeit sträflich versäumt worden.«

»Hütet lieber Eure Zunge, sonst verschluckt Ihr Euch noch daran. Ich bin ein Yeoman, Gisbourne, ein Freibauer, und nur dem König untertan. Auf keinen Fall einem dahergelaufenen Normannen wie Euch. Macht Euch erst einmal über die Verhältnisse in England kundig, bevor Ihr hier große Töne spuckt. Sonst ergeht es Euch womöglich wie Eurem Vater.«

Robin hätte sich für seine letzten Worte die Zunge abbeißen können, doch nun konnte er sie nicht zurückholen. Es war schließlich nicht zwingend notwendig, dem Fremden gleich auf die Nase zu binden, dass ihre beiden Familien schon einmal aneinandergeraten waren.

»Was weißt du über meinen Vater?«, schnappte dieser auch sofort zu, und seine Hand fuhr zum Schwert. Walter, hinter dem Ritter stehend, machte verzweifelte Gesten, die offenbar Robin davon abhalten sollten, mit seinen Worten noch mehr Unheil anzurichten. Doch nur Marian war geistesgegenwärtig genug, um einzuschreiten, bevor die Situation eskalierte.

»Nur das, was unsere Eltern uns überliefert haben. Dass er im Kampf für den Sheriff gefallen ist und dieser selbst für seine Untaten hingerichtet wurde. So etwas soll sich doch wohl nicht wiederholen, oder? Schließlich herrscht der königliche Friede im Land.«

»Kann es sein, Mylady, dass Ihr für diesen Bauern Partei ergreift?« Die anfängliche Freundlichkeit war aus Gisbournes Stimme verschwunden. »Ich habe eher den Verdacht, dass er mehr weiß, als er sagen will. Wie heißt du eigentlich, Bursche?«

Robin war klug genug, nicht weiter Öl ins Feuer zu gießen, und vermied es, seinen Familiennamen zu nennen, den der Fremde womöglich kannte.

»Auch wenn es Euch nichts angeht, ich bin Robert aus Loxley. Und von nun an befleißigt Euch gefälligst einer angemessenen Höflichkeit. Ihr habt hier keinerlei Befugnisse. Oder sollte mir entgangen sein, dass Ihr zum neuen Sheriff ernannt worden seid?«

»Was nicht ist, kann ja eines Tages noch werden. Ich habe den Auftrag, Highsheriff Ralf de Lacy zu unterstützen. Also steh mir gefälligst Rede und Antwort!«

»Kommt wieder, wenn Ihr vereidigt seid. Und ich kann Euch nur raten, Euch an Recht und Gesetz zu halten. Hier gibt es Menschen, die streng darauf achten und ihre Freiheit hochhalten.«

Gisbourne, der gewohnt war, dass man ihm Respekt entgegenbrachte, lief zinnoberrot an. Was erdreistete sich dieser Bauer? Wollte er sich nicht von Anfang an zum Gespött machen, musste er hier und jetzt ein Exempel statuieren. Auf keinen Fall durfte er sich eine derart widerspenstige Haltung gefallen lassen. Sprach sich herum, dass es ihm an Autorität fehlte, brauchte er seine neue Stelle gar nicht erst anzutreten.

Der Ritter zog sein Schwert und schritt mit wehendem Wappenrock auf Robin zu.

»Ich nehme dich wegen deines unbotmäßigen Verhaltens gegenüber einem Vertreter der Krone fest. Wirf den Bogen weg und streck deine Hände vor. Walter, binde diesen Mann. Ich nehme ihn mit nach Nottingham, wo der Sheriff über sein weiteres Schicksal befinden soll.«

»Ähm, Guy, ich glaube, das ist alles ein Missverständnis. Robin ist ein Freund der Familie. Er, Marian und ich sind quasi zusammen aufgewachsen. Außerdem gehört seinem Vater das meiste Land im Umkreis. Vielleicht solltet ihr euch einfach vertragen.«

Walter war eine gute Seele, wenn auch manchmal etwas naiv und unbedarft. Dass er sich diesmal den falschen Freund ausgesucht hatte, war ihm noch nicht aufgegangen.

»So? Ich glaube, es ist an der Zeit, dass man hier endlich wieder den gottgefälligen Abstand zwischen Adel und Bauernstand herstellt. Wenn ihr Angelsachsen dazu nicht in der Lage seid, müssen wir Normannen es eben tun.«

Gisbourne setzte Robin das Schwert an die Kehle, der immer noch unbeweglich dastand und nicht einmal mit der Wimper zuckte. Langsam wurde es Marian angst um ihn.

»Hört endlich auf, meinen Verlobten zu bedrohen!«, fuhr sie den Ritter zornig an. »Er hat Euch schließlich nichts getan. Außerdem ist es König Henrys Gesetz, dass Normannen und Angelsachsen in England gleich sind. Oder sollte Euch das etwa nicht bekannt sein?«

Alle Männer auf der Lichtung, selbst die zwei Knappen, sahen die junge Frau erstaunt an. Schließlich hatte bisher noch niemand von dieser Verlobung gewusst. Gisbourne war der Erste, der sich wieder fing.

»Es tut mir wirklich leid, Mylady, doch dann werde ich leider Euren zukünftigen Bräutigam mitnehmen müssen«, meinte er mit hohntriefender Stimme. »Ob Ihr ihn noch wollt, wenn Ihr ihn nach Jahren aus dem Kerker zurückbekommt? Vielleicht geblendet oder mit abgehackten Händen, denn ich bin sicher, dass der Sheriff ihm Wilderei nachweisen wird. Ein Mann mit einem Bogen und einem Köcher voller Pfeile im Wald! Wenn das nicht gegen König Henrys Jagdgesetze verstößt, dann weiß ich auch nicht.«

Den Moment, den Gisbourne abgelenkt war, nutzte Robin. Mit seinem Bogen schlug er das Schwert zur Seite, trat dem Ritter die Beine weg und packte gleichzeitig dessen rechten Arm. Er drehte sich, während er sich leicht bückte, blitzschnell auf ihn zu und warf Gisbourne dann mit einem einzigen Ruck über seine Schulter zu Boden. Der wusste gar nicht, wie ihm geschah, so schnell war alles gegangen. Vor seinen Augen sah er plötzlich Grashalme, die ihm riesig groß erschienen, und in seinem Ellbogen spürte er einen unsäglichen Schmerz.

»Lasst das Schwert fallen, sonst breche ich Euch den Arm«, hörte er mit völlig ruhiger Stimme den Bauern sagen, der über ihm stand, ihm den Arm verdrehte und den Fuß auf seine Schulter gestellt hatte, was den Ritter am Aufstehen hinderte und sein Gesicht noch tiefer auf den Boden presste.

»Verdammt, was unterstehst du dich? Dafür lasse ich dich hängen! Walter, bei Gott, hilf mir! Oder sieht so die oft gepriesene Gastfreundschaft der Leafords aus?«

Marians Bruder war von der Situation restlos überfordert. Was eine glückliche Heimkehr mit Vorstellung seiner im heiratsfähigen Alter befindlichen Schwester hatte werden sollen, entwickelte sich zu einem völligen Desaster. So hatte er sich das

Ganze natürlich nicht vorgestellt. Zum Teufel, dass ihm aber auch immer alles aus dem Ruder laufen musste, was er gut meinte. Es war zum Verzweifeln!

»Robin, lass ihn los. Das bringt doch nichts. Und du, Guy, hör auf, mit ihm zu streiten. Wenn du eine Weile hier bist, wirst du schon merken, dass die Fitzooths ganz vernünftige Leute sind.«

So, jetzt war es heraus. Gisbourne kannte natürlich den Namen des Mannes, der seinen Vater getötet hatte. Er war nicht zuletzt deswegen in die Mitte Englands gekommen, um dafür Rache zu nehmen. Zusammen mit seiner Mutter hatte er in ärmlichen Verhältnissen auf ihrem kleinen Stammgut in der Normandie gelebt, ständig beseelt vom Hass auf diejenigen, denen er dieses in seinen Augen erbärmliche Dasein zu verdanken hatte.

Nur seiner langen Ahnenreihe und seinem brutalen Draufgängertum war es letztendlich zu verdanken gewesen, dass man ihn überhaupt zum Ritter geschlagen hatte. Dafür musste er sich dann an jeden verdingen, der gerade Krieg führte.

Lange hatte er gebettelt und Beamte an König Henrys Hof bestochen, bis er die Stellung in Nottingham erhielt, die ihm ein Auskommen sichern sollte und wo er hoffte, bittere Vergeltung üben zu können. Doch im Moment war er dafür in einer sehr schwierigen Lage, und so beschloss er, sich nichts anmerken zu lassen und seine Revanche auf einen späteren Zeitpunkt zu verschieben, um erst einmal aus dieser demütigenden Situation herauszukommen.

Robin hatte die Luft angehalten und mit einem Ausbruch Gisbournes gerechnet, doch der blieb zu seiner Verwunderung aus. Sollte der Ritter doch nichts mit dem Namen anfangen können? Das wäre fast zu schön, um wahr zu sein. Denn wurde er tatsächlich der Gehilfe des Sheriffs oder gar sein Stellvertreter, hatte er keine unbedeutende Macht in der Grafschaft und konnte den Bewohnern von Loxley das Leben zur Hölle machen. Ralf de Lacy war schon so unangenehm genug. Mit diesem Mann an seiner Seite konnte es richtig eklig werden.

»Lasst Euer Schwert fallen, gebt mir Euer Wort, dass Ihr Euch von nun an anständig benehmt, und Ihr dürft Euch erheben. Noch einmal sage ich das nicht.«

Wutschnaubend ließ der Ritter seine Waffe los. Zu mehr war er nicht bereit, aber das hatte Robin auch gar nicht erwartet. Er nahm den Fuß von der Schulter Gisbournes und gab dessen Arm frei. Während der Ritter mühsam auf die Beine kam, hob Robin das Schwert auf. Er ignorierte die Geste des Ritters, der seine Waffe einforderte, warf es stattdessen in die Luft, fing es am Griff wieder auf und schleuderte es mit aller Kraft in Richtung einer starken Buche, in deren Stamm die Waffe zitternd stecken blieb.

Gisbourne drehte sich zu Walter und Marian um, und alle Farbe war aus seinem Gesicht gewichen.

»Noch nie in meinem Leben bin ich so gedemütigt worden. Ihr schleppt mich hierher, Leaford, versprecht mir Gastfreundschaft und wollt mir Eure Schwester als mögliche Gemahlin vorstellen. Dann stellt sich heraus, dass sie bereits vergeben ist, noch dazu an einen Bauern. Nicht genug damit, Ihr verweigert einem Kriegskameraden auch die ihm zustehende Unterstützung gegen einen aufmüpfigen Angelsachsen. Glaubt mir, das werdet Ihr noch bitter bereuen.«

Kein »Du« mehr, mit der Freundschaft schien es endgültig vorbei zu sein. Gisbourne machte eine alle umfassende Geste und nutzte den Schwung der Bewegung, seinem Knappen, der mittlerweile herangetreten war, um seinem Herrn behilflich zu sein, eine schallende Ohrfeige zu verpassen. Der Junge rollte über den Boden und wusste nicht, wie ihm geschah. Doch Gisbourne klärte ihn schnell auf.

»Wenn wir in Nottingham sind, kannst du dir einen neuen Dienstherrn suchen. Von meinem Knappen erwarte ich, dass er nicht feige zurückbleibt, wenn sein Ritter in Gefahr ist. Und jetzt hol mein Pferd. Wir haben hier nichts mehr verloren!«

Gisbourne warf einen Blick auf sein Schwert und erkannte, dass er es nicht mit einem Ruck würde aus dem Stamm ziehen können. Er entschloss sich deshalb, es lieber stecken zu lassen, um sich nicht noch länger den spöttischen Blicken aussetzen zu müssen, wenn er es womöglich mühsam aus dem Baum polkte.

So würdevoll wie möglich schwang er sich auf das von dem Knappen gehaltene Streitross, als sein Blick auf den Morgenstern fiel, der am Sattel hing. Wenn er ihn nun blitzschnell löste, dem Hengst die Sporen gab und dem unverschämten Bauern damit den Schädel einschlug?

Doch ein Blick auf diesen belehrte ihn eines Besseren. Robin hatte seinen Bogen in der Hand und einen Pfeil auf der Sehne. Gisbourne war klar – bevor sein Pferd auch nur einen Sprung auf den Schützen zugemacht hätte, würde er sich zumindest einen Pfeil, wenn nicht gar mehrere einfangen. Und dass der Mann vor ihm zu schießen verstand, zeigten ihm die Treffer inmitten der Zielscheibe.

Nun, es war nicht aller Tage Abend, und seine Rache würde er bekommen, so sicher, wie am Abend die Sonne unterging. Ohne die Anwesenden noch eines einzigen Blickes zu würdigen, jagte der Ritter von der Lichtung, als wären die Waldgeister hinter ihm her, gefolgt von seinem Knappen, der einer ungewissen Zukunft entgegenritt.

»Sag mal, was fällt dir eigentlich ein, so einen Kerl hier anzuschleppen«, schnauzte Marian ihren Bruder an, als der Hufschlag verklungen war. »Und mich ihm anzubieten wie eine alte, sitzengebliebene Jungfer! Du hast sie wohl nicht mehr alle!«

Walter wusste gar nicht, wie ihm geschah.

»Aber ich habe es doch nur …«, gut gemeint, wollte er sagen, schluckte die letzten Worte aber hinunter, als er in die Augen seiner Schwester blickte.

Walter war eine Seele von Mensch, der eigentlich keiner Fliege etwas zuleide tun konnte und dem Kampf und Krieg ein Gräuel waren. Am liebsten wäre er in ein Kloster eingetreten und hätte Heldengeschichten in Büchern studiert, aber da er Sir Richards einziger Sohn und damit Erbe war, verbot sich das von selbst. Auch wenn Marian wesentlich besser geeignet gewesen wäre, das elterliche Gut zu führen. Statt weiterzusprechen, zuckte der junge Ritter mit den Achseln, nickte Robin zu, bevor er den Kopf sinken ließ, sein Pferd an den Zügeln nahm und ohne aufzusitzen auf dem Weg nach Fenwick davontrottete. Sein Knappe, der sich wohlweislich aus allem herausgehalten hatte, folgte ihm hingegen hoch zu Ross.

»Was ich noch gern wissen würde«, fragte Robin mit weicher Stimme Marian, als sie wieder allein waren, »seit wann sind wir doch gleich verlobt? Irgendwie muss mir das entfallen sein.«

»Du verdammter Kerl!«, entfuhr es der jungen Frau, und blanke Wut funkelte Robin an. »Ich wollte doch nur, dass er von dir ablässt. Aber du hast es überhaupt nicht verdient, dass man sich um dich sorgt. Jetzt haben wir deinetwegen garantiert Ärger mit dem Sheriff, und Walter hat einen Freund verloren.«

»Kein großer Verlust, würde ich meinen. Aber das beantwortet nicht meine Frage.«

»Du kannst dir gar nicht vorstellen, wie ich die Worte schon bereue, die mir herausgerutscht sind. Bring du mich nur für meine Hilfe noch in Verlegenheit!«

»Nichts liegt mir ferner, Marian. Ich will nur gern wissen, woran ich bin. Es ist nämlich so, dass ich seit Jahren unsterblich in dich verliebt bin. Doch bisher hast du mir nie zu verstehen gegeben, dass es dir ebenso geht. Ich hatte mich schon damit abgefunden, dass wir immer nur Freunde sein würden. Vielleicht, weil der Standesunterschied zwischen uns doch zu groß ist?«

Robins Worte warfen Marian fast um.

»Was bist du? In mich verliebt? Und ich habe dir meine Zuneigung nie gezeigt? Ja, was ist denn mit dir, Robert von Loxley? Seit ich dich das erste Mal sah, habe ich dich gemocht. Trotz Zöpfezieherei und all der anderen Neckereien, die ich mir gefallen lassen musste. Mir unterstellst du Dünkelhaftigkeit? Du weißt genau, wie bescheiden wir leben und welche Achtung unsere Väter voreinander haben. Also komm mir nicht damit. Noch nie hast du dich mir erklärt, mich in den Arm genommen oder gar geküsst. Bin ich dir vielleicht zu hässlich oder nicht gut genug?«

Ohne etwas zu erwidern, drehte Robin sich um. Sein Blick schweifte über den Boden, dann fand er, was er suchte. Er bückte sich und machte etwas mit seinen Händen im Gras, doch Marian konnte mit ihren tränenfeuchten Augen nicht erkennen, was es war. Am liebsten wäre sie davongelaufen, aber irgendwie war ihr das als Reaktion auf ihren Wortwechsel zu dumm. Sie war ja schließlich keine alberne Gans und wollte außerdem wissen, was Robin da tat.

Der war endlich fertig und kam auf sie zu. Vor Marian sank er auf das rechte Knie und griff nach ihrer Hand. Zuerst drückte er einen zarten Kuss darauf, dann streifte er etwas über den Ringfinger. Die junge Frau blinzelte die Tränen weg und sah, dass Robin aus den hier überall auf der Wiese wachsenden Tausendschönchen einen Ring geflochten und ihr angesteckt hatte.

»Da du mir keine Gelegenheit gegeben hast, einen goldenen Reif zu besorgen, muss es vorerst dieser hier tun. Marian, solange ich dich kenne, habe ich mich nach dir verzehrt, nie auch nur einer anderen hinterhergeschaut. Der Tag, an dem du einen anderen Mann geheiratet hättest, wäre der traurigste in meinem ganzen Leben gewesen. Jetzt sagst du mir, dass es dir ebenso geht. Beinahe wäre Fürchterliches passiert, nur weil wir uns wie Kinder verhalten haben und keiner sich getraut hat, dem anderen seine Liebe zu gestehen. Das darf uns nie wieder passieren, hörst du? Marian, ich liebe dich von ganzem Herzen und werde es immer tun. Willst du meine Frau werden?«

Sanft zog Marian den Knienden empor und küsste ihn das erste Mal zart auf den Mund.

»Ja, ja, und tausendmal ja«, hauchte sie. Dann presste sie ihre Lippen fest auf Robins, öffnete die seinen mit ihrer flinken Zunge und erstickte jedes weitere Wort in einem leidenschaftlichen, nicht enden wollenden Kuss.

Keiner konnte und wollte vom anderen lassen. Die jahrelang aufgestaute Zurückhaltung brach sich endlich Bahn. Eng umschlungen sanken sie in das weiche Gras und begannen gegenseitig ihre Körper zu erforschen, doch vor dem letzten Schritt schreckten beide noch zurück.

Als es dämmerte, begleitete Robin Marian nach Fenwick. Hand in Hand schlenderten sie durch den Wald und hofften, der Weg würde nie enden. Auch wenn er sich vor nichts auf der Welt mehr fürchtete, wollte Robin mit Marians Vater sprechen und um ihre Hand anhalten, doch Sir Richard war noch nicht aus York zurück. Nur Walter saß in der Halle vor einem Krug Bier und schien bedrückter Stimmung zu sein.

Robin, dessen Herz Purzelbäume schlug, gedachte nicht, ihm Gesellschaft zu leisten. Widerstrebend und unter dem Austausch zahlloser Küsse verabschiedete er sich von Marian, nicht ohne zu versprechen, am nächsten Tag wiederzukommen.

* * *

Auch wenn er deshalb nicht in Selbstmitleid versank, manchmal war Hugh Fitzooth der Meinung, dass das Leben es nicht gut mit ihm gemeint hatte. Es war nicht unbedingt sein Lebensziel gewesen, Bauer zu werden. Vielleicht hätte es ihn weniger gestört, wenn er am Abend nach verrichtetem Tagwerk zu einer Frau hätte zurückkehren können, die ihn mit einer herzlichen Umarmung empfing und seine Nöte und Sorgen mit ihm teilte.

Doch der Herr hatte ihm die Liebe seines Lebens zeitig genommen, und obwohl er wusste, wie ungerecht das war, hegte er von Zeit zu Zeit deswegen einen unterdrückten Groll auf seinen Sohn, bei dessen Geburt Clare gestorben war. Er schalt sich dafür selbst und flehte zu Gott, ihm diese Gedanken zu nehmen.

Wenngleich er Robin von ganzem Herzen liebte, ganz verdrängen konnte er sie nicht. Zu einsam fühlte er sich oft, von allen verlassen und unerfüllt in seinen Träumen. Baumeister hätte er werden wollen, um zu sehen, wie Werke für die Ewigkeit durch seine Anleitung und sein Wissen entstanden. Stattdessen saß er hier in dieser Einöde, wenn auch hochgeachtet und keineswegs arm. Jahr für Jahr wuchs durch seiner Hände Arbeit Korn, von dem viele Menschen satt wurden, wurden Lämmer geboren und wurde Wolle geschoren, doch so richtig befriedigte ihn das alles nicht.

Warum die Unzufriedenheit so an ihm nagte, konnte er sich oft selbst nicht erklären. Nur, dass seine Träume halt so gar nicht in Erfüllung gegangen waren. Er fühlte sich seinem Erbe und den Menschen von Loxley durchaus verpflichtet und verrichtete seine vielfältigen Tätigkeiten für das Gemeinwohl aufopferungsvoll. Jeder konnte mit seinen Sorgen und Nöten zu ihm kommen, aber wohin ging er? Seit seine Mutter gestorben war, hatte er niemanden mehr, mit dem er sich austauschen, bei dem er Rat suchen konnte. Außer vielleicht bei Sir Richard Leaford, wenn dieser denn mal in Fenwick weilte.

Robin war ihm auch keine große Hilfe. Der Junge hatte das kämpferische Herz und Talent seines Großvaters geerbt, nicht die ruhige, bedächtige Art seines Vaters. Er war der unbestrittene Anführer der jungen Burschen weit und breit und ständig unterwegs. Keinem Wettstreit ging er aus dem Wege, doch er konnte es nicht ertragen, der Unterlegene zu sein. Passierte das doch einmal, übte und trainierte er so lange, bis er beim erneuten Aufeinandertreffen gewann.

Walter Leaford war es nicht ein einziges Mal gelungen, Robin im Schwertkampf zu besiegen, obwohl er in seinem Vater einen guten Lehrmeister hatte und er, Hugh, seinem Sohn diesbezüglich nichts beibringen konnte. Aber Robin zehrte von dem, was er von seinem Großvater gelernt hatte, und vervollkommnete sich ständig in allen Tugenden, die eigentlich eher einem Ritter als einem Bauern anstanden.

Von seinen Streifzügen durch den Sherwood brachte er immer Niederwild mit, dessen Jagd König Henry damals Robert Fitzooth und seinen Nachkommen ebenso wie das Tragen von Waffen zugestanden hatte. Dass Robin jemals einen Fehlschuss getan hatte, daran konnte sich niemand erinnern.

Hugh hatte sogar schon überlegt, beim König um die Erhebung in den Adelsstand nachzusuchen. Nicht für sich, sondern eher, damit sein Sohn einmal diese Würde erben und eine entsprechende Position einnehmen konnte. Henry, ständig in Geldnöten, verkaufte neuerdings Titel und Ämter, wenn ihm ein guter Preis geboten wurde. Und schließlich kannte Hugh ihn von früher, hatte genügend Land, das den »Sir« rechtfertigen würde, und konnte sich eine großzügige Spende für die königliche Schatulle durchaus leisten.

Man munkelte, dass auch der neue Highsheriff von Nottinghamshire, Ralf de Lacy, so zu seinem Amt gekommen war. Doch genau deswegen widerstrebte es Hugh. Adel sollte errungen und nicht erkauft werden. So war es zumindest in alten Zeiten gewesen, und daran etwas zu ändern fand Hugh nicht in Ordnung. Es gab so vieles, worin er nicht mehr mit dem König übereinstimmte.

Am Anfang seiner Regierung war Henry, unterstützt von seiner ebenso klugen wie schönen Gemahlin, beherzt darangegangen, die Missstände, die sich in den Jahren des Bürgerkrieges eingeschlichen hatten, zu beseitigen. Selbst so mächtige Fürsten wie der Earl von Chester und auch zahlreiche Bischöfe wurden in die Schranken gewiesen. Das Recht galt für jeden freien Mann in England, und jeder konnte einen königlichen Richter anrufen, fühlte er sich ungerecht behandelt. Die Steuern waren moderat, es herrschte Frieden, und das Land blühte auf.

Doch je älter der König wurde, desto mehr veränderte sich alles zum Schlechteren. Die Kriege gegen seine Söhne, die von Frankreich unterstützt wurden, kosteten ebenso viel Geld wie Henrys zahlreiche Mätressen. Und woher nahm ein König seit Urzeiten die Mittel für seine Ambitionen? Von seinen Untertanen, gleich welchen Standes sie waren. Selbst die Freisassen wurden zur Kasse gebeten.

Vor Kurzem war de Lacy in Hathersage aufgetaucht und hatte maßlose Forderungen gestellt. Edward Little, so ging das Gerücht, hatte sich ihm entgegengestellt. Dafür war er festgenommen und nach Nottingham in den Kerker gebracht worden. Das Dorf hatte man geplündert und angezündet. Wer sich von den Einwohnern retten konnte, war in die Wälder geflüchtet.

Hugh hoffte, dass dieser Kelch an Loxley vorübergehen würde, und vertraute auf den königlichen Schutzbrief. Auf wen oder was auch sonst? Den Kriegsknechten des Sheriffs von Nottingham hatten die Dörfler nichts entgegenzusetzen. Es gab nur einen, der das anders sah: sein Sohn. Der hatte schon lange den Plan, eine Miliz aus den waffenfähigen Männern des Dorfes zu bilden, die sich notfalls gegen Überfälle, von welcher Seite auch immer, zur Wehr setzen konnte. Was für ein verrückter Gedanke! Bauern, die womöglich gegen Ritter kämpften! Dem Jungen war offenbar zu Kopf gestiegen, dass er das Schwert seines Großvaters tragen durfte.

Diesen trüben Gedanken hing Hugh Fitzooth nach, als Robin, strahlend wie ein Maientag, in das Haus gestürmt kam.

»Vater, du wirst es nicht glauben, Marian und ich werden heiraten!«

»Langsam, langsam mit den jungen Pferden. Woher kommt denn dieser plötzliche Entschluss?«

Nicht, dass Hugh Robins Ankündigung übermäßig überraschte. Sir Richard und er hatten sogar schon über eine solche Verbindung gesprochen, sie dann aber wieder verworfen. Schließlich taten die beiden jungen Leute nichts dergleichen. Und dann war da noch der Standesunterschied, den man nicht außer Acht lassen konnte. Nun war das Letzte, was man Richard Leaford nachsagen konnte, Dünkelhaftigkeit, doch seine Tochter eine wahre Schönheit. Hugh konnte es ihm nicht verübeln, dass er sich für Marian als zukünftigen Gemahl einen Earl oder zumindest einen Ritter aus dem königlichen Gefolge mit großen Ländereien vorstellte. Da hatte sein Sohn eher keine Chance, so leid es ihm auch für ihn tat.

»Wir haben wohl die ganzen Jahre wie Bruder und Schwester gelebt und dabei gar nicht gemerkt, wie sehr wir uns lieben. Marian dachte vorhin, ich wäre in Gefahr, und hat mich ihren Verlobten genannt, um mich zu schützen. Da fiel es mir wie Schuppen von den Augen. Ich habe ihr einen Antrag gemacht, und sie hat ihn, ohne zu zögern, angenommen.«

»Das ist ja alles gut und schön, aber was sagt ihr Vater dazu?«

»Ich konnte ihn noch nicht fragen, aber das ist uns auch ganz gleich. Ob mit oder ohne seinen Segen, Marian wird meine Frau. Zur Not mache ich es wie Großvater und brenne mit ihr durch. Die Welt ist groß und weit. Irgendwo werden wir schon einen Platz zum Leben finden, wenn wir nur zusammen sein können.«

Hugh traute seinem Sohn durchaus zu, das Angekündigte wahr zu machen. So weit kannte er ihn und seine abenteuerlustige Ader. Hoffentlich war wenigstens Marian vernünftiger.

»Ich glaube, Robert, du solltest dir da keine zu großen Hoffnungen machen.« Immer wenn Hugh ernsthaft mit seinem Sohn reden musste, nannte er ihn bei seinem eigentlichen Namen. Marian hielt es im Übrigen ebenso. »Sir Richard ist seit einiger Zeit auf der Suche nach einem passenden Ehemann für Marian. Bisher ist eine Verbindung nur daran gescheitert, dass der König in England so gut wie nie Hof hält und er seine Tochter deshalb nicht in die Gesellschaft einführen kann. Ich bin sicher, die passenden Kandidaten würden Schlange stehen, bekämen sie Marian einmal zu Gesicht. Dann würde es wohl auch kaum noch eine Rolle spielen, dass ihr Vater ihr keine große Mitgift mitgeben kann.«

»Ich hingegen weiß, wie schön sie ist. Und mir muss Sir Richard nicht noch etwas dafür geben, damit ich sie nehme. Könntest du nicht für mich mit ihm sprechen? Bitte. Ihr seid doch Freunde!«

»Schon. Aber ob die Freundschaft so weit reicht? Ich könnte Marians Vater verstehen, wenn er ›Nein‹ sagt. Schließlich will er nur das Beste für seine Tochter. Das wirst du ihm kaum verübeln können.«

»Womöglich einen Tattergreis, nur weil der einen Titel hat? Das glaubst du doch nicht im Ernst?«

»Sicher nicht, dazu kenne ich Sir Richard zu gut. Er liebt seine Tochter aufrichtig, und für ihn ist sie kein Handelsobjekt. Ich glaube kaum, dass er sie gegen ihren Willen zu etwas zwingen wird. Aber glaubst du wirklich, dass sie mit dem Leben zufrieden wäre, das du ihr bieten kannst? Gibst du dich da keinen Illusionen hin?«

»Wer weiß schon, was die Zukunft bringt? Mutter hat ihr Elternhaus verlassen und ist mit dir hierher in die Einsamkeit gezogen. Obwohl sie als Kaufmannstochter in Lincoln sicher auch besser hätte leben und heiraten können. Und Großmutter ist sogar aus einem Kloster geflohen und wäre fast der ewigen Verdammnis anheimgefallen. Also muss doch Liebe auch solche Schranken überwinden können, oder etwa nicht?«

Hugh seufzte schwer. Robin hatte ja recht. Seine Clare hatte ihre Eltern auch ultimativ vor die Wahl gestellt, mit oder ohne ihren Segen mit ihm zu gehen. Als er ihnen dann ihren Tod mitteilen musste, war das der schwerste Gang seines Lebens gewesen. Doch sein Schwiegervater hatte ihn wortlos umarmt, und ihrer beider Tränen hatten sich vermischt.

»Gut, ich werde den Brautwerber für dich spielen. Aber dafür erwarte ich, dass du keinen Unsinn machst, sollte Sir Richard nicht zustimmen. Ist das klar?«

»Fragt sich, was du unter Unsinn verstehst«, grinste Robin. »Wieder hergeben tue ich Marian auf gar keinen Fall. Besser, ihr Vater findet sich damit ab.«

Robin klopfte Hugh dankbar auf die Schulter und war schon wieder zur Tür hinaus. Es verlangte ihn danach, sein Glück mit jemandem zu teilen, und da fiel ihm als Erstes sein Freund Much ein. Den würde er jetzt auf einen Krug Bier in der Schenke einladen und seinem übersprudelnden Herzen Luft verschaffen.

* * *

Am nächsten Tag fand sich Robin wie selbstverständlich wieder bei Marian ein und hoffte, dass ihr Vater endlich zurückgekehrt war. Doch der hatte einen Boten geschickt und ausrichten lassen, dass er weiter nach Schottland gereist war. Es gab offenbar in England im Moment keinen Markt für gute Pferde, und so würde er es in Edinburgh versuchen. Vielleicht zahlte man ihm dort bessere Preise. Verschenken wollte er seine wertvollen Tiere, in denen viel Arbeit und Herzblut steckte, jedenfalls nicht.

Zumindest konnte Robin die Zeit nutzen, um weiter mit dem Waliser Bogen zu üben. Die Waffe hatte es ihm angetan, und ständig grübelte er darüber nach, woher er sich eine ähnliche besorgen konnte. Marian hingegen bereute bereits, sie ihm gezeigt zu haben, fühlte sie sich doch regelrecht vernachlässigt. Andererseits war sie beeindruckt, wie Robin den schweren Bogen handhabte. Schon bald gelang es ihm, ihn wie seinen alten zu spannen und Pfeil um Pfeil ins Ziel zu schicken. Immer größer wurde die Distanz, die er wählte. Und eines Tages gelang es Robin, auf zweihundertfünfzig Yards, eine Entfernung, die mit jedem anderen, ihm bisher bekannten Bogen illusorisch gewesen wäre, einen Kiefernzapfen zu treffen.

Jetzt war er wieder mit sich im Reinen und testete zusätzlich die Durchschlagskraft der Waffe. Lange hatte er betteln müssen, bis Marian ihm ein altes Kettenhemd ihres Vaters und einen abgelegten Helm brachte. Robin bastelte eine Strohpuppe, steckte sie in die Rüstung und schoss auf hundert Schritt einen Pfeil auf sie ab. Das Geschoss durchschlug scheinbar mühelos das Kettenhemd und drang tief in den Körper des vermeintlichen Gegners ein. Sogar der aus getriebenem Stahl geformte Normannenhelm wurde durchbohrt! Robin verschlug es glatt die Sprache, als er das mit eigenen Augen sah.

»Marian«, meinte er nachdenklich und spielte mit dem Pfeil zwischen seinen Fingern, »diese Bögen können das Ende der Ritterschaft einläuten. Eine Armee aus Schützen, damit bewaffnet und gut ausgebildet, kann ganze Heere zusammenschießen. Und wenn man das Geheimnis erst einmal ergründet hat, kann jeder Bauer solch einen Bogen herstellen. Ich habe gehört, dass der Papst versucht hat, Armbrüste unter den Kirchenbann zu stellen, und ihren Gebrauch verbieten wollte. Was sagt er dann erst dazu? Zehn Pfeile in der Minute dürften für einen geübten Schützen kein Problem darstellen. Hundert Männer würden also in dieser Zeit tausend Geschosse auf potenzielle Angreifer niederregnen lassen. Man könnte glatt Mitleid mit einem Feind bekommen, wenn man über solch einen Bogen verfügt.«

»Vater hat gesagt, die Waliser hüten sie wie ihre Augäpfel, und die Herstellung ist ihr Geheimnis und weit schwieriger, als du vielleicht meinst. Ganz so einfach ist es also offenbar nicht, ein Heer damit zu bewaffnen. Oder was glaubst du, warum der König es noch nicht getan hat?«

Robin zuckte mit den Schultern. Wäre er Henry, würde er Himmel und Hölle in Bewegung setzen, um diese Langbögen für seine Truppen zu beschaffen. Dann konnten Bogenschützen zukünftig die Schlachten entscheiden und die stolzen Ritter sich damit begnügen, sie zu schützen. Doch weiter wollte Robin den Gedanken nicht spinnen. Zu sehr lockten Marians weiche Lippen, der Duft ihres Haares und ihre Umarmung und ließen ihn alles andere ringsum vergessen.

* * *

Einige Tage später – Sir Richard war immer noch nicht zurückgekehrt und Robin saß mittlerweile wie auf glühenden Kohlen – kündigte sich unangenehmer Besuch in Loxley an. Der Highsheriff von Nottinghamshire und den königlichen Forsten hatte sich entschlossen, die Freisass am Rande des Sherwoods, die ihm seit seinem Amtsantritt ein Dorn im Auge war, aufzusuchen.

Ralf de Lacy war ein in sich zerrissener Mann. Seine Familie hatte einen großen Namen unter dem Adel Englands, doch er gehörte einem eher unbedeutenden Seitenzweig an. Seine Hoffnung, zu Ruhm, Ehre und dem von ihm angestrebten, aufwendigen Lebensstil zu gelangen, sah er darin, dem König die dringend notwendigen Einnahmen zu sichern, von denen allerdings ein nicht unbedeutender Anteil in seinen eigenen Taschen verschwand.

Ein Dorf, das an ihn keine Steuern zahlte, durfte es einfach nicht geben, königlicher Freibrief hin oder her. Den wollte er sich zumindest einmal selbst ansehen, auch wenn ihm das Schicksal eines seiner Vorgänger eine Warnung war. Doch wo kam man hin, wenn Bauern gegen die göttliche Ordnung verstießen und der Obrigkeit nicht gehorchten? Ganz gleich, was diese auch immer verlangte. So zumindest sah es de Lacy, und es gab niemanden in seiner Umgebung, der ihm diesbezüglich widersprach.

Hugh Fitzooth sah den Ankömmlingen besorgt entgegen. Das Schicksal von Hathersage vor Augen, grummelte es in seinem Magen. Die Dörfler fanden sich rings um ihn ein, so wie sie es immer taten, wenn sie seinen Rat suchten.

Robin stand zwei Schritte hinter seinem Vater zu dessen Rechter, die Daumen provokant in den Schwertgurt gehakt. Hugh verkniff sich widerwillig eine bissige Bemerkung. So empfingen Bauern schließlich nicht den Vertreter des Königs. Doch mit Robin war darüber nicht zu reden. Die Fitzooths hatten das Recht, Waffen zu tragen, und er nahm es wahr. So einfach sah sein Sohn das und dachte gar nicht daran, um des lieben Friedens willen auch nur einen Schritt davon abzurücken.

Wie damals William Peverel preschte auch Ralf de Lacy, allerdings gefolgt von einem Dutzend eigener Kriegsknechte unter dem Kommando von Guy von Gisbourne, bis in die Mitte des Dorfes und zügelte erst kurz vor Hugh Fitzooth sein Pferd. Der entbot den Ankömmlingen in leicht gebeugter Haltung, die Mütze in der Hand, einen freundlichen Gruß.

»Euer Besuch ist uns eine große Ehre, Mylord«, dienerte Hugh Fitzooth. »Wollt Ihr nicht absitzen und eine Erfrischung zu Euch nehmen? Vielleicht wäre Euch ein kühles Bier recht?«

»Lieber wäre es mir, Ihr zahltet endlich die Steuern, die der Krone zustehen. Ich glaube nicht, dass Euer Freibrief ewig gilt. Der König hat Eurem Vater damals die Abgaben gestundet, weil er das Land kultivieren und fruchtbar machen sollte. Doch das ist, wie man sieht, längst geschehen. Nun ist es nur recht und billig, wenn die Krone den ihr zustehenden Anteil erhält. Und mir, als dem Vertreter des Königs in der Grafschaft, obliegt es schließlich, die Steuern festzusetzen und einzutreiben.«

»Mylord Sheriff, der königliche Freibrief und die darin gewährten Privilegien galten für meinen Vater und seine Nachkommen in direkter Linie. Sie gingen also nach seinem Tod auf mich über, so wie ich sie auf meinen Sohn übertragen werde, und er, so Gott will, auf die seinen. Von einem Erlöschen der darin verankerten Befreiungen steht nichts darin. Die Gültigkeit der Urkunde wurde von hohen Amtspersonen mehrfach bezeugt.«

»Aber nicht von mir oder einem meiner Vorgänger, soweit ich weiß. Zeigt mir doch einmal dieses legendäre Dokument, das einem Bauern mehr Rechte einräumt als einem Adeligen.«

»Selbstverständlich gern. Wenn Ihr mich in mein Haus begleiten wollt?«

»Kerl, ich betrete doch keine elende, stinkende Bauernkate, wenn ich nicht unbedingt muss. Bring das Dokument hier heraus, aber ein bisschen plötzlich. Sonst helfen dir meine Kriegsknechte dabei, es zu suchen.«

Nun war Hugh Fitzooths Haus beileibe keine ärmliche Hütte, sondern eher ein Anwesen, das manchem Ritter zur Ehre gereicht hätte. Es war von ihm gemeinsam mit seinem Vater errichtet und ständig daran weitergebaut worden. Das Untergeschoss bestand ganz ungewöhnlich für die Region aus Stein und beinhaltete die Küche und eine große Halle, in der sich die Dorfbewohner versammeln konnten. Darüber befand sich eine weitere Etage mit mehreren Räumlichkeiten. Robin und sein Vater hatten jeder seine eigene Kammer, Mägde und Knechte jeweils eine gemeinschaftliche Unterkunft.

Hugh suchte keinen Streit, doch beleidigen lassen wollte er sich auch nicht. Außerdem traute er diesem Sheriff nicht so weit, wie ein Knabe spucken konnte. Er richtete sich aus seiner devoten Haltung zur vollen Größe auf, und de Lacy sah erstmals, mit was für einem Hünen er es zu tun hatte. Dahinter dieser junge Bursche, der das Schwert nicht nur zur Zierde zu tragen schien, und Bauern, die zumindest von der Anzahl her seinen Männern weit überlegen waren. So leicht, wie der Sheriff sich das vorgestellt hatte, schien die Sache doch nicht zu werden. Hier hatte schon einmal die Karriere eines seiner Vorgänger geendet, und das sollte sich nach de Lacys Dafürhalten nicht wiederholen.

»Ich habe Euch eingeladen, mein Gast zu sein«, Hugh Fitzooths Stimme klang auf einmal gar nicht mehr so unterwürfig wie noch soeben, »doch wenn Ihr denkt, dass ich Euch hier draußen auf dem Pferd ein solch wichtiges Dokument in die Hand gebe, damit Ihr damit auf Nimmerwiedersehen davonreiten könnt, irrt Ihr Euch. Ihr könnt es in meinem Haus lesen oder Euch von einem Mann Eurer Wahl vorlesen lassen. Ganz nach Belieben. Doch glaubt mir, Ihr habt keinen dummen Bauern vor Euch, den Ihr übertölpeln könnt. Ich weiß um mein Recht. Wir hier in Loxley sind freie Männer, nur dem König untertan. Ihr habt keine Befugnisse über uns.«

»Oh doch, und das werdet Ihr bald zu spüren bekommen. Für die bodenlose Unverschämtheit, mir unlauteres Handeln zu unterstellen, werdet Ihr bezahlen. Ich bin des Königs Richter und

Vollstreckungsbeamter in der Grafschaft, und mir schuldet Ihr Gehorsam. Da Ihr mir das Dokument vorenthaltet, sehe ich es als ungültig an. Die jährliche Steuer für die Freisass Loxley setze ich auf jährlich einhundert Silbermark fest. Sie ist innerhalb von zwei Wochen rückwirkend für zehn Jahre zu entrichten. Ich erwarte Euch mit dem Geld spätestens in vierzehn Tagen in Nottingham. Solltet Ihr nicht erscheinen, verfällt Euer Anspruch auf das Land, und ich werde dafür sorgen, dass Ihr von hier verschwindet und Männer an Eure Stelle treten, die die königliche Gunst besser zu schätzen wissen.«

Hugh Fitzooth war es schwarz vor Augen geworden. Tausend Silbermark! So viel Geld gab es in der ganzen Grafschaft nicht! Es war völlig unmöglich, diesen Betrag aufzutreiben, selbst wenn man sich bei den Juden von York auf Jahrzehnte verschuldete. Und der Sheriff wusste das! Hier ging es nicht um Steuern, hier ging es um den Besitz, den sich de Lacy wahrscheinlich selbst unter den Nagel reißen wollte.

»Macht Euch nicht lächerlich«, tönte da hinter Hugh eine ihm wohlbekannte Stimme. »Loxley ist durch einen Erlass von allen Steuern und Abgaben befreit. Mein Großvater hat dieses Privileg selbst aus der Hand des Königs entgegengenommen. Ihr könnt es gar nicht außer Kraft setzen. Dafür fehlt Euch jedwede Legitimation.«

Der Sheriff beugte sich von seinem Pferd aus nach vorn, sodass er sich auf Augenhöhe mit Robin befand. Höhnisch lächelte er ihn an, bevor er antwortete.

»Mag sein, mag aber auch nicht sein. Doch ich habe etwas viel Besseres, Bauer. Und das werdet Ihr aufsässiges Pack ab sofort zu spüren bekommen. Nämlich die Macht, zu tun, was mir beliebt. Ist das der Kerl, der sich Euch widersetzt hat, Gisbourne?«

»Jawohl, Mylord. Gestattet Ihr, dass wir ihm gleich hier und jetzt eine geziemende Abreibung verpassen?«

De Lacy schaute sich in der Runde um. Dummerweise war er davon ausgegangen, dass sich die Angelegenheit leichter gestalten würde, und hatte zu wenige Männer mitgenommen. Er zweifelte zwar nicht daran, dass sie letztendlich gegen die im Kampf ungeübten Bauern siegen würden, aber es konnte haarig werden. Das nächste Mal würde er mit einer Streitmacht anrücken, denen sie nichts entgegenzusetzen hatten. Und dann konnte nur Gott ihnen noch helfen.

»Heute nicht, Gisbourne. Ein anderes Mal. Die Zeit wird kommen, glaubt mir.«

»Schade! Ich hätte doch gar zu gern gesehen, wie Ihr das anstellen wollt. Schließlich lagt Ihr schon einmal zu meinen Füßen. Ich stehe Euch gern jederzeit zur Verfügung, wenn es Euch nach einer Wiederholung gelüstet.« Robin konnte sich das einfach nicht verkneifen.

De Lacys Söldnerführer lief purpurrot an. Nur die erhobene Hand seines Dienstherrn hielt ihn davon ab, sich auf den aufmüpfigen Bauern zu stürzen. Doch den würde er sich bei nächster Gelegenheit kaufen, das stand für ihn so fest wie die Eichen im Sherwood.

»Ihr solltet Euren Sohn besser im Zaum halten, Fitzooth«, merkte der Sheriff an. »Ich bin mir fast sicher, dass es ein böses Ende mit ihm nehmen wird. In zwei Wochen, habt Ihr verstanden, seid Ihr mit den Steuern bei mir in Nottingham. Oder ich komme wieder, doch das wollt Ihr nicht wirklich.«

»Mylord, gebt uns mehr Zeit, ich bitte Euch«, flehte Hugh und versuchte die Galgenfrist etwas hinauszuschieben. Jeder Tag konnte von Nutzen sein.

»Keinen Tag und keine Stunde. Und nun gehabt Euch wohl. Genießt die letzten Tage auf Eurem schönen Anwesen. Ihr werdet es nicht mehr lange haben, da bin ich mir recht sicher.«

Hohnlachend wendete der Sheriff, brutal an der Kandare reißend, sein Pferd, stieß ihm die Sporen in die Flanken und preschte, gefolgt von seinen Männern, davon. Nur Guy von Gisbourne wandte sich noch einmal um, und sein Blick verhieß beileibe nichts Gutes.

Kaum waren die Reiter verschwunden, drängten sich die Bauern um Hugh. Sie sprachen wie wild durcheinander, gestikulierten, und manch einem standen die Tränen in den Augen. Sie wussten, was mit Hathersage geschehen war, und sahen sich vor dem gleichen Schicksal, wenn nicht ein Wunder geschah. Und wenn hier einer eines wirken konnte, dann nur Hugh Fitzooth, dem immer etwas einfiel und zu dem sie grenzenloses Vertrauen hatten.

»Gebt Ruhe!«, verschaffte sich Robins Vater endlich Gehör. »Jammern und Wehklagen bringen uns nicht weiter. Die tausend Silbermark werden wir nicht aufbringen können, das weiß ich selbst. Aber wenn wir alle zusammenlegen, vielleicht einen Betrag, mit dem ich zum König reisen und unsere Privilegien erneuern lassen kann. Der Sheriff wird nicht wagen, Hand an Loxley zu legen, wenn er hört, dass ich unterwegs nach Rouen bin. Und wenn in Henry nur noch etwas von dem Mann schlummert, den ich als Kind gekannt habe, wird er zu seinem einmal gegebenen Wort stehen. Also geht jetzt nach Hause und seht, was jeder von euch erübrigen kann. Morgen treffen wir uns erneut und beratschlagen in Ruhe. Jetzt muss ich erst einmal über das Geschehene nachdenken, also lasst mich bitte allein.«

Murrend und eifrig diskutierend, zogen die Bauern in kleinen Grüppchen ab. Hugh hatte ihnen mit seinem Einfall, zum König zu reisen, schon wieder etwas Hoffnung gegeben. Gebe Gott, dass sie nicht Heim und Herd und die harte Arbeit vieler Jahre auf einen Schlag verloren.

»Dein Auftritt war nicht gerade hilfreich«, rügte Hugh seinen Sohn, als sie unter vier Augen waren. »Vielleicht hätte ich eine längere Frist heraushandeln können, wenn du dich nicht eingemischt hättest. Aber du musst ja immer provozieren! Kannst du dich nicht einmal zurückhalten? Und was hattest du da mit dem Kerl an de Lacys Seite für einen Streit?«

»Ach, nichts weiter. Walter brachte ihn aus der Bretagne mit und hat ihn als eventuellen Bräutigam für Marian angeschleppt. Manchmal hat der nur Stroh im Kopf. Und dann setzt dieser Gisbourne mir das Schwert an die Kehle. Das konnte ich mir schließlich nicht bieten lassen, oder? Also habe ich ihn ins Gras befördert. Aber weiter ist nichts passiert, ich schwör's.«

»Gisbourne sagst du? Ist der womöglich verwandt mit dem Mann, den dein Großvater hier einst getötet hat?«

Robin nickte.

»Er ist sein Sohn und mit Sicherheit auf Rache aus.«

»Großer Gott! Das hat uns gerade noch gefehlt! Und du musstest dich natürlich gleich mit ihm anlegen! Kannst du nicht einmal einem Streit aus dem Weg gehen?«

Robin fand das ungerecht. Was hätte er denn in der Situation tun sollen? Sich wie ein Lamm zur Schlachtbank führen lassen? Sicher nicht! Doch wie sollte er das seinem Vater plausibel machen, der tunlichst versuchte, jede Auseinandersetzung zu vermeiden?

»Du wirst dich morgen in aller Herrgottsfrühe aufmachen, unsere gesamte Wolle nach Lincoln bringen und dort verkaufen«, fuhr Hugh fort. »Ich brauche jeden Penny, wenn ich zu Henry vorgelassen werden will. Jeder Beamte, jede Hofschranze hält die Hände auf, das kenne ich von früher. Ohne Bestechungsgeld komme ich nicht einmal über die erste Zugbrücke. Außerdem benötige ich gute Reisekleider. Ich werde derweil hier alles vorbereiten. Spute dich, ich brauche dich so schnell wie möglich wieder zurück.«

»Warum nimmst du nicht das Geld, das du unter der Herdstelle vergraben hast?«, erkundigte sich Robin verständnislos.

Er wusste um den Schatz, den seine Großeltern gehütet hatten und dessen wertvollster Bestandteil ein kaiserlicher Ring war.

»Weil es nur im allergrößten Notfall hervorgeholt und verwendet werden soll. So haben es deine Großeltern entschieden, und so soll es bleiben. Noch ist eine solche Situation nicht eingetreten. Und um die von de Lacy erhobenen Steuern zu bezahlen, würde das Geld auch nicht reichen. Also bleibt es, wo es ist. Du kannst jetzt gehen und mit deinen Freunden die Wagen beladen. Frag auch bei den anderen Bauern, ob sie etwas mitzugeben haben. Sie müssen begreifen, dass es hier um alles geht.«

Robin wusste sehr wohl, wann es besser war, zu tun, was sein Vater sagte. Selbst in den angespanntesten Situationen behielt dieser nämlich einen klaren Kopf. Ganz im Gegensatz zu ihm, wie er sich selbst eingestand.

* * *

Ralf de Lacy war auf dem ganzen Ritt zurück nach Nottingham sehr schweigsam. In der Burg befahl er seinen neuen Gehilfen mit einem Wink in sein Gemach, wo er ohne die Anwesenheit von neugierigen Lauschern mit ihm sprechen wollte.

»Gisbourne, jetzt müsst Ihr zeigen, was Ihr wert seid. Ich könnte mir vorstellen, dass sich dieser Fitzooth direkt an den König wendet. Das dürfen wir auf keinen Fall zulassen. Gerüchteweise ist er mit Henry zusammen aufgewachsen. Nicht auszudenken, wenn der womöglich seinem Jugendfreund recht gibt und uns einen seiner Richter auf den Hals hetzt.«

»Mylord, sagt, was Ihr wünscht, und es wird geschehen.«

»Schickt einen umsichtigen Mann als Späher in die Nähe des Dorfes. Verlässt Hugh Fitzooth oder sein Sohn Loxley auf der Straße nach Süden, soll er Euch sofort informieren. Dann nehmt ihn fest und bringt ihn her. Irgendein Grund wird sich schon finden, ihn anzuklagen und aufzuhängen. In der Zwischenzeit sammelt alle verfügbaren Männer. Anschließend reitet Ihr zu diesem aufmüpfigen Bauernnest und steckt es an. Wer Widerstand leistet, den macht nieder, die anderen zu Leibeigenen. Denkt daran, was man dort Eurem Vater angetan hat.«

Gisbournes Augen begannen zu funkeln. Dass der Sheriff ihm nach so kurzer Zeit freie Hand ließ, seine Rache zu befriedigen, hatte er sich nicht in seinen kühnsten Träumen ausgemalt. Dabei merkte er gar nicht, wie de Lacy sein eigenes Süppchen kochte. Ging die Sache schief, konnte dieser seine Hände in Unschuld waschen. Dann war das Ganze die Vergeltung eines jungen Heißsporns für den Tod seines Vaters. Mit großem Bedauern würde der Sheriff den jungen Ritter dann anklagen und hinrichten lassen.

»Euer Wunsch ist mir Befehl, Mylord. In spätestens vier Tagen müsste ich die Kriegsknechte aus allen Ecken der Grafschaft zusammengeholt haben. Zwei bis drei Dutzend Bewaffnete werden reichen, um dort aufzuräumen. Und ich versichere Euch, die Fitzooths werden Euch nie wieder belästigen.«

»Das will ich hoffen! Ach, übrigens, dieses Gespräch hier hat selbstverständlich niemals stattgefunden. Ich gehe davon aus, dass Ihr schweigen könnt. Solltet Ihr mich enttäuschen und ich jemals etwas anderes hören, wart Ihr die längste Zeit mein Gehilfe. Im anderen Fall, und wenn ich mit Eurer Arbeit zufrieden bin, könnte ich mir vorstellen, Euch nach einiger Zeit zu meinem Stellvertreter zu ernennen.«

Gisbourne verneigte sich, vor allem um sein breites Grinsen zu verbergen. Seine Ziele waren höhergesteckt, aber das musste de Lacy ja nicht wissen. Im Moment brauchte er dessen Fürsprache und Gunst noch. Eines Tages jedoch, das hatte er sich geschworen, wollte er selbst auf dessen Stuhl sitzen.

* * *

Am nächsten Morgen brachen Robin und Much mit vier Gehilfen und zwei Wagen, vollgepackt mit der Wolle der letzten Schur, beim ersten Sonnenlicht auf.

Der Weg nach Lincoln führte in östlicher Richtung über weite Strecken durch den Sherwood, in dem Wegelagerer hausen sollten, doch die fürchteten sie nicht. Jeder der Männer hatte einen kräftigen Knüppel dabei, in den Gürteln steckten scharfgeschliffene Dolche, und neben Robin lag das Schwert seines Großvaters. Seine Verwandtschaft mütterlicherseits würde ihm wie jedes Jahr sicher helfen, die Ware in der bekannten Tuchweberstadt, die vor allem für ihr Lincolngreen berühmt war, gewinnbringend zu verkaufen. Dann konnte er sich in ein paar Tagen bereits auf dem Rückweg befinden und sein Vater zum König aufbrechen.

Nur zu gern würde er ihn begleiten, doch er wusste jetzt schon, dass er in Loxley bleiben musste, um Haus und Hof in Hughs Abwesenheit zu beschützen. Hoffentlich ging dessen Plan auf und der Sheriff wartete tatsächlich seine Rückkehr ab. Im anderen Fall würde es einen heißen Tanz mit dessen Kriegsknechten geben. So einfach wollte er sich nicht aus seiner Heimat vertreiben lassen, das stand für Robin fest.

Als die Fuhrwerke auf dem ausgefahrenen Karrenweg langsam dahinzuckelten, hatte er genügend Zeit, sich auszumalen, selbst in diesem Wald als Räuber zu hausen. Was musste das für ein fröhliches Leben sein, völlig frei und niemandem untertan? Am Morgen weckte einen das Zwitschern der Vögel, man jagte das königliche Wild, das köstliche Braten abgab, und ließ ansonsten den lieben Gott einen guten Mann sein. Das nötige Kleingeld holte man sich von Reisenden, die man dafür zu einem zünftigen Festmahl unter den Baumriesen einlud.

Während Robin so vor sich hin träumte und dabei völlig vergaß, dass das Leben im Wald vielleicht im trockenen Sommer seine Reize hatte, aber sicherlich weniger im regnerischen Herbst oder kalten Winter, bemerkte er nicht, wie der kleine Wagenzug aus dem Gebüsch heraus von mehreren Augenpaaren beobachtet wurde. Doch die Waldmänner verzichteten auf einen Überfall. Die Beute schien ihnen im Vergleich zu dem Risiko, sich mit sechs kräftigen und noch dazu bewaffneten Burschen anzulegen, zu gering.

Sie selbst hatten kaum Waffen, nur kräftige Kampfstöcke, einige Spieße, Messer und nicht sehr leistungsfähige Bögen. Da warteten sie lieber auf weniger Respekt einflößende Gegner, die es ihnen leichter machten, ihr Mütchen zu kühlen. Sollte sich allerdings auf dem Rückweg statt Wolle Silber auf den Wagen befinden, sah die Sache schon ganz anders aus. Auf alle Fälle wollten sie ihrem Anführer John Little berichten, was sie gesehen hatten, und die Straße nach Lincoln in den nächsten Tagen im Auge behalten.

Keiner der sechs Männer aus Loxley ahnte, wie knapp sie einem harten Kampf entronnen waren. In Lincoln gelang es Robin rasch, die Wolle zu verkaufen. Eingedenk der Worte seines Vaters, so schnell wie möglich zurückzukommen, lieh er sich von seiner Verwandtschaft ein Pferd, um schneller als die Wagen zu sein, die langsam folgen sollten. Much wollte ihn begleiten, damit Robin nicht allein durch den Sherwood ritt, doch dieser lehnte dankend ab. Er wollte sich durch nichts aufhalten lassen und ließ sich nur das Zugeständnis abringen, im Gasthaus »Zum blauen Eber« auf etwa halber Strecke nach Loxley zu übernachten und nicht allein irgendwo im Wald.

Robin kannte den Wirt, einen vierschrötigen, aber ehrlichen Mann, der sich nur um seine eigenen Angelegenheiten scherte, aber peinlichst darauf achtete, dass es in seinem Wirtshaus nicht zu Streitereien kam. Hier kehrten Reisende ebenso ein wie königliche Wildhüter, Bauern aus der Umgebung und sicher auch

Gesetzlose. Niemand kümmerte sich um den anderen, und so war der »Blaue Eber« so etwas wie eine ruhende Insel in einem Meer der Feindseligkeiten.

Das Pferd war gut versorgt, die Satteltaschen mit dem sorgfältig verpackten Silber, das so nicht verräterisch klimpern konnte, lagen dicht neben Robin, und vor ihm dampfte eine Schüssel mit Haferbrei und stand ein Humpen Bier, als die Tür aufgestoßen wurde und John Little mit zwei weiteren Männern die Gaststube betrat.

Robin war dankbar, dass er sich eine dunkle Ecke ausgesucht hatte, zog seine Gugel noch ein Stück tiefer ins Gesicht und hoffte, von den Ankömmlingen nicht erkannt zu werden. Er hatte gehört, dass der Sohn des Bailifs von Hathersage sich nach der Festnahme seines Vaters zusammen mit anderen Ausgestoßenen in den Wäldern verbarg. Man legte ihnen so manchen Überfall auf Kaufleute und reisende Handwerker zur Last, aber bewiesen war das bisher nicht. Doch Robin sollte gleich erfahren, dass die Gerüchte stimmten und die Männer gar keinen Hehl daraus machten.

»He, Wirt, bring Wein, aber von deinem besten«, ließ John Little sich vernehmen. »Wir haben einen Handelsherrn geschröpft, der glaubte, sich bewaffneten Begleitschutz durch den Sherwood sparen zu können. Jetzt wird er wohl flennend zum Sheriff von Nottingham rennen und ihm sein Leid klagen. In der Zwischenzeit lassen wir es uns lieber gut gehen. Sag, hast du auch einen ordentlichen Braten auf dem Spieß? Mit so einem Pamps da«, John Little zeigte auf Robins Schüssel, »und schalem Bier lassen wir uns heute nicht abspeisen.«

»Ich würde an deiner Stelle nicht so laut herausposaunen, was ihr so treibt, John Little«, belehrte der Wirt den Hünen. »Ihr haltet Euch wohl für unbesiegbar? Doch eines Tages taucht der Sheriff mit seinen Reisigen hier auf und treibt euch zu Paaren. Mit euren Knüppeln und selbst gebauten Bögen könnt ihr ihm kaum Paroli bieten.«

»Er soll nur kommen«, prahlte der Angesprochene. »Dann versohle ich ihm mit meinem Kampfstock, den du nicht so abfällig einen Knüppel nennen solltest, das Fell. Außerdem wird er uns niemals finden. Der Wald ist groß, voller Sümpfe und Moore, und nur wir kennen die Pfade, um sie unbeschadet zu durchqueren.«

Der Wirt stellte drei mit Wein gefüllte Becher vor die Männer und stemmte die Arme in die Hüften, um ihnen eine gehörige Standpauke zu halten.

»Ich habe eine Hirschkeule auf dem Spieß, die mir ein Wildhüter verkauft hat. Ihr könnt gleich etwas davon haben. Manch einer von ihnen bessert seinen kargen Lohn auf, indem er mir etwas vorbeibringt, was dann die hungrigen Mägen meiner Gäste füllt. Und dabei erfahre ich so manches. Zum Beispiel, dass sie genau wissen, wo ihr haust. Auf der Lichtung bei den Springwatersümpfen, das ist schon lange kein Geheimnis mehr. Ich sage dir das, John Little, weil du im Grunde deines Herzens ein guter Kerl bist und ich deinen Vater geschätzt habe. Aber den Weg, den du jetzt gehst, der führt in dein Verderben. Ihr seid viel zu schlecht organisiert und bewaffnet, um einer Streitmacht des Sheriffs widerstehen zu können. Unterschätze diesen de Lacy nicht. Er hat jetzt einen neuen Gehilfen, der ein ganz scharfer Hund sein soll. Was wollt ihr tun, wenn sie hier anrücken, die Wildhüter als Späher vorneweg? Sie mit Knüppeln aus dem Wald jagen? Vielleicht habt ihr ja Glück, und sie lachen sich tot. Aber darauf wetten würde ich nicht.«

Nachdenklich kratzte sich John Little am Hinterkopf. Das hatte er schon lange befürchtet, dass man ihren Aufenthaltsort irgendwann entdecken würde, und soeben war die Vermutung zur Gewissheit geworden. Mussten sie sich halt noch tiefer in die

Wälder zurückziehen. Doch wie sollten sie dann die Straßen im Auge behalten, um Beute machen zu können? Es war zum Verzweifeln, und er hatte sich das alles viel einfacher vorgestellt.

Früher hatte sein Vater ihm genau gesagt, was er tun sollte. Und das führte er dann penibel und zuverlässig aus. Jetzt sollte er auf einmal selbst Befehle geben und Entscheidungen treffen. John Little war ehrlich genug, sich einzugestehen, dass ihm das schwerfiel. Lieber wäre er einem Anführer gefolgt, den er respektieren konnte. Doch den gab es in seiner Truppe nicht, denn alle schauten zu ihm aufgrund seiner Größe und Körperkraft auf wie zu einem Kriegsgott.

»Du meinst also, sie wissen, wo wir unser Lager aufgeschlagen haben? Aber warum lassen die Wildhüter uns dann in Ruhe? Sie hätten doch schon längst die Kriegsknechte holen und uns überfallen können?«

Robin hätte es ihm sagen können, doch der Wirt nahm ihm die Arbeit ab.

»Du bist nicht sehr helle, John Little, was? Weil ihr ihnen ein hervorragendes Alibi für ihre eigenen Räubereien gebt. Den Hirsch da hat doch kein Wildhüter offiziell geschossen, sondern ein Bandit wie du. So können sie den gelichteten Bestand erklären, und solange sie es nicht übertreiben, kommt ihnen niemand auf die Schliche. Deshalb sind ein paar Geächtete in den Wäldern für sie Gold wert, und sie lassen euch in Ruhe. Aber nehmen eure Überfälle zu, wird sich der Sheriff das nicht länger ansehen.«

»Und was sollen wir deiner Meinung nach tun?«, suchte John Little regelrecht um Rat nach, doch der Wirt zuckte nur mit den Schultern.

»Glücklicherweise nicht mein Problem. Zerbrich dir mal schön selber den Kopf, wenn du der Anführer eurer Schar sein willst. Das kann dir keiner abnehmen.«

Genau das war es aber, was John Little schwerfiel. Er war keineswegs dumm, brachte Probleme meist mit wenigen Worten genau auf den Punkt, doch sie zu lösen stellte ihn oft vor eine ihn überfordernde Aufgabe. Er hatte schon daran gedacht, sich mit seinen Gefährten nach Schottland durchzuschlagen und dort als Kriegsknecht zu verdingen. Doch noch saß sein Vater in den Kerkern von Nottingham Castle, und er hatte die Hoffnung nicht aufgegeben, ihn eines Tages befreien zu können. Nur wie, das war ihm ein Rätsel mit sieben Siegeln.

Unter seiner Gugel hervorblinzelnd, sah Robin, dass John Little und seinen Kumpanen offenbar der Appetit vergangen war. Lustlos kauten sie auf ihrem Essen herum, nippten am Wein, und von der Großspurigkeit des ersten Auftritts war nicht viel geblieben. Als die Gaststube sich nach und nach füllte, trollten sie sich recht schweigsam und nachdenklich.

Robin rollte sich später zum Schlafen wie die anderen Reisenden in seinen Umhang, legte den Kopf auf die Satteltaschen, die Hand ans Schwert und war schon bald im Reich der Träume versunken. Marian kam über eine blühende Wiese auf ihn zugelaufen, aber bevor er sie in seine Arme nehmen konnte, wurde sie von einem plötzlich auftauchenden Mann mit geschlossenem Helm und Rüstung zurückgerissen. Robin wollte sich auf ihn stürzen und glaubte, Gisbourne erkannt zu haben, doch als der Ritter den Helm abnahm, sah er sich Marians Vater gegenüber. Erschrocken wich er zurück, obwohl die junge Frau verlangend die Arme nach ihm ausstreckte. Er hörte zwar nichts, glaubte aber, dass Marian verzweifelt nach ihm rief.

Als Robin schweißgebadet aufwachte, wusste er im ersten Moment nicht, wo er sich befand. Erst das dämmrige Morgenlicht, das durch die offenen Fenster hereinschien, half ihm, sich zu orientieren. Ohne die anderen Schläfer zu wecken, griff er sich seine Sachen und verließ auf Zehenspitzen die Schankstube. Draußen schüttete er sich einen Eimer Brunnenwasser über den Kopf, um die letzten Erinnerungen an den bösen Traum zu verscheuchen, sattelte sein Pferd und machte sich auf den Weg nach Loxley.

Nach einem straffen Ritt überquerte er die Brücke über den Fluss und wunderte sich, keine Menschenseele zu sehen. Stattdessen sah er Raben und Bussarde in der Luft, und es roch nach Rauch und Qualm, so als ob große Meiler zur Herstellung von Holzkohle entzündet worden waren. Als er die Höhe über dem Loxley River erreicht hatte, wusste er auch, warum. Das Dorf vor ihm lag in Schutt und Asche.

* * *

Robin gab dem Pferd, trotz dessen erschöpften Zustands, die Sporen. Mit wenigen Galoppsprüngen erreichte er den Platz vor dem, was einmal sein Elternhaus gewesen war. Jetzt bestand es nur noch aus verkohlten Balken und eingefallenen, rußgeschwärzten Mauern. Ringsherum sah es nicht anders aus. Robin sprang aus dem Sattel und wäre fast in einer bereits angetrockneten Blutlache ausgeglitten. Blankes Entsetzen packte ihn. Was, zum Teufel, war hier geschehen? Dann sah er die erste Leiche.

Es war der Müller, Muchs Vater, dessen Hinterkopf nur noch aus einer breiige Masse bestand, in der zwei Raben pickten. Nur widerwillig und wütend krächzend flogen sie auf, als Robin sich näherte. Wenige Schritte entfernt neben dem Müller lag dessen Frau, ebenfalls mit eingeschlagenem Schädel und offenbar geschändet. Ihr Mann hatte ihr wohl zu Hilfe kommen wollen und war dafür umgebracht worden. Robin hoffte nur, dass sie beide nun vereint in einer besseren Welt waren.

Überall sah er jetzt Tote liegen, als er sich umblickte. Viele von ihnen waren übel entstellt, hatten gespaltene Köpfe oder aufgeschlitzte Leiber. Andere waren von Armbrustbolzen regelrecht gespickt. Schließlich entdeckte er seinen Vater.

Hugh lag mitten auf dem Dorfplatz. In seinem Bauch klaffte eine große Wunde, wie sie nur ein Schwert oder eine Lanzenspitze einem Menschen zufügen konnte. Eine Hand von ihm hatte sich in den Boden verkrallt, die andere in seine Kleidung. Seine Augen waren gebrochen und schienen anklagend in den Himmel zu starren. Er musste unsägliche Schmerzen in seinen letzten Augenblicken ausgestanden haben, denn seine Gesichtszüge waren verzerrt, und in ihnen lag nichts Friedvolles.

Robin fiel neben seinem Vater auf die Knie. Er bettete dessen Kopf in seinen Schoß und strich wieder und wieder über das immer noch volle Haar. Erst in diesem Moment wurde ihm bewusst, wie sehr er ihn geliebt hatte. Warum hatte er es ihm nur zu Lebzeiten so selten gezeigt? Diese Schuld würde er nun ewig mit sich herumtragen. Wie oft hatten sie sich gestritten und waren meist unterschiedlicher Meinung gewesen? Robin konnte nur hoffen, dass es nicht das war, woran sich sein Vater erinnerte, wenn er dort oben im Himmel an seinen Sohn dachte.

»Er hat gekämpft wie ein Löwe«, hörte Robin plötzlich eine Stimme flüstern. Giselle, die älteste Frau des Dorfes, stand auf ihren Knotenstock gestützt hinter ihm. Trotz ihres hohen Alters konnte sie sich nahezu lautlos bewegen, was dazu geführt hatte, dass sich die Kinder des Dorfes immer vor ihr fürchteten. Sie hatte so viel in ihrem Leben gesehen wie kaum ein anderer, und Tod und Verderben waren nichts Unbekanntes für sie.

»Was um alles in der Welt ist hier geschehen?«, wollte Robin wissen. »War es der Sheriff?«

»Sie kamen im Morgengrauen, Gisbourne und drei Dutzend seiner Männer. Sie wollten nicht verhandeln, sie wollten morden, vergewaltigen und brandschatzen. Dein Vater hatte keine Gelegenheit, die Bauern zusammenzurufen und zu formieren. Da stellte er sich den Angreifern selbst in den Weg, nur mit einem Knüppel bewaffnet. Er hat so manchen von den Beinen geholt, bis ihn gleich mehrere überwältigten und festhielten. Gisbourne selbst stieß ihm das Schwert in den Leib und drehte es genüsslich mehrmals darin um. Dein Vater hatte keinen leichten Tod, aber er starb wie ein wahrer Held.«

Robin konnte seine Tränen nicht zurückhalten. Heiß liefen sie über seine Wangen, und er schämte sich ihrer nicht.

»Auch wenn es dich mir nicht zurückbringt, Vater, eines schwöre ich dir. Die Hand, die das getan hat, werde ich abschlagen, den Arm verdorren lassen. Er soll genauso in seinem Blute liegen, wie du es hier tust.«

»Ich glaube kaum«, mischte sich die Alte ein, »dass das in Hughs Sinne wäre, wenn du dich jetzt auf einen selbstmörderischen Rachefeldzug begibst. Er war immer für die anderen da, wenn es darauf ankam. Tritt du jetzt in seine Fußstapfen. Damit machst du ihm mehr Ehre, als wenn du selbst einen sinnlosen Tod stirbst.«

»Wie meinst du das? Es ist doch keiner mehr da, um den ich mich kümmern könnte!«

»Alle haben sie nicht erwischt. Ein paar sind in die Wälder geflohen. Sie werden wohl bald wieder hervorkommen, um die Toten zu bestatten. Aber was soll dann aus ihnen werden? Und gut ein Dutzend Männer, Frauen und Kinder haben die Söldner mitgenommen. Ich nehme an, sie sollen als Leibeigene verkauft werden.«

Robin sprang auf die Beine. Wenn er etwas noch mehr liebte als sein Leben, dann war es seine Freiheit. Das hatte er von seinem Großvater und auch von seinem Vater geerbt. Dass man

Freigeborenen eiserne Ringe um den Hals schmiedete und sie zu ewiger Sklaverei verdammte, das konnte und wollte er nicht zulassen. Hier musste er etwas unternehmen, das war er den Menschen schuldig.

»Wann ist denn Gisbourne abgerückt?«, wollte er wissen.

»Als die Sonne am höchsten stand. Weit können sie noch nicht gekommen sein, denn sie treiben auch das Vieh nach Nottingham.«

»Wie viele waren es, sagtest du?«

»Drei Dutzend. Aber auch die anderen Bauern haben sich gewehrt. Einige Kriegsknechte wurden erschlagen, andere verwundet. Kampflos hat sich Loxley nicht ergeben. Es war eher ein armseliger Haufen Söldner, der von hier abrückte.«

Die Alte lachte hämisch und schadenfroh in sich hinein.

»Gut. Ich habe einen Auftrag für dich. Wer aus dem Wald zurückkommt, soll bis morgen hierbleiben. Entweder bin ich dann wieder zurück oder tot. Im letzteren Fall kann ich logischerweise nichts mehr für euch tun. Im anderen fällt mir schon etwas ein. Morgen müsste auch Much mit den vier Knechten zurückkehren. Jetzt will ich sehen, ob ich Gisbourne einholen und unsere Leute befreien kann.«

»Mit dem abgetriebenen Pferd wohl kaum.«

Die Alte hatte immer noch scharfe Augen.

»Glaub mir, ich weiß, was ich tue.«

Das Mütterchen sah erstaunt zu Robin auf. Die Worte waren völlig ruhig und beherrscht aus ihm herausgekommen. Seine Stimme klang dabei, als würden zwei Schwerter aus gehärtetem Stahl aufeinandertreffen. So entschlossen, wie sie es früher nur bei Robert Fitzooth dem Älteren gehört hatte, wenn dieser eine unumstößliche Entscheidung fällte.

»Dann ist es ja gut«, murmelte sie und senkte wieder das schlohweiße Haupt. »Gott sei mit dir, mein Junge.«

»Das kann sicher nicht schaden«, gab Robin bissig zurück. »Doch im Moment hätte ich lieber ein Dutzend blutrünstiger Teufel an meiner Seite.«

Ohne die Steigbügel zu benutzen, schwang er sich in den Sattel und trieb das Pferd noch einmal zu einer letzten großen Kraftanstrengung an.

* * *

Gut Fenwick lag auf einer kleinen Anhöhe dicht am Rande des Sherwoods. Das zweistöckige Haupthaus und die Stallungen wurden nur von einer hölzernen Palisade geschützt. Für eine richtige Burg hatte bei den Leafords das Geld nie gereicht.

Sein Pferd war nahe am Zusammenbrechen, als Robin endlich den Gutshof erreichte.

»Marian, ich brauche den Bogen!«, rief er schon unter dem Torbogen. »Und ein frisches Pferd!«

»Das denke ich auch! Mein Gott, was bist du nur für ein Schinder!«

Marian kam, gefolgt von ihrem Bruder, auf Robins Ruf hin aus der Halle geeilt und hatte mit einem Blick erkannt, wie es um dessen Pferd stand.

»Ich habe jetzt keine Zeit für irgendwelche Vorhaltungen. Sie haben Loxley niedergebrannt, meinen Vater und viele andere umgebracht und verschleppen die Überlebenden in die Leibeigenschaft.«

»Wer?«, fragte Walter fassungslos.

»Dein Freund Gisbourne und seine Schergen, wer sonst? Im Auftrag des Sheriffs, der vor ein paar Tagen die Steuern für zehn Jahre von uns forderte. Bekomme ich jetzt den Bogen? Mit ihm hätte ich eine Chance.«

»Was um Himmels willen hast du vor?«

»Die Gefangenen befreien, bevor sie in den Kerkern von Nottingham verschwunden sind oder in alle Himmelsrichtungen verkauft werden.«

»Aber das schaffst du doch nie im Leben alleine! Sie werden dich zerstückeln, wenn sie dich in die Hände bekommen.«

»Nur, dass sie nicht nahe genug an mich herankommen, wenn du mir endlich diesen verdammten Langbogen geben würdest. Und ein gutes Pferd, ich bitte euch.«

»Warte, Robin. Ich sattle uns zwei und begleite dich.«

Walter war von einem Moment auf den anderen Feuer und Flamme.

»Kommt nicht infrage! Das ist ausschließlich meine Angelegenheit.«

Das fehlte Robin gerade noch, dass er Marians Bruder in Gefahr brachte. Was er vorhatte, war mit Sicherheit schon für ihn allein schwer genug. Da konnte er nicht noch auf Walter aufpassen.

»Meinst du nicht, dass du meine Hilfe brauchen könntest?«

»Ihr helft mir am besten, wenn ihr mir gebt, was ich will.«

Marian sah Robin einen nicht enden wollenden Moment lang an. Dann wandte sie sich um und lief ins Haus. Über die Schulter rief sie Walter noch zu, dass er ihr eigenes Pferd satteln sollte. Im nächsten Augenblick war sie auch schon zurück und hielt Robin den Langbogen ihres Vaters und einen prall gefüllten Köcher hin.

»Das sind Pfeile mit Bodkinspitzen. Vater sagt, sie gehen von diesem Bogen abgeschossen durch Kettenhemden wie ein warmes Messer durch die Butter. Mein Pferd ist nicht so schwer wie die anderen Streitrösser. Dafür umso schneller. Du kennst es ja.«

»Marian, ich danke dir.«

»Pass auf dich auf, Robin. Ich liebe dich.«

»Nicht so sehr wie ich dich, Marian.«

Robin zog die junge Frau an sich und küsste sie kurz, aber innig. Dann warf er sich den Köcher über, sprang in den Sattel des Pferdes, das Walter soeben aus dem Stall brachte, und war auch schon im gestreckten Galopp Richtung Nottingham unterwegs.

Marians kleiner, stämmiger Dunkelfuchshengst machte seinem Namen Falkenruf alle Ehre. Wie der Raubvogel im Sturzflug schoss er dahin, und es dauerte nicht lange, da sah Robin Gisbournes Schar vor sich. Langsam bewegten die Söldner sich auf Nottingham zu, würden die Stadt aber wohl kaum noch am selben Tag erreichen. Einen Moment lang überlegte Robin, ob er nicht versuchen sollte, sich nachts anzuschleichen, um die Gefangenen zu befreien, verwarf den Gedanken aber gleich wieder. Dann musste er zu dicht an die Männer heran, und wenn auch etliche von ihnen einen lädierten Eindruck machten und andere sogar quer über den Pferderücken lagen, waren es doch noch zu viele für einen Nahkampf.

Robin beschloss, lieber bei der Taktik zu bleiben, die er sich bereits zurechtgelegt hatte. Er umging die Abteilung außer Sichtweite und parierte sein Pferd auf einem Hügel reichlich zweihundert Yards vor den Söldnern durch.

Der Langbogen war nur bedingt zum Schießen vom Pferd aus geeignet. Robin saß ab, griff sich ein Bündel Pfeile aus dem Köcher, steckte sie vor sich griffbereit in den Boden und legte den ersten auf die Sehne. Bisher war er von Gisbourne und dessen Männern noch nicht bemerkt worden. Sie registrierten erst, dass etwas nicht stimmte, als der Erste von ihnen starb.

Robin hielt sich nicht mit Vorreden oder Warnungen auf. Seine einzige Chance waren die Überraschung, die Schussweite des Langbogens und die Durchschlagskraft der Bodkinspitzen. Die Söldner hatten ein ganzes Dorf ausgelöscht. Es waren Mörder,

Vergewaltiger und Brandschatzer. Sie hatten keine Gnade verdient. Was nun über sie kam, empfand er nur als gerecht.

Gisbourne ritt in Gedanken versunken vor sich hin und wurde schlagartig aus seinen Tagträumen gerissen, als aus der Brust des Reiters neben ihm ein langer, gefiederter Pfeil ragte und der Mann mit einem gurgelnden Laut aus dem Sattel fiel. Eigentlich hatte der Schuss Gisbourne selbst gegolten, denn in Robins Ohren klangen die Worte seines Großvaters: »Immer zuerst versuchen, die Anführer auszuschalten.« Doch der Ritter wurde von den Männern seiner Vorhut verdeckt, und erst als auch der zweite von ihnen starb, war das Schussfeld auf ihn selbst frei.

Gisbourne hatte eben noch das charakteristische Zischen gehört, das ein abgeschossener Pfeil verursacht, als er ein solches Geschoss auch schon aus der Brust seines Nebenmannes, der eine halbe Pferdelänge vor ihm ritt, ragen sah. Erschrocken blickte er auf, da fiel auch schon der Reiter zu seiner Linken mit einem Aufschrei aus dem Sattel. Vor sich auf dem Hügel, die Sonne im Rücken, sah Gisbourne die Silhouette eines Mannes, der einen Bogen spannte, größer als er selbst. Erschrocken duckte er sich hinter seinen Schild und fragte sich panikartig, was zur Hölle hier vorging.

Diese plötzliche Bewegung rettete Gisbourne das Leben. Der Pfeil, der in seine Brust einschlagen sollte, traf seinen Helm. Wäre Robin geübter mit dem Bogen gewesen, hätte das dem Ritter noch einen schnelleren Tod beschert, denn ein normannischer Nasalhelm stellte keine wirkliche Herausforderung für einen walisischen Langbogen und Bodkinpfeile dar. Doch noch beherrschte der Schütze nicht die ganze Stärke der Waffe. Das Geschoss prallte am Nasenschutz ab, und die nadeldünne Spitze wurde in Gisbournes rechtes Auge gelenkt. Sie durchbohrte den Augapfel und blieb, wenn auch kraftlos, im inneren Jochbein stecken.

Der Ritter brüllte auf. Er griff nach dem Pfeil und riss ihn mit einem Wutschrei aus der Wunde. Dabei spürte er, wie etwas

Flüssiges seine Wange hinunterlief. Ihm wurde von dem rasenden Schmerz auf einen Schlag speiübel. Kurzzeitig verlor er das Bewusstsein und damit auch die Kontrolle über sein Streitross. Das schloss sich den beiden an, deren Reiter aus dem Sattel geschossen worden waren, und ging mit ihnen gemeinsam in voller Karriere durch. Rein instinktiv klammerte Gisbourne sich an den hohen Vorderzwiesel und verhinderte so eher unbewusst seinen Sturz vom Pferd.

Die übrigen Kriegsknechte wussten gar nicht, wie ihnen geschah. Eben noch siegestrunken, sank soeben der vierte von ihnen tot zusammen. Kopflos schossen einige ihre Armbrüste auf den einzelnen Schützen ab, doch die Bolzen erreichten nicht ihr Ziel.

Schon durchbohrte wieder ein Pfeil einen Söldner, der gerade noch mit der Peitsche auf die Gefangenen eingeschlagen hatte und jetzt röchelnd Blut spuckte. Ihres Anführers beraubt, rannten die Fußsoldaten konfus durcheinander, während die Reiter tief gebückt über die Hälse ihrer Pferde davonjagten, um dem plötzlich über sie hereingebrochenen Grauen zu entkommen. Der geheimnisvolle Schütze schoss ihnen auf eine schier unglaubliche Entfernung seine Pfeile hinterher, was ihre Panik noch verstärkte. War das überhaupt ein Mensch oder hatte Gott einen seiner Erzengel zur Erde gesandt, um sie für ihre Taten direkt ins Höllenfeuer zu schicken?

Nur einer von ihnen war mutig genug, in vollem Galopp auf den Mann auf dem Hügel zuzuhalten. Der Reiter vertraute auf die Schnelligkeit und den Schutz seines Pferdes. In der Rechten hielt er seinen Streitkolben, bereit, dem Fremden im Vorbeireiten den Schädel einzuschlagen. Robin wartete ab, bis er das Weiße in den Augen des Angreifers sah. Sein Pfeil flog dem Reiter durch den zum Kampfschrei geöffneten Mund in die Wirbelsäule, tötete ihn auf der Stelle und warf ihn nach hinten aus dem Sattel.

Der Überraschungseffekt war nun vorbei. Bevor die Söldner sich womöglich formieren konnten, warf Robin sich den Bogen über den Rücken, schwang sich auf Marians Hengst, der wie ein gut abgerichteter Hund unbeweglich und unbeeindruckt vom Kampfgeschehen hinter ihm verharrt hatte, und kam wie der Sturmwind den Hügel herunter. Mit dem Schwert seines Großvaters teilte er Hiebe nach beiden Seiten aus, und wieder einmal hielt es blutige Ernte. Es fiel ihm nicht schwer, die sich in heilloser Verwirrung befindenden Kriegsknechte auseinander- und endgültig in die Flucht zu treiben.

Die gefangenen Männer aus Loxley waren mit Halseisen aneinandergekettet worden, den Frauen und Kindern hatte man nur die Hände zusammengebunden. Noch vom Pferd aus durchtrennte Robin die Stricke und löste die Bolzen in den Eisen.

»Hört auf, mir zu danken!«, fuhr er die aufgeregt durcheinanderredenden Dörfler an, von denen sich einige sogar anschickten, seine Füße zu küssen. »Fangt die Pferde ein, nehmt den Toten die Waffen ab, und dann nichts wie weg hier. Zurück nach Loxley, dort sammeln wir uns. Ich decke den Rückzug, falls Gisbournes Männer sich besinnen sollten. Das glaube ich zwar kaum, aber man kann schließlich nie wissen.«

Es gelang, drei herrenlose Pferde zu ergreifen, und schnell wurden die Schwächsten daraufgesetzt. Dann ging es im Eilmarsch nach Norden. Das Vieh musste man zurücklassen, es war nicht zu retten. Robin sah, wie manch ein Bauer sich eine Träne aus dem Augenwinkel wischte, ging hier doch das verloren, was er sich über Jahre im Schweiße seines Angesichtes geschaffen hatte. Doch es galt, das nackte Leben zu retten. Genügend hatten es bereits verloren.

* * *

Sie marschierten die ganze Nacht durch, da Robin befürchtete, dass der Sheriff ihnen nachsetzen würde, doch unbeschadet erreichten sie das niedergebrannte Dorf. Hier waren Jammern und Wehklagen groß. So gut wie jede Familie hatte Verluste zu beklagen, viele waren verwundet, und besonders schmerzlich für Robin war es, zu sehen, wie manche Mutter ihr totes Kind in den Armen wiegte. Das würde er Gisbourne und de Lacy, der für ihn der Hauptschuldige war, nie verzeihen! Sie bestatteten die Gefallenen neben der ebenfalls nur noch aus Trümmern bestehenden kleinen Kirche, aber immerhin in geweihter Erde.

Als das geschehen und ein letztes Gebet gesprochen worden war, galt es zu beraten, wie es weitergehen sollte. Nur musste Robin bald erkennen, dass jeder eine andere Meinung vertrat und es wahrscheinlich Tage dauern würde, bis man sich auf einen gemeinsamen Weg einigen würde. Und diese Zeit hatten sie auf keinen Fall. Also beschloss er, die Sache selbst in die Hand zu nehmen.

»Hört endlich auf, zu palavern«, fuhr er die Überlebenden der Dorfgemeinschaft an. »Wenn wir noch lange hierbleiben, werden wir alle sterben. Was denkt ihr, wie lange es dauert, bis der Sheriff eine Truppe versammelt hat, um die Schmach zu rächen und Vergeltung zu üben? In ein paar Tagen ist er mit Sicherheit hier, und dann müssen wir weit fort sein, oder wir sind tot. Es gibt nur zwei Richtungen, in die wir fliehen können. Entweder nach Norden, am besten bis nach Schottland. Aber das Leben dort wird sehr hart werden, denn die meisten von euch haben ja alles verloren. Ihr werdet euch als Knechte und Mägde verdingen und eure Freiheit aufgeben müssen. Aber zumindest haben diejenigen, die sich dafür entscheiden, eine reelle Chance, am Leben zu bleiben.«

Ein allgemeines Raunen setzte ein, bis Much fragte:

»Und was ist die andere Richtung?«

»Nach Osten.«

»Aber dort ist doch nur der Sherwood!«

»Eben.«

»Du willst in die Wälder? Ein Geächteter werden, ein Vogelfreier?«

»Für mich besser als ein Heimatloser, Vertriebener und mit Schmach und Schande Davongejagter. Aber das muss jeder für sich entscheiden. Ich jedenfalls werde dem Sheriff und seinem Handlanger ihre Untaten nicht durchgehen lassen. Irgendeinen Weg finde ich, und wenn es Jahre dauert, sie für das bezahlen zu lassen, was sie uns angetan haben. Der Tod meines Vaters und all der anderen darf nicht ungesühnt bleiben.«

»Wer auf Rache aus ist, sollte zwei Gräber schaufeln, hat einmal ein weiser Mann gesagt, Robert von Loxley«, hörte Robin die Alte flüstern, die wie ein Geist plötzlich unter den Dörflern aufgetaucht war. Schon öfters war er so genannt worden, vor allem in Lincoln oder Nottingham, doch er hatte es bisher nie beachtet. Da es nur wenige Namen gab, nannte man die Menschen außerhalb ihres Dorfes oft nach dem Ort, aus dem sie kamen.

»Ich bin Robert Fitzooth, Mütterchen. Solltest du das vergessen haben? Es ist ein guter Name, fürwahr!«

»Führe fortan den Ort in deinem Namen, den dein Großvater gegründet, dein Vater aufgebaut und zum Blühen gebracht und den man dir genommen hat. Damit jeder deiner Feinde weiß, warum ihn der blutige Pfeil der Rache trifft. Aber eigentlich ist das nicht wichtig, denn man wird sich deiner bis an das Ende aller Zeit unter einem anderen Namen erinnern.«

Robin schüttelte über die kryptischen Worte der Alten nur den Kopf. Außerdem hatte er Wichtigeres zu tun. Es galt, den Weg in ein völlig neues Leben zu finden.

* * *

11. KAPITEL

Eine kleine Gruppe, vor allem diejenigen, die Verwandtschaft in Yorkshire oder noch weiter nördlich hatten, entschloss sich, in diese Richtung zu ziehen. Hatten sie erst die Grenzen von Nottinghamshire überschritten, konnte ihnen Sheriff Ralf de Lacy von Rechts wegen nichts mehr anhaben. Verlassen sollten sie sich darauf, meinte Robin, aber lieber nicht. Er gab ihnen die beiden Wagen und alle Pferde mit, bis auf Marians Falkenruf. Den Hengst wollte er ihr bei nächster Gelegenheit zurückbringen, doch die anderen Rösser konnten sie im Wald nicht brauchen. Ihre Spuren waren zu leicht zu verfolgen, und spätestens im Winter hätten sie kein Futter mehr für sie.

Die anderen Dörfler, unter ihnen fast alle unverheirateten oder verwitweten Männer, aber auch einige Frauen und Kinder, entschlossen sich, Robin zu folgen und mit ihm in den Weiten des Sherwood Forest unterzutauchen. In diesem Wald hausten seit Urzeiten Gesetzlose.

Manchmal allein, manchmal in kleinen Grüppchen, so wie die Bande, die sich um John Little gebildet hatte. Aber lange hielten sie es meist nicht aus, denn das Leben, das der Wald den Menschen abverlangte, die sich in seinen Schutz begaben, war hart und entbehrungsreich. Zwar gab es im Sherwood Forest sehr viel Wild, und in seinen Flüssen, Bächen und Seen tummelten sich unzählige Fische. Doch Geächtete konnten keine festen Unterkünfte bauen, durften nicht immer die gleichen Pfade benutzen, und ihnen war es nicht möglich, Felder anzulegen, wollten sie unentdeckt bleiben. Sie mussten sich in feuchten Höhlen verbergen oder hausten in Laubhütten und liefen ständig Gefahr, von Wildhütern oder Männern des Sheriffs aufgespürt und gehenkt zu werden. Robin hatte vor, das zu ändern.

Dreizehn Männer, unter ihnen Robins Freund Much, der seine Eltern hatte begraben müssen und dessen Lebensziel, einmal deren Mühle zu übernehmen, nun Vergangenheit war, vier Frauen und drei Kinder schritten voller Sorge hinter ihrem neuen Anführer her. Niemand von ihnen stellte die Autorität des jungen Mannes, dem sie folgten, infrage. Sie vertrauten sich ihm an, so wie es bei seinem Vater und Großvater gewesen war, und hofften, dass wenigstens er wusste, wie es weitergehen sollte.

Giselle war als Einzige in Loxley zurückgeblieben, obwohl die Dörfler wie mit Engelszungen auf sie eingeredet hatten und sich so gut wie jeder anbot, für sie zu sorgen. Doch sie meinte lakonisch, sie wäre zu alt, um sich noch vor irgendetwas zu fürchten, und wenn ihre Zeit gekommen war, wollte sie sich auf den kleinen Friedhof neben das Grab ihres Mannes und ihrer Kinder legen und in Frieden einschlafen.

Etwa einen halben Tagesmarsch nach Osten kannte Robin jeden Weg und Steg im Wald, doch dahinter begann auch für ihn Neuland. Sein Ziel waren die Höhenzüge, wo sich den Legenden nach große Höhlen befinden sollten, in denen Ungeheuer hausten. Das bezweifelte er zwar stark, wollte sich jedoch den Aberglauben der Menschen zunutze machen, die sich nicht so weit in den Sherwood hineinwagten. Selbst die Wildhüter blieben lieber in der Heidelandschaft an seinen Rändern und schreckten meist davor zurück, in die tiefe Urwildnis vorzudringen.

Bald führte nicht einmal mehr ein Wildwechsel durch das dichte Unterholz, und die Baumriesen ließen die Sonne nur erahnen. Robin begann sich zu fragen, ob er sich nicht überschätzt hatte und ihr Weg im Nirgendwo endete. Auf einer kleinen

Lichtung ließ er deshalb die Gruppe rasten und eine karge Mahlzeit zu sich nehmen.

Er selbst schwang sich auf Marians Pferd, von dem aus er einen besseren Überblick hatte, und ritt immer tiefer in den Wald auf der Suche nach so etwas wie einem Pfad, der in die Richtung führte, in die er wollte. Es dauerte nicht lange, da stieß er auf einen rauschenden Bach, eher schon einen kleinen Fluss, der sich eine tiefe Klamm geschaffen hatte und seinen Weg über Stromschnellen bahnte. Hier schienen sich öfters Menschen aufzuhalten, denn das Gras im Uferbereich war an manchen Stellen niedergetreten und ein Baum offenbar als provisorische Brücke über das schäumende Wasser gelegt worden.

Ob dieser Steg das Werk von Wildhütern war? Zu Pferd kam Robin jedenfalls nicht weiter. Er saß ab und wollte prüfen, ob diese provisorische Brücke überhaupt gangbar oder ihre Überquerung mit Gefahren verbunden war. Das fehlte gerade noch, dass ein Kind hier abrutschte und womöglich von den reißenden Fluten mitgerissen wurde. Vorsichtig, einen Fuß vor den anderen setzend, tastete er sich voran und war erleichtert, als er das andere Ufer fast erreicht hatte. Erstmalig blickte er auf – und wäre fast rückwärts in den Fluss gestürzt. Vor ihm stand, riesig groß und auf einen Stock gestützt, John Little.

»Gott zum Gruße!« Der Hüne grinste über das ganze Gesicht. »Ist das nicht das Jüngelchen aus Loxley, mit dem ich noch eine alte Rechnung offenhabe? Der Herr im Himmel ist gerecht. Wenn seine Mühlen auch langsam mahlen, so kann man sich doch auf sie verlassen.«

»Ich denke, du hast mir meinen Tritt in deine Eier mehr als nur vergolten. Schließlich war ich es, der auf dem Kampfplatz liegen geblieben ist. Wollen wir unseren alten Zwist nicht endlich begraben? Schließlich gehört die Wiese, um die wir uns stritten, jetzt niemandem mehr von uns.«

Robin hoffte inständig, dass John Little sich auf seinen Vorschlag einließ. Hier auf dem Steg balancierend, hatte er nicht die geringste Chance gegen ihn. Mit seinem Stock konnte der ihn ohne Weiteres in den Fluss stoßen, und ob er einen Sturz auf die Felsen überlebte, war zumindest fraglich. Als der Riese fragend eine Augenbraue hochzog, schöpfte Robin Hoffnung.

»Du weißt es wohl noch gar nicht? Loxley ist es ergangen wie Hathersage. Der Sheriff hat das Dorf niederbrennen und viele der Bewohner umbringen lassen. Auch mein Vater war darunter. Wir sollten uns lieber zusammentun, statt gegeneinander zu kämpfen.«

Der Riese ließ seinen übermannsgroßen Stock nach vorn schnellen und berührte damit Robins Brust.

»Woher soll ich denn wissen, ob du die Wahrheit sagst? Vielleicht bist du ja auch ein Spion von de Lacy, und er hat dir versprochen, euer Dorf in Ruhe zu lassen, wenn du uns aufspürst? Du hast da ein verdammt gutes Pferd dabei. Viel zu wertvoll für einen Bauern. Irgendwie kommt mir das doch sehr verdächtig vor.«

Hinter John Little waren noch zwei weitere Gestalten aus dem Ufergestrüpp hervorgetreten und nahmen neben ihm Aufstellung. In einem von ihnen glaubte Robin den Mönch zu erkennen, der damals zusammen mit Bruder Osfrith die Totenmesse für seinen Großvater und später auch die für seine Großmutter gelesen hatte. Allerdings war er seitdem mächtig in die Breite gegangen. Die braune Kutte, nur mit einem Strick zusammengehalten, spannte über einem recht ansehnlichen Bäuchlein, welches erahnen ließ, dass der Besitzer weltlichen Genüssen nicht abgeneigt war.

Das ganze Gegenteil war der zweite Geselle. Schmal und feingliedrig passte er irgendwie nicht so richtig in die Wildnis. Lange blonde Locken umrahmten ein fast mädchenhaft zartes Gesicht, doch in seinen Augen blitzte es verräterisch. In ihnen erkannte Robin auf Anhieb einen gnadenlosen Kämpfer.

»Das können wir ganz leicht klären. Ein Stück hinter mir befinden sich die Überlebenden aus Loxley. Sprich mit ihnen, wenn du mir nicht vertraust.«

»Oder Männer des Sheriffs, die bereits auf uns warten. Nein, nein, mein Freund! So schnell tappen wir nicht in deine Falle. Hier brauchen wir nur den Baum wegzuziehen, und keiner kommt mehr zu uns herüber. Und du wirst erst einmal ein erfrischendes Bad nehmen. Hoffentlich kannst du schwimmen und fällst ins Wasser und nicht auf die Steine.«

Robin wurde es himmelangst. Stürzte er hier hinab, konnte das sein Ende bedeuten. Bogen und Schwert hingen am Sattel des Pferdes. Im Gürtel steckte nur sein Dolch, der ihm herzlich wenig nutzte. Langsam wich er zurück und hoffte, dass der Riese ihm nicht folgen würde. Aber da hatte er sich geirrt, und bevor er aus der Reichweite von John Littles Stock war, hatte dieser schon ausgeholt und einen Hieb in seine Richtung geführt.

Im letzten Augenblick gelang es Robin, sich zu bücken und so dem Schlag, der ihn wie ein lästiges Insekt vom Steg gewischt hätte, zu entgehen. Der von der Gischt des weiß schäumenden Baches glitschige Baumstamm schwankte bedrohlich. Robin wagte nicht, sich umzuwenden. Zu groß war die Gefahr, dabei abzurutschen. Aber zumindest war er für einen Moment aus der Reichweite des Kampfstockes.

»Ich finde das nicht gut, was du da machst, John«, schaltete sich der Mönch plötzlich ein. »Er ist schließlich unbewaffnet. Du solltest ihm wenigstens eine Chance geben. Das wäre nur fair.«

»Genau!«, pflichtete der zweite von John Littles Freunden dem geistlichen Bruder bei. »Hier, Loxley, nimm meinen Knüppel. Dann kannst du gleich einmal zeigen, was du so draufhast. Es ist die Waffe der einfachen Männer.«

Der Blondgelockte warf Robin seinen Kampfstock zu, den dieser geschickt auffing. Nicht, dass er sich jetzt besser fühlte. Kräftemäßig war er dem Hünen weit unterlegen und der Stockkampf auch nicht gerade seine Paradedisziplin, wenn ihm natürlich auch nicht völlig unbekannt. Aber vielleicht gelang es ihm jetzt zumindest, sich zurück auf die andere Seite und zu seinen eigenen Waffen zu retten.

Doch John Little wollte ihm diese Gelegenheit nicht geben. Sofort griff er an, und Robin hatte Mühe, bereits den ersten Schlag abzuwehren. Hageldicht kamen die Hiebe, die der Hüne austeilte und die sein Gegner nicht erwidern, sondern nur parieren konnte.

Schritt um Schritt wich Robin zurück, und John Little blieb nichts anderes übrig, als ihm weiter auf den schlüpfrigen Steg zu folgen. Genau darin sah Robin seine Chance. Hatte er schon Probleme, sich auszubalancieren, wie musste es da erst dem Riesen gehen?

Robin versuchte zum ersten Mal einen Gegenangriff, scheiterte allerdings jämmerlich. Sein Kontrahent schien mit dem Baum regelrecht verwachsen zu sein, wankte kein bisschen, wehrte zwei Hiebe kalt lächelnd ab und schmetterte dann seinen Kampfstock gegen Robins linken Arm, der sofort taub wurde.

Fast wäre Robin in die Klamm gestürzt. Erst im letzten Moment konnte er sich noch abfangen, und hätte John Little den unsicheren Stand seines Widersachers ausgenutzt, wäre es um ihn geschehen gewesen. Doch erstaunlicherweise hielt sich der Hüne zurück und wartete mit seinem neuen Angriff, bis Robin wieder festen Fuß gefasst hatte.

Erneut knallten die Stöcke aufeinander, dass es nur so durch den Wald schallte. Robin zielte auf die Fäuste des Hünen und hoffte, wenn er sie traf, dass dieser seinen Knüppel würde fallen lassen müssen. Doch John Little beherrschte seinen Kampfstock meisterhaft. Geschickt wich er aus und bemühte sich, seinen Gegner in einen Nahkampf zu verwickeln.

Dass es dazu nicht kommen durfte, war wiederum Robin klar. Er versuchte mit Geschick und Köpfchen das auszugleichen, was ihm John Little an Körperkraft und Erfahrung voraushatte. Dabei ließ er sein Ziel, das Ufer zu erreichen, nie aus den Augen. Blitzschnell wechselte er immer wieder die Art, den Stock zu führen. Mal stieß er damit zu, mal nahm er die Hände weit auseinander und parierte so die Hiebe seines Widerparts.

»Noch drei Schritte«, dachte Robin, »dann müsste es mir gelingen, von diesem verfluchten Steg abzuspringen, ohne in die Klamm zu stürzen.«

Da erwischte John Little ihn erneut, diesmal an der rechten Schulter. Robin glaubte im ersten Moment, sein Schlüsselbein sei gebrochen. Mit dem Mut der Verzweiflung stieß er seinen Stock nach vorn und landete erstmals einen Treffer, genau auf dem Ende des Brustbeines seines Gegners.

Das nahm sogar John Little für einen Moment die Luft und gab Robin die Gelegenheit, noch ein Stück zurückzuweichen und den als Brücke dienenden Baumstamm zu verlassen. Befreit atmete er auf. Hier, auf festem Boden, fühlte er sich wesentlich wohler. Doch es schien, als hätte er mit seinem geglückten Stoß einen wütenden Keiler gereizt.

Auch John Little war von dem rutschigen Steg herunter und stürzte sich mit einem Wutschrei erneut auf ihn. Schon wieder bekam Robin einen Hieb ab, der ihn diesmal von den Beinen holte. Blitzschnell wälzte er sich zur Seite, sonst hätte der nächster Schlag des Hünen den Kampf beendet und sein Schicksal besiegelt.

John Little hatte damit nicht gerechnet und kam für einen Moment ins Straucheln, eine Gelegenheit, die Robin sich nicht entgehen lassen konnte. Er packte das Bein des Hünen, neben dem er zu liegen gekommen war, riss es ruckartig nach oben – und der bärtige Riese knallte der Länge nach auf den Waldboden.

Nie im Leben dachte Robin daran, sich auf einen Nahkampf mit dem Hünen einzulassen. Er sprang auf, war heilfroh, dass seine Beine nicht unter ihm nachgaben, und war mit wenigen Sätzen bei seinem Pferd.

»Pass auf, John, er will fliehen!«, rief der Mönch seinem Kameraden zu, doch das war gar nicht Robins Absicht.

Er hörte hinter sich seinen Gegner herankeuchen, riss das am Sattel hängende Schwert aus der Scheide und fuhr herum. Gerade noch rechtzeitig, um einem Hieb seines Widersachers auszuweichen, der ihm sonst wahrscheinlich den Schädel eingeschlagen hätte.

Mit beiden Händen packte Robin die Waffe seines Großvaters, nahm all seine Kraft zusammen und schlug John Littles gewaltigen Kampfstock mit einem Hieb mittendurch.

Verblüfft schaute dieser auf die zwei Teile in seinen Händen, warf dann wutschnaubend einen davon weg, um sich mit dem anderen umso verbitterter auf Robin zu stürzen.

Doch nun hatte sich das Blatt gewendet. Mit dem Schwert machte Robin so schnell keiner etwas vor, noch dazu, da der Kampfstock seines Gegners jetzt nur noch ein reichliches Yard maß. Scharfer Stahl in der Hand eines geübten Mannes gegen einen Holzknüppel, der Ausgang stand so gut wie fest. Nun war es an John Little, zurückzuweichen und sich auf Verteidigung zu beschränken.

Robin achtete sorgsam darauf, seinen Gegner nicht zu verletzen. Er wollte ihn nur kampfunfähig machen und dazu bewegen, ihm in Ruhe zuzuhören. Aber dazu musste er ihn erst einmal besiegen, und das war trotz der geänderten Vorzeichen gar nicht so leicht.

Erst als John Little den Fehler machte, den halben Kampfstock, wie vorhin den doppelt so langen, mit beiden Händen zu
packen, konnte Robin den entscheidenden Vorteil erringen. Er
holte blitzschnell weit aus, sprang dabei fast ein Yard hoch in die
Luft und ließ die scharfe Schneide auf den Eichenknüppel knal-
len.

Wieder hatte sein Kontrahent zwei Stücke in der Hand, und
diesmal nutzte ihm keines davon mehr etwas. Er schleuderte sie
mit einem Wutschrei nach Robin und wandte sich zur Flucht,
wohlwissend, dass er diesem nun nahezu wehrlos ausgeliefert
war.

Weit kam er allerdings nicht. Auf dem feuchten Gras verlor
John Little den Halt und strauchelte. Bevor er sich aufrappeln
konnte, war sein Gegner über ihm und setzte ihm die Schwertspitze auf die Brust.

Robin schmerzte der ganze Körper, und dementsprechend
war seine Stimmung. Schwer atmend stand er vor dem am Boden liegenden Hünen und musste sich erst sammeln, bevor er
ein paar zusammenhängende Worte herausbrachte.

»Ergibst du dich?«, war das Erste, was er sagen konnte.

»Was willst du nun tun? Mich nach Nottingham bringen?
Meine Freunde werden das kaum zulassen.«

»Verdammt, John, was habe ich dir vorhin gesagt? Ich bin
ebenso wie du ein Ausgestoßener. Und diejenigen, die sich mir
angeschlossen haben, ebenso. Frag sie doch selbst.«

Am Waldrand raschelte es im Gebüsch, und einer nach dem
anderen von Robins Begleitern trat auf die Lichtung. Sie hatten
das Aufeinanderknallen der Kampfstöcke gehört und sich auf
die Suche nach Robin begeben.

Jetzt standen sie wortlos da, verhärmte Gestalten, die nicht
wussten, was aus ihnen werden sollte. Nur Much trat heran,
und während Robin das Schwert zur Seite nahm, streckte er

dem Riesen die Hand entgegen, die dieser widerwillig ergriff, und half ihm auf die Beine.

»Also ist es wirklich wahr? Sie haben Loxley auch niedergebrannt? Die Krätze soll diesen de Lacy holen! Seit dem Ende des Bürgerkrieges war Frieden im Land, und nun das! Zur Hölle mit einem König, der sich nicht um sein Land kümmert, und seinem rattengesichtigen Sheriff! Was hast du denn nun mit deinen Leuten vor? Wollt ihr euch uns anschließen?«

»Nein, so habe ich mir das eigentlich nicht gedacht.« Robin holte tief Luft. »Zukünftig will ich euch und alle, die im Sherwood Zuflucht suchen, anführen.«

* * *

John Little war, nachdem sich Robins Worte bei ihm gesetzt hatten, regelrecht der Kiefer heruntergeklappt.

»Meinst du nicht, du nimmst den Mund ganz schön voll, mein Sohn?« Es war der Mönch, der herangekommen war und als Erster nach Robins großspuriger Eröffnung die Sprache wiederfand. »Nur weil du in einem unfairen Kampf John Little besiegt hast, qualifiziert dich das noch nicht zu unserem neuen Hauptmann. Dafür bedarf es schon einiges mehr.«

»Ich weiß, aber was heißt hier unfair? Glaubt ihr wirklich, ihr könnt so weitermachen wie bisher? Mit Stöcken gegen die schwer bewaffneten Männer des Sheriffs bestehen? Ihr habt gerade erlebt, wie es selbst einem Hünen wie John Little dabei ergeht. Was ihr braucht, sind Waffen und jemand, der euch beibringt, sie zu führen. Erstere bringe ich mit, und das Zweite kann ich euch zeigen, wenn ihr gewillt seid, zu lernen. Und dann kehren wir den Spieß um. Nicht wir werden es mehr sein, die den Sheriff fürchten. Er muss es sein, der uns fürchtet.«

»Kühne Worte«, meinte der Blondgelockte nachdenklich. »Nur, ob sie sich auch umsetzen lassen? Wo hast du denn die Waffen, von denen du sprichst?«

Robin gab drei von seinen Männern einen Wink, und diese traten mit sorgsam verschnürten Packen nach vorn. Als sie die Schnüre lösten, wurden Schwerter, Dolche und mehrere Armbrüste sichtbar.

»Wo habt ihr die denn her?«, fragte John Little überrascht.

»Woher man sich immer seine Waffen holt. Vom Feind natürlich«, gab Robin zur Antwort, und einer der Männer, die er befreit hatte, ergänzte sehr zu seinem Unmut: »Er hat ein Dutzend Männer des Sheriffs getötet, die uns in die Leibeigenschaft verschleppen wollten.«

»Stimmt das?«, wollte der Mönch sofort wissen.

»Ein halbes Dutzend«, gab Robin unwirsch zu. »Und ich hätte es gern vermieden.«

»Du allein gegen die Männer des Sheriffs?« Zum ersten Mal klang so etwas wie Respekt in John Littles Stimme. »Wenn sie euer Dorf überfallen haben, müssen es doch eine ganze Menge gewesen sein. Wie hast du denn das angestellt?«

»Das zeige ich euch später, dafür ist jetzt keine Zeit. Aber ich versichere euch, es war keine Hexerei. Ich hoffe, dass das irgendwann einmal jeder von euch kann.«

Der Blondgelockte hatte sich gebückt und untersuchte die Waffen, die die Männer ausgebreitet hatten.

»Alle aus den Rüstkammern des Königs«, tat er dann der Runde kund. »Er scheint die Wahrheit zu sprechen.« Dann trat er auf Robin zu und streckte ihm die Hand entgegen. »Man nennt mich Gilbert Whitehand, weil mich manche für zart halten. Aber davon sollte sich niemand täuschen lassen. Ich war Page an Königin Eleonores Hof, bevor man mich von dort vertrieb. Wenn ihr mir eins der Schwerter leiht, beweise ich euch, dass ich es führen kann.«

»Das glaube ich auch so.« Freudestrahlend ergriff Robin die dargebotene Rechte und hoffte, dass das Eis damit endgültig gebrochen war. »Ich bin Robert …«, Fitzooth hatte Robin sagen wollen, doch da fielen ihm die Worte der Alten ein, »aus oder von Loxley. Ganz wie es euch hier im Wald beliebt.«

»Euch ist schon klar, dass wir mit Sicherheit die Männer des Sheriffs auf dem Hals haben, nehmen wir die hier«, John Little zeigte in die Runde, »bei uns auf. Spricht sich herum, dass die Leute aus Loxley in den Wald geflüchtet sind, lässt de Lacy mit Sicherheit den ganzen Sherwood auf der Suche nach ihnen durchkämmen. Und zwangsläufig findet er uns dabei auch.«

»Nur wenn wir uns ausgesprochen dusslig anstellen und regelrecht auf ihn warten. Zuerst brauchen wir ein Lager, tief drinnen im Wald, und am besten geschützt von Sümpfen und Mooren. So, dass schwer bewaffnete Reiter nicht zu ihm vordringen können. Ich bin sicher, dass wir etwas Passendes finden, wenn wir nur lange genug suchen.«

»Es gibt wohl kaum einen Ort im Wald, den die königlichen Wildhüter nicht auch kennen«, mahnte Much an, doch Robin zuckte auf den Einwand hin nur mit den Schultern.

»Mag sein. Dann wird es halt unsere erste Aufgabe sein, sie aus dem Sherwood hinauszuwerfen. Wie viele Männer gehören zu dir, John Little?«

»Insgesamt sind wir acht.«

»Und wir vierzehn. Das dürfte doch wohl genügen, um ein paar korrupte und bestechliche Forstaufseher das Fürchten zu lehren. Ich will sie schreiend und auf Nimmerwiedersehen aus dem Wald rennen sehen. Seid ihr dabei?«

Jetzt gab es keinen mehr, der nicht schallend lachte, und der Mönch klopfte Robin anerkennend auf die Schulter.

»Mein Sohn, ich glaube, du bist vom richtigen Schrot und Korn. Wir kennen uns von früher, ich bin Bruder Tuck.«

Robin, der es gar nicht schätzte, wenn ihn ein Geistlicher seinen Sohn nannte, verzichtete auf eine entsprechende Entgegnung und schlug in die dargebotene Hand ein. Dann hielt er sie auch John Little hin.

»Was ist nun? Wollen wir den alten Streit nicht endlich begraben und Freunde werden? Es gibt schließlich nichts mehr, was uns trennt. Und hier im Sherwood können wir nur gemeinsam überleben. Oder wir gehen alle drauf, und der Sheriff hängt jeden Einzelnen von uns.«

Als John Little seine Hand ergriff, dachte Robin im ersten Moment, er wäre sie für immer los. Ein Schraubstock konnte mit Sicherheit nicht fester zupacken.

»Aber über den Anführer reden wir noch einmal«, meinte der Hüne dabei, »auch wenn du mehr Männer hast als ich.« Doch das waren von seiner Seite aus schon Rückzugsgefechte. Innerlich war er heilfroh, dass sich hier und jetzt vielleicht jemand fand, der besser planen und organisieren konnte als er und noch dazu listig, mutig und kampferprobt war.

»Wenn du zuerst einmal meine Hand loslassen könntest, Little John, wäre ich dir wirklich sehr verbunden«, grinste Robin spitzbübisch. »Über alles andere sprechen wir später.«

»Wie hast du mich eben wieder genannt?« Die Stirn des Riesen umwölkte sich erneut, und Robin befürchtete schon, dass es mit der kurzen Freundschaft wieder vorbei war.

»Little John. Ich finde, dass passt ganz gut zu dir. Unter dem Namen kennt dich keiner und wird dich auch niemand vermuten. Du kannst dich ja revanchieren. Nenn mich doch dafür …«, Robin dachte einen kurzen Moment nach, dann zog er die Gugel, den Hood, tief in die Stirn, sodass sie sein Gesicht nahezu verbarg, »… nennt mich alle hier im Sherwood in Zukunft einfach Robin Hood.«

* * *

Eine gute Woche brauchten sie, um einen Lagerplatz zu finden, wie Robin ihn sich vorstellte, und dann war es auch mehr Zufall. Zuerst kamen sie auf eine Lichtung, in deren Mitte eine mächtige Eiche stand. Sie beschlossen, eine Rast einzulegen, und die Frauen machten sich unterstützt von Bruder Tuck daran, der immer zur Stelle war, wenn es etwas zu essen gab, ein einfaches Mahl zuzubereiten. Währenddessen spielten die Kinder rund um den Platz Verstecken.

Robin hatte sich unter dem gewaltigen Baum ausgestreckt und dachte nach. So ging das einfach nicht weiter. Keiner hatte richtig Zeit, auf die Jagd zu gehen, und außerdem konnten sie von Fleisch allein auch nicht leben. Sie brauchten endlich einen festen Standort, von dem aus sie operieren konnten. Er hatte so eine Idee, wie sie sich mit Geld und auch Lebensmitteln versorgen konnten, doch da kam das zweite Problem auf.

Es bestand nach wie vor eine gewisse Rivalität zwischen der Gruppe um Little John und seinen Leuten aus Loxley, denn es war noch immer nicht abschließend geklärt, wer nun das Sagen hatte. Das alles war recht unbefriedigend und so gar nicht nach Robins Geschmack.

Plötzlich hörte er eines der Kinder rufen. Offenbar war ein anderes verschwunden, und nun machten sich seine Spielgefährten Sorgen. Robin sprang auf die Beine, um suchen zu helfen. Irgendwie fühlte er sich immer für alles verantwortlich, was in seiner Gegenwart geschah.

Hinter der Lichtung erhoben sich Felsen, die in einen Höhenzug übergingen. Sie waren dicht von Kletterpflanzen und Gestrüpp überwuchert, hinter dem die Kinder gespielt hatten. Trotz all des Rufens antwortete das dritte von ihnen nicht. Robin eilte zu der Stelle, wo es verschwunden war, und schob die Büsche und Sträucher zur Seite.

Da klaffte vor ihm ein nahezu mannshoher, bisher völlig

verborgener Höhleneingang auf. Der sich dahinter befindliche Gang schien tief in den Berg hineinzuführen. Robin lief zurück auf die Lichtung und holte sich einen brennenden Ast aus dem Kochfeuer. Er drang in die Höhle ein und stieß schon bald auf das Kind, das auf dem Boden hockte und gar nicht glücklich war, dass man sein schönes Versteck entdeckt hatte.

Robin schickte es zu seinen Spielkameraden zurück und ging, sorgfältig die Wände ableuchtend, weiter. Ein paar Fledermäuse flogen wütend auf und umschwirrten seinen Kopf. Dann verbreitete sich der Gang und ging in einen hallenartigen Felsensaal über, von dem mehrere Nebenhöhlen abzweigten. Und das Beste daran war, die Steine fühlten sich völlig trocken an!

Ihm dämmerte, dass er ihr zukünftiges Lager gefunden hatte. Hier konnten sie auch im Winter bleiben. Es würde nie übermäßig kalt in der Höhle werden, und zusätzlich konnten sie sich mit den Fellen der erlegten Tiere wärmen. Vielleicht gab es sogar einen Abzug nach oben, und sie konnten Feuer machen.

Im Sommer reichten wahrscheinlich Laubhütten auf der Lichtung als Unterkünfte. In der Nähe sprudelte eine Quelle, und der Weg hierher war verschlungen und hatte über schmale Pfade geführt, die nur einzeln und hintereinandergehend passierbar gewesen waren. Einen idealeren Ort würde es kaum geben, dessen war er sich gewiss. Robin ging zurück und berichtete als Erstes Much von seiner Entdeckung. Der kratzte sich nachdenklich am Kopf und meinte dann:

»Das müssen die Dunwold-Höhlen sein. In alten Legenden wird von ihnen berichtet, aber irgendwann geriet ihre Lage in Vergessenheit. Die Römer sollen hier Silber abgebaut haben, heißt es. Ich glaube kaum, dass noch jemand von ihrer Existenz weiß. Das wäre dann wirklich ein idealer Lagerplatz. Und die

Straßen nach Nottingham, York, Doncaster und Lincoln erreicht man von hier aus in drei bis vier Stunden.«

Begeistert klopfte Robin seinem Freund auf die Schulter. Dann sprang er auf einen umgefallenen Baum, sodass ihn jeder sehen und hören konnte, und verkündete die gute Nachricht.

»Hört zu, Leute. Ich glaube, wir haben unser neues Zuhause gefunden. Da hinten zwischen den Felsen befindet sich eine Höhle, groß genug für mehr als hundert von uns. Bei schönem Wetter können wir uns hier draußen versammeln. Wasser gibt es auch in der Nähe, der Platz ist nicht unbemerkt zu erreichen und die Wege hierher leicht zu überwachen. Was wollen wir mehr?«

»Zum Beispiel, dass du nicht ständig darüber bestimmst, was wir tun und lassen sollen.« Little John war des ewigen Herumirrens leid und ausgesprochen schlechter Laune. Seit Tagen hatte er kein Bier mehr gehabt, das kurz gebratene Wildfleisch, von dem sie sich ernährten, hing ihm zum Halse heraus, und so richtig sah er nicht ein, warum er sich dem da, der soeben wieder große Töne spukte, unterordnen sollte.

»Gut!« Robin sprang vom Baum herunter. »Dann klären wir das jetzt ein für alle Mal. Entweder wir trennen uns, dann zieh mit deiner Gruppe weiter. Oder wir bleiben zusammen, aber dann muss einer der Anführer sein. Und dessen Entscheidungen, vor allem wenn sie allen nutzen, können nicht ständig hinterfragt werden. Tragen wir das jetzt und hier aus. Mit dem Stock bist du mir überlegen, mit dem Schwert ich dir. Wähle eine dritte Waffe, es ist mir gleich.«

»Es sollte aber eine sein«, mischte sich Gilbert Whitehand ein, »mit der wir uns auch die Männer des Sheriffs vom Leibe halten können. Also komm ihm nicht mit Messer oder Faustkampf, John Little.«

Überrascht sah Robin den Gefährten seines Gegners an. Da

blieb eigentlich nur der Bogen, und dass er damit umgehen konnte, dürfte sich selbst bis hierher herumgesprochen haben. Nach außen hin wirkte Gilbert völlig gelassen, doch Robin glaubte, ein Zwinkern in seinen Augen zu erkennen.

»Dann nehmen wir Bögen«, verkündete Little John selbstbewusst und nicht sehr überraschend. »Jeder zehn Schuss. Jeweils zwei Pfeile auf fünfzig Schritt, dann sechzig und so weiter. Wer jeweils am dichtesten am Ziel ist, hat den Durchgang gewonnen. Die letzte Runde auf hundert Yards zählt doppelt.«

»Einverstanden.« Robin musste sich regelrecht zurückhalten, um nicht »Kinderspiel« anzufügen. Als sich Little John abwandte, um einen Baum als geeignetes Ziel herauszusuchen, beugte sich Gilbert Whitehand zu ihm und flüsterte:

»Mach es gnädig und lass ihm seinen Stolz. Er will sich dir ja unterordnen und wir anderen auch. Klärt das jetzt, damit endlich Ruhe einkehrt. Und dann wollen wir alle wissen, wie deine Pläne für unsere Zukunft aussehen.«

Wenn das so ist, dachte Robin und schmunzelte in sich hinein, muss ich mir ja richtig Mühe geben. Er war Gilbert Whitehand aufrichtig dankbar für den Hinweis, hätte er doch im übertragenen Sinne ansonsten wahrscheinlich ein Massaker veranstaltet.

* * *

Little John hatte in der Zwischenzeit auf den hellen Stamm einer starken Buche mit dunkler, feuchter Erde einen Kreis gemalt und schritt nun fünfzig Yards ab. Die beiden Schützen nahmen Aufstellung, und auf das Zeichen von Bruder Tuck ließen sie ihre Pfeile fliegen.

Robin hatte seinen eigenen Bogen genommen, nicht den Waliser Langbogen von Sir Richard, der in einem Futteral am Sattel des Pferdes steckte. Er wollte ihn demnächst seinem Besitzer ebenso wie Marians Pferd zurückbringen.

Little John schoss nicht schlecht. Sein Pfeil traf das Ziel nur eine Handbreit neben dem Zentrum. Robin setzte seinen Schuss zwei Finger breit daneben, und die erste Runde ging an seinen Gegner. Beim zweiten Schuss steckten beide Pfeile gleich weit von der Mitte entfernt, und der Mönch verkündete eins zu null für den Hünen.

Die beiden Männer schritten jetzt zehn Yards weiter von der Buche weg, und das Spiel begann von Neuem. Robin war angenehm überrascht, wie sicher Little John den Bogen handhabe. Wenn das bei seinen Kameraden ebenso der Fall war, würde es weniger Mühe kosten, als er angenommen hatte, aus ihnen eine gefürchtete Truppe zu schmieden.

Diesmal schickte Robin seine Pfeile dichter ins Zentrum, und der Punkt ging an ihn. Den Siebzig-Yard-Abstand gewann wieder Little John, den nächsten Robin, und bei der Neunzig-Yard-Marke verkündete Bruder Tuck ein Unentschieden. Jetzt kam es darauf an, die letzten beiden Schüsse würden den Wettkampf entscheiden.

Unter den Zuschauern war die Spannung fast ins Unerträgliche gestiegen. Dass die Treffer der beiden Schützen so dicht nebeneinanderlagen, hatte kaum jemand erwartet. Wetten waren abgeschlossen worden, und nun fieberte jeder dem Ende entgegen. Nur Much musterte seinen Freund bei jedem Fehlschuss misstrauisch. Zitterte etwa dessen Hand? So schlecht hatte er Robin noch nie schießen sehen! Was zum Teufel war nur los mit ihm? Wenn das so weiterging, würde noch dieser riesige Rüpel aus Hathersage gewinnen, und sie alle mussten dann womöglich ausbaden, was Robin gerade vergeigte.

Little John zielte sorgfältig. Hundert Yards waren keine geringe Entfernung, und der kleine Erdkreis kaum noch zu sehen.

Als sein Pfeil sich an dessen Rand in die Buche bohrte, atmete er sichtbar auf, und seine Gefährten spendeten lauthals Beifall.

»Ein meisterhafter Schuss«, gestand Robin ein. »Mal sehen, ob mir auf diese Entfernung etwas Ähnliches gelingt.«

Blitzschnell spannte er die Sehne und ließ den Pfeil fliegen. Der bohrte sich auf der anderen Seite des Kreises exakt im gleichen Abstand in das Ziel wie auf der anderen Seite der von Little John.

»So etwas habe ich noch nicht erlebt!«, entfuhr es dem Mönch, der als Schiedsrichter fungierte. »Schon wieder Gleichstand! Der letzte Schuss entscheidet über Sieg oder Niederlage.«

Doch er sollte sich irren.

»Willst du als Erster schießen?«, fragte Little John und machte Robin gegenüber eine einladende Geste.

»Nach dir, wie bisher«, lehnte dieser dankend ab, und so blieb seinem Gegner nichts anders übrig, als alles auf eine Karte zu setzen. Little John atmete tief ein, spannte den Bogen so weit er konnte, verharrte einen Moment und ließ den Pfeil dann zusammen mit seiner Ausatemluft fliegen. Das Geschoss traf das Ziel genau in der Mitte! Der Schütze warf die Arme in die Höhe und jubelte lauthals zusammen mit seinem Trupp. Wer sollte das überbieten? Sein Gegner brauchte gar nicht mehr zu schießen, er war der Sieger!

Da zischte neben ihm doch ein Pfeil von der Sehne. Erstaunt blickte der Hüne sich um, dann dem Geschoss hinterher. Auf die Entfernung von hundert Yards konnte keiner so richtig erkennen, was passiert war, denn man sah nur einen Pfeil im Ziel, aber dessen Schaft schaute eigenartig aus. Little John, Tuck, Much und Gilbert liefen zu der Buche, nur Robin blieb auf seinen Bogen gestützt zurück. Schließlich wusste er, wie die Sache ausgegangen war.

Laut miteinander palavernd, kamen die vier Männer nach einiger Zeit zurück. Bruder Tuck musterte Robin vorwurfsvoll und verkündete dann das Ergebnis.

»Es gibt keinen Sieger in diesem Wettkampf. Little Johns Pfeil hat das Ziel genau mittig getroffen. Doch der von Robin Hood ebenfalls. Er hat den ersten Pfeil der Länge nach gespalten. Das kann nicht mit rechten Dingen zugehen! Sag, bist du womöglich ein Hexer?«

Wie zur Abwehr schlug der Mönch gleich mehrere Kreuzzeichen über Robin.

»Sicher nicht. So ein Schuss kann nur Zufall sein. Little John ist eben ein guter Schütze, und ich ebenfalls. So einfach ist das. Aber um die Sache zu Ende zu bringen, bestimme ich jetzt einmal ein Ziel. Schneide eine daumendicke Haselrute ab, steck sie neben der Linde in den Boden und lass sie hin und her schwingen. Wer das Ziel als Erster trifft, hat gewonnen.«

»Das schafft kein Sterblicher, das ist völlig unmöglich!«, entfuhr es Bruder Tuck, der erschrocken Little John ansah.

»Tu, was er sagt«, kam von diesem als Befehl. »Dann werden wir ja sehen, ob ein Mensch ein solches Ziel treffen kann. Bisher habe ich hier jedenfalls noch keine Beschwörungsformeln oder Zaubersprüche gehört.«

Kopfschüttelnd tat der Mönch wie ihm geheißen, fest davon überzeugt, dass derjenige, der diese Rute traf, die sich auch noch bewegen sollte, auf alle Fälle exkommuniziert gehörte. Er schnitt mit seinem Jagdmesser einen Haselnusszweig ab, befreite ihn von allen Blättern, steckte ihn neben der Buche tief in die Erde, stieß ihn an und suchte dann schnell hinter dem dicken Baum Schutz. Nicht, dass er noch getroffen wurde, wenn die Pfeile, wie zu erwarten, weit am Ziel vorbeiflogen.

»Jetzt aber du zuerst«, meinte Little John, und dagegen konnte sich Robin schlecht sträuben. Er beobachtete, wie die Rute hin und her schwang, kalkulierte den Seitenwind ein und ließ genau im richtigen Moment den Pfeil fliegen. »Wutsch« machte es, als das Geschoss die Rute spaltete und ab der Mitte des Schaftes in ihr stecken blieb.

»Und jetzt du«, forderte Robin seinen Gegner auf, doch Little John schüttelte nur den Kopf.

»Nein, mein Freund. Das schaffe ich nie und nimmer. Denkst du, ich habe nicht gemerkt, dass du viel besser schießt als ich? Halte mich gefälligst nicht für beschränkt. Dir kann offenbar keiner mit dem Bogen das Wasser reichen. Und wenn dem so ist, sollst du auch unser Anführer sein. Schließlich haben wir dann jemanden, der uns zur Not heraushaut oder besser heraus- schießt, wenn es brenzlig wird. Hier, meine Hand. Schlag ein und lass uns in Zukunft gute Kameraden sein.«

Nur zu gern tat Robin, was Little John ihm angetragen hatte. Zuerst schüttelten sie sich nur die Hände, dann umarmten sie sich, bis die Knochen knackten. Die Männer und Frauen um sie herum brachen in Jubel aus, und die Kinder stimmten ein, auch wenn sie nicht recht verstanden, worum es eigentlich ging und weshalb die Erwachsenen sich auf einmal so seltsam gebärdeten.

»Dass du ein hervorragender Schütze bist, hast du uns allen soeben bewiesen«, erklärte Little John nachdenklich, als der Lärm etwas abgeebbt war. »Was mir aber immer noch nicht klar ist: Einer der Männer, die du befreit hast, behauptet, du hättest auf mehr als zweihundert Yards mit deinem Bogen durch Rüs- tungen geschossen. Sie sollen glatt durch die Kettenhemden ge- drungen sein. Flunkert er, oder kannst du wirklich zaubern?«

Robin überlegte einen Moment, ob er es nicht bei dem Aber- glauben belassen sollte. Vielleicht wäre es gar nicht schlecht, wenn seine Gefährten ihm Übermenschliches zutrauten. Doch dann entschied er sich lieber dafür, mit der Wahrheit herauszu- rücken. Er trat zu Marians Pferd und nahm den Langbogen aus dem Futteral.

»Mit meinem Bogen oder den euren wäre das nicht möglich. Mit diesem hier schon. Er stammt aus Wales, und ich habe ihn mir von Sir Richard Leaford geliehen. Auch die Pfeile sind etwas Besonderes. Ihre Spitzen sind geformt wie eine gerade Sattlerahle. Deshalb nennt man sie auch Ahl- oder Bodkinspitzen. Und die durchdringen tatsächlich Panzerhemden, wie ich selbst sehen konnte. Als ich diese Waffe in den Händen hielt und mit ihr schoss, ist mir klar geworden, wieso die Normannen ganz England unterwerfen konnten, aber sich an dem kleinen Wales die Zähne ausgebissen haben. Wilhelm der Eroberer hat einen weiten Bogen darum gemacht, und seinen Nachfolgern auf dem Thron ist es immer schlecht ergangen, wenn sie das Land besetzen wollten. Dabei sind die dort herrschenden Fürsten untereinander zerstritten und uneins. Aber jedes Heer, das bisher in die walisischen Wälder und Berge vordrang, wurde erbarmungslos zusammengeschossen. Wir sollten alles in unserer Macht Stehende daransetzen, uns mit solchen Bögen auszurüsten.«

»Dann zeig uns doch einmal, was sie vermögen.«

Robin sah sich nach einem passenden Ziel um. Keiner von ihnen trug eine Rüstung, nur einer von Little Johns Männern einen verbeulten Helm, der so alt war, dass er wahrscheinlich noch von den Wikingern stammte.

»Steck ihn auf die Spitze der Rute«, bat Robin den Besitzer. Es waren zwar nur hundert Yards, aber bei der doppelten Distanz hätte er kein freies Schussfeld mehr gehabt. Doch er glaubte, seine Kameraden auch so überzeugen zu können.

Der Helm war natürlich ein viel leichteres Ziel als die Haselrute zuvor. Trotzdem wollte Robin sich natürlich nicht blamieren, zielte sorgfältig und ließ den yardlangen Kriegspfeil fliegen. Es gab ein kurzes klirrendes Geräusch, dann lief Tuck, seine Kutte raffend, so schnell er konnte zu dem jetzt im Gras liegenden Helm.

»Beim heiligen Sebastianus, so etwas habe ich noch nie gesehen«, keuchte er, als er wieder zurück war. »Schaut, der Pfeil hat vorn das Eisen durchschlagen, und ein Stück der Spitze schaut sogar noch hinten heraus. Hätte ein Kopf daruntergesteckt, stände dessen Besitzer jetzt schon vor unserem Herrn!«

»Du hast recht, Robin. Diese Teufelsdinger brauchen wir unbedingt. Und wenn ich selbst nach Wales gehen muss, um sie zu besorgen.« Little John tat so, als wollte er sich auf der Stelle auf den Weg machen.

»Was soll so schwer daran sein, sie selbst herzustellen?«, erkundigte sich einer von seinen Männern. »Bauen wir uns halt welche!«

»Wenn das so einfach wäre, du Unbedarfter, dann hätte König Henry seine ganze Armee bereits damit bewaffnet«, schalt Bruder Tuck den Fragesteller. »Und kein Heer der Welt könnte ihr mehr widerstehen. Nein, nein, diese Bögen bergen in sich ein Geheimnis, dem es gilt, auf die Spur zu kommen. Ich werde in meinen Gebeten Gott den Herrn um Erleuchtung bitten.«

»Tu das, Tuck. Doch bis er dich erhört, wollen wir noch wissen, wie denn nun die Pläne unseres neuen Hauptmanns aussehen.«

Robin hatte schon befürchtet, dass ihn das nie jemand fragen würde.

* * *

»Ob mit walisischen Langbögen oder auch ohne«, begann er seine Ansprache, »ab sofort gehört der Sherwood uns. Hier schlagen wir unser Lager auf, von hier aus werden wir operieren. Als Erstes werfen wir die Wildhüter aus dem Wald, damit sie uns nicht verraten können. Wir spüren sie auf, nehmen ihnen ihre Bögen und Waffen weg und schicken sie mit der Nachricht zu ihrem Dienstherrn, dass wir ihre Anwesenheit im Sherwood nicht länger dulden.«

»Nur, falls du es vergessen haben solltest, damit legst du dich mit dem König selbst an«, sprach einer der Männer dazwischen. »Er hat gerade erst wieder die Jagdfrevelgesetze verschärft. Jetzt kannst du schon aufgehängt werden, wenn du nur ein Kaninchen in der Schlinge fängst.«

»Das ist ja auch keine Art, zu jagen«, lachte Robin. »Lern lieber ordentlich zu schießen! Dann musst du nicht auf so unwaidmännische Weise Beute machen. Henry ist weit. Meist weilt er auf dem Festland. Deshalb ist de Lacy auch für die königlichen Forste zuständig. Und eines hört ab sofort auf, nämlich, dass wir uns vor ihm fürchten. Er muss Angst vor uns bekommen! Soll er sich doch in seinem Rattennest Nottingham Castle verbergen und nicht mehr herauswagen. Das ist mein Ziel, und erst wenn wir das erreicht haben, sind wir die wahren Herren im Lande.«

»Meinst du nicht, dass das ein bisschen sehr hochgesteckt ist, was du dir da vorgenommen hast?« Little John klang skeptisch. »Wie willst du das denn erreichen?«

»Jedenfalls nicht durch Herumliegen auf der faulen Haut. Damit muss ein für alle Mal Schluss sein. Jeder Mann wird täglich mit den Waffen üben. Bogen, Schwert, Dolch, Stock, ihr werdet sie in Zukunft alle meisterlich beherrschen. Es werden Wachdienste eingeteilt. Die besten Schützen gehen auf die Jagd, und die Frauen kochen, sammeln Früchte und Pilze und legen Vorräte für den Winter an.«

»Alles können wir aber nicht selbst herstellen«, schaltete sich Much ein. »Irgendwie müssen wir auch an Geld kommen.«

»Natürlich, du hast völlig recht. Jede Straße, die durch den Sherwood führt, wird ab sofort überwacht. Und jeder, der sie benutzt, hat uns ein Wegegeld zu zahlen.«

Jetzt brach regelrechter Tumult los.

»Wie willst du denn das durchsetzen?«, rief gleich ein Dutzend Männer ungläubig in die Runde. »Glaubst du wirklich, dass wir dafür stark genug sind?«

»In erster Linie ist Stärke eine Frage des Auftretens. Warum kuschen die Menschen vor dem Sheriff? Schaut doch nur einmal, wie er daherkommt. Wirkt er nicht allein durch seine Gestalt, seine Kleidung, seinen Gang mächtig? Ihr müsst lernen, euch nicht mehr so duckmäuserisch zu verhalten, wie man es euch als Bauern eingebläut hat. Treten fünf von euch selbstbewusst vor einen reichen Kaufmann, Schwerter an der Seite, Bögen in den Händen, Pfeile aufgelegt, will ich sehen, ob er nicht lieber zahlt, als sein Leben zu riskieren. Umzingelt einen Ritter mit seinem Knappen und gebt ihm zu verstehen, dass er all sein Habe riskiert, kommt er eurem Begehr nicht nach. Wir werden am Anfang noch nicht stark genug sein, um Geleitzüge zu überfallen, aber ich sage euch, der Tag wird kommen.«

»Letztendlich sind wir dann aber auch nichts anderes als gewöhnliche Diebe und Räuber«, warf der Mönch missbilligend ein.

»Eben nicht«, widersprach ihm Robin sofort. »Stehlen, da hast du recht, kann jeder. Aber dafür geliebt zu werden, das müssen wir zur Kunst erheben! Von allem, was wir einnehmen, behalten wir ein Drittel und teilen es gerecht zwischen uns auf. Ein weiteres Drittel legen wir in einer gemeinsamen Schatulle für schlechte Zeiten zurück. Und das letzte Drittel bekommen die Armen und Bedürftigen, diejenigen, denen man alles genommen hat. Damit lindern wir Hunger und Not, bezahlen die Steuern derer, die sie nicht aufbringen können, und zur Not auch Beerdigungen. Wir müssen etwas ganz anderes sein als Diebe und Räuber, nämlich die Hoffnung des Volkes.

Wir werden zur Stelle sein, wo immer einem Unterdrückten Unrecht geschieht, wo immer Geknechtete und Geschundene um Hilfe rufen! Das soll fortan unsere Mission sein. Zumindest, so weit unser Arm reicht. Wenn wir das tun, das verspreche ich euch, werden wir die Unterstützung der einfachen Menschen bekommen und sie auf unserer Seite haben. So werden wir alles erfahren, was rings um den Sherwood vor sich geht, und können mit hoch erhobenem Haupt durch die Dörfer schreiten. Keiner wird uns verraten, davon bin ich überzeugt. Auch, weil er fürchten muss, dass ihn unsere Rache trifft, wo auch immer er sich verkrochen hat. Ich jedenfalls habe nicht die Absicht, mich für ewige Zeiten zu verstecken. Falls jemand diesen Weg nicht mitgehen will, so soll er es jetzt sagen. Aber dann gibt es auch keinen Platz für ihn in unserer Gemeinschaft.«

»Wenn du wahr machst, was du vorhast, und sich das herumspricht, wird man aber zukünftig die Straßen durch den Sherwood meiden.«

»Das glaube ich kaum. Wir dürfen nur nicht zu gierig werden. Wer von York, Doncaster, Lincoln oder sogar London nach Nottingham will, muss durch den Forst oder einen sehr weiten Umweg in Kauf nehmen. Natürlich werden sich die Beraubten beim Sheriff beschweren, vielleicht sogar beim König. Aber was will Henry denn tun? Eine Armee in den Sherwood schicken? Die braucht er viel dringender in Aquitanien, da hat er größere Probleme. Ich glaube kaum, dass er sich zurzeit für ein paar aufständische Bauern in England interessiert. Im günstigsten Fall setzt er de Lacy ab, und es rückt ein vernünftiger Mann an dessen Stelle.«

»Meinst du nicht, dass wir zu wenige sind für das, was du so alles vorhast?« Little John war immer noch nicht restlos überzeugt.

»Glaub mir, wenn sich unsere Existenz erst herumspricht, werden wir einen Zulauf erhalten, dass dir noch angst und bange wird. Da bin ich mir ganz sicher.«

»Du scheinst dir ja richtig Gedanken gemacht und alles schön zurechtgelegt zu haben. Gibt es eigentlich etwas, wofür dir noch keine Lösung eingefallen ist?«

»Ja, leider. Nämlich, wie wir deinen Vater befreien.«

∗ ∗ ∗

Robin wünschte sich an den nächsten Tagen, die Sonne würde nie untergehen, so viel gab es für ihn zu tun. Er beauftragte Tuck, sich mit den Frauen um die Einrichtung des Lagers zu kümmern, und Gilbert Whitehand mit der Schulung der Männer im Schwertkampf. Er selbst machte sich mit Little John und Much auf die Suche nach den Wildhütern. Das hatte oberste Priorität, denn wenn diese auf einem ihrer Streifzüge Feuer rochen und dadurch zu den Dunwold-Höhlen gelockt wurden, konnten sie den Standort verraten, und man hatte womöglich schon bald den Sheriff mit seinen Kriegsknechten auf dem Hals. Der Tag der direkten Auseinandersetzung würde zwar zweifelsohne kommen, aber dann wollte Robin ihn bestimmen und vorbereitet sein.

Little John kannte eine Jagdhütte, und zu der machten sich die drei Männer auf den Weg. Alle drei trugen ihre Bögen schussbereit in den Händen und Schwerter und Dolche im Gürtel. Little John hatte noch zusätzlich seinen Kampfstock dabei, von dem er nicht lassen konnte. Die Jagdhütte war bald gefunden, doch von den Wildhütern fehlte jede Spur. Sie konnten aber nicht weit sein, denn die Asche in der Feuerstätte war noch warm.

»Wollen wir hier auf sie warten oder nach ihnen suchen? Was meint ihr?« Man hörte Much an, dass er keine Lust mehr hatte, weiter durch den Wald zu stapfen, aber bei Robin kam er da an den Falschen.

»Wir suchen sie natürlich. Vielleicht können wir sie bei etwas überraschen, was nicht im Sinne ihres Dienstherrn ist. Das würde uns unsere Mission sicherlich sehr erleichtern.«

Die drei Männer waren noch nicht lange unterwegs, da hörten sie das Quieken von Schweinen. Hatte hier jemand die Tiere in den Wald getrieben, damit sie sich an Eicheln und Bucheckern mästeten? Das war früher gang und gäbe gewesen, mittlerweile allerdings streng untersagt. Robin gab seinen beiden Begleitern ein Zeichen, und vorsichtig pirschten sie sich näher heran.

Richtig, am Waldrand wühlten Säue mit ihrem Nachwuchs in der Erde auf der Suche nach Würmern, Engerlingen und essbaren Wurzeln und verschmähten auch Pilze und andere Früchte des Waldes nicht. Nur waren erstaunlicherweise keine Hirten zu sehen, was Robin verblüffte. Bis er die ängstliche Stimme eines Mädchens und gleich darauf das Hohnlachen eines Mannes hörte. Auf einer Lichtung hatten drei raue Gesellen eine junge Frau umringt, neben der ein Junge mit blutverschmiertem Gesicht auf dem Boden lag. Robin gab Little John und Much einen Wink, zurückzubleiben, und schritt dann ohne zu zögern auf die Gruppe zu.

»Hallo und einen freundlichen Gruß, wackere Waidmänner!«, rief er den Kerlen zu. »Und Ihr, holde Maid, solltet Eure Schweine nicht unbeaufsichtigt lassen. Sonst schließen sie sich noch der Rotte Wildsäue an, die ich vorhin gesehen habe, und verschwinden auf Nimmerwiedersehen mit ihnen in den Tiefen des Sherwoods. Ja, was ist denn mit dem jungen Mann hier geschehen? Hat er sich den Kopf gestoßen, oder ist er womöglich beim Klettern vom Baum gefallen? Soll ich ihn mir einmal ansehen? Ein bisschen was verstehe ich von Wundbehandlung.«

Die drei Männer hatten sich zu Robin umgewandt und sahen dem schwatzhaften Ankömmling fassungslos entgegen. Was war denn das für einer? Lief hier bewaffnet durch den Wald, wo schon das Tragen eines Bogens das Abhacken von Mittel- und Zeigefinger der Schusshand oder sogar den Verlust des Augenlichtes bedeuten konnte. Und kam völlig unbedarft auf diejenigen zu, die dafür zu sorgen hatten, dass sich niemand an des Königs Wild vergriff.

»Komm mal näher, Bürschchen«, rief der Anführer der Wildhüter Robin zu. »Was hast du da von Wildschweinen erzählt? Du hast doch nicht womöglich vor, eins von ihnen zu schießen?«

»Doch, sicher, auch mehrere, wenn sie mir vor den Bogen kommen. Sie nehmen in letzter Zeit wirklich überhand, zerwühlen die Äcker der Bauern und vernichten die Ernte. Wäre es nicht Eure Aufgabe, dafür zu sorgen, dass das unterbleibt?«

Den Wildhütern, allen dreien, klappten die Unterkiefer herunter. Was, beim heiligen Hubertus, war denn hier los? Sonst wimmerten die Bauern schon um Gnade, wenn sie nur mit einem mickrigen Hasen erwischt wurden, und der hier gab offen zu, auf Schwarzwild aus zu sein, neben Hirschen die bevorzugte Jagdbeute des Königs und des Adels. Den Witzbold wollten sie sich gleich einmal näher ansehen.

Sie ließen von dem Mädchen ab, das die Gelegenheit nutzte, sich um den verletzten Jungen zu kümmern. Als sie gleich darauf in Tränen und heftiges Schluchzen ausbrach, ahnte Robin, dass für ihn jede Hilfe zu spät kam. Er sah Blutspuren an den Fäusten des Anführers der Wildhüter, und damit war für ihn die Schuldfrage geklärt.

»Wer, zum Teufel, glaubst du, dass du bist? Der Sohn des Königs? Und wenn ja, welcher denn?«, höhnte der grobschlächtige Kerl. Es sollten seine letzten Worte gewesen sein.

Robin war mittlerweile furchtlos, oder auch naiv, wenn man es vom Standpunkt der Wildhüter aus sah, herangetreten. Ihr Anführer stand direkt vor, die beiden anderen standen rechts und links neben ihm.

»Wer ich bin? Der neue Herr des Sherwoods. Und der spricht ab sofort Recht in seinem Territorium.«

Alles, was nun passierte, ging blitzschnell. Robin trug wie jeder Bogenschütze einen ledernen Schutz um den linken Unterarm, damit dieser nicht von der zurückschnellenden Sehne verletzt wurde. Seiner war noch zusätzlich mit geschmiedeten Nieten versehen.

Robin hatte bis zu seiner Ankündigung die Hände in die Hüften gestützt gehabt. Jetzt schmetterte er seinen bewehrten Unterarm dem links von ihm Stehenden mit aller Wucht ins Gesicht. Er hörte Knochen knacken und Zähne brechen, ließ sich davon aber in keiner Weise ablenken. Seine rechte Hand fuhr zum Dolch, zuckte vor – und schon steckte die spitze, scharfe Waffe im Herzen des vor ihm Stehenden. Nahezu gleichzeitig sprang das Schwert in seine Hand und zur Kehle des dritten Wildhüters.

»Gnade!«, winselte dieser und fiel auf die Knie. »Tut mir nichts, edler Herr, ich flehe Euch an. Es klebt kein Blut von dem Jungen an meinen Händen, ich schwöre es!«

»Stimmt das?«, wollte Robin von dem Mädchen wissen, das unter Tränen nickte.

»Er sagt die Wahrheit. Die beiden anderen haben so lange auf meinen Bruder eingeprügelt, bis er sich nicht mehr rührte. Der da stand lachend daneben. Einfach totgeschlagen haben sie ihn, nur weil er mit mir die Schweine in den Wald getrieben hat! Wir haben doch kein Futter mehr für sie, nachdem der Sheriff uns alles genommen hat. Und wenn wir sie jetzt schon schlachten, verhungern wir im Winter.«

Robin wusste um die Not der Bauern, und es war ihm auch klar, was dem Mädchen geblüht hätte. Die bereits zerfetzte Kleidung sprach eine eindeutige Sprache.

»Die Zeiten sind vorbei, wo ihr verdammten Mörder nach Gutdünken im Sherwood schalten und walten konntet«, fuhr er den Knienden an. »Dich lasse ich am Leben, vorläufig. Aber nur deshalb, damit du deinen Kumpanen berichten kannst, was du erlebt hast und wie es euresgleichen ergeht, erwischen wir euch noch einmal in dem Revier, das von nun an uns gehört.«

»Gute Ansprache«, hörte Robin Little John hinter sich sagen. »Aber wenn du alles allein machst, warum stapfen wir dann stundenlang mit dir gemeinsam durch den Wald? Ein bisschen Spaß hättest du uns auch gönnen können.«

»Kommt noch, keine Sorge. Ich hatte nur Angst, dass sie schnell noch dem Mädchen etwas antun, wenn wir zu dritt vor ihnen auftauchen. Schließlich ist sie eine Zeugin. Was ist denn mit dem da?« Robin zeigte auf den Mann, den er niedergeschlagen hatte und zu dem Much sich gerade bückte.

»Der tut niemandem mehr etwas. Offenbar ist ihm ein eingeschlagener Knochen ins Gehirn gedrungen und hat ihn getötet.«

Robin zuckte nur mit den Schultern und zog seinen Dolch aus der Brust des Anführers. Wegen des Todes der beiden Mörder würde er keine schlaflosen Nächte haben, auch wenn er es lieber gehabt hätte, wäre alles ohne Blutvergießen abgegangen und vor allem der Junge noch am Leben.

Dessen Schwester hatte sich ängstlich zusammengekauert und ihre zerfetzten Lumpen um sich herum gerafft. Voller Furcht blickte sie zu den Männern auf, betete lautlos vor sich hin und schloss mit ihrem Dasein auf Erden ab. Wie konnten diese sie denn am Leben lassen, nachdem sie gesehen hatte, was vorgefallen war? Da beugte sich derjenige, der die Mörder ihres

Bruders getötet hatte, zu ihr herab und sprach begütigend auf sie ein.

»Hab keine Angst, wir tun dir nichts. Leider sind wir zu spät gekommen, um den Jungen zu retten. Aber dass zumindest dir nichts geschieht, dafür können wir sorgen. Von wo kommst du denn?«

»Aus Edwinstowe.«

»Gut.« Robin kannte das kleine Dorf am Rande des Sherwoods natürlich, in dessen Kirche der Legende nach der heilige Edwin nach seinem Tod in der Schlacht von Hatfield Chase versteckt worden war. »Wir bringen dich nachher mit deinen Schweinen nach Hause. Und für den Tod deines Bruders werden die Mörder ein Blutgeld zahlen, auch wenn ihn das nicht wieder lebendig macht. Hier, nimm erst einmal diesen Umhang«, Robin riss dem überlebenden Wildhüter dessen Mantel von der Schulter, »und bedecke dich damit. Wir haben noch etwas zu erledigen, sind aber bald wieder da.«

»Was hast du vor?«, erkundigte sich Little John interessiert.

»Das wirst du gleich sehen. Lass uns erst einmal den Gefangenen zur Jagdhütte zurückbringen.«

Die Männer machten sich mit dem vor Angst schlotternden Wildhüter, der davon ausging, dass sein letztes Stündlein geschlagen hatte, auf den Weg. Doch Robin hatte andere Pläne.

»Was habt Ihr mit mir vor?«, jammerte der Gefangene, als sie die Hütte erreicht hatten. »Lasst mir mein Leben, ich flehe Euch an! Ich habe Frau und Kinder! Ich leiste jeden heiligen Eid, dass ich Euch nicht verraten werde!«

»Um ihn im nächsten Augenblick zu brechen, da bin ich mir sicher«, entgegnete Robin kühl. »Deswegen werden wir dich gar nicht erst in Verlegenheit bringen. Du sollst ja berichten, was du gesehen und erlebt hast. Deinen Kameraden, und vor allem deinem Dienstherrn. Aber beeile dich. Wir geben ihnen genau zwei

Tage, um aus dem Sherwood zu verschwinden. Von übermorgen an machen wir Jagd auf euch. Wer sich dann noch in den Sherwood wagt, ob Wildhüter, Kriegsknecht oder Sheriff, der ist ein toter Mann.«

Das kam so hart und unbarmherzig aus dem Mann heraus, der soeben zwei seiner Gefährten getötet hatte, dass der Gefangene erschrocken zusammenzuckte.

»Ihr paar gegen uns alle?« Der Wildhüter blickte skeptisch. »Wer seid Ihr überhaupt?«

»Glaub mir, viele, sehr viele. Und mit jedem Tag, an dem Menschen geknechtet, versklavt und entrechtet werden, wächst unsere Schar an. Und wir, hörst du, sind ab sofort die Herren im Sherwood. Damit du begreifst, dass du und deinesgleichen hier nichts mehr verloren haben, wirst du jetzt eigenhändig eure Hütte niederbrennen. Spute dich, wir haben nicht den ganzen Tag Zeit.«

»Aber das kann ich nicht tun! Sie ist Eigentum des Königs!«

»Auch recht, dann tun wir es eben. Doch dann befindest du dich in ihr drin, wenn sie lichterloh brennt.«

So weit wollte der Wildhüter es dann doch nicht kommen lassen. Mit zitternden Händen zog er einen Feuerstein hervor, lieh sich Robins Dolch, schlug mit beidem Funken und entzündete so etwas trockenen Zunder neben der Feuerstelle. Dann schob er Reisig hinein, und gierig begannen die Flammen zu lodern. Schon bald leckten Flammenzungen an den hölzernen Balken und den Schindeln des Daches.

»Gut«, meinte Robin, »tut das überall selbst, dann erspart ihr euch viel Kummer. Und jetzt leere deine Taschen aus. Ich will sehen, was du bei dir trägst.«

Es kamen mehrere Silberpennys und einige Kupfermünzen zum Vorschein, die Robin einsteckte. Sie nahmen dem Wildhüter noch seine Stiefel ab und ließen ihn dann laufen. Ohne auf

Dornen oder Steine am Boden zu achten, rannte er davon, als wäre der Leibhaftige hinter ihm her. So schnell er konnte, wollte er nach Nottingham eilen und berichten, was ihm und seinen Kameraden widerfahren war.

»Wir haben jetzt aber ein Problem«, merkte Much an. »Wie willst du verhindern, dass der Sheriff als Vergeltung für den Tod seiner Wildhüter Edwinstowe ebenso niederbrennt, wie er es mit Hathersage und Loxley gemacht hat? Dann hätten wir den Leuten dort einen wahren Bärendienst erwiesen.«

»Das, Much, wird unsere erste, wirkliche Bewährungsprobe. Die Dörfler müssen uns verständigen, wenn ihnen Gefahr droht. Und dann werden wir an ihrer Seite kämpfen. Diesmal darf uns de Lacy nicht überraschen. Wenn er kommt, müssen wir vorbereitet sein.«

Little John strahlte über das ganze Gesicht. Das, was Robin da plante, war ganz nach seinem Geschmack.

»Ich glaube, ich sollte Gott danken, dass er dich im Wettkampf hat siegen lassen«, lachte er. »Auf die Idee wäre ich auch gekommen, nur mit der Umsetzung hätte es bei mir gehapert. Jetzt musst du dir den Kopf darüber zerbrechen und ich nur noch zuschlagen.«

»Streng deinen Grips ruhig auch an, schließlich bist du mein Stellvertreter.« Mit diesen Worten beförderte Robin Little John zum Lieutenant. »Du, Much und Gilbert werdet jeweils einen Trupp führen. Ich stoße dort dazu, wo es am brenzligsten ist. Mal sehen, wer die reichste Beute macht. Und jetzt lasst uns nach dem Mädchen sehen. Sie wird bestimmt ganz krank vor Angst sein.«

* * *

Es war eine traurige Prozession, die sich da Edwinstowe näherte. Little John trug in seinen Armen den toten Jungen, Much und das Mädchen trieben die Schweine vor sich her, und Robin schleppte die Bögen, Schwerter und übrige Ausrüstung der Wildhüter.

Das Dorf war größer als Hathersage oder Loxley und schon vor Hunderten von Jahren gegründet worden. Die Bewohner liefen aufgeregt auf dem Platz vor der Kirche zusammen, auf dem sogar von Zeit zu Zeit Märkte abgehalten wurden. Plötzlich rannte eine Frau auf Little John zu, riss ihm den Jungen aus den Armen und brach in heftiges Schluchzen aus. Immer wieder drückte sie den Leichnam an sich, bis sie von einem Mann in die Arme genommen wurde, dessen Augen auch in Tränen schwammen.

»Wir kamen leider zu spät, um Euren Sohn zu retten«, erklärte Robin mitfühlend. »Doch zumindest konnten wir Eure Tochter davor bewahren, sein Schicksal zu teilen. Mit ihr hatten die Kerle offenbar noch ganz andere Dinge vor. Über zwei von ihnen hält der Herr im Himmel wahrscheinlich gerade sein Strafgericht, und der dritte wird Euch auch nicht mehr belästigen.«

»Ich kenne Euch doch. Ihr seid Robert Fitzooth aus Loxley und Ihr John Little, der Sohn des Bailifs aus Hathersage!« Der Dorfvorsteher hatte sich nach vorn gedrängt und beäugte die drei Männer misstrauisch.

»Das waren unsere Namen, bevor man unsere Dörfer niedergebrannt und die Bewohner erschlagen hat. Jetzt nennt den da besser Little John und mich zukünftig Robin Hood. Wir leben im Sherwood und werden darauf achten, dass sich so etwas«, Robin deutete auf den toten Jungen, »nicht wiederholt. Zumindest nicht, so weit unsere Pfeile fliegen.«

»Das heißt, Ihr habt zwei Männer des Sheriffs getötet und

einen verjagt? Ja, um Gottes willen, was habt Ihr da nur angerichtet? Er wird sich furchtbar an uns rächen!«

»Was hätten wir denn tun sollen? Zusehen, wie sie zuerst das Mädchen schänden und dann ebenfalls umbringen? Nein, das hört jetzt endlich auf, dass wir die Willkür ohne Widerstand ertragen und als vom Herrn gesandte Strafe für was auch immer hinnehmen. Hier, nehmt diese Jagdhörner!« Robin streifte die drei den Wildhütern abgenommenen Instrumente von der Schulter. »Haltet Ausschau oder schickt Leute nach Nottingham, die sich umhören. Wenn Feinde kommen, lauft in den Sherwood, immer nach Osten, und stoßt in die Hörner. Dann werden wir kommen und an Eurer Seite kämpfen. Hier sind die Schwerter, Messer und Bögen der Mörder. Übt Euch im Gebrauch der Waffen, damit Ihr nicht weiter gänzlich wehrlos seid.«

»Gegen den Sheriff oder seinen Bluthund Guy von Gisbourne mit ihren Kriegsknechten antreten? Da können wir ja gleich Selbstmord begehen.«

»Sterben müssen wir alle einmal. Dann doch besser aufrecht anstatt auf Knien, oder?«

»Robert von Loxley hat recht«, meldete sich da der Vater des getöteten Jungen mit fester Stimme zu Wort. »Sie haben mir meinen Sohn genommen, ein achtjähriges Kind, das nichts weiter getan hat, als auf die Schweine des Dorfes aufzupassen. Müssen wir uns denn alles gefallen lassen? Sind wir denn völlig rechtlos? Es wird Zeit, aufzuwachen und Widerstand zu leisten. Meine Tochter werden sie nicht bekommen, das schwöre ich. Eher müssen sie mich umbringen, doch so sicher wie das Amen in der Kirche ist – ein paar von diesen Verbrechern nehme ich mit.«

»Wenn alle so denken würden und so beherzt wären wie Ihr, dann hätte der Sheriff auch keine Macht über uns. Nehmt das hier«, Robin drückte dem Mann einen Beutel in die Hand, der alles an Wertsachen beinhaltete, was die drei Wildhüter bei sich gehabt hatten, »als Sühnegeld. Ich weiß, es bringt Euch den Sohn nicht zurück. Mein Freund Much hat seine Eltern und ich meinen Vater verloren. Der von Little John sitzt im Kerker von Nottingham. Wir wissen, wie Ihr Euch fühlt, glaubt mir. Doch nur, wenn wir alle zusammenhalten, können wir der Willkür Einhalt gebieten. Denkt an meine Worte, wir sind für Euch da, wenn Ihr uns braucht. Und nun lebt wohl, wir haben noch viel Arbeit vor uns, wollen wir unser Versprechen einhalten.«

Robin, Much und Little John wandten sich um und strebten dem nahen Sherwood zu. Sie ließen eine in sich zerrissene und nachdenkliche Dorfgemeinschaft zurück. Besonders der Dorfvorsteher grübelte über die Worte des Mannes aus dem Wald nach. Ob der vielleicht recht hatte? Sollten sie sich tatsächlich wehren, oder würde dadurch alles noch schlimmer werden? Er wusste es nicht und war sich auch nicht sicher, die richtige Entscheidung treffen zu können.

»Dieser Robert von Loxley war schon immer ein wilder Geselle, habe ich gehört«, sagte er zu den Eltern des toten Jungen. »Kommt, tragen wir Euren Sohn in die Kirche und bahren ihn dort auf. Ich schicke nach dem Priester, damit er ein christliches Begräbnis bekommt. Mehr können wir nicht mehr für ihn tun, aber ich bin sicher, dass Gott im Himmel sich seiner erbarmt.«

»Der Herr sollte sich lieber besser um seine Söhne und Töchter auf Erden kümmern«, fauchte die verzweifelte Mutter den Dorfvorsteher an. »Sagen die Priester nicht, er sieht alles. Warum hat er dann weggeschaut, als man Patrick erschlagen hat?«

»Weib, du versündigst dich!« Erschrocken fuhr der Dorfvorsteher zurück und bekreuzigte sich, doch die Frau nahm ihn gar nicht weiter zur Kenntnis

»Wie, sagte dieser Robert, nennt er sich jetzt?«, fragte sie stattdessen ihren Mann.

»Robin Hood.«

»Ich glaube, diesen Namen werden wir uns merken müssen.«

* * *

»Meinst du wirklich, dass sie sich tatsächlich zur Wehr setzen werden, wenn der Sheriff anrücken sollte?«, fragte Little John, als sie den Sherwood wieder erreicht hatten.

»Uns und euch in Hathersage haben sie überrascht. Die Leute aus Edwinstowe hingegen sind vorgewarnt, und wir haben ihnen unsere Unterstützung angeboten. Wenn sie sich jetzt widerstandslos abschlachten lassen, dann ist ihnen wirklich nicht zu helfen.«

»Aber sie kennen uns kaum und wissen nicht, wie viele wir sind. Und ob wir tatsächlich gegen die Kriegsknechte des Sheriffs bestehen können, da habe ich ehrlich gesagt so meine Zweifel.« Auch Much war skeptisch.

»Siehst du, und genau da liegt das Problem. Wir fürchten uns vor ihnen, sie sich nicht vor uns. Solange das so bleibt, sind sie uns überlegen. Ändern wir das, aber schnellstens. Ihnen muss ein kalter Schauer den Rücken hinunterlaufen, wenn sie nur den Wald von Weitem sehen. Hinter jedem Baum sollen sie den Tod vermuten. Das gilt auch für die Dörfer im Sherwood und an seinen Rändern. Weiter wird unsere Macht vorläufig nicht reichen, das ist auch mir klar. Aber es ist zumindest ein Anfang.«

Much war immer noch nicht restlos überzeugt, während Robin in Little Johns Augen den Kampfesfunken glimmen sah.

Zurück im Lager sahen sie, wie Gilbert Whitehand die Männer mit den Schwertern üben ließ. Er schien überall zu sein, verbesserte hier, lobte dort, zeigte anderen, wie sie es besser machen konnten. Robin bemerkte schnell, dass der zierliche Blondgelockte unermüdlich und ein Meister der Fechtkunst war. Ein paar Faulpelze hingegen hatten es sich unter den Bäumen bequem gemacht. Die scheuchte Robin selbst auf und ließ sie mit den Bögen trainieren, bis sie ihre Arme kaum mehr spürten.

»Ich will, dass jeder von uns auf zweihundert Yards zehn Pfeile in einer Minute ins Ziel bringt«, klärte er die Schützen auf. »Vorher habt ihr vor mir keine Ruhe. Aber das ist erst der Anfang. Irgendwann besorge ich uns diese verdammten walisischen Langbögen. Und dann geht der Tanz erst richtig los.«

Am nächsten Tag brachte eine Patrouille das erste Geld ins Lager. Ein Händler aus Hull, der mit seinen Tuchen nach Nottingham wollte, war Much mit seinem Trupp in die Fänge geraten. Sie nahmen ihm drei Silbermark Wegezoll und zwei Ballen festen, grünen Stoff ab und ließen ihn dann weiterziehen. Der Händler hatte Zeter und Mordio geschrien und immer wieder mit dem Sheriff von Nottingham gedroht, doch nur mitleidiges Gelächter als Antwort erhalten.

Little John machte mit seiner Gruppe derweil Jagd auf die verbliebenen Wildhüter und ihnen mit seinem Stock sehr nachdrücklich klar, dass sie in diesem Wald nichts mehr verloren hatten. Das war so ganz nach seinem Geschmack, und er war mit Feuereifer bei der Sache.

Robin hingegen wusste, dass er eine Sache, vor der er sich gern gedrückt hätte, nicht länger hinausschieben konnte. Er sattelte Marians Pferd und machte sich auf den Weg nach Fenwick, um endlich mit Sir Richard Leaford zu sprechen.

* * *

Das Gut lag wie verlassen vor ihm, als er sich dem Hof näherte. Keine Wache am Tor, kein geschäftiges Hin und Her der Stallknechte, wie er es sonst gewohnt war, erfüllte Fenwick mit Leben. Nur aus dem Haus hörte er gedämpfte Stimmen. Robin versorgte das Pferd, was ihm noch einmal Gelegenheit gab, seine Gedanken zu ordnen, nahm dann den Langbogen, schritt über den Hof und klopfte an der großen Tür zur Halle des Gutes.

Das laute, herrische »Herein« zeigte ihm, dass Sir Richard zu Hause war. Als er über die Schwelle trat, sah er, dass es offenbar gerade Streit zwischen Vater und Tochter gab. Das fehlte ihm gerade noch, hatte er doch darum gebetet, in Ruhe mit Marians Vater sprechen zu können.

»Sir Richard, ich hoffe, Ihr verzeiht mein plötzliches und unangemeldetes Erscheinen. Wenn Ihr so freundlich wärt, mir etwas von Eurer kostbaren Zeit zu opfern? Ich hätte Wichtiges mit Euch zu bereden.«

Der Ritter sah Robin eine ganze Zeit lang schweigend an. Hinter dem Rücken ihres Vaters machte Marian verzweifelte Gesten, die ihr Geliebter aber nicht deuten konnte. Der hoffte nur, dass endlich diese bedrückende Stille gebrochen würde.

»Du kommst zwei Tage zu spät, mein Junge.« Sir Richards Worte waren kühl und beherrscht, doch Robin hörte eine verhaltene Wut darin.

»Wofür?«

»Um dich dem Highsheriff von Nottingham auszuliefern. Er hatte nämlich meinen Sohn festgenommen und beschuldigt, an der von dir verübten Bluttat gegen Sir Guy und seine Männer beteiligt gewesen zu sein.«

»Um Gottes willen, wo ist Walter?« Robin schwante Fürchterliches.

»Auf dem Weg in die Bretagne, zu seinem Lehnsherrn. Ich habe ihn mit vierhundert Mark Silber auslösen müssen. Das

Geld wird verfallen, denn er sollte sich in vier Wochen dem Gericht des Sheriffs stellen. Doch das kann ich nicht zulassen, denn de Lacy würde ihn womöglich trotz seiner Unschuld hängen. Deshalb musste er so schnell wie möglich verschwinden. Ob ich meinen Sohn nun jemals wiedersehe, das weiß nur Gott allein. Und unser Gut werden wir wohl auch bald verlieren.«

Sir Richard sagte zwar nicht: »Durch deine Schuld«, doch Robin hörte es überdeutlich aus seinen Worten heraus.

»Aber Walter war überhaupt nicht in der Nähe, als ich die Leute aus Loxley befreit habe, die in die Leibeigenschaft verschleppt werden sollten!«

»Das interessiert doch den Sheriff nicht! De Lacy sagt, sie sollten verkauft werden, um säumige Steuern zu begleichen, so wie es das Gesetz vorschreibt. Und ein gewisser Robert von Loxley hat seine Männer in Ausübung ihrer Pflicht hinterrücks überfallen und mehr als ein Dutzend von ihnen umgebracht. Falls du es noch nicht wissen solltest, du bist geächtet und für vogelfrei erklärt worden. Jeder, der dir hilft, dir Unterschlupf gewährt oder nur etwas zu essen reicht, macht sich schuldig und kann verstümmelt oder sogar hingerichtet werden. Sein neuer Gehilfe hat dem Sheriff berichtet, dass du und Walter Freunde seid. Mehr Beweise braucht es für de Lacy nicht. Der ist schon seit Langem scharf auf unser Gut und Gisbourne offenbar auf meine Tochter. Ersteres wird er nun wohl bekommen.«

»Ich verstehe nicht, was Ihr meint.«

»Nicht? Nun, dann will ich es dir erklären. Glaubst du, ich habe vierhundert Silbermark hier herumliegen? Alles, was wir besitzen, steckt in unseren Pferden. Ich habe beim Abt von Saint Mary in Nottingham einen Kredit aufnehmen müssen, um Walter auslösen zu können. Jetzt kann ich nur hoffen, für unsere Streitrösser in Schottland einen guten Preis zu erzielen und rechtzeitig zur Rückzahlung des Kredits an Martini zurück zu sein. Sonst verlieren wir alles, wofür ich und meine Familie viele Jahre lang schwer gearbeitet haben.«

Robin hätte sich gern gesetzt, denn er hatte völlig weiche Knie, doch Sir Richard bot ihm keinen Platz an.

»Glaub mir, Robin, wärst du vor zwei Tagen hier aufgetaucht, ich hätte dich wahrscheinlich festgenommen und gegen Walter ausgetauscht. So gern, wie ich dich habe, und so sehr, wie ich bedaure, was deinem Vater widerfahren ist. Doch du hast dich über das Gesetz gestellt – und andere müssen dafür die Zeche bezahlen.«

Robin war jetzt alles egal. Er wankte mehr, als er schritt, zu der langen Tafel, an deren hinterem Ende Sir Richard in einem Lehnstuhl saß, zog sich einen Schemel heran, ließ sich darauf fallen und verbarg sein Gesicht in den Händen. Er brauchte einen Moment, um sich zu sammeln, bevor er auf die unerhörten Vorwürfe antworten konnte.

»De Lacy und seine Männer rauben, plündern und morden. Sie stellen Forderungen, die niemand erfüllen kann. Dann kommen sie und bringen jeden um, der sich ihnen in den Weg stellt. Mein Vater wollte zum König und ihn um Gerechtigkeit anflehen. Das hat dessen Stellvertreter hier in Nottinghamshire zu verhindern gewusst. Sollen wir uns das gefallen lassen? Dürfen wir uns gegen dieses Unrecht nicht zur Wehr setzen? Sagt Ihr mir, was ich hätte tun sollen!«

Sir Richard zuckte mit den Schultern, und seine Augen blickten müde.

»Ich weiß es auch nicht. Aber wie du schon richtig sagst, de Lacy ist der Stellvertreter des Königs in der Grafschaft und den Forsten, und ihm schulden wir Respekt und Gehorsam. Ob es uns nun gefällt oder auch nicht. Vielleicht hätte ich in meinen jungen Jahren genauso gedacht wie du heute. Aber das waren andere Zeiten, und mit dem Alter beginnt man manches aus einem anderen Blickwinkel heraus zu sehen.«

»Dann nehmt mich fest und liefert mich dem Sheriff aus! Das Letzte, was ich will, ist, dass Ihr Euer Gut verliert oder Euer Sohn nicht nach England zurückkehren kann.«

Der alte Ritter winkte nur ab.

»Kein Geld der Welt ist es wert, dass dafür ein Leben geopfert wird. Walter ist bei Geoffrey von der Bretagne in Sicherheit. Zumindest, wenn er sich bei Kämpfen und Turnieren zurückhält. Und dich dem Sheriff überantworten? Wie sollte ich meinem Freund Hugh dereinst im Himmel in die Augen schauen können? Nein, Robin, du musst jetzt deinen Weg gehen und ich den meinen. Aber hier und heute trennen sie sich.«

Robin nahm all seinen Mut zusammen, doch seine Stimme war nur ein heiseres Krächzen und versagte ihm fast den Dienst.

»Sir Richard, eigentlich bin ich gekommen, um Euch um die Hand Eurer Tochter zu bitten.«

So, nun war es heraus, und Robin machte sich darauf gefasst, im nächsten Augenblick von der Klinge des Ritters durchbohrt zu werden. Zu ungeheuerlich war sein Ansinnen selbst in seinen Augen geworden.

Er, ein Geächteter, Heimatloser, Vertriebener. Marian dagegen eine Tochter aus bestem Hause, von altem, wenn auch armem Adel. Schon mit seinem Vater als Brautwerber hatte er sich nicht viel Hoffnung auf die Zustimmung von Sir Richard gemacht. Jetzt konnte er sich ungefähr vorstellen, wie dessen Reaktion aussehen würde. Robin rechnete mit einem Wutausbruch oder Schlimmerem, doch das Befürchtete blieb zu seinem Erstaunen aus.

»Du wärst mir der liebste Bräutigam für Marian, Robin, das kannst du mir glauben. Doch wenn du sie wirklich liebst, musst du einsehen, dass das völlig unmöglich geworden ist. Wo und von was wollt ihr leben? Jeder Strolch kann dich töten und bekommt dafür eine nicht unbeträchtliche Belohnung. Marian müsste in ständiger Angst und Sorge um dich sein. Ganz davon abgesehen, dass kein Priester euch trauen darf und sich keine Kirche finden wird, die die Tore für euch öffnet. Nein, Robin, früher standen Hürden zwischen euch, die man vielleicht mit viel gutem Willen hätte zur Seite räumen können. Heute sind es Berge, so hoch, wie du sie noch nie gesehen hast. Unüberwindbar und voller Gefahren. Dein Großvater hat mir einmal davon erzählt.«

»Mir auch, ich erinnere mich gut. Er wurde von Unmengen Schnee verschüttet, hat aber überlebt und wurde sogar reich belohnt.«

»Sollte dir das im übertragenen Sinne ebenso ergehen, der König dich begnadigen und euren Besitz zurückerstatten, dann kannst du gern wieder bei mir vorsprechen. Doch so richtig glaube ich nicht daran, denn Henry hat andere Dinge um die Ohren, als sich um das zu kümmern, was in einer abgelegenen Provinz seines riesigen Reiches vor sich geht. Trag es wie ein Mann, Robin. Und nun geh. Du hast weiß Gott schon genug Unheil angerichtet.«

Robin wollte aufbegehren, doch Marian gab ihm erneut Zeichen. Diesmal deutete er sie so, dass er schweigen sollte und sie sich mit ihm draußen treffen wollte. Ganz gegen ihre Gewohnheit sagte sie nichts und gab die folgsame und einsichtige Tochter. Deshalb erhob er sich von dem Schemel und glaubte, dass ihm selten in seinem Leben etwas so schwergefallen war.

»Hier, Euer Bogen, Sir Richard. Marian hatte ihn mir geliehen. Ich hoffe, dass Ihr sie nicht dafür bestraft. Er bewahrte mir und den Gefangenen aus Loxley die Freiheit.«

Wie etwas sehr Kostbares legte Robin die Waffe auf den Tisch und wollte sich schon abwenden, als Sir Richard ihn zurückhielt.

»Behalte ihn, Robin. Für mich klebt zu viel Blut daran, aber vielleicht rettet er dir einmal dein Leben. Ich will ihn nicht mehr in meinem Haus haben. Lass uns jetzt allein, es wird Zeit für dich, zu gehen.«

Robin nickte und ging mit schweren Schritten zur Tür. Den Bogen nahm er mit. Er war zu wertvoll und konnte ihm und seinen Männer zu gute Dienste leisten, um ihn aus falschem Stolz zurückzulassen. Und außerdem war er ein Geschenk, das man nicht zurückwies. Sein gemurmeltes »Danke« war kaum zu verstehen.

* * *

Robin lief zu der Lichtung, auf der er sich immer mit Marian traf, und hoffte, dass es ihr gelingen würde, zu ihm zu kommen. Er musste nicht lange auf sie warten.

Marian flog Robin regelrecht in die Arme. Als ihre erste Wiedersehensfreude gestillt war, wollte er von ihr wissen, wie es ihr überhaupt gelungen war, aus dem Gut zu entwischen.

»Ja glaubst du, ich kann kein Rosenspalier hinunterklettern? Vater ertränkt gerade seinen Kummer im Wein. Er hat gesagt, lieber vernichtet er seine Vorräte nach und nach selber, als dass die auch noch de Lacy in die Hände fallen.«

»So weit ist es ja wohl noch nicht. Sag mir, wie ich euch helfen kann! Hoffentlich hältst du mich nicht auch für den Verursacher des ganzen Elends.«

»Wenn mein Bruder in seiner Naivität diesen Guy von Gisbourne nicht angeschleppt hätte, wäre das alles nicht passiert. Walter ist in der Bretagne sowieso besser aufgehoben als hier. Er interessiert sich nicht für Landwirtschaft und Pferdezucht, eher für das höfische Leben. Und da dort gerade Frieden herrscht, brauchen wir uns auch keine Sorgen um ihn zu machen. Nur, ob wir wirklich für unsere Pferde vierhundert Silbermark erlösen, das ist die große Frage.«

»Bis wann habt ihr Zeit, das Geld aufzutreiben? Zu Martini wird es fällig, sagte dein Vater, glaube ich.«

»Ganz recht. Zusammen mit dem Zehnten. Schließlich ist das der laut Gesetz festgelegte Zinstag. Sollten wir nicht zahlen können, verfällt unser gesamtes Gut dem Kloster von Saint Mary in Nottingham.«

»Aber es ist doch viel mehr wert! Und vor allem, was wollen die Mönche damit?«

»Der Abt hat Vater das Geld nur unter der Bedingung geliehen, dass er dafür sein gesamtes Hab und Gut verpfändet. Er wird es mit Sicherheit auf der Stelle an de Lacy zu einem höheren Preis weiterverkaufen. Gisbourne stellt sich offenbar vor, dass er dann hier als Verwalter eingesetzt wird und ich ihn heirate, um weiter auf Fenwick leben zu können. Schön ausgedacht haben sich das die drei!«

»Marian, das wirst du doch nicht tun, oder?«

»Sag mal, Robert von Loxley, hältst du mich für völlig beschränkt? Weder für mich noch für Vater käme das jemals infrage. Lieber fliehe ich zu euch in die Wälder. Wo haust ihr eigentlich? Man hört allenthalben nur, Gesetzlose jagen die Wildhüter aus den Wäldern. Und du hättest eigenhändig ein Dutzend von ihnen umgebracht. Ihr sollt schon Hunderte sein!«

»Das ist alles maßlos übertrieben. Es waren nur zwei, die einen Jungen erschlagen hatten und gerade dabei waren, seine Schwester zu schänden. Und es waren auch nur sechs von Gisbournes Männern. Ich bin doch kein Recke aus alten Sagen, der ganze Heerscharen niedermäht! Wir sind gut zwei Dutzend Männer, Frauen und sogar Kinder, die sich mitten im Sherwood verborgen halten. Willst du nicht mit mir kommen? Wir haben Höhlen gefunden, in denen man es auch im Winter aushalten kann.«

»Das geht nicht, es würde Vater das Herz brechen. Außerdem muss ich ihm helfen, die Pferde nach Schottland zu bringen. Er hat alle Stallknechte bis auf zwei fortgeschickt, weil er sie nicht mehr bezahlen kann. Sag mir lieber, wie ich dich finden kann, wenn ich dich brauche.«

»Hier, Marian, nimm mein Jagdhorn. Lauf so tief du kannst nach Nordosten in den Wald und stoße dreimal kurz hintereinander ins Horn. Das hört auf alle Fälle jemand von uns, und du kannst gewiss sein, ich komme so schnell wie ein Sommergewitter. Außerdem werde ich dich besuchen, sooft ich nur kann. Mir fällt schon etwas ein, um mich bemerkbar zu machen.«

»Dann will ich dir jetzt einen Grund dafür geben.« Marian, die ein einfaches, weites Hauskleid trug, griff an ihre Schultern und streifte es mit einem Ruck ab. Nackt wie eine Baumnymphe stand sie auf einmal vor Robin, dem auf der Stelle der Mund trocken wurde.

»Ich will, dass du mich jetzt zu deiner Frau machst, mein Geliebter. Sag nichts, ich weiß, was ich tue. Nur so wird uns nichts mehr auf dieser Welt trennen. Wenn wir uns jetzt lieben, kann niemand mehr unsere Verbindung infrage stellen. Ob mit oder ohne Vaters und Gottes Segen, dann bin ich deine Frau, Robin. Für immer!«

Ähnliches hatte vor vielen Jahren Martha zu Robins Namensgeber gesagt, doch das konnte dieser natürlich nicht wissen. Wams und Hemd riss er sich vom Leib, mit zittrigen Fingern löste er die Beinlinge von der Brouche, und es war ihm äußerst peinlich, dass sein Glied sich bereits aufgerichtet hatte und wie eine Lanze auf Marians Schoß zeigte. Doch die lachte nur, umschlang ihn mit ihren elfengleichen Armen, und gemeinsam sanken sie in das weiche Gras hinab.

Ihre Hände ertasteten den Körper des jeweils anderen, erkundeten die geheimsten und bisher verborgenen Stellen, und es war für Robin wie eine Offenbarung, als er in Marian eindrang und sie ihn leise seufzend empfing. Die junge Frau presste ihr heißes, samtenes Fleisch an ihn, und ihr Stöhnen klang in den Ohren ihres Geliebten wie himmlische Musik. Nur einmal zuckte sie kurz zusammen, und Robin hielt sofort inne, denn das Letzte, was er wollte, war Marian Schmerz zuzufügen. Doch schon zog sie ihn wieder an und in sich, und als er sich endlich in ihr verströmte, war es das Erhebendste und Vollkommenste, das er bisher erlebt hatte.

Verschwitzt, erschöpft, aber glücklich und befriedigt bis in die letzten Haarspitzen lagen sie dann nebeneinander und sahen eine Weile schweigend in den Himmel. Robin war dann der Erste, der seine Sprache wiederfand.

»Marian, wenn ihr aus Schottland zurück seid, kommst du zu mir in den Wald. Ich baue uns ein Liebesnest, wie du es dir romantischer nicht vorstellen kannst. Wir werden miteinander glücklich sein, Kinder bekommen und gemeinsam alt werden. Was kann es Schöneres geben?«

»Robin, du bist ein Träumer! Und eins lass dir gesagt sein, über mein Leben bestimme immer noch ich. Glaubst du wirklich, ich lasse meinen Vater jetzt in seiner größten Not allein? Dann kennst du mich aber wirklich schlecht, und ich müsste befürchten, das hier war ein Fehler.«

»Sag das nicht! So habe ich es doch nicht gemeint. Aber wie soll es dann mit uns weitergehen?« Robin richtete sich etwas auf und kam über Marian zu liegen. Keck küsste er zuerst ihre rechte, dann ihre linke Brust und streichelte sie dabei zärtlich. »Ich liebe dich doch über alles! Nie wieder kann ich von dir lassen.«

»Du selbstsüchtiger Kerl, du.« Marians Stimme klang im Gegensatz zu ihren Worten gar nicht böse, und sie begann, an Robins Ohr zu knabbern. »Denkst nur an dein Vergnügen. Jetzt müssen wir erst einmal alles daransetzen, unser Gut zu retten.

Und falls dir dazu etwas einfällt, immer heraus damit. Das würde bestimmt auch meinen Vater umgänglicher stimmen.«

»Marian, ich verspreche dir, ich werde alles in meiner Macht Stehende tun, um euch zu helfen. Im äußersten Fall stelle ich mich dem Sheriff. Dann dürfte er doch keine Ansprüche mehr an euch haben und müsste deinem Vater das Geld zurückgeben.«

»Untersteh dich! Glaubst du, ich will dich verlieren? Und damit wäre garantiert überhaupt nichts gewonnen. Schütze mich lieber vor Gisbourne, wenn dir etwas an mir liegt. Seine lüsternen Blicke finde ich unerträglich. Er zieht mich jedes Mal mit den Augen aus, wenn er mich sieht. Nun, nur noch mit einem. Das andere hast du ihm ja schon genommen. In seinem Fall hätte ich nichts dagegen, würde er auch das andere einbüßen.«

»Der verliert noch ganz etwas anderes, sollte er dir jemals zu nahe kommen! Wir haben die Wildhüter aus dem Sherwood gejagt, und mein Ziel ist es, zu erreichen, dass sich weder de Lacy noch Gisbourne je wieder aus Nottingham herauswagen. Sie sollen in ihrer Burg wie Gefangene leben, bis sich die Zeiten ändern. Und das wird eines Tages passieren, das sagt mir mein Gefühl.«

»Dein Wort in Gottes Ohr. Meinst du wirklich, dass ihr das schafft? Dazu bräuchtest du ja eine ganze Armee.«

»Wir sind gerade dabei, sie aufzustellen und auszubilden. Noch sind wir wenige, doch ich sage dir, das wird nicht lange so bleiben. Bald werden wir eine Macht in den Midlands sein, an der niemand mehr vorbeikommt. Glaub mir Marian, ich fantasiere nicht. Nie war mir etwas so ernst. Mögen sie uns anfangs Diebe und Räuber nennen. Der Tag wird kommen, an dem uns die einfachen Menschen lieben und die Ungerechten fürchten werden.«

»Du klingst ja richtig pathetisch, Robin. Werd bloß kein keuscher Priester. Liebe mich lieber noch einmal. Es kann für lange Zeit das letzte Mal gewesen sein.«

Das ließ sich Robin nicht zweimal sagen, und als sie endlich voneinander abließen, standen die Sterne schon hoch am Himmel, und es war empfindlich kalt geworden.

Robin brachte Marian noch bis in Sichtweite des Gutes und machte sich dann mit einer riesigen Menge Schmetterlingen im Bauch auf den Heimweg. Selbst er würde in der Dunkelheit den Weg zu den Dunwold-Höhlen nicht finden, das war ihm klar. Doch vor einer Nacht allein im Sherwood graute ihm nicht. So konnte er wenigstens in Ruhe seinen Gedanken nachhängen.

Irgendwann schlief er dann doch unter einem mächtigen Baum ein und sprang am Morgen erschrocken auf die Beine, weil ihn statt Vogelgezwitscher ein Hornstoß weckte. Zuerst glaubte er, Marian riefe nach ihm, doch dann ging ihm auf, dass es nicht sein Jagdhorn war, das da erschallte. Jedes Horn hatte seinen eigenen Klang, und den da kannte er nicht. Am wahrscheinlichsten war, dass es sich um eines der Wildhüter handelte, das sie den Leuten aus Edwinstowe gegeben hatten. Und wenn dem so war, dann riefen sie jetzt um Hilfe.

* * *

Robin nahm die Beine in die Hand und eilte, so schnell ihn seine Füße trugen, dem Klang des Jagdhorns entgegen. Ein junger Mann, fast noch ein Knabe, stand auf einer Lichtung und blies in das Horn, dass ihm die Backen zu platzen drohten. Er erschrak nicht schlecht, als Robin plötzlich wie aus dem Boden gewachsen neben ihm stand.

»Was ist passiert? Ist der Sheriff in Edwinstowe?«

»Noch nicht, aber auf dem Weg. Ein fahrender Händler hat es in Nottingham erfahren und uns vorgewarnt.«

»Dann wollen wir hoffen, dass wir nicht zu spät kommen.«

Robin lief ohne ein weiteres Wort los, und dem jungen Mann fiel es sichtlich schwer, seinem Tempo zu folgen. Kleine Bäche wurden ebenso wie gefallene Baumriesen übersprungen, und schon bald erreichten sie den Waldrand.

Der Kirchturm von Edwinstowe war deutlich zu sehen, und zumindest stand kein Rauch über dem Ort, und man hörte auch nicht das Schreien abgeschlachteter Menschen. Trotzdem nutzte Robin auf den letzten Yards jede Deckung hinter Sträuchern und Hecken und war froh, als sie endlich das freie Feld verlassen und hinter den Häusern Schutz suchen konnten.

Vom Dorfplatz waren Stimmen zu vernehmen. Robin verstand noch nicht, was gesprochen wurde, erkannte aber den rüden Ton von de Lacy. Vorsichtig schlich er weiter heran, den Langbogen mit aufgelegtem Pfeil schussbereit vor sich haltend. Als er um eine Hausecke lugte, sah er, wie ein Kriegsknecht vom Pferd herab nach dem jungen Mädchen griff, das vor Kurzem erst seinen Bruder verloren hatte.

»Und ich sage Euch zum letzten Mal, wenn Ihr die Mörder der zwei Wildhüter nicht ausliefert, werden wir die Geiseln hängen und Euer armseliges Dorf, heiliger Edwin hin oder her, dem Erdboden gleichmachen. Wer Geächtete unterstützt oder gar mit ihnen paktiert, wird genauso bestraft wie sie selbst. Das Mädchen hier nehmen wir mit. Sie ist eine wichtige Zeugin. Und zehn andere von Euch ebenso. Ich gebe Euch drei Tage Zeit, meinem Befehl Folge zu leisten, sonst baumeln sie von den Zinnen der Burg. Habt Ihr das jetzt verstanden?«

»Du wirst mir nach meinem Sohn nicht auch noch meine Tochter nehmen, du Bastard!«

Voller Verzweiflung stürzte sich der Vater des Mädchens auf den Sheriff. Auf einmal blitzte in seiner Hand ein Messer. Ein Kriegsknecht wollte ihn vom Pferd herab wie ein lästiges Insekt erschlagen, doch plötzlich steckte ein Pfeil in dessen ungeschützter Kehle, und ein Blutschwall ergoss sich aus seinem Mund.

Erstaunt sah Robin sich um. Waren seine Gefährten bereits unbemerkt zu Hilfe geeilt? Doch keiner war zu sehen, und in dem entstandenen Chaos auf dem Dorfplatz erkannte er zwei Schützen im Inneren der Häuser hinter Fenstern stehend. Offenbar hatten sich die Dörfler selbst ein Herz gefasst und beschlossen, sich zur Wehr zu setzen.

Dem Vater des Mädchens war es mittlerweile gelungen, bis zu de Lacy vorzudringen. Mit einem Wutschrei rammte er dem auf seinem Pferd regelrecht thronenden Sheriff die Klinge in den Oberschenkel, wenn auch nicht allzu tief.

De Lacy brüllte vor Schmerz auf und schlug mit der Reitpeitsche auf den Angreifer ein. Andere Kriegsknechte drängten sich um ihren Dienstherrn, und in dem Tumult gelang es dem Angreifer, zwischen den Beinen der Pferde hindurch zu entwischen. Auch die anderen Dörfler rannten in alle Himmelsrichtungen auseinander, es flogen weiter Pfeile, und unter den Männern des Sheriffs herrschte auf einmal ein furchtbares Durcheinander.

»Verfolgt sie!«, brüllte de Lacy und presste mit schmerzverzerrtem Gesicht die Hand auf die blutende Wunde. »Brennt das Nest nieder! Kein Stein soll hier auf dem anderen bleiben. Das werden sie mir büßen, diese Hurensöhne. Verschont keinen!«

Doch das war leichter gesagt als getan. Die Dörfler waren entschlossen, erbitterten Widerstand zu leisten. Und sie hatten sich offenbar vorbereitet. Als zwei Reiter versuchten, in eine Gasse einzudringen, schwang ihnen ein an zwei Seilen befestigter Baumstamm entgegen und warf sie aus dem Sattel.

Schützen waren plötzlich auf den Dächern, jeder Bauer hatte eine Waffe in der Hand, auch wenn es meist nur Dreschflegel und Mistforken waren, und sogar die Frauen beteiligten sich am Widerstand. Sie holten kochendes Wasser von den Herdstellen und schütteten es über die Männer des Sheriffs, die ihnen zu nahe kamen.

Robin hatte noch gar keine Zeit zum Eingreifen gefunden, als er aus dem Augenwinkel Bewegung wahrnahm. Da kamen sie, seine Freunde, tief geduckt jede mögliche Deckung ausnutzend, in einer Reihe hintereinander. Als sie den Dorfrand erreicht hatten, schwärmten sie aus, genauso, wie er es sie gelehrt hatte. An der Spitze Gilbert Whitehand und Much, die ihre Männer durch Handzeichen befehligten. Und hinter sich hörte Robin plötzlich eine tiefe, mittlerweile wohlvertraute Stimme.

»Ich weiß gar nicht, wieso wir so gerannt sind! Die brauchen uns doch überhaupt nicht. Warum nur haben wir uns in Hathersage nicht so zur Wehr gesetzt?«

»Oder wir in Loxley, Little John. Aber es ist müßig, jetzt darüber nachzudenken. Helfen wir lieber den Leuten hier und erteilen dem Sheriff eine Lektion, die er nie vergessen wird.«

Drei Kriegsknechte verfolgten mehrere Frauen, die kreischend vor ihnen davonliefen. Der eine lief in Little Johns Stock, der zweite in Robins Schwert. Der dritte machte entsetzt auf der Hacke kehrt und rannte, so schnell er konnte, zurück auf den Marktplatz.

Von überallher erscholl jetzt Kampflärm. Die Männer des Sheriffs setzten sich zuerst arrogant, dann erschrocken und zu guter Letzt voller Panik zur Wehr. Niemand hatte sie darauf vorbereitet, in ein Gefecht verwickelt zu werden. Schon gar nicht gegen Männer voller Kampfesmut, die offenbar ihre Waffen zu führen wussten. Wer von ihnen nicht fiel, versuchte sich mühsam in die Mitte des Dorfes zurückzuziehen.

De Lacy saß mit weit aufgerissenen Augen auf seinem Pferd und konnte nicht fassen, was hier geschah. Bauern und Dörfler, die sich nicht willig abschlachten ließen, sondern ihr Heim verteidigten, und das, wie es schien, sogar erfolgreich. Ja, war denn die ganze Welt aus den Fugen geraten? Er war der unbestrittene Herr in der Grafschaft, ihm hatte sich jeder zu unterwerfen! Wer, bei allen Heiligen, stellte hier die gottgegebene und königliche Autorität infrage?

»Zündet die Strohdächer an«, befahl der Sheriff einem der gepanzerten Reiter neben sich. »Soll doch dieses verdammte Nest in Flammen aufgehen!«

Bisher hatte er seine persönliche Leibgarde zurückgehalten, doch jetzt sollte sie sich am Kampf beteiligen. Es waren vier ausgewählte, hochgerüstete Männer, die bisher jeden das Fürchten gelehrt hatten.

Der angesprochene Ritter griff sich eine Fackel, die in einem eisernen Ring neben der Kirchentür steckte. Dann gab er seinem Pferd die Sporen und ritt direkt in die Dorfschmiede hinein. Hier prasselte wie immer ein lustiges Feuer, an dem der Reiter die Pechfackel entzündete. Er ließ sein Pferd rückwärts aus der Schmiede heraustreten und holte Schwung, um sie dem Befehl folgend auf das Dach zu werfen. Doch dazu kam er nicht.

Ein Pfeil durchschlug den Fackelstiel und den Panzerhandschuh und blieb in der Faust des Ritters stecken. Aufbrüllend wollte er die hell lodernde Flamme fallen lassen, aber sie war untrennbar mit seiner Hand verbunden. Durch den Versuch, sie loszuwerden, tropfte ihm glühend heißes Pech auf den Wappenrock. Im nächsten Augenblick war der Ritter selbst zur Fackel geworden. Er schrie wie am Spieß und schlug wild um sich. Dadurch gerieten brennende Stoffteile unter das Kettenhemd, was seine Panik noch vergrößerte und die Schmerzen ins Unerträgliche steigerte.

Der in Flammen stehende Mann war jetzt zur Gefahr für das Dorf geworden, und Robin blieb keine Wahl. Sein Pfeil durchdrang mühelos die Rüstung, traf den Ritter ins Herz und beendete auf der Stelle dessen Leiden. Er stürzte aus dem Sattel auf den sandigen Boden, wo sowohl das Feuer an seinem Wappenrock wie auch die Fackel langsam erloschen.

Auf einmal war es totenstill geworden. Als ob es plötzlich ein Einvernehmen gab, hatte man den Kampf eingestellt. Die überlebenden Kriegsknechte, ein knappes Dutzend, etliche verwundet, sammelten sich um ihren Dienstherrn, hielten allerdings ihre Waffen gesenkt und machten nicht den Eindruck, für dessen Verteidigung ihren letzten Blutstropfen opfern zu wollen.

Die Dörfler und die Waldmänner umringten sie in einem dichten Kreis, und die Respekt gewohnten Männer des Sheriffs sahen sich auf einmal einer nicht unbedeutenden und offenbar auch gut bewaffneten Übermacht gegenüber.

Erst langsam begriff de Lacy, wie es um ihn bestellt war und dass sein Leben auf dem Spiel stand. Noch nie hatte er sich in einer vergleichbaren Situation befunden. Bisher war es ihm immer gelungen, sich aus Kriegen und ernsthaften Kämpfen herauszuhalten. Seit er zum Sheriff ernannt worden war, standen die Macht und die Autorität des Königs hinter ihm. Der zu trotzen hatte, solange er zurückdenken konnte, noch niemand gewagt. Und nun auf einmal das!

Seine Männer waren zurückgedrängt und etliche offenbar erschlagen, ein Mann seiner gefürchteten Leibwache wie ein Hirsch abgeschossen worden. Ein weiterer lag mit einem Pfeil in der Kehle zu seinen Füßen, nur weil er nach einer Metze gegriffen hatte. Brauchte man denn mittlerweile eine ganze Armee, um dieses aufsässige Bauernpack niederzuhalten? Es war einfach nicht zu glauben!

Wer, zum Teufel, führte diese Leute an? Wo kam diese plötzliche Respektlosigkeit her? Wieso fürchteten sich die Dörfler nicht wie bisher vor ihm? Alles Fragen, auf die de Lacy sich keinen Reim machen konnte. Doch sie sollten ihm gleich beantwortet werden.

»Wer wagt es, dem Vertreter der Krone Widerstand zu leisten? Ihr werdet für dieses Verbrechen furchtbar bestraft werden! Wenn ich zurückkehre, dann mit einer ganzen Armee, die hier keinen Stein auf dem anderen lässt.«

»Um zurückzukehren, müssten wir dich erst einmal fortgehen lassen. Und das ist noch lange nicht gesagt.«

Die Menge teilte sich, wie vor Moses das Rote Meer, und ein noch junger Mann in grüner Gewandung, einen Langbogen und einen Köcher voller Pfeile auf dem Rücken, ein Schwert an der Seite und einen Dolch im Gürtel, schritt selbstbewusst auf den Sheriff zu.

Irgendwie kam er de Lacy bekannt vor, doch im Moment fehlte ihm die Erinnerung, wo er ihn schon gesehen hatte. Erst als der Mann vor ihm stand und die Daumen in den Schwertgurt hakte, fiel es dem Sheriff wie Schuppen von den Augen.

»Ihr? Ich hätte es mir eigentlich denken können! Ihr habt meinen Stellvertreter verwundet und ein Dutzend …«

»Ein halbes Dutzend, aber wir können hier gern weitermachen«, unterbrach Robin de Lacy rüde. »Holt endlich diesen Kerl vom Pferd, ich blicke so ungern zu ihm auf.«

Ein paar seiner Männer, allen voran Little John, drängten nach vorn. Für einen Moment sah es so aus, als wollten die Kriegsknechte noch einmal Widerstand leisten, doch ein Blick in die Augen der Leute ringsum belehrte sie eines Besseren. Es würde wohl niemand von ihnen lebend aus Edwinstowe herauskommen, nahmen sie den Kampf erneut auf. Und für de Lacy sterben, der sie schlecht bezahlte, wie Vieh behandelte und ständig beschimpfte? Das nun wirklich nicht!

So machten die Söldner, wenn auch widerstrebend, Platz, und Little John hatte keine Mühe, die Zügel des Pferdes zu ergreifen, auf dem der Sheriff immer noch thronte. Er zog den Kopf des Streitrosses ganz stark nach links und nach unten auf sich zu, sodass es den Hals verbiegen musste. Gleichzeitig drückte er mit seinem ganzen Körper gegen dessen Schulter. Das Pferd knickte zuerst in der Vorhand ein und fiel dann langsam nach rechts um.

De Lacy wusste kaum, wie ihm geschah. Plötzlich ging es abwärts, er verlor den Halt und wurde von kräftigen Armen gepackt und aus dem Sattel gezogen. Im Grunde genommen musste er den Männern noch dankbar sein, sonst wäre er unter seinem Pferd zu liegen gekommen.

Little John ließ das Streitross, das ja schließlich nichts für seinen Herrn konnte, wieder los. Unwillig schnaubend sprang es auf die Beine, erinnerte sich an seine Ausbildung, drehte in einer eleganten Levade um die Hinterhand und trabte dann hochmütig davon, nur um ein Stück entfernt an einer Wiese stehen zu bleiben und zu grasen.

»So, nachdem wir Euch nun von Eurem hohen Ross heruntergeholt haben, werden wir uns mal ein bisschen unterhalten. Und eines sage ich Euch gleich: Nur wenn Ihr Euch sehr, sehr höflich benehmt und einsichtig zeigt, habt Ihr vielleicht, aber auch nur vielleicht, eine Chance, ohne weitere Blessuren nach Nottingham zurückzukehren.«

»Ihr wagt es …«, setzte der Sheriff an, doch schon wieder wurde er in seinem Redefluss gestoppt.

»Es ist kein großes Wagnis dabei, wie Ihr seht.« Robin machte eine weit ausholende Geste in Richtung der Kriegsknechte, die beschämt die Köpfe gesenkt hielten und keine Anstalten machten, ihrem Dienstherrn zu Hilfe zu kommen. »Solltet Ihr allerdings noch einmal unaufgefordert und unziemlich zu mir

sprechen, dann stopfe ich Euch Euer hoheitliches Maul. Habt
Ihr das jetzt endlich verstanden?«

Erschrocken wich de Lacy einen Schritt zurück. Einerseits
vor Robins mehr als deutlichen Worten und dessen Machtdemonstration, andererseits auch vor der johlenden Zustimmung
der Menge ringsum. Noch nie in seinem Leben war er derart
gedemütigt worden, und er nahm sich schon jetzt vor, sich
grausam zu rächen, sollte er das hier überleben. Nur mühsam
gelang es ihm, dem Bauern vor sich nicht in gewohnter Weise
zu begegnen, und er musste all seine Beherrschung aufbieten,
um keine wüsten Drohungen und Beschimpfungen auszusto-
ßen.

»Ihr verstoßt gegen königliches Recht und Gesetz, wenn Ihr
Euch gegen mich auflehnt«, begehrte der Sheriff trotzdem,
wenn auch in sehr gedämpftem Tonfall, auf.

»Wir verstoßen gegen das Gesetz? Ihr und Eure Schergen
sind es, die morden, plündern, schänden und brandschatzen!«

»Es ist meine Pflicht, die vom König festgesetzten Steuern
und Abgaben einzutreiben und Widerstand zu brechen, wo er
sich mir entgegenstellt.«

»Ich habe genug von Eurem Geschwätz. Loxley war davon
befreit, das wusstet Ihr sehr wohl. Trotzdem habt Ihr es niederbrennen und meinen Vater nebst vielen anderen umbringen lassen. Dafür, das schwöre ich Euch, werdet Ihr bezahlen. Vielleicht
noch nicht heute. Aber eines Tages, wenn der König gemerkt
hat, was für eine Ratte er an seinem Busen genährt hat. Hört
mir jetzt genau zu, ich sage es nur ein einziges Mal. Die Herren
des Sherwoods sind ab sofort wir. Und dazu gehören auch alle
Ländereien, Dörfer und Weiler, so weit unsere Pfeile fliegen.
Wagt Euch noch einmal in ihre Reichweite, und Ihr seid ein toter Mann. Das gilt auch für Eure Männer. Begeht Ihr Unrecht,
werdet Ihr auf uns treffen, wo auch immer es geschieht. Ihr sollt

auf Nottingham Castle leben wie ein Gefangener, bis wieder das Recht in England Einzug hält. Doch selbst in der Abgeschiedenheit Eures Gemaches kann Euch der Tod jederzeit ereilen, wenn Ihr die Menschen in der Grafschaft über Gebühr drangsaliert und ausbeutet. Fürchtet Euch, de Lacy, denn wir fürchten Euch nicht mehr!«

Der Sheriff wurde aschfahl. Was waren das nur für Männer, an die er hier geraten war? Nun, nichts wurde so heiß gegessen, wie es gekocht wurde, und war er erst wieder zurück in Nottingham, dann würde er schon Mittel und Wege finden, um diesem Spuk ein Ende zu bereiten.

»Ihr glaubt nicht wirklich, dass Ihr ungeschoren davonkommt, wenn Ihr Euch in des Königs Wäldern breitmacht, sein Wild schießt und gegen seine Gesetze verstoßt, oder?«, versuchte der Sheriff sich noch einmal in Szene zu setzen.

»Soll Henry doch kommen. Mein Vater hat ihn mir als einen Mann mit Verstand geschildert, der guten Argumenten durchaus aufgeschlossen gegenübersteht. Hat er durch seinen Richter nicht einen Eurer Vorgänger sogar aufhängen lassen? Ich wäre an Eurer Stelle ab sofort ein sehr vorsichtiger Mann, denn wir werden ihm alles sehr genau berichten, lässt er sich wieder einmal in England blicken.«

»Ihr glaubt wirklich, der König hört auf Euch Bauernpack!«

»Er wäre ein schlechter Herrscher, täte er es nicht. Genug der Worte, Euer Anblick ist mir und meinen Freunden auf die Dauer unerträglich. Legt Eure Kleider und Waffen ab, das gilt für Euch alle. Glaubt mir, sollte sich jemand widersetzen, wird er es bereuen. Und leert vor allem Eure Taschen und Beutel. Wir werden das, was sich darin befindet, denen zurückgeben, denen Ihr es genommen habt.«

»Ihr erwartet von mir, dass ich nur in Hemd und Beinlingen nach Nottingham zurückreite? Das ist nicht Euer Ernst!«

»Ihr werdet weder reiten noch Hemd und Beinlinge tragen. Seid froh, wenn wir Euch die Brouche lassen. Und jetzt los, wir haben nicht den ganzen Tag Zeit. Oder hättet Ihr es lieber, wenn wir Euch die Kleider vom Leib schneiden?«

Robin zog seinen Dolch und setzte ihn unter dem Gebrüll und Gelächter der Menschen ringsum bei de Lacy dort an, wo sich dessen Bauchnabel befand. Die spitze Waffe würde auch durch das Kettenhemd dringen, das sah der Sheriff sofort.

Zähneknirschend winkte er einen seiner Männer herbei, der ihm aus der Rüstung und seinen übrigen Kleidern helfen musste. Die Waldmänner und die Leute aus Edwinstowe schlugen sich grölend auf die Schenkel, andere wälzten sich sogar lachend und ihre Bäuche haltend auf dem Boden, als der Sheriff und seine Kriegsknechte nahezu nackt vor ihnen standen.

»Das werdet Ihr bitter bereuen«, fauchte de Lacy, doch zumindest im Moment nahm ihn keiner ernst. Robin sah, dass noch Blut am Bein des Sheriffs hinablief, die Wunde aber nicht schwer war. Er riss einen Ärmel von dessen Hemd ab, schlang ihn um den Oberschenkel und zog den Knoten zu. Zischend entwich de Lacy die Luft zwischen den Zähnen.

»So, das sollte bis Nottingham genügen. Dort habt Ihr bestimmt einen Bader, der Euch sicher noch etwas übler zurichtet. Und nun gehabt Euch wohl. Und denkt daran, erwischen wir noch einmal einen von Euch bei Euren Lieblingstätigkeiten und Vergnügungen«, jeder wusste, was Robin meinte, »dann kennen wir keine Gnade mehr.«

Es war ein jämmerlicher Zug, der sich da aus Edwinstowe fortstahl. Gekommen, um ein Exempel zu statuieren, hatte sich alles in das genaue Gegenteil verkehrt. Gedemütigt, verwundet, ihrer Ehre und ihres Ansehens beraubt, wurden sie wie räudige Hunde unter dem Gespött derer davongejagt, die bis vor Kurzem noch vor ihnen gezittert hatten.

De Lacy, dessen Bein höllisch schmerzte, stützte sich auf einen seiner Männer, doch bevor er das Dorf verließ, wandte er sich noch einmal um.

»Sagt mir doch, edler Herr«, die Stimme des Sheriffs tropfte vor Hohn, »mit wem wir es zu tun hatten und wem wir das alles hier zu verdanken haben. Ihr müsst verzeihen, aber Euer Name ist mir entfallen. Er war wohl gar zu unbedeutend.«

»Ihr könnt mich nicht beleidigen, de Lacy«, lachte Robin. »Aber damit Ihr wisst, was Ihr auf Eure Steckbriefe schreiben könnt: Man nennt mich Robin Hood, und das sind meine fröhlichen Gesellen, die ›Merry Men‹ vom Sherwood.«

12. Kapitel

Ich begreife nicht, warum wir de Lacy haben gehen lassen!«
Much war völlig aufgebracht. Zu tief saß der Verlust seiner
Eltern und all ihres Hab und Guts noch in ihm. Die Männer
hockten um ein prasselndes Feuer auf provisorischen Bänken
unter der großen Eiche vor den Dunwold-Höhlen und sprachen
über das, was in Edwinstowe geschehen war. Robin machte sich
daran, es seinem Freund und bei dieser Gelegenheit gleich allen
Gefährten zu erklären.

»Denk doch mal nach. Die Grafschaft untersteht direkt der
Krone und nicht einem Earl. Der Sheriff ist deshalb der unmit-
telbare Stellvertreter des Königs. Töten wir ihn, wäre das wie
ein Attentat auf Henry selbst. Und das ist Hochverrat. Da wird
nicht mehr verhandelt, da gibt es keine Gerichtsverfahren, das
würde mit aller Härte geahndet werden, will der König nicht
sein Gesicht verlieren. Hört er jetzt von Auseinandersetzungen
zwischen Bauern und seinem Sheriff in Nottinghamshire, zuckt
er bestimmt nur mit den Achseln. Er wird denken, das ist de
Lacys Problem, schließlich hat er das Amt übernommen. Häu-
fen sich die Klagen, setzt Henry ihn vielleicht sogar ab. Aber
bringen wir den Sheriff um, müsste der König zwangsläufig
handeln und uns seine Armee auf den Hals hetzen. Dafür sind
wir weder gerüstet noch stark genug. Sie würden uns jagen wie
Hirsche und Wildschweine und zur Abschreckung an den Bäumen am Waldrand aufhängen.«

»Ich bin nur froh, dass du dir darüber den Kopf zerbrechen

musst und nicht ich. Du hast sicherlich völlig recht, nur hätte keiner von uns so weit gedacht.« Little John gab das unumwunden zu, und auch die anderen Männer im Kreis nickten zustimmend.

»Was machen wir denn mit der Beute oder besser mit dem, was davon übrig ist?«, wollte Gilbert Whitehand wissen. »Du warst den Dörflern gegenüber wirklich sehr, sehr großzügig.«

»Glaub mir, jeder Penny, den wir ihnen gelassen haben, wird sich mehrfach bezahlt machen. Das spricht sich wie ein Lauffeuer herum. Vor allem, wenn wir es auch in anderen Dörfern und Weilern so halten. Dann werden die Bauern, Handwerker und kleinen Händler unsere Augen und Ohren sein und uns über alles unterrichten, was in der Grafschaft vor sich geht. Und sie sehen, dass es von Erfolg gekrönt und für sie von Vorteil ist, wenn sie an unserer Seite stehen. Die Waffen behalten wir natürlich, während wir die Pferde verkaufen. Da finden sich bestimmt Abnehmer. Wir müssen ihnen nur einen guten Preis machen. Aber da sie uns ja nichts gekostet haben …« Robin zuckte lachend mit den Schultern. »Zuerst hatte ich daran gedacht, sie Sir Richard Leaford anzubieten, aber den wollen wir lieber nicht in unsere Fehde mit dem Sheriff hineinziehen. Er hatte schon genug Ärger mit de Lacy, der seinen Sohn festgenommen und nur gegen hohes Lösegeld wieder freigelassen hat.«

»Davon habe ich auch gehört«, pflichtete Much bei. »Dieser Sheriff schreckt wirklich vor gar nichts zurück. Legt sich sogar mit dem alten Adel an! Das kann er sich auch nur leisten, weil die Leafords keine Normannen sind. Sie waren immer anständige Leute, haben ihren Futterhafer bei uns quetschen lassen und anständig dafür bezahlt. Apropos Geld. Ein bisschen was für jeden von uns wird doch wohl von der Beute abfallen, oder?«

»Keine Sorge! Die Börse des Sheriffs war reich gefüllt. Einen Krug Bier im ›Blauen Eber‹ wirst du dir schon leisten können. Hauptsache, du betrinkst dich nicht sinnlos und verrätst unser Versteck.«

»Du meinst, wir können uns wirklich in einem Gasthof sehen lassen?«, fragte Little John verblüfft. »Ich dachte, das würdest du uns strikt untersagen!«

»Warum denn? Nicht einzeln, aber so in Gruppen von einem halben Dutzend könnt ihr hin und wieder durchaus mal etwas trinken gehen. Vielleicht nicht gerade am Marktplatz von Nottingham. Wir wollen den Menschen zeigen, dass wir uns vor de Lacy nicht fürchten. Und den will ich sehen, der sich künftig an sechs gut bewaffnete Waldmänner heranwagt! Nur, wie gesagt, keine Besäufnisse. Ich muss mich darauf verlassen können!«

»Darauf hast du unser Wort, Robin!« Much strahlte über das ganze Gesicht. So trostlos, wie er gedacht hatte, schien das Leben im Wald gar nicht zu werden. »Du denkst aber auch an alles.«

»Nein, das ist leider nicht so. In Edwinstowe ist mir ein Riesenfehler unterlaufen. Im Eifer des Gefechtes, in der Freude über den Sieg und dass sich endlich einmal die Einwohner eines Dorfes zur Wehr setzten, habe ich das Wichtigste vergessen.«

»Was bitte soll das denn gewesen sein?«, fragte Little John verständnislos.

»Wir können den Sheriff zwar nicht töten. Aber wir hätten ihn festsetzen sollen, um ihn gegen deinen Vater auszutauschen.«

Little John schlug erschrocken die Hand vor den Mund.

»Um Gottes willen! Tag und Nacht denke ich daran, wie es ihm im Kerker wohl ergeht. Doch wenn es darauf ankommt, wenn sich eine Möglichkeit ergibt, ihn zu befreien, dann vergesse ich ihn! Das werde ich mir mein Leben lang nicht verzeihen können. Und es ist ganz gewiss nicht dein Verschulden. Schließlich ist es mein Vater.«

»Aber ich hätte daran denken müssen, dass sich hier eine einmalige Gelegenheit bietet. So etwas darf einem Anführer einfach nicht passieren. Ich bin es nicht wert, dass ihr euch mir anvertraut.«

Robin wirkte völlig am Boden zerstört. Ausgerechnet Little John war es, der versuchte, ihn zu trösten.

»Von mir, nicht von dir hätte der Vorschlag kommen müssen, den Sheriff gefangen zu halten. Mach dir keine Vorwürfe, es wird sich schon eine neue Gelegenheit ergeben. Irgendwann bekommen wir meinen Vater schon frei. Er ist stark, und offenbar will de Lacy ihm ja nicht ans Leben.«

Die letzten Worte gaben allen in der Runde Hoffnung, doch Little John ahnte nicht, wie sehr er sich irrte.

* * *

Ralf de Lacy war natürlich nicht nahezu nackt und zu Fuß nach Nottingham zurückgekehrt. In Newstead Abbey fanden er und seine Männer eine erste Zuflucht. Die Mönche versorgten seine Wunde, bewirteten die Ausgeraubten und liehen ihnen Kleidung. Der Sheriff schickte zwei seiner Ritter voraus, die ihm neue Gewänder und vor allem ein Pferd bringen sollten.

Wutschnaubend und zutiefst gedemütigt ritt er im Schutze der Dunkelheit durch die Stadt zur königlichen Burg auf dem Sandsteinfelsen über dem River Trent, in der er residierte. Nottingham Castle war zum Schutze des Übergangs über den Fluss von Wilhelm dem Eroberer auf den Grundmauern einer alten, bis auf die Römer zurückgehenden Festung errichtet und von seinen Nachfolgern ständig erweitert worden. Die Burg zählte zu den mächtigsten im Land und war lange Zeit eine der Lieblingspfalzen von König Henry gewesen.

De Lacy galoppierte über die Zugbrücke, sprang vor dem Palas vom Pferd, warf einem Stallknecht die Zügel zu und stürmte über die breite Steintreppe in die Halle.

»Verdammt!«, brüllte er, dass selbst die Wände erzitterten. »Ist denn dieser nichtsnutzige Gisbourne endlich zurück?«

»Nei…, nein, Mylord«, stotterte der verschreckte Diener, der die Launen seines Herrn nur zu gut kannte und sich vor ihnen nicht zu Unrecht fürchtete. »Ihr habt ihn doch erst vor zwei Tagen in den Süden geschickt, um rückständige Steuern einzutreiben.«

»Das weiß ich selbst! Aber das kann doch keine Ewigkeit dauern. Richte mir ein Bad und bring Wein, aber vom besten. Und zwei Mägde sollen mein Bett anwärmen, hast du verstanden? Aber junge, hübsche und keine alten Vetteln. Und vor allem brauche ich heute kein Rumgezicke, sonst können sie sich auf was gefasst machen.«

De Lacys Wutausbrüche waren berüchtigt, und so beeilte sich jeder, es ihm recht zu machen, auch wenn das nur selten zu seiner vollen Zufriedenheit gelang. Die Dienerschaft bedauerte schon seit Langem, nicht seine Gedanken lesen zu können, und der Kämmerer hatte bereits überlegt, die Hilfe eines Wahrsagers in Anspruch zu nehmen.

Als der Sheriff dann wohlig ausgestreckt im Badezuber lag, einen Pokal mit funkelndem, rotem Wein in der Hand, begannen die demütigenden Ereignisse in Edwinstowe langsam zu verblassen, nicht aber seine Rachegelüste.

Neben Robin Hood hatte ein Mann gestanden, der ihm bekannt vorgekommen war. Schlagartig fiel es ihm wieder ein. De Lacy richtete sich so abrupt auf, dass das Wasser über den Rand des Zubers schwappte. Das war doch John Little gewesen, der

Sohn des Bailifs aus Hathersage! Und dessen Vater saß unten im tiefsten Kerker.

Eigentlich hatte der Sheriff vorgehabt, den Bailif demnächst freizulassen und mit dem Wideraufbau des Dorfes zu beauftragen. Der Widerstand des alten Mannes war gebrochen, und er würde wohl in Zukunft ein demütiger und gehorsamer Vollstrecker der Befehle seines Herrn sein. Schließlich lieferten brach liegende Flächen keine Erträge und verbrannte Dörfer keine Steuern. Das Exempel war wichtig gewesen und hatte sich herumgesprochen, doch jetzt war sein Zweck eigentlich erfüllt.

In letzter Zeit gab es so gut wie niemanden mehr, der sich seinen Forderungen widersetzte. Nicht einmal dieser stolze Ritter Richard Leaford. Mit welch überheblicher Geste hatte dieser die Cautio, die Sicherheitsleistung, für seinen Sohn bezahlt, obwohl er sie sich von der Kirche hatte borgen müssen.

Doch diese Arroganz würde er, de Lacy, ihm schon austreiben. Nie und nimmer konnte Leaford bis Martini seine Schulden begleichen, dafür wollte er schon sorgen. Und dann gehörte Fenwick ihm. Mit dem Abt würde er sich schnell einig werden. Gisbourne war spitz auf die Tochter des Hauses. Nun, sein Gehilfe sollte sie ruhig haben, doch zuerst wollte er sich selbst an ihr gütlich tun und sie für den Hochmut ihres Vaters bestrafen.

Für Gisbourne reichten die Brosamen, die er ihm zukommen ließ, allemal. Wobei, so schlecht machte der sich gar nicht. Die Menschen fürchteten ihn wie den Leibhaftigen selbst. Er sah aber auch wirklich schrecklich aus, so wie er sich herausputzte. Die schwarze Klappe über dem ausgeschossenen Auge war schon abstoßend genug. Dazu trug er neuerdings als Umhang eine Pferdehaut. Den sorgfältig präparierten Kopf stülpte er sich über den Helm, und so ähnelte er schon auf Erden einer Ausgeburt der Hölle.

Mit der Freilassung des Bailifs von Hathersage würde es nun wohl nichts werden, im Gegenteil. De Lacy überlegte, wie er ihn am wirkungsvollsten aufhängen lassen konnte. Am einfachsten wäre es auf dem Richtplatz in der Vorburg. Doch da konnte es passieren, dass zu wenige Zuschauer kamen. Und es sollte sich doch herumsprechen, wie er Widerstand gegen seine Person ahndete.

Dann kam dem Sheriff eine Idee. Er würde ein richtiges Spektakel daraus machen. In zehn Tagen war Markt auf dem großen Platz vor St. Mary. Da kamen Händler aus nah und fern, um ihre Waren feilzubieten, und ganz Nottingham war auf den Beinen. Das wäre die Gelegenheit, einer breiten Öffentlichkeit zu zeigen, wie er mit Unterstützern von Geächteten umzugehen gedachte.

Der Vater würde für den Sohn baumeln! Schließlich war er für die Taten seines Fleisches und Blutes verantwortlich. Das würde die Leute schon lehren, sich nicht mit diesen Gesetzlosen einzulassen! Eine bessere Abschreckung konnte es gar nicht geben! Gleich morgen wollte er seinen Beschluss durch Herolde überall in der Grafschaft verkünden lassen.

De Lacy nahm einen kräftigen Zug aus seinem Pokal und ließ sich in das warme Wasser zurückgleiten. Er war mit sich und seiner Welt wieder im Reinen. Sogar die beiden Mägde, die er sich zu seinem Vergnügen hatte kommen lassen, kamen in dieser Nacht ohne größere Blessuren davon, was keineswegs selbstverständlich war.

* * *

Robins Vorhersage bewahrheitete sich auf fast beängstigende Art und Weise. Sein Trupp erhielt einen Zulauf, mit dem selbst er nicht gerechnet hatte. Männer, ja ganze Familien irrten durch den Wald und riefen seinen Namen, der sich wie ein Lauffeuer herumgesprochen hatte.

Zuerst hatte man jeden aufgenommen, der bekundete, zukünftig zu den »Merry Men« gehören zu wollen, doch langsam musste man anfangen, auszuwählen. Familienväter, Frauen und Kinder brachte man nicht mehr zum Lager, sondern steckte ihnen Geld zu und schickte sie weiter.

Der Bischof von Lincoln, Hugo von Avalon, war ein wahrhaft gottesfürchtiger Mann, für den christliche Nächstenliebe und Barmherzigkeit über allem standen. Darin unterschied er sich von vielen seiner Amtsbrüder und gab ein leuchtendes Beispiel in einem Meer der Düsternis ab. An ihn konnten sich diejenigen wenden, die von ihrem Land vertrieben worden waren und eine neue Heimat suchten. Vielen von ihnen gab der Kirchenfürst Arbeit beim Bau der großen Kathedrale, die er ganz aus Stein errichten ließ, damit ihr eine Feuersbrunst, von der die Vorgängerkirche fast gänzlich zerstört worden war, nichts mehr anhaben konnte.

So blieben bei Robin und seinen Gefährten nur die wehrhaften Männer, die einen heiligen Eid schwören mussten, die Gemeinschaft niemals zu verraten, den Anweisungen ihrer Anführer bedingungslos zu gehorchen und sich der strengen Disziplin zu unterwerfen. Wer das nicht wollte, aber das waren nicht viele, der musste weiterziehen und wurde mit der unmissverständlichen Warnung auf den Weg geschickt, dass man ihn immer und überall finden würde, sollte er seinen Schwur brechen und das Lager verraten.

Robin hatte noch einen weiteren Weg entdeckt, Geld einzunehmen. Natürlich hätten er und seine Gefährten jeden ausrauben können, der den Sherwood durchquerte, doch das erschien ihm zu abschreckend für andere Reisende. Lieber war es ihm, eine Gegenleistung für das Erbeutete zu erbringen. Und so verfiel er auf den Gedanken, reiche Kaufleute, Prälaten und Ritter – sehr nachdrücklich – zu einem Gastmahl unter der großen Eiche einzuladen und sie anschließend die Zeche bezahlen zu lassen. Wild, Geflügel und Fische gaben der Wald und seine Gewässer in Hülle und Fülle her, und Getränke wie Bier und Wein besorgten sie sich von durchziehenden Händlern. Man verband den ausgewählten Gästen die Augen, brachte sie auf verschlungenen Wegen zum Lager und ließ sie erst wieder gehen, wenn sie einen entsprechenden Obolus entrichtet hatten.

So gelangte auch ein eigenartiger Geselle zu den Dunwold-Höhlen, der mit anderen Reisenden zusammen auf dem Weg nach Nottingham gewesen war. Der Mann trug bunt zusammengewürfelte Kleidung: Beinlinge in Rot und Gelb, dazu ein grün-blaues Wams und eine in allen Farben des Regenbogens schillernde Kappe mit langen, ständig wippenden Pfauenfedern daran. Seine Schuhe hatten ewig lange Spitzen, die nach oben gebogen und an ihrem Ende mit kleinen Schellen verziert waren.

»Was ist denn das für ein Geck?«, wollte Little John von Gilbert Whitehand wissen, der den bunten Vogel angeschleppt hatte.

»Ihr versteht offenbar nichts von Mode«, setzte der Fremde sich mit Worten selbst zur Wehr. »So etwas trägt man jetzt in Aquitanien. Da laufen nicht alle in solch einer Einheitstracht herum, wie Ihr barbarischen Engländer hier im Wald. Ich verlange, sofort freigelassen zu werden! Schließlich habe ich Euch nichts getan.«

»Das wäre ja auch noch schöner«, lachte Little John. »Wie ist dein Name, mein Freund, und was treibst du, dass du dich dazu so ausstaffieren musst?«

»Er ist ein Barde, du Banause«, klärte Gilbert Whitehand seinen Gefährten auf, und der Fremde, völlig uneingeschüchtert, ergänzte: »Man nennt mich Alain vom Tale, hier in England allerdings Alan a Dale. Ich habe schon an allen Königshöfen gesungen, und wenn Ihr mich nicht auf der Stelle zurück zur Straße bringt und für die erduldete Unbill entschädigt, werde ich in meinen Liedern aller Welt verkünden, was für räuberisches Gesindel in diesem Walde haust.«

»Mach dir keine Mühe, das wissen die Leute, die es betrifft, auch so. Aber du kannst uns heute Abend beim Festmahl mit deinen Liedern unterhalten. Da tust du wenigstens einmal etwas Sinnvolles, und wir haben unseren Spaß.«

»Dann sollten wir uns allerdings zuerst über meine Gage unterhalten. Umsonst trete ich ganz bestimmt nicht auf.«

»Du führst eine kühne Sprache, Alan a Dale.« Robin war herangeschlendert gekommen. »Bei uns hier im Sherwood ist es andersherum. Man bezahlt uns für die gewährte Gastfreundschaft. Und wenn du so berühmt bist, dass du an Höfen singst, was treibst du dann in dieser einsamen Gegend mitten in England? Wieso bist du nicht in Rouen, Paris oder wenigstens London?«

»Weil ich neue Themen für meine Balladen suche. Hier in den Midlands soll ein heldenhafter Sheriff gegen Räuber, Diebe und solches Lumpenpack wie Euch vorgehen. Den Vater eines der Rädelsführer hat er gefasst und will ihn in drei Tagen in Nottingham hängen. Während des Marktes auf dem Platz vor der Kirche. Darüber will ich dichten und singen. Und Ihr habt mir gleich noch mehr Stoff geliefert mit Eurem hinterhältigen Überfall.«

»Pass bloß auf, was du sagst, sonst singst du zumindest für längere Zeit keine Lieder mehr«, fuhr Little John den Bänkelsänger an. Ihm war aufgegangen, wer da mit großer Wahrscheinlichkeit hingerichtet werden sollte, und dementsprechend war seine Stimmung.

»Woher wisst Ihr das?«, erkundigte sich Robin und übernahm die Befragung des Barden.

»Es wird überall durch Herolde und selbst von den Kanzeln verkündet. Betrifft es womöglich einen von Euch?«

»Ja, wahrscheinlich seinen Vater.« Robin deutete auf Little John. »Und der ist ein sehr ehrenwerter Mann. Er war Bailif von Hathersage, bevor der Sheriff das Dorf hat einäschern lassen. Nur, damit Ihr klar seht und Euch kein falsches Bild macht. Nicht wir sind hier die Räuber, sondern de Lacy selbst ist es. Mein Vater wollte nach Rouen zum König, um ihm zu berichten, was hier in Nottinghamshire vorgeht und welch eine Ratte das Sheriffsamt bekleidet. Das hat er mit dem Leben bezahlt, und auch mein Geburtsort ging in Flammen auf. Ein drittes Dorf konnten wir gerade so vor diesem Schicksal bewahren. Mit den Einwohnern könnt Ihr gern sprechen. Wenn Ihr schon darüber singen und berichten wollt, dann haltet Euch wenigstens ein klein wenig an die Wahrheit.«

»Die Wahrheit, wer will die schon hören? Die Menschen sind an Heldengeschichten interessiert, nicht an Leid und Elend. Es hat mal einen einfachen Gardisten im Gefolge von Kaiserin Matilda gegeben, der einen König gefangen nahm und seiner Herrin die Flucht aus einer umzingelten Burg ermöglichte. Darüber habe ich eine Ballade geschrieben und am Hofe des jungen Herzogs Richard in Poitiers vorgetragen. Das hat mir …«, Alan a Dale machte eine reibende Bewegung zwischen Daumen und Zeigefinger, »… etliche Silberstücke eingetragen. Aber solche Helden gibt es heute wohl nicht mehr. Obwohl, ich habe von einem gehört, der soll hundert Männer des Sheriffs von Nottingham ganz allein getötet haben, um seine Herzallerliebste zu befreien. Davon singt mein Freund Blondel de Nesle. Auch ich halte es für maßlos übertrieben. Vor allem, weil er es auch nur von anderen gehört hat. Blondel scheut sich nämlich im Gegensatz zu mir, vor Ort nachzuforschen. Doch einer gegen hundert, wer soll das schon glauben?«

»Da habt Ihr sicherlich recht. Es waren nur drei Dutzend Kriegsknechte, die der einsame Rächer angegriffen hat. Sechs von ihnen wurden von ihm dabei getötet, und statt der holden Maid nehmt verschleppte Bauern, aber ansonsten stimmt die Geschichte. Robin, du wirst noch im ganzen Angevinischen Reich berühmt!« Much konnte sich vor Lachen nicht mehr halten. »Und derjenige, Alain vom Tale, der Euch das Silber eingebracht hat, war der Großvater des Mannes, der hier vor Euch steht.«

»Ist das wirklich wahr?« Der Barde sah sich bereits inmitten einer Vielzahl unglaublicher Geschichten, deren Verbreitung ihm neben Ruhm auch noch ein erkleckliches Sümmchen einbringen konnte. Und Robin ging im gleichen Moment auf, dass es nur von Vorteil und äußerst hilfreich für sie war, wenn jemand über ihre Taten berichtete. Und zwar aus ihrer Sicht, und nicht aus der des Sheriffs.

»Im Grunde genommen schon. Es war tatsächlich mein Großvater, über dessen Taten Ihr berichtet habt. Als Lohn erhielt er dafür die Freisass Loxley aus der Hand des Königs. Der Sheriff hat dann meinen Vater umgebracht, das Dorf niedergebrannt und wollte seine Bewohner in die Leibeigenschaft zwingen. Ich habe sie befreit, und seitdem leben wir mit anderen Geächteten gemeinsam in den Wäldern, bis wieder Recht und Gesetz in England Einzug halten. Wenn Ihr wollt, könnt Ihr gern eine Weile bei uns bleiben und später überall davon berichten, wie es Euch bei den ›Merry Men‹ im Sherwood ergangen ist und was für Abenteuer Ihr mit ihnen erlebt habt. Na, wäre das nicht Stoff genug für unzählige Balladen?«

Alan a Dale konnte sein Glück nicht fassen. Seine kühnsten Träume wurden auf einmal wahr.

»Das wäre tatsächlich möglich? Dass ich bei Euch bleibe und über Eure Taten berichte? Ich schwöre bei allen Heiligen, dass ich Euch niemals verraten werde! Hier, meine Hand darauf, schlagt ein und nennt mich in Zukunft einfach Alan. Was habt Ihr denn zum Beispiel als Nächstes so alles geplant?«

»Natürlich den Mann zu befreien, den der Sheriff unschuldig hinrichten will. Was denn sonst?«

Little John, der in sich zusammengesunken auf einem Baum hockte, blickte ruckartig auf.

»Ist das dein Ernst?«

»Natürlich! Wir können doch nicht tatenlos mitansehen, wie sie deinen alten Herrn hängen. Unser Ruf wäre für alle Zeiten ruiniert.«

»Aber wie willst du das anstellen? Mitten in Nottingham!«

»Das lass mal meine Sorge sein. Ich glaube, ich hab da so eine Idee.«

Mehr verriet Robin im Moment nicht, aber das Interesse aller und vor allem das von Alan a Dale, der nun die Geächteten um kein Geld der Welt mehr verlassen wollte, war geweckt. Er spielte am Abend zum Festmahl mit seiner Laute auf und trug mehrere Balladen vor. Einige davon waren von so frivoler Art, dass Tuck lautstark protestierte, aber schnell von seinen Kameraden auf recht unsanfte Weise zum Schweigen gebracht wurde.

Die grob gezimmerten Tische bogen sich unter den Köstlichkeiten, die der Sherwood spendiert und der Mönch gemeinsam mit den Frauen zubereitet hatte. Schwäne, Enten und Gänse gehörten ebenso dazu wie Rehkeulen und Hirschbraten mit Preiselbeeren und geschmorten Waldpilzen. Ein Wildschwein, von dem sich jeder so viel abschneiden konnte, wie er wollte, drehte sich am Spieß. Mehrere Fässer Wein und Bier, nicht ganz freiwillig gespendet, hatte man aufgebockt, sodass auch hier kein Mangel herrschte.

Die reisenden Kaufleute waren am nächsten Morgen recht ungehalten, als sie die Zeche zahlen sollten und vor allem den Betrag hörten, den man von ihnen verlangte. Aber alles Zetern und Wehklagen nutzte nichts. Robin machte ihnen sehr nachdrücklich klar, dass sie noch gut wegkamen und man ihnen auch alles nehmen konnte. Ohne Alan a Dale brachte man sie dann wieder mit verbundenen Augen zurück zur Straße nach York, verabschiedete sie unter lautem »Hallo« und wünschte noch einen guten Weg.

An ihrem Ziel angekommen, beschwerten sich die so um einen großen Teil ihrer Barschaft Gebrachten sowohl beim Sheriff wie auch beim Erzbischof, einem illegitimen Sohn des Königs. Beide zuckten allerdings nur mit den Schultern. Der Sheriff von Yorkshire verwies auf seinen Amtsbruder in Nottingham und der Kirchenfürst auf seinen Vater.

Daraufhin verbuchten die Kaufleute das verlorene Geld unter notwendige Nebenausgaben, rechneten es in zukünftige Unternehmungen gleich mit ein und erhöhten entsprechend die Preise für ihre Waren. An das Festmahl unter den Eichen im Sherwood dachten sie noch lange mit immer positiveren Erinnerungen zurück, hatten sie sich doch endlich einmal an des Königs Wild gütlich tun können, was ansonsten nur dem Hofstaat und hohen Adel vorbehalten war.

* * *

Am Tag der Hinrichtung wollte de Lacy nichts dem Zufall überlassen. Er selbst hatte die Aufstellung des Galgens mitten auf dem Markt überwacht. Gisbourne postierte rings um den Platz vor St. Mary seine Wachen und hielt selbst ständig Ausschau nach Verdächtigen, die womöglich das Schauspiel stören oder gar verhindern wollten. Der Henker war bereits am Vortag instruiert worden, und eigentlich sollte nichts schiefgehen. Das Exempel würde sich herumsprechen und hoffentlich andere davon abhalten, sich auf die Seite der Geächteten zu schlagen.

Schon seit den frühen Morgenstunden strömten die Händler, Krämer und Handwerker in die Stadt und bauten ihre Marktstände auf. Da diesmal nicht der ganze Platz vor der Kirche zur Verfügung stand, gab es böse Worte und so manche drohend geschüttelte Faust gegen die Kriegsknechte. De Lacy schickte seinen Büttel aus, die Standgebühren einzuziehen, und gab danach das Markttreiben frei. Genau um zwölf Uhr mittags, wenn der Markt am vollsten war, und nicht wie sonst üblich im Morgengrauen, sollte die Hinrichtung stattfinden.

Natürlich befürchtete auch der Sheriff, dass sich womöglich Geächtete in die Stadt einschleichen und versuchen würden, den Gefangenen zu befreien. Aber er konnte niemanden erkennen, der auch nur annähernd so aussah wie die Männer, auf die er in Edwinstowe getroffen war.

Töpfer, Kesselflicker, Metzger, Bäcker und viele mehr boten wie immer ihre Waren feil. Frauen suchten nach den besten Stoffen, Bändern und Schuhen. Der Duft exotischer Gewürze lag in der Luft, ebenso wie der von Gesottenem und Gebratenem aus den zahlreichen Garküchen.

De Lacy wunderte sich immer wieder darüber, woher die Menschen das Geld hatten, das sie hier ausgaben, war er doch seit Jahren bestrebt, es ihnen zu nehmen. Andererseits verdiente er nicht schlecht an den mehrmals im Jahr abgehaltenen Märkten, und ein bisschen Spaß und Freude musste man den Leuten auch gönnen.

Wäre der Sheriff näher an die Buden, Stände und Fuhrwerke herangetreten, hätte er vielleicht bemerkt, dass diesmal etwas anders war als sonst. Aber da er es unter seiner Würde fand, sich unter das gemeine Volk zu mischen, fiel ihm auch nicht auf, dass sich viele Händler recht ungeschickt beim Anpreisen ihrer Waren verhielten. Dafür waren die Preise zum Teil extrem niedrig, und es wurde gekauft auf Teufel komm raus.

Unter den Frauen und Männern sprach sich bald herum, dass in diesem Jahr vieles extrem günstig angeboten wurde, vor allem Lederwaren, aber auch Kochgeschirr, Töpfe und Pfannen.

Die Kinder hatten ihre Freude an verschenktem Zuckerwerk, und nur wenige Kaufleute runzelten entrüstet die Stirn über ihre Kollegen, die sie erstaunlicherweise alle nicht kannten und die ihre Waren regelrecht verschleuderten. Bevor sie sich darüber bei de Lacy beschweren konnten, läutete die Glocke von St. Mary zur Mittagsstunde, und das Burgtor von Nottingham Castle öffnete sich laut quietschend.

Über die bereits am Morgen heruntergelassene Zugbrücke rumpelte der Schinderkarren. Ein Kriegsknecht führte das Pferd am Zügel, das temperamentvoll tänzelte. Schließlich sollte es einen Satz nach vorn machen, wenn der Henker ihm einen Klaps verpasste, damit der Delinquent vom Wagen gerissen wurde und am Strick baumelte. Noch stand er auf dem zweirädrigen Karren, und ein Mönch, der ununterbrochen Gebete murmelte, hinter ihm.

Neben der Hinrichtungsstätte wartete de Lacy auf seinem prachtvoll herausgeputzten Schlachtross. Der Henker hatte eine Leiter an den Stützbalken des Galgens gelehnt und prüfte gerade, ob sich die Schlinge auch leicht im Knoten bewegte.

»Zieh den Strick straffer an!«, befahl der Sheriff leise, sodass es die umstehenden Marktbesucher, die sich bereits in großer Zahl versammelt hatten, nicht hören konnten. »Ich will nicht, dass ihm dein Knoten das Genick bricht und er gleich tot ist. Lieber wäre mir, er erstickt langsam, und alle sehen, wie ihm die Augen aus dem Kopf quellen, die Zunge schwarz anläuft und er zappelt und sich windet. Sein Sterben soll so lange wie möglich dauern. Das erhöht die Abschreckung und bleibt den Leuten länger im Gedächtnis haften. Hast du das verstanden?«

Der Henker unter seiner schwarzen Kapuzenmaske nickte nur. Er wollte alles getreulich ausführen, was der Sheriff sich wünschte. Also zog er den Knoten noch einmal fest, damit das Seil nicht so leicht durchgleiten konnte.

Gisbourne hatte mittlerweile seinen Männern befohlen, einen Ring um den Hinrichtungsplatz zu bilden. Mit ihren Spießen hielten sie die Gaffer zurück, die sich dieses Schauspiel nicht entgehen lassen wollten und nach vorn drängten. Aufmerksam musterte er die umstehenden Leute, vor allem die Männer, konnte aber kein bekanntes Gesicht erkennen. Innerlich hatte er gehofft, dass sich vielleicht Robert von Loxley oder der Sohn des Delinquenten einfinden würde. Es wäre zu schön, um wahr zu sein, könnte man sie festnehmen, wenn sie versuchten, den Verurteilten zu befreien. Allein würden sie es wohl kaum wagen, doch vielleicht versuchten sie, die Menge aufzustacheln. Es war schon mehr als einmal vorgekommen, dass dadurch eine Hinrichtung verhindert wurde oder nur mit Waffengewalt durchgesetzt werden konnte.

Sicherheitshalber hatte Gisbourne noch zwei Trupps Bewaffneter zu beiden Seiten des Platzes postiert, die im Notfall schnell an jeder gefährdeten Stelle eingreifen sollten. An der Wand des Längsschiffes von St. Mary war ein Dutzend gesattelter Pferde an in das Mauerwerk eingelassenen Ringen angebunden. So standen sie schnell zur Verfügung, falls man sie womöglich brauchte, um protestierende Menschenmassen auseinanderzutreiben oder Fliehende zu verfolgen.

Der Sheriff und sein Gehilfe waren der Meinung, wirklich an alles gedacht zu haben, und wähnten sich völlig sicher und vor Überraschungen gefeit. Mit dem, was dann allerdings tatsächlich geschah, hatten sie in keiner Weise gerechnet.

De Lacy lenkte sein Pferd dicht an den Schinderkarren. Dann gebot er mit erhobener Hand Ruhe auf dem Platz, und Trommelwirbel setzte ein.

»An Euch, Bürger von Nottingham, und auch an Euch, die Ihr von weither gekommen seid, richte ich meine Worte, damit Ihr sie überall verbreitet und in die Lande tragt. Eine unselige Entwicklung hat um sich gegriffen. Man verweigert unserem geliebten König Henry die notwendigen Steuern für den Krieg gegen Frankreich, die er so dringend benötigt. Und wenn seine Stellvertreter kommen, um sie zu erheben, werden sie angegriffen, verletzt oder gar getötet. Um der gerechten Strafe zu entgehen, fliehen diese feigen Verbrecher dann in die Wälder und setzen dort ihr schändliches Treiben fort. Aber das hat ab sofort ein Ende. Dieser Mann hier«, de Lacy deutete auf den Gefangenen, »war einmal der Bailif von Hathersage. Sein Dorf entrichtete nicht die geforderten Abgaben, und so nahmen wir ihn fest und steckten ihn ins Gefängnis. Dort sollte er nur bleiben, bis die Schuld beglichen ist. Doch was geschah? Sein Sohn sammelte Verbrecher um sich, unter anderem aus dem Aufrührernest Loxley, und raubt, stiehlt und mordet jetzt im Sherwood Forest. Ich selbst habe ihn in Edwinstowe dabei gesehen und eindeutig erkannt. Wer Geächtete unterstützt, ihnen hilft oder gar Obdach gewährt, der wird ebenso bestraft wie sie selbst, wenn sie in unsere Hände fallen. Und ein Vater, der seinen Sohn nicht zu einem gottesfürchtigen und königstreuen Mann erziehen konnte, erst recht. Deshalb ist das Urteil in Tod durch den Strang umgewandelt worden und wird hier und heute vollstreckt. Es soll zur Abschreckung dienen und jeden davor warnen, diesen rechtlosen Outlaws auf irgendeine Art und Weise zu helfen.«

Der Sheriff sah sich beifallheischend auf dem Platz um, doch es schlug ihm nur eisiges Schweigen entgegen. Wäre der Verurteilte ein stadtbekannter Dieb oder Mörder gewesen, so hätte ihn die Menge johlend zum Schafott begleitet und zusätzlich mit faulem Obst beworfen. Aber der Bailif aus Hathersage war als ehrlicher und rechtschaffender Mann bekannt, und es hatte sich natürlich herumgesprochen, wie der Sheriff in seinem Dorf und in Loxley vorgegangen war.

Auch die Ereignisse in Edwinstowe waren mittlerweile bekannt geworden, und so schlug Edward Little statt Spott und Verachtung eine Woge aus Mitleid und Sympathie entgegen. Der Verurteilte erkannte das wohl und nahm sich vor, dem Sheriff nicht die Genugtuung zu geben, um sein Leben zu betteln. Stattdessen wollte er erhobenen Hauptes in den Tod gehen, auch wenn es ihm noch so schwerfiel.

De Lacy hingegen hatte nicht die Absicht, die Beifallsbekundungen für den Verurteilten und dessen provokant aufrechte Haltung noch länger zu dulden.

»Habt Ihr noch etwas zu sagen, Bailif?«, fuhr er den Delinquenten an. »Dann sprecht jetzt, wie es der Brauch ist, aber fasst Euch kurz. Und macht vor allem Euren Frieden mit Gott, denn Ihr werdet bald vor ihm stehen.«

Edward Little straffte sich noch einmal. Es fiel ihm schwer, denn er war in den letzten Tagen mehrmals schwer misshandelt worden und sein ganzer Körper zerschunden und zerschlagen. Doch ohne ein letztes Wort wollte er nicht von dieser Welt abtreten, und so wandte er sich an das Volk von Nottingham.

»Nicht ich sollte hier unter dem Galgen stehen, de Lacy, sondern Ihr. Für die Verbrechen, die Ihr im Namen des Königs begeht und die doch nur Eurem eigenen Wohlergehen und Eurer Raffgier dienen. Ihr seid ein Mörder, Dieb und Brandschatzer, Sheriff. Eines Tages werdet Ihr dafür hängen. Hier in Nottingham und so, dass jeder Euch sieht, das prophezeie ich Euch mit meinen letzten Atemzügen!«

Der Sheriff war blutrot angelaufen und brüllte den Verurteilten mit überschnappender Stimme an.

»Halt endlich dein lästerliches Maul! Du sollst für immer und ewig in der Hölle schmoren! Henker, walte deines Amtes. Der Mann stirbt ohne den letzten Beistand der heiligen Mutter Kirche!«

Der Mönch wandte sich erschrocken de Lacy zu und wollte Einspruch einlegen, doch als er sah, was in diesem Augenblick geschah, kam ihm kein Wort über die Lippen, und er erstarrte zur Salzsäule.

Der Henker zog die Schlinge noch etwas weiter auf, um sie offenbar dem Delinquenten überzustreifen, doch im letzten Augenblick warf er sie statt über Edward Little über den Sheriff und zog sie blitzschnell zu. Dann sprang er mit einem Satz von der Leiter auf den Wagen, stieß den Mönch zur Seite, der sich plötzlich im Staub des Marktplatzes wiederfand, griff sich die Leinen und klatschte sie dem Karrengaul mit aller Kraft auf die Kruppe. Ein kräftiges »Hüah! Hüh! Lauf schon, lauf!« feuerte den Braunen noch zusätzlich an.

Das Pferd, genau dafür ausgebildet, auf einen solchen Befehl hin anzutreten, sprang nach vorn. Dabei rannte es mehrere direkt vor ihm stehende Kriegsknechte über den Haufen, der nachfolgende Karren tat ein Übriges, und jeder, der das sah, ging davon aus, dass das Gespann im nächsten Moment in die Händlerstände und Wagen krachen würde, die um den Platz herum standen.

Doch so, als würde Moses das Rote Meer teilen, wichen zwei von ihnen im letzten Augenblick zur Seite und gaben die Straße in Richtung auf das östliche Stadttor frei, nur um hinter dem Karren gleich darauf wieder aufeinander zuzurollen und den Weg erneut zu versperren.

Das alles war so überraschend vor sich gegangen, dass eigentlich keiner so richtig verstand, was tatsächlich passiert war. De

Lacy hingegen schon, doch der kämpfte um sein Leben, und es war Gisbourne, der es ihm letztlich rettete. Das Pferd des Sheriffs hatte dem im wilden Galopp davonpreschenden Karrengaul folgen wollen, und wäre es dazu gekommen, hätte es eines neuen Stellvertreters des Königs für die Grafschaft bedurft.

Gisbourne fiel dem Streitross im allerletzten Moment in die Zügel, was dieses sich allerdings nicht ohne Gegenwehr gefallen ließ. Es stieg und keilte gleichzeitig mit den Vorderhufen aus, während de Lacy krampfhaft versuchte, die Schlinge von seinem Hals zu lösen. Kurz zuvor hatte er dem Henker noch befohlen, sie ja recht fest zu knüpfen, und jetzt bekam er dafür die Quittung. Um ein Haar wäre er es gewesen, der am Galgen gebaumelt hätte. Als er endlich das Seil abstreifen und befreit aufatmen konnte, übermannte ihn grenzenlose Wut, denn er hatte als Einziger in vollem Umfang erkannt, was geschehen war.

Alle Wege in Richtung der Stadttore waren zugeschoben und verbarrikadiert. Von den Händlern, die sich so eigenartig verhalten hatten, fehlte jede Spur. Etliche Marktstände und Buden und sogar Garküchen waren umgestürzt und verhinderten zusätzlich eine gezielte Verfolgung der Flüchtigen.

»Auf die Pferde! Ihnen nach!«, brüllte de Lacy, so laut er konnte, gegen das ausgebrochene Chaos an. »Gebt Alarm! Sofort alle Tore schließen! Wir müssen sie kriegen, bevor sie die Stadt verlassen!«

Die Kriegsknechte hasteten zu ihren Pferden, lösten eilig die Zügel von den Eisenringen und wollten sich auf ihre Rösser schwingen, doch da erlebten sie eine böse Überraschung. Jeder, der einen Fuß in den Steigbügel setzte, landete postwendend auf dem Boden, und der schwere Sattel fiel auf ihn. Die Sattelgurte waren allesamt durchgeschnitten worden, stellte Gisbourne entsetzt fest, der herbeigeeilt kam.

Der einzige Reiter auf dem Platz war de Lacy. Der Sheriff gab seinem Streitross die Sporen, überritt ein paar seiner eigenen Leute, setzte über die Deichseln zweier ineinander verkeilter Händlerkarren und jagte dem flüchtigen Gefährt nach. Spätestens am Stadttor musste er es ja einholen, denn die Wachen hatten Befehl, niemanden hinauszulassen, der nicht ein Schreiben über die gezahlten Marktgebühren vorweisen konnte.

Doch als de Lacy die Stadtmauer erreichte, stand das Tor sperrangelweit offen – und weit und breit waren keine Kriegsknechte zu sehen. In der Ferne erkannte er stattdessen den Schinderkarren, der in rasender Eile auf den nahen, sich am Horizont abzeichnenden Sherwood zuhielt, und etliche Männer, die in kleinen Gruppen und im Eilmarsch ebenfalls in diese Richtung liefen.

Das konnte doch alles einfach nicht wahr sein! Stahl man ihm doch hier glatt den zur Hinrichtung vorgesehenen Mann unter den Händen weg und machte ihn damit zum Gespött der ganzen Stadt! In seiner Verzweiflung ließ de Lacy alle Vorsicht außer Acht und wollte allein den Flüchtigen nachsetzen, doch nicht einmal dazu kam es.

Noch bevor er das Tor passieren konnte, krachte mit donnerndem Getöse das Fallgatter herab und versperrte ihm den Weg. Ein, zwei Galoppsprünge weiter, und es hätte ihn glatt erschlagen. Zum zweiten Mal in kurzer Zeit entging der Sheriff von Nottingham knapp dem Tod, den er eigentlich am heutigen Tage einem anderen zugedacht hatte.

* * *

Robin hatte alle Mühe, den dahinrasenden Wagen unter Kontrolle zu behalten. Der zweirädrige hohe Karren war ganz und gar nicht dafür ausgelegt, von einem durchgehenden Pferd in wildem Galopp über holprige Wege gezogen zu werden. Jeden Moment fürchtete sein Lenker, dass das Gefährt auseinanderbrechen würde.

Edward Little, dem Robin die Fesseln durchschnitten hatte, klammerte sich verzweifelt an die Leitersprossen des Gefährts. Letztendlich war es für ihn gleichgültig, ob ihm ein Henkerstrick oder ein Sturz von diesem Wagen das Genick brechen würde.

Robin hatte seit zwei Tagen alle Händler, Krämer und Handwerker im Sherwood abfangen lassen, die zum Markt nach Nottingham wollten, und sich ihrer Waren und Fuhrwerke bemächtigt. Das ging nicht immer ganz problemlos ab, doch letztendlich fügten sich die Männer und wenigen Frauen den überzeugend vorgebrachten Argumenten der Geächteten. Robin ließ sie von Bruder Tuck verköstigen und von zehn seiner Männer, die nicht so gut zu Fuß waren, bewachen. Zusätzlich versprach er, alle für die entstandenen Schäden zu entschädigen. Dafür würde zwar der Großteil der bisher gebildeten Rücklagen draufgehen, doch das waren die Befreiung von Little Johns Vater und der damit einhergehende Prestigeverlust des Sheriffs sicherlich wert.

Am frühen Morgen des Markttages waren sie dann in kleinen Gruppen und in den Gewandungen der festgesetzten Händler mit deren Waren und Wagen aufgebrochen. Robin selbst hatte sich als Metzger verkleidet. Er trug eine rostbraune Gugel, einen ledernen Schulterschutz, und sein Kittel war blutverschmiert und mit einem Kissen ausgestopft, das einen mächtigen Bauch vortäuschte. Zusätzlich hatte er sich die Haare mit Walnussschalensaft braun gefärbt. Selbst Gisbourne wäre an ihm auf drei Schritte Entfernung vorbeigegangen, ohne ihn zu erkennen.

Um keinen Verdacht zu erregen, näherten sie sich der Stadt aus verschiedenen Richtungen. Als Erstes galt es, das östliche

Stadttor unter ihre Kontrolle zu bringen, denn von hier aus führte der direkte Weg zurück in den Sherwood. Das war Little Johns Aufgabe, den Robin nicht mit auf dem Richtplatz haben wollte, da er dessen Reaktion fürchtete, sollte womöglich irgendetwas schiefgehen. Es hatte Robin viel Geduld und lange Überredung gekostet, doch schließlich fand sich der Hüne bereit, die ihm übertragene Aufgabe zu übernehmen und so ihre Flucht nach der hoffentlich geglückten Befreiung zu decken oder überhaupt erst zu ermöglichen.

Alan a Dale, der es sich nicht hatte nehmen lassen, die Geächteten zu begleiten, lockte mit seinem Spiel die Kriegsknechte aus ihrer Wachstube, und die unter Planen in Robins Fuhrwerk versteckten Männer hatten relativ leichtes Spiel, sie kampfunfähig zu machen. Das ging so blitzschnell, dass kein großer Lärm entstand und keiner der Einwohner von Nottingham etwas bemerkte. Nur die nachfolgenden Händler wunderten sich über die ungewohnt freundliche Begrüßung, ausbleibende Schikanen und einen offenbar sehr nachlässig versehenen Wachdienst.

Auf dem Marktplatz begann man sofort, die Stände und Buden aufzubauen. Robin hatte bezüglich der Standplätze seine Männer instruiert und klare Anweisungen erteilt. Dem einen oder anderen Händler, der nicht zu ihnen gehörte und an der falschen Stelle stand, wurde schnell deutlich gemacht, dass er sich lieber einen anderen Platz suchen sollte, wollte er sich keinen Ärger einhandeln. Much leitete die Aktion, und schon bald war alles so aufgestellt, dass man die Straßen vom Marktplatz in die Stadt blitzschnell blockieren konnte.

Robin und Gilbert Whitehand hatten noch etwas Spezielles vor. Sie kannten das Haus des Henkers, und es war nicht weiter schwierig, diesem zu verstehen zu geben, dass heute sein Ruhetag war, den er als Bündel verschnürt und mit einem Knebel im Mund in seinem Keller verbringen würde.

Gilbert versuchte, seinen Hauptmann davon zu überzeugen, lieber ihm die Rolle des Scharfrichters zu überlassen, doch er biss sich an dessen Sturkopf fast die Zähne aus. Robin wollte niemand anderen in Gefahr bringen, und da er noch dazu in etwa die Statur des Henkers hatte, war die Sache für ihn erledigt.

Sein Kamerad hingegen erhielt den Auftrag, im Zweifelsfall durch einen gezielten Pfeilschuss den Sheriff und wenn möglich auch Gisbourne außer Gefecht zu setzen. Aber das war nur der Notfallplan, und Robin hoffte inständig, dass er nicht zum Tragen kommen würde.

Much, der die Gabe hatte, sich nahezu unsichtbar machen zu können, war es gelungen, sich unbemerkt den angebundenen Pferden der Kriegsknechte zu nähern. Einen ganzen Tag lang hatte er die Klinge seines Messers geschliffen, und jetzt durchtrennte sie die ledernen Sattelgurte, als wären sie aus hauchfeinem Leinen. Die Vorderzeuge der Pferde hielten zwar noch die Sättel in ihrer Position, aber aufsitzen konnte keiner mehr.

Robins größte Furcht war gewesen, dass der Sheriff ihn womöglich in ein Gespräch verwickeln würde. Doch der dachte gar nicht daran, sich mit einem Mitglied des zwar benötigten, aber nichtsdestotrotz verachteten Berufsstandes zu unterhalten.

Henker mussten mit besonderen, abgelegenen Plätzen in der Kirche und im Wirtshaus vorliebnehmen, ihre Söhne durften ausschließlich die Tätigkeit ihrer Väter zu ihrem Beruf machen und ihre Töchter nur in ihren Kreisen heiraten. Es war für sie nicht einfach, Taufpaten für ihre Kinder zu bekommen, und allerorten schlug ihnen nichts als Verachtung entgegen. Dafür revanchierten sie sich oft durch besondere Grausamkeit bei der Hinrichtung oder Folter, die auch zu ihrem Geschäft gehörte.

Mit solch einem Menschen gedachte de Lacy kein einziges Wort zu wechseln, und so waren Robins Sorgen völlig unbegründet.

Der Rest des Vorhabens lief zur allgemeinen Verwunderung der Geächteten wie am Schnürchen. Sie selbst hatten am allerwenigsten mit solch einem reibungslosen Ablauf ihrer Unternehmung gerechnet und die Chance für ein Gelingen höchstens fifty-fifty eingeschätzt.

Dass nicht ein Einziger von ihnen zu Schaden kam, der Gefangene tatsächlich befreit wurde und sie vollzählig wieder den Sherwood erreichten, rechneten sie ihrem Hauptmann und dessen klug ausgehecktem Plan hoch an.

* * *

Robin allein wusste, wie viel hätte schiefgehen können. Als er das Pferd am Rande des Sherwoods zum Stehen brachte und keine Verfolger auszumachen waren, fiel ihm ein Felsbrocken vom Herzen, auf dem man eine Burg hätte errichten können. Nach und nach trafen alle seine Gefährten ein, als einer der Letzten Little John, der seinen Vater in die Arme schloss und sich dabei seiner Tränen nicht schämte.

»Wie um alles in der Welt hast du es geschafft, dass ausgerechnet vor de Lacy das Fallgatter herunterkrachte?«, wollte Robin von seinem Freund wissen, denn das war nicht Teil seines Planes gewesen.

»Da hatte wohl Gott oder vielleicht auch der Teufel seine Hand im Spiel«, lachte der bärtige Riese. »Ich habe die Haltetaue angeschnitten, und als du durch warst, noch einen brennenden Holzscheit unter die dünne Stelle geschoben. Gerade als de Lacy angeritten kam, muss das Seil durchgebrannt sein. Schade, ein oder zwei Lidschläge hätte es noch halten können. Wenn der Sheriff von seinem eigenen Fallgatter erschlagen wird, hätte man uns das doch nicht anlasten können, oder?«

»Der ist auch so erledigt, Little John. Den nimmt doch in Nottingham niemand mehr ernst!« Much musste an sich halten, um sich nicht auf die Schenkel zu klopfen. »Wie der gekämpft hat, um die Schlinge wieder von seinem Hals zu bringen, werde ich mein Lebtag nicht vergessen. Einen Satz hätte das Pferd machen müssen, einen einzigen, und er hätte gebaumelt!«

»Besser, er lebt zu seiner eigenen Schande. Meine Freunde, ich danke euch«, wandte sich Edward Little an seine Befreier. »Ihr habt euer Leben für mich riskiert, dabei sind mir viele von euch gar nicht bekannt. Du bist Robert aus Loxley, nicht wahr? Ich kenne dich nur als kleinen Bub. Und du Much, der Sohn des Müllers aus Loxley, nicht wahr? Euer Dorf hat man auch niedergebrannt, habe ich sogar im Kerker erfahren. Was ist dieser de Lacy nur für ein Mensch?«

»Kein guter, so viel steht schon mal fest. Und vor allem auch kein kluger, denn sonst würde er nicht so massiv an dem Ast sägen, auf dem er sitzt. Der König braucht Geld, das ist klar. Aber verbrannte Dörfer, verschleppte Bauern und geplünderte Städte können auf die Dauer keine Steuern bezahlen. Ich glaube kaum, dass sich de Lacy noch lange im Amt wird halten können. Aber bis Henry ihn zum Teufel jagt, werden wir wohl im Wald ausharren müssen.«

»Lasst mich bei euch bleiben, ich bitte euch«, wandte sich Edward Little an die Männer, die ihn umstanden. »Ich verspreche, ich werde euch auch nicht zur Last fallen.«

»Natürlich bleibst du bei uns, Vater. Was hast du denn gedacht? Dass wir dich zurückschicken, nachdem wir dich gerade befreit haben?«

»Vielleicht wollt ihr ja einen so alten Mann wie mich nicht unter euch haben? Für ein solches Unternehmen wie heute wäre ich völlig ungeeignet.«

»Macht Euch mal keine Sorgen, Master Little«, beruhigte Robin den ehemaligen Bailif. »Für Männer wie Euch haben wir immer ausreichend Verwendung. Ich hoffe nur, das Leben im Wald wird Euch nicht zu anstrengend.«

»Da mach dir mal keine Sorgen, mein Junge. Ich bin zwar alt, aber zäh. Und außerdem heiße ich für euch alle Edward. Bist du der Anführer dieser Männer, Robert? Haben sie dich zu ihrem Hauptmann bestimmt?«

»So ist es, Vater«, schaltete sich Little John ein. »Er hat mir doch diese Stellung glatt weggeschnappt. Aber wenn ich es mir recht überlege, bin ich ihm deshalb nicht gram. Ein solcher Plan wie der heutige wäre mir nie im Leben eingefallen.«

»Das ist so sicher wie das Amen in der Kirche, mein Sohn. Glaub mir, du hast dafür andere Qualitäten. Aber wieso sagen die hier Little John zu dir?«

»Den Namen hat er mir auch verpasst. Irgendwann zahle ich ihm das mal heim. Dafür nennt er sich jetzt Robin Hood. Geschieht ihm ganz recht, nach einer Kapuze gerufen zu werden.«

In das Gelächter der Männer mischte sich Alan a Dale ein, der über scharfe Augen verfügte und die Straße nach Nottingham im Auge behalten hatte.

»Das war ein tolles Abenteuer, von dem ich noch in Jahren singen kann. Dank euch, dass ich daran teilhaben durfte. Doch ich glaube, wir bekommen Besuch. Auf alle Fälle sollten wir sehen, dass wir hier verschwinden und tiefer in den Wald hineinkommen.«

Robin war mit einem Satz am Waldrand. Von der Stadt aus kam ein Trupp Berittener auf den Sherwood zu. Helme blitzten in der Sonne, Waffen funkelten, und wenn man auch noch keine Details erkennen konnte, so war doch klar, dass sich Verfolger näherten.

»Ich hätte nie gedacht, dass sie sich so schnell von dem Schrecken erholen«, meinte Little John besorgt, der neben seinen Freund getreten war.

»Dann wollen wir ihnen mal noch einen einjagen. Wer von euch hat meinen Bogen?«

Much reichte ihm die Waffe, die er in Verwahrung genommen hatte, und einen Köcher voller Pfeile.

»Robin, wir sollten zusehen, dass wir hier wegkommen, und uns nicht zum Kampf stellen. Das sind mehr als dreihundert Yards, viel zu weit für einen Schuss. Und näher können wir sie nicht herankommen lassen, sonst überreiten sie uns womöglich hier im noch lichten Wald, bevor wir das schützende Unterholz erreicht haben.«

»Eben. Und deshalb werde ich ihnen jetzt einmal eine Warnung schicken, die sie hoffentlich verstehen.«

Robin vertraute dem walisischen Langbogen. Natürlich konnte auch er auf diese Distanz keinen gezielten Schuss abgeben, aber keine Armbrust, kein bekannter englischer Bogen trug so weit. Wenn plötzlich aus dem Nichts ein Pfeil angeflogen kam, sollte das doch zumindest reichen, um Verwirrung zu stiften, und ihnen für ihre weitere Flucht in die Tiefen des Sherwoods einen gehörigen Vorsprung verschaffen. Er spannte den Bogen mit äußerster Kraft, peilte das weit entfernte Ziel an und ließ dann das Geschoss von der Sehne schnellen.

* * *

Von de Lacys Tobsuchtsanfall, nachdem ihn das Fallgatter fast erschlagen hatte, sprach man tagelang in Nottingham. Doch so richtig ernst nahmen den Sheriff nur noch die Männer, die direkt von ihm abhängig waren. Und zu denen gehörte natürlich an erster Stelle Guy von Gisbourne. Dass er dem Sheriff das

Leben gerettet hatte, indem er dessen Pferd so lange unter Aufbietung all seiner Kräfte festhielt, bis es seinem Dienstherrn endlich gelang, die tödliche Schlinge abzustreifen, war von diesem längst verdrängt worden.

Jetzt brüllte de Lacy wie von Sinnen herum, schlug mit der flachen Seite seines Schwertes auf die in seinen Augen säumigen und nachlässigen Kriegsknechte ein und gab ständig sich widersprechende, unverständliche Befehle.

Glücklicherweise wussten die Männer auch selbst, was zu tun war. Ein paar schleppten neue Sättel herbei oder tauschten auf die Schnelle die Gurte aus, andere knüpften Taue an das Fallgatter, um es endlich hochziehen zu können. Jeder verfügbare Söldner wurde beritten gemacht, und bald schon brauste die Kavalkade unter Führung von Gisbourne aus dem östlichen Tor hinaus, den Flüchtigen hinterher.

Die Männer wussten, gelang es den Geächteten, tiefer in den Wald einzudringen, würde es sehr schwer werden, sie zu finden und niederzumachen. Deshalb galt es, so schnell wie möglich vorwärtszustürmen und sie noch im lichten, heideartigen Teil des Sherwoods zu fassen. Viel weiter konnten die Flüchtigen nicht gekommen sein, auch wenn man sie aus den Augen verloren hatte.

Ein ganzes Stück vor dem Waldrand ließ Gisbourne halten und gab den Befehl, sich in breiter Front aufzustellen. So wollte er seine Männer in den Sherwood hineinreiten lassen, um alles zu töten, was sich ihnen in den Weg stellte, ob bewaffnet oder auch nicht. Gefangene würden sie keine mehr machen. Die Zeit der Gnade war in seinen Augen vorbei.

In dem Moment, in dem Gisbourne den Angriffsbefehl geben wollte, stürzte sein Pferd wie ein gefällter Baum zu Boden und begrub den Reiter zur Hälfte unter sich. Erschrocken sprangen ein paar seiner Gefolgsleute von ihren Rössern und zogen ihren

Anführer mit großer Mühe unter dem bereits verendeten Ross hervor. In dessen Stirn steckte ein ellenlanger, gefiederter Pfeil.

Gisbourne wurde es von einem Augenblick auf den anderen so speiübel, dass er sich übergeben musste. Er selbst wusste nicht zu sagen, ob es von dem Sturz oder dem Erschrecken über den aus dem absoluten Nichts kommenden Pfeil herrührte. Er konnte doch nur aus den Wolken abgeschossen worden sein, so steil, wie er im Kopf seines Streitrosses steckte! Ein Auge hatte er schon verloren. Traf eines dieser teuflischen Geschosse sein anderes, würde er das Leben eines auf die Mildtätigkeit seiner Mitmenschen angewiesenen Bettlers führen müssen, denn niemand brauchte einen blinden Söldnerführer.

Woher, bei allen Dämonen der Hölle, kamen nur diese verfluchten Waffen? Wer baute Bögen, die derart weit schossen, und Pfeile, die sogar Rüstungen durchschlugen? Erzählungen von Kameraden, die in Wales gekämpft und davon berichtet hatten, waren von ihm bisher immer belächelt worden. Doch hier, mitten in England?

Das konnte einfach nicht mit rechten Dingen zugehen. Bestimmt hatten die Geächteten sich dem Bösen verschrieben, ihm ihre Seele versprochen, wenn er sie nur in ihrem Kampf unterstützte. Und gegen den Teufel anzutreten, das konnte wahrlich niemand von ihm verlangen! Nicht einmal ein Sheriff, der sich fast hatte aufhängen lassen. Womöglich kam gleich eine Wolke von Pfeilen angeflogen, die sie alle in einen Haufen Leichen verwandelte!

Nein, er würde diese Ungeheuer in Menschengestalt nicht in den Sherwood, der ihm schon immer unheimlich gewesen war, verfolgen. Wer wusste denn zu sagen, über was für Hexenkünste sie noch verfügten? Vielleicht würden sich die Äste der Bäume um ihn und seine Männer schlingen, wenn sie in den Wald eindrangen, und sie erdrosseln.

Für Gisbourne war hier endgültig Schluss. Weiter wollte er sich dem Sherwood Forest in seinem Leben nicht mehr nähern. Auch wenn ihn das seine Stellung, um die er so lange gerungen hatte, kosten sollte. Aber tot oder blind, was er noch mehr fürchtete, als sein Leben zu verlieren, nutzte sie ihm auch nichts.

Gisbourne befahl zwei Männern, sich ein Pferd zu teilen, und bestieg ächzend und stöhnend vor Schmerz nach dem Sturz das frei gewordene Ross. Geschlagen und erneut gedemütigt, kehrte er mit seinen Reitern in die Stadt zurück, wo sie von einem Sheriff erwartet wurden, der immer noch völlig außer sich und auf der Suche nach einem Schuldigen war.

* * *

Robin hingegen haderte mit seinem Schuss. Nachdem die Kriegsknechte abgerückt waren, lief er zu der Stelle, an der sie gehalten hatten, und erst hier sah er, was passiert war. Nun war ihm auch klar, wieso sie nahezu panikartig nach Nottingham zurückritten.

Nichts hatte ihm ferner gelegen, als das Ross zu töten, das nun wirklich nichts für seinen Reiter konnte. Der Treffer war auf diese Distanz reiner Zufall. Auf dreihundert Yards flog kein Pfeil eine gerade Strecke. Er hatte in einem Winkel nach oben geschossen, der Pfeil war auf etwa siebzig Yards aufgestiegen und dann aus dieser Höhe mit enormer Wucht heruntergekommen.

Für die Söldner musste es so ausgesehen haben, als fiele er geradewegs aus dem Himmel. Doch dass der Pfeil noch die starke Schädeldecke des Pferdes durchschlagen hatte, konnte selbst Robin kaum fassen. Was hatte ihm Richard Leaford da nur für eine todbringende Waffe in die Hand gegeben? Nun, eigentlich verdankte er sie ja Marian, musste er sich eingestehen. Ob sie schon aus Schottland zurück war? Wohl kaum, denn der Weg nach dem Norden war ein weiter. In den nächsten Tagen, nahm er sich vor, würde er trotzdem in Fenwick vorbeischauen. Doch heute Abend galt es erst einmal ein Fest zu feiern und einen neuen Mann in ihrer Mitte willkommen zu heißen.

Da man sich die kleinen Händler und Handwerker nicht zum Feind machen wollte, luden die »Merry Men« sie natürlich ein und entschädigten sie wie versprochen für ihre Verluste. Irgendwie würde man sich das Geld schon wieder beschaffen, auch wenn Robin noch nicht wusste, wie. Aber im Allgemeinen fiel ihm immer etwas ein, und so machte er sich darüber auch keine großen Sorgen.

Langsam schwoll ihre Gemeinschaft ständig weiter an und erhielt ungeahnten Zulauf. Jetzt waren sie schon fast hundert Leute, die versorgt und beschäftigt werden wollten.

Als Edward Little Robin fragte, ob er sich etwas um die Organisation des Lagerlebens kümmern sollte, wäre der ihm fast um den Hals gefallen. Der ehemalige Bailif besaß eine natürliche Autorität, der sich so gut wie jeder ohne zu murren unterordnete und nahm Robin für die nächsten Jahre den Teil seiner Aufgaben ab, der dem jungen Anführer am schwersten fiel. Im Frühjahr anno 1188 schlief Edward Little dann nach kurzer Krankheit in Ruhe und Frieden ein, und als man ihn auf dem Friedhof von Hathersage, das nur noch aus Ruinen bestand, neben seiner Frau beisetzte, waren die Männer aus dem Sherwood schon so gefürchtet, dass niemand wagte, seine Totenruhe zu stören.

* * *

Mit leichtem Herzen konnte Robin sich so auf den Weg nach Fenwick machen. Ihn traf allerdings fast der Schlag, als er Marian, die er im fernen Schottland vermutete, mit tränennassem Gesicht unter ihrer gemeinsamen Lieblingseiche sitzen und an einem vertrockneten Grashalm kauen sah. Selbst als er sich neben ihr niederließ, blickte sie nur kurz auf, und seine Umarmung wehrte sie unwillig und mit den Worten »Da bist du ja endlich!« ab.

»Um Gottes willen, Marian, was ist denn passiert? Ich vermutete dich und deinen Vater noch hoch im Norden, sonst wäre ich doch viel eher gekommen. Warum hast du mich denn nicht mit dem Jagdhorn gerufen, wenn du hier bist?«

»Ich bekomme doch aus dem verdammten Ding keinen Ton heraus! So sehr ich auch blase, es klingt stets nur wie ein jämmerliches Krächzen. Du hast mir nie gezeigt, wie das geht, und Vater konnte ich schlecht fragen.«

»Jetzt sag mir erst einmal, weshalb du weinst und wieso ihr schon zurück seid.«

»Weil wir gar nicht fort waren! Die Sache hat sich erledigt, unsere Pferde gehören jetzt dem König. Der Sheriff hat sie zwei Tage nachdem wir uns das letzte Mal getroffen haben, für Henry requiriert.«

»Aber das kann er doch nicht machen! Dein Vater ist ein Ritter des Königs, kein einfacher Bauer, und Fenwick ein Kronlehen. Untersteht ihr denn nicht nur Henrys unmittelbarer Gerichtsbarkeit?«

»De Lacy kam mit einem Befehl des Königs in der Hand. Der forderte von seinen Gefolgsleuten Waffenhilfe in Frankreich. Als Ausgleich ließ er aber auch Geld oder die Bereitstellung von Waffen und Kriegsgerät gelten. Vater wollte sich auf der Stelle auf den Weg machen, aber der Sheriff lachte ihn nur aus und meinte, er wäre dafür zu alt, und forderte das Äquivalent. Geld hatten wir keins mehr, und so nahm de Lacy die Pferde. Er hat uns sogar etwas dafür bezahlt. Zwei Silbermark für ein dreijähriges, gut ausgebildetes Streitross! Kannst du dir das vorstellen? Der blanke Hohn! Aber letztendlich war es legal, und wir können uns nicht einmal beschweren. In Schottland hätten wir mehr als das Zehnfache bekommen! Jetzt kann Vater seine Schulden beim Abt von Saint Mary nicht zurückzahlen, und wir verlieren unser Gut endgültig.«

Marian warf sich schluchzend an Robins Schulter, und er spürte, wie ihre Tränen sein Hemd durchnässten. Fenwick und die Pferde waren ihr Ein und Alles. Beides aufzugeben musste Marian das Herz brechen. Und irgendwann, fürchtete er, würde sie ihn letztendlich dafür verantwortlich machen und womöglich sogar hassen. So weit konnte und wollte er es nicht kommen lassen.

Ein Plan musste her, aber ganz schnell. Das Geld, das er und seine Gefährten bisher eingenommen – manche sagten auch geraubt – hatten, war fast vollständig als Entschädigung an die Händler gegangen. Vielleicht kamen in nächster Zeit reiche Kaufleute oder Prälaten durch den Sherwood, aber darauf verlassen konnte man sich natürlich nicht. Und dann gehörte die Beute schließlich auch allen. Die Gefährten davon zu überzeugen, erbeutetes Silber einem Ritter zu leihen, der schon alles verloren hatte und es vielleicht nie zurückzahlen konnte, würde sicherlich nicht einfach werden und wäre ein schwieriges, wenn nicht gar aussichtsloses Unterfangen.

Da fiel es Robin auf einmal wie Schuppen von den Augen. Natürlich, wieso hatte er denn nicht gleich daran gedacht? Er würde niemanden bitten müssen und konnte doch Sir Richard helfen. Marian und ihr Vater würden ihr Heim behalten, und er würde de Lacy schon klarmachen, dass dieser zukünftig die Finger von Fenwick lassen sollte. Dafür waren seine Freunde nun wieder mit Sicherheit zu begeistern.

»Marian, hab Vertrauen zu mir. Ich schwöre, ihr werdet euer Gut nicht verlieren. Bis zum Martinitag habe ich das Geld besorgt, glaub mir. Sag deinem Vater nichts davon, hörst du? Ich werde ihn nach Nottingham begleiten und ihm helfen, seine Schulden zu begleichen.«

Marian nahm ihren Kopf von Robins Schulter und sah ihm in die Augen.

»Das meinst du ernst, nicht wahr? Du willst mich nicht nur beruhigen, oder? Ich würde es nicht ertragen, noch einmal Hoffnung zu schöpfen und dann enttäuscht zu werden. Aber bring dich nicht in Gefahr, versprich mir das. Lieber überrede ich Vater, zu euch in den Wald zu kommen. Und mir zeigst du gefälligst demnächst euer Versteck. Noch einmal will ich nicht so lange ohne dich sein. Und jetzt sag mir endlich, was du mit deinen Haaren gemacht hast? Die sehen ja ganz braun und klebrig aus!«

Robin konnte Marians plötzlichen Gefühlsausbruch kaum stoppen. Sie war wie ausgewechselt, seit sie wieder Hoffnung geschöpft hatte.

»Zuerst bekomme ich einen Kuss, dann erzähle ich dir alles. Aber mach dich auf eine längere Geschichte gefasst.«

Robin erhielt, was er begehrte, und als er geendet hatte, schaute Marian ihn fassungslos an.

»Ihr müsst total verrückt geworden sein! Einen Verurteilten mitten aus Nottingham herausholen! De Lacy wird kochen vor Wut.«

»Das will ich doch hoffen! Dabei habe ich dir noch gar nicht berichtet, was in Edwinstowe vorgefallen ist. Das wird ihn wohl noch viel tiefer getroffen haben. Er wollte das Dorf mit seinen Kriegsknechten aus Rache für zwei von uns getötete Wildhüter niederbrennen. Sie hatten einen jungen Schweinehirten erschlagen und waren gerade dabei, seine Schwester zu schänden, als wir sie überraschten. Doch die Leute im Dorf haben sich gewehrt und wir ihnen geholfen. Gemeinsam konnten wir de Lacy schlagen und haben ihn zu Fuß und nur in der Brouche nach Nottingham zurückgeschickt.«

»Robin, du willst mich auf den Arm nehmen, nicht? Das kann doch unmöglich wahr sein! Willst du mit deinen Freunden einen Krieg anfangen?«

»Nein, aber endlich dieser Willkür Einhalt gebieten. Zumindest so weit unser Arm reicht. Ich will es schaffen, dass dieser Sheriff sich nicht mehr aus seiner Burg heraustraut, bis jemand kommt, der ihm sein Amt nimmt und ihn für seine Verbrechen büßen lässt. Nur deshalb ist er noch am Leben.«

»Haltet ihr euch wirklich für so stark, das durchsetzen zu können?« Marian war nahezu sprachlos.

»Ich habe nur einen Pfeil mit dem Langbogen deines Vaters auf Gisbourne und seine Männer abgeschossen, einen einzigen. Und sie haben auf der Hacke kehrtgemacht und den Schwanz eingekniffen. Ein paar mehr solcher Bögen, und wir hätten wirklich die Macht, die Menschen im und um den Sherwood zu schützen. Ich sage dir, bald werden wir mehr als hundert sein, und dann will ich den sehen, der sich uns entgegenstellt. Da müsste der König schon selbst kommen.«

»Eines Tages wird das wohl auch geschehen, wenn ihr so weitermacht.« Marian ahnte nicht, wie prophetisch ihre Worte waren. »Doch bis dahin kann ich nur hoffen, dass wir wirklich unser Dach über dem Kopf behalten können. Meinst du tatsächlich, dass du das erreichen kannst?«

»Habe ich dir schon jemals etwas versprochen und dann nicht gehalten?« Robin tat, als wäre er tödlich beleidigt. Dann zog er die junge Frau in seine Arme und küsste sie lange und innig. »Nie, Marian, niemals würde ich es wagen, dich zu enttäuschen. In diesem Leben nicht, und auch in keinem anderen. Ich liebe

606

dich, und ich werde dich heiraten, ganz gleich, was andere dazu sagen. So wahr man mich neuerdings Robin Hood nennt.«

Lachend umarmte Marian ihren Geliebten.

»Na, dann ist es ja gut, du Kapuzenmann. Es ist auch besser, du trägst deine Hood, bis der Walnusssaft aus deinen Haaren heraus ist. Du siehst verboten aus!«

»Danke, das hört man immer gern.« Robin war heilfroh, dass Marians Tränen versiegt waren. Doch dann wurde sie wieder ernst, sagte eine Weile nichts, bevor sie ihm erneut tief in die Augen schaute.

»Da wäre noch etwas. Ich wollte es dir eigentlich erst sagen, wenn ich ganz sicher bin. Doch wenn du nun schon einmal da bist. Mein Monatsfluss ist ausgeblieben, und der kommt normalerweise sehr regelmäßig. Könnte sein, dass du Vater wirst.«

Robin war bloß froh, dass er saß. Das war nun eine Nachricht, die ihn glatt von den Beinen geholt hätte. Einen Moment rang er nach Worten, denn er hatte eine Heidenangst, jetzt womöglich das Falsche zu sagen. Sie hatten sich doch nur ein einziges Mal geliebt, na ja, eigentlich zweimal, und gleich ein Kind gezeugt?

Mit allem hätte er gerechnet und alles in seine Pläne einbezogen, aber doch nicht so schnell Vater zu werden! Wenn sie Pech hatten, kam das Kind auf einer Lichtung im Sherwood zur Welt und wuchs in der unwirtlichsten Umgebung auf, die man sich vorstellen konnte. Andererseits wurde es Robin regelrecht warm in der Brust. Er sah sich schon Marian und so einen kleinen Wurm im Arm halten und für sie sorgen. Was konnte es eigentlich Schöneres geben?

»Marian, das ist doch großartig! Jetzt kann uns endgültig nichts mehr auf dieser Welt trennen, und auch dein Vater wird uns seinen Segen geben müssen. Wir sollten schnellstmöglich heiraten, meinst du nicht auch? Ich finde schon einen Priester, der uns traut. Wenn es sein muss, in Schottland, Frankreich oder Wales. Da leben schließlich auch Christenmenschen.«

»Mach nicht gleich die Pferde scheu, ich habe gesagt: vielleicht. Vor allem wollte ich einmal sehen, wie du reagierst. Nicht, dass du mich jetzt womöglich sitzen lässt und dich davonstiehlst.«

»Sag mal, was denkst du eigentlich von mir?« Robin war ernsthaft entrüstet. »Hältst du mich für so einen Hallodri? Du kannst versichert sein, dass ich alles, aber auch wirklich alles dafür tun werde, dass es dir und dem Kind gut gehen wird.«

»Ja, und genau davor fürchte ich mich ein bisschen. Sei in Zukunft etwas vorsichtiger, Robin. Ich beschwöre dich! Wenn es stimmt, was ich vermute, dann brauchen wir dich lebend und in einem Stück, hörst du? Und falls nicht, dann sei nicht zu enttäuscht. Schlimmstenfalls musst du dich halt noch etwas gedulden.«

»Wo das doch meine Lieblingstugend ist, wie du weißt. Machst mir den Mund wässrig und stellst es dann wieder infrage! Na warte, das hast du nicht umsonst getan.«

Wie die kleinen Kinder balgten sie sich unter Lachen und gegenseitigen Neckereien im Gras herum, bis ihre Erregung so groß war, dass keiner mehr auf den anderen warten wollte. Als Robin in Marian eindrang, erwartete sie ihn schon mit der Feuchte ihres Schoßes, schlang die Beine um seine Hüften und nahm sich vor, ihn nie wieder gehen zu lassen. Zumindest nicht in den nächsten Augenblicken.

Später geleitete Robin seine Geliebte, zukünftige Frau und Mutter seiner Kinder, bis an das Tor von Fenwick und versprach, spätestens zu Martini zurück zu sein. Vielleicht ließ ihn ihr Vater dann ja auch wieder in das Haus hinein.

* * *

Bereits am nächsten Tag machte sich Robin nach Loxley auf. Etwas, was er von dort noch holen musste, hatte immer in seinem Unterbewusstsein geschlummert und war durch Marians Tränen an die Oberfläche gespült worden.

Wie hatte er das nur vergessen können! Das Geld seiner Großeltern! Den Sold, den Henry seinem Großvater für die Jahre im Kerker von Winchester ausgezahlt, und den Ring des Kaisers, den dieser einst in den Alpen von der Hand Heinrichs erhalten hatte. Der Schatz der Fitzooths!

Er war nie angetastet worden, sondern es hieß immer: eine Reserve für ganz schlechte Zeiten. Nun, schlechter konnten sie kaum werden, nur besser, und wenn er, Robert Fitzooth der Jüngere, das Geld des alten Robert dazu verwendete, den Fortbestand des Geschlechtes der Fitzooths zu sichern, dann würde dieser im Himmel ihm bestimmt nicht gram sein. Er wusste, wo es versteckt war und wo nie ein Uneingeweihter danach suchen würde.

Robin wurde das Herz schwer, als er durch das verlassene und verwüstete Loxley schritt. Die Natur begann bereits, sich die ihr abgerungenen Flächen zurückzuholen. Was das Feuer nicht vernichtet hatte, wurde von Unkraut überwuchert, das auf der Asche prächtig gedieh. Irgendwann, schwor Robin sich, würde er diesen Ort wieder aufbauen. Das hier war seine Heimat, sein Zuhause. Hier hatten drei Generationen Fitzooths im Schweiße ihres Angesichtes geschuftet, gelacht und gelebt. Und das sollte alles vorbei sein, nur weil es einem machtlüsternen Sheriff so gefiel? Nein, diese Ruinen waren nicht das Ende von Loxley! Es würde neu entstehen, größer und schöner als zuvor. Eines Tages, wann auch immer.

Von dem Haus, in dem er geboren worden war, fand Robin nur noch Trümmer vor. Die Feldsteine des Untergeschosses hatten dem Feuer natürlich standgehalten, doch später waren die

Mauern zusammengefallen, da das hölzerne Obergeschoss und der Dachstuhl fehlten.

Es kostete Robin etliche Mühe, die ehemalige Herdstelle freizulegen. Als er endlich auf den gestampften und harten Lehmboden stieß, zog er sein Messer und begann zu graben. Mehr als zwei Fuß musste er in die Tiefe vordringen, bis er auf geöltes Sackleinen stieß. Vorsichtig entfernte er die restliche Erde und hob einen großen, schweren Beutel aus der Grube. Als er sich umdrehte, stand wie vom Himmel gefallen Giselle vor ihm.

»Holst du ihn also endlich, den Schatz der Fitzooths? Es wird auch Zeit, denn lange hätte ich ihn nicht mehr bewachen können. Meine Zeit auf dieser Welt, Robert von Loxley, läuft langsam ab.«

»Um Gottes willen, du kannst einen aber auch erschrecken, Giselle! Mich hätte beinahe der Schlag getroffen! Und woher, bei allen Heiligen, weißt du von dem Geld?«

Die Alte lachte leise in sich hinein.

»Es gibt wohl kaum etwas in und um Loxley, das mir in all den Jahren verborgen geblieben ist, mein Junge. Ich war mir nur unsicher, ob du den Platz kennst, an dem dein Vater und dein Großvater euer Silber vergraben haben, und fürchtete schon, das Geheimnis mit in mein Grab zu nehmen. Es war nicht an mir, ihn dir zu verraten.«

»Großvater hat ihn meinem Vater und dieser mir gezeigt. Du kannst also ganz beruhigt sein.«

»Dann ist es ja gut und sicher Gottes Wille. Was willst du nun mit dem Schatz anfangen, Robert? Verwende ihn gut und im Sinne derer, die für ihn viele Entbehrungen auf sich genommen haben.«

Auch wenn Robin der Meinung war, der Alten keine Rechenschaft schuldig zu sein, so hatte er doch das Gefühl, ihr zumindest andeuten zu müssen, wofür das Silber bestimmt war.

»Ich werde bald heiraten, Giselle, und vielleicht ist auch schon ein Kind unterwegs. Um ihm das Heim zu erhalten, dafür soll dieses Geld dienen. Eines Tages werden wir wieder hier leben, das weiß ich in meinem Innersten. Dann wird Loxley neu erstehen. Doch bis dahin müssen wir eine Zeit der Rechtlosigkeit überbrücken. Und genau für eine solche Gelegenheit hat mein Großvater diesen Schatz zurückgelegt. Ich bin mir sicher, dass er mein Handeln dort oben im Himmel gutheißt.«

»Ich mir auch, Robert von Loxley, ich mir auch. Lebe wohl und Glück auf all deinen Wegen. Und grüße deine Frau von mir. Eine bessere als Marian wirst du nicht finden. Das hat schon deine Großmutter gesagt, und die war wirklich eine weise Frau.«

Giselle entschwand, wie sie gekommen war, völlig geräuschlos und eher einem Schatten als einem Menschen gleich. Robin sollte sie nie wiedersehen.

13. Kapitel

Es war ein unfreundlicher, nasskalter und nebliger Novembertag, als für Sir Richard Leaford der in seinen Augen schwerste Tag seines Lebens anbrach.

Heute sollte er alles verlieren, was seine Vorfahren und er geschaffen und aufgebaut hatten. Als besonders bedrückend empfand er den anstehenden Verlust, wenn er an Marian dachte. Was sollte nur aus ihr werden, mittellos, wie sie bald sein würden? Nicht einmal in ein vernünftiges Kloster konnte sie so eintreten. Und vor den Männern, die sie auch ohne Mitgift nehmen würden, schauderte ihm. Das Schicksal, das seine Tochter bei denen zu erwarten hatte, wäre schlimmer als die Hölle auf Erden. Am Anfang vielleicht noch als Bettgespielin mehr missbraucht als geliebt, würde sie schon bald auf den Status einer Magd herabsinken. Wenn das Glück ihr hold war! Solche Frauen wurden oft regelrecht verkauft, wenn ihr Mann ihrer überdrüssig wurde, und wo seine Tochter dann womöglich landete, wollte sich ihr Vater lieber gar nicht ausmalen.

Eine Hoffnung hatte Sir Richard noch, nämlich dass die Mönche von St. Mary sich erweichen ließen und ihm die Schuld stundeten. Schließlich war ihr Kloster der Heiligen Jungfrau geweiht, der Barmherzigen und Schutzpatronin der Hungernden, Dürstenden, Vertriebenen und aller sich in Not befindenden Menschen. Eine Anzahlung wollte er heute leisten, dreißig Mark in Silber hatte er dabei. Aber mehr war beim besten Willen nicht aufzutreiben gewesen. Selbst Futter für die verbliebenen Stuten, Fohlen und den Deckhengst konnten sie dann diesen Winter nicht zukaufen. Doch irgendwie würde es schon weitergehen, wenn sie zumindest ihr Dach über dem Kopf behielten.

Sir Richard, ein stolzer Mann, hatte vor, sich dem Abt zu Füßen zu werfen, ihn anzuflehen, ja selbst die Oberhoheit des Klosters über Fenwick anzuerkennen, wenn es denn gar nicht anders ginge. Sogar mit dem Gedanken, sich diesen Gang zu ersparen und sich in der Scheune zu erhängen, hatte er geliebäugelt. Doch was wäre dann aus Marian geworden? Selbstmord, das hatte Sir Richard irgendwann erkannt, war nur ein Ausweg für Feiglinge.

Lange und liebevoll hatte er sich von seiner Tochter an diesem Morgen verabschiedet, die gar nicht so niedergeschlagen wirkte, wie er erwartet hatte.

»Nur Mut«, flüsterte Marian ihm ins Ohr, als er sie umarmte. »Es wird schon alles gut.«

Woher nur nahm das Kind diese Zuversicht? Er hatte sie längst verloren und wusste, dass er sich an einen Strohhalm klammerte, der ihn wohl nicht vor dem Untergang bewahren würde.

Sir Richard sattelte sein Pferd selbst, einen Knappen hatte er schon lange nicht mehr. Müde und langsam, ganz gegen seine sonstige Gewohnheit, schwang er sich in den Sattel und machte sich auf in Richtung Nottingham.

Kaum hatte der alte Ritter das Gut hinter sich gelassen, das ihm heute Abend vielleicht nicht mehr gehören würde, sah er auf einem Hügel unter einem Baum einen Reiter wie eine Statue stehen, der offenbar auf ihn wartete.

War womöglich der Teufel persönlich gekommen, um ihn zu begleiten? Nun, auch den fürchtete er nicht mehr. Höchstens seine Seele konnte er ihm schließlich noch nehmen. Erst als er unmittelbar neben dem Fremden sein Pferd zügelte, erkannte Sir Richard, dass dieser die Tracht eines Knappen aus Fenwick und auf der Brust sein Wappen, ein geflügeltes schwarzes Pferd, trug.

»Was soll dieser Mummenschanz?«, fuhr er den Reiter an, dessen Gesicht hinter einem altertümlichen, maskenartigen Wikingerhelm verborgen war. »Schickt Euch die Hölle? Seid Ihr Luzifer persönlich, der gekommen ist, sich an meinem Elend zu weiden? Wer sonst würde sich solch eine Ungeheuerlichkeit ausdenken und sich meiner Farben bedienen?«

»Ich glaube, ich bin weder Engel noch Teufel, Sir Richard.« Robin nahm den Helm ab, den er unter den mittlerweile reichlich erbeuteten Waffen und Rüstungen gefunden hatte, und klemmte ihn sich in die Armbeuge. »Nur ein Freund Eurer Familie, der meint, dass Ihr nicht allein diesen schweren Gang antreten solltet. Ein Ritter des Königs wie Ihr kann nirgendwo ohne Knappen erscheinen, schon gar nicht zu einem solchen Anlass, wollt Ihr nicht Euer Gesicht verlieren. Wenn Ihr gestattet, werde ich Euch begleiten.«

»Nein, das gestatte ich auf gar keinen Fall! Offenbar triffst du dich gegen meinen ausdrücklichen Willen weiter mit Marian, sonst wüsstest du ja wohl kaum, was mir bevorsteht. Respektiert denn überhaupt keiner mehr meinen Willen? Nicht einmal meine eigene Tochter? Ich will, dass du auf der Stelle verschwindest und dich nie wieder hier blicken lässt! Hast du das verstanden?«

»So sehr ich Euch achte, Sir Richard, so wenig werde ich Euch diesen Wunsch erfüllen. Ihr müsstet mit mir kämpfen und mich besiegen, wenn Ihr verhindern wollt, dass ich Euch begleite. Und ja, Marian und ich treffen uns. Weil wir uns lieben. Auch Ihr werdet daran nichts ändern können.«

Richard Leaford fiel regelrecht in sich zusammen. Jetzt war ihm alles egal. Sogar seine Tochter hinterging ihn, dieser junge Bursche dachte gar nicht daran, seine Autorität zu akzeptieren, und die Mönche würden ihm in ein paar Stunden wohl noch seinen letzten Stolz nehmen. Müde winkte er ab, gab seinem Pferd mit einem Schenkeldruck zu verstehen, dass es weitergehen sollte, und ritt seinem nicht allzu fernen Ziel und einem ungewissen Schicksal entgegen, ohne sich weiter darum zu kümmern, was hinter ihm geschah.

Robin stülpte sich den Helm über, der furchtbar drückte, aber Augen und Nase verbarg, wohingegen er Mund und Kinn unbedeckt ließ. Er blieb genau eine halbe Pferdelänge hinter Sir Richard, wie es sich für einen gut ausgebildeten Knappen geziemte.

Vor zwei Tagen hatten sie im Sherwood einen Ritter mit kleinem Gefolge auf dem Weg von Doncaster nach London festgenommen. Der würde jetzt ein paar Tage ihr Gast sein, auch wenn sie ihn hatten fesseln und knebeln müssen, weil er sich wie ein Irrsinniger gebärdete. Seine Begleitung war einsichtiger gewesen, und einer der Knappen lieh Robin nicht ganz freiwillig seine Ausrüstung und der Ritter sein Pferd.

Das Wappen hatte ihm eine der Frauen im Lager aufgestickt, und so konnte er ohne Weiteres als Begleiter des hoch angesehenen, wenn auch verarmten, Sir Richard Leaford durchgehen.

Viel schwerer war es gewesen, seine Gefährten davon abzuhalten, ihn zu begleiten. Er hatte ihnen nicht gesagt, was er vorhatte, und so das Misstrauen von Little John und den anderen geweckt, die unter keinen Umständen gestatten wollten, dass er sich ohne sie in Gefahr begab. Erst die Drohung, er würde sie alle für immer verlassen, wenn sie ihn nicht für einen Tag seine eigenen Wege gehen ließen, wirkte so abschreckend, dass seine Gefährten letztendlich nachgaben.

Hell klangen die Glocken von St. Mary, als die beiden Männer durch das Stadttor von Nottingham ritten. Sir Richard und auch sein Schicksal waren hier wohlbekannt, und niemand hielt ihn und seinen Knappen auf. Im Gegenteil, manch Wachhabender salutierte dem alten Ritter respektvoll und erhielt dafür ein freundliches Kopfnicken.

Anders erging es ihnen an der Klosterpforte von St. Mary. Der Pförtner ließ die Besucher ungebührlich lange warten, bevor er das Tor öffnete. Robin war schon versucht gewesen, sich auf nachdrückliche Art und Weise Zutritt zu verschaffen. Dann wollte man ihm auch noch verwehren, Sir Richard zu begleiten. Doch er konnte dem Bruder Pförtner sehr schnell klarmachen, dass es ihm nicht gut bekommen würde, stände er ihm weiter im Weg. So wurden sie durch den Kreuzgang und Innenhof zum Refektorium, dem Speisesaal der Mönche, geleitet. Hier ging es ganz offenbar hoch her, leitete Martini doch offiziell die vorweihnachtliche Fastenzeit ein und war der letzte Tag, an dem noch einmal richtig geschlemmt werden durfte.

Am Kopfende der Tafel saß ein Bischof, flankiert vom Abt und Prior des Klosters, den Robin nicht kannte und der offenbar zu Gast war. Nicht nur ihm zu Ehren bogen sich die Tische vor erlesenen Köstlichkeiten.

Zu Martini wurde in Erinnerung an den heiligen Martin, der nicht Bischof von Tours hatte werden wollen und sich in einem Gänsestall vor der Weihe versteckte, traditionell Gans in allen Variationen gereicht. Da an diesem Tag Zins, Abgaben und Zehnte fällig waren, brachten viele Bauern ihr Federvieh als Entgelt. Sie hatten meistens sowieso nicht genügend Futter, um es über den Winter zu bringen.

Während die einfachen Mönche mit Gänseklein und Kraut vorliebnehmen mussten, standen vor dem Bischof und den

Klostervorstehern wahre Berge von Gänsekeulen und einem anderen Gericht, das Robin nicht kannte. Dem Gast, der davon Bissen um Bissen in sich hineinstopfte, entlockte es allerdings wahre Entzückungsseufzer.

Jeder Anwesende hatte außerdem funkelnden Wein in einem Becher oder Pokal vor sich stehen, doch auch hier war die Rangordnung im Saal eindeutig an der Pracht des jeweiligen Trinkgefäßes zu erkennen.

»Tretet vor, Sir Richard«, winkte der Abt den Ritter jovial heran. »Darf ich Euch unseren Gast, den hochwürdigen Bischof von Hereford, Robert Foliot, vorstellen? Er beehrt uns an diesem hohen Festtag mit seiner Anwesenheit, bevor er zu seinem Amtsbruder nach York weiterreist.«

Der Bischof wedelte mit seiner Hand, an der sich ein überdimensional großer, goldener und mit Edelsteinen besetzter Ring befand, ohne die Ankömmlinge weiter zu beachten. Gehorsam kniete Sir Richard nieder, ergriff die Hand und küsste die bischöfliche Insignie.

Robin hingegen dachte nicht im Traum daran, diese Finger, die ihn eher an fette Würste erinnerten, auch nur zu berühren. Noch nie in seinem Leben hatte er einen dickeren Mann gesehen. Die Pausbacken und Wülste der Stirn zwängten die Augen derart ein, dass sie wie schmale Schlitze wirkten. Die Soutane war weit geschnitten, doch was sich darin befand, sah eher einem prallgestopften Schweinedarm als einem menschlichen Wesen ähnlich.

Der Bischof schwitzte trotz der Kühle des Raumes beim Essen – Robin war versucht zu sagen, beim Fressen – derart, dass ihm große Schweißperlen auf Stirn und Tonsur standen und wie kleine Bäche den Specknacken herunterrannen.

»Mir wurde berichtet, dass Ihr heute kommen würdet, um Eure Schulden zu begleichen, Sir Richard«, wandte sich der Bischof mit vollem Mund an den Ritter. »Ich würde Euch ja wirklich gern etwas von dieser wunderbaren Foie gras anbieten, die meine Mitbrüder mir zu Ehren besorgt und zubereitet haben. Eine Spezialität aus Aquitanien, besser noch dem Périgord. Gestopfte Gänseleber, einfach göttlich! Aber ich glaube kaum, dass ich mich durchringen kann, auch nur auf ein kleines Stück davon zu verzichten. Außerdem ist Euer Gaumen sicherlich nicht an derartige Köstlichkeiten gewöhnt. Habt Ihr das Geld?«

Die letzten Worte kamen mit einer solchen Schärfe aus dem Mund des Prälaten, dass selbst der neben ihm sitzende Abt zurückzuckte. Sir Richard selbst fiel es schwer, seine Haltung zu bewahren.

»Ich bin Schuldner des Klosters, ehrwürdiger Bischof, nicht der Eure«, versuchte er einen Rest von Widerspruchsgeist aus seinem tiefsten Inneren hervorzuholen.

»Da irrt Ihr Euch. Ich habe mir Euren Schuldschein nämlich übereignen lassen.«

Robert Foliot wischte sich seine fettigen Finger am Tischtuch ab, legte das Speisemesser zur Seite, nahm einen tiefen Zug aus seinem Pokal und fixierte Richard Leaford dann mit einem Blick, der diesem das Blut in den Adern gefrieren ließ. Sofort war dem Ritter klar, dass er von diesem Mann keine Gnade zu erwarten hatte.

»Euer bischöfliche Gnaden, ich bedaure zutiefst, meinen Verpflichtungen nicht zur Gänze nachkommen zu können. Ich habe für die vierhundert Silbermark, die ich dem Kloster schulde«, hier wurde Sir Richard rüde von Robert Foliot mit den Worten, »die Ihr mir schuldet«, unterbrochen, doch unbeirrt fuhr der Ritter fort. »Wie auch immer. Das Gut meiner Familie ist ein Vielfaches wert. Ich kann Euch hier und heute einen Abschlag von dreißig Mark Silber zahlen. Ich bitte Euch inständig, stundet mir den Rest, bis ich wieder Pferde verkauft habe. Die letzten hat der Sheriff für den König beschlagnahmt. Ich akzeptiere auch die Lehnshoheit des Klosters über meinen Besitz und bin bereit, Euch einen angemessenen Zins zu zahlen.«

»Mein Sohn«, die Stimme des Bischofs tropfte regelrecht vor Hohn, und er sprach auf einmal zu dem Ritter, als wäre dieser ein unmündiges Kind, »du solltest die Gebote unseres Herrn wahrlich besser kennen. Der heiligen Mutter Kirche und ihren Vertretern ist es verboten, Zins zu nehmen, seit Jesus die Wucherer aus dem Tempel in Jerusalem vertrieben hat. Wir sind doch keine Juden! Und die Lehnshoheit über dein Gut gebührt dem König, der sie aber zweifelsohne auf den neuen Besitzer, vielleicht gegen einen kleinen Obolus, übertragen wird. In diesem Schuldschein hier«, der Prälat wedelte mit einem Pergament herum, das ihm der Abt willfährig gereicht hatte, »übereignest du deinen gesamten Besitz dem Kloster Saint Mary in Nottingham im Gegenzug für die Gewährung eines Darlehns über vierhundert Silbermark. Zahltag ist heute. Ich habe mir das Dokument als Ausgleich für ausstehende Abgaben des Klosters übergeben lassen und gedenke, den sich daraus ergebenen Verpflichtungen dem Worte nach zu entsprechen. Du gibst mir das Silber, und zwar das ganze, ich dir diesen Schuldschein. Im anderen Falle gehört dein Gut von jetzt an der heiligen Mutter Kirche. Sie wird es allerdings nicht selbst behalten, sondern schnellstmöglich weiterveräußern. Interessenten, habe ich gehört, gibt es ja wohl etliche.«

Der Abt nickte zustimmend.

»So ist es, Eure Exzellenz. Highsheriff de Lacy hat uns mitteilen lassen, dass er Fenwick gern hätte. Er bietet sechshundert Silbermark. Wir hätten dann in kürzester Zeit einen stattlichen Gewinn erzielt, den wir für das Kloster und die Armen der Stadt verwenden könnten.«

»Nun, darüber wird noch einmal zu sprechen sein. Sowohl über die Summe, die mir viel zu niedrig erscheint, wie auch über den Verwendungszweck. Schließlich verschlingt der Bau meines bischöflichen Palastes Unsummen, und ich kann selbst jeden Penny gut gebrauchen. Selbstverständlich nicht für mich, sondern zum Ruhme und zur Ehre Gottes. Nur damit das niemand falsch versteht.«

Die Mönche im Saal murmelten beflissen ihre Zustimmung und bekreuzigten sich mehrmals.

Sir Richard war bleich wie die gekalkten Wände hinter ihm geworden, wurde doch hier in seiner Gegenwart bereits die weitere Verwendung seines Besitzes diskutiert, als wäre er gar nicht anwesend. Einen letzten Versuch wollte er noch unternehmen, das drohende Schicksal abzuwenden, auch wenn er nicht sehr vielversprechend war. Von seinem Gürtel löste er den Beutel mit dem Silber, sank auf die Knie und streckte ihn dem Bischof entgegen.

»Ich flehe Euch an, hochwürdigster Bischof, nehmt dieses Geld als erste Anzahlung von mir an. Ihr könnt doch einen Mann nicht vom Land seiner Väter vertreiben, einem Kind nicht das Heim nehmen! Was soll denn aus uns werden? Vor allem aus meiner Tochter? Ich schwöre Euch, dass ich Euch oder dem Kloster in Zukunft jeden Penny abliefern werde, den wir erwirtschaften. So könnt Ihr Euren Gewinn über die Jahre vervielfachen. Doch lasst uns ein Dach über dem Kopf, ich appelliere an Eure Barmherzigkeit und Nächstenliebe!«

»Das hättet Ihr Euch alles früher überlegen sollen und bevor Euer Sohn mit Verbrechern gemeinsame Sache gemacht hat. Dafür musstet Ihr dem Sheriff doch das Geld als Sicherheit zahlen, nicht wahr? Offenbar kommt Ihr Euren Pflichten als Vater nur sehr bedingt nach. Verheiratet doch Eure Tochter, dann seid Ihr die Sorge um sie ledig. Es wird sich schon jemand finden, auch wenn er offenbar keine Mitgift zu erwarten hat. Oder sie soll sich als Magd in einem Kloster verdingen. Vielleicht, wenn sie sich anstellig zeigt, kann sie sogar Novizin und später Nonne werden.«

Der Bischof griff sich schneller, als alle Anwesenden es vermutet hätten, blitzartig den Beutel.

»So, jetzt schuldet Ihr uns nur noch dreihundertsiebzig Silbermark. Bis heute Abend gebe ich Euch Zeit, sie aufzutreiben. Dann verfällt Euer Anspruch auf Fenwick, und ich werde Kriegsknechte schicken, um Euch womöglich davor zu bewahren, es in Eurer Verzweiflung anzuzünden und so einen großen Frevel zu begehen. Und nun gestatte ich Euch, Euch zu entfernen. Ihr stört mein Mahl, das ich weiter genießen möchte. Bis zur Komplet gebe ich Euch in meiner Großmut noch Zeit, Eure Schulden zu begleichen.«

»Diese Zeit werden wir nicht brauchen.« Es war nicht der immer noch kniende Ritter, der gesprochen hatte, sondern der Mann mit dem altertümlichen Maskenhelm, der hinter ihm stand. »Erhebt Euch, Sir Richard, und demütigt Euch nicht länger vor diesen angeblichen Dienern Christi, die es nicht einmal mehr wert sind, seinen Namen auch nur im Munde zu führen.«

Augenblicklich herrschten Totenstille und entsetztes Schweigen im Refektorium, nur der Bischof fand seine Sprache nach einem Moment der Verblüffung wieder.

»Was erdreistet Ihr Euch …«, wollte er den Sprecher zurechtweisen, wurde aber rüde unterbrochen.

»Schweig, Fettwanst, oder so wahr mir Gott helfe, du fährst auf der Stelle zur Hölle. Ihr alle hier habt uns nur zu deutlich gezeigt, was Euer salbungsvolles Geschwätz wert ist, das Ihr tagein, tagaus von der Kanzel herabsabbert. Gier, Völlerei, Habsucht – sind das die christlichen Tugenden, nach denen Ihr lebt?

Und das noch dazu am Tag des heiligen Martin! Sollte sein Feiertag Euch nicht eher dazu ermahnen, in Bescheidenheit und Demut zu leben und Euer Hab und Gut mit Bedürftigen zu teilen, so wie er seinen Mantel mit einem Bettler?«

Der Mann, in dem etliche der Mönche bereits einen Racheengel des Herrn vermuteten und vor dem der Bischof entsetzt zurückwich, löste eine um seine Taille geschlungene Geldkatze und öffnete die Verschnürung. Er griff hinein, entnahm offenbar etwas Geld und einen Ring und schüttete den restlichen Inhalt vor dem Bischof auf den Tisch. Unzählige Silbermünzen rollten über das Essen, platschten in die Weinkelche oder fielen zu Boden.

»Hier, ehrwürdige Brüder, habt Ihr Euer Silber, nachdem Euch so gelüstet. Und du, Bischof, sei froh, dass ich es dir nicht in deinen gierigen Rachen stopfe, auf dass du daran erstickst. Sammelt es auf und zählt es nach, es sind genau dreihundertsiebzig Silberlinge. Mögen sie Euch später einmal in der Hölle zu Euren Sünden dazugerechnet werden.«

Robin griff sich den Schuldschein, den niemand wagte, ihm vorzuenthalten.

»Und noch eine Botschaft habe ich für Euch. Richtet sie auch dem Sheriff aus, denn ihn gelüstet es ja offenbar besonders nach Fenwick. Nähert er sich dem Gut auch nur auf dreihundert Yards, stirbt er. Schickt irgendjemand, wer auch immer, Kriegsknechte, die die Drecksarbeit für ihn verrichten sollen, fahren diese zur Hölle. Und ebenso ihr Auftraggeber, ganz gleich ob Bischof oder Sheriff. Ich werde ihn finden, wo auch immer er sich verkriecht. Selbst hinter einem Altar oder den Mauern einer Burg. Gottes feuriger Pfeil der Rache wird ihn zu den Dämonen der ewigen Finsternis schicken.«

Robin nahm den Bogen von der Schulter und einen Pfeil aus dem Köcher an seiner Seite. Er hielt das Geschoss in eine Kerzenflamme, und sofort fing es Feuer. Dann legte er den Pfeil auf die Sehne, spannte den Langbogen und ließ ihn davonschnellen.

Durch ein offenes Fenster flog das Geschoss, einen feurigen Schweif hinter sich herziehend, zur Kirchturmspitze und blieb im Sockel des vergoldeten Kreuzes stecken. Für einen Moment beleuchtete die Flamme das Symbol der Christenheit, als wollte Gott selbst die Anwesenden daran erinnern, wofür sein Sohn auf Erden gestorben war. Dann erlosch sie flackernd, und ein kollektives Aufatmen ging durch die Reihen.

Wie schnell hätte die ganze Kirche in Flammen stehen können! Doch Robin hatte die Menge des in Öl getränkten Wergs genau berechnet, denn er hatte nicht vorgehabt, eine Feuersbrunst auszulösen.

Es gab nicht einen einzigen Kleriker im gesamten Speisesaal, dem nicht ein eiskalter Schauer den Rücken hinunterlief. Hatte sich der gedemütigte Ritter begleitenden Beistand aus der Hölle oder dem Himmel geholt? Keiner wusste es zu sagen, doch dass das da vorn ein Mensch aus Fleisch und Blut war, glaubte in diesem Moment keiner der Anwesenden.

Robin griff sich eine der vor dem Bischof aufgehäuften Gänsekeulen, biss herzhaft hinein und meinte dann mit vollem Mund:

»Lasst uns gehen, Sir Richard. Wir haben hier nichts mehr verloren und wollen doch die ehrwürdigen Brüder nicht weiter bei ihrem Mahl stören. Köstliche Speisen, erarbeitet von armen Menschen im Schweiße ihres Angesichtes, die selbst vielleicht nichts zu essen haben. Ich bin mir sicher, dass Gott der Herr jedem dafür am Tag des Jüngsten Gerichtes den ihm gebührenden Platz zuweisen wird.«

Der alte Ritter selbst hatte das Geschehen atem- und wortlos verfolgt. Wie in Trance ließ er sich jetzt von Robin am Arm nehmen und zur Pforte führen. Niemand von den Klosterinsassen kam auf die Idee, die beiden Männer aufzuhalten. Wie versteinert saßen sie auf ihren Plätzen, und blanke Furcht kroch in ihre Herzen. Viele bekreuzigten sich heimlich, und manch einer nahm sich vor, zukünftig der Völlerei abzuschwören und wieder mehr gute und barmherzige Werke zu verrichten.

* * *

Sir Richard Leaford kam erst wieder richtig zur Besinnung, als sie Nottingham längst hinter sich gelassen und Fenwick fast erreicht hatten. Unfassbar war für ihn, was er soeben erlebt hatte.

Nie im Leben wären derartige Worte über seine Lippen gekommen, wie Robin sie ausgesprochen hatte. Obwohl er ihm in seinem Innersten recht geben musste. Und woher hatte der Junge das Geld? War Fenwick jetzt wirklich gerettet? Nun stand er in der Schuld dieses Burschen, und was der dafür fordern würde, konnte er sich ungefähr denken. Doch er würde seine Tochter keinesfalls einem heimatlosen Geächteten kampflos überlassen, so viel stand für den alten Ritter fest.

»Habe ich jetzt mein Gut deinen Räubereien zu verdanken, Robin?« Richard Leaford zügelte sein Pferd. Es waren die ersten Worte, die er an seinen Begleiter richtete, seit sie das Kloster verlassen hatten.

Robin nahm den furchtbaren Helm ab und schleuderte ihn weit von sich.

»Ich erwarte weiß Gott keine Dankbarkeit von Euch, Sir Richard. Aber vielleicht ein klein wenig Respekt. Es war das Geld meiner Eltern und Großeltern, das sie für schlechte Zeiten zurückgelegt hatten. Hier, diesen Ring erhielt mein Namensgeber vom deutschen Kaiser als Geschenk, nachdem er ihm und seiner

Gemahlin das Leben gerettet hatte. Auch ihn hätte ich hergegeben, falls wir nicht zusammen auf die vierhundert Mark gekommen wären. Nur damit Marian ihr geliebtes Fenwick be-
hält. Nun ist er neben zehn Silberstücken alles, was mir von
Loxley geblieben ist.«

Robins Stimme hatte müde geklungen und auch enttäuscht.
Genauso, wie er sich fühlte.

»Herr im Himmel, das wusste ich nicht! Du musst mir verzeihen, Robin. Ich wollte dich nicht kränken, noch weniger deine Eltern und Großeltern. Woher sollte ich wissen, dass ihr
Fitzooths solch einen Schatz besitzt?«

»Meine Großmutter hat immer gesagt ›Spare in der Zeit,
dann hast du in der Not‹ und nie einen Penny von Großvaters
Sold angerührt, auch als sie und mein Vater fast verhungert wären. Dann kam noch das Geld dazu, das er von König Henry als
Ausgleich für seine Gefangenschaft und die verlorene Hand erhalten hat. Den Gegenwert von dreihundertachtzig Silbermark
nebst dem Ring habe ich unter der Feuerstelle in unserem nie-
dergebrannten Haus gefunden. Mein Vater hätte es Euch sicher
gegeben, wäre er von Euch darum gebeten worden. Jetzt ist er
tot, und ich bin an seine Stelle getreten.«

»Und was erwartest du nun von mir? Dass ich dir meine
Tochter dafür zur Frau gebe und du später Fenwick erbst? Du
vergisst dabei nur, dass ich ja noch einen Sohn habe. Zurückzahlen werde ich dir das Geld so schnell nicht können. Ich bin mir
sicher, dass du das weißt, denn du kennst ja seit Jahren die Verhältnisse, unter denen wir leben.«

Robin war versucht, dem alten Ritter eine gebührende Antwort zu geben, doch er konnte sich gerade noch zurückhalten.
Zu tief saßen in Marians Vater die Verletzungen und Demütigungen der letzten Zeit. Und schließlich hatte Sir Richard in
seinen Augen nur Schulden machen müssen, weil seinem Sohn

fälschlicherweise vorgeworfen worden war, mit ihm, Robin, gemeinsame Sache gemacht zu haben.

»Ich erwarte gar nichts von Euch. Ich weiß, dass Ihr mir innerlich vorwerft, an dem ganzen Unglück, das Euch getroffen hat, schuld zu sein. Auch wenn das nicht stimmt, denn de Lacy hätte mit Sicherheit einen anderen Vorwand gefunden, um Euch zu ruinieren und sich Eures Gutes zu bemächtigen. Und Marian braucht Ihr mir nicht zu geben, sie gehört mir bereits. Wir haben uns beide das Jawort gegeben und werden heiraten. Zur Not auch ohne Euren Segen und nach altem Brauch unter den Bäumen des Sherwood. Lieber aber mit Eurem Einverständnis und in einer Kirche. Doch damit solltet Ihr nicht allzu lange warten, denn Ihr werdet Großvater.«

Der alte Ritter wäre fast nach hinten vom Pferd gekippt. Gerade hatte er schließlich noch seine kleine Tochter auf den Knien geschaukelt, ihr übers Haar gestrichen, ihr vor dem Einschlafen eine Geschichte erzählt, ihr die so früh verstorbene Mutter ersetzt – und jetzt ließ sie sich mit jungen Männern ohne sein Wissen und gegen sein Gebot ein? Aber sie war doch noch ein Kind!

Zugegeben, eins von achtzehn Jahren – andere Mädchen waren da seit Langem unter der Haube –, aber seine Marian doch nicht! Hatte denn dieser Bursche da vor gar nichts Respekt? Nicht einmal vor den Gefühlen eines Vaters, der kurz davorstand, alles, aber auch wirklich alles zu verlieren?

»Hast du sie verführt, ja? Eine Hure aus ihr gemacht?« Sowie die Worte aus seinem Mund heraus waren, so gern hätte Sir Richard Leaford sie zurückgeholt. Das hatte er nicht sagen wollen, nicht über seine Tochter, nicht über Robin, den er im Grunde seines Herzens durchaus schätzte. Doch jetzt standen sie wie eine Mauer zwischen ihm und dem jungen Mann, der ihm erst vor wenigen Stunden sein Gut und seinen Stolz gerettet hatte.

»Wenn das Eure Meinung über mich und vor allem über Eure Tochter ist, dann habe ich Euch nichts mehr zu sagen. Ich werde Marian fragen, ob sie bei Euch oder bei mir bleiben will, dann seht Ihr mich nie wieder. Bis das geschehen ist, werdet Ihr allerdings meine Anwesenheit noch ertragen müssen.«

Robins Worte trafen Sir Richard tief ins Mark. Gewann er an einem Tag sein Gut zurück und verlor dafür seine Tochter? Ihm lag schon auf der Zunge, sich bei Robin zu entschuldigen, doch letztendlich verboten ihm das sein Stolz und sein Stand.

Irgendwann würde er diesem jungen Burschen sein Geld mit Zins und Zinseszins zurückzahlen und sich so von seiner Schuld loskaufen. Doch Marian sollte er nicht bekommen! Lieber wollte er sie nach Frankreich schicken, wo es Klöster gab, in denen gefallene Mädchen aus gutem Hause ihre Kinder unerkannt zur Welt bringen konnten. Es müsste doch mit dem Teufel zugehen, wenn er nicht an den Höfen der Herzöge der Bretagne, der Normandie oder Aquitaniens einen passenden und standesgemäßen Ehemann für sie fände.

* * *

In Fenwick angekommen, lief Marian den beiden Männern schon im Hof entgegen, spürte aber sofort die eisige Atmosphäre, die zwischen ihnen herrschte. Robin hatte sie am Abend zuvor in groben Zügen in seinen Plan eigeweiht. Jetzt befürchtete sie, dass er fehlgeschlagen war und sie ihr Gut trotzdem verloren hatten.

»Nun sagt schon was!«, fuhr sie die beiden Reiter an. »Gehört Fenwick noch uns? Ihr könnt mich doch nicht länger auf die Folter spannen!«

»Du hast es gewusst, ja?«, fragte ihr Vater. »Und mir nichts davon gesagt!«

»Robin hat mir auch erst gestern mitgeteilt, wie viel Geld er hat auftreiben können. Ist es nicht großartig, was er für uns tun will?«

»Getan hat. Fenwick gehört wieder uns, doch der Preis ist mir zu hoch. Das Geld werde ich dir zurückzahlen, Robin. Aber meine Tochter wird trotz allem nicht die Frau eines Geächteten. Wenn du noch einen Funken Anstand besitzt, verlässt du jetzt meinen Grund und Boden, auch wenn er eigentlich dir gehört. Und du, Tochter, geh ins Haus! Ich verbiete dir, diesen Burschen jemals wiederzusehen.«

Fassungslos starrte Marian ihren Vater an. Sie hatte gezittert und gebangt und auf ein Freudenfest gehofft, und jetzt das! Was, zum Teufel, war zwischen diesen beiden Männern, die sie auf dieser Welt am meisten liebte, vorgefallen? Wollte sie nicht endlich jemand darüber aufklären? Auf keinen Fall gedachte sie, dem Befehl ihres Vaters zu gehorchen, bevor sie nicht wusste, was passiert war.

»Das kannst du nicht! Ich liebe Robin, und wenn du ihn fortschickst, werde ich mit ihm gehen. So war es, seit Eva das Paradies verlassen hat. Aber ich bitte dich, stell mich nicht vor diese Entscheidung. Du würdest es bereuen. Was ist denn überhaupt geschehen?«

»Hier ist euer Schuldschein.« Robin sprang vom Pferd und reichte Marian das Pergament. »Der Bischof von Hereford hatte ihn sich angeeignet und wollte euer Gut an den Sheriff weiterverkaufen. Aber ich glaube kaum, dass der noch Interesse daran hat.«

»Dann ist ja alles in bester Ordnung! Und warum macht ihr dann solche Leichenbittermienen und freut euch nicht? Kommt ins Haus, ich habe alles für ein Festmahl vorbereitet.«

»Marian, ich habe deinem Vater gesagt, dass wir uns lieben, heiraten werden und du ein Kind von mir erwartest. Daraufhin hat er mich einen Verführer und dich eine Hu…, du weißt schon, genannt. Und jetzt jagt er mich wie einen streunenden Köter vom Hof.«

Robins Stimme war deutlich anzuhören, wie sehr ihn das schmerzte. Er hätte sagen können: »Nach allem, was ich für ihn getan habe.« Doch diese Worte kamen nicht über seine Lippen.

»So leid es mir tut, Marian, du wirst dich zwischen ihm und mir entscheiden müssen. Wo ich nicht willkommen bin, dort will ich auch nicht sein. Ich frage dich hier und jetzt noch einmal: Willst du meine Frau werden, meine Geliebte sein, in guten und in schlechten Zeiten bis an das Ende unserer Tage? Wenn ja, und ich hoffe mit jeder Faser meines Herzens, dass du das willst, dann musst du jetzt mit mir kommen, so schwer dir das auch fallen mag. Im anderen Fall siehst du mich nie wieder.«

Marian war völlig fassungslos. Alles hatte sie erwartet, wenn die beiden Männer aus Nottingham zurückkamen. Grenzenlose Verzweiflung oder überschäumende Freude, aber nicht das. Mit den Händen in die Hüften gestützt, baute sie sich vor ihrem Vater auf, der noch immer auf seinem Pferd saß und dem zum ersten Mal aufging, dass er wohl dabei war, den Fehler seines Lebens zu begehen. Aus seinem kleinen Mädchen war für jeden, der mit offenen Augen durch das Leben ging, deutlich sichtbar eine Frau geworden. Nur er hielt die seinen nach wie vor geschlossen und war zu stolz, es zuzugeben.

»Ist das wirklich wahr? Du willst uns unsere Liebe tatsächlich verbieten? Glaubst du, ich bin dein Eigentum? Mein zukünftiger Mann tut alles in seiner Macht Stehende, um dir dein Gut zu erhalten, und du jagst ihn fort? Was ist nur aus dir geworden, Vater!«

»Marian, ich erlaube dir nicht, so mit mir zu sprechen! Wie konntest du nur so tief sinken, dich ihm hinzugeben? Habe ich dir denn gar nichts über Sitte, Anstand und Moral beibringen können? Willst du wirklich mit diesen Geächteten zusammen im Wald leben, verstoßen und verfemt? Weißt du, welches Schicksal dich dort erwartet?«

»Nein, aber ich bin bereit, es herauszufinden. Du entschuldigst dich auf der Stelle bei Robin und bittest ihn ins Haus, oder ich gehe mit ihm und du siehst uns beide nie wieder.«

»Wenn du das tust, dann habe ich keine Tochter mehr. Dann war alles, wofür ich die vielen Jahre über gekämpft und gearbeitet habe, umsonst.«

»Ach, und ich wohl nicht? Ich frage dich zum letzten Mal: Akzeptierst du meine Liebe, oder stellst du dich gegen sie? Du wirst dich entscheiden müssen.«

»Ich verlange Gehorsam von dir, Marian. Ich werde nicht dulden, dass du dein Leben wegwirfst. Tu, was ich dir gesagt habe, oder ich lege dich übers Knie, so alt, wie du mittlerweile auch bist.«

In Marians Augen trat eine unendliche Traurigkeit. Müde und niedergeschlagen griff sie nach Robins Hand.

»Komm, Liebster, lass uns gehen. Wir haben hier nichts mehr verloren.«

»Marian, ich verbiete es dir! Hörst du? Du bist meine Tochter, ich habe das Recht dazu!« Richard Leaford war verzweifelt. Was er sagte, war zweifelsohne richtig, doch wie wollte er es durchsetzen? Ohnmächtig musste er mit ansehen, wie Robin und Marian Hand in Hand auf den Sherwood zuschritten und bald darauf in ihm verschwanden, als hätte er sie verschluckt.

* * *

Marian konnte nur den Kopf schütteln, auf welch verschlungenen Pfaden Robin sie zu ihrem Lager führte. Selbst sie, die seit ihrer frühesten Jugend durch den Wald gestreift war, hätte sich hier nicht mehr zurechtgefunden und mit Sicherheit verirrt. Mittlerweile kannte Robin den Weg auch nachts, und so funkelten die Mitternachtssterne am Himmel, als sie endlich die Dunwold-Höhlen erreichten und Marian erschöpft auf einem umgefallenen Baumstamm niedersinken konnte.

Überall sah sie schlafende Gestalten, die sich gegen die Kälte in Felle und Decken gehüllt hatten. Mehrere Feuer glimmten noch, und in der Luft lag der Duft von verkohltem Holz und geröstetem Fleisch.

Robin brachte Marian den Rest einer gebratenen Rehkeule, die sie beide zu gleichen Teilen mit Heißhunger verzehrten. Etwas Wasser aus dem nahen Bach stillte ihren Durst, und fest umschlungen schliefen sie beide bald darauf auf einem Bett aus Blättern und Reisig in Robins Laubhütte ein.

Am nächsten Morgen holten Robin die Aufgaben eines Anführers der Geächteten ein. Er war als Erster auf den Beinen, knöpfte sich die Wachen vor, die seine Ankunft am gestrigen Abend gar nicht bemerkt hatten und jetzt mit gesenktem Kopf und tiefbetreten vor ihm standen.

Schnell machte er ihnen klar, dass eine solche Nachlässigkeit sie alle das Leben kosten konnte. Sie gelobten Besserung und holten sich gleich noch von Little John einen zweiten Rüffel ab, da sie zu seinen Männern aus Hathersage gehörten. Dann teilte Robin Trupps ein, die jede Straße im Auge behalten sollten, die durch den Sherwood Richtung Norden führte. Er hatte da so eine Ahnung und hoffte, dass sie in Erfüllung gehen würde.

Marian machte sich schon bald im Lager unentbehrlich. Sie unterstützte Edward Little, brachte ihre Kenntnisse beim Sammeln von Pilzen, Beeren und vor allem Heilpflanzen ein und kümmerte sich um all diejenigen, die kleine Verletzungen oder Wehwehchen hatten.

Robin sollte sich nicht getäuscht haben. Drei Tage später kam die Nachricht, dass die Reisegesellschaft, nach der Ausschau gehalten werden sollte, vermutlich erspäht worden war. Sofort machten sich zwei Dutzend grün gewandete Geächtete auf, um sie abzufangen. Ihr Anführer eilte ihnen allen voraus. Er wollte sich vergewissern, dass sie auch die Richtigen erwischten und nicht womöglich bettelarme Pilger, von denen nichts zu holen war.

Auf den ersten Blick machten die Reisenden auch genau diesen Eindruck. Ein Mönch, in der einfachen Kutte der Benediktiner, schritt, ein hölzernes Kruzifix hoch emporhaltend, voran. Es folgten mehrere Brüder, die Gebete murmelten, und hinter ihnen offenbar der Abt als einziger Reiter auf einem Maultier. Den Schluss bildeten wiederum betende Mönche. Die Soutanen wirkten zerschlissen, die Beutel an den Wanderstöcken leer, und manch ein Entgegenkommender wäre wahrscheinlich versucht gewesen, den armen Brüdern Almosen zu spenden.

Robin hingegen sah das alles mit ganz anderen Augen. Die Schuhe der Mönche, die unter den Überwürfen hervorlugten, waren aus bestem Leder, ebenso das Zaumzeug und der Sattel des Maultieres, das unter seiner schweren Last ächzte. Bei einem halben Dutzend Mönche, die über die Länge des Zuges gut verteilt auf beiden Seiten schritten, blitzten Kettenhemden und sogar von Zeit zu Zeit Schwerter unter den Kutten hervor.

Im Schutze des dichten Unterholzes überholte Robin die Gruppe, lief ein ganzes Stück voraus und hielt dabei nach einem Baum Ausschau, der ihm für seine Zwecke geeignet erschien. Als er endlich einen gefunden hatte, kletterte er flink wie ein

Eichhörnchen empor, schwang sich auf einen starken Ast, der den Weg überragte, auf dem die Reisenden kommen mussten, und ließ keck seine Beine herunterbaumeln. Er hatte gar nicht die Absicht, sich zu verstecken.

Schon bald näherte sich der Zug ununterbrochen Gebete murmelnder Mönche. Als sie nur noch etwa zehn Yards von ihm entfernt waren, rief er sie an.

»Gott zum Gruße, ehrwürdige Brüder! Wohin des Wegs an diesem schönen Novembertag, den der Herr uns geschenkt hat?«

Ein heftiges Erschrecken ging durch die Gruppe, und alle Köpfe ruckten wie einer nach oben. Da hockte über ihnen wie ein Waldgeist ein junger Mann auf einem Ast, als gäbe es auf dieser Welt nichts anderes zu tun. War das womöglich ein Narr, der sich einen Spaß machte?

Nein, danach sah der Grüngekleidete nicht aus. Dann vielleicht eher ein Räuber? Sofort schweiften die Blicke der Bewaffneten nach links und rechts, doch sie konnten niemand anderen entdecken, und einer allein würde wohl kaum wagen, sie zu überfallen. Mit dem konnte sogar ein Dutzend Mönche mit ihren Wanderstäben fertigwerden. So war es wohl am besten, freundlich zu antworten und anschließend weiterzuziehen.

»Ein ebenso freundliches ›Grüß Gott‹ an den Mann auf dem Baum zurück«, meldete sich der Abt zu Wort. »Sag, Bruder in Christi, bist du unter die Vögel gegangen?«

»Ja, so könnte man sagen. Sprach nicht unser Herr Jesus Christus: Sie säen nicht, sie ernten nicht, und der himmlische Vater ernährt sie doch? Ähnlich halte ich es auch.«

»Nun, du zitierst den Evangelisten Matthäus recht genau, mein Freund. Doch nun wollen wir weiterziehen, unser Weg ist noch weit.«

»Wohin soll er Euch denn führen?«

»Auch wenn dich das eigentlich nichts angeht: Nach Durham, wo wir in der neuen Kathedrale an den Gräbern des ehrwürdigen Beda und des heiligen Cuthbert beten wollen. Gehab dich wohl.«

»Nicht so eilig, hochwürdiger Abt. Für eine solch weite Strecke bedarf es doch einer entsprechenden Stärkung. Ich lade Euch alle ein, meine Gäste zu sein und mit mir und meinen Freunden heute zu speisen und einen guten Becher zu leeren. Ein ›Nein‹ lasse ich nicht gelten.«

»Nun ist es genug, du komischer Vogel da oben. Halte uns nicht länger auf. An deinen vertrockneten Brotkrumen sind wir nicht interessiert. Schreitet voran, Bruder Gisberth, wir wollen unser heutiges Ziel noch vor Einbruch der Dunkelheit erreichen.«

Die letzten Worte waren an den Mönch mit dem Kruzifix gerichtet, der auch prompt wieder loslief.

Robin griff zu seinem Jagdhorn. Ein langer, tiefer, klagender Ton schallte durch den Wald. Sofort raschelte es im Gebüsch und Unterholz, und die Reisegruppe wurde von einer großen Anzahl grün gekleideter Männer umringt, die gut bewaffnet waren und ganz danach aussahen, als ob sie mit Schwertern, Bögen und Kampfstöcken auch umzugehen wussten.

»Ich sagte doch, ich bestehe darauf«, meinte der Mann auf dem Baum, und jede Fröhlichkeit war aus seiner Stimme gewichen. »Wenn Ihr Euch fügt, wird keiner verletzt und Ihr könnt Euren Weg morgen fortsetzen. Im anderen Fall …« Robin kam nicht dazu, eine Drohung auszusprechen.

Einer der verkleideten Kriegsknechte hatte seine Kutte nach hinten geworfen und zu der darunter verborgenen Armbrust gegriffen. Ohne groß zu zielen, schoss er den Bolzen auf den Mann über ihnen ab, in dem der Söldner zu Recht den Anführer der plötzlich wie aus dem Nichts aufgetauchten Männer vermutete.

Im ersten Moment sah es so aus, als hätte er auch getroffen. Der Grüngewandete kippte nach hinten vom Ast, und jeder erwartete, dass er tot oder zumindest schwer verletzt auf dem Weg aufschlagen würde. Doch Robin war mit einer halben Rolle rückwärts dem Bolzen ausgewichen, kam auf seinen Beinen zu stehen, und wie von Zauberhand hatte er plötzlich einen gespannten Bogen in der Hand. Der Pfeil zischte von der Sehne, durchbohrte die Kukulle des Abtes unmittelbar über dessen Tonsur und riss ihm die Kapuze vom Kopf.

»Noch so eine Aktion, und Ihr seid ein Haufen Leichen. Nur damit das klar ist, wir scherzen nicht. Little John, Much, Gilbert, entwaffnet die Söldner. Wer sich wehrt, ist tot. Ich hoffe, dass Ihr alle so vernünftig seid, Euch zu fügen. Dann geschieht keinem etwas.«

Der Kriegsknecht, der geschossen hatte, war der Erste, der seine Armbrust von sich warf, und heilfroh, dass der Pfeil des unheimlichen Schützen nicht ihm gegolten hatte.

»Was soll das?«, fuhr der Abt, dem der Schreck in alle Glieder gefahren war, Robin an. »Wir sind arme Pilger, bei uns gibt es nichts zu holen. Unser Kloster besitzt keine Reichtümer. Ihr habt Euch für Euren Raubzug die Falschen ausgesucht.«

Da drängte sich ein feister, aber außergewöhnlich beweglicher Mönch, der einen Normannenhelm ohne Nasenschutz auf dem Kopf und einen Kampfstock in der Hand trug, durch die Reihen. Er kniete vor dem Abt nieder, ergriff dessen Hand und küsste ehrerbietig den Pontifikalring.

»Oh, Exzellenz, verzeiht, dass wir Euch nicht gleich erkannt haben. Ihr seid doch Robert Foliot, der Bischof von Hereford, nicht wahr? Ich habe Euch als Novize einmal in Newstead Abbey aufwarten dürfen. Wäre uns Euer Kommen angekündigt worden, hätten wir natürlich andere Vorkehrungen getroffen.«

»Ihr seid der hochwürdige Bischof von Hereford?« Robin tat ganz erstaunt. »Dann freue ich mich umso mehr, dass Ihr heute unser Gast sein werdet. Wir haben es uns zur Aufgabe gemacht, Reisende auf ihrem Weg durch den Sherwood Forest zu beschützen und zu bewirten. Kommt, sträubt Euch nicht länger, unsere Gastfreundschaft zu genießen. Es wird Euch sicherlich gefallen, mit uns zu tafeln.«

Robert Foliot wusste nicht, was er von der ganzen Angelegenheit halten sollte. Er war von de Lacy sehr eindringlich vor Räubern im Sherwood Forest gewarnt worden und hatte daraufhin um eine Eskorte gebeten. Doch der Sheriff dachte gar nicht daran, dem Kirchenfürsten behilflich zu sein, waren doch seine Pläne, sich Fenwick anzueignen, durch dessen ungeschicktes Verhalten gerade in Schall und Rauch aufgegangen. So warb der Bischof auf eigene Kosten sechs Söldner an und steckte sein Gefolge in verschlissene Kutten, in der Hoffnung, so ungeschoren den gefürchteten Wald passieren zu können. Offenbar hatte ihm allerdings weder das eine noch das andere etwas genützt.

Andererseits verhielten sich die Männer bisher sehr respektvoll. Von Raub war keine Rede, im Gegenteil, man wollte sie alle zu einem Mahl einladen. Waren das womöglich gar keine Geächteten, sondern königliche Jagdaufseher? Sie trugen jedenfalls deren Kleidung, wirkten diszipliniert, gut ausgebildet und keineswegs wie eine wilde Räuberbande. Offenbar hatten sie sogar geistlichen Beistand. Wie sehr sich der Bischof mit seiner Einschätzung irrte, sollte er bald genug erfahren.

»Also gut, mein Sohn. Wenn Ihr darauf besteht, wollen wir Eure Einladung gern annehmen und Eure Gäste sein. Gott wird es Euch vergelten. Ich nehme an, Euer Lager befindet sich ganz in der Nähe?«

»Ein Stück entfernt ist es schon«, meinte Robin lachend. Warte nur, dachte er dabei, von wegen »Gott vergelt's«. Und hoffentlich überlebst du den Fußmarsch, denn dein Maultier bleibt hier.

Seine Männer hatten inzwischen die Kriegsknechte entwaffnet, die sich widerwillig in ihr Schicksal fügten. Doch die Übermacht war einfach zu groß, als dass sie es auf einen Kampf hätten ankommen lassen können. Und so gut bezahlte sie der Bischof nun auch wieder nicht, um ihr Leben für ihn zu opfern.

Tuck spielte immer noch den demütigen Ordensbruder, doch langsam bekam die Maske Risse.

»Hochehrwürdiger Bischof, wenn Ihr die Güte hättet, abzusitzen.«

»Warum denn, Bruder? Ich fühle mich recht wohl auf meinem Reittier.«

»Aber es sich nicht unter Euch.«

Blitzschnell bückte sich der Mönch, zog den Fuß von Robert Foliot aus dem Steigbügel, setzte ihn auf seinen eigenen Rücken und richtete sich wieder auf.

Der Bischof wurde wie ein Wurfgeschoss aus einer Blide von seinem Maultier geschleudert und wäre mit Sicherheit mit voller Wucht auf den Weg gestürzt, hätten ihn nicht zwei von Robins Männern aufgefangen. So gingen sie zwar alle drei gemeinsam zu Boden, doch der Aufprall des Kirchenfürsten wurde zumindest gedämpft. Mühsam und um Luft ringend kam er mithilfe der beiden Männer wieder auf die Beine.

»Was unterstehst du dich …?«, fuhr er Tuck wütend an.

»Ich wollte Euch doch nur von Eurem Reittier helfen! Wenn Ihr Euch dabei so ungeschickt anstellt, kann ich wahrlich nichts dafür. Und nun vorwärts, wir haben schließlich nicht den ganzen Tag Zeit.«

»Keinen Schritt gehe ich zu Fuß. Hilf mir gefälligst wieder auf mein Maultier, du nichtsnutziger Mönch.«

»Das wird froh sein, eine Zeit lang von Eurem Gewicht verschont zu bleiben. Ihr werdet schon Eure Füße benutzen müssen, wollt Ihr an unserem Festmahl teilnehmen. Außerdem wird ein Spaziergang Eurem Appetit guttun. Auf geht's, da entlang.«

Der Mönch zeigte mit seinem Stock in Richtung Wald, und als der Bischof die grinsenden Gesichter um sich herum sah, schwante ihm nichts Gutes. Als Bestätigung erhielt er auch noch einen Stoß mit dem Knüppel in die Rippen, und nun wusste er endgültig, was die Stunde geschlagen hatte. Unter Jammern und Wehklagen machte er sich daran, der deutlichen Aufforderung nachzukommen, auch wenn ihm das Gehen noch so schwerfiel.

* * *

Robin bereute schon bald, Robert Foliot nicht doch auf seinem Maultier belassen zu haben. Dessen Gezeter wurde mit der Zeit unerträglich, und es kamen bereits Überlegungen auf, ihn zu knebeln. Doch da wäre er wahrscheinlich erstickt, so wie er jetzt schon schniefte und schnaufte. Immer wieder ließ der Bischof sich einfach auf den Boden fallen und behauptete, keinen Schritt weiter gehen zu können. Selbst Stöße mit dem Stock brachten ihn kaum mehr auf die Beine. Er verlangte allen Ernstes, getragen zu werden, aber da kam er bei den Geächteten an die Richtigen. Erst als Robin ihm unumwunden klarmachte, dass man ihn allein im Wald zurücklassen würde, wenn er sich jetzt nicht zusammenriss, verstummte das Gejammer etwas, denn die Furcht davor ließ den Kirchenfürsten die letzten Kräfte mobilisieren.

Problematisch wurde es noch einmal, als man den Gefangenen etwa eine Stunde vor Erreichen der Dunwold-Höhlen die Augen verband. Während das bei den Kriegsknechten und Begleitern des Bischofs relativ problemlos vonstattenging und sie, jeweils von einem Geächteten geleitet, danach auch weiter munter ausschritten, war das bei dem Bischof selbst schier unmöglich.

Man verzichtete letztendlich darauf, da Robin davon ausging, dass der Kirchenfürst sich selbst in einem Klostergarten verlaufen würde, hatte er keinen ortskundigen Begleiter. Doch als sie die Lichtung fast erreicht hatten, wurden die Schritte des Bischofs plötzlich ausholender, und das Gejammer verstummte. Kein Wunder, waberte doch der Duft von Gebratenem und Gesottenem verführerisch durch die Luft.

Endlich angekommen, ließ sich Robert Foliot auf eine der mittlerweile gezimmerten Bänke fallen und schwor sich, keinen einzigen Yard mehr zu Fuß zurückzulegen, selbst wenn er hier überwintern müsste. Doch mit jedem Becher Wein heiterte sich seine Stimmung weiter auf, er vertilgte Unmengen von Geflügel und Wildbret und grölte gegen Ende des Abends selbst Alan a Dales recht unanständige Lieder mit.

Da die Stimmung so heiter und gelöst war, kam Robin plötzlich eine Idee. Er machte sich auf die Suche nach Marian und fand sie bei den anderen Frauen, die sich in die Höhle zurückgezogen hatten. Das Trinkgelage entsprach so gar nicht ihren Vorstellungen. Außerdem konnte sie sich ungefähr vorstellen, was danach folgte, und wollte keinen Anteil daran haben.

»Marian, was hältst du davon, wenn wir uns morgen von diesem Bischof trauen lassen?«, fiel Robin gleich mit der Tür ins Haus. »Hier, unter den Bäumen des Sherwood, ist es doch fast wie in einer Kathedrale, und ich bin mir sicher, dass ich Robert Foliot überreden kann, meinem Wunsch zu entsprechen.«

»Sag mal, du hast wohl zu tief in den Becher geschaut?« Marian war entrüstet, und Robin verstand die Welt nicht mehr. »Du hast doch vor, ihn auszurauben, oder?«

»Natürlich! Schließlich war er es, der deinen Vater in den Ruin treiben wollte. Aber was heißt hier berauben? Es ist immerhin mein Geld, das er irgendwo verborgen mit sich schleppt. Aber keine Sorge, wir werden es schon finden. Und wenn ich jedem Einzelnen von seiner Truppe die Haut abziehen muss. Bei ihm mache ich das persönlich, das kann man ja niemand anderem zumuten.«

Obwohl Marian natürlich wusste, dass Robin das scherzhaft gemeint hatte, lief es ihr bei seinen Worten doch kalt den Rücken herunter. Menschen bei lebendigem Leib zu häuten gehörte durchaus zu den üblichen Folter- und Hinrichtungsmethoden.

»Das sieht der Bischof bestimmt ganz anders. Für ihn bist du nichts weiter als ein Dieb und Räuber. Falls er uns trotzdem unter Zwang oder aus Furcht traut, garantiere ich dir: Spätestens, wenn er eine Meile aus dem Sherwood heraus ist, sind wir exkommuniziert, und unsere Ehe ist für null und nichtig erklärt. Was soll sie dann noch wert sein? Nein, eine solche Hochzeit will ich nicht. Lass uns noch etwas warten. Vielleicht sollten wir an Weihnachten heiraten. Bis dahin sieht noch niemand, dass ich schwanger bin, und uns ist etwas eingefallen, was wirklich Bestand hat.«

»Wenn du meinst«, stimmte Robin seufzend zu. »Sicher hast du recht, aber es wäre auch zu schön gewesen. Ein Bischof, denk doch mal!« Selbst in seinen kühnsten Träumen wäre Robin nicht auf den Gedanken gekommen, dass später einmal ein päpstlicher Legat und Erzbischof über ihn und Marian den Segen sprechen würde.

»Aber etwas könntest du schon von ihm verlangen, und das kann er auch nicht rückgängig machen.«

»Und das wäre?«

»Die Frauen, und sicher auch viele der Männer, wollen einmal wieder die Messe hören. Lass sie ihn morgen feierlich zelebrieren. Das wäre etwas, woran sich alle im Lager noch lange erinnern könnten. Du musst ihnen ja nicht sagen, dass die Idee von mir stammt.«

»Hör mal, ich habe kein Problem, deine Vorschläge aufzugreifen, und gebe sie sicherlich nicht als die meinen aus. Was denkst du eigentlich von mir?«

Robin stahl sich noch einen Kuss, dann eilte er zu seinen Freunden und berichtete von Marians Vorschlag, der begeistert aufgenommen wurde. Selbst Robert Foliot sträubte sich in seinem weinseligen und gesättigten Zustand nicht lange und versprach, am nächsten Morgen eine feierliche Messe unter den Bäumen zu lesen. Vorausgesetzt, man ließ ihn jetzt schlafen und gab ihm ein paar warme Decken.

*　*　*

Der Bischof von Hereford erwachte mit einem riesigen Brummschädel. Das war an sich nichts Ungewöhnliches bei ihm, aber der Ort, an dem er sich befand, kam ihm im ersten Moment gänzlich unbekannt vor. Erst nach und nach setzte die Erinnerung wieder ein, und gleichzeitig meldete sich die Furcht zurück.

Hatte er wirklich versprochen, hier unter freiem Himmel ein Hochamt zu feiern? Nun ja, so unüblich war das nun auch wieder nicht, und wenn man ihn dafür unbeschadet weiterziehen ließ – in Gottes Namen. Aber zuvor wollte er ein angemessenes Frühstück, sonst war er zu keiner heiligen Handlung bereit.

Daran fehlte es natürlich nicht, und da sich unter dem Gefolge des Bischofs Priester, Diakone und Subdiakone befanden, stand einer feierlichen Messe nichts im Wege. Alle fanden sich ein, die im Sherwood Forest Schutz und Unterkommen gefunden hatten, und selbst Robin ging zum Abendmahl, obwohl er mit dem Ritus eigentlich innerlich abgeschlossen hatte. Doch Marians bittender Blick sprach Bände, und so traten sie gemeinsam vor Robert Foliot und ließen sich Brot und Wein reichen.

Nach der liturgischen Feier unter den Baumriesen war für Robin die Zeit gekommen, den Gästen die Rechnung für das gestrige Festmahl zu präsentieren. Er freute sich schon diebisch darauf, das Gesicht des Bischofs zu sehen, wenn er ihm eröffnete, was er von ihm und seinem Gefolge für Speis und Trank verlangte. Doch dessen Reaktion fiel ganz anders aus, als von Robin erwartet.

»Ich finde es schon sehr merkwürdig, dass Ihr uns zur Kasse bittet, nachdem wir gemeinsam die Eucharistie gefeiert haben und noch dazu davon ausgingen, Eure Gäste zu sein. Schämen solltet Ihr Euch, uns armen Brüder in Christi auch noch das Letzte zu nehmen. Aber was soll's, wir brauchen kein irdisches Gut. Auf uns wartet die Belohnung des Vaters im Himmel für unsere frommen Werke. Nehmt, was Ihr in unseren Beuteln findet. Möge es helfen, Euch auf den rechten Weg zurückzuführen.«

Robin war mehr als überrascht von der Willfährigkeit des Kirchenfürsten. Doch seine Verwunderung schlug in pures Entsetzen um, als seine Männer in den Beuteln ihrer Gäste nur Kleingeld fanden, meist Farthings oder Halfpennys.

Selbst der Bischof besaß offensichtlich nur wenige Silberstücke, die kaum der Rede wert waren. Am meisten fand sich noch bei den Kriegsknechten. Wo, um alles in der Welt, waren die vierhundert Silbermark? Sollte Foliot sie in Nottingham zurückgelassen haben, weil er sich vor einem Überfall im Sherwood Forest fürchtete? Robin konnte sich das beim besten Willen nicht vorstellen. Und als er in die zufrieden lächelnden Gesichter der Kleriker blickte, manche machten gar keinen Hehl aus ihren Gedanken und grinsten ihn hämisch an, schwante ihm, dass er und seine Freunde an der Nase herumgeführt werden sollten.

»Ausziehen!«, befahl Robin mit scharfer Stimme. »Runter mit allem, was Ihr am Leibe tragt. Wir wollen doch einmal sehen, ob Ihr nicht etwas unter Euren Kutten verborgen habt.«

Das Geschrei unter dem Gefolge des Bischofs war groß, doch zur Überraschung der Geächteten sträubte sich niemand so richtig. Nur Foliot selbst, aber das war zu erwarten gewesen. Robin hatte keine Lust auf Diskussionen und langes Geschwafel und gab Little John den Auftrag, gemeinsam mit Bruder Tuck den Kirchenfürsten bis auf die Brouche zu entkleiden. Beide kamen der Bitte ihres Anführers mit großem Vergnügen nach. Alles Sträuben half dem Bischof nichts, schon bald stand er ebenso wie sein Gefolge nahezu nackt und zitternd in der kalten Novemberluft.

»Ich verstehe das nicht«, raunte Robin seinen Männern zu. »Die müssen doch Geld bei sich haben! Ohne ausreichende Mittel reist kein Bischof durchs Land. Ich hätte gewettet, unter den Kutten die eine oder andere Geldkatze zu finden. Lasst uns die Kleider untersuchen. Vielleicht finden wir da etwas.«

Doch auch hier waren sie erfolglos. Letztendlich war es Marian, die dann die Männer auf die richtige Fährte brachte. Als sie neugierig eine der fadenscheinigen Kutten anhob, fand sie diese für die schlechte Stoffqualität überraschend schwer. Sie schüttelte die Soutane ausgiebig, doch nichts passierte.

Fast hätte Marian das Kleidungsstück wieder zur Seite gelegt, als sie das erschrockene Gesicht des Bischofs sah, der leichenblass geworden war. Nun untersuchte sie die Kutte sorgfältiger, wendete sie und stieß dabei auf ein an der Rückseite innen eingenähtes Täschchen aus dem gleichen Stoff, das dadurch nur bei sorgfältiger Untersuchung auffiel. Mit einem kleinen Messer trennte sie die Naht auf, und heraus rollten jede Menge Silberstücke. Sie waren sorgfältig in Schafwolle eingebettet gewesen und hatten so nicht klimpern können.

Sofort ließ Robin alle anderen Kutten untersuchen, und in jeder einzelnen, außer in der des Bischofs selbst, fanden sie solche mit Silber gefüllten Taschen. Foliot hatte sich wohl als Einziger nicht mit dem Gewicht belasten wollen.

Jetzt war das Geschrei riesengroß und die Gelassenheit des Bischofs wie weggeblasen. Der Berg aus Pennys, Mark und Pfund, der zum Vorschein kam, wurde immer größer, und den meisten Geächteten, die in ihrem Leben bisher noch nicht einmal einen Bruchteil davon gesehen, geschweige denn in den Händen gehalten hatten, gingen die Augen über.

»Es sind genau sechshundertzwölf Silbermark«, verkündete Gilbert Whitehand, als auch der letzte Penny aufgehoben und gezählt worden war. »Unsere armen Brüder hier sind in Wahrheit sehr reiche Brüder. Sie werden sicher nichts dagegen haben, wenn wir das Geld denjenigen geben, für die es im Sinne unseres Herrn auch bestimmt ist, nämlich den Armen und Bedürftigen. Und zu denen zählen selbstverständlich auch wir ausgestoßenen, verfemten Geächteten. Habt Dank, hochehrwürdiger Bischof, für die großzügige Spende.«

»Ihr Diebe, ihr von Gott verfluchtes Lumpenpack«, zeterte Foliot mit vor Wut überschnappender Stimme. »Dafür werdet ihr in der Hölle schmoren! Das Geld gehört der heiligen Mutter Kirche. Nur sie bestimmt über seine Verwendung, keine elende Räuberbande.«

»Nun ist es genug!«, fuhr Robin dazwischen. »Wie ich gehört habe, ist der Großteil dieses Silbers für den Bau Eures Palastes in Hereford bestimmt. Vielleicht solltet Ihr einmal darüber nachdenken, dass unser Herr Jesus Christus in einem Stall geboren worden ist. Wozu braucht da ein Bischof eine hochherrschaftliche Residenz, wenn gleichzeitig die Schäfchen, deren Hirte er ja ist, in armseligen Katen leben? Wir hätten nur einen Teil genommen, wenn Ihr uns gegeben hättet, was wir gefordert haben. Da Ihr uns aber betrügen wolltet, werden wir Euch von der gesamten Last befreien.«

»Deine Stimme kenne ich doch?« Robert Foliots Stimme war auf einmal gefährlich leise geworden. »Warst du nicht der maskierte Knappe des Ritters, der zuerst seine Schulden nicht bezahlen konnte und dann plötzlich einen ganzen Sack Silber besaß? Willst du es dir jetzt auf diese Art und Weise zurückholen?«

»Ich weiß nicht, wovon Ihr sprecht.« Robin wollte auf keinen Fall Sir Richard Leaford in die Sache hineinziehen, so schlecht er sich auch von diesem behandelt fühlte. Und die kleine Notlüge würde ihm sicherlich im Himmel verziehen werden. »Mich nennt man landauf, landab Robin Hood, und ich bin bestimmt kein Knappe. Das hier sind meine wackeren Gefährten, die ›Merry Men‹ vom Sherwood. Wir kämpfen mit offenem Visier, wie Ihr seht. Aber selbst wir hier im Wald haben von den Vorfällen in Nottingham und Eurer Unbarmherzigkeit gehört. Nehmt das, was Euch widerfahren ist, als einen Fingerzeig Gottes. Sollte uns noch einmal zu Ohren kommen, dass Ihr die Menschen in Eurem Bistum weiterhin so ausplündert oder gar Hilfesuchende in den Ruin treibt, kommt Ihr das nächste Mal nicht so glimpflich davon. Unsere Pfeile dringen auch durch Eure Speckpolster und treffen besonders gern in ein schwarzes Herz.«

Dem Bischof verschlug es ob der deutlich ausgesprochenen Drohung zumindest für einen Moment die Sprache. Robin nutzte das, um sich abzuwenden. Er hatte genug von diesem scheinheiligen Kirchenfürsten, dessen Auffassung von christlicher Nächstenliebe von der seinen so weit entfernt war wie der Mond von der Sonne.

»Beim Leib Christi, woher hast du gewusst, dass die so viel Silber mit sich herumschleppen?«, wollte Little John wissen. »Kannst du vielleicht hellsehen? Dann sag doch bitte in Zukunft auch das Wetter voraus.«

Robin hatte lange überlegt, ob er seinen Gefährten sagen sollte, dass der Großteil des Geldes eigentlich seiner Familie gehörte. Nicht ganz leichten Herzens verzichtete er darauf. Sie waren eine eingeschworene Gemeinschaft, in der alles und jedes geteilt wurde. Außer den Frauen natürlich.

Ein paar Männer waren einmal der Meinung gewesen, dass auch diese Gemeinschaftsbesitz wären, doch von denen hatte man sich sehr schnell und nachdrücklich getrennt. Bei Geld und Wertsachen sah die Sache allerdings ganz anders aus, und so hatte Robin für sich beschlossen, dass der ehemalige Schatz der Fitzooths sie alle gut über den Winter bringen sollte.

»Ich hatte da so eine Ahnung«, meinte er kryptisch. »Und das mit dem Wetter kann dein Vater viel besser. Zumindest bei Regen stimmen seine Voraussagen fast immer.«

»Was mich nur wundert«, merkte Much an, der dazugetreten war, »es sind sehr viele alte Münzen darunter. Manche stammen noch aus der Zeit des ersten Königs Henry. Andere habe ich noch nie gesehen. Die kommen wahrscheinlich aus Deutschland oder sogar Rom. Woher haben sie nur dieses Silber, hier mitten in England?«

Robin zuckte mit den Achseln, obwohl er die Antwort kannte.

»Lass es gut sein, Much. Nehmen wir es einfach, wie es ist.«

Mit diesen Worten nährte Robin allerdings nur den Verdacht, den der Sohn des Müllers sowieso schon hegte. Schließlich war in Loxley das Gerücht über den Schatz der Fitzooths nie ganz verstummt. Aber wenn sein Freund nicht darüber reden wollte, war es sicher nicht seine Aufgabe, eine Vermutung auszusprechen.

Marian hätte auch einiges dazu sagen können, doch sie hielt sich ganz bewusst zurück. Es war in ihren Augen ausschließlich Robins Sache, wie er mit seinem Erbe umging. Und um nichts in der Welt wollte sie sich da einmischen.

Robert Foliot hingegen brüllte immer noch den ganzen Wald zusammen. Es stand zu befürchten, dass ihn glatt der Schlag treffen würde, wenn er so weitermachte.

Der Bischof exkommunizierte Robin und alle Anwesenden auf der Stelle gleich mehrfach, was den meisten Geächteten allerdings nur ein müdes Lächeln entlockte. Schließlich hatte dieses Schicksal bekanntermaßen schon Kaiser und Könige getroffen, und somit befanden sie sich in bester Gesellschaft. Und wenn Kleriker ihre schärfste Waffe, wie in diesem Fall, zu oft verwendeten, brauchten sie sich nicht zu wundern, wenn sie mit der Zeit stumpf wurde.

Am ehesten verschloss man dem Kirchenfürsten den Mund, indem man ihm körperliche Anstrengungen abverlangte, und so wurde er wieder auf den Weg zur Landstraße nach York gebracht.

In dieser Erzdiözese angekommen, beschwerte er sich auf das Heftigste bei seinem Amtsbruder Gottfried Plantagenet. Der war von seinem Vater mittlerweile zum Kanzler des Reiches berufen worden und nahm sich vor, den Ereignissen in Nottinghamshire demnächst einmal auf den Grund zu gehen.

Wie man so hörte, übertrafen sie das Maß gewöhnlicher Räubereien inzwischen bei Weitem. Vielleicht war Sheriff de Lacy mit seiner Aufgabe einfach überfordert. In diesem Fall konnte man ja Abhilfe schaffen und einen fähigeren Mann in das Amt berufen.

Doch zuvor musste er sich nach Rouen in der Normandie begeben. Sein Bruder Heinrich, im Gegensatz zu ihm auf der richtigen Seite des Bettes geboren, war vor Kurzem verstorben und damit die Nachfolge im Reich wieder vakant. Im Grunde genommen stand sie jetzt Richard zu, doch der hatte sich gegen seinen Vater erhoben und bekämpfte ihn gemeinsam mit dem König von Frankreich, was der alte Henry nicht ganz zu Unrecht als Hochverrat ansah. Obwohl der König mit seinem ewigen Taktieren selbst die Schuld daran trug, dass sich seine ehelichen Söhne gegen ihn stellten, fand der Erzbischof.

Er sollte es nun wieder einmal richten, und zwischen dem Vater und den drei verbliebenen Erben, Richard von Aquitanien, Geoffrey von der Bretagne und John, den man spöttisch »Ohneland« nannte, weil ihm noch nichts übertragen worden war, vermitteln.

Zugegeben, eine Aufgabe, auf die er sich freute, kam sie seinen eigenen Ambitionen nach mehr Macht und Einfluss durchaus entgegen. Auf seinem Weg nach Süden beschloss der Erzbischof sicherheitshalber den Sherwood Forest zu meiden und wählte stattdessen den etwas weiteren, aber sichereren über Lincoln. Man musste den Teufel ja auch nicht unbedingt herausfordern, wenn es sich vermeiden ließ.

*　*　*

Einem traumhaften und außergewöhnlich warmen Spätherbst folgte nahezu über Nacht der Wintereinbruch. Gerade noch hatte Marian sich an der wunderschönen Laubfärbung des Sherwoods erfreut, da kam der erste Frost, die Bäume warfen von einem Tag auf den anderen ihr Laub ab, und nach ekligem, nasskaltem Schneeregen überzog rasch eine Eisschicht die Pfützen.

Nun war die Zeit der Laubhütten vorbei, und alle zogen sich in die Höhlen zurück. Trockene Blätter und Reisig waren schon längst hineingeschafft und Brennholz war eingelagert worden.

Edward Little besaß ein ausgesprochenes Organisationstalent, wofür Robin Tag für Tag Gott dankte. Er selbst ging lieber auf die Jagd, und es kam kaum jemals vor, dass er ohne Beute heimkehrte.

Immer weniger Reisende zogen durch den Sherwood, was aber vor allem am schlechten Wetter lag. Viele Kaufleute hatten mittlerweile den Wegezoll in ihre Kalkulation aufgenommen und sträubten sich nur noch verhalten, wurde er ihnen von Robins Männern abverlangt. Allerdings riss die Beschwerdeflut darüber bei de Lacy nicht ab, und der Sheriff grübelte manchen Abend gemeinsam mit Gisbourne bei Wein und Bier darüber nach, wie sie dieser Plage im Sherwood endlich Herr werden konnten.

Nach dem ersten Frost wurden wie jedes Jahr die Früchte der Schlehen gesammelt, da sie dann nicht mehr so bitter schmeckten. Man konnte sie zu einem wohlschmeckenden Mus verarbeiten und sogar ein weinähnliches Getränk daraus bereiten, doch Marian hatte von Martha gelernt, sie vor allem als Heilmittel bei Fieber, Magenbeschwerden, Nierenproblemen und Harnverhalten einzusetzen. Aus der Rinde der Schlehen gewann man in den Klöstern und Schreibstuben Tinte, und mit ihren langen Dornen wurden kleinere Verletzungen geklammert. Am besten gedieh der Schlehdorn an sonnigen, felsigen Hängen.

Marian hatte sich bei ihren Wanderungen durch den Wald einen solchen Standort einer großen Hecke gemerkt, und an einem kalten, aber ansonsten freundlichen Tag machte sie sich mit einem Korb unter dem Arm auf, die Beeren einzusammeln.

Mit ihren Gedanken war sie allerdings in Fenwick und achtete kaum auf den Weg. Zwei Stuten sollten bereits kurz vor Weihnachten fohlen. Ihr Vater verstand zwar viel von Pferden und hatte ihr alles beigebracht, was er selbst wusste, doch die

Abfohlungen zu überwachen war schon seit einiger Zeit ihre Aufgabe gewesen. Manchmal lag ein solches kleines Pferdekind nicht richtig im Bauch der Mutter. Dann konnte sich die Geburt ewig hinziehen, der Stute ihre ganzen Kräfte abverlangen oder sie sogar gemeinsam mit ihrer Leibesfrucht töten. Zweimal war es Marian bereits gelungen, eine solche Lage durch beherztes Eingreifen zu korrigieren. Sie hatte dabei mit ihrem schlanken Arm in den Geburtskanal hineingegriffen und einmal einen zurückgebogenen Fuß, beim zweiten Mal einen abgesenkten Kopf gerichtet.

Danach war der Respekt der Stallknechte ihr gegenüber riesengroß, und sie holten sie ständig, gab es irgendwelche Probleme bei den Pferden. Wer würde das jetzt wohl übernehmen, und wie stand es überhaupt um Fenwick? Auch die Sorge um ihren Vater und die Sehnsucht nach ihm fraßen an ihrem Herzen.

Marian wollte endlich wieder einmal allein sein und in Ruhe ihren Gedanken nachhängen. In der Enge der Höhle war das kaum möglich. Die vielen Menschen hockten auf engstem Raum aufeinander, so etwas wie Privatsphäre gab es nirgendwo, und ständig wurde sie mit den Sorgen und Nöten der anderen konfrontiert.

Deshalb hatte sie heute einmal jede Begleitung zurückgewiesen, sich einen Korb genommen und war allein losgelaufen. Als sie die Schlehdornhecke endlich fand, eilte sie, ganz wie es ihre Gewohnheit war, schnell auf sie zu, übersah dabei aber eine überfrorene Pfütze. Es zog ihr auf dem Eis mit einem Mal beide Beine weg, sie ruderte noch mit den Armen, um sich abzufangen, doch sie fand ihr Gleichgewicht nicht wieder. Hart schlug sie mit dem Kopf auf, verlor das Bewusstsein und spürte gar nicht mehr, wie sie den felsigen, vereisten Abhang hinabstürzte.

Erst als Robin am späten Nachmittag zurückkehrte und einen Rehbock zum Häuten ablieferte, fiel Marians Fehlen auf. Noch machte sich niemand Sorgen, denn es war ja bekannt, was sie vorgehabt hatte. Als dann allerdings die Dämmerung hereinbrach und Robin erfuhr, dass Marian schon am Morgen kurz nach ihm aufgebrochen war und sich nichts zu essen mitgenommen hatte, machte er sich voller innerer Unruhe auf die Suche nach ihr.

Im letzten Licht des Tages fand Robin Marian am Fuße eines etwa zehn Yard hohen Abhanges. Sie war noch immer bewusstlos, und sein Herz drohte vor Schreck auszusetzen, als er das viele Blut sah. Zum einen stammte es aus einer bösen Wunde am Hinterkopf, aber mehr erschreckten ihn die rot gefärbten Beinlinge, die sie trug. Er tastete nach Marians Puls und war unendlich erleichtert, als er ihn, wenn auch schwach, an ihrer Halsschlagader spürte.

Robin hob seine Geliebte wie ein kleines Kind auf und wollte sich schon daranmachen, den Abhang zu erklimmen, da kamen ihn Little John, Much und noch vier weitere Gefährten heruntergerutscht.

»Um Gottes willen, was ist denn passiert? Wir haben uns Sorgen gemacht und sind dir gefolgt. Lebt sie?«

»Ja, aber sie scheint schwer verletzt zu sein. Schaut nur, das Blut überall! Hoffentlich stirbt sie nicht in meinen Armen.« Robins Stimme klang völlig verzweifelt.

»In Edwinstowe gibt es eine Hebamme, die auch Heilerin ist. Ich mache mich sofort auf, sie zu holen«, bot Much an. »Aber vor morgen Früh werden wir kaum beim Lager sein können.«

»Beeil dich, Much, ich bitte dich! Ich würde es mir nie verzeihen, wenn sie stirbt.«

»Robin, das war ein Unfall! Der kann überall und jederzeit passieren.« Little John sah das pragmatisch. »Wir bauen eine

Trage und bringen sie zu den Höhlen. Gib dir keine Schuld, du kannst nichts dafür. Ebenso hätte sie auf Fenwick stürzen oder von einem ihrer Pferde getreten werden können.«

»Das mag alles sein, aber es ist hier passiert, und ich habe sie in den Sherwood gelockt. Vielleicht ist es Gottes Strafe für mein ganzes Tun und Handeln! Aber dann soll er sich gefälligst an mich halten und nicht Marian dafür büßen lassen.«

»Schiebt nicht immer alles auf unseren Herrn.« Es war Tuck, der etwas verspätet eintraf und auf Robins letzte Worte die Antwort gab. »Auch Satan kann schließlich seine Hände im Spiel gehabt haben. Oder, was wahrscheinlicher ist, keiner von beiden. Betet lieber alle dafür, dass sie überlebt und wieder gesund wird. Sie fühlt sich furchtbar kalt an, und als Erstes sollten wir sie wärmen.«

Eine Trage war schnell gezimmert und mit den Kleidungsstücken der Männer abgepolstert. Weitere dienten dazu, Marian zuzudecken. Es gab keinen unter den Geächteten, der nicht bereit war, seine Cotte, Tunika oder sein Hemd für sie zu opfern.

In der Höhle angekommen, legte man Marian ans Feuer, und Robin säuberte vorsichtig mit frischem Quellwasser und einem sauberen Tuch ihre Kopfwunde. Doch das meiste Blut, musste er feststellen, als er alle fortgeschickt hatte und mit Marian allein war, stammte aus ihrer Leibesmitte. Robin ahnte, was passiert war, und unendliche Trauer griff nach seinem Herzen.

Kurz darauf schlug Marian die Augen auf. Offenbar hatte sie sich bei dem Sturz nichts gebrochen, denn sie schlang ihre Arme um Robins Nacken, und ihre Tränen vermischten sich. Am nächsten Tag bestätigte die Hebamme den Verdacht der beiden Liebenden: Marian hatte ihr Kind verloren.

14. Kapitel

Marians Wunden heilten mit der Zeit, doch die Schwermut, die sie befallen hatte, blieb. Als Robin sie auf die von ihr ins Spiel gebrachte Hochzeit zu Weihnachten ansprach, schüttelte sie nur verneinend den Kopf, und wieder rannen lange nicht versiegende Tränen über ihre Wangen. Der seelische Schmerz über das, was in letzter Zeit alles vorgefallen war, saß einfach zu tief in ihr. Heim, Vater und Kind zu verlieren war selbst für eine ansonsten so frohgemute Frau wie Marian einfach zu viel.

Dazu kam ein Wetter, das so gut wie jeden melancholisch machte. Seit Tagen, ja seit Wochen regnete es nahezu ununterbrochen. Ganz alte Leute sprachen davon, dass die Niederschläge im Winter früher Schnee gewesen waren, doch der fiel nur noch vereinzelt oder auf den Kuppen der hohen Berge.

Das Wild verkroch sich in Sassen, die Bogensehnen waren nass und unbrauchbar und alle, die sich in den Dunwold-Höhlen zusammendrängten, spürten, dass der Winter im Sherwood kein Honigschlecken war. Edward Little hatte alle Hände voll zu tun, ständig aufflackernden Streit zu schlichten, und Robin musste oft einschreiten, wenn mit Reisenden gar zu harsch umgegangen wurde. Schließlich wollte er nicht, dass der Ruf der Männer aus dem Wald womöglich im Frühjahr gänzlich ruiniert war.

Der einzige Vorteil war, dass sie genügend Geld hatten, um in den Dörfern und Weilern am Rande des Sherwoods Lebensmittel zu kaufen. Doch selbst das ging langsam zur Neige, denn mehr als hundert Seelen wollten versorgt sein. Jeder hoffte, dass mit dem Ansteigen des Sonnenstands wieder bessere Zeiten kommen würden.

De Lacy hielt sich tatsächlich weitestgehend vom Sherwood Forest fern. Robin beobachtete Fenwick oft aus der Ferne, sah die Stallknechte bei der Arbeit und manchmal auch Sir Richard, aber keine Veränderungen, die auf eine Inbesitznahme durch den Sheriff hindeuteten.

Einmal hatte er Marian mitgenommen. Doch sie ertrug den Anblick des väterlichen Gutes, zu dem sie nicht hingehen konnte, nicht und fiel wieder in einen Zustand der Lethargie zurück, der Robin fast in den Wahnsinn trieb. Er pflückte ihr die ersten Schneeglöckchen, brachte ihr die zartesten Leckerbissen und bat sogar Alan a Dale, ihr Lieder auf der Laute vorzuspielen. Doch keine seiner Bemühungen fruchtete und holte sie aus ihrem Dämmerzustand in die Gegenwart zurück.

Robin konnte sich durchaus denken, was ihr fehlte: wohl vor allem ihre Pferde. Das Schnauben der Stuten, das helle Wiehern der Fohlen, das Anreiten der Zwei- und Dreijährigen.

Sie war zwar ohne zu zögern mit ihm in den Wald gegangen, doch das Heimweh nagte Tag für Tag an ihrem Herzen. Vielleicht wäre es anders gewesen, hätte sie das Kind behalten. Doch so konnte er Marian den Verlust ihres Heimes nicht ersetzen, obwohl er alles, was einmal von seinen Vorfahren für ihn bestimmt gewesen war, dafür hingegeben hatte. Den Hinweis darauf, dass es vielen, die sich ihrer Gemeinschaft im Sherwood angeschlossen hatten, ebenso wie Marian ergangen war, oft noch viel schlimmer, sparte sich Robin. Es hätte sie nur noch mehr deprimiert, selbst wenn sie die Wahrheit hinter seinen Worten erkannte.

Als der Frühling endlich den Winter verdrängte und sich das Leben wieder mehr im Freien abspielte statt in der Düsternis der Höhlen, war Marian nur noch ein Schatten ihrer selbst. Robin fürchtete ernsthaft um ihr Leben. Er konnte das Elend einfach nicht länger mit ansehen und beschloss, sich am nächsten Tag nach Fenwick aufzumachen und Sir Richard zur Rede zu stellen.

Wollte der Vater wirklich, dass seine Tochter vor die Hunde ging? Das konnte sich Robin beim besten Willen nicht vorstellen. Und wenn er ihn mit Gewalt hierher und an das Krankenlager von Marian schleppen musste, er würde dem alten Ritter schon die Augen öffnen, was er mit seiner Unnachgiebigkeit anrichtete.

Früher war Sir Richard doch ein ganz umgänglicher Mann gewesen, ein Freund der Familie Fitzooth. Dünkelhaftigkeit hatten weder Robin noch seine Eltern je von ihm zu spüren bekommen, im Gegenteil. War das alles auf einmal wie weggewischt? Dann wurde es vielleicht höchste Zeit, Sir Richard endlich aufzuwecken, und Robin nahm sich vor, das sehr nachdrücklich zu erledigen. Doch überraschenderweise konnte er sich den Weg nach Fenwick sparen.

*　*　*

»Robin, komm doch mal schnell mit«, rief Gilbert Whitehand seinem Anführer ganz außer Atem zu, als dieser aus der Höhle trat, wo er wieder Stunden an Marians Lager verbracht hatte. »Da ziehen zwei mit einem Fuhrwerk durch den Wald und betteln regelrecht darum, ausgeraubt zu werden.«

»Wie soll ich denn das verstehen?«

»Na ja, sie fahren ganz langsam, halten ständig an, blasen in ein Jagdhorn. Ganz so, als ob sie nach uns rufen.«

»Vielleicht tun sie das ja auch. Wie sehen denn die beiden aus?«

»Zwei Männer, ein kleinerer, jüngerer, ganz in Scharlachrot gekleidet. Und ein großer, hagerer in Kettenhemd und mit einem Wappen auf der Brust. Sieht aus wie ein schwarzes, geflügeltes Pferd.«

Sofort war Robin hellwach.

»Wo sind sie?«

»Auf der Straße nach Nottingham. Wir wollten sie schon anhalten, doch Little John meinte, wir sollten dich vorsichtshalber holen. Nicht, dass das irgendeine Falle ist.«

Robin stürmte los, als wäre der Leibhaftige hinter ihm her, und Gilbert Whitehand hatte alle Mühe, ihm zu folgen.

Es war tatsächlich Sir Richard Leaford, der da neben einem in geckenhaftes Rot gekleideten Mann auf dem Bock saß und von Zeit zu Zeit in sein Horn stieß, als wäre er Roland und wollte Kaiser Karl um Hilfe rufen.

Robin hatte es sich gleich gedacht, als er von dem Wappen hörte. Aber was sollte das alles, und was führten die beiden da auf dem Wagen mit sich?

Es gab nur eine Möglichkeit, es herauszufinden. Als der alte Ritter wieder einmal tief Luft holte, um dem Jagdhorn den rufenden Ton zu entlocken, stand plötzlich wie aus dem Boden gewachsen eine grün gekleidete Gestalt neben ihm.

»Macht nicht so einen Lärm, Sir Richard. Ihr verscheucht nur das ganze Wild. Was verschafft uns die unerwartete Ehre?«

»Robin, mein Gott, hast du mich erschreckt!«, entfuhr es dem Angesprochenen. »Das kann einen ja glatt das Leben kosten. Bist du allein?«

»Ist das wichtig?«

»Im Moment noch nicht.«

Der Ritter sprang vom Bock des Fuhrwerkes und stand nun unmittelbar vor Robin, der gespannt wie die Sehne seines Bogens war, worauf das alles hinauslief. Einen Moment lang sagten sie beide nichts, dann brach Sir Richard Leaford als Erster das Schweigen.

»Robin, kannst du einem alten Mann vergeben, der sich in seiner Borniertheit zum Narren gemacht hat?«

Die Worte kamen aus tiefster Seele und mussten den Ritter eine unglaubliche Überwindung gekostet haben.

»Nur wenn Ihr akzeptiert, dass Marian meine Frau wird.«

»Ist sie es noch nicht?«

»Nein, wir mussten aus verschiedenen Gründen damit warten.«

»Gott sei Dank!«, entfuhr es dem Ritter, und Robin zog fragend eine Augenbraue nach oben.

»Ich meine nur, dann kann ich meine Tochter zum Altar führen und ihre Hand in die deine legen«, erklärte sich Sir Richard, und Robins Herz machte bei diesen Worten einen Satz, dass er dachte, es spränge ihm gleich aus seiner Brust.

»Was hat denn Euren plötzlichen Sinneswandel bewirkt?«, fragte er trotzdem misstrauisch nach.

»Plötzlich? Wahrlich nicht! An langen, einsamen Abenden und ebensolchen Nächten in einem ausgestorbenen Haus hatte ich viel Zeit zum Nachdenken. Ich habe oft genug meinen Kummer im Wein ertränkt und mich vor mir selbst geschämt. Um ein Haar wäre ich zum Säufer geworden! Doch glücklicherweise kam ich zur Besinnung, weil mir aufging, dass ich dann sowohl Marian wie auch unser Gut mit Sicherheit für immer verlieren würde. Und auch meine Schulden bei dir nie zurückzahlen könnte. Ihr müsst mir vergeben, was ich zu euch beiden gesagt und wie ich mich verhalten habe. Ich war in dieser schweren Zeit nicht ich selbst. Meint ihr, dass ihr das könnt?«

»Ich kann nur für mich sprechen. Mit Eurer Tochter werdet Ihr das allein ausmachen müssen. Was mich betrifft, so hege ich keinen Groll gegen Euch, Sir Richard.«

»Hör endlich mit diesem ›Sir‹ auf, Robin! Nenn mich Richard oder, wenn du magst, Vater. Komm her, mein Junge, ich will dich umarmen! Erst nach und nach ist mir klar geworden, was du für mich getan hast und dass ich mir keinen besseren Schwiegersohn auf der ganzen Welt wünschen könnte. Und Marian keinen besseren Mann.«

Robin hatte auf einmal einen Schleier vor den Augen. Jetzt würde endlich alles gut werden, das wusste er in seinem Innersten sofort, Marian gesund und bald wieder die Frau, die er kannte und liebte.

Nur zu gern erwiderte er die Umarmung, wenn auch etwas zurückhaltend. Von Kindheit an hatte er einen Heidenrespekt vor diesem Ritter gehabt, den Abenteuern, die er erlebt, und der weiten Welt, die er gesehen hatte. Das ließ sich nicht von einem Moment auf den anderen abstellen. Und ob er ihn jemals würde Vater nennen können, daran hatte Robin so seine Zweifel.

»Wo ist meine Tochter? In eurem Lager? Vertraust du mir so weit, dass du mich zu ihr führst? Ich kann es nicht erwarten, sie endlich wiederzusehen!«

»Natürlich. Aber mit dem Fuhrwerk kommen wir da nicht hin. Was fährst du hier eigentlich spazieren, und wer ist dein Begleiter da auf dem Bock?«

»Mich nennt man William Scadlock«, stellte sich der Fremde vorwitzig gleich selbst vor. »Ich komme von der Grenze zu Wales, und Sir Richard meinte, ihr Waldmänner könntet einen wie mich vielleicht brauchen.«

»Da bin ich mir nicht so sicher. Im Sherwood würdest du in deinem roten Gewand auffallen wie ein Fliegenpilz auf einer Wiese. Beherrschst du wenigstens ein Handwerk, mit dem du dich nützlich machen kannst?«

»Robin, sieh ihm seinen Aufzug nach, er wird sich schon dem Leben im Wald anpassen. Das ist der beste Bogenbauer, der mir je untergekommen ist. Ich bin in seine Heimat gereist, weil ich etwas besorgen wollte, was du bestimmt nicht zurückweisen wirst, und habe ihn gleich mitgebracht.«

Mit diesen Worten schlug der Ritter die Plane des Fuhrwerks zurück – und zum Vorschein kamen eine ganze Wagenladung walisischer Langbögen, Tonnen voller Pfeile und mehrere Eibenstämme.

»Mein Gott, Richard!«, entfuhr es Robin. »Das ist ja ...«

»Das ist mein Hochzeitsgeschenk an dich und Marian. Es nutzt euch wahrscheinlich mehr als alles andere. Hundert Langbögen in verschiedenen Größen und Stärken. Da müsste für jeden deiner Männer ein passender dabei sein. Und wenn nicht, fertigt William Scadlock einen ganz auf den jeweiligen Schützen zugeschnittenen an. Dafür haben wir gut abgelagerte und langsam gewachsene Eibenstämme aus den Bergen von Gwynedd mitgebracht. Dazu Pfeile und Schäfte mit unterschiedlichem Spinewert. Glaub mir, der Mann wird für euch Gold wert sein! Er rüstet deine Männer besser aus, als ein königlicher Zeugwart es könnte, und trainiert mit ihnen, bis sie auf hundert Yards eine Fliege und auf dreihundert ein Huhn treffen.«

»Richard, ich weiß nicht, was ich sagen soll!« Robin fehlten die Worte. »Aber das muss doch ein Vermögen gekostet haben!«

»Weit weniger, als du mir gegeben hast. Außerdem gab es unter den Marcher Lords noch einige, die mir etwas schuldeten. Und ich dachte, jetzt wäre die richtige Zeit, es einzufordern.«

Die Marcher Lords, das wusste selbst Robin, sicherten die westlichen Grafschaften gegen die berüchtigten und gefürchteten Raubzüge der Waliser. Sir Richard hatte lange Jahre im Auftrag des Königs an ihrer Seite gekämpft.

»Auch Euch ein herzliches Willkommen, Master Scadlock. Selbstverständlich nehmen wir einen wie Euch gern bei uns auf. Aber sagt, warum habt Ihr Eure Heimat verlassen? Wenn Ihr so gut seid, wie Sir Richard sagt, und daran zweifle ich nicht, müsst Ihr doch dort ein geachteter Mann gewesen sein?«

Der Fremde winkte nur ab.

»Weibergeschichten! Nichts wirklich Ernstes, aber ich sollte mich eine Zeit lang nicht in der Nähe von Wales blicken lassen. Dass Ehemänner aber auch so nachtragend sein müssen. Und nennt mich einfach Will, wenn es Euch recht ist. Auf Förmlichkeiten sollten wir hier besser verzichten.«

Mittlerweile waren Little John, Gilbert Whitehand und etliche andere von Robins Gefährten herangekommen. Sie hatten das Zwiegespräch zwischen Robin und seinem zukünftigen Schwiegervater nicht stören wollen, waren jetzt aber neugierig geworden, als sie die vielen Bögen auf dem Fuhrwerk sahen.

»Schaut euch das an!« Little John riss die Augen weit auf. »Wenn die so schießen wie Robins, kann sich der Sheriff aber warm anziehen. Dann lassen wir ihn aus seinem Rattennest nie wieder heraus. Hast du auch einen für mich dabei, Will Scarlett? Ich glaube, der Name passt besser zu dir als Scadlock. So wie du herumläufst. Mich nennt man ja auch Little John statt John Little, und der dort heißt sogar nach seiner Kapuze.«

Der bärtige Riese zeigte auf Robin, während sich Gilbert Whitehand nach vorn drängte.

»Wir haben hier alle so komische Namen. Ich will auch so ein Teufelsding, mit dem man bis auf den Mond schießen kann.«

Der Mann auf dem Bock seufzte.

»Das geht ja gut los. In Gottes Namen, dann nennt mich halt Will Scarlett. Für dich ist bestimmt ein passender Bogen dabei. Aber dem Riesen dort werde ich wohl einen anfertigen müssen.

Ich konnte doch nicht ahnen, dass solche Hünen in den Midlands wachsen.«

»Wie bringen wir das alles jetzt zum Lager?«, wollte einer der Männer wissen und kratzte sich am Hinterkopf.

»Na, wie wohl, Sam? Auf unserem Rücken! Oder bist du dir zu fein, das Tragmuli zu spielen?«

Little John schnappte sich ein ganzes Bündel Bögen nebst dem größten Eibenstamm, klemmte sich ein Fass Pfeile unter den Arm und stapfte los.

Robin hingegen lenkte das Fuhrwerk von der Straße herunter an eine von dort uneinsehbare Stelle. Dann schirrte er die Pferde aus und befahl drei seiner Gefährten als Wachen zurückzubleiben. Aus dem Lager wollte er ihnen Verstärkung schicken, um die restlichen Güter abzutransportieren. Dann schulterte er selbst so viel von der kostbaren Fracht, wie er tragen konnte, und machte sich daran, einen Vater zu seiner Tochter zu bringen.

* * *

Bei den Dunwold-Höhlen angekommen, sagte Robin Sir Richard, wo er Marian finden konnte. Er wollte das erste Aufeinandertreffen der beiden nach langer Zeit nicht stören und hoffte nur, dass es ohne Streit abgehen würde. Als er später dazukam, sah er, dass Marian ihren Kopf in den Schoß ihres Vaters gelegt hatte und dieser immer wieder sanft über ihr Haar strich, als wäre sie noch ein kleines Kind.

»Sie hat mir gesagt, dass sie ihr Kind verloren hat. Bin ich daran schuld, Robin?«

»Lade dir nicht alles Leid der Welt auf deine Schultern, Richard. Es war ein Unfall, belassen wir es dabei. Ich bin sicher, du wirst noch viele Enkel bekommen. Ich glaube, es wäre das Beste, wenn du Marian zumindest für einige Zeit mit zurück nach Fenwick nimmst. Sie hängt mit jeder Faser ihres Herzens an euren Pferden und dem Gut.«

»Wenn du meinst und sie es auch will, mehr als gerne. Sie fehlt uns an allen Ecken und Enden. Aber ich will euch auf keinen Fall trennen!«

»Vorausgesetzt, du lässt mich wieder auf euren Hof, wird dir das auch nicht gelingen.«

»Robin, können wir das jetzt bitte lassen? Ich glaube, ich habe mich schon entschuldigt. Natürlich bist du jederzeit auf Fenwick willkommen.«

»Ist ja schon gut. Was meinst du, Marian?«

Seit langer Zeit sah Robin die Augen seiner Geliebten wieder einmal im alten Glanz leuchten.

»Wenn es dir nichts ausmacht? Ich sehne mich so nach den kleinen Fohlen, dem Stallgeruch und allem, was damit zusammenhängt. Aber wenn es dir lieber ist, bleibe ich auch bei dir im Wald.«

Das fehlte gerade noch, dass du mir hier kaputtgehst, dachte Robin. Lieber laufe ich jeden Tag die Strecke zwischen unserem Lager und Fenwick zweimal hin und her, als dass ich dich noch länger leiden sehe.

Statt einer Antwort nahm Robin Marian zärtlich in den Arm, küsste sie auf ihr stumpf gewordenes blondes Haar und flüsterte in ihr Ohr: »Du musst mir aber versprechen, dass du ein Seil aus deinem Fenster herunterlässt. Nicht, dass dein Vater mir womöglich vor unserer Hochzeit den Zutritt zu deiner Kammer verwehrt.«

Richard Leaford verfügte noch über ein ausgezeichnetes Gehör und musste sich abwenden, damit die beiden nicht das Lächeln in seinem Gesicht sahen. Den Teufel würde er tun! Schließlich wollte er Enkel, und zwar bald.

»Wann wollt ihr denn nun heiraten?«, fragte er, als er seine Züge wieder unter Kontrolle hatte. »Und habt ihr schon eine Idee, in welcher Kirche und wer euch traut?«

»Wenn es Marian wieder besser geht und die Sonne am Himmel mit unseren Augen um die Wette strahlt. Ich hatte schon einen Bischof hier, aber den wollte Marian nicht. Wird sie wohl mit einem Mönch oder Dorfpfarrer vorliebnehmen müssen. Und zur Not heiraten wir unter den Bäumen des Sherwood. Wahrlich nicht der schlechteste Ort im Lande.«

»Du weißt, dass mir das alles völlig gleichgültig ist, Liebster. Wenn nur du dabei bist.«

»Das wird dir wohl nicht erspart bleiben. Und jetzt wollen wir sehen, dass wir dich nach Fenwick bekommen. Meinst du, dass du gehen kannst, oder sollen wir dich bis an die Straße zu dem Fuhrwerk tragen?«

»Hältst du mich für eine alte Frau, Robert von Loxley?« Immer, wenn Marian ihn so nannte, wusste Robin, dass er in ein Fettnäpfchen getreten war. »Komm, lass uns aufbrechen, sonst überrascht uns noch die Dunkelheit.«

Wie eine Häsin aus der Sasse sprang Marian auf die Beine, und Robin ging das Herz auf. So lebensfroh hatte er sie das letzte Mal gesehen, bevor sie ihr Kind verlor. Er würde ihrem Vater ewig dafür dankbar sein, dass dieser seinen Stolz überwunden hatte. Zu dritt machten sie sich auf den Weg zur Straße nach Nottingham.

Robin wies die angebotene Begleitung seiner Gefährten, die sich Sorgen um seine Sicherheit machten, dankend zurück. Er glaubte nicht, dass der Sheriff sich ausgerechnet jetzt nach Fenwick wagen würde. In spätestens drei Tagen, versprach Robin, wollte er wieder zurück sein.

* * *

William Scadlock oder, wie er jetzt von allen genannt wurde, Will Scarlett war inzwischen dabei, jedem der Waldmänner den für ihn passenden Bogen zuzuordnen. Natürlich hatte auch bisher so gut wie jeder von ihnen einen besessen, manche sogar zwei. Doch auf einmal kamen sie sich vor wie Kinder, die mit Spielzeug hantierten, und denen jetzt ein Erwachsener erklärte und zeigte, wie man mit der richtigen Ausrüstung ein vielfach besseres Ergebnis erreichte.

Der Mann aus den Waliser Grenzmarken musterte jeden einzelnen der Geächteten ausgiebig, ließ ihn mit seinem alten Bogen schießen, prüfte dessen Stärke und suchte dann die nach seinem Dafürhalten passende Waffe für ihn aus. Sie musste ungefähr zwei Handbreit länger sein als der Schütze selbst und die Zugkraft seinen körperlichen Fähigkeiten entsprechen. Etliche der Männer, die sich bisher für gute Bogenschützen gehalten hatten, waren frustriert, dass sie die neuen Waffen kaum spannen konnten und nur Fehlschüsse taten.

Doch Will Scarlett beruhigte sie schnell. Das wäre alles eine Frage der Übung, meinte er, und wenn es gar nicht ginge und einer überhaupt nicht zurechtkäme, würde er den Bogen eben an der Innenseite etwas schwächen, bis der Schütze ihn gut führen konnte. In den nächsten Tagen wollte er mit den Waldmännern üben, bis sie ihre Armmuskeln nicht mehr spürten und dachten, ihre Finger würden aus den Gelenken gerissen und den Pfeilen hinterherfliegen.

Nur für Little John fand sich tatsächlich kein passender Bogen, worüber er tief betrübt war. Schließlich galt er als ein ganz passabler Schütze, den bisher nur Robin in die Schranken gewiesen hatte. Aber der stand ja auch, das glaubte mittlerweile jeder zu wissen, mit dem Teufel im Bunde.

»Das macht doch nichts«, beruhigte Will Scarlett seinen neuen Freund. »Ich baue dir einen, ganz speziell auf dich und deine

Bärenkräfte zugeschnitten. Und ihr anderen könnt gleich einmal zusehen, damit ihr etwas lernt.«

Der Bogenbauer suchte zwischen den Eibenstämmen herum, bis er einen fand, der ihm geeignet erschien.

»Hier, schaut alle einmal her. Das ist beste walisische Eibe. Langsam auf trockenem Boden in den Bergen gewachsen. Dadurch hat sie ganz dichte Jahresringe und ist hart und zäh wie kein anderes Material, das ich kenne. Manche bauen ihre Bögen auch aus Ulmen- oder sogar Eschenholz. Aber die taugen nicht viel«, verkündete Will Scarlett mit der Autorität eines Mannes, der sich seiner Sache sicher war und keinen Widerspruch gelten ließ.

»Was ist das da oben und unten an dem Baum?«, wollte Gilbert Whitehand wissen.

»Damit der Saft nicht herausläuft und der Stamm zu schnell austrocknet, wird er an beiden Enden mit Birkenpech verschlossen. Dann lässt man ihn ein bis zwei Jahre langsam trocknen. Sonst bekommt das Holz Risse und wird unbrauchbar.«

»Du meine Güte«, meldete sich einer der Geächteten zu Wort. »Ich habe bisher meinen Bogen immer aus einem geraden Stock gefertigt, den ich mir im Wald gesucht habe, und mein Ziel auch getroffen. Du machst ja eine wahre Kunst daraus.«

Der Mann war der Meinung, Will Scarlett hielt sich für gar zu wichtig.

»So? Und dein Bogen hat auch dreihundert Yards weit geschossen, seine Pfeile konnten auf diese Entfernung noch einen Normannenhelm durchschlagen, und mit einem geraden Schuss hast du auf hundert Yards einen Hirsch ins Blatt getroffen?«

»Natürlich nicht. Aber dass deine Bögen das können, musst du uns erst beweisen.«

»Keine Sorge, das werde ich. Doch vielleicht bekommt ihr jetzt eine Vorstellung davon, warum diese Waffen so selten und kostbar sind und man bisher noch keine Armee damit ausgerüstet hat. Sogar in Wales wird das Holz dafür langsam knapp. Deshalb wollen wir auch diesen Stamm hier sehr sorgfältig und vorsichtig spalten, damit wir möglichst viele Rohlinge erhalten.«

Sorgfältig viertelte Will Scarlett den zweieinhalb Yard langen, gerade gewachsenen Baum, und die Männer, die zusahen, hielten den Atem an.

»Wir haben Glück«, verkündete der Bogenbauer dann. »Hervorragendes Holz, ohne Risse und Fäulnis im Inneren. So wünsche ich mir das. Jetzt muss ich die Rinde bis auf den ersten Jahresring abtrennen. Darunter haben wir dann das sogenannte Splintholz. Es muss Zug aushalten, während das innere, dunklere Kernholz auf Druck arbeitet. Ein Drittel Splintholz zu zwei Dritteln Kernholz, das ist das beste Verhältnis. Ich werde wohl zwei Tage an meiner Schnitzbank brauchen, bis ich mit dem Zugmesser die ungefähre Form herausgearbeitet habe. Wer will, kann mir dabei gern zusehen, aber es wird recht eintönig werden. Und wenn mir langsam jemand mal etwas zu trinken bringen könnte, wäre ich wirklich sehr dankbar.«

Sofort wurden dem Bogenbauer gleich mehrere Humpen, gefüllt mit schäumendem Gerstensaft, gereicht. Er entschied sich für den von Bruder Tuck, nahm einen kräftigen Zug und machte sich dann an die Arbeit.

Stunde um Stunde verging, und Will Scarlett saß mit gebeugtem Rücken auf seiner Schnitzbank. Den Rohling hatte er zwischen dem Mittelbrett und einem großen, ovalen Holzstück eingeklemmt, das er Kopf nannte. Es war mit einer Verlängerung nach unten versehen, gegen die er mit einem Fuß trat, und so wurde der geviertelte Eibenstamm festgehalten, konnte aber jederzeit gedreht werden. Mit dem beidhändig geführten Zugmesser zog der Bogenbauer Span um Span mit großer Sorgfalt ab, und am Abend begann sich langsam die Form einer Waffe abzuzeichnen.

Am nächsten Morgen setzte Will Scarlett die Arbeit fort, und Little John wich ihm nicht von der Seite. Immer mehr ähnelte der Rohling jetzt einem Bogen. Das Splintholz vorn war nun flach, das stärkere Kernholz dagegen zum Schützen zu bauchartig abgerundet, und die Enden verjüngten sich.

Der Bogenbauer hatte ein eigenartiges Gestell gebastelt, das er Tillerbrett nannte. Da hinein legte er die lange Waffe und spannte erstmals eine Sehne zwischen die dafür vorgesehenen Einkerbungen. So konnte er sehen, ob der obere und der untere Wurfarm sich gleichmäßig durchbogen. Immer wieder arbeitete er die Teile nach, bis er endlich mit dem Ergebnis zufrieden war.

»Willst du ihn einmal ausprobieren?«, fragte er plötzlich Little John, dessen Augen sofort zu leuchten begannen. »Du kannst gern einmal einen Probeschuss versuchen. Danach kommen noch ein paar Feinarbeiten mit der Ziehklinge, aber im Großen und Ganzen ist dein Bogen fertig.«

Little John war sofort auf den Beinen. Er legte einen Pfeil auf die Sehne auf und versuchte, sie so zurückzuziehen, wie er es immer tat, mit Zeige- und Mittelfinger. Doch es gelang ihm nur mit größter Anstrengung, und selbst als er den Ringfinger noch dazunahm, flog der Pfeil bei Weitem nicht so, wie er sich das vorgestellt hatte.

»Bei allen Heiligen, dieser Bogen ist sogar für mich zu stark. Was hast du ihm denn für ein Zuggewicht gegeben?«

»Etwa hundertfünfzig Pfund, schätze ich einmal. Ich dachte, das passt für dich. An der Innenseite kann ich ihn noch etwas schwächen, aber nicht viel. Dann musst du üben, üben, üben. Außerdem bekommst du von mir noch spezielle Pfeile dafür. Sie sollten immer zur Waffe passen, zumindest beim geraden Schuss. Da muss der Pfeil sich um den Bogen winden und der

Schaft deshalb biegsam sein. Ein schlechter Spinewert bedeutet einen unruhigen Flug, und man erzielt kaum Treffer. Aber immer darauf achten: Je schwerer die Spitze, desto steifer der Schaft. Schießt ihr nur nach oben und auf die Weite, ist es nicht ganz so wichtig.«

»Ich habe bisher meine Pfeile aus Eschenschösslingen selbst gefertigt und war immer recht zufrieden.«

Will Scarlett lachte nur.

»Für einen Schuss auf Wild oder geringere Entfernung mag das auch genügen. Aber glaube mir, einen Langbogen kann mit Geduld, Geschick und dem richtigen Holz so gut wie jeder bauen. Aber den richtigen Pfeil für den richtigen Bogen herzustellen, das ist die wirkliche Kunst.«

Einen ganzen Tag arbeitete der Bogenbauer noch an Little Johns Waffe, bis ihn das Ergebnis befriedigte. Zum Schluss wickelte er eine Hanfschnur als Griffstück um die Mitte, setzte aus dem gleichen Material einen Nockpunkt auf die Sehne aus Brennnesselfasern und überreichte dem bärtigen Riesen den fast zweieinhalb Yard langen Bogen mit den Worten:

»Jetzt enttäusche mich nicht und zeig, dass du schießen kannst. Es gibt nicht viele Männer in England, die eine solche Waffe besitzen. Wenn du sie richtig beherrschst, trifft dein Pfeil noch auf dreihundert Yards und zerschlägt mehrere Inch starke Eichenbohlen. Aber schieße ihn vorsichtig ein. Du darfst den Bogen nicht gleich voll durchziehen. Lass ihm hundert Pfeile Zeit, sich an dich zu gewöhnen. Erst dann solltest du deine volle Auszuglänge erreicht haben, sonst bricht er womöglich, oder das Holz reißt. Von euch allen«, damit wandte sich Will Scarlett an die umstehenden Männer, »will ich zehn Schuss in einer Minute auf zweihundertfünfzig Yards im Ziel. Vorher habt ihr keine Ruhe vor mir, das schwöre ich euch beim heiligen Sebastianus.«

Das hatte Robin von seinen Gefährten auch schon so ähnlich gefordert, und nun machten sie sich daran, es in die Tat umzusetzen. Es kostete viel Schweiß und Muskelschmerz, doch der Mann aus den Waliser Grenzmarken kannte kein Erbarmen.

Manch einer unter den Geächteten dachte daran, einfach wegzulaufen und woanders sein Glück zu versuchen, anstatt sich tagtäglich dieser Schinderei auszusetzen. Doch die meisten begriffen mit der Zeit, dass davon ihr Leben abhängen konnte. Als sich nach und nach endlich Erfolge einstellten, wuchs auch die Zufriedenheit unter den Waldmännern, und mit Feuereifer waren sie nun bei der Sache.

Will Scarlett ließ sie ständig Wettkämpfe gegeneinander austragen und stachelte so ihren Ehrgeiz an. Und bald machte sich ein nie gekannter Stolz unter den Ausgestoßenen breit, waren sie sich doch bewusst, mit diesen Bögen und Bodkinpfeilen selbst einer Übermacht aus gewappneten Kriegsknechten und Rittern entgegentreten zu können.

* * *

Robin war so glücklich, Marian endlich zurück nach Fenwick bringen zu können und dort künftig selbst wieder willkommen zu sein, dass er ein Liedchen vor sich hinträllerte und dabei fast die gebotene Vorsicht vergaß. Er lenkte das Gespann, während Sir Richard und seine Tochter hinten im Wagen saßen. Sie hatten sich viel zu erzählen, und er wollte sie dabei nicht stören.

Erst im allerletzten Augenblick warnte ihn sein innerer Instinkt, dass auf dem Gutshof etwas nicht stimmte. Es war einfach zu ruhig. Keine Torwache zu sehen, keine Stallknechte und Mägde, die sich um die täglich anfallenden Arbeiten kümmerten. Fenwick lag wie ausgestorben vor ihm.

Blitzschnell griff Robin zu Bogen und Pfeil, da schlug neben ihm auch schon der Bolzen einer Armbrust in das Holz des Fuhrwerks. Die Drehung, um nach seiner Waffe zu greifen, hatte ihm das Leben gerettet. Aus dem nächstgelegenen Stall kamen auf einmal Kriegsknechte gestürmt, und in der Mitte des Hofes hielt Guy von Gisbourne auf seinem Streitross und gab brüllend Befehle.

Den ersten Söldner erwischte Robin mit seinem Pfeil, doch schon waren die anderen heran. Einem hieb er noch den Bogen ins Gesicht, dann war das Gespann umzingelt und er in arger Bedrängnis. Robin kam nicht an sein Schwert, wehrte sich verzweifelt, doch es waren zu viele. Er fühlte sich gepackt und vom Bock gezerrt, sah eine Klinge über sich aufblitzen und schloss mit dem Leben ab. Sein letzter Gedanke galt Marian, und dass er sie nun erst wieder im Himmel in den Armen würde halten können. Vorausgesetzt, man ließe ihn überhaupt hinein.

Doch es war nicht das Schwert eines Söldners, das Robin gesehen hatte, sondern der lange Anderthalbhänder von Sir Richard. Wie ein Schnitter durch das Korn ging seine Klinge durch die Angreifer. Robin hatte auf einmal wieder Luft, kam auf die Beine und riss sein eigenes Schwert aus der Scheide.

Rücken an Rücken kämpfte er mit dem alten Ritter gegen die Kriegsknechte, die entsetzt zurückwichen. Nicht vor ihm, sondern vor Sir Richard, den Robin so noch nie erlebt hatte. Mit einem Schlag wurde ihm klar, weshalb sich selbst die Franzosen und wilden Waliser vor diesem Ritter gefürchtet hatten, wie Legenden berichteten. Noch nie hatte Robin einen Mann derart erbarmungslos kämpfen sehen. Sein Schwert schien überall zugleich zu sein, so schnell bewegte sich die Klinge. Da der Ritter keinen Schild hatte, führte er den Dolch als Abwehrwaffe, doch selbst dieser hielt blutige Ernte.

Robin war immer davon überzeugt gewesen, mit einem Schwert umgehen zu können, doch was er hier aus dem Augenwinkel heraus sah, stellte alles in den Schatten, was er vermochte.

Vier Männer bedrängten Sir Richard – und starben im nächsten Moment. Dem Söldner rechts von ihm schmetterte er den Knauf des waagerecht gehaltenen Schwertes mit voller Wucht ins Gesicht, sodass man die Schädelknochen knacken hörte. Gleichzeitig schützte seine Klinge ihn so vor der Attacke des vor ihm stehenden Kriegsknechtes. Den linken erledigte er mit einem Stich seines langen, schlanken Dolches in die Kehle. Im gleichen Augenblick wirbelte er das Schwert herum, stach mit ihm unter seiner linken Achselhöhle hindurch nach hinten und zerfetzte dem dritten Söldner die Eingeweide. Den Schwung der Waffe ausnutzend, riss er sie nach vorn, packte mit beiden Händen zu und führte das Schwert von oben nach unten. Der vierte der Angreifer brach bis zur Leibesmitte gespalten in die Knie.

»Das ganze Schwert ist die Waffe, Robin. Nutze sie! Nicht nur die Klinge! Denk an Marians Schicksal, wenn wir hier unterliegen!« Selbst für diesen Zuruf fand der alte Ritter noch die Zeit.

Allerdings brauchte er das seinem zukünftigen Schwiegersohn nicht zu sagen. Robin kämpfte mit dem Mut der Verzweiflung und spürte gar nicht, wie ihm das Blut aus einer Wunde an der Schulter den Arm herunterrann. Er sah sich nur noch zwei Gegnern gegenüber und hielt das für ein ausgeglichenes Verhältnis.

Da schien auf einmal die Erde zu dröhnen. Gisbourne hatte seinem Streitross die Sporen in die Flanken gestoßen und kam jetzt, einen Streitkolben schwingend, auf Sir Richard zugejagt.

Robin sah vor seinem geistigen Auge bereits seinen zukünftigen Schwiegervater mit zerschmettertem Schädel zu Boden sinken, denn dieser blickte dem Angreifer offenbar schreckensstarr entgegen und rührte sich nicht von der Stelle. Ihm hingegen gelang es, einen seiner Gegner zu erledigen, und der letzte verbliebene Widersacher wandte sich daraufhin zur Flucht. Robin ließ sich fallen, rollte über die Schulter ab, griff sich seinen Bogen, erwischte bei einer weiteren Rolle einen Pfeil aus seinem Köcher, doch es war zu spät.

Der Reiter hatte den alten Ritter bereits erreicht, und es schien so, als könne diesen nichts mehr retten. Entweder er wurde von dem riesigen Streitross über den Haufen gerannt und kam unter dessen Hufen um, oder sein ungeschützter Schädel würde gleich unter der Wucht des herabsausenden Streitkolbens zerspringen.

Robins lang gezogenes »Neiiin!« schallte über den Hof, da riss Sir Richard im wahrlich letzten Moment sein Schwert nach oben und drehte sich elegant und gekonnt zur Seite, sodass ihn das Pferd nicht einmal streifte. Die lange Klinge lenkte den Streitkolben ab, zischte nach unten und verletzte den Reiter zusätzlich an der Hüfte.

Im gleichen Augenblick ließ Robin den Pfeil von der Sehne schnellen. Aus der Drehung heraus und im Liegen gelang es ihm immerhin noch, Gisbourne zu treffen, wenn er auch nicht genau sagen konnte, wo. Der Reiter kippte nach vorn, fiel seitlich aus dem Sattel und blieb bewegungslos liegen.

Sofort hatte Robin einen neuen Pfeil auf der Sehne und wandte sich um, aber die letzten beiden Söldner, die er sah, rannten wie verschrecktes Wild über die Wiesen davon. Ein Blick zu Sir Richard zeigte ihm, dass der alte Ritter offenbar gänzlich unverletzt und bereits auf dem Weg zu Gisbourne war.

Mein Gott, dachte Robin, was für ein Kampf! Er hatte nur wenige Lidschläge gedauert, und doch lagen acht tote oder schwerverletzte Söldner auf dem Hof, und ihrem Anführer war es auch nicht besser ergangen.

Sir Richard näherte sich Gisbourne mit der gebotenen Vorsicht, die Robin kurz zuvor sträflich außer Acht gelassen hatte. Er tippte ihn mit der Fußspitze an und setzte dem Verletzten sofort das Schwert an die Kehle, als er sah, dass dieser die Augen aufschlug.

»Na los doch, tötet mich«, zischte der Söldnerführer giftig. »Dann ist es endlich ein für alle Mal ausgestanden.«

»Ich vergreife mich nicht an Verwundeten, das widerspricht meiner Ritterehre! Ihr hingegen habt von etwas Derartigem offenbar noch nie gehört. Könnt Ihr Euch erheben? Erwartet lieber nicht, dass ich Euch meinen Arm reiche.«

Marian war inzwischen aus dem Wagen herausgekommen und sah mit schreckensstarren Augen auf den Haufen Leichen in ihrem Hof. Sie klammerte sich an Robin, der begütigend auf sie einsprach.

»Es ist alles vorbei, hörst du? Sie haben uns hier aufgelauert, aber dein Vater ist eine wahre Kampfmaschine! So etwas habe ich noch nie erlebt. Ihn möchte ich nicht wirklich zum Feind haben!«

»Hört denn das niemals auf? Müssen wir unser Leben lang Angst haben, wie Vieh abgeschlachtet zu werden? Ich glaube nicht, dass ich es ertragen kann, in ständiger Furcht zu leben!«

»Sei versichert, Marian, es wird aufhören! Ich halte de Lacy für den wahrhaft Schuldigen und werde ihm eine Botschaft schicken, die er hoffentlich versteht. Und glaub mir, es ist die letzte!«

Robins Stimme klang, als wäre sie aus Eis, und Marian fröstelte es prompt. Er trat zu Gisbourne, der immer noch stöhnend am Boden lag und offenbar darauf wartete, dass ihm jemand aufhalf.

Aus dessen Schulter oberhalb des Schlüsselbeines ragte eine Pfeilspitze. Der Schaft war wahrscheinlich bei dessen Sturz vom Pferd abgebrochen. Robin wusste nicht, ob sein Geschoss wirklich zweimal durch das Kettenhemd und den Körper des Ritters gedrungen war oder ob Gisbourne sich den Pfeil bei seinem Aufprall auf den Boden selbst noch weiter hindurchgejagt hatte. Der Gestürzte blutete auch an der Hüfte, aber diese Verletzung schien nicht allzu schwer zu sein. Hier hatte ihn wohl seine Rüstung schützen können.

»Hört auf zu jammern, aber sofort! Ich habe schon Männer gesehen, die waren wesentlich schwerer verwundet als Ihr und mussten doch noch weiterkämpfen und marschieren. Solltet Ihr dazu nicht in der Lage sein, gebe ich Euch auf der Stelle den Gnadenstoß.«

»Robin, Grausamkeit gegenüber einem besiegten Feind ist nicht gerade ritterlich«, mahnte Sir Richard mit leiser Stimme an.

»Ich bin aber kein Ritter, sondern ein Bauer. Und die werden von Kerlen wie diesem hier ohne die geringste Gnade und Barmherzigkeit abgeschlachtet. So erging es schließlich meinem Vater, und vor uns liegt sein Mörder. Also erwarte lieber kein Mitleid von mir ihm gegenüber. Ich will, dass er spürt, wie es ist, so ausgeliefert und machtlos zu sein.«

Robin setzte einen Fuß auf den Brustkorb des Mannes unter ihm, und der alte Ritter dachte schon, dass nun nichts mehr Gisbourne retten konnte. Doch Robin packte die herausschauende Pfeilspitze und riss sie blitzschnell und mit einem einzigen Ruck heraus. Gisbourne brüllte auf und sank gleich darauf in sich zusammen.

»Habt Euch nicht so, die Wunde blutet kaum. Wenn Euch nicht das Wundfieber holt, werdet Ihr es überleben. Vorausgesetzt, Ihr tut, was ich sage. Zuerst einmal will ich wissen, was Ihr hier zu suchen hattet?«

»Ich bin der Vertreter des Sheriffs und kann mich in dieser Grafschaft aufhalten und hinbegeben, wo auch immer ich will.«

Robin drückte mit seinem Fuß auf die Schulterwunde, was einen sofortigen Schmerzensschrei des Gepeinigten auslöste.

»Noch so eine Antwort, und Ihr seid ein toter Stellvertreter! Also?«

»Ich wollte Sir Richard Leaford vorschlagen, mir seine Tochter zur Frau zu geben. Ohne eine angemessene Mitgift nimmt sie ja sonst doch keiner.«

Sir Richard kam die bittere Galle hoch. So sprach keiner von Marian, und von nun an würde er Robin keinen Einhalt mehr gebieten. Der konnte es sich nicht verkneifen, erneut seinen Fuß auf die Schulter Gisbournes zu setzen.

»Ihr sprecht von meiner zukünftigen Frau, Gisbourne. Sagt so etwas noch einmal, und ich schneide Euch Eure Kehle durch und lasse Euch in Eurem eigenen Blut ersaufen. Und nun steht auf, nehmt Euren Schild und hängt ihn Euch auf den Rücken.«

Mühsam kam der Ritter auf die Beine. Er wusste nicht, was das alles bedeuten sollte. Warum töteten sie ihn nicht gleich hier? Wollte man ihn womöglich noch länger leiden lassen? Aber weshalb sollte er seinen Schild aufnehmen? Was war das wieder für ein teuflisches Spiel? Er sollte es gleich erfahren.

»Ihr wisst, in welcher Richtung Nottingham liegt. Lauft los. Wenn Ihr es bis dorthin schafft, werdet Ihr leben.«

Gisbourne sparte sich jede Nachfrage. So sehr ihn Hüfte und Schulter nebst anderen Körperteilen von dem Sturz auch schmerzten, seine Beine schienen ihm den Dienst nicht zu versagen. Er schöpfte Hoffnung und machte sich, nicht ohne einen bösen Blick zurückzuwerfen, befehlsgemäß auf den Weg.

Kaum war er allerdings fünfzig Yards von Fenwick entfernt, spürte er einen Schlag in seinem Rücken, der ihn zu Boden warf. Erschrocken wandte er sich um und sah in seinem Schild genau mittig einen Pfeil stecken. Das Geschoss hatte das Holz glatt durchschlagen und würde in seinem Rücken stecken, wäre der Schild nicht gebogen gewesen.

»Weiter!«, hörte Gisbourne Robin rufen, der im Tor des Gutes stand, den Langbogen in der Hand und einen Pfeil auf der Sehne. Der Ritter erhob sich, so schnell er konnte, und lief, was das Zeug hielt, um aus der Reichweite der todbringenden Pfeile herauszukommen.

Wieder spürte er einen Schlag im Rücken und schätzte die Entfernung zu Fenwick jetzt auf hundert Yards. Nun wähnte er sich sicher, denn auf diese Distanz waren kaum noch Treffer möglich, doch er sollte sich irren. Weitere fünfzig Yards, und wieder steckte ein Pfeil in seinem Schild. So ging es noch dreimal weiter, bis er plötzlich Hufgeräusche hinter sich hörte.

Robin hatte sich das Streitross Gisbournes gegriffen und kam hinter ihm hergejagt. Vor dem Ritter, der noch versuchte, davonzulaufen, aber das sinnlose Unterfangen bald aufgab und schwer atmend stehen blieb, zügelte er das Pferd und blickte von oben auf ihn herab.

»Schaut Euch um. Ihr werdet keine Gestalt in Fenwick mehr ausmachen können, so weit ist es entfernt. Und nun blickt auf Euren Schild. Immer, wenn Ihr fünfzig Yards gelaufen seid, habe ich Euch einen Pfeil hinterhergesandt. Ihr könnt sie mit einer Hand bedecken, so dicht sind sie beieinander. Wenn ich richtig durchgezogen hätte, steckte jeder einzelne davon trotz Eures Schildes in Eurem Rücken. Das ist meine allerletzte Warnung an Euch und de Lacy. Haltet Euch fern vom Sherwood, von seinen Dörfern und besonders von Fenwick. Sonst ereilt Euch der Tod schneller, als Ihr denkt, und völlig unverhofft. Ihr werdet den Schützen nicht zu sehen bekommen und den Pfeil nicht hören, der in Euer Hirn oder schwarzes Herz dringt. Dass ich Euch heute leben lasse, verdankt Ihr nur Sir Richard und dass er mich ermahnt hat, mich nicht an einem Verwundeten zu vergreifen. Sonst wäre ich nicht besser als Ihr, und das will ich mir bei Gott nicht nachsagen lassen. Und nun verschwindet aus meinen Augen, sonst überlege ich es mir doch noch anders.«

Gisbourne humpelte davon, und Robin wendete das Pferd. So sah er nicht, wie der Ritter sich umwandte und ihm zornbebend mit der erhobenen Faust hinterherdrohte. Und selbst wenn, es hätte ihn nicht weiter gekümmert.

In Fenwick erwartete ihn der Hausherr, der bereits die Leichen hatte wegschaffen lassen. Die Knechte und Mägde waren von Gisbournes Männern zusammengetrieben und eingesperrt worden. Es war ihnen durchaus bewusst, welches Schicksal sie erwartet hätte, und dass ausgerechnet die lange nicht mehr gesehene und von allen schmerzlich vermisste Marian sie befreite, machte ihre Freude gleich doppelt so groß.

»Robin, du bist zwar ein ausgezeichneter Schütze, aber wir sollten dringend an deiner Fechtkunst arbeiten. Das, was du hier abgeliefert hast, sah mir eher nach Holzhacken aus. Wenn du willst, gebe ich dir mal etwas Unterricht«, meinte der alte Ritter lakonisch.

»Bei allen Heiligen, Richard, nur zu gerne!« Robin war weit davon entfernt, beleidigt zu sein. »Ich habe noch niemals jemanden so kämpfen sehen wie dich! Wer hat dir denn beigebracht, derart ein Schwert zu führen?«

»Ich habe es in Frankreich gelernt und mich später am Hof von Königin Eleonore von einem Sarazenen, den sie aus dem Heiligen Land mitgebracht hat, weiter trainieren lassen. Sie kämpfen dort anders als wir. Viel schneller und beweglicher, da sie wegen der heißen Wüstensonne nicht so schwere Rüstungen tragen können. Ich zeig's dir gern, mein Sohn, und bin mir sicher, dass du es bald ebenso beherrschst wie ich. Schließlich bist du noch jung, drahtig und geschickt. Und jetzt lass Marian deine Schulterwunde ansehen und verbinden. Glaub mir, sie versteht etwas davon. Unsere Pferde behandelt sie schließlich auch.«

Robin verzog schmerzlich das Gesicht. Wie viele Männer fürchtete er nicht sosehr die Verletzung und hatte den Schmerz regelrecht verdrängt, wohl aber die Behandlung. Jetzt spürte er erst wieder, wie das Blut seinen Arm herabrann, und wusste natürlich, dass etwas dagegen getan werden musste.

Lachend wandte sich Sir Richard ab und schritt auf sein Haus zu. Das Schwert, das seiner Tochter, Robin und nicht zuletzt ihm selbst das Leben gerettet hatte, gehörte geputzt, nachgeschliffen und geölt. Schließlich konnte niemand wissen, wann er es wieder brauchen würde.

* * *

Guy von Gisbourne schaffte es mit Mühe und Not bis nach Nottingham. Kurz vor dem Stadttor brach er völlig erschöpft und durch den Blutverlust geschwächt zusammen. Hier nahmen sich endlich die Wachen seiner an. Fuhrwerke und Karren waren an ihm vorbeigefahren, doch die Blicke hatten sich abgewandt, und sein Flehen, mitgenommen zu werden, war nicht erhört worden.

Er, der nie Gnade gewährte und allenthalben verhasst war, wurde nun – schwach, verletzt und unbewaffnet – von denen, die er bisher immer drangsaliert hatte, nicht mehr gefürchtet. Dafür, das schwor sich der Ritter, wollte er sich noch bitter rächen.

Erst zwei Tage später und nachdem ein Bader ihn versorgt hatte, war Gisbourne in der Lage, seinem Vorgesetzten Rede und Antwort zu stehen. Wieder war eine ganze Rotte Kriegs-knechte umgekommen, und bald würde sich wohl niemand mehr finden, der sich diesem verfluchten Wald auch nur noch auf ein paar Meilen näherte.

De Lacy tobte zwar, sparte sich aber weitestgehend Vorwürfe gegen seinen Stellvertreter, sehr zu dessen Verwunderung. Aber der Sheriff heckte bereits einen Plan aus, wie er diesem Spuk um Robin Hood endlich ein Ende bereiten konnte, und dazu brauchte er nun einmal den Söldnerführer. Weder ein hohes Kopfgeld noch Drohungen, jeden zu hängen, der den Geächte-ten half, hatten bisher irgendein Ergebnis gebracht. Diesmal al-lerdings wollte de Lacy einen Köder auslegen, dem der Fuchs bestimmt nicht wiederstehen konnte. Und wenn doch, würde es zumindest seinen Ruf für alle Zeiten ruinieren. Es brauchte noch einige Zeit der Vorbereitung, aber dann konnte die Falle zuschnappen.

* * *

»Hast du das gehört, Robin? De Lacy richtet ein Turnier aus, um den besten Bogenschützen in England zu küren. Überall im Land verkünden Herolde die Botschaft. Angeblich darf jeder teilnehmen, der einen Bogen führen kann. Selbst diejenigen, die unter Acht und Bann stehen. Er sichert jedem freies Geleit zu. Ich nehme mal an, das richtet sich in erster Linie an uns, vor-nehmlich an dich.« Will Scarlett war ganz aufgeregt.

»Das ist mit Sicherheit eine Falle.« Little John sah das realis-tischer. »Ich traue dem Sheriff nicht weiter, als ich spucken kann. Obwohl wir das Preisgeld ganz gut gebrauchen könnten. Einhundert Silberpennys hat er insgesamt ausgelobt. Und der Sieger erhält zusätzlich einen Pfeil mit Spitze und Schaftfedern aus purem Gold.«

»Natürlich ist das eine Falle und das freie Geleit ein Witz. Hält er uns wirklich für so beschränkt, darauf hereinzufallen? Andererseits würde es mich schon sehr reizen, den Preis entgegenzunehmen.«

»Und genau darauf spekuliert er! Dass wir um die Gefahr wissen und trotzdem kommen. Tu das ja nicht, Robin, du würdest es bereuen!« Much war wie immer der besonnenste von allen. »Will könnte höchstens gehen und den Preis für uns erringen. Er schießt gut, und ihn kennt hier noch niemand.«

»Aber dann heißt es überall im Land, Robin Hood ist zu feige, sich dem Wettkampf zu stellen, und wohl doch kein so guter Schütze, wie er meint«, gab der Angesprochene zu bedenken. »Das würde gewaltig an seinem und damit an unser aller Ruf kratzen.«

»Was soll de Lacy denn tun, wenn wir alle anrücken?«, warf Little John ein. »Wir sind doch mittlerweile mehr, als er an Kriegsknechten versammeln kann.«

»Das glaube ich nicht. Er wird sich dabei schon etwas gedacht haben. Vielleicht zieht er königliche Truppen zusammen oder wirbt sogar flämische Söldner an. Nein, das ist keine Lösung. Will hat recht, es geht in diesem Fall um mich. Die Menschen verbinden die ›Merry Men‹ immer mehr mit meinem Namen. Tut mir leid, Freunde, aber so ist es nun einmal. Also werde ich wohl hingehen müssen.«

»Und auf das Wort des Sheriffs vertrauen? Du musst völlig verrückt geworden sein! Der Wettkampf findet auf dem großen Gelände in der Vorburg von Nottingham Castle statt. Er braucht nur die Zugbrücken zur Stadt und zur Unterburg hochzuziehen, und alle auf dem Turnierplatz sind seine Gefangenen. De Lacy kann dort ein Massaker anrichten, dem keiner entkommt. Denk doch nicht, dass er auf die Zuschauer Rücksicht nimmt, wenn er eine Möglichkeit sieht, dich oder uns umzubringen.«

»Du hast völlig recht, Will. Aber genau das ist mein Plan. Wir werden dort sein, aber auch wieder nicht.«

»Könntest du das vielleicht etwas näher erklären?«, knurrte Little John. »Es sind hier nicht alle so helle wie du.«

Robin nahm sich einen Stock und zeichnete Linien in den Sand rund um die Feuerstelle, an der sie saßen.

»Das hier ist der River Trent und das Nottingham Castle auf dem Sandsteinfelsen. Wie ihr wisst, sind es eigentlich drei Burgen. Das große, ummauerte Areal, gleich hinter der Stadt, ist die Vorburg. Hier soll der Wettkampf stattfinden. Das Gelände ist ideal, mindestens zweihundert Yards Schussbahn und jede Menge Platz für Zuschauer. Von hier geht es aber auch in die Unterburg. Sie ist durch einen Graben mit Zugbrücke, hohe Mauern und vier Türme gegen die Vorburg geschützt. Und dahinter befindet sich erst die Oberburg auf der Kuppe des Felsens, nochmals durch Zugbrücke, Gräben, Mauern und Türme gesichert. König Henry hat sich da schon ein mächtiges Ding hinsetzen lassen. Aber genau das ist unser Vorteil.«

»Ich verstehe kein Wort«, musste Much zugeben.

»Wir brauchen dringend Geld, stimmt's?«

»Richtig. Das Preisgeld wäre genau passend, um unsere leere Kasse wieder zu füllen.«

»Ach, lass doch die paar Pennys. Und wer braucht schon einen goldenen Pfeil, wenn er solche hier hat.« Robin holte einen mit Bodkinspitze aus seinem neben ihm liegenden Köcher. »Ich sag euch mal, was de Lacy meiner Meinung nach plant. Er wird jeden verfügbaren Mann rund um den Turnierplatz postieren und Armbrustschützen auf den Wehrgängen. Und damit niemand entkommen kann, spätestens zur Preisübergabe die Zugbrücken hochziehen lassen. Das heißt aber auch, er ist sein eigener Gefangener in der Vorburg, und zumindest die Oberburg wird völlig ungeschützt sein.«

Nottingham Castl

m 1180

»Robin, es reicht jetzt. Keiner hier kann dir noch folgen. Erklär dich bitte genauer, sonst gehe ich lieber mit Little John einen trinken.« Much wurde richtiggehend ungeduldig.

»Ihr habt doch alle gehört, dass Gisbourne in letzter Zeit wieder verstärkt Steuergelder im Süden und Osten eingetrieben hat. Wo werden sie die wohl aufbewahren? Natürlich in den Kellern der Oberburg. Und während alle gebannt dem Wettkampf folgen, sich jeder verfügbare Mann in der Vor- und Unterburg aufhalten wird, holen wir uns das Geld säckeweise aus de Lacys Schatzkammer.«

»Sag mal, so hoch steht die Sonne doch noch gar nicht! Du bist wohl völlig verrückt geworden? Wie willst du denn da hineingelangen? Durch die Stadt, durch Vor- und Unterburg, ohne dass dich jemand bemerkt! Besitzt du vielleicht eine Tarnkappe, von der wir bisher nichts wissen?«

»Denkt doch einmal nach! Wir brauchen nur über eine einzige Mauer, um an die Steuergelder zu gelangen. In die Oberburg, in der sich wahrscheinlich keine Menschenseele befindet.«

Für einen Moment herrschte betretenes Schweigen.

»Du meinst das wirklich ernst, nicht wahr?«, wollte sich Will Scarlett versichern. »Während unten Hunderte, ach, was sage ich, Tausende zusehen, wie die besten Bogenschützen des Landes gegeneinander antreten, willst du de Lacy ausrauben? Du hast nur eines dabei vergessen. Die Oberburg steht auf einer fast fünfzig Yard hohen Felsklippe über dem Trent, und dann kommt noch die Mauer. Wer bitte soll denn da hochkommen? Wir sind doch keine Schwalben!«

»Will, dass ist ein von vielen Höhlen und Spalten durchzogener Sandsteinfelsen, nicht schwer zu erklimmen. Für Ritter in Rüstungen und mit schweren Waffen schon. Aber nicht für uns. Und über die Mauer werfen wir Seile mit Haken und klettern daran empor. Nur vier, fünf Männer, mehr nicht. Das Unternehmen wäre natürlich völlig unmöglich, würden sich Wachen auf den Wehr-gängen befinden. Aber ich wette meinen grünen Rock gegen dei-nen roten, es wird keine Menschenseele dort sein. Wenn über-haupt noch Bewaffnete in der Oberburg sind, dann stehen die auf dem Torturm und sehen dem Wettkampf zu. Solange der läuft, sind wir dort oben wahrscheinlich völlig unter uns.«

»Also, da will ich noch mal darüber schlafen, bevor ich dem Plan zustimme«, meinte Little John nachdenklich, aber man merkte ihm an, dass er die Idee im Grunde genommen gar nicht so schlecht fand. »Was sagt denn Marian dazu?«

»Ich bin doch nicht verrückt, ihr so etwas zu erzählen. Die bekommt es glatt fertig und legt mich in Ketten. Nein, nein, das behalten wir mal schön für uns. Sie wird es schon noch früh genug erfahren – wenn es geklappt hat und gut gegangen ist.«

»Deine Sache. Und wann wollt ihr endlich heiraten?«

»Danach. Mal sehen, ob ich in de Lacys Behausung nicht ein schönes Brautgeschenk für sie finde.«

»Wollen wir nur hoffen, dass wir, statt eine Hochzeit zu fei-ern, nicht einen Trauerfall zu beklagen haben.«

* * *

Das Unternehmen musste noch etwas in den Details ausgearbei-tet werden, aber im Großen und Ganzen konnten Robins Gefähr-ten sich vorstellen, dass sein Plan gelingen könnte, und waren Feuer und Flamme. Wenn man dem Sheriff am Tag des Turnieres sozusagen die Steuergelder unter dem Hintern wegstahl, hätte sich de Lacy endgültig zum Gespött des ganzen Landes gemacht. Dass alle Welt davon erfuhr, dafür würden sie schon sorgen.

Robin, Little John, Gilbert Whitehand und Much näherten sich dem Castle Rock, auf dem die Burg von Nottingham thron-te, in der Nacht vor dem Wettkampf von Süden her.

Sie durchquerten den River Trent mittels einer Furt und verbargen sich in den Höhlen, die tief in den Felsen hineinreichten. Robin war davon überzeugt, dass es mit Sicherheit mindestens einen Geheimgang in die Burg gab, aber wo sollten sie anfangen, danach zu suchen? Ihn in der Kürze der Zeit zu finden, war bestimmt ein aussichtsloses Unterfangen.

Doch aufgeschoben war nicht aufgehoben, und er nahm sich vor, sich diesbezüglich umzuhören und danach zu forschen. Es wäre natürlich ein Traum, könnten sie durch solch einen Gang unbemerkt von Zeit zu Zeit in die Burg eindringen.

Eine halbe Meile vor der Stadt gab es ein kleines Wäldchen, in dem sich fünfzig Männer, alle mit den neuen Langbögen ausgerüstet und hervorragende Schützen, verborgen hielten. Sie wurden von Will Scarlett befehligt und sollten, wenn nötig, den Rückzug decken.

Am nächsten Morgen beobachteten die vier Gefährten aus ihrem Versteck heraus, wie unzählige Männer mit Bögen auf der Schulter nach Nottingham hineinströmten. Als die Fanfaren erklangen, die den Beginn des Turnieres signalisierten, begannen sie mit ihrem nicht ungefährlichen Aufstieg.

Der Sandsteinfelsen, den sie erklimmen mussten, war zwar nicht so glatt wie Granit oder Basalt, dafür aber porös. Er stieg auch nicht ganz senkrecht aus dem Flusstal empor und wies zahlreiche Risse und Spalten auf, in denen Kletterpflanzen und sogar kleine Bäume eine Heimat gefunden hatten.

Robin fand eine Stelle im Westen, genau unterhalb der Oberburg, die er für geeignet hielt. Überraschenderweise ging es leichter nach oben, als sie sich das vorgestellt hatten. Nur einmal kamen die vier in arge Bedrängnis, als Little John einen Stein lostrat, der polternd nach unten rollte. Robin spähte erschrocken nach oben, doch auf dem Wehrgang rührte sich zu seiner Beruhigung nichts.

Zwischen der recht neuen Mauer – zur Zeit Kaiserin Matildas hatte es hier nur eine hölzerne Palisade gegeben – und dem Felsen befand sich sogar ein kleines Plateau, auf dem sie sich ausruhen konnten. Offenbar führte ein schmaler Fußweg um die ganze Burg herum, damit der Zustand der Befestigungen jederzeit kontrolliert werden konnte. Sturmleitern hätte man hier zwar nicht aufstellen und anlegen können, aber für das Vorhaben der vier Männer reichte der Platz allemal.

Robin warf sein Seil, an dessen Ende sich ein vierzinkiger, ankerähnlicher Haken befand, als Erster. Alle vier pressten sich danach sofort dicht an die Mauer.

Das Eisen klirrte auf dem Mauerstein, doch nichts geschah. Vorsichtig zog Robin an dem Tau, bis er Widerstand spürte. Der Haken hatte sich wie erhofft hinter einer Zinne verfangen. Yard um Yard kletterte er nun an dem mit Knoten versehenen Seil empor und lugte, oben angekommen, vorsichtig über die Mauerkrone.

Wie er vermutet hatte, war weit und breit keine Menschenseele zu sehen. Die obere Burg von Nottingham Castle lag völlig ausgestorben vor ihm. Schnell kamen seine Gefährten nach, und geduckt huschten sie vom Wehrgang über eine Treppe nach unten auf den Platz vor dem Wohnturm und verbargen sich hinter einem Mauervorsprung.

Nottingham Castle war ursprünglich eine auf den Resten römischer Befestigungen errichtete normannische Motte, ein *Château à motte*, wie es die Eroberer nannten. Um eine solche Anlage zu errichten, hob man einen Graben aus, schüttete das gewonnene Material in der Mitte des Platzes zu einem Hügel auf, baute darauf einen Wohnturm, Donjon genannt, und umgab das Ganze mit einer Palisade oder Ringmauer.

In diesem ältesten Teil der Wehranlage befanden sie sich jetzt. Die Festung war allerdings ständig vergrößert und erweitert worden und hatte nun zwei Vorburgen, Zwinger, zahlreiche

Türme und ineinander übergehende Mauern. Niemandem war allerdings je in den Sinn gekommen, dass ein Feind über die steile Felsklippe und die daran anschließende Westmauer eindringen könnte. Alle Befestigungen hatte man aus diesem Grund auf das sanfter ansteigende Gelände zur Stadt und nach Norden und Osten hin ausgerichtet.

Robin sah tatsächlich in der gesamten Oberburg nicht eine einzige Wache, so sehr er auch nach allen Seiten Ausschau hielt. Vorsichtig, jede Deckung ausnutzend, lief er zum Tor, spähte hindurch und sah seine Vermutung bestätigt.

Die Zugbrücke von der Oberburg zur Unterburg war heruntergelassen, das Tor offen. Die von der Unterburg zur Vorburg, wo sich der Turnierplatz befand, hingegen hochgezogen. Auf der Mauer zwischen den beiden Befestigungen standen Armbrustschützen dicht an dicht. Robin wurde nun kühner und lief die Außentreppe auf den Torturm hinauf. Von hier hatte er einen weiten Blick auf das Turniergelände, wo der Wettkampf offensichtlich in vollem Gange war. Und tatsächlich, auch die Zugbrücke zur Stadt war hochgezogen worden! Alle, die sich in der Vorburg befanden, waren damit de Lacys Gefangene, und nur er konnte bestimmen, wer wieder aus dieser Mausefalle herauskam.

Gefahr drohte Robin und seinen Gefährten allerdings höchstens von den Kriegsknechten in der Unterburg. Bekamen diese mit, dass über ihnen etwas Unrechtmäßiges vor sich ging, konnten sie schnell nach oben eilen und den vier Eindringlingen den Garaus machen. Aber dem war ganz einfach ein Riegel vorzuschieben. Man musste nur das Fallgatter herunterlassen, das Tor schließen oder die Zugbrücke hochziehen. Schon allein eine dieser Maßnahmen dürfte reichen, um ihnen genügend Zeit für einen Rückzug zu verschaffen.

Robin hörte vom Turnierplatz Jubel aufbrausen und seufzte innerlich. Gar zu gern hätte er jetzt da unten gestanden und sich mit den aus allen Landesteilen herbeigeeilten Schützen gemessen. Ob er wohl der beste von ihnen war oder es treffsicherere gab? Er würde es wohl nie erfahren.

Zurück bei seinen Gefährten verteilte er die Aufträge.

»Little John, du sicherst das Tor. Es darf keiner aus der Oberburg heraus und keiner hinein. Zur Not schlag die Haltetaue des Fallgatters durch oder versuch, die Zugbrücke hochzuziehen. Siehst du jemanden auf der Mauer, schieß ihn ab. Wir dürfen kein Risiko eingehen. Ihr anderen kommt mit mir in den Palas. Die Keller befinden sich mit Sicherheit in der aufgeschütteten Motte oder sogar dem Felsen darunter. Aber Vorsicht, es könnten sich durchaus noch Mägde oder Diener im Wohnturm befinden. Allerdings nehme ich an, dass auch sie von irgendeiner Stelle aus, verborgen vor den Augen ihres Dienstherrn, dem Wettkampf folgen. Solch ein Schauspiel wird ihnen schließlich nicht alle Tage geboten.«

Die drei Männer huschten die Treppe zum Eingang des Palas hinauf. Meist befand sich dieser zumindest ein Geschosswerk über dem Boden. Er war dadurch selbst noch zu verteidigen, wenn sich die Angreifer bereits im Inneren der Burganlage befanden, indem man die Treppe zerstörte oder einzog. Hier allerdings hatten die Erbauer darauf verzichtet und vertrauten offenbar den vorgelagerten Befestigungen.

Es waren fünf breite Steinstufen, die zum großen Tor des Palas hinaufführten, und Robin hoffte nur, dass es nicht quietschen würde, wenn er es öffnete. Aber die Angeln waren gut geölt, nahezu lautlos schwang es auf, und die drei Männer befanden sich in der Höhle des Löwen. Doch nein, dachte Robin, das war zu viel der Ehre für de Lacy, eher im Bau eines räuberischen Frettchens.

Vor ihnen erstreckte sich die große Halle, in der der König seine Gäste empfing oder Festmähler abhielt, wenn er sich denn einmal hier aufhielt.

Eine Treppe führte nach oben in die darüberliegenden Gemächer, eine zweite, schmalere, offenbar auf den Turm. Robin gab seinen Freunden ein Zeichen, den Weg zu den Kellern zu suchen. Aber äußerste Vorsicht war geboten. Dort befanden sich schließlich auch die Verliese, und es konnte durchaus sein, dass zumindest hier Wachen verblieben waren.

Doch de Lacy war offenbar kein Risiko eingegangen. Jeden Mann, der eine Waffe halten konnte, hatte er in die Vorburg oder auf die Mauern beordert. Es war schon fast unheimlich still in der Oberburg von Nottingham Castle.

Es gab nur eine Tür, die gleich mit drei Schlössern gesichert war, und Robin vermutete dahinter die Schatzkammer. Doch wo sollten sie nach den Schlüsseln suchen? Alle Versuche, die Angeln zu sprengen, schlugen fehl. Als Gilbert Whitehands Schwert abbrach, weil er versuchte, die Schlösser aufzuhebeln, machte sich schon Verzweiflung breit. So dicht vor dem Ziel und womöglich doch gescheitert? Alle Gefahren umsonst auf sich genommen? Das konnte doch nicht sein! Robin beschloss, einen letzten Versuch zu unternehmen.

»Nur de Lacy kann die Schlüssel haben. Wenn er sie nicht ständig mit sich herumschleppt, sind sie bestimmt in seinem Gemach. Ich schaue, ob ich es finden kann, und sehe mich mal ein bisschen um. Vielleicht habe ich ja Glück. Ihr verhaltet euch solange ruhig. Hetzt mir bloß keine Wachen auf den Hals.«

»Das schaffst du mit deinen riskanten Einfällen wahrscheinlich eher als wir. Aber gut, geh nur das Schlafgemach des Sheriffs suchen. Ich hatte in diesem Leben sowieso nichts mehr groß vor. Wir schauen uns in der Zwischenzeit mal in der Halle nach Wertgegenständen um. Nicht, dass wir mit völlig leeren Händen abziehen müssen.«

Robin wusste, dass es keinen Sinn machte, Much und Gilbert davon abzuhalten, und nickte zustimmend. Lautlos wie die Wiesel huschten sie wieder nach oben. Es war nicht weiter schwer, das Gemach des Sheriffs zu finden, es war gleich das erste nach der Treppe. Offenbar war es von de Lacy am Morgen in aller Eile verlassen worden, denn überall verstreut lagen Kleider von ihm herum. Er hatte sich wohl nicht entscheiden können, was er zu diesem wichtigen Anlass tragen sollte.

Robin hielt einen Moment inne und blickte sich um. Wo sollte er anfangen zu suchen? Offen würden die Schlüssel wohl kaum herumliegen. Vielleicht unter der Matratze der Bettstatt? Robin trat an das große Baldachinbett und hob die beiden mit Stroh und Spreu prall gefüllten Säcke hoch, auf denen der Sheriff nachts schlief. Darunter kamen von Seite zu Seite straff gespannte Gurte zum Vorschein, aber keine Schlüssel.

Der gönnt sich hier aber wirklich den puren Luxus, während wir mit ein paar Zweigen und Blättern als Ruhestatt vorliebnehmen müssen, dachte Robin, und ein gewisser Frust machte sich in ihm breit.

Schnell hatte er zwei Truhen bis auf den Grund geleert, doch wieder fand er nichts. Viel blieb nicht mehr übrig, wo er suchen konnte. Zwei Sessel und ein Tisch, voller Pergamente, an dem de Lacy offenbar seine Aufzeichnungen machte. Das konnte doch alles nicht wahr sein!

Wütend schlug Robin mit der Faust auf die Tischplatte, sodass das Tintenfass hochhüpfte, umstürzte und sein Inhalt sich gleich über mehrere Blätter ergoss. Doch zu seiner Verblüffung und Freude passierte noch etwas anderes: Ein Geheimfach unterhalb der Tischplatte sprang auf. Die Verriegelung hatte seinem Fausthieb offenbar nicht standgehalten. Neben einem großen Schlüsselbund fand Robin darin noch eine gut gefüllte Börse und mehrere Ringe. Er nahm alles an sich, schob das Fach wieder zu, bis es einrastete, und verließ den Raum, nicht ohne de Lacy noch eine Botschaft zu hinterlassen.

In der Halle sammelten Much und Gilbert ein, was ihnen unter die Finger kam. Sie bewegten sich mittlerweile völlig ungezwungen, denn es war nun offensichtlich, dass sie sich allein in der Oberburg befanden.

»Kommt, ich habe die Schlüssel«, rief Robin seinen Gefährten zu. »Lasst uns das Geld holen, und dann nichts wie weg. Mir geht das hier alles viel zu glatt.«

»Du alte Unke, freu dich doch! Schau mal, wir werden zukünftig im Sherwood Bier und Wein aus silbernen Bechern schlürfen.« Much hielt mehrere Pokale hoch und ließ sie dann in einen Sack fallen, in dem es vernehmlich klimperte.

Robin hielt sich nicht mit derartigen Nebensächlichkeiten auf. Er stürmte die Treppe zu den Kellern hinab und probierte die Schlüssel. Der erste passte nicht, auch nicht der zweite. Ihm wurde schon mulmig, da öffnete der dritte das Schloss und passte auch in die anderen beiden Verriegelungen.

Es war tatsächlich wie vermutet die Schatzkammer, die sich hinter der mehrfach gesicherten Tür befand. Allerdings hatten sie sich den Anblick etwas erhebender vorgestellt. Da stapelten sich keineswegs Kisten voller Gold und Geschmeide, sondern es befanden sich Regale mit sorgfältig zusammengerollten Pergamenten darin, eine verschlossene Truhe, die zusätzlich an der Wand mit einer Kette gesichert war, und ein Schreibpult. Das war dann aber auch schon alles, was sie vorfanden. Robin probierte einen der kleineren Schlüssel an der Truhe, und als es erfreulich klickte, fiel ihm ein Stein vom Herzen.

Der Deckel schwang auf, und mehrere prall gefüllte Beutel kamen zum Vorschein. Die Männer brauchten sie nicht zu öffnen, denn dass sich Gold- und Silbermünzen darin befanden, sahen sie selbst durch das Leder. Schnell wurden die kleinen Säckchen in den mitgebrachten großen Umhängetaschen verstaut, jeder schulterte die seine, und schon machten sich die drei Freunde auf den Rückweg.

Robin hatte überlegt, die Pergamente zu verbrennen. Es waren, wie er mit einem Blick festgestellt hatte, vor allem Steuerlisten und Schuldverschreibungen. Doch er nahm lieber davon Abstand. Zum einen war zu befürchten, dass der Sheriff die Steuern ein zweites Mal erhob, wenn keine Nachweise mehr vorhanden waren, zum anderen konnte es auch sein, dass sich noch Gefangene in tiefer gelegenen Kerkern befanden, die dann womöglich im Rauch ersticken würden.

Auf dem Weg nach oben öffneten Robin, Gilbert und Much alle verriegelten Türen und stießen sie auf. Sie hatten keine Zeit, nachzusehen, ob sich Menschen dahinter befanden, oder sich gar um sie zu kümmern. Wenn Eingekerkerte allerdings die sich bietende Gelegenheit zur Flucht nutzten, umso besser.

* * *

Auf dem Burghof angekommen, machten sich Robins Freunde sofort daran, den Wehrgang zu erklimmen, wo ihre Seile verankert waren. Er selbst konnte es sich allerdings nicht verkneifen, noch einmal auf den Torturm zu eilen, um hinter einer Zinne versteckt einen Blick auf den Wettkampf zu werfen. Der schien gerade zu Ende zu gehen. Vor der Tribüne, auf der der Highsheriff nebst den geistlichen und weltlichen Honoratioren der Grafschaft thronte, stand ein Mann in der einfachen braunen Kleidung der unteren Stände, einen Bogen in der Hand, und sah selbstbewusst zu de Lacy auf. Er hatte langes schwarzes Haar und war, soweit Robin das auf die Entfernung schätzen konnte, gut zehn Jahre älter als er.

Die Enttäuschung des Sheriffs, das Preisgeld und den goldenen Pfeil an einen ihm gänzlich Unbekannten herauszugeben zu müssen, war fast körperlich zu spüren. Neben dem Schützen stand die Zielscheibe, und es war ganz offensichtlich sein Geschoss, das in die Mitte des kleinen schwarzen Kreises getroffen hatte.

De Lacy beugte sich vor, um dem Sieger den verdienten Preis zu überreichen, da steckte plötzlich ein zweiter Pfeil unmittelbar neben dem ersten in der Scheibe. Ein Raunen ging durch die Zuschauermenge, denn es sah so aus, als wäre dieses Geschoss direkt aus dem Himmel gekommen.

Robin hatte es sich einfach nicht verkneifen können. Es war aber auch zu verlockend. Er vermochte den Siegerpfeil von seiner Position aus zwar nicht zu spalten, denn die Scheibe stand in einem ungünstigen Winkel zu ihm, aber ein Zeichen setzen, das konnte er schon. Und so nahm er seinen Bogen von der Schulter, richtete sich hinter der Zinne kurz auf, zielte sorgfältig und schoss einen Pfeil über die Köpfe der Zuschauer hinweg genau neben den, der mitten im Ziel steckte.

De Lacys Blick ging sofort nach oben, und er sah gerade noch, wie der geheimnisvolle Schütze hinter einer Zinne auf dem Torturm der Oberburg in Deckung ging. Sofort zeigte er mit ausgestrecktem Arm nach oben und brüllte Befehle, deren Wortlaut Robin auf die Entfernung zwar nicht verstehen konnte, deren Bedeutung ihm dagegen durchaus bewusst war.

Verdammt, hatte er sie womöglich mit seiner selbstherrlichen Handlung alle in Gefahr gebracht? Dass er es aber auch nicht hatte lassen können, sich in Szene zu setzen! Schon bereute er seine Tat, doch um ein Haar wäre es zu spät gewesen.

Gefährlicher als der Sheriff in der Vorburg wurde Robin ein Sergeant mit seinen Armbrustschützen unter ihm auf der Mauer der Unterburg.

Ein Pfeil fliegt nicht völlig lautlos von der Sehne, sondern verursacht ein zischendes Geräusch, das geübte Ohren sofort

einordnen können. Der Söldner hatte den Pfeil schwirren hören, der offenbar über ihm abgeschossen worden war, wo sich
überhaupt niemand aufzuhalten hatte. Sofort wandte er sich
um, sah den Bogenschützen auf dem Torturm, und es bedurfte
keines Befehls des Sheriffs, um ihn handeln zu lassen. Mit wenigen Sätzen war er, gefolgt von seinen Männern, von der
Mauer herunter und lief, so schnell er konnte, zum Tor der
Oberburg.

»Little John, das Fallgatter, schnell!« Robins Stimme überschlug sich fast, während er die Treppen nach unten hastete und
vom letzten Absatz auf den Burghof sprang.

Glücklicherweise handelte sein Freund instinktiv und ohne
groß nachzudenken. Zwei Hiebe mit dem Schwert brauchte der
Riese nur, dann waren die starken Taue durchgehauen, und das
Gatter rasselte herunter. Doch durch die Verstrebungen konnten Armbrustschützen durchaus schießen, und so war die Gefahr noch nicht gebannt.

»Wir müssen die Zugbrücke hochziehen! Wenigstens ein
Stück, sodass wir vor den Bolzen geschützt sind. Los, pack mit
an!«

Auf beiden Seiten des Tores befand sich eine Winde mit großen hölzernen Speichen zum Aufziehen und Herunterlassen
der schweren hölzernen Brücke. Während Little John kaum
Probleme hatte, das Spill zu bewegen, brauchte Robin all seine
Kraft dazu. Hätten eiserne Sperrklinken es nicht verhindert,
wären ihm wohl die Speichen aus der Hand gerissen worden.
Immerhin waren sonst auch mindestens drei Männer beidseits
damit beschäftigt, die Winden zu bedienen.

Der Sergeant stand hilflos mit seinen Männern vor dem Graben und konnte rein gar nichts tun. Gerade einmal, dass ihnen
von der anderen Seite kein Hohngelächter entgegenschallte. Die
Brücke zeigte zwar nur in einem Fünfundvierzig-Grad-Winkel

nach oben, doch das reichte völlig aus, um den Söldnern den Zutritt zur Oberburg zu verwehren.

Robin und Little John rannten über den Burghof zu ihren Gefährten, die schon voller Sorge auf sie warteten. Aus einem der oberen Burgfenster sahen ihnen eine Magd und ein Diener nach, die als Einzige im Palas zurückgeblieben waren. Sie hatten allerdings von dem, was um sie herum vorgegangen war, nicht das Geringste mitbekommen. Ihr beiderseitiges Stöhnen beim Liebesspiel hatte alle anderen Geräusche übertönt.

»Das musste sein, ja?«, knurrte Little John seinen Freund an, als sie auf der Mauerkrone standen und sich zum Abseilen fertig machten.

»Was hat er denn getan?«, wollte Much gleich wissen.

»Uns in Gefahr gebracht, was sonst. Musste unbedingt beweisen, dass er mindestens so gut schießt wie der Sieger des Wettstreits. Dass du glaubst, das nötig zu haben, Robin! Werd mal langsam erwachsen.«

Der Angesprochene zog den Kopf ein und sagte nichts. Little John hatte ja recht, und auf weitere Vorwürfe konnte er gerne verzichten. Jetzt galt es, unbeschadet wieder in den Sherwood zu kommen, und das so schnell wie irgend möglich.

Sie ließen sich an den Seilen von der Mauer herab, kletterten und rutschten den Felsen herunter, durchquerten den Trent in der bekannten Furt und liefen auf das Wäldchen zu, in dem sich ihre Kameraden verborgen hielten. Noch hatten sie eine Viertelmeile vor sich, da dröhnte hinter ihnen die Erde.

Vom Turm der Unterburg aus konnte man weit über die Stadt und die angrenzenden Wiesen, Felder und Fluren blicken. Die dort postierten Wachen meldeten de Lacy, dass vier Männer, nur noch als Striche in der Landschaft zu sehen, auf den Sherwood zueilten. Der Sheriff ließ sofort jeden verfügbaren Ritter und Kriegsknecht aufsitzen. Die Zugbrücken der Vorburg wie auch die aus der Stadt heraus wurden rasselnd heruntergelassen, und eine wilde Kavalkade machte sich auf, die Flüchtigen zu verfolgen.

Die vier Freunde liefen um ihr Leben, doch die Reiter kamen immer näher. Wo, um alles in der Welt, waren ihre Kameraden? Da erfüllte ein Zischen die Luft, und aus dem Wäldchen kam eine wahre Wolke an Pfeilen geflogen, gleich darauf eine zweite, eine dritte, vierte und fünfte.

Jetzt machte sich Will Scarletts Drill bezahlt. Es war ein regelrechtes Massaker, das die Schützen unter de Lacys Männern anrichteten. Die Pfeile, abgeschossen von walisischen Langbögen und mit Bodkinspitzen bestückt, beschrieben eine ballistische Kurve, kamen aus einer Höhe von fast sechzig Yards herunter, gewannen auf ihrem Weg zum Boden nochmals an Kraft und Geschwindigkeit und durchschlugen einfach alles.

Robin und seine Gefährten hörten in ihrem Rücken das Schreien der zahllosen Verwundeten. Noch schlimmer klang das Wiehern der verletzten Pferde. Sie wollten das Elend gar nicht sehen, das ihre Kameraden anrichteten, um sie zu schützen. Ohne sich umzuwenden, liefen sie immer weiter auf den nahen Sherwood zu. Ihnen nach kam eine lange Reihe grün gewandeter Bogenschützen. Andere Verfolger hatten sie keine mehr.

* * *

Highsheriff Ralf de Lacy konnte das Desaster einfach nicht fassen. Den Wettkampf hatte Brian von Balby, ein allseits geachteter Yeoman aus der Nähe von Doncaster gewonnen, der einmal zu den königlichen Bogenschützen gehört hatte. Von Robin Hood und seinen Gefährten weit und breit keine Spur. Bis zur Preisverleihung!

Da tauchte dieser Kerl doch tatsächlich auf dem Torturm seiner Burg auf, schoss den Siegespfeil fast aus der Scheibe und verschwand ebenso schnell, wie er aufgetaucht war. Von den Verfolgern war kaum einer unverletzt zurückgekommen, viele gefallen.

Gisbourne, so hatte man de Lacy berichtet, hatte sein Pferd herumgerissen und war wie der Teufel nach Nottingham zurückgejagt, als er den ersten Bogenschützen sah. Der Sheriff konnte es ihm nicht einmal verdenken. Ehrlich musste er sich eingestehen, dass er auch nicht gegen eine Wand aus Pfeilen angeritten wäre. Diese Waldmänner entwickelten sich wirklich zu einer ernsten Gefahr. Sie zu unterschätzen konnte tödlich sein.

Doch offenbar fürchtete sich Robin Hood trotzdem vor ihm. Jedenfalls hatte er es nicht gewagt, direkt am Wettkampf teilzunehmen. Das konnte für seinen Ruf sicherlich nicht förderlich sein. Er war, um einen einzigen Schuss abzugeben, in die Oberburg geklettert! Was für ein Aufwand für letztendlich nichts!

Zugegeben, es hatte einige Zeit gedauert, bis de Lacy wieder in seinen Palas, oder besser den des Königs, gelangte. Der Diener und die Magd hatten es kaum geschafft, die Zugbrücke herunterzulassen. Das Fallgatter mussten die Söldner dann sogar von außen hochstemmen. Doch mehr Schaden hatten die Geächteten offenbar nicht angerichtet. Nicht auszudenken, hätten sie womöglich während des Wettstreits die Burg angesteckt! Er hätte vielleicht doch einige Wachen in der Oberburg zurücklassen sollen.

Als de Lacy sein Gemach betrat, hatte er im ersten Moment nicht das Gefühl, in seiner Abwesenheit einen unliebsamen Besucher gehabt zu haben. Dann sah er den Pfeil im Kopfbrett seines Baldachinbettes stecken und bekam regelrechtes Herzrasen. Um den Schaft war ein Pergament gewickelt, das er mit zittrigen Händen löste. Als er die ersten Worte las, musste er sich setzen.

»Vielen Dank für das Angebot, aber hundert Pennys sind uns zu wenig. Und was sollen wir mit einem goldenen Pfeil? Wir waren so frei, das Preisgeld nach oben zu korrigieren. Und wie Ihr seht, können wir jederzeit und überall zuschlagen. Also seid gewarnt!«

Darunter ein verschnörkeltes R und ein H.

Wer, zum Teufel, hatte dem Kerl nur Lesen und Schreiben beigebracht? Aufgehängt gehörte diese Person, wenn man ihrer nur habhaft werden könnte. Und was meinte dieser Bandit mit »das Preisgeld wäre ihm zu gering«? Ganz schön unverschämt und arrogant, das musste man schon sagen!

Auf einmal kam de Lacy ein furchtbarer Verdacht. Mit schrecklichen Vorahnungen löste er die Sperre des Geheimfaches, und seine allerschlimmsten Befürchtungen wurden auf einen Schlag wahr – es war leer!

Voller Panik rannte de Lacy die Treppe zur Halle hinunter, da kam ihm schon ein Corporal der Wache entgegen.

»Mylord, die Gefangenen sind entflohen! Alle Zellentüren sind geöffnet worden, und in dem allgemeinen Wirrwarr müssen sie entkommen sein.«

Der Sheriff packte seinen Untergebenen am Kragen.

»Kerl, sag nicht, dass keine Kerkerwachen in der Burg waren!«

»Nei…, nein, Mylord«, stotterte der Corporal entsetzt über die Reaktion seines Vorgesetzten. »Ihr selbst habt jeden Mann, der laufen oder zumindest mit einer Armbrust schießen kann, auf die Mauern und den Turnierplatz befohlen. Es durfte keiner zurückbleiben! So lautete Eure eindeutige Anweisung.«

»Bin ich denn nur von hirnlosen Idioten umgeben!«, brüllte der Sheriff, dass die Mauern zu wackeln schienen. »Damit meinte ich doch nicht die Kerkerwachen!«

De Lacy stieß den Mann von sich, sodass dieser die Treppe hinuntertaumelte und um ein Haar gestürzt wäre. Er selbst rannte hastig hinterher, und als er die Tür zur Schatzkammer sperrangelweit offen stehen sah, wusste er, was die Stunde geschlagen hatte.

»Um Gottes willen«, durchfuhr es den Sheriff, »wie mache ich das nur dem königlichen Schatzkanzler begreiflich? Ich kann die Steuern nicht noch einmal erheben, die Leute haben nichts mehr! Henry lässt mich häuten, wenn er davon erfährt. Am besten, ich stürze mich gleich vom höchsten Turm der Burg in den Trent!«

Es war niemand da, der de Lacy Trost spendete. In Nottinghamshire und den angrenzenden Grafschaften machte bald das Gerücht die Runde, dass Robin Hood und seine Gefährten während des Wettkampfes, bei dem man sie hatte fangen wollen, den Amtssitz des Sheriffs ausgeraubt hatten. Ganz nebenbei wurde von ihnen dabei gleich zweimal unter Beweis gestellt, dass sie besser schossen als sonst wer in England.

De Lacy war bis auf die Knochen blamiert. Die Bänkelsänger sangen Spottlieder auf ihn und dichteten Heldengesänge auf die Männer aus dem Sherwood.

Und ein Name war von den Grenzen Schottlands bis zu den Ufern des Ärmelkanals in aller Munde, wurde nur voller Achtung und Ehrfurcht genannt. Doch auch Kinder schreckte man damit: »Pass nur auf, wenn du nicht artig bist, dann holt dich womöglich Robin Hood!«

* * *

Der Träger dieses Namens hingegen durfte sich allerdings von seinen Gefährten etliches anhören. Schließlich hatte sein unbesonnenes, manche sagten auch angeberisches, Verhalten sie in unnötige Gefahr gebracht.

Doch letztlich war alles gut gegangen, keiner verletzt oder gar getötet worden, die Beute mehr als ansehnlich und de Lacy zum Gespött des ganzen Landes geworden. Was wollte man mehr? Also entschloss man sich, wieder einmal ein großes Fest zu feiern, und Robin machte sich auf, Marian und Sir Richard dazuzuholen. Als er mit beiden zurückkehrte, hatten seine Gefährten noch einen weiteren Gast geladen – Brian von Balby, den Sieger des Bogenschützenturniers von Nottingham. Er war auf dem Heimweg gewesen und von Robins Gefährten, die die Straßen durch den Sherwood immer im Auge behielten, aufgegriffen worden.

Wütend saß er auf einem Baumstumpf und starrte vor sich hin. De Lacy hatte ihn bereits um das Preisgeld geprellt, weil er meinte, zwei Schützen hätten schließlich das Ziel in gleicher Weise getroffen. Dem anderen, wenn auch unbekannten, würden deshalb die hundert Silberpennys, ihm dagegen der goldene Pfeil zustehen. Der erwies sich nach kurzer Untersuchung nur als vergoldet, und der Yeoman ging davon aus, auch ihn bald zu verlieren.

Wie erstaunt war er, als er plötzlich von dem Anführer der Waldmänner zum Ehrengast des Festes erklärt und von allen Seiten mit Hochachtung behandelt wurde. Die Geächteten tafelten für ihn auf, was der Wald so hergab, und als man Brian von Balby bat, seine Schießkünste zu demonstrieren, sträubte er sich nicht lange.

Will Scarlett, Little John und drei weitere Männer traten gegen ihn an. Robin hielt sich hingegen bewusst zurück. Er hatte sich seiner Meinung nach schon in Nottingham genug in Szene gesetzt. Brian von Balby erwies sich als ausgezeichneter Schütze, und bald konnte nur noch der Mann aus den Waliser Grenzmarken mithalten. Doch als auch Will Scarlett einen Pfeil statt mitten in den inneren Kreis im Außenring platzierte, machte der Yeoman den Fehler, statt seinen zweiten Sieg in kurzer Zeit zu genießen, den Anführer der Geächteten direkt herauszufordern.

Robin blieb, wenn es ihm auch widerstrebte, nichts anderes übrig, als anzunehmen. An ihm lag es jetzt, die Ehre der Waldmänner zu verteidigen. Er wusste nicht, woher er die Gabe hatte, jeden Pfeil ins Ziel zu senden. Will Scarlett hatte einmal versucht, seine Schießkünste zu analysieren, es aber bald als unmöglich aufgegeben.

»Du schießt einfach rein instinktiv«, meinte er danach zu Robin. »Wenn ich versuchen würde, etwas an deiner Haltung zu verbessern, würde ich dir nur schaden. Ich habe noch keinen Mann gesehen, der den Bogen so aus dem Gefühl heraus beherrscht wie du. Höre einfach in dich hinein, und dann setze um, was dein Körper und deine Seele dir sagen. Alles andere würde nur den Nimbus zerstören.«

Auch jetzt wusste Robin, dass er Brian von Balby besiegen konnte. Woher, hätte er aber niemandem sagen können. Der Yeoman, der mittlerweile sehr selbstsicher, wenn auch nicht überheblich wirkte, schien das irgendwie zu spüren.

»Nun, dann lasst es uns angehen«, meinte er zu Robin und schickte sein Geschoss auf hundert Yards genau in das Zentrum der aufgestellten Scheibe. Sein Gegner hatte keine Lust auf einen langen Wettkampf. Robin wollte Marian im Arm halten, einen Becher Wein trinken, etwas Braten und Pastete zu sich nehmen und einen schönen Abend haben. Also machte er es kurz und spaltete mit seinem Pfeil den seines Kontrahenten der Länge nach durch.

Brian von Balby klappte der Unterkiefer herunter.

»Wenn ich es nicht selbst gesehen hätte, ich würde es nicht glauben! Ihr wart der Mann auf dem Turm, gebt es zu. Um Euch zu fangen, hat der Sheriff das ganze Spektakel veranstaltet. Es gibt keinen Mann in England, ach, was sage ich, im ganzen Angevinischen Reich und darüber hinaus, der sich mit Euch messen kann. Ihr wärt der rechte Mann, um des Königs Bogenschützen zu befehligen. Habt Ihr schon einmal daran gedacht? Zeigt ihm dieses Kunststück, und Ihr habt den Posten. Ich weiß, wovon ich spreche, ich habe ihm viele Jahre lang gedient.«

»Lasst es gut sein, Brian, ich fühle mich hier im Wald ganz wohl«, wehrte Robin ab, aber er verspürte dabei ein eigenartiges Kribbeln. War das vielleicht der Weg, der aus Acht und Bann herausführte? Er würde einmal in Ruhe darüber nachdenken müssen.

Der Yeoman hatte inzwischen den goldenen Pfeil hervorgeholt und hielt ihn Robin hin.

»Ihr seid der Bessere von uns beiden, Euch gebührt der Preis. Nehmt ihn, Ihr habt ihn Euch verdient.«

»Nein, nein, es ist der Eure. Zeigt den Preis überall mit Stolz. Schaut doch, Euer Geschoss steckt mitten im Ziel. Was wollt Ihr noch mehr? Und die hundert Pennys, die de Lacy Euch schuldet, bekommt Ihr von uns. Schließlich wart Ihr so nett, den Sheriff abzulenken, damit wir ihm einen Besuch abstatten konnten.«

Die »Merry Men« brüllten vor Lachen und schlugen sich auf die Schenkel. Richtig, Brian von Balby und seine Mitstreiter waren unbewusst ihre Verbündeten gewesen. Nur Robin hatte das wieder einmal erkannt und auf den Punkt gebracht. Dafür sollte der Yeoman ruhig das Geld aus der Schatulle des Sheriffs bekommen, es war ihm gegönnt.

Es wurde noch ein lustiger Abend, und als man Brian von Balby am nächsten Tag, die Sonne stand schon hoch am Himmel, zur Straße nach Doncaster brachte, schieden Freunde voneinander. Der Yeoman sang das Lied der Männer aus dem Sherwood in den höchsten Tönen und machte überall kund, dass er von Robin Hood höchstpersönlich besiegt worden war. Aber nur von diesem, keinem anderen! Und von dem würde man mit Sicherheit in nächster Zeit noch viel zu hören bekommen. Außerdem waren dessen Schießkünste nicht von dieser Welt. Ob ihm Engel oder Teufel die Pfeile ins Ziel lenkten, wollte Brian von Balby nicht weiter erörtern, doch mit rechten Dingen ging das nicht zu, so wahr er der zweitbeste Bogenschütze im Lande war.

Robin hingegen nahm Alan a Dale zur Seite und führte ein längeres Gespräch mit dem Barden. Der schaute eine Weile sinnend vor sich hin und nickte dann.

»Gut, ich werde sehen, was ich tun kann. Doch erwarte dir lieber nicht zu viel. Der heutige Henry ist nicht mehr der, den dein Großvater kannte. Er herrscht seit mehr als dreißig Jahren über das größte Reich in Europa neben dem des deutschen Kaisers. Das prägt und verändert einen Menschen. Gib mir etwas Zeit, ich werde viel reisen müssen. Und ich gehe erst nach deiner Hochzeit. Schließlich will ich dabei zum Tanz aufspielen.«

Robin verzog etwas gequält das Gesicht. Das war nun so in etwa das Einzige, wovor er sich wirklich fürchtete.

* * *

An einem wunderschönen, nicht zu heißen Sommertag näherte sich ein langer Zug grün gewandeter Männer nebst einigen Frauen und auch Kindern Edwinstowe und hielt auf die Kirche zu, die bereits einmal den Leichnam des heiligen Edwin beherbergt hatte. Keiner war zurückgeblieben, denn ihr Hauptmann würde heute heiraten. Man hatte die Einwohner bewusst nicht eingeweiht, um nicht das Risiko einzugehen, womöglich verraten zu werden. Doch jetzt strömten alle Dörfler zusammen, und es war klar, dass man sie zum anschließenden Festmahl laden würde.

Robin schritt in der Mitte seiner Gefährten. Zur Feier des Tages hatte er sich von einem Schneider unter seinen Freunden einen neuen Surcot anfertigen lassen, allerdings auch in traditionellem Lincolngreen. An seinem spitzen Hut trug er mehrere lange Fasanenfedern und ausnahmsweise einmal keine Waffen. Die hatte Little John in Verwahrung und für alle Fälle griffbereit.

Von Süden näherte sich wie abgesprochen ein Fuhrwerk. Sir Richard kam, um seine Tochter zum Altar zu geleiten und ihre Hand in Robins zu legen. Der Ritter half Marian aus dem Wagen, und Robin fielen fast die Augen aus dem Kopf. So strahlend schön hatte er seine Geliebte noch nie gesehen.

Marian trug ein elfenbeinfarbenes Kleid mit langen, weiten Ärmeln und einem schon fast unzüchtig zu nennenden Ausschnitt, der einen Blick auf den Ansatz ihres Busens gestattete, so wie es der neuesten Mode entsprach. Ihr Haar war sorgfältig frisiert, und in ihm steckten kleine weiße Rosenknospen. Als Schmuck trug sie ein mit Perlen besetztes Collier, das sicher einmal ihrer Mutter gehört hatte.

Sie lächelte Robin so bezaubernd an, dass diesem die Knie weich wurden. Jetzt war sie wieder seine Marian, die schweren Zeiten schienen endgültig überwunden. So Gott wollte, würden sie bald Kinder haben, die seine Frau ihren letzten Schmerz vergessen ließen. Und falls es dem Herrn im Himmel nicht gefallen sollte, sie damit zu beschenken, würde er sie keinen Deut weniger lieben.

Unter dem Portal der Kirche hatte sich Bruder Tuck in frisch gewaschener und ausgebesserter Kutte postiert. Edwinstowe besaß schon seit Längerem keinen Dorfpfarrer mehr, was die

Einwohner dem Niedergang des einst blühenden Ortes unter de Lacys Herrschaft verdankten.

Der Mönch war zwar kein geweihter Priester und durfte von Rechts wegen die Trauung gar nicht vornehmen, aber wen würde es kümmern? Sie alle waren nach dem Willen der weltlichen und geistlichen Herren sowieso aus der Gemeinschaft Ausgestoßene, Geächtete in Acht und Bann. Also brauchte es sie auch nicht zu kümmern, was man von deren Seite über sie sagte und dachte.

Robin hatte sogar überlegt, die Zeremonie unter den Bäumen des Sherwood nach altem, heidnischem Brauch zu vollziehen, doch die Idee nach Marians heftigen Protesten wieder verworfen. Immerhin war Tuck ein Geistlicher und Edwinstowe eine geweihte Kirche – und das war so in etwa das Mindeste, was sie zu akzeptieren bereit war. Wenn ihre Ehe schon keine Anerkennung vor den Menschen finden würde, dann sollte sie doch zumindest vor Gott geschlossen werden.

Sir Richard geleitete Marian zum Portal, wo Robin bereits auf sie wartete. Der Brautvater legte die Hand seiner Tochter in die seines Schwiegersohnes, und statt eines Wortes sah er Robin nur tief in die Augen. Doch in diesem Blick lag mehr, als er mit einer langen Rede hätte ausdrücken können. Robin verstand den alten Ritter auch so. Er würde alles in seiner Macht Stehende dafür tun, um Marian glücklich zu machen, und ihr nicht auf ewig das Schicksal einer Räuberbraut zumuten.

Tuck schlang, wie es der Brauch wollte, ein Band um die Hände der Liebenden, sprach über sie den Segen und stellte dann die alles entscheidende Frage, die beide mit einem freudigen »Ja« beantworteten.

Robin hatte noch ein besonderes Geschenk für Marian. Den Gedanken, ihr etwas aus de Lacys Besitz zu überreichen, hatte er verworfen. Ihm war etwas viel Besseres eingefallen. Aus seiner Gürteltasche nahm er den Ring seines Großvaters, den er etwas hatte verkleinern lassen. Er streifte ihn Marian über den Finger und flüsterte ihr dabei zu, sodass nur sie es verstand:

»Dieser Ring hat einmal einem Kaiser gehört. Trag du ihn nun als Zeichen meiner immerwährenden Liebe als meine Herzenskönigin.«

Was sollte eine Frau darauf antworten? Sie konnte es nicht mit Worten, sondern nur mit einem Blick, in dem die ganze Liebe dieser Welt und ein ewiges Versprechen lagen. Und mit einem Kuss, der alle Wonnen des Paradieses zumindest andeutete.

Unter dem Jubel der Einwohner von Edwinstowe und dem von Robins Gefährten zogen sie dann in die Kirche ein, wo Tuck eine feierliche Messe zelebrierte, wohl wissend, dass er dafür sicherlich exkommuniziert werden würde. Doch noch nie in seinem Leben hatte der Mönch sich Gott so nahe gefühlt.

Auf dem Dorfanger von Edwinstowe gab es anschließend ein rauschendes Fest. Von den Männern aus dem Wald war dafür alles Notwendige mitgebracht worden. Noch nie zuvor hatten die Dörfler derart geschlemmt. Es wurde gespeist, getanzt, getrunken und gelacht, und in keinem einzigen Gedanken kamen de Lacy und seine Schergen vor.

Als der Tag sich neigte, fuhren Robin, Marian und Sir Richard nach Fenwick. Die Hochzeitsnacht wollte das frischvermählte Paar nicht unter Bäumen und in Gesellschaft verbringen. Der Brautvater hatte dafür ein Gemach auf dem Gut herrichten lassen. Alle waren überzeugt davon, dass niemand, schon gar kein Sheriff, sich in absehbarer Zeit hierherwagen würde.

Doch was weder Robin noch Marian wussten, als sie sich in dem breiten Bett auf schneeweißen Laken liebten, war, dass rund um Fenwick hundert Männer mit schussbereiten Langbögen über sie wachten. Und unter dem Tor stand für den Rest der Nacht ein Ritter auf sein Schwert gestützt, an dem kein Feind, und käme er direkt aus der Hölle, vorbeikommen würde, und dachte dabei an die Frau, der sein Herz gehört hatte und die so früh von ihm gegangen war. Ob sie wohl im Himmel auf ihn wartete und von dort oben mit Freude auf Robin und Marian herabsah? Er hoffte es so sehr.

EPILOG

Klirrende Februarkälte lag über dem Sherwood, als Alan a Dale endlich von seiner langen Reise zurückkehrte, die er auf Robins Bitte hin angetreten hatte. Am wärmenden Feuer taute er seine steif gefrorenen Hände auf und stärkte sich mit heißem Würzwein und einer geschmorten Hasenkeule. Doch länger konnte er seine Freunde nicht auf die Folter spannen, die aufgeregt von einem Fuß auf den anderen traten und gespannt wie die Sehnen ihrer Bögen darauf warteten, was er zu erzählen hatte.

»Ich sage es euch gleich und ohne Umschweife, ihr werdet enttäuscht sein«, begann der Barde seinen Bericht. »Durch das ganze, große Angevinische Reich bin ich gereist, von der Normandie im Norden bis in die tiefste Gascogne im Süden und habe mich umgehört, wie es im Lande steht. Später war ich dann am Hofe zu Westminster und schöpfte bereits Hoffnung, da die Familie der Plantagenets ein großes Versöhnungsfest zu Weihnachten feiern wollte. Henry hatte seine Gemahlin Eleonore dafür aus ihrem Gefängnis holen und mit neuer Garderobe ausstatten lassen. Auch alle drei Prinzen waren dazu angereist. Am Anfang ging es noch sehr gesittet zu. Es wurde getafelt, wir Barden wurden regelrecht hofiert, und alle Großen des Reiches waren geladen. Erschrocken habe ich mich nur über das Aussehen und Benehmen des Königs. Seit Eleonore nicht mehr an seiner Seite weilt, hat er sich sehr zu seinen Ungunsten verändert. Er ist fett geworden, wirkt ungepflegt und mürrisch. Früher war er einmal ein leutseliger Herrscher, den das Volk vergötterte. Heute hingegen ist er meist schlecht gelaunt, aufbrausend, und sein Gefolge besteht zum großen Teil aus Taugenichtsen, Gauklern, Huren und Spielern, die ihm alle nach dem Munde reden.«

»Sag, hast du mit dem König sprechen können?«, wollte Robin wissen.

»Nein, es war kein Herankommen an ihn. Seine Höflinge schirmen ihn völlig ab. Nur von Weitem konnte ich sehen, wie fahrig, ja geistesabwesend er wirkt. Ganz anders Eleonore. Obwohl sie ja nun um einiges älter ist als Henry, wirkte sie frisch wie junger Morgentau, an allem interessiert und aufgeschlossen. Sie ließ mich und meinen Freund Blondel in ihr Gemach kommen, hörte unseren Gesängen zu und fragte uns, die wir ja viel herumkommen, darüber aus, wie es im Lande steht. Und bei ihr traf ich auch auf ihren Sohn Richard, den Herzog von Aquitanien und seit Heinrichs Tod der eigentliche Thronfolger.«

»Wieso eigentlich?«, erkundigte sich Will Scarlett. »Er ist doch der älteste von Henrys verbliebenen Söhnen.«

»Ja, aber mit seinem Vater völlig zerstritten und der Einzige, der dem alten König Paroli bieten kann. Henry bevorzugt neuerdings den Jüngsten, John. Und ich sage euch, sollte der jemals an die Macht kommen, dann Gnade uns allen Gott.«

»Warum denn das?«

»Ich habe noch nie einen verschlageneren, hinterhältigeren und intriganteren jungen Mann gesehen als ihn. Hier fehlt eindeutig Eleonores Erziehung. John war erst sechs Jahre alt, als Henry seine Mutter einsperrte und jeden Kontakt zu ihren Kindern unterband. Er ist dann unter diesen zwielichtigen Gestalten aufgewachsen, mit denen sich sein Vater am Hofe umgibt. Vielleicht konnte deshalb nichts anderes aus ihm werden.«

»So, und was ist dann passiert? Du sagtest, dass es nur am Anfang friedlich zuging«, kam Robin ungeduldig auf den Punkt zurück. Was interessierte ihn der jüngste Sohn des Königs, der doch noch zwei ältere Brüder hatte.

»Henry hatte irgendwann im letzten Jahr den verrückten Einfall, John Aquitanien zu übertragen, damit dieser nicht länger als ›Ohneland‹ verspottet wird. Richard aber dachte gar nicht daran, die reiche Provinz abzugeben. Da kam sein jüngster Bruder auf die Idee, in das Herzogtum einzufallen und es seinem Bruder gewaltsam abzunehmen. Das war wohl mit Abstand das Dümmste, was er sich ausdenken konnte. Manche behaupten allerdings, der König selbst hätte ihn dazu angestachelt. Richard muss über die einfallenden Truppen gekommen sein wie der Zorn Gottes, und John rannte, rannte, rannte. Bis zu seinem Vater, dem er sich heulend zu Füßen warf. Jetzt, im Rahmen der Weihnachtsfeierlichkeiten, verlangte Henry von Richard, dass er freiwillig auf Aquitanien verzichtete. Dafür sollte er die Normandie bekommen und später König werden. Doch wieder sagte Richard, bestärkt durch seine Mutter, ›Nein‹. Von nun an war Feuer unter dem Dach, und aus dem Fest der Liebe wurde ein handfester Familienkrach. Geoffrey, Henrys Zweitältester, reiste als Erster ab. Angeblich ist er auf dem Weg nach Paris, wo ihn König Philipp zu seinem Seneschall ernennen will. Eleonore wurde wieder auf die Burg nach Old Sarum verbracht, und Richard floh in einer Nacht-und-Nebel-Aktion vom Hofe. Ihr könnt euch sicher vorstellen, dass Henry sich in dieser Situation keinen Deut um die Sorgen und Nöte einiger Bauern und Geächteter in einer der unbedeutendsten Provinzen seines riesigen Reiches schert. Er bereitet sich auf einen Krieg gegen seinen ältesten Sohn und den König von Frankreich vor. Nichts anderes zählt für ihn derzeit.«

Betretenes Schweigen herrschte in der Runde, und die Hoffnungen, die man mit Alan a Dales Mission verbunden hatte, schmolzen wie Schnee in der Märzensonne dahin.

»Hast du nicht wenigstens eine gute Nachricht für uns, mein Freund?«, erkundigte sich Robin, dem das alles gar zu trübselig klang.

»Nun, ich habe eine ganze Weile mit Prinz Richard sprechen können. Er ist ein begnadeter Kämpfer und umsichtiger Feldherr, dabei aber auch den schönen Künsten und Wissenschaften zugeneigt. Das hat er eindeutig von seiner Mutter. Er spricht mehrere Sprachen und dichtet sogar höfische Lieder. Manchmal versucht er sich selbst als Troubadour, und ich muss zugeben, er ist gar nicht schlecht. Einmal hat er einige Balladen zur Laute vorgetragen. Und was soll ich sagen, Robin, eine handelte tatsächlich von dir.«

»Was? Du willst mich wohl auf den Arm nehmen?« Der Angesprochene wäre fast nach hinten umgekippt. »Das ist doch nicht dein Ernst, oder?«

»Doch, doch, es ist die Wahrheit. Dein Ruhm, und ein bisschen auch der von uns allen, hat sich bereits bis in die entlegensten Ecken des Reiches herumgesprochen. Allenthalben singen die Spielleute von den ›Merry Men‹ im Sherwood. Ihr habt überhaupt keine Vorstellung davon, was man euch alles für Abenteuer und Heldentaten zuschreibt! Nur Henry hat dafür kein Ohr. Unter einem König Richard hingegen könnte ich mir durchaus vorstellen, dass dein Plan aufgeht.«

»Was ist das für ein Mann, dieser Prinz?«, wollte Robin wissen. »Kannst du uns nicht ein bisschen mehr von ihm berichten?«

»Er ist etwas älter als du, Robin, und nur wenig kleiner als Little John. Dabei gutaussehend und elegant in seinen Bewegungen. Geschmeidig wie eine Katze. Nein, das trifft es nicht. Eher wie ein Löwe, immer auf Beute aus.«

»Aber noch nicht verheiratet, wie man hört«, warf Marian ein. »Höchst ungewöhnlich, wenn man seine Stellung und sein Alter bedenkt.«

»Ja, hier wird es pikant. Er ist von Kindesbeinen an mit Alix, der Schwester des Königs von Frankreich verlobt. Sie wurde am Hofe Henrys erzogen, und der fand offenbar Gefallen an dem jungen Ding. Sie soll bereits seit einiger Zeit sein Bett teilen, und man munkelt, sie hätte sogar ein Kind von ihm. Jetzt wollte der König, dass Richard sie trotz allem heiratet, denn Philipp von Frankreich fordert entweder die Eheschließung oder die Rückkehr seiner Schwester und gleichzeitig die bereits übergebene Mitgift zurück. Das Vexin, einen fruchtbaren Landstrich, der an die Normandie grenzt. Doch Richard hat seinem Vater klipp und klar erklärt, dass er im übertragenen Sinne nicht bereit ist, dessen abgelegte Kleider aufzutragen.«

»Was man ja auch irgendwie verstehen kann.«

»Sicher. Aber John hat sich auf der Stelle bereit erklärt, in die Lücke zu springen. Vorausgesetzt, er bekommt dafür Aquitanien oder wird gar Henrys Nachfolger. Im Bett wie im Reich. Mehr braucht man über den Charakter des jüngsten Prinzen wohl nicht zu sagen.«

»Nein, sicher nicht. Aber was sollen wir nun deiner Meinung nach tun? Henry umbringen wird wohl kaum möglich sein«, warf Little John ein.

»Dazu müsstet ihr England verlassen und ihn auf dem Kontinent suchen und finden, denn dorthin ist er gleich nach dem Fest zurückgekehrt. Aber das vergesst besser gleich. Selbst wenn ihr es schafft und ein Pfeil würde das Leben des alten Königs beenden so wie das von König Rufus, dem Sohn des Eroberers – Richard müsste die Mörder seines Vaters bis ans Ende der Welt verfolgen und qualvoll zu Tode schinden, wollte er nicht sein Gesicht verlieren.«

»Das war auch nicht ernst gemeint«, verteidigte sich Little John. »Aber vielleicht können wir wenigstens um seinen Tod beten, und der Herr erhört unser Flehen.«

»Mit Sicherheit nicht, du Heide!«, empörte sich Bruder Tuck. »Hast du denn überhaupt gar nichts vom christlichen Glauben verinnerlicht? Bete von mir aus darum, dass Richard König wird, aber nicht, dass sein Vater stirbt. Sonst könnte Gott im Himmel vielleicht versucht sein, es dir mit gleicher Münze heimzuzahlen.«

»Also können wir uns noch für lange Zeit darauf einrichten, im Sherwood bleiben zu müssen«, fasste Robin das Ergebnis niedergeschlagen zusammen. »Und ich hatte so gehofft, dass es das letzte Weihnachtsfest war, das wir im Wald feiern mussten.«

»So schlimm ist es nun auch wieder nicht, Robin.« Es war ausgerechnet Marian, die das sagte. »Was wäre denn passiert, hätte Henry euch begnadigt? Ihr müsstet alle in seine Armee eintreten. Dann hätte er euch in Kriege geschickt, die nicht die euren sind. Womöglich fallt ihr in fremden Ländern und werdet dort verscharrt. Ihr würdet gegen seine Söhne, gegen Frankreich und gegen wen was weiß ich noch in den Kampf ziehen. Fern von England, eurer Heimat. Nein, dann bleibt lieber hier im Sherwood. Der Wald gibt uns alles, was wir brauchen. Nahrung und ein Dach über dem Kopf, Blätter und Zweige für unsere Lager, Holz für wärmende Feuer. Denkt doch nur einmal an die köstlichen Fische in Kräutersoße, die Tuck vorhin zubereitet hat. Glaubt ihr, so etwas gibt es im Feld? Viele Menschen in England haben weit weniger als wir. Und der Sheriff dankenswerterweise immer wieder einmal Geld. Dir wird schon etwas einfallen, Robin, ihn von Zeit zu Zeit darum zu erleichtern. Da bin ich mir ganz sicher.«

Gemurmel ringsum signalisierte Zustimmung zu Marians Worten und vertrieb die allzu trüben Gedanken, die sich bereits breitgemacht hatten.

»Ich denke, es wird auch ohne unser Zutun und Gebete nicht mehr allzu lange dauern, bis Richard zum König gekrönt wird«, meinte Alan a Dale nachdenklich. »Henry ist wahrlich nicht bei guter Gesundheit. Ein Krieg könnte ihm jetzt den Rest geben. Und der Herzog von Aquitanien gibt sich schon ganz majestätisch. Er saß auf einem hohen Lehnstuhl, als ich bei ihm weilte und von euch berichtete. Es war schon fast ein Thron, mit fein geschnitzten Löwenpranken an den Füßen und an den Handauflagen. Ich sprach ihn darauf an, und er sagte mir, er hätte ihn von seiner Großmutter noch zu deren Lebzeiten vererbt bekommen. Sie hatte ihn immer ihr Löwenjunges genannt, weil er so wild und ungebärdig war. Kommt es zum Kampf zwischen Vater und Sohn, würde ich drei Pennys gegen einen auf seinen Sieg wetten.«

»Wie Macht einen Menschen doch verändern kann. Mein Großvater hat einmal so große Stücke auf Henry gehalten, und mein Vater ist sogar eine Zeit lang mit ihm zusammen erzogen worden«, seufzte Robin und verblüffte mit dieser Aussage alle Anwesenden, außer Marian, die als Einzige die Familiengeschichte der Fitzooths kannte.

»Du flunkerst uns hier etwas vor, oder?« Little John sah seinen Freund äußerst skeptisch von der Seite an. »Demnächst stellt sich noch heraus, du gehörst auch zu diesem Wolfsrudel und bist selbst ein Plantagenet.«

»Nein, sicher nicht. Aber es ist tatsächlich so, dass wir Fitzooths Loxley letztendlich Henry, seiner Mutter Matilda und seiner Frau Eleonore zu verdanken hatten. Und des Königs Stellvertreter hat es uns jetzt wieder genommen. Es geht schon verrückt zu auf dieser Welt.«

»Das musst du uns alles einmal an langen Winterabenden in Ruhe erzählen!« Alan a Dale war ganz aufgekratzt, witterte er doch bereits wieder neuen Stoff für Balladen.

»Ich denke, wir sollten nicht länger Trübsal blasen«, schaltete sich Much ein. »Marian hat völlig recht, wir könnten es viel schlechter treffen. Lasst uns lieber ein Fass anstechen und auf das Leben anstoßen, solange wir es noch haben.«

Begeistert wurde dem Sohn des Müllers zugestimmt, und schon bald funkelte roter Wein in den Bechern.

»Auf das Leben im Sherwood und auf die ›Merry Men‹!«, rief Robin den Trinkspruch des Abends in die Runde und erntete von allen Seiten begeisterte Zustimmung.

»Und auf einen zukünftigen König Richard«, flüsterte Marian nur für sich selbst verständlich in ihren Pokal. Was sie in diesem Moment nicht wusste, vier Jahre musste sie sich noch gedulden.

Historische Anmerkungen des Autors

Als ich vor vielen Jahren begann, über den bekannten englischen Volkshelden zu recherchieren, stieß ich natürlich immer wieder auf die mittelalterliche Balladensammlung »A Gest of Robyn Hode«. Allerdings habe ich sie in meinen Romanen bewusst weitestgehend außen vor gelassen und nur ganz am Rande auf sie Bezug genommen. So wird der geneigte Leser natürlich auf die bekannten und auch weniger bekannten Personen wie zum Beispiel den armen Ritter Richard Leaford treffen, die mit Robin Hood in Verbindung gebracht werden.

Mir stellte sich aber vor allem die Frage, wie aus einem Freibauern ein derart begnadeter Kämpfer werden konnte, dessen Geschichte auch noch Jahrhunderte nach seinem Tod immer wieder aufs Neue erzählt und verfilmt wird. Was hat er wohl für eine Erziehung genossen, wer waren seine Eltern und Großeltern? Niemand weiß es, und so sind der Spekulation Tür und Tor geöffnet, ist die schriftstellerische Freiheit keinerlei Beschränkungen unterworfen.

In dem vorliegenden Band der Romanreihe habe ich mich nun dieser Frage gewidmet und dabei auch einen Teil der alten Legenden neu belebt.

In den in Elisabethanischer Zeit viel gespielten Theaterstücken von Anthony Munday lautet der eigentliche Name von Robin Hood in der normannischen Form Robert Fitzooth, abgeleitet vom angelsächsischen Hrodberht, Sohn des Odo. Robin ist die Koseform von Robert, und als Hood bezeichnete man, damals wie heute, in England eine Kapuze oder Haube.

Ob und, wenn ja, wann der englische Volksheld tatsächlich gelebt hat, darüber streiten sich Historiker seit ewigen Zeiten. Lassen wir sie. Ich hingegen habe versucht zu schildern, wie ein Yeoman zu der legendenumwobenen Gestalt hätte werden können, und dabei den Bogen weit zurück in die Vergangenheit geschlagen, um seine fiktiven Vorfahren zum Leben zu erwecken.

Die Ereignisse um die Italienzüge Heinrichs V., der zwar zu Lebzeiten mit seinem Vater zerstritten war, nach dessen Tod allerdings die Schmach Heinrichs IV. von Canossa rächte und dafür sorgte, dass die Exkommunikation aufgehoben wurde, haben sich im Wesentlichen so abgespielt, wie sie von mir geschildert wurden. Zeit seines Lebens kämpfte der deutsche König und römische Kaiser gegen die Machtansprüche der Kirche und des Klerus. Letztendlich musste er sich ihnen im Wormser Konkordat von 1122 dann doch unterwerfen.

Seine Frau Matilda war in Deutschland und Italien äußerst populär und beliebt. Auch nach ihrer Rückkehr in ihre englische Heimat wurde sie vor allem vom Volk in guter Erinnerung behalten.

Damals rollte eine erste Emanzipationswelle durch Europa. Frauen wie Matilda von England, Hildegard von Bingen oder Eleonore von Aquitanien traten aus ihren angestammten Rollen heraus und ließen sich nur noch bedingt von Männern etwas sagen. Ja, sie kämpften mit ihnen sogar um Kronen und Länder, was ein Jahrhundert zuvor noch völlig undenkbar gewesen wäre.

Das setzte sich selbst bis in die untersten Schichten des Volkes fort. Viele Männer waren im Krieg oder auf den Kreuzzügen, und so blieb den Frauen gar nichts anderes übrig, als deren Part zu übernehmen. Und nach der Rückkehr ihrer Gatten und Söhne dachten sie meist nicht daran, zurück in die zweite oder gar dritte Reihe zu treten.

Im 12. Jahrhundert erreichte der Machtkampf zwischen weltlicher und geistlicher Macht in fast allen Ländern Europas ihren Höhepunkt und gipfelte im Streit um die Investitur der Bischöfe. Kaiser und Könige stritten bis aufs Messer mit den Päpsten und deren Legaten um dieses Recht, waren die Bischöfe ihnen doch meist lehnspflichtig, andererseits dem Papst in Rom zur Treue verpflichtet.

Obwohl oft in sich gespalten — streckenweise gab es gleich drei Stellvertreter Christi auf Erden nebeneinander, die sich noch dazu bis aufs Blut bekämpften —, konnte die Kirche diese Auseinandersetzung für sich entscheiden. Erst Napoleon stellte rund achthundert Jahre später das Gleichgewicht der Kräfte wieder her.

Der von mir hochverehrte Sir Walter Scott hat in seinem »Ivanhoe« das Verhältnis zwischen Normannen und Angelsachsen noch um 1194 als äußerst konfliktbelastet beschrieben. Allerdings erließ bereits König Henry I. ein Edikt (und nach ihm alle seine Nachfolger auf dem Thron), das die Gleichstellung beider Volksgruppen sicherstellen sollte. Kein Herrscher konnte sich ein auf Dauer gespaltenes Reich leisten.

Handel und Landwirtschaft erblühten in England nach dem Ende des neunzehnjährigen Bürgerkrieges. Das war zum einen der Klimaerwärmung geschuldet — ja, die gab es damals auch schon, und bis hoch nach York baute man Wein an —, zum anderen neuen Produktionsmethoden. Die Einführung der Dreifelderwirtschaft, der Düngung und die Verwendung schwerer, eiserner Pflüge steigerten die Bodenerträge wesentlich und halfen, die rasch ansteigende Bevölkerung mit Nahrungsmitteln zu versorgen. Das blieb so bis zum Auftreten der ersten Pestwelle, die Europa ab 1347 überrollte.

Die ersten zwanzig Jahre der Herrschaft von Henry II. waren durchaus segensreich für sein Volk. Er regierte das Angevinische Reich in seiner größten Ausdehnung – von den Pyrenäen bis an die Grenze Schottlands. Dagegen waren die Territorien des französischen Königs geradezu winzig. Und doch hatte es keinen Bestand und ging unter seinem Sohn John zumindest auf dem Kontinent weitestgehend verloren.

Überhaupt: Seine Söhne! Zuerst heiß ersehnt und geliebt, wandten sie sich – oft unterstützt von ihrer Mutter – bald gegen ihren Vater. Kaum den Kinderschuhen entwachsen, wollten sie ihren Anteil an der Macht. Ansonsten ein gewiefter Diplomat, versagte Henry in der Familienpolitik schmählich.

Nicht nur, dass er die Frau, die ihm acht Kinder geboren und damit den Bestand der Dynastie mehr als nur gesichert hatte, fünfzehn Jahre einsperren ließ. Nein, er begann bereits zu seinen Lebzeiten, sein Erbe aufzuteilen, und wunderte sich dann darüber, dass es dadurch zu Zwist und Hader unter seinen Nachkommen kam. Letztendlich starb er, von allen, außer seinem unehelichen Sohn Gottfried von York, verraten und verlassen, 1189 in Chinon.

In der Zeit des Krieges gegen seine Söhne herrschten in dem vernachlässigten England – die Kämpfe spielten sich zum großen Teil auf dem Kontinent ab – wieder ähnliche Zustände wie zur Zeit der »Anarchy«. Ein idealer Nährboden für selbstherrliche Feudalherren, raffgierige Sheriffs und nimmersatte Kirchenfürsten.

Das Volk schrie regelrecht um Hilfe, doch niemand erhörte es. Und so entstanden vielleicht die Legenden um Robin Hood und die »Merry Men« im Sherwood Forest, einem damals riesigen Waldgebiet in der Mitte Englands. Die einfachen Menschen wünschten sich händeringend Beschützer vor der Willkür der weltlichen und geistlichen Herren.

Die ersten überlieferten Balladen der »Gest« handelten von dem armen Ritter, dem Bischof von Hereford und dem goldenen

Pfeil. Der geneigte Leser wird sie in abgewandelter und in den geschichtlichen Kontext gestellter Form in diesem Roman wiederfinden.

Der meist aus Eibenholz gefertigte Langbogen, den die Engländer bei ihren Kämpfen gegen die Waliser kennen- und fürchten lernten, revolutionierte die gesamte damalige Kriegsführung. Er war »die Superwaffe des Mittelalters« (Die Welt, 18.05.2010).

Natürlich benutzten die Menschen schon seit der Steinzeit Pfeil und Bogen, doch die Perfektionierung dieser Waffen entschied den ewigen Kampf Geschoss gegen Panzerung bis zum Aufkommen der Feuerwaffen für Jahrhunderte zu ihren Gunsten. Englische Schützen trainierten auf königlichen Befehl hin täglich und durften dafür sogar den vorgeschriebenen sonntäglichen Kirchgang versäumen.

In den großen Schlachten des Hundertjährigen Krieges von Crécy 1346, Poitiers 1356 und Azincourt 1415 waren englische Heere zwar zahlenmäßig immer weit unterlegen, doch siegten sie trotzdem, da ihre Langbogenschützen unter der französischen Ritterschaft, die auf traditionelle Weise angriff, wahre Massaker anrichteten.

Einen Treffer, der einen bereits im Ziel steckenden Pfeil spaltet, nennt man noch heute Robin-Hood-Schuss.

Adelstitel entwickelten sich zu jener Zeit gerade erst. Da es nur wenige Namen gab, die sich noch dazu in den Familien ständig wiederholten, fügte man zur Unterscheidung auch bei einfachen Leuten oft den Herkunftsort an. Das deutsche »von«, englische »of« oder französische »de« wäre also besser übersetzt mit »aus«.

Robert von Loxley müsste daher also eher Robert aus Loxley heißen, doch kennen wir ihn ja alle als Robin Hood. Begleiten Sie ihn und seine Gefährten in den folgenden Romanen auf den dritten Kreuzzug nach Italien, Sizilien und Zypern und kämpfen Sie an seiner Seite vor Jerusalem, in Spanien und natürlich gegen Prinz und später König John.

Natürlich weiß auch ich nicht im Detail, wie damals alles genau gewesen ist. Doch gestatten Sie mir, eines in Anspruch zu nehmen: alles so geschildert zu haben, wie es zumindest gewesen sein könnte. Und immer, wenn Ihnen etwas besonders unwahrscheinlich vorkommt, gehen Sie am besten davon aus, dass es sich genau so zugetragen hat.

Geschichte ist wirklich etwas Faszinierendes!

Ende

Doch Robin Hood kehrt zurück in

Das Herz des Löwen

ZEITTAFEL

25.07.1110	die achtjährige englische Prinzessin Matilda, Tochter Henrys I., wird in Mainz zur deutschen Königin gekrönt
1110/1111	1. Italienzug Heinrichs V., erstmals küsst ein deutscher König dem Papst die Füße, trotzdem kommt es erst im zweiten Anlauf zur Kaiserkrönung
06.01.1114	Hochzeit der zwölfjährigen Matilda mit Heinrich V., die Ehe wird von Chronisten als glücklich beschrieben
1116/1118	2. Italienzug Heinrichs V., diesmal in Begleitung von Matilda, beide werden in der Peterskirche zu Kaiser und Kaiserin gekrönt, allerdings nicht durch Papst Paschalis, der aus Rom geflohen war
23.05.1125	Tod Heinrichs V., die geregelte Nachfolge wird von Erzbischof Adalbert von Mainz hintertrieben und Heinrichs Feind Lothar zum deutschen König gewählt
1126	Heimkehr Matildas nach England, sie führt weiterhin den Titel »Kaiserin«

Jan. 1127	Henry I. lässt alle englischen und normannischen Lords einen Eid darauf schwören, Matilda als seine Nachfolgerin anzuerkennen, es gibt keinen Widerstand
17.06.1128	Matilda heiratet Geoffrey von Anjou, genannt Plantagenet, und bekommt mit ihm drei Söhne
01.12.1135	Henry I. stirbt; obwohl die weltlichen und geistlichen Lords noch zweimal geschworen haben, Matilda als seine Erbin zu akzeptieren, bemächtigt sich Stephan von Blois des Throns und wird bereits am 22.12.1235 in Winchester gekrönt
1135–1154	Bürgerkrieg in England, die sogenannte »Anarchy«
Sept. 1139	Matilda landet in England
02.02.1141	Schlacht von Lincoln, Stephan wird gefangen genommen und in Bristol eingekerkert
07.04.1141	die Synode der Bischöfe ernennt Matilda zur »Herrin von England«
24.06.1141	Matilda muss, bevor sie gekrönt werden kann, vor der Londoner Bevölkerung, die sie gegen sich aufgebracht hat, aus Westminster fliehen

Sept. 1141	Niederlage von Winchester und Gefangennahme des Earls of Gloucester, Matildas Halbbruder
03.11.1141	Stephan von Blois wird gegen Robert von Gloucester ausgetauscht und am 25.12.1141 in Canterbury erneut gekrönt
20.12.1142	Matilda flieht auf abenteuerliche Weise durch Eis und Schnee aus der belagerten und eingeschlossenen Burg von Oxford; in England herrscht danach zwischen den verfeindeten Parteien eine Pattsituation, während Matildas Gatte die Normandie erobert und sich in Rouen zum Herzog inthronisieren lässt
31.10.1147	Robert von Gloucester stirbt
März 1148	Matilda verlässt England und zieht sich in die Normandie zurück, der Krieg geht trotzdem weiter
25.10.1154	Stephan stirbt, noch zu seinen Lebzeiten wurde Matildas Sohn Henry zu seinem Nachfolger bestimmt
19.12.1154	Henry II. und seine Frau Eleonore von Aquitanien werden in Westminster gekrönt
10.11.1167	Matilda stirbt in Rouen

1172–1174	Aufstand von Henrys Söhnen Heinrich, Richard und Geoffrey, unterstützt von ihrer Mutter, gegen den Vater, Eleonore wird gefangen genommen und bis zu Henrys Tod eingekerkert
06.07.1189	Henry II. stirbt nach mehreren Niederlagen gegen seinen Sohn Richard; auch sein jüngster Sohn John, von ihm als sein Nachfolger vorgesehen, verriet zuletzt den Vater
03.09.1189	Richard I., später Löwenherz genannt, wird in Westminster Abbey zum König von England gekrönt

GLOSSAR

Abakus – mehr als 3000 Jahre altes Rechenhilfsmittel, das in Europa
bis zum 16. Jahrhundert verwendet wurde

Allod – Grundeigentum, über das der Besitzer, im Gegensatz zu einem
Lehen, frei verfügen konnte

Angevinisches Reich – erstreckte sich im 12. Jahrhundert von den Pyrenäen bis nach Schottland und umfasste den gesamten Besitz des
Hauses Plantagenet mit dem westlichen Frankreich und dem Königreich England

Bailif – auch Reeve genannt, entspricht dem deutschen Vogt, Vertreter
des örtlichen Grundherrn als Verwalter, war auch für die Landes-
verteidigung der Region verantwortlich

Brouche – Unterhose im Mittelalter, ähnlich unseren heutigen Bo-
xershorts

Bury St. Edmunds – Benediktinerabtei mit im 12. Jahrhundert be-
rühmter Wallfahrtskirche

Cellarius – Kellermeister in Klöstern

Cotte – einer Tunika ähnliches, langärmeliges Schlupfkleid im Mittelalter

Donjon – Wohn- und Wehrturm in mittelalterlichen Burgen

Dormitorium – Schlafsaal in Klöstern

Earl – bis 1355 höchster englischer Adelstitel, entspricht dem deutschen Grafen, weibliche Form: Countess

Englischer Langbogen – kommt ursprünglich aus Wales, meist aus Eibenholz, seltener aus Ulme oder Esche gefertigt, seine Länge entspricht ungefähr der Größe des Bogenschützen, die Sehne bestand oft
aus den Fasern der Brennnessel, vor allem mit der Bodkin- oder Ahl-
spitze bestückte Pfeile durchschlugen Kettenhemden und Plattenpan-
zer bis zu 1,5 mm Stärke noch auf mehr als 200 Schritt Entfernung

Farthing – Zahlungsmittel im Mittelalter, entsprach einem Viertel-penny

Freisasse – Besitzer eines von Lehnspflichten, Frondiensten und Abga-ben befreiten Gutes, in England auch Yeoman genannt

Gambeson – textiles, abgestepptes Rüstungsteil, das unter dem Ket-tenhemd oder auch als alleinige Rüstung stärker gepolstert von Kriegsknechten und Bogenschützen getragen wurde; es konnte vor Schwerthieben, aber nicht vor Stichen oder Pfeilen schützen

Geldkatze – meist schlauchartiger Lederbeutel im Mittelalter zum Transport von Geld und anderen Wertgegenständen, der versteckt unter der Kleidung getragen werden konnte

Gugel – kapuzenartige Kopfbedeckung von Männern unterer Stände im Mittelalter, die bis über die Schultern reichte

Inch – von Henry I. 1101 eingeführte Maßeinheit, 1 Inch entsprach der Breite seines Daumens

Kebsweib – alte, abwertende Bezeichnung für eine Konkubine

Kukulle – kapuzenartiger Überwurf, der noch heute von Ordensleu-ten getragen wird

Meile – hier London Mile, entspricht 1592 Metern

Motte – vorwiegend normannische Burgen, die auf einem künstlich aufgeschütteten Hügel errichtet wurde

Palas – repräsentativer Saalbau oder Hauptgebäude mittelalterlicher Burgen

Pax – lateinisch für Frieden

Percheron – schwere Zugpferderasse, aus der Normandie stammend

Reisiger – im Mittelalter Bezeichnung für gewappnete Dienstleute zu Fuß oder zu Pferd

Seneschall – höchster Hofbeamter des Königs, hatte meist Stellvertre-terfunktion

Skapulier – Überwurf über der Tunika einer Ordenstracht

Spinewert – Maßzahl für die Biegefähigkeit eines Pfeiles, wird traditi-onell in englischen Pfund angegeben

Sprengel – kirchlicher Verwaltungsbezirk, meist mit einem Bistum gleichzusetzen

Surcot – mittelalterliche Ärmeltunika, die von beiderlei Geschlecht und allen Ständen getragen wurde

Trebuchet – auch Blide genannt, war die größte und präziseste Wurf-

waffe unter den mittelalterlichen Belagerungsmaschinen, sie konnte 15 bis 30 Kilogramm schwere Steine bis zu 300 Meter weit
schleudern

Tunika – Kleidungsstück, das von der Antike bis zum Mittelalter von
Frauen und Männern unmittelbar am Körper getragen wurde

Yard – im Jahr 1011 von Henry I. als Abstand von seiner Nasenspitze
bis zur Daumenspitze seines ausgestreckten Armes festgelegt, ein
Yard betrug ungefähr drei Fuß, heute 0,9144 Meter

Yeoman – Freibauer im mittelalterlichen England, sie stellten die über
Jahrhunderte gefürchteten, oft schlachtentscheidenden Langbogenschützen im Heer

Zelter – leichtes Reitpferd mit bequemem Gang, besonders von Frau-
en geschätzt

BIBLIOGRAFIE

Appleby, John Tate: Heinrich II., König von England, Riederer-Verlag, Stuttgart 1965

Berg, Dieter: Die Anjou-Plantagenets: Die englischen Könige im Europa des Mittelalters, Kohlhammer, 2003

Boshof, Egon: Die Salier, Kohlhammer-Verlag, Stuttgart 2008

Brown, R. Allen: Die Normannen, DTV Verlag GmbH & Co. KG, München 1984

Dubois, Jaqueline: Hildegard von Bingen, area Verlag, Erftstadt 2007

Gablé, Rebecca: Von Ratlosen und Löwenherzen, Ehrenwirth in der Verlagsgruppe Lübbe, 2008

Gillingham, John: Richard Löwenherz, Classen Verlag GmbH, Düsseldorf 1981

Gleß, Karlheinz: Rosse, Reiter, Fuhrwerksleut, transpress, Berlin 1986

Gulas, Stefan: Segelschiffe, Slovart Verlag, 1987

Hansen, Walter: Die Ritter, Komet Verlag GmbH, Köln

Holt, James C.: Robin Hood, Econ Verlag, 1991

Krieger, Karl-Friedrich: Geschichte Englands, C. H. Beck-Verlag, München 1996

Markov, Walter: Schlachten der Weltgeschichte, Edition Leipzig, Leipzig 1977

Obermeier, Siegfried: Richard Löwenherz – König, Ritter, Abenteurer, Verlag Ullstein GmbH, Frankfurt/M. 1984

Posch, Helmut: Was ist Hildegard-Medizin?, Neuauflage 1998

Saul, David: Die Geschichte des Krieges vom Altertum bis heute, Dorling Kindersley Verlag, 2010

von Peschke, Hans-Peter und Feldmann, Werner: Zu Gast bei Kleopatra und Robin Hood – eine kulinarische Zeitreise, Patmos Verlag, 2003

Alte Legenden – Neue Abenteuer
Robin Hood ist zurück!

MAC P. LORNE

DAS HERZ DES LÖWEN

England 1189. Im Sherwood Forest begegnen sich zwei Männer, deren Schicksal auf viele Jahre eng miteinander verbunden sein wird: Robert von Loxley, genannt Robin Hood, und Richard I., der zukünftige König von England.
Um Begnadigung zu erlangen, begleiten die Geächteten den König auf seinen Kreuzzug ins Heilige Land. Als Robin und seine Gefährten nach harten Kämpfen, Hunger und Meuterei endlich nach England zurückkehren, finden sie leider keinen Frieden. Ein immenses Lösegeld wird für den in Gefangenschaft geratenen König gefordert und nicht jeder ist bereit, dafür zu bezahlen.
Noch einmal müssen Robin Hood und seine Gefährten einen weiten und gefahrvollen Weg gehen, der sie bis tief in das Deutsche Reich hinein führt …

DAS BLUT DES LÖWEN

Viele Jahre lebten Robin Hood und seine Frau Marian auf Geheiß Königin Eleonores unerkannt in der Gascogne, um König Richards illegitimen Sohn Fulke zu schützen. Als England in Gefahr ist, ruft William Marshal die Verbannten zurück. Doch bevor Robin wieder durch seinen geliebten Sherwood Forest streifen darf, muss er zuerst in Spanien gegen die Mauren in den Kampf ziehen. Zu Hause in England treibt derweil König John weiter ungehindert sein Unwesen. Noch.

»Ein historischer Roman der Superlative.«
Histojournal.de über Mac P. Lornes Roman *Der Pirat*

MAC P. LORNE
DER HERR DER BOGENSCHÜTZEN
ROMAN

England im 15. Jahrhundert: Nach der Entmachtung seiner Familie und dem Mord an seinem Vater und seinem Bruder setzt der junge John Holland alles daran, es wieder zu Ehre und Ansehen zu bringen und seinen Namen von der Schande reinzuwaschen. Er wird ein meisterhafter Bogenschütze und steigt im Hundertjährigen Krieg zwischen England und Frankreich zum Heerführer auf.

Vor Orléans, der letzten von den Franzosen gehaltenen Bastion, trifft John auf eine verblendete Jungfrau namens Jeanne d'Arc, die die Truppen des französischen Thronfolgers anführt. Er versucht, sie daran zu hindern, den sinnlosen Krieg fortzuführen, der nur weiteres Leid und Tod bringen würde.

Doch Jeanne ist von ihrer göttlichen Mission überzeugt …

Der König der Meere

MAC P. LORNE
DER PIRAT
EIN FRANCIS-DRAKE-ROMAN

England im 16. Jahrhundert: Der berühmt-berüchtigte Pirat der Königin, Francis Drake, kehrt von seiner Weltumseglung zurück. Nach fast drei Jahren läuft die Golden Hind als einziges von ursprünglich fünf Schiffen wieder in den Hafen von Plymouth ein. Während die anderen Mitglieder der Mannschaft voller Freude von ihren Frauen begrüßt werden, steht Drake ein schwerer Gang bevor: Er muss seiner Frau Mary mitteilen, dass er in Patagonien Thomas Doughty, einen seiner Kapitäne, aus einem vorgeschobenen Grund hinrichten ließ. Mary hatte sich vor seiner Abreise von Doughty verführen lassen und wird von Drake fortan aus seinem Leben verbannt, da er den Gedanken an die Schmach nicht erträgt. Doch lange kann der Pirat nicht bei seinen privaten Angelegenheiten verweilen, denn seine Königin schickt ihn erneut auf große Fahrt – die zu seiner größten Mission werden soll …

»Wunderbar authentisch, historisch belegt und trotzdem fesselnd von der ersten bis zur letzten Seite, das ist die Francis Drake Story, die Mac P. Lorne in seinem Piraten-Abenteuer erzählt.« *buch-ticker.de*